北京乡村振兴研究报告

（2021）

张光连　主编

中国言实出版社

图书在版编目（CIP）数据

北京乡村振兴研究报告 . 2021 / 张光连主编 . —— 北
京：中国言实出版社，2022.11
　ISBN 978-7-5171-4218-8

　Ⅰ . ①北… Ⅱ . ①张… Ⅲ . ①农村—社会主义建设—
研究报告—北京— 2021 Ⅳ . ① F327.1

中国版本图书馆 CIP 数据核字（2022）第 223783 号

北京乡村振兴研究报告（2021）

责任编辑：张　朕
责任校对：佟贵兆

出版发行：中国言实出版社
　　　　　地　　址：北京市朝阳区北苑路180号加利大厦5号楼105室
　　　　　邮　　编：100101
　　　　　编辑部：北京市海淀区花园路6号院B座6层
　　　　　邮　　编：100088
　　　　　电　　话：010-64924853（总编室）　　010-64924716（发行部）
　　　　　网　　址：www.zgyscbs.cn　　电子邮箱：zgyscbs@263.net

经　　销：新华书店
印　　刷：北京九州迅驰传媒文化有限公司
版　　次：2022年12月第1版　　2022年12月第1次印刷
规　　格：710毫米×1000毫米　　1/16　　31.5印张
字　　数：694千字

定　　价：148.00元
书　　号：ISBN 978-7-5171-4218-8

编辑委员会

前言 ◄

北京市农村经济研究中心自1990年7月正式成立以来，始终围绕北京郊区农村改革与发展的一系列重大问题开展调查研究，发挥农村研究智库作用。为提高农研智库的社会影响力，自2010年起，北京市农村经济研究中心开始公开出版年度研究报告，主要收录上一年度的重要研究成果。2010年出版的调研成果名为《北京城乡一体化发展的研究与思考2009》，2011年出版的调研成果名为《城与乡：在博弈中共享繁荣——北京市农村经济研究中心2010年研究报告》，2012年出版的调研成果名为《城乡统筹发展的改革思维——北京市农村经济研究中心2011年研究报告》，2013年出版的调研成果名为《城乡发展一体化：探索与创新——北京市农村经济研究中心2012年研究报告》。为进一步规范年度调研成果的出版，提高调研成果质量和水平，自2014年起，我们将年度研究报告统一定名为《北京农村研究报告》，收录上一年度的主要调查研究报告成果，并标明年度。

为适应全面实施乡村振兴战略的需要，加强决策咨询研究，提高智库研究水平，自2021年起，我们将北京市农村经济研究中心年度出版的研究报告更名为《北京乡村振兴研究报告》。这本《北京乡村振兴研究报告（2021）》是北京市农村经济研究中心于2021年完成的、可以公开发表的主要调查研究成果。全书共分5篇，第一篇为"乡村振兴总论"，第二篇为"发展壮大乡村产业"，第三篇为"新型农村集体经济"，第四篇为"城乡融合发展"，第五篇为"他山之石"。

希望本研究成果能为农村工作的决策者、实践者、研究者提供一些参考与启示。

由于水平有限，本研究成果如有不足之处，恳请读者批评指正。

编　者

2021 年 4 月

目录

第一篇 乡村振兴总论

第二篇 发展壮大乡村产业

第三篇　新型农村集体经济

第四篇　城乡融合发展

第五篇　他山之石

第一篇

乡村振兴总论

北京市率先基本实现农业农村现代化战略研究

率先基本实现农业农村现代化是推动全面建设社会主义现代化国家的首都使命，是构建大国首都新发展格局、建设国际一流的和谐宜居之都的必然要求。通过构建指标体系和量化分析，明确目标定位，发现短板弱项，从而提出北京市率先基本实现农业农村现代化的战略建议。

一、北京市率先基本实现农业农村现代化的重大意义

（一）推动全面建设社会主义现代化国家的首都使命

党的十九届五中全会对"十四五"时期经济社会发展作出全面部署，作出到二〇三五年基本实现社会主义现代化远景目标的战略决策。首都北京要紧抓机遇、奋勇争先，为全面建设社会主义现代化国家做出应有贡献。社会主义现代化国家，既要有城市现代化，也要有农业农村现代化。现阶段，北京现代化发展不平衡的问题还比较突出，最主要体现在城乡发展不平衡、农村发展不充分，农业农村现代化是首都现代化建设的最突出短板。必须坚持农业农村优先发展，全面推进乡村振兴，加快农业农村现代化进程，确保迈向中华民族伟大复兴的大国首都的全面现代化。

（二）构建大国首都新发展格局的动力源泉

当今世界正经历百年未有之大变局，国际环境日趋复杂，不稳定性不确定性明显增加。我国日益走近世界舞台中央，将进一步提升北京的国际影响力，北京有条件有基础率先在构建国内国际双循环中加速提升发展能级。超大城市为郊区农业高质量发展提供了巨大的市场空间，为农业农村现代化提供了坚实的资金、技术、人才、管理支撑。郊区农村类型多样，资源丰富，是保障城市食品安全和休闲生活的重要支撑。加快农业农村现代化，必将加速城乡要素双向流动通道，推进新型城镇化，充分挖掘乡村消费投资潜力，推动消费升级，释放扩大内需潜能，畅通城乡经济循环，推动首都大循环、双循环新发展格局的形成。

（三）建设国际一流的和谐宜居之都的必然要求

京郊广大农村地区是首都城市的战略腹地、生态屏障和重要水源地。率先基本实现农业农村现代化，可以加快农业生产经营方式的转变，优化农村生态环境，实现农业高质量发展，为城市居民提供更多的绿色优质农产品和生态产品。同时，提高农业附加值，开发

乡村多元价值，全面提高农民收入，缩小城乡居民收入差距，促进社会和谐发展，为建设国际一流的和谐宜居之都提供绿色保障。

二、北京市率先基本实现农业农村现代化的目标定位

本部分将基于农业农村现代化的概念内涵和北京市农业农村功能定位，明确北京市农业农村现代化的时代特征，并提出相适应的评价指标体系，确定北京市率先基本实现农业农村现代化的具体目标要求。

（一）内涵特征

1.国家对农业农村现代化的要求

没有农业农村现代化，就没有整个国家的现代化。实现现代化，是近代以来全体中国人的理想和奋斗目标。在新中国成立初期，我国提出的"四个现代化"（工业、农业、国防、科技）目标中就包括农业现代化。长期以来，立足"大国小农"的基本国情，我们坚持走中国特色农业现代化道路，依靠自身力量成功解决了14亿人的吃饭问题，保持农村社会和谐稳定，农民收入持续稳定增长。

进入中国特色社会主义新时代，党的十九大明确提出实施乡村振兴战略，坚持农业农村优先发展，按照产业兴旺、生态宜居、乡风文明、治理有效、生活富裕的总要求，建立健全城乡融合发展体制机制和政策体系，加快推进农业农村现代化。这是党和国家文献中首次明确提出"农业农村现代化"这一概念，将"农村现代化"与"农业现代化"一并作为新时代"三农"工作的总目标。随后出台的《乡村振兴战略规划（2018—2022年）》提出，到2035年，乡村振兴取得决定性进展，农业农村现代化基本实现；到2050年，乡村全面振兴，农业强、农村美、农民富全面实现，农业农村现代化全面实现。

2020年底，我国如期打赢脱贫攻坚战，实现了全面建成小康社会这个党的第一个百年奋斗目标。习近平总书记在2020年中央农村工作会议上强调指出，全党务必充分认识新发展阶段做好"三农"工作的重要性和紧迫性，坚持把解决好"三农"问题作为全党工作重中之重，举全党全社会之力推动乡村振兴，促进农业高质高效、乡村宜居宜业、农民富裕富足。2021年中央一号文件以全面推进乡村振兴、加快农业农村现代化为主题，明确要求到2025年，农业农村现代化取得重要进展，有条件的地区率先基本实现农业现代化。

2.北京农业农村的功能定位

首都城市战略定位和"大城市小农业""大京郊小城区"的特点是北京市农业农村发展面临的基本市情农情。长期以来，首都的农业农村农民为首都城市的发展做出了巨大贡献。进入新世纪以来，北京市坚持城乡统筹发展，开启了以城带乡、以工补农的发展新阶段，集中资源加快推进农村发展。2014年习近平总书记考察北京，明确了首都北京"政治中心、文化中心、国际交往中心、科技创新中心"的城市战略定位，提出了建设国际一流的和谐宜居之都的战略目标，为加快首都建设指明了方向。2015年中共中央政治局审议通过《京津冀协同发展规划纲要》，进一步明确了北京的发展定位。2016年《北京市

"十三五"时期城乡一体化发展规划》发布,要求农村地区率先全面建成小康社会,实现高水平城乡发展一体化。2017年《北京城市总体规划(2016年—2025年)》专题强调加强城乡统筹,实现城乡一体化发展。

近年来,以首都发展为统领,北京市深入实施人文北京、科技北京、绿色北京战略,形成了以大城市带动大京郊、大京郊服务大城市为城乡融合发展方略。2018年北京市印发《关于实施乡村振兴战略的措施》,明确了北京乡村振兴的时间表、路线图,提出到2020年,北京乡村振兴取得重要进展,制度框架和政策体系基本形成;到2035年,乡村振兴取得决定性进展,城乡融合发展的体制机制全面完善,农业现代化、农村现代化、乡村治理体系和治理能力现代化基本实现;到2050年,乡村全面振兴,农业强、农村美、农民富全面实现。2021年北京市印发《关于全面推进乡村振兴加快农业农村现代化的实施方案》,要求加快形成工农互促、城乡互补、协调发展、共同繁荣的新型工农城乡关系,到2025年率先基本实现农业农村现代化行动取得重要进展。

3. 北京市农业农村现代化的时代内涵

综合国家农业农村现代化的战略要求和北京市农业农村功能定位,北京市率先基本实现农业农村现代化,既是加快补齐北京现代化建设短板的必由之路,也是发挥首都功能的必然要求。新时期,北京市推进农业农村现代化,需突出三方面的基本特征。

一是以科技创新引领农业现代化。科技是第一生产力,要给农业插上科技的翅膀。习近平总书记指出:"农业出路在现代化,农业现代化关键在科技进步。我们必须比以往任何时候都更加重视和依靠农业科技进步,走内涵式发展道路。"北京作为科技之都,应发挥科技先导作用。当前全球新一轮科技革命和产业变革方兴未艾,最新科技加速向农业渗透,对农业产生了革命性影响,推动了生物种业、食品产业、生物质能源产业等战略性新兴产业的兴起和发展。顺应国家农业现代化发展新要求,应对国际农业科技竞争,在打好种业翻身仗、节水节能关键技术研发、数字技术应用等领域,发挥北京市的国家先锋队作用。

二是以生态建设引领农村现代化。生态就是资源,生态就是生产力。广阔京郊是首都大城市的生态涵养区,既是环境优美的生活前院,也是可持续发展的战略后院。北京市要积极探索乡村生态价值实现机制,打造全国"两山"转化示范区,做践行习近平生态文明思想的先行者。此外,农耕文化是中华文明的重要根基,蕴藏着中华文化的基因密码,要结合乡村生态建设,将乡村文化与休闲农业、乡村旅游深度融合,在发展中保护和弘扬传统农耕文化,积极探索农业的多重功能。

三是以制度创新引领城乡融合发展。习近平总书记指出,"在现代化进程中,如何处理好工农关系、城乡关系,在一定程度上决定着现代化的成败"。党的十九届五中全会提出,要推动形成工农互促、城乡互补、协调发展、共同繁荣的新型工农城乡关系。首都作为最前沿的国家展示平台,要强化制度创新,推动农民收入和乡村治理能力"双提升",持续缩小城乡发展差异,让乡村与城市各美其美、美美与共,争当全国城乡融合发展的示范者。

（二）评价标准

现代化是一个动态演变的发展过程，既包括发展中国家追赶世界前沿，也包括发达国家保持世界前沿。农业农村现代化是国家现代化的重要标志、重要基础和前提。当前农业现代化的评价研究较多，而农业农村现代化评价研究相对较少，具有代表性的是中国社会科学院农发所的经济、政治、文化、社会、生态"五位一体"框架和中国农业科学院农经所的农业现代化、农村现代化、农民现代化、城乡融合"四维一体"框架。从内涵来看，现有研究都认为我国农业农村现代化是人的现代化、物的现代化、治理体系和治理能力现代化的相互统筹，是农村经济、社会、政治、文化、生态"五位一体"的有机构成，是实施乡村振兴战略的总目标。从具体评价指标来看，各类评价框架的指标选择差异也并不大。对标国家农业农村工作要求，结合北京实际情况，本研究拟从农业高质高效、农村宜居宜业、农民富裕富足三个层面把握北京市农业农村现代化的主要标准和目标要求。

1. 农业农村现代化评价的主要标准

农业高质高效，就是粮食安全有保障，农业产业有竞争力，既能"供全国"，又能"卖全球"。国无农不稳，民无粮不安。保障粮食等重要农产品生产，是"三农"事业发展的首要任务，是国家安全的重要基础。保障粮食安全，关键是藏粮于地、藏粮于技，用粮食产出率，即单位播种面积的粮食产量表征粮食安全保障度。从农业大国走向农业强国，农业竞争力是关键，特别是农业资源利用效率是重点，分别用农业机械化率、劳动生产率、土地产出率、化肥利用率表征农业效益状况。

农村宜居宜业，就是乡村生态美、人文美，既守得住绿水青山，又留得住青年人才。绿水青山就是金山银山，良好生态环境是农村最大优势和宝贵财富。要尊重自然、顺应自然、保护自然，遵循乡村自身发展规律，建设生态宜居美丽乡村，将美丽风景变成美丽经济，让农村既有让人向往的美丽田园，也有让人舒适宜居的生活环境。分别用农村无害化卫生厕所普及率、森林覆盖率表征农村生活、生态环境状况，用农村供水普及率表征农村基础设施供给状况，用农村低保标准占人均收入比表征农村公共服务供给状况。

农民富裕富足，就是农村居民物质生活富裕、精神生活富足，既有"富口袋"，又有"富脑袋"。人民对美好生活的向往，就是我们的奋斗目标。习近平总书记指出，"农业农村工作，说一千、道一万，增加农民收入是关键"。促进农民富裕富足，提升农民精神风貌，提高乡村社会文明程度，是全面建设社会主义现代化强国的思想保证和力量源泉。分别是农民绝对收入、消费恩格尔系数表征农民的物质财富状况，用农民平均受教育程度、城乡居民收入差距表征农民的精神富足状况。

2. 北京市农业农村现代化的特殊标准

按照北京市的农业农村功能定位，北京市率先基本实现农业农村现代化要更加关注科技创新、生态建设、城乡融合发展三个领域的目标要求。

在农业高质高效方面，要充分发挥农业科技作用。新增5项指标，分别是农业科技进步贡献率、种业企业创新研发投入比、种业产值占农林牧渔业总产值比、信息技术在种养殖业的应用率、水资源利用效率。

在农村宜居宜业方面，要保护好农村生态环境，并加快生态价值转化。新增 5 项指标，分别是生活污水设施覆盖村庄占比、生活垃圾分类处理村占比、设施农业产值与农业总产值比、休闲旅游业产值与农业总产值比、集体经济强村（50 万元以上）比重。

在农民富裕富足方面，要提升农民素质，并缩小城乡公共服务差距。新增 3 项指标，分别是村两委干部中大专以上学历人员比重、每万名老年人拥有养老护理员数、农村居民总体生活满意度。

3. 北京市农业农村现代化指标体系

综合上述考虑，北京市率先基本实现农业农村现代化评价指标体系设定为包括农业高质高效、农村宜居宜业、农民富裕富足三个领域，具体包括 27 个二级指标。其中农业高质高效包括 10 个指标，农村宜居宜业包括 10 个指标，农民富裕富足包括 7 个指标。

表 1　北京市农业农村现代化评价指标体系

维度	指标名称	序号	指标含义	指标类型
农业高质高效	粮食产出率	1	单位粮食播种面积的总产量	+
	农业机械化率	2	耕种收综合机械化率	+
	土地产出率	3	单位耕地产值效益	+
	农业劳动生产率	4	农业劳动力人均增加值	+
	化肥资源利用效率	5	单位播种面积化肥施用量	-
	水资源利用效率	6	农业万元产值耗水量	-
	科技进步贡献率	7	农业科技贡献进步率	+
	种业创新投入	8	种业企业创新研发投入比	+
	种业产值比重	9	种业产值占农林牧渔业总产值比	+
	信息技术应用	10	信息技术在种养殖业的应用率	+
农村宜居宜业	农村生活环境	11	无害化卫生厕所普及率	+
	农村生活环境	12	生活污水设施覆盖村庄占比	+
	农村生活环境	13	生活垃圾分类处理村占比	+
	农业生态环境	14	森林覆盖率	+
	基础设施状况	15	农村供水覆盖率	+
	公共服务状况	16	农村教育卫生文化保障	+
	乡村生态价值	17	设施农业产值与农业总产值比	+
	乡村生态价值	18	休闲旅游业产值与农业总产值比	+
	集体经济强村	19	集体经济强村（50 万元以上）比重	+

维度	指标名称	序号	指标含义	指标类型
农民富裕富足	农民绝对收入	20	农村居民收入	+
	农民物质消费	21	农村居民恩格尔系数	-
	城乡收入差距	22	城乡居民人均收入比	-
	农民受教育程度	23	农村居民平均受教育年限	+
	农村人才保障	24	村两委干部中大专以上学历比重	+
	农民生活满意度	25	农村居民总体生活满意度	+
	农村养老服务	26	每万名老年人拥有养老护理员数	+

（三）战略目标

基于北京市农业农村功能定位，北京市推进农业农村现代化要以服务大国首都发展为统领，深入贯彻人文北京、科技北京、绿色北京的战略要求，实施科技强农、生态兴农、改革惠农发展行动，有效发挥北京市农业科技创新国家先锋队作用，努力做践行习近平生态文明思想的先行者，争当全国城乡融合发展的示范者，促进农业高质高效、农村宜居宜业、农民富裕富强，形成以大城市带动大京郊、大京郊服务大城市的城乡融合发展新格局。

基于北京市长期以来的发展变化，结合国内发达地区和国外发达国家农业农村发展情况，综合确定北京市率先基本实现农业农村现代化的目标值。

到2025年，率先基本实现农业农村现代化行动取得重要进展，城乡融合发展格局加快推进。科技创新成为农业鲜明特征，农业科技进步贡献率达到77%，设施农业机械化率达到55%以上，农业生产效率显著提升。生态宜居的美丽乡村建设深入推进，全市森林覆盖率达到46%，生活污水处理设施覆盖率达到55%以上，农村公共卫生等服务短板基本补齐。农村居民生活质量显著提升，绝对人均收入达到3.5万元，城乡居民收入比缩小到2.2∶1左右。

到2035年，北京市农业农村现代化基本实现，绝大部分指标超过全国平均水平，城乡融合发展格局全面构建。农业科技优势更加凸显，农业科技进步贡献率超过80%，水、土、劳动力资源利用效率大幅度提升，种业、设施农业、乡村旅游产值比重显著提高。乡村生态价值转化机制全面建立，农村创业创新加快发展，生产、生活、生态环境全面改善，全市森林覆盖率达到50%，基础设施和公共服务进一步完善。农民人均收入达到5万元，城乡收入差距持续缩小到2∶1。

三、北京市率先实现农业农村现代化的现实进展

基于国家相关权威统计数据及实地调研情况，本部分将分析北京市农业农村现代化总

体现状，剖析率先基本实现农业农村现代化的突出短板及其原因，为后续提出有效的战略行动提供基础支撑。

（一）总体现状

1. 农业农村现代化稳步推进

根据各方面的评价结果来看，党的十八大以来，北京市农业农村现代化发展水平稳步提升，当前总体水平居全国前列，其中农业现代化发展水平相对较低，农村和农民现代化发展水平相对较高。

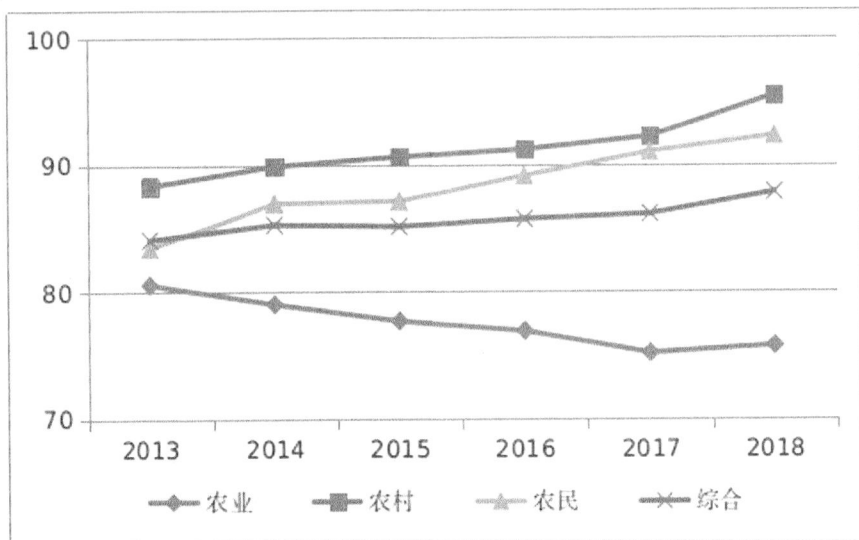

图1　2013—2018年北京市农业农村现代化指数得分

我们对全国31个省级地区（不包括中国台湾、香港和澳门地区）的评价结果显示，北京市农业农村现代化综合指数得分由2013年的84.1分提高到了2018年的87.8分，居全国第5位，仅次于浙江、上海、天津、江苏，其中农村现代化居第1位，农民现代化居第3位，农业现代化排第26位。

2. 农业现代化相对滞后

近年来，北京市都市农业稳定增长，已进入新的发展阶段。设施农业产值稳定在50亿元左右，农业观光园年产值稳定在25亿元左右，种业产值稳定在14亿元左右，乡村旅游总收入由2013年的10.2亿元增长到了2019年的14.4亿元，年均接待游客2000万人次左右。

2020年，北京市粮食生产全年播种面积73.3万亩、产量30.5万吨。蔬菜及食用菌生产播种面积57.2万亩、产量137.9万吨。推进11家新建、6家改扩建规模化生猪养殖场，全年生猪存栏32.2万头。建成1139家农业标准化生产基地，农业标准化覆盖率提升至64.3%，质量安全监测抽检合格率98.8%，筑牢质量兴农发展根基。科技支撑能力不断加强，测土配方施肥技术覆盖率达到98%，农业科技进步贡献率达到73%。产业融合稳步提升，休闲农业与乡村旅游持续转型升级，发展休闲农业园区925个、民俗旅游接待户

5382 家、乡村精品民宿 700 余家，年接待游客 1878 万人次，总收入 25 亿元。资源利用效率不断提高，"十三五"期间，农业年用新水量从 6.45 亿方下降到 3.3 亿方，化肥利用率从 29.8% 提高到 40.3%，化学农药利用率从 39.8% 提高到 45%，规模养殖场从 2535 家调减到 228 家。

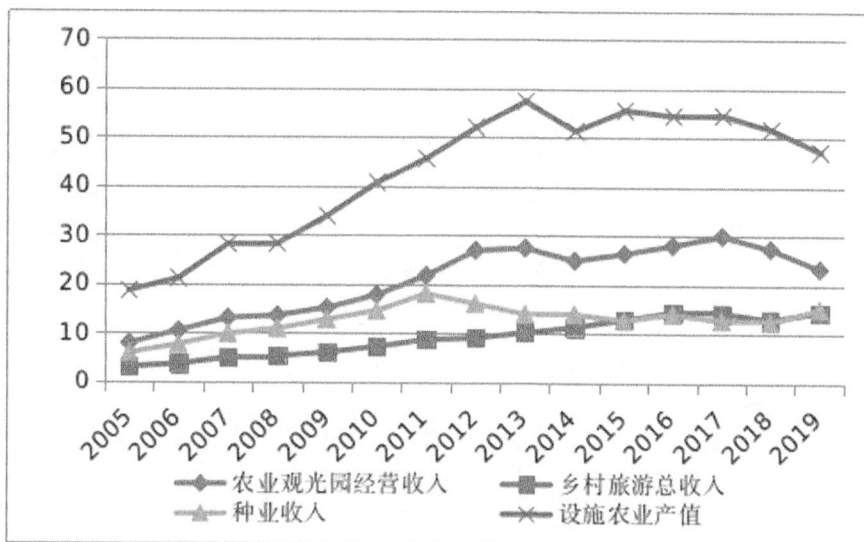

图 2 北京市都市农业发展变化情况

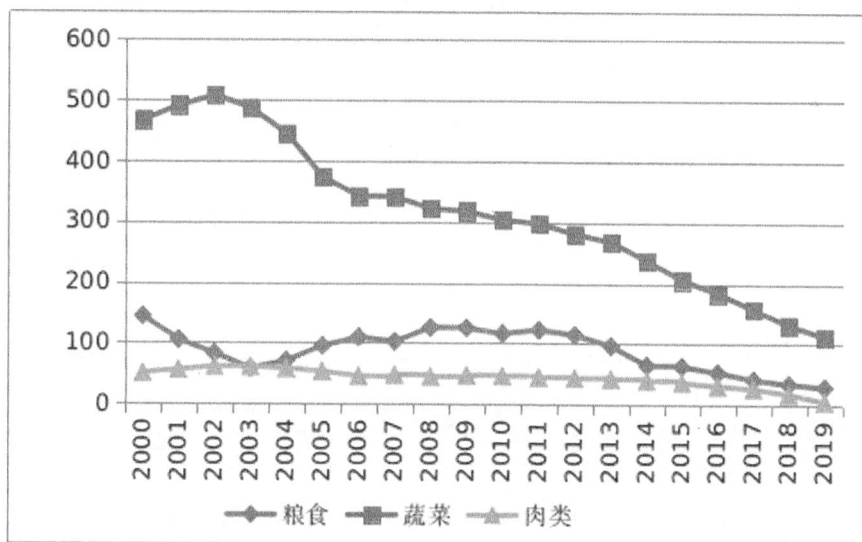

图 3 北京市主要农产品产量变化情况

但受城镇化、工业化等多方面因素影响，2013 年以来，北京市农业生产总量和效率均持续下降，农业现代化指数得分不升反降。其中，农业生产总值由 2013 年的 422 亿元下降到 2019 年的 282 亿元，综合机械化率由 47.2% 下降到 34.9%，亩均耕地生产效益由 7.32 万元下降到 5.74 万元，农业劳动生产率由人均 7.61 万元下降至 6.54 万元。粮食产出率上升，每公顷粮食产出由 6.05 吨上升到 6.14 吨。

表 1 2013—2018 年北京农业现代化指标变化情况

指标	单位	2013	2014	2015	2016	2017	2018
农业机械化率	％	47.20	45.42	33.45	34.76	31.14	34.88
土地产出率	万元／公顷	7.32	7.34	6.51	6.11	5.82	5.74
农业劳动生产率	万元／人	7.61	8.02	7.32	6.82	6.32	6.54
粮食产出率	吨／公顷	6.05	5.32	6.00	6.28	6.15	6.14
农业化肥投入强度	千克／公顷	538.58	598.03	611.71	663.00	706.96	702.38

3. 农村现代化全国领先

北京市农村发展相对较快，该维度得分排名居全国前列。2018 年全市森林覆盖率达到了 43.8%，农村无害化卫生厕所普及率达到 98%，农村供水普及率达到 96%，均已基本实现农村现代化目标要求。农村低保状况也有明显改善，农村低保收入占人均收入比重由2013 年的 36.6% 提高到 2018 年的 45.3%，高于全国平均水平。

表 2 2013—2018 年北京市农村现代化指标情况

指标	单位	2013	2014	2015	2016	2017	2018
卫生厕所普及率	％	96.64	98.08	98.40	99.80	98.10	98.10
森林覆盖率	％	35.80	35.80	35.80	35.80	35.80	43.80
农村供水普及率	％	89.67	91.12	90.75	86.54	92.14	95.98
农村低保占人均收入比	％	36.60	40.22	41.42	43.03	44.55	45.30

表 3 各省区森林覆盖率和无害化卫生厕所普及率的比较

地区	森林覆盖率（％）			无害化卫生厕所普及率（％）		
	2013	2015	2018	2013	2015	2018
北京	35.8	35.8	43.8	96.64	98.4	98.1
上海	10.7	10.7	14	98.68	96.9	99.1
天津	9.9	9.9	12.1	93.4	93.6	93.2
重庆	38.4	38.4	43.1	62.97	66.2	66.2
浙江	59.1	59.1	59.4	83.43	91.5	96.7
江苏	15.8	15.8	15.2	79.19	87.7	92.5
福建	66	66	66.8	88.88	92.5	93.5
吉林	40.4	40.4	41.5	15.72	16.3	27.9

2020 年，北京市统筹推进生活垃圾治理、污水治理、"厕所革命"等工程，162 处非正规垃圾填埋点得到整治，行政村生活垃圾处理率达到 99%，完成 900 个村农村生活污水治理任务，生活污水处理设施覆盖率达到 50% 以上，实施公厕改造 5615 座、卫生户厕改

造 15.1 万户，无害化卫生户厕覆盖率 99.3%。农村地区自来水普及率达到 99% 以上，供水保证率持续稳定在 95% 以上，两项指标均位居全国前列。

4. 农民现代化加快推进

在北京市经济社会发展的带动下，农民收入持续较快增长、农民生活质量不断提高、农民精神生活更加丰富多彩，城乡发展差距持续缩小，农民现代化水平位居全国前列。农民人均收入由 2013 年的 1.7 万元提高到了 2018 年的 2.6 万元，农民恩格尔系数由 34.6 下降到了 23.8，城乡居民收入差距由 2.61:1 缩小到 2.57:1，农民平均受教育年限由 8.92 年提高到了 9.53 年。

表 4 北京市农民现代化发展情况

指标	单位	2013	2014	2015	2016	2017	2018
农村居民收入	万元	1.71	1.89	2.06	2.23	2.42	2.65
农村居民恩格尔系数	%	34.65	27.85	27.65	26.93	24.74	23.78
城乡居民人均收入比	—	2.61	2.57	2.57	2.57	2.57	2.57
农民教育状况	年	8.92	9.30	8.42	9.42	9.80	9.53

2020 年，北京全市农村居民人均可支配收入达到 30126 元，提前两年实现比 2010 年翻一番的目标。全市低收入农户人均可支配收入 2020 年达到 17588 元，同比增长 16.8%，是 2016 年的 1.96 倍，年均增长 18.4%。低收入农户全部实现脱低，低收入村全部消除。累计完成 3927 个村级单位、30 个乡镇级单位的集体产权制度改革；承包地确权证书发放率达到 98.5%，完成国家要求任务。开展扶持壮大村级集体经济试点，实现 70 个集体经济薄弱村年经营性收入超过 10 万元的试点目标。

（二）优势分析

1. 政治优势

北京作为 14 亿多人口大国的首都，具有任何其他省市所不具备的政治优势。京郊农村作为首都的郊区农村，分享了首都所拥有的独特政治资源，包括政治领导人重视的政策资源、首善之区标准的治理资源、优先保障民生的公共服务资源，以及知识、人才、资金、信息、技术、管理等高度汇集的各类市场要素资源。这些丰厚的政治资源及其衍生的各种经济社会文化资源，为促进京郊农业全面升级、农村全面进步、农民全面发展提供了强大的政治保障和政策支持。

2. 经济优势

北京与上海、广东、浙江等东部沿海地区同属于改革开放后我国率先发展起来的经济发达地区。2020 年，北京市 GDP 达到 36102.6 亿元，同比增长 1.2%。按常住人口计算，北京市人均 GDP16.49 万元，位居全国第 2 位。按照世界银行对高收入国家人均 GDP1.2 万美元的标准，北京已经步入世界高收入行列。2020 年北京市城镇居民人均工资性收入 44620 元，同比增长 0.7%；人均经营净收入 685 元，同比下降 33.8%；人均财产净收入 13152 元，同比增长 3.6%；人均转移净收入 17145 元，同比增长 8.5%。可以说，北京具有实施乡村振兴战略的强大经济基础和雄厚物质条件。

3. 文化优势

北京是中国的政治、文化和金融中心，拥有3000多年建城史和850多年建都史的历史文化，荟萃了元、明、清以来的中华文化，拥有众多名胜古迹和人文景观，是世界上拥有世界文化遗产最多的城市，具有显著的文化传承优势。同时，北京居民慢慢进入物质消费与精神文化消费并重的阶段，对休闲旅游等非物质产品和文化品位质量提出了更高的要求。加快培育文明乡风，保护传承农村优秀传统文化，发展乡村特色文化产业，丰富乡村文化生活，人们对物质文明与精神文明的不断追求，为加快北京农村以乡村文化振兴助力乡村全面振兴提供现实土壤。

4. 科技和人才优势

从科技上看，一是北京市现有中央级和省部级农业科技研发机构24所，国家（省部）级农业领域重点实验室、工程技术研究中心、企业研发中心100余家。北京地区涉农科研院校、推广机构科技人员近2万人。二是农业基础研究和自主创新成绩明显，农业关键技术攻关不断取得突破，农业科技推广应用成效明显，农业科技服务水平不断提高，多项农业科技水平位列世界及全国领先水平。同时，据《北京市第七次全国人口普查公报》数据，北京全市常住人口为2189.3万人。全市常住人口中，居住在城镇的人口为1916.6万人，占87.5%；居住在乡村的人口为272.7万人，占12.5%。城乡人口比为7.0∶1。根据北京市第三次全国农业普查的结果，2016年全市农业生产经营人员仅53万人。这与许多农业农村人口占绝对多数的其他省市相比，北京具有明显的城镇人口占大多数、农村人口尤其是农业从业人口占绝对少数的优势，非常有利于加快推动以城带乡，实现城乡融合发展。

5. 城市带动优势

北京是一个拥有2189.3万常住人口的超大城市，具备以工哺农、以城带乡的巨大辐射带动优势，并具有高度城乡互通融合的需求。北京的工业化已进入后期阶段，2020年三次产业构成为0.3∶15.8∶83.8，农业产值占比只有0.3%，服务业比重超过80%。北京市超大城市所具有的强大对外辐射体量，对京郊"三农"发展产生了无可比拟的巨大投资需求和消费需求的双重带动作用。

（三）存在问题

1. 农业产业规模小，资源利用效率不高

北京市作为大国首都，各类资源要素加快向城市集聚，农业农村发展资源环境约束多、压力大，近年来农业总产值进入下降通道，都市农业发展增速逐渐放缓。北京市农业产业规模小，产业化发展难度大。各省农业现代化发展水平与农业生产的贡献密切相关，排在前边的基本都属于农业大省，北京、上海、天津、浙江、广东等经济发达地区以及西藏、青海等生态脆弱地区排名靠后。从生产技术来看，北京市的农业机械化率还相对较低，该指标得分仅为38.8分，在31个省区排在第26位，仅高于西南地区的贵州、云南等省份，提升空间较大。

表5　各省区农业现代化发展情况

地区	粮食产出率（吨／公顷）			农业机械化率（%）		
	2013	2015	2018	2013	2015	2018
北京	6.05	6.00	6.14	47.20	33.45	34.88
上海	5.99	6.18	7.99	54.72	57.89	59.94
天津	5.23	5.16	5.99	83.38	88.69	81.26
重庆	5.57	5.71	5.35	27.71	30.58	33.13
浙江	7.22	7.60	6.14	45.00	45.68	44.28
江苏	6.25	6.39	6.68	68.77	69.43	71.63
福建	7.04	7.56	5.98	30.70	36.42	36.11
吉林	6.92	6.59	6.49	74.24	76.13	81.70

农业资源利用效率较低，是北京市农业现代化指数较低的主要原因。特别是与主要发达国家相比，北京市的资源利用效率有待进一步提升。从农业劳动生产率来看，2019年，北京人均农业增加值为4098美元／人，仅为美国（33978.41美元）的12.1%、日本（30667.38美元）的13.4%、法国（28041.78美元）的14.6%，差距较为明显，这与美、日等国农业从业人口比重低、机械化水平较高有直接关系。从农业科技进步贡献率看，北京市农业科技进步贡献率达到71%，高于国内其他省（区、市），但仍低于农业发达国家，目前主要发达国家已达75%以上，美国、日本的农业科技进步贡献率已超过80%，法国则达90%以上。

同时，制约农业提质增效的因素较多。北京规模农业经营户占比不足1%，规模经营面积只占耕地面积的27.5%，小农生产仍是大多数；从事农业及兼业的劳动力比重依然较高，北京市第三次全国农业普查（以下简称三农普）数据显示，全市现有农业经营户42.4万户，一产从业人员53万人，占农村劳动力的1/3左右。农产品优质不优价、"劣币驱逐良币"现象比较普遍。高附加值的农产品占比太小，这些年北京市农业生产成本越来越高（用工成本日均100—150元、土地流转费每亩每年1200—2000元、化肥农药等生产投入品等也不断上涨），农业清洁生产、绿色生产要求越来越严，使农业生产、经营的利润越摊越薄。同时，农业电商发展也有待提升，据统计，通过电商销售农产品的经营户仅占2%，按订单销售的农户只有6万户左右，60%左右的农户还是采取传统自销的方式销售，农民丰产不丰收仍很突出。

另外，作为过去十年大力发展的休闲农业和乡村旅游，在2017年以来民俗接待户和乡村旅游收入出现"双下降"。主要问题包括同质化竞争严重、越来越缺少特色，农家院住宅缺乏农味、休闲农业园区采摘品种单一、农事活动体验性差、配套设施不全、停车用餐不便、饮食口味相同而缺乏特色等。农村的环境面貌也没有明显的改观和提升，住房是农村的形，传统文化是农村的魂，乡村旅游的发展中没有抓住"形和魂"，有特色的乡村旅游产品供给能力不足，低端发展倾向存在。加之传统习俗、农耕文化、乡村特色传承弘扬不够，乡村旅游和休闲农业的获客能力较弱，多数农家乐都是以封闭运行、单打独斗为主，引入的互联网等新的营销方式较少，携程、美团、大众点评等第三方平台使用率不高。

2. 乡村治理能力不强，农村发展条件仍需改善

在农村生态环境、基础设施、公共服务全面改善的同时，农村的发展条件依然不是很理想，主导产业支撑不足，人才、资金等要素外流严重。

农村人口老龄化、村庄空心化、农居混杂问题突出。一是乡村就业机会少，大部分青壮年劳动力都外出就业，返乡创业创新人才严重缺乏。据第三次农业普查数据显示，全市农业生产经营人员的 53 万人中，年龄 55 岁及以上占 40.6%，年龄 35 岁及以下的仅占 10%。据调查，在北京市农村劳动力中，具有高中或中专教育程度的农民比重为不到 15%，难以满足农业产业化、现代化以及农村一二三产业融合发展需求。发达国家农民的文化水平普遍较高。美国的农场主大多是各州立大学农学院的毕业生；日本的农民中大学毕业生占 6%，高中生占 75%；法国有继承权的农场主子女在接受基础教育之后，还要再经过 5 年农校和 3 年学徒期，考试合格后才能取得从事农业经营资格，对从业人员素质要求很高。二是郊区农村农房的平均空置率在 12%—15% 左右（含大量的出租房屋）。乡村对人才的吸引力不足。因城乡基础设施和公共服务差距依然较大，人才下乡创业的产业用地、用电、金融、税收、社会保障等配套政策还不够健全完善，新型职业农民、"新农人"的认定、管理、服务和扶持制度没有建立起来，各类人才特别是青年人积极参与乡村振兴的政策环境还不够成熟。三是农居混杂的现象存在，在城镇化进程中有数百个村已搬迁上楼，有 280 多个村庄的农业户籍人口已经不足 20 人，但这部分村庄仍沿用农村治理的老模式，管理体制上并没有向城镇社区转变。

乡村治理体系和治理能力亟待强化。基层党组织后继乏人，农村党员中 60 岁以上占 46.2%，具有大专及以上学历的仅 21.9%。基层治理精细化和智能化水平还不高，尚未建立起符合首都功能定位的乡村治理指标体系。农村集体经济发展不平衡，在朝阳、海淀、丰台及城乡接合部等区位优势较好的地区发展较好，而众多偏远乡村的集体经济比较薄弱，许多村庄靠财政补助才能运转，仍有 834 个村经营性收入低于 10 万元，80% 左右的村没有集体自营资产，村集体实现股份分红的占比仅为 34.5%。新型集体经济组织发展水平也良莠不齐，以一产为主的占 55.8%，集体收入普遍偏低或者没有收入；以二产为主的仅 2.2%，且多以小型建筑构件加工为主，缺乏可持续性和市场竞争力；以三产为主的占 42%，其中的 80% 又以土地和房屋出租为主，缺少活力和带动力。在疏解非首都功能的过程中，农村集体产业发展普遍面临新旧动能转换的"空档期"和"阵痛期"的过程较长。

生产生活设施和服务普遍需要提档升级。当前农村生活污水处理设施覆盖率还不高，约为 50%；厨余垃圾、厕所粪污与农林废弃物未实现就地就近协同资源化处理，村容村貌、村庄绿化美化与村庄规划有一定差距，街巷宽度普遍较窄、消防或专业救援车辆普遍难以进入，农房抗震强度不高、节能效果不好、外观样式与村庄风貌不协调，村庄长效管护机制落实不好，村民参与度还较低，院内卫生状况普遍不高。同时，村内停车场、供水管网、电网、路网、互联网等基础设施也需进一步提档升级。农村养老服务配套设施不足，购物、娱乐等生活配套设施匮乏，难以满足老年人"便利性、宜居性、多样性、安全

性"生活需要；乡村医生平均年龄偏大，村级卫生室药品种类少；普惠性幼儿园未完全覆盖，就近入园仍需加快解决等等。

3. 城乡居民收入差距大，农村社会保障有待加强

对标现代化目标，北京城乡居民收入差距总体依然较大，该项指标得分仅为58.44分，远高于天津、上海、浙江等地区，亟须加快提升农民收入，缩小城乡收入差距。据调查，当前农户从事蔬菜种植的平均年净收入为1.5万—2.5万元，低于本市2320元/月的最低工资标准。农业临时雇工工资人均为80—130元/天，达不到本市规定的非全日制从业人员最低工资标准25.3元/小时（合202.4元/8小时）。

表6　各省区农民收入与城乡居民人均收入比的比较

地区	农村居民收入（万元）			城乡居民人均收入比（%）		
	2013	2015	2018	2013	2015	2018
北京	1.71	2.06	2.65	2.61	2.57	2.57
上海	1.92	2.32	3.04	2.34	2.28	2.24
天津	1.54	1.85	2.31	1.89	1.85	1.86
重庆	0.85	1.05	1.38	2.72	2.59	2.53
浙江	1.75	2.11	2.73	2.12	2.07	2.04
江苏	1.35	1.63	2.08	2.34	2.29	2.26
福建	1.14	1.38	1.78	2.47	2.41	2.36
吉林	0.98	1.13	1.37	2.18	2.20	2.19

从社会保障来看，北京市农村已基本建立与城镇相当的基本公共服务和居民基本保障制度，但在服务和保障水平方面，城乡还存在着较大差距。养老保障方面，城镇职工养老金标准为人均4000元/月左右，农村福利养老金标准为每人每月735元，城乡居民人均养老金退休金比为4.4:1，比差大幅高于城乡居民消费支出比2.14:1。根据三农普统计，我市一产从业人员中，55岁以上占40.6%；受教育程度总体较低，初中及以下学历占80.2%，农村老年人经济来源较少、收入普遍偏低、养老服务消费能力弱，不少农村老年人养老仅依靠福利养老金度日，难以满足生活需要。住房保障方面，农民不能申请公共租赁住房，不能享受公共租赁住房租金补贴及市场租房补贴，住房保障体系尚未实现城乡统一。教育方面，农村生源少、质量不高、向城市流动多，师资队伍从数量、质量、结构上都与城市有差距。2020年中考16个区普高录取率前两位的西城区、东城区，分别为96.35%和93.56%，末两位的密云区、房山区仅为69.8%和61.61%。而且，农村考生主要集中在普通的二本、三本和专科院校，考入一本特别是"985""211"大学的占比低。

（四）原因分析

1. 落地考核的缺失影响了城乡农业农村现代化的推进

从大的背景看，北京市农业农村发展多年来从更高的站位和角度考虑，站在城市和乡村的关系上考虑未来的发展定位，然而历史遗存下来的传统村落、文化名镇名村较

少，44 个传统村落保护与利用也不够有力；3000 多个行政村面貌趋同；零星散落的 5000 多个自然村不集约、不紧凑的现实存在。在整体规划中没有形成统一的规划和发展战略，形成了城市发展快、农业农村发展有待提高、部分乡村尽显凋零的现状。从管理上看，北京市发展农业农村的体制机制有待进一步完善。北京市虽然形成了明确责任主体和各级分工的工作机制，但是在考核奖惩机制中，没有采取树立典型区域、示范区域、地方发展引领、明确加入标准化和个性化农业农村工作指标等作为工作抓手，同时应该建立起工作完成考核机制及惩罚机制。从内生动力上看，多年来北京市靠政府这只手来支撑农业农村发展，市场作用发挥得还不充分，产业链条、市场主体还没有真正发力，所以产业的发展始终是一个弱项和短板，农业农村的经济价值没有被充分挖掘。建议村庄分类管理，同时探索市场化的手段，鼓励探索实体产业、新业态模式的合作。

2.资源环境条件等客观约束多，乡村主导产业缺失

北京市土地相对分散，导致农业机械化程度低、耕地产出低。而资源规模约束进一步直接导致乡村产业规模小，无法发展规模化加工等现状，从大都市周边的农业发展来看，应该走通休闲农业、精品农业产业发展的路子，目前的引导机制没有建立。具体表现为：一是国家引导性政策落地不够、乡村产业扶持不到位，没有激发村集体发展农业产业的内生动力；二是没有在现有产业基础上进行整体规划、布局，统筹规划农业产业发展；三是从产业融合发展的角度深入挖掘的力度不够，没有激活文化、教育、科技与农业产业发展的活力。可以考虑从发展休闲农业、精品旅游、农业教育基地、生态品牌等角度布局发展。

表 7　各省区农业机械化与土地产出效益比较

地区	农业机械化率（%）			土地产出效益（万元/公顷）		
	2013	2018	排名	2013	2018	排名
北京	47.20	34.88	27	7.32	5.74	15
上海	54.72	59.94	15	7.23	5.87	14
天津	83.38	81.26	4	3.62	4.14	23
重庆	27.71	33.13	29	3.89	5.93	13
浙江	45.00	44.28	25	8.82	10.21	4
江苏	68.77	71.63	9	7.91	9.69	5
福建	30.70	36.11	26	13.48	18.43	1
吉林	74.24	81.70	3	1.84	1.72	32

3.生态价值转化机制不畅

"生态产品价值实现"旨在打通绿水青山转化为金山银山实现路径的政策和制度创新，是推动生态产品价值转化、绿水青山变成金山银山的关键。北京市自 2010 年起，每年向社会发布北京农业生态服务价值监测结果。2015 年开始实行分区测算，在农业生态服务价值测算方面有着深厚的基础。2020 年，北京市森林覆盖率增至 44%，具有巨大的生态

价值转化优势。但目前，北京市还没有建立物质供给类生态产品价值实现机制、文化服务类生态产品价值实现机制、生态调节和生命支持类生态产品价值实现机制等，生态价值转化的价值路径仍需加快探索。

4.科技优势发挥不足

创新性的农业科研成果是把农业科研成果从潜在的、知识形态的生产力转化为现实的、物质形态的生产力，是推动农业农村现代化的"加速器"。北京市拥有独特的科研技术能力和基础，应该率先在全国打造农业科技的样板区，然而现有科技成果与农业结合不够、科技对农业发展的贡献度不够、转化推广联动机制并不健全。目前农业科研成果转化推广主要依赖于政府主导的推广体系，在科研项目立项、研究、成果转化等环节，农业科研部门、农业农村部门、科技部门等相关单位尚未建立畅通的信息交流共享机制，未形成农业科研成果转化有效工作机制，仅靠农业科研部门自主开展科研成果的转化推广成效较弱，制约农业科研成果转化成效。可以从机制上由更综合的部门进行协调布局，可以考虑大力发展数字农业，同时可以借鉴国际上的高端农业科技发展技术如垂直农业等等。

5.农村改革的活力动力不足

从外部环境来看，北京重要的政治地位，在加强平安北京建设，防范化解各类风险挑战的情况下，北京农村改革的压力较大。从涉农区的改革进展来看，继续改革和深化改革的力度不够，例如集体资产产权归属不清、权责不明、保护不严等问题仍然存在。从改革的实际来看，农村改革的发力点可以在改革试验区，试验区的建设是为改革探路，试验区所尝试的为农业农村未来发展的关键点和深水区难度较大。

四、北京市率先基本实现农业农村现代化的路径方向及战略行动

北京市以习近平新时代中国特色社会主义思想为指导，全面贯彻党中央决策部署，按照市委市政府的相关工作部署，坚持农业农村优先发展，把"大城市带动大京郊，大京郊服务大城市"城乡融合发展作为推进农业农村现代化的重要路径，坚持"创新、绿色、改革"三大发展动能，规划引领，分类推进。

（一）坚持以城乡融合为统领，探索走出都市乡村现代化的新路子

一是全面开展乡村建设行动。统筹推进美丽乡村建设工作，加快推进城市交通、供水、垃圾处理等基础设施向农村延伸，行政服务、旅游服务、教育、医疗、互联网等公共服务产品向农村覆盖，补齐农村公共设施和公共服务短板。批次打造特色原味乡村、美丽乡村精品村建设行动。传承优秀乡村文化，建设现代乡村文明行动，全面提升乡村治理行动。

二是打造特色小城镇。以都市区和县城为主要载体提高人口承载和公共服务共享水平。推进以县城为重点的城镇化，重塑县域经济活力和特色优势。建立京内大中区县带动小城镇机制，建设现代化小区域，打造成为城乡融合的重要平台。加强农村要素流动，使得农村产权流转交易市场发挥职能，激活农村各类资产资源。畅通城乡要素双向流动通道，充分挖掘乡村消费投资潜力，释放扩大内需潜能，畅通城乡经济循环。

三是促进农村居民增收。深入实施新一轮乡村改革，活用京郊"沉睡资源"。通过深化农村土地制度改革、产权制度改革，盘活农村闲置资产资源，推动资源变资产、资金变股金、农民变股东，从而赋予农民更多财产权利。发展都市特色农业，促进高质高效农产品供给，提升农业经营性收入。加大京郊种粮补贴、探索重要农产品供给补贴，增加农民转移性收入。

（二）坚持以种业创新为核心，探索走出高新农业的新路子

北京是全国种业科研创新主体，有着种业之都的基础地位。以种业创新为发展核心，着力强化科技创新和数字变革催生新的农业发展动能，发展科技农业的战略新行动。

一是实施种业"芯片"振兴。将种业作为推动发展农业质量变革和效率变革的核心产业。积极开展重要品种选育和种源"卡脖子"技术攻关，抓好国家玉米种业创新中心、平谷国家现代农业产业园、国家种业智库等领域布局与建设。

二是全面提升农业科技水平。加强产学研通力合作，协同创新体制机制，集合农业科技研发机构、国家级农业领域重点实验室，将北京农业科技资源与地区农业农村发展深度合作，在科技自立自强中发挥更大作用。加强培养农业科技人才，实行更加开放的人才政策，构建开放协同创新体系，引导激活创新源泉。

三是加快数字农业农村发展。发展数字经济引领的现代农业产业体系，以农业生产经营智能化、乡村治理数字化、科技创新推广制度化为抓手，推动乡村产业数字化、乡村治理数字化、农民生活数字化，以数字化引领农业农村现代化。在机制建设、基础建设、服务配套等方面集中发力，为各类社会主体参与数字乡村建设创造良好的环境和平台。

四是打造农业科技创新示范区。探索打造具有生态保育、休闲观光、传承农耕文明等功能的农业主题公园，通过建设高效的人工生态系统、先进的农业生产体系，把农园农地搬进城市；推动互联网与特色农业深度融合，发展创意农业、认养农业、观光农业、都市农业新业；在公园绿地、社区小区、屋顶阳台、道路隔离地带等适宜场所，开展融生活性、生态性和科普性于一体的"微农业"试点项目。

（三）坚持以绿色生态为底色，探索走出"两山"理论实践的新路子

以"两山"理论为引领，加快建立农业农村生态产品价值实现机制，将生态产品所蕴含的内在价值转化为经济效益、社会效益和生态效益。增强生态产品生产能力，提供更多优质生态产品以满足人民日益增长的优美生态环境需要，走产业生态化与生态产业化协同发展之路，全面推动北京农业农村高质量绿色发展。在保护好生态环境的同时，大力推动生态农产品供给、乡村民宿、休闲农业、特色加工等一二三产业融合发展，通过生态价值的综合利用，由点状带动周边城乡的繁荣和经济增长，实现向经济价值的转化路径。

一是打造知名生态农产品品牌。北京市现有绿色食品原料标准化生产基地2个，绿色食品生产资料获证企业3家，有机食品生产单位16家，农产品地理标志登记产品15个。完善生态农产品价值链，打通生态农产品产业链，加大绿色优质农业品牌培育力度，扩大生态农产品发展规模，培育一大批知名度、美誉度和市场竞争力强的农产品知名品牌和区域公共品牌。讲好绿色优质农产品品牌故事，运用"互联网+"等新兴手段，擦亮老品牌，塑强新品牌，增加产业发展内生动力。

二是全面推进休闲农业发展。北京有发达的经济水平和庞大的人口基数，郊区是中心城区的 11 倍，充分利用地域上大京郊小城区的优势，打造方便城乡居民体验农耕乐趣、品味农业情怀、享受田园生活、感知民俗风情的一批休闲农业项目。发展休闲度假、农耕体验为一体的新业态，拓展农业功能，为乡村产业全链条、多业态发展、多环节增收开辟路径。

三是深入挖掘乡村新业态。整合山水林田湖等生产资源、生态资源、文化资源，按照"片区开发、整体招商、一体运营"理念，采取"特色镇+景区"融合发展模式，引入专业化运营公司（团队），构建"农村集体经济+合伙人"运营机制，推动农商文旅体融合发展，引领产业升级、多元治理、人才引聚，打造功能复合、职住平衡、服务完善、生态宜居的乡村新业态。

四是建立生态补偿机制。北京市在农业生态服务价值测算方面有着深厚的基础，自 2010 年起，每年向社会发布北京农业生态服务价值监测结果，2015 年开始实行分区测算。在此基础上，鼓励生态产品供给地和受益地按照自愿协商原则，综合考虑生态服务价值测算结果、生态产品实物量及质量等因素，探索实施区域间生态保护补偿。

（四）坚持以优化供给侧为导向，探索走出农业高质量发展的新路子

深化供给侧结构性改革、推动经济高质量发展，努力在北京形成高质量、多层次、宽领域的有效农业供给体系，促进农业农村现代化同步发展。

一是提高鲜活农产品供给率。大中城市人口多、消费需求大，确保"菜篮子"特别是鲜活农产品保持一定的自给率，加强蔬菜基地建设，扩大生产规模，畅通供销渠道，抓牢质量安全，建立长效保供机制，确保市场供给稳定。

二是推进首都农业高质量发展。利用京津冀协同发展的战略契机，将产业链布局延伸扩大，通过多角度优势互补等方式，将北京丰富的科技创新要素与天津、河北的农业生产相融合，开展农业科技创新项目，促进农业领域科学技术成果转化与发展，推动农业领域自主创新和农业现代化。打好农业品牌化组合拳，加快形成以区域公用品牌、企业品牌、大宗农产品品牌、特色农产品品牌为核心的农业品牌格局。

三是大力发展设施农业。将设施农业作为检验考核区域农业现代化发展水平的重要抓手，不断健全设施农业推广体系建设，提高技术应用水平，聚力打造集群发展的设施农业格局。

四是培育新型经营主体。重点培育创建一批具有京城特色农民合作社联合社，探索"联合社+农民合作社+农户"的创营模式，实现在生产、加工、销售各个环节上带动社员和农户，建立稳定的利益联结机制。

（五）坚持以人民为中心的方向，走出农业农村深化改革的新路子

以全面推进乡村振兴为目标导向，加强符合地方特色的管理和运行机制、人才支撑、用地保障、财政扶持、金融服务等方面的条件创设。

一是大力实施强村惠民行动。深化集体经济组织的股份权能改革，增强或重建乡镇级集体经济组织，将其打造成为乡村振兴的市场主体，健全村级集体经济收入增长长效机制，组建强村公司，引导支持村集体在带动公共服务普及普惠上发挥更大作用。

二是积极推动农村"三块地"改革。资产推进节约集约用地，提高土地使用效率，依法采取措施盘活农村存量建设用地，激活农村土地资源，完善农村新增建设用地保障机制，满足乡村产业、公共服务设施和农民住宅用地合理需求。完善规则统一、资源共享的农村产权流转交易市场体系和管理信息网络平台，激活农村各类资产资源，推进农村产权流转交易公开透明和保值增值。

三是稳步推动村庄的分类发展。针对尚具备发展基础和活力的村，因地制宜促进特色产业发展。针对不具备基本条件、空心化趋势较明显的村，引导、支持其村民在自愿基础上的易地安置。针对处于这两类之间的村，通过集成政策促进农民增收，多种形式增加就业渠道。

五、北京市率先基本实现农业农村现代化的制度保障

制度保障是乡村振兴发展与农业农村现代化发展有机衔接的制度基础和必要条件。

（一）组织领导机制保障

一是严格落实责任。各区党委政府对农业农村现代化的时效负总责，从方案制定、宣传发动、组织实施、竣工验收、运行管护等全过程进行管理。各乡（镇）、村（居）两级组织管理技术人员划片包干，现场指导监督。

二是抓好工作统筹。"十个指头弹钢琴"，在领导精力、人员力量、资源配置等方面合理调配，抓好工作统筹安排、整体推进。坚持农业农村现代化作为乡村振兴发展的抓手。坚持把总体部署与专项行动工作结合起来，聚焦每一个目标阶段的突出问题，督促推动有关部门分系统、分领域地开展专项式的集中推动治理，做到纵横衔接、各司其职。

三是建立形成层层考核的推动机制。围绕推动农业农村现代化发展目标任务，既要结合实际认真抓好贯彻落实领导干部考核制度，又要发展思维，综合运用多种考核方式，精确考核、精准评价，激励调动领导干部推动工作。提出要坚持定性与定量相结合，考人与考事相结合，以年度考核、任期考核为重点，用好平时考核、专项考核等方式。

（二）人才制度保障

一是坚持加强党对乡村人才工作的全面领导。贯彻党管人才原则，将乡村人才振兴纳入党委人才工作总体部署，引导各类人才向农村基层一线流动，打造一支能够担当乡村振兴使命的人才队伍。

二是坚持全面培养、分类施策。围绕全面推进乡村振兴需要，全方位培养各类人才，扩大总量、提高质量、优化结构。尊重乡村发展规律和人才成长规律，针对不同地区、不同类型人才，实施差别化政策措施。

三是坚持多元主体、分工配合。推动政府、培训机构、企业等发挥各自优势，共同参与乡村人才培养，解决制约乡村人才振兴的问题，形成工作合力。

四是坚持广招英才、高效用才。坚持培养与引进相结合、引才与引智相结合，拓宽乡

村人才来源，聚天下英才而用之。用好用活人才，为人才干事创业和实现价值提供机会条件，最大限度激发人才内在活力。

五是坚持完善机制、强化保障。深化乡村人才培养、引进、管理、使用、流动、激励等制度改革，完善人才服务乡村激励机制，让农村的机会吸引人，让农村的环境留住人。

（三）投入制度保障

一是财政要优先保障"农业农村"支出。坚持把基本建设和社会事业发展重点放在农村，保证财政农业支出增幅高于财政经常性收入增幅。针对资金来源分散、使用效率较低的问题，归并整合和统筹使用农业支持保护资金。逐步厘清农业投入的内涵和边界，按小科目核算农业投资，把计为农业投入的大江大河治理等资金项目尽快剥离出去，让财政对农业的投入能够真正反映农业支持保护的实际水平。

二是着力支持培育农业发展新动能和增长极。深入推进农业绿色化、优质化、特色化、品牌化，调整优化农业产品结构、产业结构和布局结构，夯实农业生产能力基础。支持发展产后加工、鼓励发展订单农业，帮助农民实现优质优价订单销售；加快建立产地质量证明和质量安全追溯制度。加快推进重点品种结构调整，实施好米改豆、粮改饲补贴政策，优化生猪生产区域布局，加强奶源和优质饲草生产基地建设。深入推进农村产业融合发展，促进农业转型升级。培育优势特色产业集群，加快建设现代农业产业园和农业产业强镇，形成"点、线、面"结合、功能有机衔接的乡村产业振兴格局。

（四）土地制度保障

一是保障乡村振兴建设用地合理需求。大力盘活农村存量建设用地，在充分尊重农民意愿的前提下，可依据国土空间规划，以乡镇或村为单位开展全域土地综合整治，盘活农村存量建设用地，腾挪空间用于支持农村产业融合发展和乡村振兴。在符合国土空间规划的前提下，鼓励对依法登记的宅基地等农村建设用地进行复合利用，发展乡村民宿、农产品初加工、电子商务等农村产业。

二是保障乡村产业发展用地需求。产业兴旺是乡村振兴的重要内容和基本前提，确保乡村产业发展用地需求是实现产业兴旺的重要保障。完善乡村产业发展用地政策体系，明确用地类型和供地方式，实行分类管理。明确耕地利用优先，明确耕地和永久基本农田不同的管制目标和管制强度，严格控制耕地转为林地、园地等其他类型农用地，强化土地流转用途监管，确保耕地数量不减少、质量有提高。保障设施农业用地需求。制定各类设施农业用地规模，根据生产规模和建设标准合理确定设施农业用地日常管理。保障农村一二三产业融合发展用地需求。在引导农村产业在县域范围内统筹布局方面，要把县域作为城乡融合发展的重要切入点，科学编制国土空间规划，因地制宜合理安排建设用地规模、结构和布局及配套公共服务设施、基础设施，有效保障农村产业融合发展用地需要。

三是推进集体经营性建设用地入市。集体经营性建设用地入市须以"符合规划和用途管制"为前提依法推进，要合理界定集体经营性建设用地入市范围和条件，尤其是对开发边界以内和跨开发边界的集体经营性建设用地入市范围、数量、用途等应作出明确规定。要优先推进存量集体经营性建设用地入市，以存量再开发为主，有序推进集体经营性建设用地出让、租赁、入股改革，促进农村土地高质量利用。因地制宜推动集体经营性建设用地出让、租赁、入股等多元化交易模式创新，因业制宜推动不同产业用地类型合理转换，按照法律要求优先支持集体所有制经济和乡村产业。积极探索建立集体经营性建设用地增值收益分配机制，加快探索城乡统一的建设用地基准地价、标定地价制度，形成与市场价格挂钩的动态调整机制，加快建立城乡一体的建设用地交易市场、交易规则和服务体系。

农业农村部农研中心、北京市农研中心联合课题组

北京率先基本实现农业农村现代化
评价指标体系研究报告

进入新时代，中国的农业农村发展正在经历一场巨变。这场巨变将是以乡村生态文明建设为牵引、乡村产业发展为基础、乡村人才振兴为动力、乡村生活幸福为目标的以人为本的系统性改变，将会把数据资源、网络手段、科技要素和制度创新全面嵌入农业农村发展，全面展现农业农村现代化建设的中国化、时代化，走出一条中国特色的农业农村现代化发展之路。北京作为首都和现代化国际大都市，率先实现乡村全面振兴、农业农村现代化，有基础有条件，也有特殊标志性意义。

一、北京农业农村现代化发展历程与成就

新中国成立以来，以农村集体土地制度改革为基础的生产关系调整极大地促进了生产力发展，财政与农民个人的农业投入不断增加，农业生产装备不断改良、农民收入持续提升、农民生活日新月异。北京在农业农村发展过程中，总体步伐与全国一致，部分节点领先于全国，尤其都市型现代农业发展一度成为全国的排头兵。北京的农业现代化建设存在明显的阶段性目标，而农村现代化虽然少提，但是围绕新农村建设开展的农村现代化建设阶段明显、成就显著。

（一）北京农业现代化发展历程与成就

农业现代化是推动传统农业向现代农业转化的过程，指的是用现代物质条件装备农业，用现代科学技术改造农业，用现代产业体系提升农业，用现代经营形式推进农业，用现代发展理念引领农业，用培养新型农民发展农业。

1. 以发展生产力为核心的农业现代化阶段（1949—1978年）

该阶段的典型特征是以农业"四化"（机械化、电气化、化肥化和水利化）为核心内涵的农业现代化。新中国成立后，京郊农村开始了土地改革，封建土地所有制转变为农民土地所有制。1950年3月底京郊土地改革全面完成，全市划定了4906户地主、404户城区工商资本家、富农2181户，没收、征收封建土地所有制土地40.3万亩，23万农民分得了土地，占所有农民总数的62%。1952—1958年，京郊农村开展了农业合作化、人民公社化运动，小农经济基本实现了向集体经济的重大变革。但农村普遍面临着生产力落后、

自然条件恶劣的生产条件，改造自然、发展生产面临着诸多困难。

1949—1978年，农业生产经历了曲折发展的过程。农业以种植业为主，郊区种粮，城郊种菜，林牧渔业比重很小。党中央于1959年10月在批转农业机械部的报告时指出："从1958年起以10—15年的时间实现农业现代化，即实现农业机械化、水利化、化学化、电气化（以下简称'四化'）。"北京京郊"四化"迅速发展起来。从1957年的20.2万千瓦提高到1978年的189.4万千瓦。农业化肥使用量增加了2900倍，从1949年的40吨增加到1978年的11.6万吨。农田水利起步发展，先后兴建官厅水库、十三陵水库、怀柔水库、永定河引水渠等，1950年8月，周恩来主持批准修建永定河上游的官厅水库，以控制永定河的洪水，保障京津冀农村安全，并为首都工农业生产和农民生活提供水源。这是新中国成立以后兴建的第一座库容超过10亿立方米的大型水库。京郊农业"四化"发展初步奠定了北京农业现代化基础。

2. 以调整产业结构为重点的农业现代化阶段（1979—1994年）

该阶段的典型特征是追求"科学化"（向科技创新要产量、向结构调整要效益）为核心内涵的农业现代化。在集体化经济背景下，北京郊区农业种植业一家独大，1978年北京市种植业、林业、畜牧业、渔业的产值比重分别为76.9%、2.1%、20.9%和0.1%。1979年，北京市委工作会议传达中共十一届三中全会精神，明确把全市工作重点从"以阶级斗争为纲"转移到以社会主义现代化建设上来。全市改革从农村开始，集中解决农村经济体制单一、管理过分集中、分配平均主义等问题。1979—1994年，北京市农业生产开始从计划走向市场，实行家庭联产承包责任制，农业产业结构调整步伐加快，在粮食生产发展的基础上，畜牧养殖业得到快速发展，种植业内部也开始向蔬菜、瓜果等经济作物调整，郊区农业的"菜篮子"功能越来越重要，农业成为城市副食品基地的功能越来越突出，进入了城郊型农业的发展阶段。

这一阶段，北京市先后实施了"菜篮子""米袋子"工程，建设粮、菜商品生产基地，养殖业重点发展工厂化饲养和池塘养殖，缓解了"吃肉难、吃奶难、吃蛋难、吃鱼难"等问题。1994年北京市蔬菜播种面积达到136.5万亩，比1979年增加了52.5万亩，占种植业播种面积的比重达到16.5%。蔬菜产量达到350万吨，比1979年增加了93%。同时，农业种养业产值在整个大农业中的比重不断提高，1994年农业与林牧渔业产值占比从1978年的为8∶2演变为5∶5。畜牧业产值也从1978年的2.4亿元增加到64亿元，翻了一番。北京畜产品供求矛盾基本得到了缓和。

3. 以追求优质高效为目标的农业现代化阶段（1995—2020年）

该阶段的典型特征是以"市场化"（产业化、休闲化、设施化）为核心内涵的农业现代化。进入20世纪90年代中期，市场经济体制确立并进一步发展，农产品流通体制改革与完善，北京周边地区农产品加速进京，城区对京郊农产品的依赖性显著降低，农产品出现了供过于求的历史新局面。同时，城市快速扩展，郊区土地租金不断上涨，拉高了农产品生产成本，传统农业种植业的比较效益走低，缺乏吸引力。而城市居民对郊区农业的非产品生产功能诉求增强，郊区农业的生态、生活功能得到关注。

郊区农业顺应了市场需求的新变化，新技术、新业态不断融入农业发展，都市型现代农业正式提出并快速发展。一是郊区大力发展设施农业、籽种农业、精品农业、加工农业、创汇农业、观光农业。这"六种农业"发挥了北京农业的比较优势。1999年全市"六种农业"创造产值93亿元，占农业总产值的34.5%，在当年遭受严重旱灾的情况下，农业增加值增幅提高到2.5%，打破了20世纪90年代以来徘徊不前的局面。二是观光休闲农业快速发展。设施农业的发展为观光休闲农业奠定了重要基础。农业观光园的个数从2005年的1012个增加到2015年的1328个，接待人数从2005年的892.5万人次增加到2015年的1903.3万人次，经营总收入从2005年的7.9亿元增加到2015年的26.3亿元，增加了近2倍。三是民俗发展异军突起。民俗户从2005年的7268户增加到2015年的8941户，其中2010年达到10323户。民俗旅游业收入从2005年的3.14亿元增加到2015年的12.8亿元，翻了两翻。进入"十三五"时期，观光休闲农业和乡村旅游业成为都市农业产值增长的领跑产业。

4. 以显化城乡融合为表征的农业现代化阶段（2021年至今）

该阶段的典型特征是以"都市化"（生态化、市民化、时尚化）为核心内涵的农业现代化。农业不仅是农村的农业，也是全北京市的农业。进入新时代，农业现代化建设是在城乡融合背景下提出的，也是依托于城乡融合新抓手，推进农业现代化新发展。北京市于2021年6月印发《北京市关于建立健全城乡融合发展体制机制和政策体系的若干措施》，正式开启了城乡融合发展新征程。

北京市总体呈现"大城市小农业、大京郊小城区"的特征。小农业相对于大都市显得更加珍贵。农业的产品功能、休闲功能、生态功能都与城市生活休戚相关，甚至直接关系到城市生活品质。农业的多种功能正逐步深度发展，农业综合效益日益凸显，以农业景观资源为依托，以观光休闲农业和乡村旅游业为主要业态在郊区蓬勃发展。农业向二、三产业深度融合，农产品加工、工厂化农业、休闲农业等产业不断创造一二三产业的乘数效应。城乡融合不仅体现在空间融合，还体现在要素融合、产业融合和服务融合，农业发展将逐步从"就业"变成"产业"，从"抛弃"变成"游憩"，从"农村"走向"城市"，充分依托城乡融合发展农业，让农业朝"生态化""科技化""时尚化""全域化""国际化"转变，显化城乡融合的农业增值。

（二）北京农村现代化的发展历程与成就

农村现代化是与城市现代化相对应的区域现代化概念，它指随着社会发展、经济进步对农村生产、生活方式等不断进行调整和改善，最终实现农村与现代社会协调发展的一种过程和状态。如果将农业现代化归为农村经济的现代化，那么农村现代化则是在农业现代化的基础之上增加了农村政治现代化、文化现代化和社会现代化的内容。新中国成立后，北京农村现代化的发展历程与国家农村现代化的整个发展历程相统一，经历了社会主义新农村提出、探索和全面建设阶段以及乡村振兴四个阶段。

1. 社会主义新农村提出阶段（1949—1978年）：农村生产关系现代化

新中国成立后，为了顺利从新民主主义社会过渡到社会主义社会，我国经过社会主义改造，不断实现生产资料私有制向公有制的转化。适应当时生产力发生的变化，生产关系随之也发生变化。1955年，党的七届六中全会通过《关于农业合作化问题的决议》，提出当前要解决的新问题就是农业合作化的问题，逐步实现了生产关系向合作社经济的转变。这一时期，北京农村地区顺应中央要求，实行了土地改革和农业合作化，小农经济基本实现了农业合作社集体经济。1953—1957年，北京郊区农村实现了农业合作化，1957年99.6%的农户加入互助合作社，组建了429个高级农业生产合作社。北京农村生产关系发生了重大改变，小农个体经济实现了到农业合作社集体经济的重大变革。为解决温饱问题，北京市委、市政府将农业重点放在了耕地资源保护和农田建设方面，致力于兴修水利工程、发展农田灌溉，北京农村地区以"服务首都"的功能为发展重点。党中央于1956年制定的《1956—1967年全国农业发展纲要（修正草案）》，其中提及社会主义新农村建设的具体目标，京郊地区对此纲要践行的最终目的都是要求农业支持工业、农村支持城市、对新农村建设的具体措施较少，还处于社会主义新农村建设的初步提出阶段。

2.社会主义新农村探索阶段（1979—2005年）：农村生活条件现代化

改革开放初期，小岗村的"家庭联产承包"激发了全国农村地区的生产积极性，京郊农村生活条件不断实现现代化，进入了社会主义新农村探索阶段。1983年1月，北京市委、市政府召开农村工作会议，正式提出了"服务首都，富裕农民，建设社会主义现代化新农村"的郊区农村工作指导方针。1987年，市委提出抓好乡镇企业布局，以小城镇为载体，统一规划，实行集中和分散相结合，以适当集中为主，加快小城镇建设。农村城市化开始起步并逐步加速，农村开始出现了一般集镇、中心镇、新村三个层面的建设。到1990年，北京将郊区农村的发展方针修改为"服务首都，面向全国，走向世界，富裕农民，建设社会主义现代化的新农村。"京郊农村地区土地家庭联产承包责任制改革激活了农村要素活力，大幅提升了农业生产力，北京农村非农产业迅速发展，农村经济结构发生了根本性的转变，农村生活条件不断改善，实现现代化。

农民的收入水平高速增长。2005年农民人均可支配收入达到7860元，比1979年的250元增加了30倍。与1978年相比，农民收入和生活水平大幅增长，农民的收入来源也从以农业收入为主向工资性收入为主转变。自1982年昌平县踩河村、马连店村新村建设经验在全市推广，1985年全市新村发展到225个，新村建设掀起了建房热潮，农民居住条件和环境明显改善。到2005年，农村居民人均住房面积36.9平方米，比1978年增加了27.7平方米。农村社会保障从无到有、从少到多，保障水平显著提升。2005年，全市参加农村养老保险的人数为40.6万人；参加新型农村合作医疗的人数达到249万人，参合率为81%。

这一时期的京郊农村地区社队企业、乡镇企业快速发展，旧村改造和新农村建设同样也提上日程，农民居住条件和生活质量得到相应改善，"楼上楼下，电灯电话"的愿景基本实现。

3.社会主义新农村全面建设阶段（2006—2017年）：农村基础设施现代化

党的十六届五中全会提出社会主义新农村建设后，2006年中央一号文件《中共中央国务院关于推进社会主义新农村建设的若干意见》发布，指出"建设社会主义新农村按照

'生产发展、生活宽裕、乡风文明、村容整洁、管理民主'的要求，协调推进农村经济建设、政治建设、文化建设、社会建设和党的建设。"同年，北京市委市政府出台了《关于统筹城乡经济社会发展推进社会主义新农村建设的意见》，确定了 80 个新农村建设试点村。

这一时期的京郊农村地区基础设施建设日益完善，社会主义新农村进入全面建设阶段。"十一五"时期，北京市农村建设重点在构建交通体系、能源供应体系和水资源保障体系。"十二五"时期，在交通、水电气热生态建设基础上加快郊区基础设施全面建设步伐，提高农村现代化水平。"十三五"规划到 2020 年，完成农村"六网"（供水管网、污水管网、垃圾收运处理网、电网、乡村路网、互联网）改造提升工程。

2006 年 8 月，市新农村建设领导小组做出了在新农村建设实施"亮起来、暖起来、循环起来"的"三起来"工程，并试点推动村庄道路硬化、安全饮水、垃圾处理、污水处理、改厕等五项基础设施建设。第一，北京农村交通运输基础设施建设走在全国前列。2007 年，北京农村已基本形成了以干线公路为骨架，县、乡公路为支脉，纵横交错、四通八达的公路网，走在全国的前列。"十一五"时期，北京市累计投资 170 多亿元，硬化村庄街坊路 7520 万平方米，基本建成以公共交通为主导的现代化综合交通体系。"十二五"时期城乡交通通行能力进一步加强，促进城乡融合。第二，北京农村完成了电网改造并建成了现代化通信网络。北京农村基本完成了电网改造，农村网络系统明显改善，有效保障农村信息畅通。"十二五"时期进一步加强水电气热等基础设施建设，提高农村城镇化水平和加快农村信息化建设。"十三五"时期，不断优化提升农村信息基础设施，"宽带北京"建设覆盖乡村，光纤进村入户行动持续推进。互联网在农村社区管理服务中的应用深入推进。第三，农村生活供水、排水等基础设施建设日益得到改善。北京市统筹城乡供水安全为核心的水资源保障体系，为 145 万农民实施了安全饮水工程，改造老化供水管网 32365.5 公里，为农户安装计量水表 98.67 万块，农村安全饮水全面解决。同时基本为所有行政村配备了垃圾储运设施和装备，建立了户分类、村收集、镇运输、区处理的垃圾处理模式。第四，农村环境得到极大改善。积极构建以安全、高效、清洁为重点的多元化能源供应体系，大力发展农村清洁能源，农村环境质量显著提高。"十三五"以电网改造为重点推进农村能源结构调整，提出到 2020 年，实现平原地区农村"无煤化"的要求，经济与环境问题得到改善。人居环境方面，污水处理 630 余处，户厕改造 73 万余座，建设公厕 6464 座，农村基础设施现代化基本实现。

4. 农村现代化发展阶段（2018 年至今）："五位一体"全面现代化

农村现代化的开启是以党的十九大召开为重要节点。党的十九大报告提出，农业农村农民问题是关系国计民生的根本性问题，必须始终把解决好"三农"问题作为全党工作的重中之重，要加快推进农业农村的现代化。2021 年 2 月 21 日，《中共中央 国务院关于全面推进乡村振兴加快农业农村现代化的意见》发布。文件指出，民族要复兴，乡村必振兴。要坚持把解决好"三农"问题作为全党工作的重中之重，把全面推进乡村振兴作为实现中华民族伟大复兴的一项重大任务，举全党全社会之力加快农业农村现代化，让广大农民过上更加美好的生活。新时代推进农村现代化的重点在加快乡村振兴步伐，按照产业兴旺、生态宜居、乡风文明、治理有效、生活富裕的总要求，促进乡村产业振兴、人才振兴、文化振兴、生态振兴、组织振兴，加快推进农业农村现代化。

北京在推进乡村振兴战略的实施过程中，农村人居环境明显改善，乡村社会经济不断发展。北京市强化五级书记抓乡村振兴，全面推行村"两委"和村集体经济组织主要负责人个人事项报告、村干部任期和离任经济责任审计等制度；"百村示范、千村整治"工程专项行动改善了农村人居环境，打造了乡村新面貌。到2020年底初步创建100个左右的美丽乡村示范引领村。2021年发布的《关于全面推进乡村振兴加快农业农村现代化的实施方案》在2020年乡村振兴所取得的成就基础上，深化对"五位一体"现代化的发展程度，加深对乡村振兴战略的实施，提出到2025年，率先基本实现农业农村现代化行动取得重要进展，城乡规划一体化、资源配置一体化、基础设施一体化、产业一体化、公共服务一体化、社会治理一体化发展格局基本确立，城乡融合发展体制机制和政策体系更加健全完善。但是，乡村振兴才刚刚拉开序幕，"五位一体"的农村现代化还需要全社会参与、全领域发力、全方位创新。

二、新时代农业农村现代化的科学内涵

党和国家文献首次提出"农业农村现代化"这一表述是在2017年10月党的十九大。十九大报告提出要"实施乡村振兴战略"，"要坚持农业农村优先发展，按照产业兴旺、生态宜居、乡风文明、治理有效、生活富裕的总要求，建立健全城乡融合发展体制机制和政策体系，加快推进农业农村现代化"，标志着我国"三农"工作进入新的历史阶段。

2018年9月21日下午，中共中央政治局就实施乡村振兴战略进行第八次集体学习。习近平总书记从全面建设社会主义现代化强国的高度指出了实施乡村振兴战略的科学内涵，明确了推进农业农村现代化的思路、方向和着力点，为我们牢牢把握农业农村现代化这个总目标，准确理解农业农村现代化的时代要求，提供了根本遵循和行动指南。

（一）农业农村现代化是实施乡村振兴战略的总目标

习近平总书记明确指出，实施乡村振兴战略的总目标是农业农村现代化，总方针是坚持农业农村优先发展，总要求是产业兴旺、生态宜居、乡风文明、治理有效、生活富裕，制度保障是建立健全城乡融合发展体制机制和政策体系[1]。可见，农业农村现代化作为一种目标状态，是中国特色社会主义经济、政治、文化、社会和生态文明"五位一体"总体布局的乡村表达。它的任务就是发展绿色高质的现代化农业，建设生态宜居的现代化农村，培养德才兼备的现代化农民，推动农业全面升级、农村全面进步、农民全面发展，最终全面实现农业强、农村美、农民富。[2]

---

[1] 习近平：主持十九届中共中央政治局第八次集体学习时的讲话，2018年9月21日。
[2] 中共中央、国务院关于实施乡村振兴战略的意见（2018年1月2日）第一部分：必须立足国情农情，顺势而为，切实增强责任感使命感紧迫感，举全党全国全社会之力，以更大的决心、更明确的目标、更有力的举措，推动农业全面升级、农村全面进步、农民全面发展，谱写新时代乡村全面振兴新篇章。第二部分：到2050年，乡村全面振兴，农业强、农村美、农民富全面实现。

（二）农业农村现代化在新阶段、新理念、新格局之下形成了新的价值判断

基于习近平总书记关于乡村振兴战略总目标、总方针、总要求的论述，"什么是农业农村现代化"这个问题，就可以转化为"何为农民强，何为农村美，何为农民富"。当前，人类从工业文明迈向生态文明时代，我国进入新发展阶段，发展思想从"以经济建设为中心"历史性地转变为"以人民为中心"。全面建设社会主义现代化国家，实现中华民族伟大复兴，最艰巨最繁重的任务依然在农村，最广泛最深厚的基础依然在农村。构建新发展格局，把战略基点放在扩大内需上，农村有巨大空间，可以大有作为。[1] 在这样的历史背景下，"何为农民强，何为农村美，何为农民富"不光是一个基于过去经验的、简单的、机械的事实判断，首先更是一个基于新阶段、新理念、新格局的价值判断。习近平总书记在 2020 年 12 月 28 日召开的中央农村工作会议上强调，"对农业农村现代化到 2035 年、本世纪中叶的目标任务，要科学分析、深化研究，把概念的内涵和外延搞清楚，科学提出我国农业农村现代化的目标任务"的深刻用意所在。

在习近平新时代中国特色社会主义思想的视角下，农业之"强"、农村之"美"、农民之"富"，已经有了全新的诠释。

农业之强，在于现代农业产业体系、生产体系、经营体系的建立，农业创新力、竞争力和全要素生产率的提高[2]，在于农业关键核心技术自主可控[3]，产出高效、产品安全、资源节约、环境友好，在于深入推进农业供给侧结构性改革，推动品种培优、品质提升、品牌打造和标准化生产[4]，而不是简单的产量达标，更不能继续付出土壤污染、地下水超采、水土流失的代价。

农村之美，在于人与自然的和谐，经济与社会的和谐[5]，在于建设与资源环境承载能力相匹配、重大风险防控相结合的空间格局[6]，在于把农村新社区建设与城市化建设统筹起来，而不是盲目照抄照搬城镇小区建设模式，搞不切实际的大拆大建，搞劳民伤财的形象工程，贪大求洋，导致农村传统文化的失落[7]。

农民之富，在于共同富裕，是老板之富与老乡之富的统一，是个人之富与集体之富的统一，是物质生活富裕和精神生活富裕之统一；在于靠勤劳和智慧致富、先富带后富；而不是"富了个人，穷了集体，不管他人"，不是"只富口袋，不富脑袋"，不是靠偏门致富，不是一蹴而就，更不是提过高的目标，搞过头的保障，落入"福利主义"养懒汉的陷阱[8]。

---

[1] 习近平：在 2020 年中央农村工作会议上的讲话，2020 年 12 月 28 日至 29 日。

[2] 中共中央、国务院关于实施乡村振兴战略的意见（2018 年 1 月 2 日），第三部分：必须坚持质量兴农、绿色兴农，以农业供给侧结构性改革为主线，加快构建现代农业产业体系、生产体系、经营体系，提高农业创新力、竞争力和全要素生产率，加快实现由农业大国向农业强国转变。

[3] 习近平：在 2020 年中央农村工作会议上的讲话，2020 年 12 月 28 日至 29 日。

[4] 习近平：在 2020 年中央农村工作会议上的讲话，2020 年 12 月 28 日至 29 日。

[5] 习近平：之江新语，绿水青山也是金山银山。

[6] 中共中央办公厅、国务院办公厅《关于推动城乡建设绿色发展的意见》，2021 年 10 月。

[7] 习近平：之江新语，靠建设美村。

[8] 习近平：扎实推动共同富裕，2021 年第 20 期《求是》杂志。

（三）农业农村现代化是一个不可分割的有机整体

习近平总书记明确指出，要坚持农业现代化和农村现代化一体设计、一并推进①。从人类历史发展进程看，人类的居住空间是生产力发展到一定阶段的产物，随着生产力的不断发展，又会出现空间布局的重新调整，以适应生产力发展的新要求和人们居住的新观念。恩格斯在其早期经典《英国工人阶级状况》中，创造性地把新的城市形式与工业革命所带来的划时代的变革联系了起来，揭示了城市空间组织中的变化如何影响阶级内部和阶级之间的关系，也把这种社会地理学与新兴无产阶级的遭遇和意识觉醒联系了起来。按照历史唯物主义的观点，中国特色社会主义进入新时代，农业的现代化必然要求农村的划时代变革。离开农业现代化的农村现代化，就是徒有其表；离开农村现代化的农业现代化，亦是无本之木。

具体来说，新时代农业生产的生态化和数字化转型，农业的多种功能开发，现代农业产业体系、生产体系、经营体系的构建，必然对农村的基础设施、能源消耗、资源开发、居住形态、空间布局、土地利用、人口结构、社会服务、治理体系等提出相应的系统性的新要求。但在现实中，与农业现代化发展形成鲜明对比的是，我国农村发展滞后问题日益凸显。正因如此，党的十九大报告明确提出农业农村现代化的任务。农业农村二者同步推进、相得益彰，才能实现农业大国向农业强国跨越，为国家的现代化提供坚实支撑，让亿万农民平等参与现代化进程、共同分享现代化成果。

要确保农业强、农村美、农民富三大目标的同时达成，必须依赖农业农村现代化的一体设计、一并推进。因此，在农业农村现代化指标体系的建设过程中，不能简单地将其分为农业现代化和农村现代化两个部分进行设计和考核。

（四）农业农村现代化关系到城乡融合发展新局面

习近平总书记指出，"在现代化进程中，城的比重上升，乡的比重下降，是客观规律，但在我国拥有近14亿人口的国情下，不管工业化、城镇化进展到哪一步，农业都要发展，乡村都不会消亡，城乡将长期共生并存，这也是客观规律。即便我国城镇化率达到70%，农村仍将有4亿多人口。如果在现代化进程中把农村4亿多人落下，到头来'一边是繁荣的城市、一边是凋敝的农村'，这不符合我们党的执政宗旨，也不符合社会主义的本质要求。这样的现代化是不可能取得成功的！40年前，我们通过农村改革拉开了改革开放大幕。40年后的今天，我们应该通过振兴乡村，开启城乡融合发展和现代化建设新局面。"②

全面建设社会主义现代化强国，既要有城市现代化，也要有农业农村现代化。这一点对于北京这个超大城市来说尤为重要。北京是典型的"大城市小农业、大京郊小城区"。广阔的农村地区是首都城市的战略腹地、生态屏障和重要水源地，在加强"四个中心"功能建设、提升"四个服务"水平方面发挥着重要作用③。坚持以首都发展为统领，奋力谱写

---

① 习近平：主持十九届中共中央政治局第八次集体学习时的讲话，2018年9月21日。
② 习近平：主持十九届中共中央政治局第八次集体学习时的讲话，2018年9月21日。
③ 北京日报：蔡奇陈吉宁与唐仁健座谈，共商打造农业"中关村"，2021年10月13日。

社会主义现代化的北京篇章①，必须加强城乡统筹，在市域范围内实行城乡统一规划管理，构建和谐共生的城乡关系，全面推进城乡一体化发展②。《北京城市总体规划（2016年—2035年）》用专章对此进行了谋划，提出全面实现城乡规划、资源配置、基础设施、产业、公共服务、社会治理一体化的发展任务③。因此，北京的农业农村现代化必须立足首都城市战略定位和"大城市小农业""大京郊小城区"市情农情，深入实施人文北京、科技北京、绿色北京战略，以大城市带动大京郊、大京郊服务大城市为发展方略，坚持城市现代化与农业农村现代化一同谋划、一并实施，探索走出一条具有首都特点的乡村振兴之路④，也就是要实现具有首都特点的农业之强、农村之美和农民之富。

作为日益走近世界舞台中心的大国首都，北京的农业农村现代化必须体现政治中心的郊区责任和担当，体现文化中心的农耕文化涵养和传承，体现国际交往中心的乡村会客厅功能和气派，体现科技创新中心的农业科技水平和场景。基于此认识，北京市农业农村现代化的内涵就是：在习近平新时代中国特色社会主义思想统领下，完整、准确、全面贯彻新发展理念，依托和服务首都这个特殊的超大城市，以农业农村的数字化、绿色化转型发展为动能，以壮大农村集体经济和实现共同富裕为依归，带动广泛的农业产业链再造和深刻的农村社会变革，建成中心城区——北京城市副中心——新城——镇——新型农村社区的现代城乡体系，以首善标准高质量全面实现城乡规划、资源配置、基础设施、产业、公共服务、社会治理一体化。

三、北京率先基本实现农业农村现代化的优势和短板

历史上的北京，是一个拥有70多万年人类史、9000多年农业史、800多年建都史的古都名城。现实中的北京，是一个拥有2189.3万常住人口的超大城市，是中华人民共和国的首都，是全国的政治中心、文化中心、国际交往中心、科技创新中心。新中国成立70多年来，京郊农业持续提供了市民生产、生活、生态的多功能服务，为稳定社会经济、服务城市健康发展发挥了不可替代的基础性作用。从全国横向比较和自身纵向发展来看，京郊农业农村有过"波峰"、走过"低谷"，引领过全国，也有被超越，但北京在农业农村现代化建设中的优势依然明显。

（一）存在的短板

近年来，北京在推进农业农村现代化的过程中，农村人居环境明显改善，农村经济不断发展，基层治理不断完善。但是，当前北京要率先基本实现农业农村现代化仍存在一些短板，具体表现为以下几个方面：

1. 农村多规合一尚未实现，农业资源区划重要工作长期受"冷落"

农业生产首先需要的是丰富且肥沃的土地资源，而北京土地资源却十分匮乏，农村

---

① 蔡奇：坚持以首都发展为统领 奋力谱写社会主义现代化的北京篇章，人民日报，2021年5月6日。
② 中共中央 国务院关于对《北京城市总体规划（2016年—2035年）》的批复。
③ 北京城市总体规划（2016年—2035年）第六章：加强城乡统筹，实现城乡发展一体化。
④ 中共北京市委 北京市人民政府《关于全面推进乡村振兴加快农业农村现代化的实施方案》，2021年3月。

的土地使用也受到诸多限制。一是土地资源短缺。根据第一次全国农业普查资料显示，1996年底北京市耕地面积为34.39万公顷，同1992年相比减少了6.44万公顷；2015年北京市耕地面积降至21.93万公顷，同1996年相比，减少了12.46万公顷。[①]同样，《北京统计年鉴》也体现了这种农地面积不断减少的趋势。2009年北京农作物播种面积共32万公顷，而2018年仅有10.6万公顷，直接减少了66.8%。二是农村规划滞后，多规合一尚未实现。目前北京一些农村地区的规划尚在编制中，有的虽然已经有了规划，但内容多涉及基础设施的建设、公共服务水平的提高等方面，对农村产业发展的统一规划较少。由于重视程度的不足，农村地区的产业布局相对分散，利用强度较低，增收效益不明显。同时，最为严峻的是，北京农业资源区划工作长期重视不够，对于未来农业产业布局优化尚无资源本底数据，更无全市农业资源区划支撑，处于科学依据缺失阶段。

2. 农村产业发展方向不明，"旧产业离京"与"新产业离村"并存

随着"疏整促"、"大棚房"整治以及新版国土空间规划的推进，北京市产业结构进入了转型调整期，传统物流业、生产加工业、制造业、仓储业等陆续疏解腾退出京；受生态保护、耕地保护、疏解腾退养殖等政策的影响，农业产值下行压力较大，农业结构调整任务艰巨，一些传统农业经济业态调整退出后，农村内部尚未形成新的主导产业发展模式。在供需关系不断发生动态变化的市场经济下，乡村缺乏有效的市场定位和资源分析，产业和产品在区域中的地域性和不可替代性尚未成形。以通州为例，2017年到2019年，全区第一产业增加值逐年减少，截至2019年，三次产业结构比例变为1.2∶39.9∶59，"疏整促"要求产业结构调整，本区产业转型过程举步维艰，乡土特色遭受冲击，由于缺乏科学有效的引导，未充分结合乡村自身的特色资源、地缘环境等实际情况，导致张家湾葡萄、西集大樱桃、果村芹菜等"有名无牌"，乡村属地产业链尚未形成。引进高端农业企业，发展创意农业、休闲旅游农业成为推进产业转型升级的新抓手，但高端农业在品种、技术、人才、装备和信息化上的投入成本较高，回收期较长，这类新兴业态仍需在一产领域"深耕细作"才能有所成效，新兴产业作为乡村振兴中美丽乡村建设的可持续发展动力尚待明确。

3. 城与乡、工与农的融合互动机制模糊，大都市郊区优势不明显

城乡融合发展是时代主题，也是破解"三农"问题的关键一招。北京在推进城乡融合发展的过程中，有举措、有行动。但是，以下问题仍需破解：一是城与乡的空间模糊，农村发展空间不稳定。无论是镇域规划还是乡村规划，均没有从空间上划分农村发展区域，直接导致城市发展过程中占据农村空间现象突出，农村保障自身发展空间缺乏规划依据。二是从生态涵养区划分、百万亩造林落地，充分体现了"乡"如何支持"城"的发展思路清晰、举措具体。但是"城"如何带动"乡"的思路未形成共识，更谈不上落地落实落细，农村发展靠"补贴"氛围浓重，缺乏以城带乡、以工补农的机制设计，农村农业为城市生活提供了丰富的生态产品，但是由于生态产品底数不清、标准不明、交

---

① 巩前文. 北京市农村经济供给侧结构性改革研究 [J]. 中国特色社会主义研究, 2017, 137（No.137）: 41-48.

易不畅，导致资源从乡往城以单向流动为主。北京作为大都市，对于生态产品的需求量旺盛，郊区作为优质农产品和生态产品的生产地，理应受到城市产业发展和功能拓展的带动大，成为城市科技创新的辐射地、城市居民周末假期的落脚地和传承优秀传统文化的承载地，具有得天独厚的发展优势，但是北京郊区仍然还在摸索，尚未展现出大都市郊区的优势。

4.农村基础设施和公共服务有明显短板，"宜居宜业"为时尚早

农村基础设施建设和公共服务水平较低，是影响农业农村现代化进程的关键问题。一是随着经济发展和乡村旅游业的繁荣，北京很多农村地区基础设施问题暴露出比较严重的问题。一方面，农村交通、供水、污水处理、环卫处理等问题突显。截至2018年底，北京市能够集中收集、处理生产生活污水的行政村占49.9%，农户中使用卫生旱厕、普通旱厕和无厕所的户数降低到16.5%，有电子商务配送站点的行政村2269个，仍有42%的村没有电子商务配送点。[1] 另一方面，休闲农业和乡村旅游业的相应设施大多是由农村原有的生产生活设施直接转化而来，难以满足经营者和消费者日益增长的需求。二是尽管近年来北京不断加大对农村建设的投入，公共服务水平和基础设施都有所改善，但教育、医疗卫生和文化短缺等问题依然突出。农村的教育资源匮乏，不少地区没有设立专门的幼儿园和小学，孩子就近上学问题难以解决，加之偏远农村交通不便，不少农户家庭为孩子的教育问题而搬离村庄。同时，据北京市统计局调查显示，截至2018年底，全市有卫生室的行政村共3035个，占比77.5%，但部分村庄即便有卫生室，实际上并没有医生，农村的卫生医疗问题得不到有效解决。乡村治理信息化、数字化和精细化水平不高，服务方式和管理机制创新不够，"三务公开"监督实效需要增强。农村领域12345市民服务热线诉求较多，解决率、满意率有待进一步提升。

5.农村老龄化、空心化问题突出，农业农村发展的优秀人才缺失

农村人才资源缺乏，是制约农业农村现代化发展的重要因素，也是当前农村发展面临的普遍问题。一是农村人口老龄化、空心化问题严重。根据第三次全国农业普查报告显示，2016年北京市从事农业生产的人员53万人，其中年龄在55岁以上的占比40.6%，比全国高出7个百分点，而仅有10%的人员在35岁及以下，农业生产劳动者整体年龄偏大。随着城镇化的推进，青壮年多选择进城务工或定居城镇，在全市3945个村级集体经济组织中，常住人口不足户籍人口一半的空心村有48个。二是农村留守人口受教育程度普遍偏低，缺少能带动农民发展的领头人。一方面，农村本身的基础条件不完善，农民受教育的机会较少，初中及以下学历人口占总人口的比重较大。加之劳动力人口老龄化、空心化现象严重，使得村内干部年龄普遍偏大，且受教育程度偏低，缺少创新型、知识型的青壮年劳动力人才。村"两委"班子中55岁以上人员占31%，高中及以下学历占比37.8%，农村基层党组织后继乏人。600个左右的村集体经济年经营性收入低于10万元，村级组

---

①《新中国成立70周年北京经济社会发展成就系列报告之三　城乡融合发展　农业走向现代——新中国成立70年北京"三农"发展综述》，北京市统计局网站，http://tjj.beijing.gov.cn/zxfbu/202002/t20200216_1633310.html.

织服务群众的能力不足。另一方面，北京市缺乏专门从事农业职业教育的机构，一些农村对劳动力人才的重视程度也不够，没能给他们提供良好的条件，对人才的吸引力不够，无法构建起专业的人才队伍，造成农村人才的短缺。

（二）独特的优势

1. 定位全国政治中心、文化中心、国际交往中心、科技创新中心，科技、资本、人才等现代化要素锐不可当

《北京城市总体规划（2016年—2035年）》明确，北京城市战略定位是全国政治中心、文化中心、国际交往中心、科技创新中心。虽然定位上未提经济中心，但改革开放以来，北京经济发展跑出了"北京速度"。1978年，上海GDP是272.81亿，北京GDP是108.8亿，北京的GDP总量还不及上海的四成。同年，北京的人均GDP为1257元，上海是2485元，北京只有上海的一半。到2020年，北京GDP已经相当于上海的93.29%，达到了史上最高水平。而北京的人均GDP达到16.49万元，已经反超了上海的15.56万元。

经济发展跑出北京速度的根源是拥有科技、资本和人才的优势资源支撑。首先，在科技创新方面，北京拥有最多的创新资源。北京有90多所高校，1000多家科研院所，120个国家重点实验室，68个国家工程技术研究中心，还有86万左右的在校大学生，以及2.5万家国家级高新技术企业。从质量上看，北京的创新资源更好一些，顶尖人才最好的学科和最佳的实验室有一半在北京，北京研发投入强度是6.17%，稳居全国首位。每年的国家科技成果一等奖和全国十大科技进展中，有大概一半是来自于北京。其次，北京拥有最丰富的优秀人才。根据第四次经济普查的数据，在北京城镇从业人员中，"白领"有844万，"蓝领"只有517万，"白领"占比达到62%，高于全国的39%、上海的43%。北京成为全国唯一一个在法人单位从业人员中，"白领"人口超过"蓝领"的。北京常住人口只占全国的1.5%，但"白领"却占到全国的5.5%。第三，北京社会资本得天独厚。2021年的《财富》世界五百强企业榜单公布，凭借着大量的中央企业，北京再度蝉联全球500强企业最多的城市。总部注册地或办公地在北京的世界500强企业达到60家，比2020年再增加了5家。这一数字超过粤港澳大湾区和长三角地区之和（总计48家），更是上海的6倍多（上海9家）。在"十四五"开局起步之年，北京市高标准推进国家服务业扩大开放综合示范区、中国（北京）自由贸易试验区建设，突出科技创新、服务业开放、数字经济特征，推动构建京津冀协同发展的高水平开放平台，以首善标准搭建立体化开放体系，融入和服务全国新发展格局。2021年9月，中央设立北京证券交易所，打造服务创新型中小企业主阵地，为北京的"两区"建设注入了新动力。

北京得天独厚的科技、资本、人才等现代化要素成为北京农业农村现代化建设的"资源库""靠山石"和"助推器"。进入新时代，在推进农业农村现代化建设过程中，全市的科技、资本和人才等现代化资源是"底气"，更是"力气"。

2. 最早发展都市型现代农业，农村经济、农民收入、市民参与走在前列

北京是全国最早提出并发展都市型现代农业的地区。1994年，北京市农研中心、

北京市城郊经济研究会在京台农业交流活动中，最早从台湾引入了都市型现代农业的概念，北京市朝阳、海淀等区率先发展了以多功能为特点的都市型现代农业，一批以朝阳区蟹岛、顺义三高、海淀锦绣大地、昌平小汤山为代表的农业科技园区纷纷兴起。2003年初，市政府工作报告正式提出大力发展都市型现代农业，确立了北京农业的发展方向。2004年北京市政府出台了《关于实施"221行动计划"推进北京农业现代化的意见》（京政农发〔2004〕7号），提出了都市型现代农业发展的目标。2006年北京市下发了《关于发展都市型现代农业政策的意见》，十几年来，都市型现代农业向高端高效、绿色生态、精致融合的方向发展，也带动农村经济发展、农民收入增加和城市居民参与。首先，农村经济和农民收入同步提升。北京农林牧渔业总产值从1952年的2.5亿元，增长到2018年的296.8亿元。2018年，农村居民人均可支配收入达到26490元，相比1956年，年均增长8.9%。农村居民家庭人均生活消费支出增加到20195元，农村居民人均住房面积提高到45平方米。其次，城乡互动加大，城市居民参与农业农村生产生活频繁。2019年，全市农业观光园948家，接待游客1538万人次，总收入为23.2亿元，接待人次和收入分别比2005年增长0.7倍和2.0倍；实际经营的民俗旅游户7354户，接待游客1920万人次，总收入为14.4亿元，接待人次和收入分别比2005年增长1.5倍和3.6倍。

农村经济和农民收入持续增长，为农业农村现代化建设奠定了物质基础，城市居民参与农业农村生产生活频度增加，为农业农村现代化建设带去了新理念、新思路和信息流，成为农业农村现代化建设的积极因素。

3.率先打破城市偏向的投资规则，农村基础设施投资体制改革勇立潮头

长期以来，在公共基础设施投资领域，形成了城镇基础设施财政管、农村基础设施农村管的格局。农村基础设施投资不足长期存在，历史欠账较多。对于北京来说，率先打破了城市偏向的投资规则。2002年底，党的十六大提出了"统筹城乡经济社会发展"的指导思想。北京市委、市政府明确将统筹城乡发展作为农村工作的总体方针。2003年北京市级财政投资开始调整城乡投资比例，城市与郊区投资比例由8:2调整为6:4，我市建立了市委、市政府主管领导主持、各涉农部门领导参加的农村工作联席会制度，加强新农村建设和城乡统筹力度。

党的十九大以后，乡村振兴国家战略全面实施，北京率先加大农村基础设施建设，使北京郊区乡村面貌焕然一新。从2018年起，北京市实施美丽乡村建设三年行动计划（2018—2020年），启动"百村示范、千村整治"工程，全面开展"清脏、治乱、增绿、控污"，部署了农村厕所革命、生活垃圾治理、生活污水治理、绿化美化、"四好农村路"建设等系列专项行动。到2018年底，生活垃圾集中收集的行政村占比达99.8%，农村自来水普及率99.56%，生活污水集中收集处理的行政村占49.9%。农户使用水冲式厕所比例进一步提高，使用卫生旱厕、普通旱厕和无厕所的户数比例降低至16.5%，比2016年下降了4.3%。北京市还实施农村地区"煤改清洁能源"，截至2018年底，累计完成2963个村庄、约110万农户改造，供暖季减少散煤燃烧约400万吨。

北京在农业农村发展过程中，注重体制机制改革，打破传统农业农村发展的条条框框，不仅体现出发展好农业农村的决心，也体现出推动农业农村发展走在全国前列的恒心，展现北京农业发展的"首都榜样"，农村发展的"首都模式"，彰显首都农业农村现代化建设的"中国气派"。

四、新时代北京率先基本实现农业农村现代化的评价考核指标体系构建

依照北京农业农村现代化的内涵，构建北京率先基本实现农业农村现代化评价指标体系，重点是树立目标、指标规制、有序推进农业农村现代化建设，对具有首都特点的农业强、农村美、农民富进行综合测评，选取的指标既要能全面反映农业农村现代化的实现目标，又要重点突出反映农业农村现代化的重点和难点，指标要精准、可衡量。

（一）指导思想和基本原则

以习近平新时代中国特色社会主义思想为指导，深入贯彻落实习近平总书记关于"三农"工作的重要论述，牢固树立新发展理念，以农业现代化、农村现代化、农民现代化和城乡融合为框架，全面构建北京率先基本实现农业农村现代化评价考核指标体系，为基本实现农业农村现代化提供发展方向指引和评价评估方法。

构建评价考核指标体系时重点遵循以下原则：

一是突出引领性。指标体系要能够代表农业农村现代化的最新发展水平，既要符合国际惯例和公众认知，又要注重北京市率先基本实现农业农村现代化的探索性和特色性。

二是突出系统性。依托农业农村现代化的深刻内涵和北京市乡村振兴的战略目标，构建系统性一级和二级指标体系，确保能从不同侧面、不同角度系统反映农业农村现代化建设水平。

三是突出科学性。选取的指标既要有理论基础和政策依据，又要兼顾不同区域资源禀赋、发展水平等实际情况差异，指标体系中三级指标群相对灵活设置，考虑对国内其他地区的可复制、可推广、可借鉴。

四是突出实用性。选择的指标要"少而精"，均为具有较强代表性、针对性、延续性、可操作性的关键指标，指标间既存在联系、互相印证，又彼此独立、避免交叉，确保监测评价简便易行、务求实效。

（二）评价框架和指标设置

基于北京市率先基本实现农业农村现代化的核心内涵和时代愿景，结合北京郊区农村发展阶段和城乡居民对农业农村现代化的诉求，从美丽乡村、活力乡村、富裕乡村、幸福乡村4个一级指标、11个二级指标和15个三级指标共同构成北京率先基本实现农业农村现代化评价指标体系（表1）。

表 1　北京基本实现农业农村现代化评价指标体系

一级指标	序号	二级指标	序号	三级指标	指标说明	指标计算	指标属性
美丽乡村	1	生态和谐	1	村庄环境自主监测能力	反映村庄自身环保意识和环保自主能力状况	具有水、土、气自主监测能力的村庄占比	预期性
			2	碳中和能力	反映村庄生态保护、生态修复能力和水平	村庄二氧化碳抵消净值（或零碳村庄比重）	约束性
			3	非生物能源使用率	反映农村能源结构优化，引导低碳能源使用	风能、太阳能等非生物能源使用量占比	约束性
	2	乡风文明	4	乡村社会治安案件发生率	反映乡村社会稳定，村民安全感强	社会治安案件数×10000/乡村总人口	约束性
活力乡村	3	产业兴旺	5	农业标准化水平	反映农业机械化水平、农产品和服务市场化水平	按照技术、管理、产品标准生产的农产品或服务占比	约束性
			6	高值农业产值占比	反映首都未来农业发展要体现"高值"（高产值、高收益、高利润）	高值农业（观光休闲农业、蔬菜水果种植、种业）产值/农业总产值	预期性
			7	农业科技进步贡献率	反映农业产业链的科技含量	农业科技进步率/农业总产值增长率	约束性
	4	人口活力	8	人口活力指数	综合反映农村人口数量、素质、结构和流动情况	农村人口增长率×02+（15—64岁）人口占比×03+人均受教育年限×02+一产就业人数占比×03	预期性
	5	大众传播	9	村5G通信网络覆盖率	反映农村融入信息社会的广度和深度	覆盖5G通信网络的村/村庄总数	约束性
富裕乡村	6	经济宽裕	10	城乡居民收入比	反映农村居民的收入水平和收入公平感	城市居民可支配收入/农村居民可支配收入	预期性
	7	事业发展	11	职业农民占比	反映农业不再是"谋生"手段，而是"事业"载体	获得职业资格的农民数/农民总数	预期性
幸福乡村	8	社会参与	12	农民社会、经济与政治参与度	综合反映农民在乡村生产生活中的主体地位	农民社会、经济与政治参与平均满意度（调查获取）	预期性
	9	公共服务	13	农村社会化服务水平指数	深度反映农村生产、医疗、教育、养老综合保障水平	人均财政投入农村生产、医疗、教育、养老增长率	约束性
	10	生活水平	14	农村居民恩格尔系数	反映农村居民生活水平，重点是物质文化的满足水平	食品消费支出/生活消费总支出	约束性
	11	生活质量	15	农民人均健康寿命	反映农村居民健康水平和生活质量水平	人均寿命中减去"需要依赖日常性的、持续性的医疗和照料护理而生存的年数"	约束性

（三）指标解释

北京率先基本实现农业农村现代化评价指标体系由美丽乡村、活力乡村、富裕乡村、幸福乡村 4 个一级指标、11 个二级指标和 15 个三级指标共同构成。

1. 美丽乡村

美丽乡村兼具外形美和内在美。无论是中国共产党十六届五中全会提出的"生产发展、生活富裕、乡风文明、村容整洁、管理民主"社会主义新农村建设，还是党的十九大提出的"产业兴旺、生态宜居、乡风文明、治理有效、生活富裕"乡村振兴战略，均以内外兼修的视域塑造美丽乡村的愿景。因此，在指标选择上也体现出乡村的外在美和内在美。乡村的外在美，不仅仅体现在"墙白"①"村绿"上，更为重要的是生态和谐。自然生态系统内部、人与自然之间均要追求和谐，追求适度"墙白""村绿"，才能"景美"。

在具体指标上，选择"村庄环境自主监测能力"、"碳中和能力"和"非生物能源使用率"三个指标表征"生态和谐"，选择"乡村社会治安案件发生率"来表征"乡风文明"。特别说明的是，"村庄环境自主监测能力"揭示的是"授人以鱼不如授人以渔"，帮助村庄建立环境自主监测体系后，村庄的生态环境意识和生态环境保护都会显著增强，形成持续存在的良好村庄环境；"碳中和能力"主要反映的是村庄的碳排放和碳吸收两个方面，少排放、多吸收促进碳中和能力提升，体现了农村生产生活碳排放做"减法"、生态产业碳吸收做"加法"的综合成果；"非生物能源使用率"反映了农村能源结构优化，不断增加对清洁能力、低碳能源的使用，全面影响农村的生产、生活、生态。

2. 活力乡村

虽然从世界经济发展的一般规律看，工业化和城镇化一般都伴随着农业萎缩与农村凋敝的发生，但是工业化和城镇化后期是否放任农业萎缩和农村凋敝，还是重视农业发展和农村繁荣？中国的态度非常明确：乡村振兴，拒绝农业萎缩和农村凋敝。乡村有活力，乡村振兴才有基础。活力乡村离不开"人"的因素，而农村"空心化""老龄化""躺平化"已成不争的事实。乡村要吸引人，产业是基础、收入是关键，这也是产业振兴位居乡村振兴之首的原因。除了产业兴旺以外，农村人口的活力是乡村产业发展、农村生活气息的重要保障。同时，农村居民的信息获取能力是提高农民社会资本的关键举措，无论是支撑就业创业，还是紧握时代脉搏，都是重中之重的关键因素。为此，选择"产业兴旺""人口活力""大众传播"来支撑"活力乡村"的实现。

在具体指标上，"产业兴旺"重点从农业现代化方面选择指标，主要选取"农业标准化水平""高值农业产值占比""农业科技进步贡献率"三个具体指标。"农业标准化水平"直接关系到农业机械化水平、农产品和服务市场化水平，农业生产和服务如果按照技术、管理和产品标准化生产，农业机械就可以全面展开，农产品的市场交易就可以分层定价（如绿色、有机）；北京的农业自然资源基础决定了农业发展要有自己的特点，那就是要

---

① 实现城乡一体化，建设美丽乡村，是要给乡亲们造福，不要把钱花在不必要的事情上，比如说"涂脂抹粉"，房子外面刷层白灰，一白遮百丑。不能大拆大建，特别是古村落要保护好。——习近平：建设美丽乡村不是"涂脂抹粉"，中国城市低碳经济网［引用日期 2013-07-23］

走"小众化、高端化",体现"高值"(高产值、高收益、高利润)。北京在高值产业选择上,应重点统计观光休闲农业、蔬菜水果种植和种业产值。同时,也要突出科技农业,让首都农业受益于科技创新优势。"人口活力"选择"人口活力指数"指标,这是个复合指标,综合反映农村人口数量、素质、结构和流动情况。"大众传播"选择"村5G通信网络覆盖率"指标,反映农村居民信息沟通的便捷性和信息处理能力的提升,最终提升农村居民的时代性、融入性和社会资本总量。

3. 富裕乡村

进入21世纪后,我国农民增收形势好,曾有多年的增长速度接近10%,不仅农民高兴、社会和谐,而且经济社会大局也呈现出繁荣景象、消费旺盛。国家变化快,百姓分享到了改革开放和稳定发展的好处。相反,我国改革开放以来也经历过农民收入增长低迷徘徊时期,社会矛盾加剧,经济社会工作被动,这也让很多人难忘。因此,农业农村现代化离不开农民收入的有显示度的增长,所谓"有显示度的增长"就是农民收入增长速度进一步提高,超过城镇居民收入增长水平,从而降低城乡居民收入比,缩小城乡居民收入差距,让在乡村工作的人员拥有具有竞争力的收入水平,杜绝光靠情怀干农业。同时,要把从事农业干成事业,农业相关产业由职业农民从事,使职业农民具有较高的收入获得感、职业成就感和价值实现感,吸引年纪轻、素质高、情怀深的人才在农村扎下根,成为农业农村现代化的推动者、践行者和实现者。

4. 幸福乡村

实施乡村振兴战略,坚持农民主体地位,建设美丽乡村,是满足人民日益增长的美好生活需要在乡村发展中的根本体现。建党百年以来,中国共产党始终不忘初心、牢记使命,始终把人民的利益放在首位,把农村的发展扛在肩上,把农民的幸福记在心上,始终把解决"三农"问题摆在政府工作的首要位置。无论是过去"千方百计"谋求发展,还是"千村千面"差异发展,最终都要体现在老百姓的认可上,幸福乡村建设是落脚点,正所谓"小康不小康,关键看老乡"。农民居民的幸福感来源于自身的满足感、安全感,至少包括公共服务要优、生活水平要高、生活质量要好、社会参与要强。因此,在具体指标选取上,以"农民社会、经济与政治参与度"表征"社会参与",以"农村社会化服务水平"测度"公共服务",以"农村居民恩格尔系数"客观反映"生活水平",以"农民人均预期寿命"主观反映"生活质量"。

五、新时代北京率先基本实现农业农村现代化的评价与考核

在构建的指标体系基础上,形成北京率先基本实现农业农村现代化的评价综合指数。

(一)评价指数构建与计算方法

1. 指标数据处理

指标体系内各指标的绝对数物理意义不同,导致数据的量纲不同。在统计学中,不同量纲的数据不能直接进行比较。本文指标采用离差标准化(Min-max normalization)对数据进行无量纲化处理:

若评价指标为正向指标，则

$$x_{ij}^* = \frac{x_{ij} - m_j}{M_j - m_j} \times 100 \tag{1}$$

若评价指标为逆向指标，则

$$x_{ij}^* = \frac{M_j - x_{ij}}{M_j - m_j} \times 100 \tag{2}$$

式中，x_{ij}^* 表示无量纲化处理后的数值；$M_j = max\{x_{ij}, ..., x_{nj}\}$；$m_j = min\{x_{ij}, ..., x_{nj}\}$。

2. 指标权数确定

在北京率先基本实现农业农村现代化评价计算过程中，各指标要素权重的确定是事关评价考核的关键。本报告评价指标体系的权重确定采用客观赋权法中的熵权法确定评价指标权重 w。

熵权法是一种根据指标变异性大小确定客观权重的方法。

设 $X_{ij} = (i = 1, 2, ..., n; j = 1, 2, ..., m)$ 为 i 个评价对象中第 j 项评价指标的评价值。对于给定的 j，X_{ij} 的差异越大，该项指标对被评价对象的比较作用越大，其权重也就越大。熵权法确定评价指标权重分为四个步骤：

第一步，将各指标同度量化，计算第 i 项指标下第 j 项参与度指标值的比重 P_{ij}：

$$p_{ij} = b_{ij} / \sum_{j-1}^{m} b_{ij} \tag{3}$$

第二步，计算第 i 项指标的熵值 e_i：

$$e_i = -k \sum_{j=1}^{m} p_{ij} \ln p_{ij} \tag{4}$$

令 $k = 1/\ln m$，则：

$$e_j = -\left(\frac{1}{\ln m}\right) \sum_{j=1}^{m} p_{ij} \ln p_{ij} \tag{5}$$

第三步，计算第 i 指标的差异性系数 g_i：

$$g_j = 1 - e_i \tag{6}$$

熵值越小，指标间差异性越大，指标就越重要。

第四步，定义评价指标 ω_j：

$$w_j = g_j / \sum_{j=1}^{n} g_j \tag{7}$$

计算得到指标权重。

3.指数计算模型

北京率先基本实现农业农村现代化评价指标的计算，在确定各评价因子权重的基础上，采用线性加权求和法。计算公式为：

$$I_n = \sum \omega_i x_i \qquad (8)$$

其中，I_n 为第 n 年农业农村现代化评价指标；x_i 为一致化后的第 i 个无量纲指标；ω_i 为第 i 个无量纲指标的权重。

（二）适用范围与条件配备

构建形成的北京率先基本实现农业农村现代化评价指数可用于市级层面、区级层面和乡镇层面，综合评价农业农村现代化发展水平，评价的适用性主要取决于数据的可得性。

课题负责人：刘军萍

课题组组长：陈奕捷、巩前文

课题组成员：吴国庆、张颖、李敏、刘丹、杨文杰、富姗姗、魏晖、刘宏森、赵华、陈茂玲、何知瑾、冯桐

紧扣首都特点推进超大城市乡村振兴

北京既是首都，也是超大城市，集都与市、城与乡一体，融古与今、中与外于一身，除了具备"大城市、小农业""大京郊、小城区"的空间特点外，还具有显著的首都"四个中心"城市战略定位、超大城市发展规模、疏解非首都功能政策导向、首善之区高标准要求等鲜明特点。推进北京乡村振兴战略，必须坚持高站位、大格局、广视野、新举措，紧扣首都特点，实现乡村振兴战略与首都城市战略定位有机结合，真正走出一条具有首都特点超大城市乡村振兴之路。

一、紧扣首都"四个中心"城市战略定位这个特点，充分体现首都乡村振兴的独特要求

根据《北京城市总体规划（2016年—2035年）》，北京城市战略定位是全国政治中心、文化中心、国际交往中心、科技创新中心。实施北京乡村振兴战略，必须坚持和体现"四个中心"的城市战略定位，推进农业农村优先发展，率先基本实现农业农村现代化，实现乡村高质量发展。

在政治中心建设上，要将乡村地区纳入支撑国家政务活动的重要空间进行规划布局，使京郊乡村成为国家政务活动的重要场所。随着中华民族走向伟大复兴，作为大国首都，其政治中心不应只局限在中心城区，而应当放眼广阔的郊区乡村，从更高的政治站位上、更广的空间布局上，有针对性地选择合适的乡村地区，将其规划建设成为承载国家政务活动的重要场所，尤其要从大国首都政治发展出发，加强特色小城镇、美丽乡村、家庭农场、合作农场、农业公园等高质量建设，使之成为国家政务活动的重要备选场所和大国外交主场活动的重要选择区域。要适应乡村建设政务活动与外交活动场所的需要，着力践行绿色发展理念，进一步加强乡村特别是生态涵养区的生态文明建设和公共服务建设，将乡村建设成为国际一流的和谐宜居之都的后花园、会客厅、度假村、休闲地。要从保障国家政务活动的高度，推动京郊农业农村高质量发展，深化农业供给侧结构性改革，明确提出和大力发展京郊全域生态有机农业和优质农产品加工业，提高休闲农业和乡村旅游发展的质量和水平，为国内外友人以及广大市民提供安全优质的农产品供应和绿色生态服务产品。

在文化中心建设上，一是要将北京市推进"一核一城三带两区"（一核：以社会主义核心价值观为引领建设社会主义先进文化之都；一城：北京老城区；三带：大运河文化

带、长城文化带、西山永定河文化带；两区：公共文化体系示范区、文化产业发展引领区）为重点的全国文化建设的总体框架和布局与乡村文化振兴有机结合起来，以"一核一城三带两区"引领乡村文化建设，以乡村文化充实"一核一城三带两区"建设。二是要在乡村文化建设中突出北京古都文化、红色文化、京味文化、创新文化基本格局的特点和要求，在传承和创新京郊乡村文化中体现古都文化、红色文化、京味文化、创新文化的底蕴和魅力。三是要将国家文化中心建设的相关重大项目向京郊乡村地区进行系统规划布局，使乡村发展成为承载和展示国家文化中心的重要场所和窗口，从而彰显中华农耕文明的独特魅力，增强中华文化自信。可以选择若干特色小镇建设体现国家文化中心建设水准的文化小镇、艺术小镇、电影之都、音乐之都、创新之都，以及各具特色的乡村文化馆、乡村博物馆、乡村艺术馆等等，增强乡村美学观念，推进京郊乡村艺术化，建设百花齐放的京郊艺术乡村。四是要在乡村地区规划建设体现中华优秀传统文化、革命文化、社会主义先进文化的文化产业和文化事业。充分挖掘和利用京郊乡村农耕文化的宝贵资源，推动优秀乡村文化实现创新性发展、创造性转换，使源远流长的中华乡村文化成为首都文化中心建设的重要组成部分。五是要着力加强京郊传统古镇、传统古村落以及历史文化名镇、名村的保护，坚决杜绝对乡村的建设性破坏。大力推动数字乡村文化建设，实现"文化＋农业""文化＋乡村"的有机融合，使京郊都市农业、乡村田园风光充满中华文化特色。六是要将高等院校、科研院所、卫生体育、健康养老等机构和产业向郊区乡村进行规划布局，高标准规划建设一批位于京郊乡村青山绿水间的大学城、蓝天白云的体育城和体育小镇、鸟语花香的智库小镇和康养小镇，等等，不断提高乡村教育文化水准和道德文化水平，全面提升乡村居民的总体文化素养和现代文明素质。

在国际交往中心建设上，发挥京郊乡村所具有的自然田园风光和悠久传统文化的独特魅力，将京郊乡村规划建设成为可承担重大国际交往活动的重要舞台，实现官方与民间国际交往活动的互促互补、相得益彰。重点是要在京郊乡村合理选址，高标准规划建设国家外交外事活动区、国际会议会展区、国际体育文化交流区、国际科技文化交流区、国际乡村旅游区、国际组织集聚区等国际交往活动场所。在新的起点上，进一步扩大乡村对外开放力度和体制改革力度，使京郊乡村成为中国向世界展示大国首都改革开放与农业农村现代化建设成就的重要窗口和度假旅游胜地。

在科技创新中心建设上，一是要将乡村规划建设成为科技研发基地以及科技应用示范区，促进中关村科技城、怀柔科学城、未来科学城建设、亦庄经济技术开发区建设与乡村振兴战略有机结合，特别是在"三城一区"建设上，要切实改变大型科技项目建设与乡村建设两张皮现象，真正实现大型科技项目建设与乡村振兴战略实施有机结合起来，通过大型科技项目建设带动乡村的建设和振兴。二是要以中国平谷"农业中关村"建设为标杆，大力发展农业科技，强化农业科技的研发与利用转化。推动"农业＋科技""乡村＋科技"的融合发展，建设智慧生态农业和智慧乡村，为北京率先基本实现农业农村现代化插上科技的翅膀。以京瓦农业科技创新中心为重要支点的农业中关村建设，在规划建设中既要突出自身的农业科技攻关发展，也要以农业科技发展为牵引力带动周边乡村的建设与振兴。

三是要加快数字乡村建设，打造数字乡村先行区。加强数字农业新基建，全面部署和大力投入数字化农业装备建设，规划建设北京数字农业展示推介中心，集全国农业优质信息化企业资源优势，打造世界数字农业总部。四是要辩证地看待科技对生态环境、食品安全、社会伦理等方面带来的挑战与问题，以便使科学技术的进步更好地造福于社会和广大人民群众。五是要适应京郊科技创新中心建设的需要，规划建设科学小镇、科学家小区等，培育乡村的科学精神，推进科技发展与乡村振兴相结合，为广大科技工作者提供宜居宜业的优良生活环境，带动和提升京郊乡村建设的科学含量和科技品位。

二、紧扣超大城市发展规模这个特点，率先实现城乡融合发展

作为2000多万人口的超大城市，北京具备率先实现城乡融合发展的基本条件和责任担当。

一要率先实现城乡基本公共服务均等化。要围绕北京"四个中心"的城市战略定位向乡村拓展和延伸的战略需要，加快实现城乡基本公共服务的均等化。必须着力优化财政支出结构，切实落实土地出让收入用于农业农村的比例，进一步加大公共财政对乡村基础设施、公共服务设施以及教育、就业、医疗、养老等基本公共服务的投入力度，加快缩小城乡基本公共服务差距，补齐乡村基本公共服务短板，尽快全面实现城乡基本公共服务的一体化和公共服务的城乡顺利接转。要高度重视乡村人口老龄化问题，着力推行免费教育、免费医疗以及高水平的养老服务等普惠性公共政策，全面提升乡村社会福利和民生保障水平，促进城乡共同富裕。

二要率先实现城乡要素平等交换与自由双向流动。加快打破城乡双重政策壁垒，深度破除城乡二元结构，深化农村集体产权制度改革、农村土地制度改革、农村宅基地制度改革，加强城乡一体的制度建设，使城市的人才、资金、知识、技术、管理、信息等要素顺利进入乡村，广泛而有序地参与乡村建设和乡村振兴；同时要使乡村的土地、劳动力等要素平等融入城市建设，公平参与城市化进程，加快形成城乡一体、功能互补的新型工农城乡关系。

三要率先构建新型集体经济发展的政策体系和新型集体经济组织有效的治理机制。要从实现共同富裕的战略高度，加快构建适应市场化、法治化、城镇化和城乡一体化发展的新型集体经济发展的政策体系，发展壮大新型集体经济。要根据特别法人的要求，加强新型农村集体经济组织的地方立法与建设。要像重视抓基层党组织建设那样重视抓集体经济组织建设，像重视国有企业改革发展那样重视集体企业的改革发展，像维护和保障国有企业员工权益那样维护和保障集体经济组织和集体企业员工权益。参照农业农村部颁发的《农村集体经济组织示范章程》的规定，建立健全新型集体经济组织的治理机制，强化对集体资产的监督管理，维护和发展农村集体和农民的财产权益。

三、紧扣疏解非首都功能这个特点，主动谋划乡村承接疏解功能的建设

一要充分认识乡村振兴面临的重要挑战与历史机遇。疏解北京非首都功能是推动京津冀协同发展的"牛鼻子"，既对乡村发展提出了挑战，也给乡村带来了宝贵的发展机遇。

京郊乡村应当在疏解北京非首都功能的战略机遇中率先实现全面振兴。我们既要高度重视北京城市副中心、河北雄安新区在疏解北京非首都功能的集中承载地作用，也要高度重视京郊乡村可以作为北京非首都功能疏解的广阔而重要的承载地。为此，要按照"一核一主一副、两轴多点一区"的城市空间布局要求，主动谋划和规划京郊乡村承接中心城区功能的对外疏解功能。京郊乡村要在主动承接中心城区功能疏解中实现乡村振兴。

二要有序规划与落实京郊乡村承接中心城区功能疏解的重点任务与发展定位。中心城区是疏解北京非首都功能的主要地区，郊区乡村则是承接中心城区功能疏解的重要承接地区。要正确处理中心城区的减量发展与郊区乡村适度增量发展的关系，改变"一刀切"的思维方式和工作方式，实事求是地细化各项具体工作。比如，怀柔等地可以承接更多的国际会议和交流功能，成为辅助中心城区的国际交往的重要场所；密云等地可以承接国际组织以及科研院所功能，成为支撑国家发展的重要智库基地；延庆等地可以承接文化体育功能，成为文化体育活动中心和旅游休闲区；昌平等地可以承接高等院校等教育培训功能，建设若干大学城，等等。

三要顺应逆城镇化发展趋势，助推乡村振兴。逆城镇化是城镇化高度发展后的新趋势，北京的逆城镇化为乡村振兴提供了新的能量和发展机会，要加强逆城镇化的调查研究和政策制定工作，使逆城镇化与小城镇建设、美丽乡村建设有效结合起来，从而借力助推乡村的全面振兴。特别是要顺应疏解北京非首都功能和逆城镇化趋势，大力加强京郊特色小城镇建设，着力规划建设企业总部小镇、国际组织小镇、科研大学小镇、文化体育小镇等特色各异的小城镇，改革小城镇管理体制，使特色小城镇既有能力承接首都中心城区疏解的功能，又能助推京郊乡村的全面振兴。为此，必须全面深化改革开放，为乡村的发展注入新的活力与动力源泉。

四、紧扣首善之区高标准这个特点，率先实现首都乡村善治的目标

北京是首善之区。所谓首善之区，就是治理得最好的地方。推进北京的乡村治理现代化，就是要坚持首善标准，率先实现乡村善治。

一要加强乡村组织建设，以组织振兴引领全面振兴。构建以党组织为核心，村民自治组织、集体经济组织、其他经济组织、各类社会文化组织共同发展的组织振兴格局。首先要加强党组织建设，使基层党组织成为乡村治理坚强的领导核心。其次要加强村民自治组织建设，推进村民自治的制度化、规范化、精细化，保障村民群众依法当家作主。再次要加强农村集体经济组织建设，发挥集体经济组织在乡村振兴中的积极作用和乡村治理中的独特功能，特别是要重点加强乡镇联社建设，将乡镇联社建设成为乡镇区域的为民服务中心，为发展新型集体经济、实现共同富裕提供坚实的保障。农民专业合作社和其他经济社会文化组织也都要与时俱进加快发展。要进一步赋予农民更多的组织资源，使农民有序参与到经济、政治、社会、文化和生态文明建设等各类组织中去，保障和发挥农民群众在乡村振兴和乡村治理中的主体作用。

二要健全党组织领导下的自治、法治、德治相结合的乡村治理体系。要适应城市化发

展和乡村振兴的现实需要，坚持党建引领，创新基层治理体制机制，深化"接诉即办"工作机制和办法，强化"未诉先办"服务能力建设，提高维护社会公平正义和群众切身利益的能力与水平，着力建设服务乡村和公正乡村；不断创新村民自治的有效实现形式，推进村民自治的规范化建设，保障村民民主权利，切实建设村民当家作主的自治乡村；贯彻落实《乡村振兴促进法》等法律法规，加大涉农法律法规的立改废工作力度，特别是要加快修订《北京市建设征地补偿办法》，加快制定《北京市乡村振兴促进条例》《北京市集体经济组织条例》等涉农地方立法，切实将各项涉农工作纳入法制轨道，加强党员领导干部和村民群众的法治教育，增强法治意识，着力建设有效维护乡村社会和谐与活力的法治乡村；加强乡村道德文化建设，彰显首都乡村文化的优势和特点，促进传统文化与现代文明交相辉映，努力建设京郊民风淳朴的道德乡村。

三要坚持惩恶扬善，营造风清气正的乡村社会政治生态。不断将全面从严治党和全面依法治国向乡村基层延伸，加强对农村干部队伍和集体资产的监督管理，把乡村基层权力关进制度的笼子里，严肃查处侵犯农民权益的"微腐败"，严厉打击侵害农民切身利益的违法犯罪活动，全面建设维护社会公平正义、保障农民基本权利的平安乡村、健康乡村、良善乡村、和谐乡村。

总体而言，推进具有首都特点的乡村振兴，必须紧扣首都的特点，全面创新首都乡村振兴的思想观念和工作方式，全面深化改革开放，改革和调整有利于推进具有首都特点超大城市乡村振兴战略的生产关系，创新体制机制，着力建设体现首都特点超大城市乡村振兴要求的"三农"研究智库，为首都乡村振兴提供智力支持。总之，在农业发展上，要拓展农业的多功能性，坚持质量兴农，实现京郊农业的全面升级；在农村发展上，要实施乡村建设行动，坚持绿色兴农，实现京郊农村的全面进步；在农民发展上，要尊重农民的主体地位，坚持权利兴农，实现京郊农民的全面发展。

执笔人：张英洪

推动北京农业农村高质量发展的关键领域

贯彻落实党的十九届五中全会和中央经济工作会议、中央农村工作会议精神，按照市委十二届十五次全会部署，谋划"十四五"规划和 2035 年远景目标，必须全面落实新发展理念，推动北京农业农村高质量发展，建议从以下四个关键领域高度关注、持续用力。

一、农业供给侧结构性改革要有新认识

党的十一届三中全会以后，北京农村改革发展红红火火，农业在全市发挥着重要的基础性作用。进入 21 世纪以后，农业农村的休闲旅游和生态环境建设逐步增强，在农民收入持续增长、农村基础设施和公共服务不断加强的同时，出现了耕地减少、农业产出下降的现象。北京进入疏解非首都功能、建设国际一流和谐宜居之都的新阶段之后，城市转型发展日新月异，但传统初级农产品生产和乡村集体经济的规模和效益一直呈下降趋势，虽然 2020 年的粮食播种面积和产量有所恢复，但"大城市小农业"的基本格局没有改变。

在新的情况下，应该如何推进农业供给侧结构性改革？关键是要适应新时代的新要求，用新的标准看待农业农村的价值和作用。不仅要看初级农产品产量质量和占 GDP 的份额，更要看农业农村在首都城市功能定位中的地位和作用。新版北京城市总体规划确定了首都的"四个中心"功能定位，从全市一盘棋的角度看，"四个中心"功能定位既是对城区的，也是对郊区的、对农业农村的。事实上，北京农业农村也具备参与"四个中心"建设的战略空间和基础条件。据市统计部门的数据，2019 年北京都市型现代农业生态服务价值年值为 3895.32 亿元，同比增长 1.5%；当年全市地区生产总值中，第一产业增加值 113.7 亿元，同比下降 2.5%。也就是说，如果简单地从 GDP 的角度看，农业农村的份额很小；但是如果从都市型现代农业对全市的支撑作用而言，其价值不仅高很多，而且呈逐年增长态势。从存量的角度进一步看，全市都市型现代农业生态服务价值的贴现值为 11237.26 亿元（同比增长 1.5%），所支撑的全市地区生产总值规模为 35371.3 亿元，增速为 6.1%。因此，北京农业供给侧结构性改革，要在推进都市型现代农业的多样性功能和一二三产业融合发展的进程中紧紧围绕并积极承担"四个中心"功能建设和"四个服务"的工作任务，大力发展文化创意、科技研发、旅游度假、休闲养老、国际交流等新型业态，在这些方面发力推进京郊农业供给侧结构性改革，市场广阔，需求巨大。

二、农村发展动能转换要有新思路

农村发展动能转换的内涵丰富，其中一个重要方面是从城市化单向驱动向新型城镇化和乡村振兴双轮驱动转变。

截至目前，北京农村发展的最大驱动力还是城市化。据北京市农村经营管理统计资料显示，到2019年底，北京市乡村集体资产总额8349亿元，其中很大部分来自于城市化地区征地拆迁的转化积累。关系首都发展大局的副中心建设、冬奥会残奥会筹办、棚户区改造、"三城一区"、"两区三平台"等重大举措继续在有效地促进农民增收和农村集体资产增加。但对农业和农村而言，这样的发展和增长是外力作用的结果，是被动的。尽管市、区两级对农业农村的政策扶持力度很大，但由于农村经济不能克服"瓦片经济"、公益岗位补贴、转移进城就业三把"双刃剑"的副作用，因而农村发展的内生动力不足。"瓦片经济"是农民和集体收入的重要来源，但"瓦片经济"也是影响农村经济结构进一步提档升级的主要制约，是京郊"大"而不优不强的重要原因。公益补贴直接提高了农民收入，但同时也造成了农民的兼业化和依赖心理，不利于城乡就业政策一体化。转移就业特别是进城就业，在提高农民工资性收入的同时也使农村的劳动力净减少，客观上加剧了乡村"空心化"。

增强农业农村发展的内生活力，实现从城市化、工业化的外力驱动型向新型城镇化和乡村振兴的双轮驱动型方式转变，是农村发展动能转换的基本要求。具体路径是，呼应农民老龄化、农村"空心化"对统一经营服务的迫切需求，完善以农户家庭承包经营为基础、统分结合的双层经营体制，普遍建立健全新型农村集体经济组织，培育农村自身的造血机能。

三、疏解整治促提升要有新突破

京郊村庄存在规模和分布的明显差异。100人以下的小村1563个，占40%；2000人以上的大村200个，占5%。虽然历史经验已经证明，"村村点火、户户冒烟"的发展方式难以为继，但现实中的很多政策和管理又都是以行政村为单位，客观上造成了管理效力的递减和发展的规模不经济，在"疏解整治促提升"专项行动中，征地拆迁和拆违治乱等"腾笼"力度较大，"换鸟"进程跟不上。

在农业产业不强、村庄分布不均、经营管理与科技人才不足的基础上，还要实现减量发展和高质量发展，困难和考验是空前的，客观上要求改变原来各自为政和资源消耗型的发展方式，真正将创新、协调、绿色、开放、共享的新发展理念贯彻落实，通过统筹发展推动高质量发展，通过跨村域的股份制联合，实现统筹空间产业布局、统筹城市建设与旧村改造、统筹集约利用集体建设用地、统筹政策集成机制、统筹经济组织体制架构，实施联村联营组团式开发。推动"疏解整治促提升"实现新突破。实践中主要存在乡镇统筹、片区统筹和项目统筹三种方式。

乡镇统筹将全市实行的"街乡吹哨，部门报到"改革、村账乡管、乡镇统筹集体经营性建设用地试点、乡镇综合执法平台建设等做法进一步制度化。同时，根据新版北京城市总体规划要求，以乡镇为单元，开展规划编制，组织规划实施。片区统筹是"50个重点村整治"和"一绿""二绿"改造等重大专项中探索形成的工作思路和方法。它是指以区域位置相近、地理特点类似、目标任务相同的同构区域为单元，综合运用规划、土地、经济等多种政策和技术手段，统筹推动项目建设与任务落实。项目统筹是根据重大项目的实施和落地要求进行的相关协调，与乡镇统筹和片区统筹存在着你中有我、我中有你的紧密联系，也是"疏解整治促提升"专项行动中可以采用的有效工作机制。

四、城乡融合发展要有新格局

北京作为国家首都和具有国际影响的特大城市，城乡差距依然存在，城乡居民收入差距有加大趋势。2005—2019年的14年间，农民收入增速低于城镇居民收入增速1个百分点。从调研看，城乡居民收入差距缩小的拐点还未到来。在农村文化、教育、卫生、交通、通信、商业等公共服务和基础设施等方面，"有没有"的问题基本解决以后，"好不好"的问题比较普遍，农民就业和社会保障水平较低。城乡结合部地区常住人口密度过大，基础设施建设滞后，公共服务不足，安全生产和综合治安隐患较多。

缩小城乡差距，需要在继续强化以工补农、以城带乡的基础上，分类促进村庄提升，补齐农村发展短板，促进北京城乡要素自由流动、平等交换，逐步形成工农互促、城乡互补、协调发展、共同繁荣的新型工农、城乡关系。分类促进村庄提升的基本思路：一是以集体土地建公租房为切入点，推动城乡结合部地区和"倒挂村"提升。公租房是集体产业，外来人口从各租住农户出来进入楼房以后，农民从集体租赁住房中获得的股份分红收入要与此前农户房租收入相当或接近；鼓励本地农户原址缩减宅基地面积、翻建改造住房。二是以城市化转型为重点，推动"三无"村和拆迁村的民生改善。按照城市街道运行管理标准，对道路、住房和市容环境进一步治理，该修的要修，该补的要补，该完善的要完善；不能将小问题拖成大问题，将个别问题演化成普遍问题。按照城市居民生活需要，对幼儿园、学校、医院、商业网点、水电气热和交通等公共服务，要拾遗补阙、尽量补齐，增强群众获得感。要认真有效地做好"农转居"过程中的就业和社保并轨，不存盲点，不留难点，做到"一个都不少"。统筹谋划"三无"村和拆迁村的集体资产经营管理问题，支持其发展适应城市化的集体产业，鼓励集体经济吸收新市民就业，真正让农民带着集体资产收益权融入城市。三是坚持新型城镇化和乡村振兴双轮驱动，带动传统村庄振兴。通过镇域范围的基础设施一体化、便利化，完善社会保障，提升基本公共服务，带动、促进传统村庄在功能上的城市化。既满足农民祖祖辈辈对城市生活的向往，也满足长期生活在城区的居民对农业形态、农村文化和山水林田自然景观的回归渴望。四是顺势而为、分类推动空心村发展。具备发展基础和活力、空心化程度较低的村，根据其资源禀赋，因地制宜促进特色产业发展。不具备基本条件、空心化趋势较明显的村，重点是改善人居环境，并引导、支持其村民在自愿基础上易地安置。处于上述情况之间，还不能明确判断趋势的空心村，要通过集成政策促进农民增收，并采取流动服务车、巡回医疗队、志愿者队伍等多种形式，改善公共服务，丰富其精神文化生活。

执笔人：曹四发

北京市农村地区便民服务现状与需求调查研究

近年来，随着北京市农村地区人居环境整治工作及美丽乡村建设的持续推进，农村地区便民服务事业取得长足发展，但生活类便民设施及服务水平与农村地区居民对美好生活的需求还存在一定差距。为进一步了解北京市农村地区生活类便民设施与服务的现状及问题，我们聚焦我市教育、医疗、养老、卫生环境、交通设施、文体娱乐、商业、金融、治理、日常生活等10类生活类便民设施与服务情况，在10个远郊区，选择27个乡镇54个行政村542个农户，开展问卷调查，了解农村居民对生活类便民设施及服务的满意度和需求，发现问题，提出工作建议。

一、基本情况

"十三五"时期，北京市城乡融合发展迅速，基础设施和公共服务均等化走在全国前列。"百村示范、千村整治"工程深入实施，村庄规划实现"应编尽编"。城乡供水一体化加快推进，"四好农村路"建设成果丰硕，农村地区"煤改清洁能源"工作成效显著，平原地区农村基本实现"无煤化"。乡村办学质量持续提升，基层医疗卫生服务体系不断完善，助残、养老设施和服务逐步健全。总体来看，农村地区生活类便民设施及服务供给水平与城乡融合发展水平同步较快提升。

目前，农村地区运营的养老机构214家、乡镇养老照料中心128家、乡镇敬老院135家，农村幸福晚年驿站483家，老年餐桌827家，农村邻里互助点试点300个。农村地区医疗卫生服务机构实现全覆盖，并配备乡村医疗卫生人员。公共厕所基本实现了三类及以上公厕全覆盖；生活垃圾得到处理的村庄达到99%以上，农村生活污水处理设施覆盖率达到50%以上。行政村综合文化室3369个，村综合文化室覆盖率达到97.2%。农村地区银行机构、保险服务和基础金融服务实现全覆盖。村级政务服务实现全覆盖，通信网络实现全覆盖。

二、满意度及需求情况分析

（一）便民设施与服务统筹推进，八成以上农村居民表示满意

近年来，北京市坚持以保障和改善农村民生作为优先方向，促进城乡公共服务均等化，加快补齐农村基本公共服务短板，农村居民生活环境和质量显著提升，广大农村居

民对生活类便民设施与服务的满意度相对较高。调查显示，总体满意度达到82.3%，其中农村治理、卫生环境、医疗等服务的满意度排在前三位，分别为95.5%、91.0%和87.2%。交通设施、日常生活、文体娱乐、养老等服务的满意度在80%—85%之间，商业、金融、教育等服务的满意度略低，在70%—80%之间。分区看，总体满意度由高到低排序依次为：顺义区89.04%、密云区86.10%、通州区83.37%、平谷区81.49%、门头沟区81.07%、大兴区79.30%、房山区79.02%、怀柔区76.23%、延庆区66.72%、昌平区63.04%。

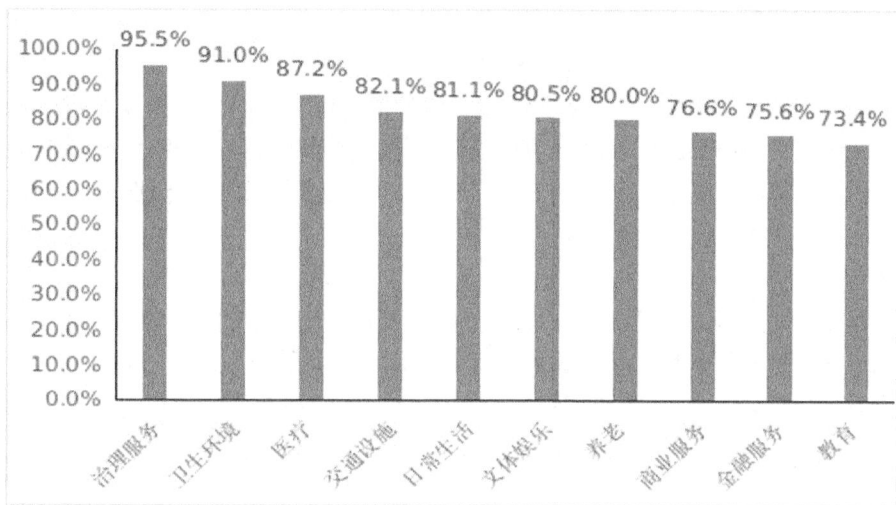

注：数值为非常满意与比较满意统计之和，再进行平均得出。

图1 北京市农村地区生活便民设施与服务满意度排序

1. 教育情况

调查显示，北京市农村地区教育类设施与服务满意度（非常满意与比较满意之和，下同）为73.4%，在被调查的10类便民设施与服务中满意度最低。从分项看，对公立或普惠性幼儿园满意度最高，为88.8%，对高中满意度最低为57.1%。从分区看，满意度最高的是怀柔区，为86%。近年来，怀柔区通过与市区中小学名校一体化办学，将名校优质教育资源辐射区内山区小学，受到了农村居民的普遍认可。

2. 医疗情况

医疗类设施与服务满意度达87.2%，在被调查的10类便民设施与服务中满意度排在第四位。从各分项看，对护士、病床位、药店的满意度较高，均在90%以上。从分区看，满意度前三的区分别是顺义区93.6%、通州区92.8%、密云区91.7%。

3. 养老情况

养老类设施与服务满意度为80.0%，在被调查的10类便民设施与服务中满意度排在第七位。60.4%的村设有老年活动中心（驿站），但多数只能为健康老人提供文化娱乐功能，缺少专业的养老护理人员。从分项看，满意度较低的是居家养老服务，为70.9%。仅有少部分地区提供了居家养老服务，其中，密云区"邻里互助点"模式及平谷区"医养联动"模式发挥了较好的作用。

4. 卫生环境情况

随着乡村振兴、新农村建设的逐步推进，我市不断加大对农村地区卫生环境类设施与服务建设的投入，取得了明显成效，为村庄安全、美丽、和谐提供了重要保障。调查显示，对卫生环境类设施与服务满意度总体较高，为91.0%。在被调查的10类便民设施与服务中满意度排在第二位。从分区看，满意度前三的区分别是通州区99.7%、房山区96.4%、顺义区95.5%。

5. 交通设施情况

交通类设施与服务满意度达82.1%，在被调查的10类便民设施与服务中满意度排在第四位。在调查样本村中，村村通公交已全部实现，村庄道路硬化率及路灯覆盖率均达100%。从分项看，被调查对象对路灯的满意度较高，达88.2%；对电动汽车充电桩满意度最低，为76.1%，仍有优化改善空间。从分区看，满意度前三的区分别是通州区85.65%、昌平区71.84%、大兴区77.37%。

6. 文体娱乐情况

文体娱乐设施与服务满意度为80.5%，在被调查的10类便民设施与服务中满意度排在第六位。北京市农村地区文体娱设施覆盖率总体较高，综合性文化服务中心、文体娱场馆等能够基本满足村民日益增长的精神文化需要。从分项看，九成以上被访者对综合性文化中心、农家书屋、报纸杂志订阅等表示满意。从分区看，满意度最高的区为顺义区88.5%。

7. 商业服务情况

随着城乡融合发展水平不断提高，北京市农村地区经济社会迅速发展，农民不断创新经营业态，收入来源日益多元化，对商业类设施与服务的需求明显增加。总体来看，尽管目前农村消费市场网络在不断完善，但与农村居民日益丰富的消费需求相比还有待提升。调查显示，商业服务类设施与服务满意度为76.6%，在被调查的10类便民设施与服务中总体满意度排名靠后。从分项看，被访者对露天集市、公共浴室、快递网点满意度较高，对便利店、超市、餐饮、维修网点等满意度偏低。从分区看，满意度较高的区分别是大兴区83.8%、顺义区81.2%、门头沟区77.6%。

8. 金融服务情况

在调查样本村中，平均每村仅有0.45个商业银行网点，并以ATM机为主要载体，最具数量优势的大兴区村均商业银行网点数也仅有1个，ATM机1.5台。被访者对金融类设施与服务的满意度相对较低，满意的占75.6%，排在10类便民设施与服务满意度排名的倒数第二位。从分区看，其中满意度较高的分别是平谷区92.5%、顺义区92.1%、密云区91.9%。

9. 日常生活情况

调查显示，已有日常生活类设施与服务满意度为81.1%，在被调查的10类便民设施与服务中满意度排在第五位。从分项看，八成以上被访者对生活供暖、厨房燃料等表示满意，七成以上被访者对 4G、5G 网络表示满意。其中满意度较高的分别是平谷区 97.4%、通州区 96.2%、密云区 89.2%。

10. 治理服务情况

治理服务满意度在 10 类便民设施与服务中位居第一，达 95.5%，建设水平较符合农村地区经济社会发展的需要。调查样本村中，30.8% 的村有大学生村官，70% 的村有驻村干部，47.2% 的村有民间自治组织，50.9% 的村建立了乡村治理积分制，87% 的村有村居公益法律咨询和服务。此外，96% 的村有村级工作微信群，有效畅通了群众表达诉求渠道。从分项看，被访者对村务公开、村民意见建议反馈渠道、大学生村官及驻村干部基本零差评，凸显了农村居民对北京市乡村治理工作的极高认可度。近年来，不少地区也在提升治理服务质量上进行了诸多有益的探索，比如，北京怀柔实施"足不出村"办政务改革，为村民办事打通了"最后一公里"。

（二）便民设施与服务整体需求依然强烈

北京市农村地区便民设施与服务建设持续发力，在各个领域均取得了长足发展，农村居民的生活获得感、幸福感、安全感持续提升，但调查数据显示农村居民对生活类便民设施与服务整体需求依然强烈，需要政府持续优化完善生活类便民设施及服务供给，进一步提升乡村美丽宜居水平，满足农村居民对美好生活的需求。农村居民对调查的 10 类生活便民设施与服务的需求层次分明，其中卫生环境、日常生活、交通设施等服务的需求最强，都在 70% 以上，分别为 84.2%、74.6%、74.3%。医疗、农村治理、养老、文体娱乐等服务的需求居中，在 50%—70% 之间。商业、金融、教育等服务的需求最低，均在 50% 以下，其中金融服务需求为 38.3%，教育服务需求为 33.1%。

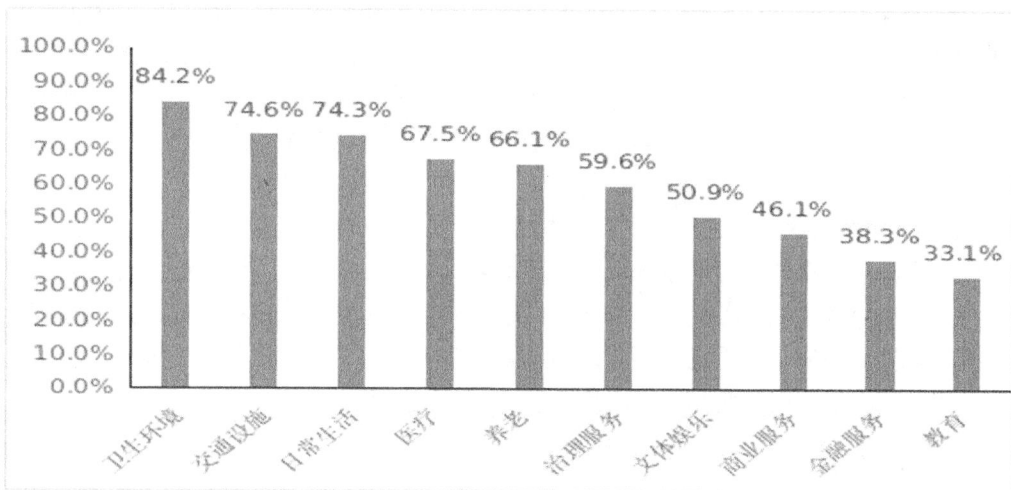

注：数值为非常需要占比，再进行平均得出。

图 2 北京市农村地区生活便民设施与服务需求排序

三、主要问题

（一）地区发展水平不平衡

北京要率先基本实现社会主义现代化，走在全国前列，最艰巨最繁重的任务依然在农村，最突出的短板依然是农业农村的现代化。由于各涉农区政策和经济实力的差距，区位和资源禀赋的不同，造成了农村各项社会发展存在较大的差异，便民服务设施与便民服务也存在不同的差异，调查发现十个区总体满意度与各单项满意度都存在较大的差距，总体需求度与各单项需求度也存在较大的差距，地区发展水平极不平衡。如大兴区魏善庄半壁店村，人口数量较多、经济条件较好，设施条件明显较好，而房山区史家营镇杨林水村、平谷区镇罗营镇核桃洼村等村地处深山腹地，人口较少、经济基础薄弱，其设施条件较为落后。

（二）农村基础公共设施建设有待加强

农村公共基础设施仍然存在短板，生活污水处理率比全市平均水平低 34 个百分点。虽然当前各村都已建有卫生室或卫生服务站，但部分村医疗设施简陋，药品不足。在调查的 542 户样本户中，76% 的样本户对电动汽车充电桩有需求，但只有 36% 的样本村设有充电桩。随着电动汽车越来越被大众接受，电动汽车下乡是大势所趋，未来对充电桩的需求将更加旺盛。

（三）农村公共服务水平有待提升

从调查情况看，部分村生活便民场地宽、设施多，但存在服务内容少、形式单一等问题。在基础教育方面，542 个样本户中，约 25% 的农户所在村有小学，但超过 60% 的农户希望村里有小学，超过半数农户对现有小学不满意。在医疗卫生方面，村内医护人员普遍年龄大、学历低，专业医护能力和水平明显不足，能提供的医疗服务不多，大病看不了，小病看不好，部分村民宁愿跑远路去区级以上医院排队看病，也不愿意在村里就医。在养老服务方面，有养老院的村占比非常低，仅为 9.6%，村均有 1.21 个护理人员，村民养老仍以居家养老为主，但所需护理人员严重不足，无法满足居家养老需求。

（四）农村便民服务智慧化程度有待提高

农村便民服务智慧化程度较低，建设数字乡村，加快构建便民服务的综合信息服务体系，建立便民服务普惠服务机制，推动乡村便民服务管理数字化还有待加强。规范化、智慧化的区域性便民服务体系尚未形成，涉及便民服务各部门的政策仍缺乏统筹，利用现代化、数字化手段建设智慧便民服务体系的水平还有待提高。

四、政策建议

（一）推动城乡融合发展，促进基本公共服务均等化

健全城乡融合发展的体制机制和政策体系，推动公共服务向农村延伸、社会事业向农村覆盖，健全全民覆盖、普惠共享、城乡一体的基本公共服务体系，促进基本公共服务均等化。推动优质教育资源向农村覆盖，支持农村地区普惠性幼儿园发展，改善提升义务教

育薄弱环节，统筹优质教育资源扶持乡村小学建设，完善教育教学资源共享机制。推动优质医疗资源向农村延伸，加强中心城区三甲医院与郊区医疗机构合作，强化农村基层医疗卫生服务全覆盖，在山区村开展常态化巡诊服务，丰富村卫生室药品目录，将符合条件的村卫生室纳入基本医疗保险定点医疗机构管理。完善城乡统筹的社会保障体系，完善城乡居民基础养老金和福利养老金正常调整机制，推广密云区"邻里互助点"、平谷区"医养联动"模式，破解农村养老难题；完善社会救助动态调整机制，调整最低生活保障家庭确认条件和救助标准，拓宽低收入家庭救助范围，探索支出型贫困家庭救助制度，提高兜底保障水平。

（二）加强基础设施建设，提升乡村公共服务供给能力

把公共基础设施建设重点放在乡村，坚持先建机制、后建工程，加快推动乡村基础设施提档升级，实现城乡基础设施统一规划、统一建设、统一管护。将农村人居环境整治提升作为基本公共服务事项，加大村庄公共环境整治力度，持续推进农村厕所革命、垃圾分类、污水治理、山区村庄清洁取暖改造。深化集团化办学改革，加强城乡一体化学校、农村薄弱学校建设，幼儿园空白乡镇至少办好1所公办园，保障偏远山区学前及低龄学段学生基础教育就近入学。支持乡镇卫生院和村卫生室改善条件，卫生室"空白村"全部消除。大力推动农村养老服务驿站、老年餐桌及农村邻里互助养老服务点等建设，切实满足农村居民养老需求。优化农村消费环境，完善区物流中心、乡镇物流站和村级物流点三级物流体系，支持连锁便利店、药店、金融网点等进农村，切实提升农村生活便利化水平。合理规划并建设公交站点和公交线路，增加农村公交车班车频次，保障村民出行便利。顺应推动电动汽车下乡趋势，按需增建电动汽车充电桩设施，补齐电动汽车下乡短板，拉动农村新能源汽车消费。

（三）加强人才队伍建设，提升乡村便民服务水平

加强乡村便民服务人才队伍建设，加强农村实用人才培养，完善人才入乡激励机制，推动职称评定、工资待遇等向乡村人才倾斜，推动城市教科文卫体等工作人员定期服务乡村。搭建社会工作和乡村建设志愿服务平台，支持和引导各类人才通过多种方式服务乡村便民服务。建立农村基本公共服务多元化供给机制，通过政府引导和市场竞争提升农村教育、医疗、养老等基本公共服务的效率和质量。加强农村义务教育阶段师资力量，注重专任教师人才培育和引进，市级中小学教师专业发展培训机会向乡村教师倾斜。优化乡村医生年龄结构，开展乡村医生岗位人员订单定向免费培养，增加乡村医生到城市医院培训、实习和交流的机会。完善以居家为主、集中为辅的农村养老模式，支持养老护理人员下乡进村，为居家老年人提供家政、家庭护理、精神慰藉等服务。

（四）提升乡村治理能力，完善乡村便民服务体系

在乡村治理中推广运用清单制，提升便民服务能力，通过设立公共服务事项清单、政务服务事项清单等，明晰便民服务职责，编制清单事项流程图，明确清单内容、运行流程、运行依据等，通过政府信息公开、印发流程图手册、村委会公示等途径，让村民心中有数、按图办事。创新"放管服"改革和"最多跑一次"改革向基层延伸的实践形式，为农民群众提供"一门式办理""一站式服务",推广怀柔区"足不出村办政务、打通村民办事最后一公里"典型经验做法。加快数字乡村建设,推动乡村治理智能化、智慧化,在经济实力较强、基础条件较好的地区,探索推进乡村治理数字化、政府管理数字化等平台建设,加快构建面向农村的综合信息服务体系,促进现代信息技术与乡村治理深度融合,学习借鉴浙江德清的数字乡村建设经验,以数字技术赋能乡村治理,提高便民服务效率。

课题负责人:于雷庆、曹四发

课题组组长:任荣 、杜力军

课题组成员:薄立维、陈雯卿 、刘景月

执　笔　人:杜力军、陈雯卿

面向乡村振兴的北京农民培训问题研究

为进一步做好农民培训工作，全面推动乡村振兴，北京市党的建设研究会、市委农工委、市农研中心联合开展了"面向乡村振兴的北京农民培训问题研究"课题。课题组赴海淀、昌平、怀柔等区进行了专题调研，与相关部门、各区承训机构代表进行了专题座谈，并对村干部、一产从业人员、农村转移就业人员进行分类问卷调查，共发放问卷2252份，其中发放村干部问卷379份、回收有效问卷372份，发放转移就业人员问卷921份、回收有效问卷886份，发放一产从业人员问卷942份、回收有效问卷891份。调研认为，当前我市农民培训工作需要紧扣首都乡村振兴工作全局，研判京郊"三农"发展形势，适应农民培训需求变化，更为精准地开展培训。

本研究针对的农民培训主要包括三部分：一是提升农民技能素质与就业能力的有关培训，包括以"发展现代农业，促进农民增收"为目标，围绕设施农业、生猪、蔬菜等"菜篮子"，乡村民宿，林下经济等富民乡村产业发展开展的经营管理、生产技能、专业服务等方面的职业技能培训；二是以提升转移就业质量为目标，围绕农村劳动力就业创业、城市公共服务、重大建设、重大活动，加强岗位所需的职业技能和综合素质培训；三是以提升乡村治理水平为目标开展的农村基层干部村级组织建设、村务管理、集体经济发展、美丽乡村建设等治理技能培训。

一、北京市农民培训的基本情况

（一）构建"一统三分"的培训工作体系

为深入贯彻落实习近平总书记关于推动乡村人才振兴的重要指示精神，贯彻落实中央有关决策部署，近年来，北京市加强党对乡村人才工作的全面领导，不断健全农民技能培训工作的机制，构建了"一统三分"（市级统筹、分工明确、分类组织、分级实施）的工作体系，形成了市委农村工作领导小组办公室统筹、市委组织部牵头农村基层干部培训、市农业农村局牵头新型职业农民培训、市人力社保局牵头农村转移劳动力培训，多部门分类组织、市区分级实施的农民技能培训工作机制。先后出台了《关于实施北京市新型职业农民激励计划的若干意见》《北京市新型职业农民培育三年行动计划（2018—2020年）》《关于加强和改进农民培训工作的指导意见》等文件，明确了"提升农村转移就业能力、提升农民增收致富能力、提升乡村治理能力"的三大目标，初步建立了以农民培训、农村劳动力转移就业培训、农村基层干部培训为主要内容的三大农民技能培训板块，积极完善农民训后扶持政策，农民技能培训工作更加体系化、制度化。

（二）形成富有区域特色的培训课程体系

在市各部门的组织推动下，各涉农区以富民产业为培育主线，围绕区域主导产业的提质增效和优势特色产业的三产融合，分级分类开展农民技能培训工作，初步形成了富有区域特色的培训课程体系。如，昌平区围绕草莓、特色蔬菜、林果、民宿、手工技能等特色主导产业开展系列培训，并将培训课程与技能就业紧密结合起来，形成了较好的经济效益与社会效益，2021年先后开展了4期草莓种植技术培训班、6期特色蔬菜种植农民培训班、12期民宿旅游接待服务农民培训班、14期农民手工技能提升农民培训班。平谷区聚焦农产品电子商务、大桃产业、乡村旅游和民宿发展需求，2021年全年开展了8589次农村实用人才培训，累计发放"桃标准化生产周年管理历"9万余份、《桃主要病虫害防控技术手册》4.5万册，下发张贴"果树病虫害防治指导"6000份。怀柔区针对民宿经济、乡村旅游与手工艺品融合创新发展开展专题培训班，为怀柔区观光休闲农业提档升级提供了人才培养。

（三）调动更多社会力量参与承训

通过"申报补贴""先培后补"等方式，将具备条件的农民专业合作社、涉农企业、相关行业协会，以及专业培训机构等社会力量与市场主体纳入政策性农民技能培训、农村劳动力转移就业培训范围，有效激发了培训市场活力，涌现出一大批立足产业振兴实效的农民培训优秀市场主体。如，"平谷区新农人讲师团"自行培育本土化讲师队伍，灵活采取现场培训、田间培训、微信培训、直播间培训等多种形式，累计培训果农4万多人次，建立互助卖桃机制，不仅提高了桃农的电商销售能力，还带领6000余位桃农通过电商卖桃增收。北京圣泉农业专业合作社针对城市阳台农业需求，开展系列阳台盆栽蔬菜培训，促进蔬菜品种的多样化，实现农民培训后增收率提高20%。北京龙湾巧嫂果品产销合作社为5个乡镇17个村的果农开展技术指导与销售服务培训，发放科技宣传资料2万余份，自行建立拥有科技书籍2万余册的借阅室，带动学员收入高于其他农户30%以上。

（四）取得显著的培训工作成效

"十三五"期间，中央与市级财政支农培训资金累计投入3386万元，开展农民技能培训14425人次，人均投入2350元。市、区两级相关职能部门组织开展农民技能培训29.7万人次，其中，非转移就业培训19.7万人次，占一产从业人员的47.7%。2021年度，全市累计培训一产农民2.2万人次，超额完成市政府下达任务的10%。高素质农民典范不断涌现，已有12名高素质农民被破格评为中高级职称，其中2人为正高级。2021年，有6名乡村青年人才获评团中央、农业农村部"全国乡村振兴青年先锋"，6名返乡创业人才入选"全国创新创业带头人典型"。

二、乡村振兴下北京市农民培训面临的形势与要求

在北京市已经高度城市化、农村产业结构深度调整、农村就业结构深刻变化的背景

下，乡村农民培训面临着新形势，提出了新要求。

（一）农业结构深度调整对农民培训提出新要求

近年来，京郊农业结构发生了深度调整，都市型农业特征更加明显，传统种养业大幅缩减，以高端民宿为引领的农文旅融合型产业、以高效设施农业和现代种业为引领的高质量现代农业快速发展。2011 年至 2020 年农林牧渔业总产值中，农业产值从 45% 下降至 41%，林业产值从 5.2% 上升至 37.1%，牧业产值从 45% 下降至 17.2%，渔业产值从 3.2% 下降至 1.6%。农业产值中，设施农业产值占比从 28% 提高到 46.6%。乡村旅游总收入提高了 9.2%。产业的深度调整加剧了传统农民技能培训供给与新时代农民培训需求的不匹配。

1. 培训对象与实际务农主体不匹配。外来务农人员已成为京郊一产从业人员的重要力量。问卷调查中，891 名一产从业人员中外来人员有 127 人，占 14.3%。另据市农业农村局 2019 年调查，大兴区外来务农人员高峰时期曾达到 10 万人。外来务农人员没有获得与本地农民均等的培训机会。按照现有政策，连续 3 年在北京市从事农业的外来务农人员可以参训，但是要提供从业时间证明，很多外来务农人员因无法提供相关证明而难以参训。调研发现，很多以家庭为单位的外来务农人员私下与本地农户签订承租协议或是达成口头协议，且经营流动性很大，因此，即使这些外来务农人员在当地从事一产累计 3 年以上，也难以拿出合规证明，很难参加当地组织的相关技能培训。

2. 培训规定年龄与务农人员实际年龄不匹配。根据现有规定，参训人员男性在 16—65 周岁、女性在 16—60 周岁。据调查，农村劳动力老龄化严重，11.4% 的受访农村劳动力年龄超过 60 岁。一产从业人员中，男性大于 65 岁、女性大于 60 岁的人数达到 8%。这导致部分农民因超龄不能参训。

3. 培训内容与培训技能需求不匹配。针对传统生产技能培训课程较多，针对休闲农业、精品民宿、乡村康养等新产业、新业态的培训课程不足，针对农村电商、直播、短视频、社群营销等新型营销技术的培训课程较少。从供给调查来看，目前一产从业人员培训课程中，生产技术类最多，占到 52.2%。从需求调查来看，农民对培训内容的需求更趋广泛，其中农业农村政策占 64.6%、农业生产技术占 56.4%、农产品营销与电子商务占 41%、相关政策法律占 33.3%、创业指导占 30.7%、综合素质提升类占 25.3%、国内外农业先进经验类占 13.2%、文体美术类占 11.4%。培训内容的现实供给与农民培训需求有明显偏差。

（二）就业结构深刻变化对农民培训提出新要求

近年来，农村劳动力就业结构发生深刻变化。据市统计局数据，2017 年至 2020 年，北京市乡村从业人员从 352.2 万人减少到 344.3 万人，减少了 7.9 万人；一产从业人员从 48.8 万人减少到 41.3 万人，减少了 7.5 万人。2020 年，全市一产从业人员占城乡从业人员的 3.3%，占乡村从业人员的 12%。这对农民转移就业培训提出了新要求。

1. 农村劳动力大规模转移就业阶段已经完成。当前，北京市农村劳动力大都已经实现转移就业。据调查，受访的北京市农业户籍一产从业人员中，60 岁以上的占 22.8%，

50 岁以上的占 65.5%，40 岁及以上的占 90.7%。按照这一比例，北京市 40 岁以下的一产从业劳动力不足 4 万人，且剩余的农村劳动力的转移就业能力与意愿普遍不高。在这种背景下，仍坚持每年转移就业培训并实现农村劳动力转移就业 2 万人要求，与农村剩余劳动力实际情况存在差异。

2. 转移就业培训的职业工种、培训方式与实际需求有差距。据调查，36.8% 的受访转移就业人员认为所参加的培训实用性不强。在座谈中了解到，有较强转移就业意愿的男性劳动力更加注重职业技能（如焊接、叉车、电工、驾驶、消防、保安等需要认定证书的工种技能）、创业技能和劳动保障政策类培训。有转移就业意愿的农村留守妇女大多倾向于就近就业，希望获得与村周边可工作岗位相匹配的技能培训。部分农民提出更希望直接到企业接受用工培训，因为这种培训针对性、实操性强，培训后就业岗位也有保障，学习时也就能更加安心、更加用心。

3. 已转移就业人员的在岗培训需求远大于农村劳动力转移的就业培训需求。目前北京市 75% 的农民已经纳入城镇社保体系，也就是说基本实现了相对稳定就业。但已转移就业的农村劳动力的就业岗位的层次还普遍偏低、工作技能还普遍偏弱，对进一步提升就业层次的需求和提升在岗技能的需求更加强烈，而这些人由于已经转移就业，获得培训的机会反而不多。

（三）村庄形态分化对农民培训提出新要求

随着城市化的不断推进，北京村庄形态分化明显，已经分化为拆迁村、倒挂村、传统村、空心村和"三无"村等类型。不同形态村庄在人口构成、产业结构、收入来源等方面存在明显区别，农民对技能培训的诉求差别也较大。但从总体上来看，现行农民培训方向与重点对于地域性差异考虑不足，这就导致了农民培训供给与农民培训需求的不适应。

1. 在城市化地区，传统农民培训难以满足农村城市化的新需求。在城市化地区，农业更多的是保护性和维持性发展，这导致农民普遍对农业技术缺乏学习意愿。变为新市民的农民，由于生产生活方式发生了较大变化，更倾向于提高生活品质、陶冶情操、康养保健等丰富生活的精神文化类培训。而目前对改善和提升农民思想观念、生活品质、精神面貌的培训重视不够，此类培训课程严重不足。在乡村治理方面，处于向城市转型过渡期的乡村面临很多新挑战，农民对未来征地拆迁补偿的期望值较高、务农意愿低，人口倒挂村多，村庄治理难度较大，村干部对乡村治理、物业管理、公共服务、法律法规等培训需求更为强烈。

2. 在近郊平原农村，仍以农业为主的农户培训也存在不匹配。据调查，受访农民学历为初中的占比为 46.17%，高中（含中专）的占比为 28.04%，文化程度总体偏低。平原地区农业仍以小农户为主，一些农户受"小农"意识影响，自给自足、小富即安的思想严重，接受新事物、新技术的意识不强，年龄偏大的农民虽然对农业技能有一定了解，但是大多是靠平时积累的经验，缺乏专业学习与指导，大多沿袭传统的种植办法，所掌握的知识不够精准与先进，对惠农政策也缺乏了解，存在着"等、靠、要"的想法，很难担负起推进农业现代化的重任。针对这些小农户需求特点的田间地头、应时应季、一事一训等短平快的，以农业新技术、新品种和新模式推广应用为主要内容的生产技能类培训供给明显不足。

3. 在远郊山区农村，农民培训供给与空心村治理、生态保护与绿色发展、农村老龄化等培训需求还不匹配。村干部对培训的需求主要集中在生态保护、资源利用、绿色发展、市场拓展、产业政策等提升村庄发展机会和党建引领、村庄治理等领域。居住在远郊农村的农民，老龄化、伤残比例比较高，据市农业农村局、市农研中心对100个集体经济薄弱村的调查，34%受访村中超过60周岁的老人占比超过30%，22%受访村伤残人数占比超过15%。这些农民对康养保健、医疗卫生等培训需求远大于对实用生产技术的培训需求，然而现有农民培训中鲜有这类培训。

（四）技术进步对农民培训提出新要求

信息和知识在乡村的传递方式、传递效率、传播范围的改变，也给农民技能培训方式提出了新要求。

1. 以住宿为主且培训时间比较长，与农民期望的短期订单式培训存在不适应。据调查，50%的受访村干部希望培训班学习时间在3天以内，52.5%的受访转移就业人员希望培训班学习时间在3天以内，58%的一产从业人员希望培训班学习时间在3天以内。

2. 传统的指派学员方式，难以让真正需要培训的农民参加培训。各级组织在农民技能培训中发挥着主导作用，较多采取行政指派的方式召集学员。调查显示，农民获取培训信息的途径中，通过乡镇通知、指派占比达48.02%，通过村里安排占比达23.28%，两者占比高达71.3%。其中，受访村干部中53%是乡镇指派，6.7%是村里安排，仅1%是主动寻找信息和自愿报名参加的。在一产从业人员中，村干部指派占31%，合作社指派占14.6%，其他指派占10.6%。在转移就业培训中，村干部指派占24%，合作社指派占8.2%。这种方式下，来学习的不一定就是需要学的或愿意学的，影响了报名人员的精准性，使培训效果打了折扣。

3. 传统的课堂讲授方式，与农民需要的交互式培训存在不适应。据调研，在村干部中，68.8%希望课堂讲授，65%希望现场观摩，60.5%希望案例教学，38.7%希望外省市考察，22%希望线上培训，26.9%希望多种方式结合。在一产从业人员中，仅5%希望课堂讲授，46.2%希望现场教学，17.5%希望线上培训，26.2%希望多种培训方式相结合。在转移就业人员中，22.1%希望课堂讲授，57.6%希望现场教学，24.5%希望线上培训，50.2%希望多种方式结合。

4. 课程设置大而全，与农民需要的小而精培训存在不适应。有的培训班将多种作物的种植技术放在一起，缺乏针对性。如某机构针对设施蔬菜绿色高效生产技术，开展农民职业技能提升5天培训，设置了设施生产高效技术应用，设施集约化育苗，黄瓜、番茄、辣椒、茄子等果菜设施高效栽培技术，叶菜类设施高效栽培技术，蔬菜病虫害绿色防控技术，食用农产品安全合格证制度应用等9门专业课程，课程过于庞杂。一是对于学员来说，内容太多不容易接受与消化。二是实际上没有一户农民种植这样多品种，很多课程因为用不上也就不会听，白白浪费了培训资源和农民时间。

三、进一步提升北京市农民培训的设想

面对农村经济社会变化和农民内部结构分化的新形势，应着重提高培训课程的精准性、培训方式的灵活性、培训对象的聚焦性，加强培训工作的统筹管理，切实发挥好农民技能培训对于全面推动乡村振兴的促进作用，为加快农业农村现代化提供坚实的人力基础和制度保障。

（一）提高农民培训课程的精准性

1.提高农村实用人才培训课程的针对性。针对一产从业人员，总体上对小农户可多开展田间地头、应时应季、一事一训等短平快的生产技术培训，鼓励开展科技普及式、新技术新品种推广式等专题培训；加强对常年在京务农的外来人员培训，特别是加强有关农业安全生产、质量安全、土壤保护等培训。对生产带头人，加强有关经营管理和创新创业等方面系统培训、实习实训和跟踪服务。分区来看，围绕服务推动"一区一业"的发展格局，紧密结合各涉农区的主导产业定位，融入各区主导产业链与创新链建设，开展具有针对性的农民技能培训课程，如加强平谷区大桃产业的加工、流通、营销、三产融合类等新职业新业态培训，为平谷区发展大桃全产业链提供技能人才支持；加强昌平区草莓产业与加工、文化、旅游、科技等要素融合发展的人才与技能培训，帮助草莓产业提高知识含量、增加产业附加值。针对三产从业人员，区分管理人员和一般工作人员，合理安排课程，对资深管理人员多开展有关"三农"政策、企业管理、资源整合、盈利模式等经营管理层面的培训；对刚入行的管理人员多开展有关配套设施、衍生品开发、宣传营销等技术层面的培训；对普通工作人员多开展待人接物、礼仪规范、工作技能等服务规范类的培训。

2.提高转移就业课程的匹配性。适度缩减农村劳动力转移就业培训任务，将转移就业培训的工作重点从就业前培训转为城市在岗稳定就业培训和提高就业层次培训，大力开展农民上岗培训、稳岗培训、技能提升培训、就近再就业培训、农民创业培训，实现一经培训就能上岗、一经培训就能学会新技能、一经培训就能适应新岗位。围绕大力发展区级富民产业，支持中心城区疏解产业向涉农区延伸，围绕涉农区范围内比较优势明显、带动农业农村能力强、就业容量大的产业，本着促进农民就地就近就业创业的原则，围绕岗位供给精准对接转移就业课程，注重转移就业培训的职业工种与农民就业需求变化之间的匹配性，对有较强转移就业意愿的男性劳动力多开展焊接、叉车、电工、驾驶、消防、保安等职业工种培训；关注有转移就业意愿的农村留守妇女就近就业的需求，多开展与村周边可就业岗位相匹配的技能培训，突出用人岗位需要什么就培训什么，提高农民培训的积极性。

3.提高党员干部培训课程的实用性。与农村法治宣传教育相结合，全面加强提升村庄党员干部的法治意识与法治能力的培训，助力建设平安法治乡村，坚决防范黑恶势力、家族宗族势力等对农村基层政权的侵蚀和影响，大力减少农村黄赌毒和侵害农村妇女儿童人身权利的违法犯罪行为。针对不同区域的村干部培训需求特点，在城郊地区侧重加强社区治理、物业管理、公共服务、法律法规等课程供给；在远郊农村加强党建引领、乡村振

兴、生态保护、资源利用、绿色发展、产业政策、村庄治理、农宅建设管理、外地经验学习等课程供给，全面提高村干部培训课程的实用性，进一步丰富村庄党员培训课程内容，使得培训课程更接地气，促进学用结合。

4. 拓展增加精神文化类课程培训。围绕文化赋能乡村振兴，立足"以人民为中心"的发展思想，针对农村老龄化、空心化、残障率较高等现实情况，重视对农村常住居民在思想观念、生活品质、精神面貌等方面的精神文化类培训，根据需求大规模、多频次开展康养、保健、养生、卫生、文艺、家教家风、法律等培训课程，进一步丰富农村的精神文化生活，推动农村移风易俗，树立乡村文明新风尚。

（二）提高农民培训对象的聚焦性

5. 聚焦农业创业致富带头人培训。围绕实施乡村产业振兴带头人培育"头雁"项目，针对不同产业和经营主体发展需求，对专业大户、家庭农场成员、农民合作社带头人、农业企业骨干、涉农创业者以及有志返乡创业的返乡青年与农民工等，开展专业技能、经营管理和创新创业等方面的系统培训、实习实训和跟踪服务，强化双创理念，加快培养农业创业致富带头人。

6. 聚焦基层一线务农人员培训。采取学用结合、送教下乡等模式，以农业新技术、新品种和新模式推广应用、农技提高为主要内容，着力提升一线务农人员职业素养。围绕当前北京基层一线务农人员老龄化、外地化特点，一方面放宽年龄限制，将农业生产经营型培训对象的最高年龄放宽至男性70周岁、女性65周岁；另一方面，打破户籍限制，全面放宽对外来务农人员培训的资质条件，逐步将稳定在京郊农村地区生活，在京郊从事一产三年以上的非京籍农民纳入职业农民培训体系，让外来农民更好地参与到推进北京农业高质量发展之中。重视农村妇女技能培训，结合发展乡村作坊、家庭工场要求，加强农村妇女的手工技能培训。

7. 聚焦乡村干部依法治理能力培训。认真梳理农村行政诉讼典型案例，结合实案处置，集中开展乡村干部提升依法治理能力培训，实现乡镇领导干部、科室负责人、村干部全覆盖，着力增强乡村干部熟悉法规、依法依规处理现实问题的能力，深入解决目前农村地区经济活动中因法律意识不强、规章制度执行随意性较大等问题。把"法律明白人"和"政策明白人"培养工作纳入法治社会建设和乡村振兴总体规划，作为加快推进乡村人才振兴工作的重要内容，及时研究解决工作中的重大问题。

（三）提高农民培训方式的灵活性

8. 注重农民培训方式实效化。减少不必要的配套住宿的综合性课堂教学培训，鼓励送教下乡，多开展农民较为喜欢的就地化、小规模、专题化培训。根据不同品种的生长特点，鼓励在农忙时节多安排现场"对话式"培训，直接针对农作物遇到的种植、管理及病虫害等问题为农民答疑解惑；加强开展订单式、套餐式、配送式、参访式等新型培训；突出将技能培训、素质提升、政策服务一体设计，完善课堂讲授、现场教学、网络教育相融合的组训模式，大力培育"乡土专家"队伍，拓展"农民教农民、农民带农民、农民学农民"实训式、师徒式、交流式培训。

9. 促进农民培训方式数字化。积极发展农村远程教育培训和线上培训，使农民足不出户，利用移动互联网技术和社交媒体工具获取个人所需的学习内容。现有的视频教学课件零散分布在各行业网站，农民查找有难度，课件使用率低。可以考虑建设专门的农民培训网站或在访问量较高的现有网站开设农民培训栏目，整合教学资源，收集精品课件，集中展示教学机构、行业专家、技术人员等拍摄制作的教学小视频、短视频。加大宣传力度，提高网站知名度，方便农民随时随地查找所需内容，提高教学资源的使用率，发挥视频课件的更大作用。

10. 进一步推进农民培训方式市场化。发挥事业机构培训的主力军作用，对于知识普及型、素养提升型、教育培养型等公益性较强的农民培训，以事业机构等为主提供免费公益培训，注重创新管理机制，充分调动公益机构的培训积极性，重点解决好培训效率问题。充分利用市场主体参与农民培训工作，对于支持转移就业型、经营管理型、技能提升型、专业服务型等可实行产业化的农民培训班，以农民专业合作社、农业企业、农业园区为承训主体，采取政府购买服务、市场化培训的方式提供培训。综合解决市场主体承接农民培训中的师资、设备、场地和宣传等问题，同时加强对市场主体使用政策资金的监管，完善促进市场化培训主体健康成长的制度环境，进一步活跃农民培训市场。

（四）完善农民培训管理机制

11. 加强农民培训的统筹管理。进一步健全市级统筹工作机制，加强对新时代农民培训工作的功能定位与工作重点的统筹规划力度，发挥好以相关职能部门为成员的市级农民培训联席会议制度，强化部门联动与工作统筹，有效避免在培训对象、培训领域、培训内容等方面的交叉重复。将市级农民培训联席会议讨论形成的年度全市农民培训工作计划与任务清单作为各部门向市财政申报部门农民培训项目预算资金的主要依据。

12. 加强训前动员与宣传管理。加大宣传和信息交流，提高村民对培训的认识。利用政策宣传、市场引导、利益驱动等手段，提高村民对培训的认识以及参与积极性。通过广播、简报、专栏、宣传横幅等，向村民展示培训的先进经验、优秀典型和实施效果，让农民切实感受到培训的重要性和必须性，从而更好地鼓励、动员农民参加培训，激发农民学科学、用科学的积极性。根据农民怕担风险、善于模仿的特点，大力宣传通过参加培训创业致富的典型，通过典型事例引导农民参加培训。

13. 完善全市农民培训信息化管理。基于已有的"云上智农"信息化管理平台，将各部门培训需求、培训计划、学员管理、课程评价、监督考核纳入统一的信息化管理平台，实现农民培训在线化、智能化管理。利用信息化手段加快实现部门之间农民培训资源共享，将各部门培训资源纳入统一平台管理，建立全市统一的农民培训对象库、项目库、课程库、资料库、高素质农民人才库、师资库、专家库，提高全市培训资源的利用效率。

14. 加强资金管理与保障。统筹财政涉农专项资金、其他涉农项目资金、社保基金，进一步研究和稳定农民培训资金保障，确保农广校、农技推广机构等公益性承训机构的培训任务与培训资金相匹配，分行业、分领域研究不同类别农民培训项目的支出定额标准，用于解决培训项目经费管理与培训工作实际支出之间存在的矛盾问题。统一培训机构的补贴标准，取消所有针对参训农民的个人补贴，明确各类专家、教师从事农民培训的补贴标准。

课题负责人：王修达
课题组成员：付鹏、杨中杰、吴永磊、尹光红、李晟龙、程序、滕飞、刘雯、王丽红
执　笔　人：王修达、刘雯、王丽红

着力培育和留住年轻后备村级治理带头人

一、"四个并存"特征指向年轻后备带头人不足

近年来，北京市村级治理带头人队伍整体素质大幅提升，基层战斗堡垒作用明显增强。然而，村级治理带头人队伍仍呈现出人才队伍不断壮大与区域性结构性短缺并存、班子年轻化与班长老龄化并存、受教育程度明显提高与治理能力不足并存、发展通道日益拓宽与人才队伍不稳定并存的"四个并存"的突出特征。

（一）人才队伍壮大与区域性结构性短缺并存。2021年北京市完成新一轮村"两委"换届选举后，村级党组织带头人队伍的整体素质显著提升。村"两委"干部平均年龄下降为47岁，比上届下降了5岁，大专以上学历村干部占48.5%，较上届提高9.4个百分点，有效提高了村"两委"班子的战斗力。各地通过"第一书记""新乡贤""大学生村官""三支一扶"人员等，利用自身人脉优势、信息优势和资源优势，在乡村产业发展、经营管理、法治建设、社会工作等方面发挥积极作用，为推进乡村振兴奠定了坚实的人才基础。然而，谁来治理的问题在空心村和老人村仍然比较突出。在村"两委"班子年轻化的过程中，有的村难以找到符合35岁以下条件的年轻人，北京市有17%的村通过下派方式解决35岁以下年轻干部配备问题。

（二）班子年轻化与班长老龄化并存。北京市通过2021年换届实现了"两委"班子大幅年轻化，35岁以下年轻干部配备率达到100%。村"两委"干部平均年龄为47岁，较上届下降5岁。然而，新换届后京郊村"两委"班子中55岁以上人员仍占31%，村党组织书记平均年龄为50.8岁。在京郊100个集体经济薄弱村中，村支部书记年龄50岁以上的有67人，35岁以下的仅3人。

（三）受教育程度明显提高与治理能力不足并存。当前，村级党组织带头人的受教育程度明显提高，据课题组对全国245个村的调查，村支部书记（村主任）受教育程度在大专和本科的占66%，初中及以下学历的占29.2%。据北京市农业农村局、市农研中心对京郊100个集体经济薄弱村的调查，村支部书记（村主任）受教育程度在大专和本科的占56%，高中及中专学历的占34%，初中及以下学历的占10%。然而，面临乡村治理体系和治理能力现代化的新要求，部分乡村"两委"干部仍存在着治理理念陈旧、治理手段单一、带动乡村发展能力不足等问题。在治理理念上，仍有以严管代替治理、以维稳代替

共治的倾向；在治理手段上，缺乏法治理念和制度化、规范化的工作范式；在发展能力上，表现为对市场和政策缺乏足够的了解，缺乏与社会企业和工商资本打交道的经验和能力。年轻班长存在威信不足、经验不够、根基不牢、知识结构不完备等问题。据京郊村干部培训需求调查，部分村干部反映非常需要学习如何提高思想政治工作能力，更好地凝聚人心，学习相关的管理和专业技能知识等。

（四）发展通道日益拓宽与人才队伍不稳定并存。中共中央办公厅、国务院办公厅《关于加快推进乡村人才振兴的意见》明确提出，加大从优秀村党组织书记中考录乡镇公务员、招聘乡镇事业编制人员力度。各地也有较好的实践，重庆市打通了村干部成长通道，每年拿出专门指标面向优秀村党组织书记、村主任考录乡镇机关公务员，各区每年也拿出一定数量的事业编制面向优秀村干部定向招聘，激发了他们干事创业的精气神。同时，注重加强基层基础保障，并全面落实村干部参加城镇企业职工养老保险政策，推行村干部绩效考核奖励，大力鼓励集体经济发展较好的村在集体经营收入中拿出一定比例奖励村干部，增强了村干部的岗位吸引力，调动了干部干事创业的积极性。然而，年轻的村"两委"班子仍然不稳定，年轻人才流失的现象仍比较普遍，有的村新选上的35岁以下村"两委"委员，没干多久就提出了辞职。

二、社会认同、收入水平、公共服务"三低"，是年轻人才进入和留在村级治理带头人队伍的"三重门"

从当前村级治理带头人队伍面临的区域性结构性短缺、班长老龄化、不稳定性和能力不足等问题来看，根本在于村级治理人才队伍中班长的后备人才不足。这一方面是村庄空心化、老龄化自带的"后遗症"，另一方面是城乡区域发展差距较大所引发的"并发症"。后者是导致村级治理带头人队伍窘境的重要原因，具体表现在三个方面。

（一）社会认同感仍然比较低，成为年轻人才进入村级治理人才队伍的重要思想屏障。社会普遍存在思想上的轻视、意识上的麻痹、条件上的限制，给年轻大学生返乡留乡创业或进入村"两委"带来了很大的思想屏障。在调研中，一位1982年出生的返乡创业人员说，她的母亲原来从事苗圃种植和经营，也是一位农民。她自己本来有一份光鲜体面的工作、优越舒适的生活，偶然的机遇到了昌平区从事农业工作，然而，自从她从事农业工作后，她母亲嫌她从事农业工作"丢人"，十年没有来村里看过她。

（二）收入水平的城乡区域差距较大，是造成人才结构性区域性短缺的重要原因。目前，城市社区居委会人员的工资明显高于村"两委"干部，城市近郊农村的村"两委"干部的工资明显高于远郊区，集体经济发达的村"两委"干部的工资也明显高于集体经济薄弱村。就北京市而言，海淀区苏家坨镇柳林村村支部书记（主任）工资每年8.4万元，与2020年海淀区居民人均可支配收入水平基本相当。该村副书记工资每年6.36万元，村委委员工资每人每年6万元。海淀区东升乡八家村股份经济合作社每年支付村干部报酬80万元，昌平区南口镇燕山村集体经济组织每年支付村干部报酬18.3万元。延庆区、怀柔区等远郊区村支部书记（主任）工资为每年6万元，村委委员由财政转移支付工资每月

2000元，其余由村集体负担，平均每人每年收入约4万元。有的村由于集体经济发展薄弱，需要负债给村干部发工资和绩效补贴，多数村干部需要自己支付全部社保，每月约1000元。也就是说，集体经济薄弱村的部分村"两委"委员的可支配收入仅有2.8万元，比当地居民人均可支配收入低1.3万元，仅为北京市居民人均可支配收入的40%。与村干部收入低相对应的是村级治理任务与日俱增、工作标准越来越高，多数村"两委"干部基本上已经从兼职型转变为专职型。

（三）公共服务水平仍然较低，是村级治理带头人队伍不稳定的重要因素。农村地区公共服务仍存在较为突出的短板，体现在教育、文化、卫生、社会保障等方面的资源布局、能力提供和服务质量上。北京市远郊区农村仍面临着教育资源分布不平衡、优质教育资源稀缺，文化娱乐设施单一，医疗服务水平难以满足农村居民需求，公共基础设施中污水处理设施覆盖率较低等问题。在服务质量上城乡差距也较为显著，有农村居民反映歌华有线的服务不到位、不便民，这与城市居民对歌华有线的服务体验完全不同。城乡居民社会保障的内部差距仍然比较大，参加新农保的农村居民退休后只能拿到800元至900元的养老金，城镇职工退休后的退休金远高于农村居民。在社会保障方面，大部分村干部参加的是灵活就业人员社会保险，这与城镇职工社保的缴纳基数、缴纳比例、缴纳主体、保障水平等都有较大差距①。

三、建立"进得去、留得下、上得去"的村级治理带头人队伍管理机制

着力培养和留住年轻村级治理后备人才，形成长效的人才队伍优化机制，关键是要建立"进得去、留得下、上得去"的村级治理带头人队伍管理机制。这就需要在乡村社会营造一个识才、爱才、敬才、用才、留才的良好社会环境，核心抓手是提高村级治理带头人的薪酬和社会保障水平，形成顺畅的人才成长通道，改善乡村公共服务水平，让村级治理成为体面的职业、有奔头的事业。

（一）加强有针对性地动员，增强人才回乡的价值认同。要通过有针对性地动员、推心置腹地引导、加强感情联系等方式，将有能力、有意愿返乡创业的能人、企业家吸纳到村党组织带头人队伍，激发他们热爱家乡、建设家乡、带领全村实现共同富裕的责任感和认同感。

（二）完善人才管理制度体系，畅通人才培养和成长的通道。一是推动村干部人才管理的制度化、规范化。建议相关部门像完善公务员管理制度体系一样健全村级治理带头人队伍管理制度体系，在村干部的选举、选派、备案、培养、考核、薪酬、监督、奖惩、发展（提拔）等方面形成系统化、规范化的制度体系。同时需要注意对村级人才队伍管理的特殊性，要在推进村级治理人才管理规范化的同时，留足村级自治的空间。二是加大对年轻后备人才的培养力度。通过党员培训、干部培训、职业技能培训等多渠道的培训，加大对村级党组织带头人的年轻后备力量的培养力度。在培训内容上，重点放在加强党性修

---

① 灵活就业社保和职工社保的区别，https://jx.so.com/d/f57eafd1336169df4bd943bfbfd18197。

养、突发应急事件处理、现代乡村治理理念与技术、涉农法律法规、农村集体经济、现代经营管理等方面，提升年轻后备带头人的治理理念和治理能力。在培训方式上，注重传帮带、干中学，发挥优秀的老班长的言传身教"带徒弟"，手把手传经验的作用，提高年轻后备班长的能力和水平。三是着力完善村级治理人才的发展机制，推动"从优秀村党组织书记中考录乡镇公务员、招聘乡镇事业编制人员"的规定制度化、规范化。

（三）提高村级治理带头人队伍的薪酬待遇。2021年中央一号文件提出"加强对农村基层干部激励关怀，提高工资补助待遇，改善工作生活条件"，建议村干部的基本工资水平不低于本地区城镇居民人均可支配收入水平的工资标准。鼓励和支持村"两委"干部带动农村集体经济发展，并根据乡村治理的整体业绩情况，加大村干部绩效奖励，激发村干部干事创业的热情。

（四）推进村级治理带头人的社会保障水平与城镇职工社会保障水平接轨。一是加快推动城乡社会保障水平的一体化，减少城乡居民、城镇居民与城镇职工社会保障水平的差距。二是各地可以拨付专项资金用于村级治理带头人队伍社会保障的政府补贴经费，推动村级治理带头人的社会保障水平与城镇职工的待遇相当。三是针对村级治理带头人，可以鼓励有经济实力的村集体经济组织为缴纳灵活就业社会保险的村级治理带头人提供一定比例的补贴。

（五）加快补齐农村基本公共服务短板。着力推动城乡教育、医疗、文卫、社保的均等化，重点是加大公共服务人才的引入，提高乡村教师、医生等乡村公共服务人才的待遇水平。营造良好的营商环境、优惠的创业政策，吸引新农人、新型经营主体、社会企业进入乡村，形成人才汇聚乡村的积聚效应。

执笔人：王丽红

健全工作机制　助力乡村振兴

——关于第一书记发挥作用情况的调研报告

为系统总结提炼我市第一书记工作实践经验，为新一轮第一书记奔赴乡村振兴的主战场提供经验借鉴，市农村经济研究中心联合第一书记联络办公室组成联合课题组，深入怀柔区、通州区、门头沟区等进行实地调研，并与40余名驻村第一书记、村干部、区、镇（乡）组织部门和农口干部座谈交流，以期把乡村振兴作为培养锻炼干部的广阔舞台，让乡村振兴一线成为干部成长的"练兵场"，打造一支"永不走的工作队"。

一、打通北京脱低增收"最后一公里"

2015年以来，北京市委组织部、市委农工委、市农业农村局认真落实中央和市委要求，面向低收入村、党组织软弱涣散村和集体经济薄弱村，连续组织选派五批共计1403名优秀干部，担任村党组织第一书记，他们上联党和政府，下接贫困群众，打通了脱低增收政策落实"最后一公里"。

（一）坚持党建引领，当好基层党组织"领路人"

驻村期间，第一书记通过抓"三会一课"、民主评议党员等工作，扎实推进党建阵地规范化建设；通过建立党员政治生日制度、微党课制度等，进一步夯实基层战斗堡垒作用；通过做好新一届村"两委"换届选举，实现组织满意、群众满意；通过严格落实"四议一审两公开""三务公开"等制度，强化村级民主决策和民主监督。6月17日，在北京市召开的"三优一先"表彰大会上，5名第一书记获得"北京市优秀共产党员"称号[1]。

（二）推进产业发展，当好精准帮扶"带头人"

驻村期间，第一书记因势利导抓产业升级，依托村庄优势打造"一村一品"，探索符合实际、群众认可的产业发展途径。打造"大城小院""山楂小院"等精品民宿，培育出"北庄百合""市民小菜园"等特色品牌。第四批、第五批第一书记招商引资1.5亿元，引进开发项目298个，销售农产品494万公斤，解决低收入农户家门口就业2062人[2]，变"输

血"为"造血"。

（三）加强乡村治理，当好服务群众"贴心人"

指导派驻村在提升治理水平、为民办事服务上做了大量工作。第二批、第三批第一书记协调新建改建民居 8885 户，新增公交站点 117 处，改水项目 601 个，新建改造公厕 1195 个，实施疏解整治项目 916 项，解决历史遗留问题 999 个，化解纠纷矛盾 3846 件[①]，帮助村民解决了一大批"急难愁盼"的问题。

（四）坚守抗疫一线，当好疫情防控"守门人"

新冠肺炎疫情发生后，第一书记迅速到岗、积极响应，扎实组织开展好疫情防控工作，通过制订疫情防控方案、带头逐户摸排、加强宣传引导等筑牢基层防线，让党旗在"战疫"一线高高飘扬。第四批、第五批第一书记参与卡口执勤 3.3 万余次，争取捐赠物资 41 万件，协调防疫资金 1487 万余元[②]。

二、在首都乡村振兴实践中运用好第一书记帮扶机制意义重大

2021 年 5 月，中共中央办公厅印发《关于向重点乡村持续选派驻村第一书记和工作队的意见》（中办发〔2021〕27 号）（以下简称《意见》）。《意见》指出：要"把乡村振兴作为培养锻炼干部的广阔舞台"；要"为全面推进乡村振兴、巩固拓展脱贫攻坚成果提供坚强组织保证和干部人才支持"。

（一）继续选派第一书记是落实市委、市政府决策部署的有力举措

新形势下，北京市根据首都"大城市小农业""大京郊小城区"的市情农情，坚定走出一条具有首都特点的乡村振兴之路。市委、市政府在"四个不摘"的基础上，借鉴低收入帮扶工作机制，建立健全选派第一书记长效机制，充分发挥第一书记帮扶作用，做到村级集体经济薄弱村、党组织软弱涣散村、红色美丽村庄试点村全覆盖。"十四五"时期着力推动农村集体经济薄弱村增收，到 2025 年基本消除经营收入小于 10 万元的集体经济薄弱村；实施村级组织分类提升计划，常态化推进软弱涣散村党组织整顿；开展推动红色乡村组织振兴、建设红色美丽村庄试点工作。

（二）继续选派第一书记是激发派驻村内生动力的重要引擎

第一书记和派出单位在帮扶工作中注重着眼村庄长远发展，帮助所在村理清发展思路、引进产业项目，有的第一书记连续几届驻村帮扶，变"输血"为"造血"，极大地激发了所驻村的发展动力。第四批、第五批第一书记驻村四年以上的有 37 名，驻村六年以上的有 2 名[③]。大兴区礼贤镇王庄村第一书记王勇连续两届驻村工作，打造了文化惠民、产业富民、生态润民的新农村，在国庆 70 周年庆祝总结会议上，他以第一书记的身份受到习近平总书记的接见。

---

① 北京市第一书记联络办公室统计数据。
② 北京市第一书记联络办公室统计数据。
③ 北京市第一书记联络办公室统计数据。

（三）继续选派第一书记是夯实党在农村执政根基的客观要求

第一书记始终把强班子、育骨干、带队伍作为重要任务贯穿帮扶工作始终，不断夯实党在农村的执政根基。第四批、第五批第一书记助力109个市级党组织软弱涣散村全部如期摘帽；第二批、第三批第一书记协助村党组织制定各项制度机制1562项，修订完善各项规章2064项[1]，不断夯实基层党建工作基础。

（四）继续选派第一书记是培养锻炼干部队伍的重要举措

在脱低增收的主战场，广大第一书记加强了基层历练，涌现出一大批优秀人才。在调研中，许多第一书记说脱低增收是难得的党性锻炼，一生中从未有过如此刻骨铭心的经历，在帮助群众脱低的同时，也让自己的思想能力脱了"贫"。据统计，三分之一市级选派的第一书记及时得到提拔使用；门头沟区43名区派第一书记提拔使用了22名[2]。

三、在首都乡村振兴实践中打造第一书记金字招牌

（一）打造金字招牌，要严把选派关

坚持政治标准，做到品行过硬。我市始终坚持把政治素质好作为选派的首要条件，严把人选政治关、品行关、能力关、作风关、廉洁关，要求选派人员必须是中共正式党员，具有3年以上党龄和2年以上工作经历。据统计，第三批、第四批第一书记超过五年党龄的占92.86%[3]，唱响了党旗耀京郊的凯歌。要继续树立德才兼备、以德为先的选派导向，确保第一书记队伍的政治纯洁和政治担当。

坚持情怀为先，做到素质过硬。根据选派实践，第一书记主要从机关、企事业单位等优秀干部中选派，相当一部分人缺少农村工作经验，有第一书记形容"一夜之间就变成了农民"，面对新的工作环境，只有充分怀有"三农"情怀，才可能扎下心来认真工作。事实也正是如此，表现优秀的第一书记无不体现出爱农村、爱农民的情怀。有第一书记说："要把村里的事当自己家的事办。"有第一书记说：在农村"晒黑了皮肤，但丰盈和细腻了内心"。具有"一懂两爱"情怀的干部，是做好第一书记工作的基础保证。在此基础上，再优先选择有农村工作经验或涉农方面专业技术特长的干部，确保好中选优、优中派强。

坚持精准选派，做到人村相宜。选派前由各区确定派驻村，提出明确帮扶需求，市级综合分析、统筹安排。根据调研分析，建议市直机关、市政法系统重点向市级党组织软弱涣散村选派；市委宣传系统重点向红色美丽村庄建设试点村选派；市国资委系统、市委教工委系统、市委统战系统、市委农工委系统、市卫健系统重点向集体经济薄弱村（含部分原低收入村）选派。比如，怀柔区法院派到庙城镇某村的第一书记利用懂法的优势，很好地维护了该软弱涣散村的稳定，并逐步使该村党建工作走向正轨。要努力做到单位职能、个人特长与村情特点相吻合，增强选派工作的针对性和实效性。

---

[1] 北京市第一书记联络办公室统计数据。
[2] 北京市第一书记联络办公室统计数据。
[3] 北京市第一书记联络办公室统计数据。

（二）打造金字招牌，要把好服务关

强化保障服务，解决后顾之忧。在调研中发现，一是有的派出单位对第一书记支持、重视程度不够，当起了"甩手掌柜"。二是有"倒贴钱"帮扶的现象。市区两级每月为第一书记发放 2520 元生活补助，但相对于第一书记们驻村后增加的通信费、交通费以及其他不可预见的费用远远不够，相当一部分人需要自己搭钱。三是市级配备给第一书记 2 万元的专项经费，根据要求主要用于诸如培育实施党建服务项目、培育发展党员群众共同参与的服务组织、开展党员志愿服务活动等有限范围，不能满足发展产业、美丽乡村建设的资金需求。基于以上情况，建议按《意见》要求，完善派出单位与第一书记所在村责任捆绑机制，让驻村工作成为部门结对、单位联村的重要纽带；建立生活补助增长机制，防止"既辛苦流汗，又搭钱帮扶"的现象；推广我市部分区工作经验，每年给予一定的专项经费支持，用于支持发展特色产业、培育致富项目、美丽乡村建设等服务群众事项。

强化管理考核，提高帮扶动力。从实际工作来看，部分镇（乡）还存在对第一书记重视不够的现象；部分村干部群众对第一书记期望值过高，给第一书记带来了很大的思想压力；考核评价指标体系有待完善，考核结果运用力度有待提高。建议修订完善相关制度，建立第一书记与镇（乡）的沟通协调机制，通过参与工作例会等方式，进一步压实镇（乡）的管理责任；加强对村干部群众的宣传引导，并对第一书记开展有针对性的专业培训，适时提供心理疏导；科学合理设置评价考核指标体系，通过设立优秀、嘉奖等奖励等次，激发广大第一书记的驻村热情；加强考核结果运用，进一步明确优秀第一书记职务晋升、职称评定、评先评优的具体举措，落实重基层、重一线、重实绩的鲜明导向。

强化典型宣传，发挥示范效应。深入挖掘优秀典型，加大优秀第一书记典型宣传力度。《前线》杂志客户端、《北京支部生活》、《北京农村经济》开设的第一书记专栏收到了很好的宣传效果。一是要继续加大与相关媒体的沟通协调，跟踪报道第一书记驻村工作，形成正向引领的强大氛围；二是尝试组织设立"北京市村党组织第一书记论坛"，规范设定主题，聚焦疑难问题、工作方法等，每季度组织开展一期论坛活动，满足第一书记普遍希望扩大横向交流的愿望；三是尝试建立"党旗耀京郊——村党组织第一书记"微信公众号，创新宣传工作方式，也可以鼓励第一书记开设村庄微信公众号、微博等丰富宣传内容。

（三）打造金字招牌，要过好融入关

及时融入班子，形成工作合力。调研发现，第一书记和村"两委"班子，特别是与村支部书记关系协调处理问题，是摆在第一书记面前的现实问题。《意见》强调"第一书记充分发挥支持和帮助作用"。在实际工作中，有的第一书记认为主要是发挥联络员的作用；有的认为主要是支持村书记的工作；有的认为不仅要指导和引领，自己还要真抓实干。区、镇（乡）组织部门要结合各村实际情况，帮助进一步理顺第一书记和村党支部书记的关系与职责分工，实现资源整合和双强双带作用，按照"帮办不包办、到位不越位"的原则各尽其责。

加强调查研究，找准最佳切入点。从选派工作的实践看，一些第一书记群众工作方式方法还不足，打开局面比较慢。没有调查研究就没有发言权，要与村民聊在"村头、炕

头、地头",掌握第一手民情资料;要与村"两委"干部、党员及村民代表座谈,寻找工作着力点;要问计镇(乡)领导,听取对所驻村的发展建议。比如,第四批一位第一书记,抓住镇党委要求做好村"两委"换届后半篇文章的决定,建立党员政治生日制度,迅速融入了村庄;还有不少第五批的第一书记,利用疫情防控站岗执勤的机会,和村民广泛沟通交流,快速取得了村民的信任。

加强学习培训,提高履职能力。很多第一书记到岗以后显得很焦虑,特别希望能有人传帮带,各区、镇(乡)要及时采取实地参观、集中培训等方式,帮助第一书记深入了解乡情村情,提高工作效能;市级每年通过理论授课、交流研讨等方式,开展第一书记履职培训和常规培训,帮助第一书记提高履职能力;市第一书记联络办、第一书记志愿服务总队、各区分队通过分批分类召开座谈会、现场观摩会,增强第一书记间的交流学习,实现经验分享。

(四)充分发挥作用,让金字招牌亮起来

理清职责任务,明确帮扶重点。第一书记要在区、镇(乡)党委政府指导下,进一步明确细化驻村帮扶任务,防止眉毛胡子一把抓。驻村类型不同,第一书记工作的侧重点也会不同。比如,软弱涣散村,重点解决党组织生活不规范、村级党组织服务能力不强等问题;集体经济薄弱村,重点是积极争取上级政策、资金等支持,增强村集体经济"造血功能";红色美丽村庄建设试点村,重点是利用红色资源、统一规划、美化农村环境,带动乡村红色旅游。

建强基层组织,激发内生动力。在调研中发现,大部分第一书记在争资金跑项目方面投入精力多,对诸如人才培养和引进各类人才等关注不够。2021年村"两委"换届顺利完成,各区均实现了"一降一升"的要求,提高了新一届"村两委"班子的人选质量。但客观地讲,农村基层党组织建设整体水平还需进一步提高,仍存在基层党组织服务质量需进一步提高等问题。驻村工作,不仅要帮村里发展经济,更重要的是帮助基层党组织抓班子、带队伍、教方法、指路子,打造一支"永不走的工作队"。

充分整合资源,取得帮扶实效。一是要学会借力,及时向派出单位汇报驻村工作情况和推进工作的建议,充分发挥好"娘家人"的后盾作用,积极争取结对共建单位支持,获得及时必要的支持;二是要吃透上情,及时了解掌握相关政策,积极与有关职能部门联系,用好用足各项优惠政策;三是要摸透下情,切实摸清家底,对资源禀赋、人文历史等做到心中有数;四是要打开思路,立足派驻村实际,宜林则林、宜种则种,打造适宜本地发展的特色产业;五是要使村"两委"干部和群众形成共识,确立科学发展的思路,凝聚促进乡村振兴的合力。

课题负责人:吴志强
课题组成员:刘亚洲、周庆林、朱淑英、段书贵、王 芳
执 笔 人:吴志强、刘亚洲、段书贵

怀柔区在推进具有首都特点乡村振兴中作出引领示范的路径研究

一、怀柔区在推进具有首都特点乡村振兴中作出引领示范的优势与基础

2020年末，怀柔区常住人口42.2万人（其中城镇人口30.1万人、乡村人口12.1万人）；全区辖14个乡镇、2个街道、35个社区、284个村；地区生产总值396.6亿元，三次产业结构为1.1∶40.1∶58.8；全区人均可支配收入41779元，城乡居民收入比为1.67∶1。在全市生态涵养区中，怀柔区不仅具有最优的生态环境、最多元的地域文化、最高的地区生产总值，而且日益成为首都功能的重要承载地，在推进具有首都特点乡村振兴中具有明显的优势条件与发展基础。

（一）生态涵养成效显著

怀柔区总面积2122.8平方公里，其中山区面积1889.1平方公里、森林面积1642.4平方公里，是北京市区域面积第二大区、山区面积第一大区、森林面积第一大区，是首都名副其实的最大的后花园和北京乡村振兴最迷人的乡愁地。怀柔区自然资源丰富，生态环境优良。全区森林覆盖率77.38%，林木绿化率85.02%，均居全市首位，拥有北京唯一一处原始森林自然生态景区——喇叭沟门自然保护区。怀柔区地处首都饮用水水源保护区，河流密布，水资源丰富，具有林水交融的自然特性，境内有四级以上河流17条、大小水库22座、山泉774处，年水资源总量8.6亿立方米，占全市水资源总量的1/5，地表水质量达到国家二级标准，空气质量率先达到国家二级标准。"十三五"期间，怀柔区生态环境状况指数始终保持全市第一，连续5年获评"首都环境建设示范区"，先后获得全国绿化模范城市、国家生态保护与建设示范区等荣誉称号，成功创建国家"两山"实践创新基地、国家生态文明建设示范区、国家全域旅游示范区。

（二）科学城已成新统领

2015年12月，怀柔区启动怀柔科学城建设规划。2016年初，怀柔科学城建设纳入北京市"十三五"规划。2016年9月，怀柔科学城建设进入国务院印发的《北京加强全国科技创新中心建设总体方案》，成为国家级科技创新发展中心。2017年5月，国家发展改革委、科技部联合批复了《北京怀柔综合性国家科学中心建设方案》，同意建设北京怀柔

综合性国家科学中心。这是继上海、合肥之后的全国第三个综合性国家科学中心。2019年11月，《怀柔分区规划（国土空间规划）（2017年—2035年）》提出"怀柔就是科学城、科学城就是怀柔"的发展思路，明确了构建以怀柔科学城为统领，以生态涵养为核心，以科技创新、会议休闲、影视文化为支撑的融合发展新格局。怀柔科学城目前常住人口约8.5万人，规划居住人口规模26万—28万人，预计就业岗位约22万个，其中科技创新相关岗位、城市服务相关岗位各占1/2。怀柔科学城的建设与发展已经并将催生巨大的基建需求、人才需求、商业配套需求、公共服务需求、住房保障需求、生态保育需求等，以科学城为统领的乡村振兴，为怀柔区农业农村现代化发展带来了前所未有的发展机遇。科学城建设为乡村振兴提供新引擎和新动能，乡村为科学城建设提供新空间和新资源。

（三）国际会都成金名片

怀柔雁栖湖国际会都（简称"国际会都"）服务国家总体外交大局和首都国际交往中心建设，统筹发展会议会展产业、培育会议会展品牌、完善观光旅游设施和文化商业设施，已经成为服务首都国际交往的重要承载区。近年来，国际会都圆满完成APEC会议、两届"一带一路"国际合作高峰论坛等重大国际会议服务保障任务，成功举办世界心血管大会、首届雁栖人才论坛。5年来，国际会都累计举办各类会议会展活动2.8万余场次，成为首都承办国家重要活动的"金名片"。国际会都建设与怀柔科学城紧密联动，在保障国家政务活动功能的同时，促进高层次国际交往、科学创新、文化交流、游览休闲等功能的相互融合，成为打造服务国家顶层国际交往、可举办全流程主场外交活动的核心承载区。国际会都的发展，创造性地将京郊乡村地区拓展为支撑国家政务活动的重要发展空间，成为北京国际交往中心的重要承载区域，从而大大拓展乡村发展的国际视野和产业空间，丰富乡村的国际交往和政务服务功能，提升京郊乡村振兴的国际视野和发展层次。

（四）中国影都影响凸显

起步于1995年、壮大于2008年、认定于2014年的中国（怀柔）影视产业示范区（简称"中国影都"）规划面积6.99平方公里，拥有国家中影数字制作基地等全国影视产业发展的核心资源，建成了涵盖影视产业完整链条，具有怀柔特色的影视拍摄、后期制作、动漫制作、专业技术服务、展示与传播、版权交易、教育培训、制片公司集聚、影视旅游等九大功能中心，累计接待剧组拍摄制作作品3000多部，已经成为北京全国文化中心建设的重要承载地和中国影视发展新的"增长极"。怀柔乡村地区具有天然的空间包容性和产业包容性，可借中国影都发展契机，围绕未来影都"一中心、四平台"（国际消费中心城市"微中心"，优质多元的影视文化内容原创平台、高端前沿的影视文化科技创新平台、有国际影响力的影视文化合作交流平台、投资与运营双循环的影视文化专业服务平台）建设，以乡村的空间资源、自然资源、土地资源、文化资源、旅游资源等参与中国影都的消费中心、网红打卡地、周末经济、创意活动、游戏体验、公寓住宅、餐饮购物、教育培训、文化娱乐等产业链条，构筑城乡产业融合、文化发展的新范本。

（五）乡村振兴亮点纷呈

怀柔区坚持以城带乡、城乡互补，深入推进美丽乡村建设，实施乡村振兴战略。近年来，怀柔区已启动 14 个"乡村振兴示范村"建设，加快推进 195 个美丽乡村建设，深入实施农村人居环境整治行动，大力发展壮大镇村集体经济，组建 7 个镇级新型集体林场，创建 4 个市级、2 个区级家庭农场示范镇。怀柔"足不出村"办政务改革作为北京市唯一案例入选第三批全国乡村治理典型案例，为有效解决农村政务服务"最后一公里"问题、提升乡村治理效能树立了全国性标杆。围绕生态立区与科学城建设的总体要求，怀柔大力发展乡村绿色生态型产业，不断探索建设科技创新的战略腹地和市民群众的精神家园的新业态、新模式，乡村承接怀柔科学城建设战略腹地、参与推动科学城发展的态势正在形成。在多年的乡村建设中，怀柔曾率先培育了北京市首条沟域经济带——"雁栖不夜谷"，打造了北京市第一个集群式发展的"不夜谷"旅游品牌。北京市第一个民俗旅游专业村和民俗旅游第一人均出自怀柔"不夜谷"内的官地村。怀柔还建立了北京市第一条村中步行街——燕城古街。交界河村的"篱苑书屋"成为国内唯一一家入选"全球 18 座最美图书馆"的书屋。杨宋镇秉持"影视+城"理念，深挖美丽乡村、美丽庭院内涵，建设耿辛庄艺术家村科影主题小院，为电影学院师生提供个性化创作空间。雁栖镇利用乡村酒店资源，将位于范各庄村的悟理学苑酒店改造成为北京第一所服务科学城建设、面向中科院物理所科研人员的乡村长租公寓。怀柔区精品民宿达到 563 家，总量居全市第一，成为首批"全国民宿产业发展示范区"。

二、怀柔区引领示范具有首都特点乡村振兴面临的主要问题

（一）城乡融合发展的体制机制和政策体系尚未形成

怀柔区在规划布局、重大项目、用地配置、资金政策、公共资源等方面仍存在"重城轻乡"现象，城乡融合发展的体制机制和政策体系尚未形成，特别是重大项目引领和带动乡村振兴的思想观念与工作模式存在较大差距，项目建设与乡村建设未能紧密结合、协调统一。在发展规划上，规划管理和实施机制没有完全做到城乡融合，乡村在适应新的规划管理体制中遇到很多体制机制障碍。调研发现，不少乡村干部对于管辖范围内地块的性质不了解不清楚，不知道经营性建设用地有多少、具体位置在哪里，这导致不少乡村不敢搞建设、搞项目，担心新建项目成为违建。很多村庄在申请建设公共服务设施上都遇到了规划审批难题。在用地配置上，与乡村产业发展密不可分的经营性建设用地指标多配置在"一城两都"（科学城、国际会都、中国影都）区域，乡村建设用地紧缺。《怀柔分区规划（2017 年—2035 年）》明确城乡建设用地减量类型和减量途径，即以违法建设拆除、农村集体工矿用地整治、废弃矿山修复治理、生态环境建设、实施土地一级开发、棚户区改造、美丽乡村建设及居民点整理等多种途径实现减量目标。为确保怀柔新城、"一城两都"等核心区域和重点项目的发展用地需求（怀柔科学城规划范围 10.26 万亩、雁栖湖国际会都规划范围 3.15 万亩、怀柔影视产业示范区规划范围 2.7 万亩），乡村成为建设用地减量的重点区域。乡村产业发展需求与用地供给矛盾突出。在公共资源配置上，城乡基础设施与公共服务有差距。如农村安全饮用水、生活污水治理的短板依然突出，全区 284 个行政村中仍有 101 个村没有实现污水治理。多个被纳入怀柔科学城范围的乡镇都表示，镇域内

文化教育、医疗卫生、道路设施、公共绿地等公共配套设施存在数量不够、质量不高、相对滞后等问题，难以满足科学城建设的入驻机构、科技工作者及衍生居民的居住生活需求，尚不具备承接创新型产业示范、创新成果转化、人才培养、应用研究等服务科学城的产业发展条件。农村中生产流通型基础设施建设严重滞后，农产品商品化处理能力较弱，总体来看农业经营方式仍处于靠天长、靠地头卖的阶段，很难支撑起农业高质量发展。

（二）生态涵养区生态保护与绿色发展的关系有待理顺

怀柔区属于北京市的生态涵养区，承担着首都北部重要的生态屏障与水源保护功能。根据《怀柔分区规划（2017 年—2035 年）》，怀柔将全区分为生态控制区、集中建设区和限制建设区，分别占全区面积的 93.5%、3.5% 和 3%。在生态控制区以内，还有生态保护红线面积，约为 128.43 万亩，占全区总面积的 40%，在红线内必须严格服从于生态涵养区的定位与产业政策，严格落实生态保护红线管理制度、水源保护规定，原则上按照禁止开发区域的要求管理，严禁不符合主体功能定位的各类开发活动。因此，处在生态控制区内的乡村，大都面临着绿色发展难题。生态保护与绿色发展的关系尚未理顺，保护生态环境被作为第一要求与主要任务，生态旅游、精品民宿、森林康养、田园综合体、农村电商、智慧物流、数字经济、科创智能等适宜生态涵养区的新兴业态发展长期受到严重制约，老百姓的生产生活长期受到严格限制，农民增收乏力。如根据《北京市水污染防治条例》规定，一级保护区内禁止新建、改建、扩建与供水设施和保护水源无关的建设项目，位于怀柔水库一级保护区内的 9 个村 2000 多户 5000 多人，其产业发展受到严重限制，均为区级低收入村。再如，有些处于怀柔水库二级保护区的村庄，受环保等规定限制，办不了民俗户营业执照，严重制约了村庄发展乡村旅游等产业。一段时期以来，有关部门将生态保护与绿色发展对立起来的观念和做法比较突出，强保护、弱发展的矛盾显现。2021 年 6 月施行的《北京市生态涵养区生态保护和绿色发展条例》对生态保护和绿色发展都有明确的规定，但建立在生态保护基础上的绿色发展的具体政策思路尚未形成。

（三）集体经济组织建设和集体经济发展比较薄弱

怀柔区农村集体经济组织建设和集体经济发展呈现"双弱"现象。截至 2020 年底，怀柔区 284 个村集体经济组织中尚有 10 个村集体经济组织未完成集体经济产权改革任务，14 个乡镇、2 个街道未开展乡镇级集体产权制度改革。特别是怀柔乡镇级集体经济组织极其薄弱，14 个乡镇的集体资产、账目等并入政府账目，已经没有经营性资产，原账目已经封存，其相关管理工作纳入乡镇政府有关科室统一管理。乡镇集体经济组织大多属于"有牌子、没组织"的状态，乡域经济增长以注册经济为主，村镇集体经济增长内生动力严重不足。2020 年底，怀柔区农村集体经营性资产 60.7 亿元，占全市集体资产总量的 0.69%，在全市 14 个涉农区中排名第 13 位，在全市 5 个生态涵养区中排名第 4 位。2020 年，全区农村集体经济实现利润总额为 4098.1 万元。怀柔农村集体经济缺乏主导产业，发展后劲严重不足。从 2019 年全区农村集体经济收入结构来看，乡村两级集体经济组织均无主营业务收入，乡村两级集体企业主营业务收入总额 6537 万元，占全区农村集体经济总收入的 9.5%。全区农村集体经济主导产业收入贡献率不到 10%。全区农村集体经济 90.5% 的收入来源于征地拆迁补偿款、地上物补贴和专项工程款等各种财政资金以及少量的租金收入。

（四）村庄人口老龄化和空心化现象比较突出

根据国际老龄化标准，60 岁以上人口占总人口比例达到 10%，或 65 岁以上人口占总人口的比重达到 7% 就标志着进入人口老龄化社会。怀柔区人口老龄化问题突出，据北京市怀柔区第七次人口普查公报，全区常住人口中 60 岁以上人口为 86216 人，占 19.6%，其中 65 岁及以上人口为 56289 人，占 12.8%。据我们调研，2020 年底，渤海镇户籍人口 16113 人，其中 60 岁以上人口占 29%；雁栖镇户籍人口 15498 人，其中 60 岁以上人口占 26%。深山区乡镇的老年人口占比更高，怀柔区农村已经进入高度老龄化社会。在渤海镇、九渡河镇、琉璃庙镇等山区乡镇调研中，基本看不到年轻人的面孔。据当地人反映，种植板栗的农民基本上在 60 岁以上。留守在农村居住生活的主体是守望相助的妇女、儿童、老人和残障人员，村中劳动力以 50—70 岁为主。乡村的现有劳动力条件难以介入现代产业链条，乡村的人口结构、知识体系和技能层次与怀柔新城、科学城、国际会都、中国影都以及乡村振兴的劳动力需求相差较远。以杨宋镇为例，2020 年全镇农业产值为 2596 万元，而以影视文化产业为主体的服务业产值近 40 亿元，可以说杨宋镇有条件、有能力以影视文化产业带动乡村发展，但杨宋镇现有农村劳动力创新创业和就业能力不足，很难融入影视文化产业链之中。

三、怀柔区推进具有首都特点乡村振兴引领示范的路径思考

怀柔区在推进具有首都特点乡村振兴中要作出引领示范，必须紧紧把握"首都特点"和"引领示范"两个关键词。所谓"首都特点"，就是怀柔区在实施乡村振兴战略中要充分体现落实北京"四个中心"的城市战略定位；所谓"引领示范"，就是怀柔区在实施乡村振兴战略中要确保各项工作干在实处，走在前列，率先探索，做出样板。为此，我们结合怀柔实际，提出如下发展路径，总体战略性思路就是要将怀柔以科学城为统领的"1+3"融合发展新格局，与怀柔实施乡村振兴战略有机结合起来，避免"两张皮"现象。

（一）以科学城建设为统领，推动形成科学城建设与乡村振兴协同发展新格局

坚持以科学城建设引领乡村振兴、在乡村振兴中助推科学城建设的基本思路和要求，为北京全国科技创新中心建设探索新模式。一是以科学城建设为农业现代化发展提供现代科技要素。推动科学城建设与深化农业供给侧结构性改革有机结合，重点围绕"科技＋农业"融合发展创新体制机制。一方面，通过科学城建设为农业现代化插上科技的翅膀；另一方面，在推进农业现代化中为科学城建设夯实现代农业的底色。结合科学城建设，实施农业科技创新专项工程，重点突破生物育种、农机装备、智能农业、生态环保、林下经济等重点领域的关键技术。强化企业应用型创新主体的地位，鼓励更多有能力的农业科技公司落户怀柔科学城，开展适应怀柔林果特色产品供给的新品种研发以及重点产品农业全产业链的研发储存、加工等非生产环节的新技术与新设备研发，引导资金、技术、人才等各类创新要素向新主体集聚，营造有利于企业创新的宏观环境。建设以新型农业经营主体为

核心的推广体系，完善基层农技推广体系，培育壮大专业服务公司、专业技术协会、农民经纪人等各类社会化服务主体，提升农技服务水平，促进科技成果转化和推广应用，在为怀柔农业现代化插上科技翅膀的同时，为怀柔科学城建设增添农业现代化的色彩，让怀柔农业成为有奔头的产业。二是以科学城建设为农村现代化注入现代动力要素。促进科学城建设与农村现代化建设深度融合，重点围绕"科学+乡村"，突出以美丽乡村建设为基础，走城乡等值、城乡互促、共同繁荣的发展道路，协同推进科学城建设与美丽乡村建设，强化村庄人居环境整治、土地整理、乡村旅游、基础设施建设、乡村景观和环境保护等工作，率先实现城乡基本公共服务均等化、便利化，在保持乡村原有社会结构的同时，加大对道路管线等基础设施的建设和教育医疗养老等基本公共服务的供给，在城乡生活水准等值的前提下加强城乡之间、区域之间的有益互补互促。围绕落实"科学+城+乡村"融合发展，充分利用科学城北区、东区、南区周边村庄的原始自然风貌与特色文化资源，主要承接国际人才、科学家与科研人员的生活居住功能，让乡村成为科学家的实验场、工作室、会客厅、减压区、休闲园和幸福之家，充分利用乡村的清洁空气、绿色环境、风土人情、和谐氛围和生态化食品，为科学家、科研人员提供有益于促进脑力工作者身心平衡、补充精神能量的个性化、人性化服务，配套建设乡村减压中心、乡村身心调节中心、乡村失眠理疗中心、乡村绿色治愈中心等优质特色服务，吸引更多高端创新资源落户科学城，规划建设科学小镇、科学之村、科学之家，营造有利于身心健康的怀柔慢生活之都、慢生活之城、慢生活之乡、慢生活之村，让怀柔农村成为安居乐业的美丽家园。三是以科学城建设为农民现代化培育现代科学文明精神。实现科学城建设与农民现代化发展相得益彰，促进人的全面发展和乡村社会的全面进步，重点以科学家居住地乡村化为重要突破口，实现科学城建设、美丽乡村建设、城乡融合发展良性互动。将科学城建设与科学精神的弘扬与传播结合起来，围绕"科学家+农家"融合发展，让科学家走进农家，弘扬科学精神；让农家对接科学家，夯实农本基石。促进城乡居民的混合居住和乡村的共建共治，实现优势互补，既为农民培育现代民主与科学精神，也为科学家提供农耕文明体验和乡村民俗文化底蕴。通过科学城建设，带动农民既富"口袋"，又富"脑袋"，在建设山清水秀自然环境的同时，着力建设风清气正的人文环境，切实提高公共服务水平和能力，带动科学家和农民思想观念与道德文化水平的共同提升，推动科学城建设方式与农民生产生活方式的共同变革，加快促进农民自由而全面发展，让怀柔农民成为有吸引力的职业。

（二）以国际会都建设为依托，促进乡村主动承接国家政务活动和国际交往中心建设功能

坚持国际会都建设与开辟"乡村外交""乡村国际交往"建设相统一，提升怀柔乡村振兴的全球格局和大国品位，为北京全国政治中心建设和国际交往中心建设创造新样板。一是建设京郊国际交往高端配套功能区。将国际会都建设与怀柔实施乡村振兴战略结合起来，提高怀柔乡村振兴的政治站位，拓展怀柔乡村振兴的国际视野，以"怀柔天下"的胸怀和气度，为泱泱大国的全球政治和国际交往提供宽广而迷人的田园新天地、乡村大舞台。在新的基础上将怀柔乡村地区建设成为承担国家政务活动的重要场所和国际交往中心的核心区域。怀柔乡村在参与国际会都建设上，可以扩充提升传统雁栖湖国际会都规划区，选取 1—2 个易于安防、功能互补、环境优美、特色突出的乡村区域，谋划建设中国式的"安纳伯格庄园"，为国家领导人个性化、私密性外交活动提供田园牧歌式的、更加轻松愉悦的交流活动新空间，与制式化、标准化、流程化的城市广场公共政务活动空间形成差异化互补。在雁栖湖周围打造若干特色小镇，如休闲旅游小镇、高端商务小镇、购物消费小镇、科技交流小镇，使之成为承接国际高端商务、科技交流活动的国际交往高端配套空间。二是建设京郊国际级的康养配套及会议会展配套功能区。深度融合怀柔科学城、中国影都建设，深化农村结构性改革，建立社会资本与农村集体经济组织的利益联结机制与收入分配机制，盘活利用乡村低效建设用地和闲置厂房等集体资源，规划和发展乡村大健康产业，推动医疗保健、养老养生、休闲旅游、会议会展等多业态深度融合发展，提高非会期间的产业活跃度，加强农村公共卫生事业建设，扩大医疗健康产品供给，将医养健康产业与乡村会议会展一道培育成国际会都周边乡村的重要支柱产业，完善观光休闲、文化商业设施，加快实现国际会都从旅游目的地向商务目的地拓展。三是建设具有北方本地特色民俗文化与旅游休闲配套功能区。提升"不夜谷"旅游业态，发展高端会议及休闲产业。高质量发展集体农庄、合作农场、高端民宿等新业态组织，为大国首都的国际交往提供更多的田园牧歌式的怀柔乡村场地，使怀柔的美丽乡村与民俗文化成为世界了解中国改革开放和乡村振兴成果的一扇美丽窗口。

（三）以中国影都建设为引擎，推动京郊传统乡村文化与现代影视文化交相辉映

坚持以中国影都建设为引擎，打造传统乡村文化与现代影视文化交相辉映的乡村"影视＋"文化休闲产业，为北京全国文化中心建设树立新标杆。一是规划设计"影视＋"休闲娱乐新路线，打造"来影都过周末"的多层次文化消费体验。将中国影都所在的核心区与周边乡村进行串联，统筹规划能够满足"吃、住、行、游、购、娱"等旅游要素的影都周末休闲娱乐路线。以中影拍摄基地等影都核心区域为主体，满足消费者来影都过周末的"游、行"需求；以怀柔南站 TOD 站前广场项目为核心，满足消费者来影都过周末的"购、娱"需求；规划引导周边有条件的乡村以影视 IP 为线索发展差异化、规模化的主题民宿、主题餐厅、主题小吃、主题咖啡馆、主题酒吧、主题文创、主题剧本杀等"影视文化＋乡村环境＋现代生活"片区，满足消费者来影都过周末的"吃、住、娱"等需求。让消费者既能享受城市生活的繁华，也能享受乡村生活的宁静；既能享受现代影视拍摄的场景与技术体验，也能享受乡村传统文化的古朴魅力。二是选取优质乡村资源，以村庄为单位打造国际消费城市"微中心"。借鉴陕西袁家村经验，选取杨宋镇耿辛庄村为试点，以村集体经济组织为投资建设主体，打造年接待量 500 万人次、年销售额 20 亿元规模的全域化乡村度假旅游综合体，使其成为国际消费城市新的乡村地标。三是加快完善中国影都的生活居住配套服务。通过村庄整治，在地理位置优越、交通便捷的村庄布局提供富有艺术气息和乡村特色的影视人才工作室、人才公寓、青年公寓，既降低居住的土地开发成本，又能盘活乡村闲置资源，提升村庄存量建设用地使用效益。尤其重要的是，在中国影都建设中，要体现全国文化中心建设的导向要求和格局品位，既创造全国文化中心建设的精品文化，又推动和实现乡村文化的全面振兴，特别是加快构建体现京味京韵特点的乡村文化事业和特色文化产业共同发展新格局。

（四）以生态涵养保护为核心，构建绿水青山就是金山银山的政策体系

坚持绿水青山就是金山银山的理念，打通生态保护与绿色发展相统一的政策制度通道，构建绿水青山就是金山银山的政策体系，力争在生产发展、生活富裕、生态良好的文明发展道路上走在全市前列。一是在怀柔区率先开展全域生态系统生产总值（GEP）核算工作。生态系统生产总值也就是生态系统服务价值，是指生态系统为人类福祉和经济社会可持续发展提供的最终产品与服务价值的总和，包括物质产品价值、调节服务价值和文化服务价值。借鉴深圳市在全国率先建立生态系统生产总值核算体系的经验，对全区森林、草地、林地、耕地、河流、湖泊等自然生态系统提供的产品与服务的使用价值进行系统化、专业化核算研究，为评估怀柔区生态保护成效和生态文明建设进展提供指标依据，为率先探索实现生态产品价值实现机制提供数据支撑。二是率先探索建立市场化、多元化生态保护补偿机制。继续优化完善怀柔区生态补偿机制；促进生态文明制度建设，推行"谁开发谁保护、谁受益谁补偿"理念，积极运用碳汇交易、排污权交易、水权交易、生态产品服务标志等补偿方式，探索市场化补偿模式，拓宽资金渠道。推动生态保护投入保障由政府"一家扛"转为政府、企业和社会"多家抬"，实现多元主体共建共治共享，为健全全市生态保护补偿机制提供怀柔经验。三是加快推动生态资产确权和生态产品交易。加快建立统一的自然资源资产产权确权登记系统和权责明确的产权体系，主动探索增加生态产品交易种类、健全市场交易机制，促进生态资源资产化、可量化、可经营。四是加强生态涵养区产业发展规划的精细化精准化管理。立足生态涵养区生态保护和绿色发展，主动对接市级规划和自然资源、生态环境、水务、农业农村、园林绿化等部门，组织对生态涵养区的资源环境承载能力和国土空间开发适宜性进行评价，并根据评价结果，争取精准放宽生态涵养区产业准入限制，推动生态涵养区产业政策的精细化精准化管理，做到科学有度有序开发，促进人口、经济、资源环境协调发展，建立健全生态涵养区产业发展的政策体系，扭转对生态涵养区内生态控制区"一刀切"式的产业限制发展局面。

（五）以实现共同富裕为目标，加快构建城乡融合发展的体制机制和政策体系

坚持城乡融合发展，合力推进新型城镇化战略与实施乡村振兴战略双轮驱动，切实增加农民收入，加快缩小城乡居民收入差距，率先实现城乡共同富裕。一是在主动谋划和承接中心城区疏解的适宜功能和产业中加快实现城乡融合发展。怀柔区有条件率先将乡村振兴与疏解北京非首都功能有效对接起来，与北京的逆城镇化发展趋势有机结合起来，在积极适应疏解北京非首都功能和逆城镇化发展趋势中，主动谋划与承接中心城区疏解的适宜的功能和产业，加快健全城乡融合发展的体制机制，带动乡村振兴和农民增收。二是在以科学城为统领的"1+3"融合发展新格局中率先实现城乡融合发展。怀柔科学城建设的统领作用，不仅体现在怀柔的科技创新中心建设和"1+3"融合发展的统领上，也体现在怀柔区城乡融合发展的统领上。怀柔"1+3"融合发展新格局，不只体现在以生态涵养为核心基础上的科技创新、会议休闲、影视文化三方面的融合发展上，也体现在怀柔区城乡融合发展上。怀柔区应主动顺应这种城乡融合式发展需求，重新认识和发掘乡村独特的功能与价值，结合"一城两都"发展给予乡村更大的产业发展空间，允许市场按照需求配置乡村资源与要素，显化乡村价值，带动乡村产业发展，发展集体经济，增加农民收入。三是切实提高农村居民收入水平，加快缩小城乡居民收入差距，在实现城乡共同富裕道路上走在前列。2020年怀柔区城乡居民收入比为1.67：1，既小于同期全国城乡居民收入比2.56：1的水平，也小于同期全市2.51：1的水平，这为怀柔区继续缩小城乡居民收入差距、实现城乡共同富裕奠定了良好的基础。在此基础上，关键是要在以科学城为统领的"1+3"融合发展格局中，将乡村振兴全面融入其中，克服重大项目建设与乡村振兴脱节的"两张皮"现象，形成重大项目建设与乡村振兴融合发展、共建共荣的新局面，从而在以科学城为统领的"1+3"融合发展格局中助推怀柔的农业农村现代化，实现农民增收。其政策重点是：一是要在规划管理上注重城乡融合发展，确保乡村发展在符合乡村特点的规划轨道上合法合规；二是要在土地配置上注重城乡融合发展，满足乡村生态产业发展的用地需要；三是要在基础设施与公共服务提供上注重城乡融合发展，率先实现城乡基本公共服务均等化，让城乡居民平等享有基本公共服务；四是要突出促进低收入农户增收这个重点，加大政策扶持力度，加强新型集体经济组织建设，发展壮大新型集体经济，实施低收入农户增收倍增计划，促进共同富裕，确保共同富裕道路上一个也不落下；五是要积极应对人口老龄化挑战，出台鼓励生育政策，创造低成本生育、养育、教育环境来增加人口生育，确保人口自身的可持续健康发展。

四、怀柔区在推进具有首都特点的乡村振兴中作出引领示范的政策建议

围绕怀柔区在推进具有首都特点的乡村振兴中作出引领示范的路径思考和战略思路，应着力将怀柔建设成为落实北京"四个中心"城市战略定位、服务于中华民族伟大复兴大国首都、彰显国际一流的和谐宜居之都的幸福美丽现代化新城和幸福美丽新乡村。为此，我们提出的具体政策建议的主线是，将怀柔推进乡村振兴战略全面融入构建以科学城为统领的"1+3"融合发展新格局之中，在构建以科学城为统领的"1+3"融合发展新格局之中全面推进怀柔乡村振兴。

（一）加强体现北京"四个中心"城市战略定位的怀柔乡村振兴规划体系建设，在京郊乡村落实北京"四个中心"城市战略定位上发挥引领示范作用

新版《北京城市总体规划（2016年—2035年）》明确规定北京城市战略定位是全国政治中心、文化中心、国际交往中心、科技创新中心，并强调北京的一切工作必须坚持"四个中心"的城市战略定位，履行好"四个服务"（为中央党政军领导机关工作服务、为国家国际交往服务、为科技和教育发展服务、为改善人民群众生活服务）的基本职责。怀柔区在北京郊区中最能体现北京"四个中心"城市战略定位的发展要求，在全国政治中心和国际交往中心建设上，国际会都承担了部分国家政务功能，体现大国外交和国际交往的新趋势；怀柔区渤海镇北沟村就是京郊著名的"国际村"，吸引多国友人长期在村里居住生活、创业发展，成为乡村国际交往的新窗口。在全国文化中心建设上，中国影都已成为全

国文化中心建设的一个新标杆。在全国科技创新中心建设上，怀柔科学城已进入国家级科技创新行列，成为京郊承担全国科技创新中心的新典范。但怀柔区在承担和落实北京"四个中心"城市战略定位建设上尚缺乏全面系统的统筹谋划与规划，并且与实施乡村振兴战略结合得还不够紧密。

为此，建议怀柔区根据自身的功能定位，积极争取市委市政府的支持，明确制定怀柔区坚持落实北京"四个中心"的城市战略定位、履行好"四个服务"基本职责的顶层设计和总体规划，将怀柔区建设成为坚持北京"四个中心"城市战略定位、履行好"四个服务"基本职责的示范样板区。在此基础上，分别制定怀柔区落实全国政治中心、文化中心、国际交往中心、科技创新中心建设专项规划，特别重要的是这些规划必须与怀柔乡村振兴规划相衔接。立足现有发展基础，率先在怀柔区规划建设国家政务活动乡村示范区，将怀柔乡村地区纳入支撑国家政务活动的重要空间进行规划布局，使怀柔乡村成为承载国家政务活动的重要场所；率先在怀柔区规划建设服务国家对外交往的核心承载区，规划建设国际重大外交外事活动乡村示范区，增添国际交往的乡村元素，发挥乡村在国际交往活动中的独特功能；率先在怀柔区规划建设绿色创新引领的高端科技和文化发展示范区，建设世界级原始创新承载区和具有国际影响力的影视文化引领区、以长城文化和满族文化为代表的传统特色文化带。通过落实北京"四个中心"功能推进乡村振兴战略，使怀柔乡村成为首都北京面向世界展示改革开放与乡村振兴伟大成就和特色魅力的重要窗口。在制定落实北京"四个中心"功能定位的总体规划和各专项规划中，必须与实施乡村振兴战略紧密结合起来，突出怀柔乡村在落实北京"四个中心"功能建设中的独特功能与价值，使"四个中心"功能建设与乡村建设融合发展、相得益彰，以此带动乡村的全面振兴和乡村高质量发展。

（二）突出在构建以科学城为统领的"1+3"融合发展新格局中充分体现怀柔乡村振兴的战略要求，在京郊重大项目建设与乡村振兴有机结合上发挥引领示范作用

《怀柔分区规划（2017年—2035年）》提出要秉持"怀柔就是科学城、科学城就是怀柔"的发展思路，加快构建以怀柔科学城为统领，生态涵养、科技创新、会议休闲、影视文化融合发展的新格局。这既是怀柔发展的新格局，也是怀柔乡村振兴的新机遇新要求。为此，建议在构建以科学城为统领的"1+3"融合发展新格局中，将乡村振兴战略全面融入其中，确保怀柔乡村振兴战略全面融入以科学城为统领的"1+3"融合发展新格局中，克服重大项目建设与乡村建设脱节甚至对立的现象，创新京郊重大项目建设新模式，实现重大项目建设与乡村振兴紧密结合、统筹谋划、共同推进、融合发展。

一是统筹科学城建设与乡村建设，坚持科学城建设带动乡村振兴，确保乡村参与科学城建设。怀柔科学城规划范围约100.9平方公里，以怀柔区为主，并拓展到密云区的部分地区，其中怀柔区内规划范围约68.4平方公里，涵盖怀柔新城以及怀北镇中心地区和雁栖小镇组团。主要在怀柔乡村土地上建设的怀柔科学城，应当充分带动怀柔乡村建设，积极推动乡村振兴。一方面，要控制征地拆迁模式，确保征地拆迁的乡村集体经济组织和村民正当利益不受损害，尤其要提升被征地拆迁范围内的乡村集体经济组织发展和村民生活水平；另一方面，允许和鼓励乡村集体组织以集体建设用地参与科学城建设，形成集体经济组织与科学城共建的利益联结机制，实现科学城里有乡村，乡村中有科学城，创造"科学城＋乡村""乡村＋科学城"的新模式、新景观。

二是统筹国际会都、中国影都与乡村建设，坚持国际会都、中国影都建设带动乡村振兴，实现乡村参与国际会都和中国影都建设。统筹制定国际会都发展规划、中国影都发展规划，将乡村振兴融入国际会都发展规划、中国影都发展规划之中，克服重大项目建设与乡村建设相互排斥、各自封闭运行的现象，实现重大项目建设规划与乡村振兴规划"两规合一"，融合发展，良性互动。特别是在国际会都规划和中国影都规划建设上，要严格控制征地拆迁规模，允许和规范农村集体建设用地参与国际会都和中国影都建设，形成乡村集体经济组织参与国际会都和中国影都建设的新机制、新模式。

三是深化农村改革开放，实现城乡融合发展，为重大项目建设与乡村振兴有机结合创造市场化、法治化、国际化的优良制度环境。推进重大项目建设与乡村振兴有机结合，既需要思想观念的转变与创新，也需要体制机制的改革与完善。首先，要着力深化农村土地制度改革。一要缩小征地范围，规范和保障农村集体经营性建设用地入市参与重大项目建设，建立健全集体经营性建设用地参与重大项目建设的管理制度和分配制度；二要完善农村承包土地三权分置办法，促进与落实"四个中心"功能建设和"一城两都"建设相适应的集体农场、家庭农场等建设；三是要改革创新农村宅基地制度，放宽宅基地流转限制，使乡村宅基地制度与怀柔落实北京"四个中心"建设以及科学城、国际会都、中国影都建设相适应，增强乡村居住活力，繁荣乡村经济，助推农民增收致富。其次，要切实加强新型农村集体经济组织建设。通过建立健全新型农村集体经济组织，发展壮大新型农村集体经济，促进共同富裕。从战略上高度重视怀柔区乡村集体经济组织制度化、规范化、市场化、法治化建设，真正将乡村集体经济组织建设成为乡村集体经济发展的主力军、乡村振兴的生力军、重大项目建设的集团军，乡村集体经济组织可以成立乡村投资建设公司，作为市场主体参与"一城两都"建设和其他乡村建设项目。重点建立健全乡村经济联社，使之有资质、有条件参与怀柔落实"四个中心"功能建设以及科学城、国际会都、中国影都等重大项目建设，让集体经济组织及其成员全过程参与重大项目建设和乡村振兴。再次，要尽快实现城乡基本公共服务均等化。着眼于怀柔落实北京"四个中心"建设以及科学城、国际会都、中国影都等重大项目建设的需要，加快实现基本公共服务城乡全覆盖，确保城乡居民、参与落实北京"四个中心"建设以及科学城、国际会都、中国影都等重大项目建设的所有人员，都能便利享受到包括基础教育、基本医疗、基本养老、公共文化、社会福利等基本公共服务。改革完善公共财政制度和税收制度，特别是要提高土地出让收入用于农业农村的比例，不断提高民生保障水平。最后，要提高基层治理现代化水平。坚持党组织领导下的自治、法治、德治相结合，深化"足不出村办政务"改革，贯彻落实《北京市接诉即办工作条例》，以提高怀柔接诉即办、未诉先办水平，优化市场化、法治化、国际化的营商环境，培育体现中华优秀传统文化和现代人类共同价值的人文制度环境，保障每个公民的基本权利，维护社会公平正义，提升怀柔城乡社会的文明程度。

（三）坚持生态立区根本方向，捧住生态涵养"金饭碗"，走好绿色创新发展之路，在京郊生态涵养区的生态保护与乡村绿色发展上发挥引领示范作用

怀柔区与门头沟区、平谷区、密云区、延庆区以及房山、昌平的山区属于北京生态涵养区。在工业文明时代，生态环境遭到破坏，生态环境的价值被忽略。但在生态文明时代，良好的生态环境是最公平的公共产品，是最普惠的民生福祉，绿水青山就是金山银山。怀柔区作为首都北部的生态屏障，拥有得天独厚的生态涵养"金饭碗"，优良的生态环境是怀柔最宝贵、最巨大、最持久的财富。

怀柔区作为国家生态文明建设示范区，将服务于国家2030年前碳达峰、2060年前碳中和的"双碳"目标。根据《北京市生态涵养区生态保护和绿色发展条例》，怀柔区在生态保护与绿色发展上可以积极探索，作出引领示范。

一是统筹生态保护与绿色发展。改变将生态保护与绿色发展对立起来的思想观念和做法，在加强生态保护中推进生态涵养区的绿色发展，在绿色发展中实现生态环境的有效保护。针对目前生态保护有力而绿色发展不足的突出问题，怀柔区应当在坚持生态保护的基础上，根据《北京市生态涵养区生态保护和绿色发展条例》的有关规定，积极推动绿色产业发展。建议怀柔区积极与市直有关部门加强沟通协调，参与制定生态涵养区适宜产业的发展政策，推动生态涵养区可持续发展。特别是要主动谋划与承接从中心城区疏解的适宜的功能和产业；立足生态涵养区功能定位，积极引进和大力发展资源节约型、生态友好型的项目、企业总部等在怀柔集中建设区落地，实现生态保护与绿色发展协调统一、有机结合。

二是深化农业供给侧结构性改革，大力发展全域有机农业，实现农业高质量发展。有机农业是生态涵养区最具发展潜力的乡村产业之一。农业的高质量发展首先是农产品质量的优质安全。在工业文明时代产生的现代化学农业，对生态环境和人类身心健康产生了巨大的破坏和影响。在生态文明时代，怀柔区推进农业供给侧结构性改革，首选目标就是发展全域有机农业。建议借鉴贵州省遵义市凤冈县推行"双有机"（全域有机、全产业链有机）的基本经验，明确把发展全域有机农业作为怀柔农业农村发展的基本方向，制定怀柔发展全域有机农业的规划，出台关于怀柔发展全域生态有机农业的政策文件。前期可以选择一两个乡镇或数个村庄开展"全域有机农业"试点工作，在试点范围内打造全域有机产业，并逐步实现全产业链有机，从产品的选种育苗—生产/饲养—加工运输整个产业链实现有机管理，打造"北京第一、华北一流、全国知名"的全域有机产业区。

三是调整完善《北京市新增产业的禁止和限制目录》，拓展生态涵养区产业发展新空间。建议怀柔区主动与市直有关部门对接，调整完善《北京市新增产业的禁止和限制目录》，改变对生态涵养区产业发展"一刀切"式的限制规定，允许发展与生态涵养区相适宜的绿色生态产业，重点是要大力发展除有机农业以外的乡村生态旅游业、乡村民宿产业、乡村手工业、农副产品有机加工业、乡村新清洁能源产业、乡村健康产业、乡村休闲养老产业、乡村文化创意产业、乡村"互联网+"产业、乡村教育产业、乡村文化产业、乡村公共服务产业、乡村一二三融合发展产业等，推动怀柔乡村产业发展的生态化、低碳化。在怀柔乡村建设中要增强美学观念，建设具有乡村美学品位的艺术乡村，推进怀柔美丽乡村建设艺术化。着力规划建设一批国际化的特色有机农场、特色有机民宿、特色有机小镇、特色有机村庄、特色休闲文化场所，建立健全工商资本参与乡村振兴的促进机制，拓展乡村产业融资渠道，优化吸引人才的体制机制，制定和完善促进新型集体经济发展的政策支持体系。

总之，怀柔区要在推进具有首都特点的乡村振兴中作出引领示范，必须在农业农村工作理念、发展思路和改革举措上实现三大跨越式提升和结构性转型：一是必须增强生态意识，从传统的工业文明思维转向现代生态文明思维，着力发展怀柔全域生态有机农业，建设怀柔全域生态有机乡村；二是必须提高政治站位，从单纯的农业农村工作转向落实北京"四个中心"战略定位的首都乡村工作，提升体现"四个中心"功能的怀柔乡村建设新境界；三是必须增强改革精神，从相对封闭被动的"三农"工作转向积极主动融入"一城两都"建设，实现怀柔乡村振兴与"一城两都"建设的紧密结合和共同发展，从而在率先基本实现农业农村现代化上走在全市前列。

课题组组长：张英洪、张洪涛、张义丰
课题组成员：李元元、毕珊、高楠、王皓、赵丽娟、刘雯、王丽红、李婷婷、杜成静
执　笔　人：张英洪、刘雯

第二篇

发展壮大乡村产业

北京市生态涵养区乡村产业发展问题研究

习近平总书记强调："良好生态环境是最普惠的民生福祉"，"发展经济是为了民生，保护生态环境同样也是为了民生"。我国农村地区占国土面积的90%以上，承载了重要的生态功能和文化功能。维护和改善农村地区的生态环境质量，是以人民为中心的发展思想的生动实践，是对人民日益增长的优美生态环境需要的积极回应。值得关注的是，占国土面积12.5%的农田不仅承担了农产品供给的基本生产功能，也承载了保障粮食安全、传承农耕文明、提供生态服务等社会、政治和生态功能。而这些重要的功能均没有在现有的农业GDP中体现。北京市作为全国政治、经济、文化中心，农业占全市GDP的比重仅为0.29%，农业的非经济功能尤为重要。

一、研究背景及国内外研究现状

根据《北京城市总体规划（2016年—2035年）》明确的功能定位，处于山区的门头沟、平谷、怀柔、密云、延庆五区的全域和昌平、房山两区的山区是北京的生态涵养区，面积1.1万平方公里，占全市的三分之二，是首都重要的生态屏障和水源保护地。

2018年北京市委、市政府制订出台《关于推动生态涵养区生态保护和绿色发展的实施意见》，明确了生态涵养区要把守护好绿水青山当作头等大事、不让保护生态环境的吃亏、实现宜居宜业宜游的绿色发展功能导向，并持续完善政策、加大投入，促进生态保护与绿色发展。然而，生态涵养不是不要发展，而是要更好、更高水平、更可持续发展，把握好"保护"与"发展"的关系，打通绿水青山和金山银山的转化通道，其实质是"环境"与"经济"的协同问题。

北京市生态涵养区绝大部分分布在农村地区，农民对农业收入还有一定的依赖。但是2020年北京市GDP总量为36102.6亿元，其中第一产业占比仅为0.29%。农业GDP占比不断下降是一般规律，但也容易引发人们对农业重要性的质疑，主要有两方面原因：一是统计口径的原因，农产品加工、休闲旅游等行业产值未计入农业统计；二是农业的生态功能价值越来越重要，甚至超出了生产功能，却没有通过市场反映出来。因此，生态涵养区的经济价值需要全面评估，其实质是生态价值实现的问题。

在《北京城市总体规划（2004年—2020年）》中，北京市提出生态涵养区与首都功能核心区、城市功能拓展区、城市发展新区并列成为首都四大功能区域。自此关于北京生态涵养区研究主题的文献逐渐增多，研究内容也逐渐丰富，大致可以分为三个阶段。2010年以前，主要研究停留在生态涵养区概念的解析和发展路径的宏观设计；2010年至2018年，专家学者在分析各涵养区发展现状和问题的基础上，定性分析了影响涵养区发展的主要因素并提出很多具有操作性的对策建议，案例分析和指标体系构建逐步增多；近两年来，开始有学者引入环境经济学和农业经济学经典模型，围绕生态涵养区的可持续发展展开定量研究。总体来说，相关研究从宏观理论上讨论生态与发展的辩证关系逐步深入到揭示生态与发展协调性的内部机理，但用计量模型定量分析环境经济协同发展的研究较少。

有些学者从涵养区的发展路径的角度开展相关研究。郭峰（2008）分析了在北京市生态涵养区发展生态产业的资源基础、市场及人才优势，从政策、产品、技术标准、各区联动机制等方面提出措施，建议发展打造以生态农业、生态工业、休闲旅游业为代表的生态产业集群。近年来，多个研究团队围绕涵养区农业经济发展与生态环境保护的协同开展了模型构建并提出对策建议，识别除了政府政策、旅游市场波动等多个影响因素（Tang et al.，2018；谢明义等，2021），提出了加强生态保护治理、大力发展绿色产业、促进城乡发展等多方面对策建议（谭韧和张贵祥，2020）。有些研究将涵养区农民增收与脱贫作为研究的起点和目的。张文茂和苏慧（2007）提出生态涵养区的发展应切实考虑功能定位，以建设、保护首都生态环境屏障为前提，调整升级区域产业结构，实现农民增收。张小庆（2017）用灰色关联度法对包括制度、生态、就业、人力资本、资产投资等影响冀北生态涵养区贫困因素进行了分析，得出增加教育投入和减少家庭发病率可以降低农户的贫困率。任斌和姚秋焕（2021）以密云区为例，提出了战略定位、自然条件和产业机构是当地农民增收困难的主要原因。

有些学者重点关注生态涵养区的区域功能优化。何闽（2012）从城市的结构功能、产业、人口等角度出发，建议北京生态涵养区建设充分利用空间资源优化区域功能。刘治彦（2015）认为生态涵养区可再细分为四个区域：核心保护区、缓冲区、发展储备区、优化储备区，不同区域的空间利用及发展方式应有所区别。杨文杰等（2021）运用改进的生态资产估算模型获得了北京市生态涵养区生态资产时空分布格局并验证了人为干扰度、元单位空间人口、GDP等主要的驱动因素。还有一些研究聚焦涵养区的生态服务价值。朱四海等（2006）等分析了经济规模、消费倾向、制度体系等造成城市生态服务稀缺性的影响因素，提出通过生态补偿及市场交易的方式方法推动生态涵养区环境服务价值的实现。张彪等（2014）提出了实际市场评估、模拟市场价值、替代市场评估三种生态服务价值估算方法，并采用区域生态系统价值评估模型对生态涵养区的生态服务价值动态变化进行了测量。也有学者从完善生态涵养区生态补偿机制和标准的角度开展研究（孙庆刚等，2015；李云燕等，2019）。

总体上，已有研究较多聚焦于生态涵养区及其生态功能的保护，但对于当地产业发展的关注不多，对"人"的关注不够。

二、生态涵养区乡村产业发展的理论基础

生态涵养区本质上还是"保护"与"发展","人"与"自然"的关系，是保护功能、实现价值以及人的发展三方面的协同。

（一）乡村特色产业的当代价值

乡村特色产业的基本功能是产业功能，表现为以大众喜爱的优质产品满足市场需求。乡村特色产业除具有一般的产业功能之外，还具有以下功能：

第一，乡村振兴的产业支撑。特色产业生产经营对农民增收带动作用明显，是增加农民收入的重要来源，是富民产业。发展特色农业可以促进土地、资金等要素的合理流动，特色农业既能容纳本地的一部分劳动力就业，又能接收部分外来劳动力就业。大力发展乡村特色产业，挖掘特色农业潜力，有利于促进适度规模经营、加强全产业链建设、推动产业融合发展，有利于创造新产品、催生新业态、发展新模式、拓展新领域，有利于完善利益分享机制，拓宽农民增收渠道。特色产业的创新发展，能创响一批"土字号""乡字号"特色产品品牌。创新发展具有民族和地域特色的乡村手工业，大力挖掘农村能工巧匠，培育一批家庭工场、手工作坊、乡村车间，由此推动乡村生态文明建设与乡村文化传承，构成乡村产业兴旺、乡风文明、生态宜居的新型产业基础与平台。乡村特色产业兴旺发达，让乡村更宜居、乡风更文明，实现乡村有效治理，带动农民生活更加富裕。

第二，推动融合发展的重要路径。融合是创新乡村新型特色产业的手段，其路径与目标是乡村特色产业。多产业、多元素跨界融合，为乡村特色产业创新新型资源。乡村新型产业及其新业态创新，通过多产业相"+"，推动文体、农业、旅游的有机结合而得以创新发展。比如乡村康养、文化体验与休闲、乡村旅游产业就是多产融合创新的结果。融合，在城市与乡村之间构筑要素互通、环境共享、联系稳定、良性互动的有机整体，实现城乡统筹发展，为社会资源流向乡村提供通道。

第三，是供给侧结构性改革的具体抓手。乡村特色产业是面向市场的，是市场导向性产业。乡村特色产业的创新成为推动传统农业由生产导向向市场导向转型，由规模导向向提质导向转型的重要推手。一个地方特色蔬菜、特色果品、特色粮油、特色饮料、特色花卉、特色纤维、道地中药材、特色草食畜、特色猪禽蜂、特色水产等的发展，将成为加快推动一个地区农业产业调整与优化结构的重要内容。乡村特色产业也是效益产业，是适应消费结构升级，居民消费由吃得饱转向吃得好、吃得营养健康，消费呈现多元化、个性化发展趋势的重要产业，推动乡村产业高质量发展。

第四，推进生态优化的新型产业载体。特色农业具有气体调节、水源涵养、土壤保育、废物处理、生物多样性保护等生态价值。可以创造良好的自然资源和环境，在某种程度上，使自然资源系统得到修复和强化，实现生态环境资源的服务和供给价值。其生产要素本身就是构成生态环境的主体因子，对促进经济的持续发展、生态环境的改善、保持生物多样性、防治自然灾害，为二三产业的正常运行和分解消化其排放物产生的外部负效用等具有积极的、重大的正效用。乡村特色新型产业如康养、乡村休闲旅游等需要配置生态

景观资源，提升传统乡村的景观化水平。通过对湖、田、林、村、水、山、路进行综合整治，促进"山美、水美、人美、田美、路美、村美"的美丽生态田园形成。特色农业对优化区域生态系统起着重要作用。以云南哈尼梯田、湖南紫鹊界梯田为代表的南方稻作梯田系统，具有森林—村寨—梯田—水系"四素同构"的系统特征，形成自流灌溉农业生产体系，紫鹊界梯田一带素有"天下大旱，此地有收"的说法；地处黄土高原腹地的陕西佳县，干旱少雨，生态脆弱，枣树不仅是当地农民的重要生计来源，在生态保护方面也发挥了重要作用。安徽省砀山县立足酥梨产业，以生态立县推进新农村建设，初步走出了一条新路子。砀山县是全国生态试点县、国家级生态示范区，境内环境优美，全县村庄绿化率达85%以上，森林覆盖率达76%以上，水果种植面积逾70万亩，被吉尼斯纪录认定为世界最大的连片果园产业区。

第五，乡村文化传承与创新。一是传承农耕文化。乡村特色产业需要配置乡村特色文化资源，在农业文化遗产地表现得更为明显，其具体表现方式除了文字记载外，还有歌曲、故事、谚语、仪式等形式。截至2021年12月，中国列入全球重要农业文化遗产保护名录的遗产地总数为15处。为了加强国内重要农业文化遗产管理，促进农业文化传承、农业生态保护和农业可持续发展，自2012年开始，截止到2021年11月，分六批认定了138项中国重要农业文化遗产。二是保护文化的多样性。对中国重要文化遗产进行大致分类发现，除了稻作、梯田、农田水利等比较传统的农业文化外，茶、水果、干果、中草药等特色农业也很有文化内涵。如云南元阳哈尼梯田稻田养鱼、孟连神鱼节文化、江川开鱼节、勐腊弩弓水下射鱼等渔业文化，彰显了特色农业文化价值的魅力，丰富了特色农业的价值内涵。云南普洱、福州茉莉花、湖北砖茶、安溪铁观音、西湖龙井、福鼎白茶、黄山太平猴魁等不仅是国内外知名茶种，而且形成了各种茶文化。一些地区的枣、梨、葡萄、杨梅、核桃、荔枝、樱桃、柑橘等水果干果种植历史悠久，文化底蕴深厚。当归、辛夷花、枸杞、玫瑰、黄连、银杏等中药保健作物种植更具中国文化特色。三是提供教育和审美。特色农业生产在传承、维护和创造地域文化、民族文化等方面的作用不可替代。特色农业蕴藏着丰富的文化资源，对人们的价值观、世界观和人生观的形成有积极作用。四是推动文化产业的发展。各地以乡村文化元素为资源，通过"文化+""+文化"等多种形式，创新多姿多彩的文化产业。

第六，满足社会新需求。据不完全统计，我国各类特色农产品产值达到5万亿元左右，约占我国农业总产值的50%，占据我国农业的"半壁江山"。特色农业如干鲜果品、蔬菜、食用菌、中药材等特色农业发展迅速，极大地满足了社会对健康养生的新需求。生态农业园以休闲农业带动特色农业发展。利用特色农业的景观资源发展旅游、观光、休闲业，让游客享受观光、采摘、体验生产、了解农民生活、感受乡土情趣。目前，一些特色农业经营主体开发具有观光、旅游价值的农业资源和农产品，将游憩休闲与科普教育有效结合，促进现代社会的人们与大自然紧密接触，把农业生产、科技应用、艺术创作、农产品加工和游客参加农事活动等融为一体，供游客领略在其他风景名胜地欣赏不到的大自然情趣。

（二）农业生态价值实现是包容性发展的实践探索

第一，包容性发展是以人民为中心的发展理念，注重效率和公平的有机结合，最终实现共同富裕。包容性增长理论的内在逻辑在于：一方面，提高经济效益是实现包容性增长的基础，没有高效持续的经济增长，自然也就没有增长成果的包容性共享。另一方面，保障社会公平是实现包容性增长的核心。包容性增长应当使人们，特别是比较效益低的农业和弱势群体农民，平等广泛地参与经济增长的过程并从中受益。2020年11月14日习近平总书记在全面推动长江经济带发展座谈会上强调，要加快建立生态产品价值实现机制，让保护修复生态环境获得合理回报，让破坏生态环境付出相应代价。

实践证明，绿水青山既是自然财富、生态财富，又是社会财富、经济财富，良好的生态环境是最公平的公共产品。农业生态价值实现的目标是为了保护和改善农业生态环境，是包容性增长理论的应有之义，也是在农业领域的生动实践，是实现经济效率提高、生态环境保护和经济发展成果共享重要举措。

第二，农业具有公共事业和公共产品属性，同时具备具非排他性和消费上的非竞争性两大本质特征。

自然资源环境及其所提供的生态服务具有公共物品属性，纯粹的公共物品同时具备具非排他性和消费上的非竞争性两大本质特征。与工业不同，农业既是一种产业，更是保障粮食安全、社会稳定、文化传承、景观美化和生态功能的公共事业。由于不可能阻止不付费者对农业提供的生态服务消费，公众在经济博弈中没有人自愿花费金钱购买，而等待其他人购买从而免费享用效益的"搭便车"行为，导致改善农业生态环境保护投资不足，进而导致公共事业属性农业生态环境改善等公共产品供给不足。2019年，中国人均GDP首次超过1万美元，属于中等发达国家中的偏高水平。在人均1万多美元的增加值中农业贡献仅为710美元，占比约7.1%，未来农业GDP占比仍将下降[①]，"农业不再重要"的质疑声也开始出现。事实上，随着收入水平和消费结构升级，全社会的农产品需求越来越大，工业、城市、国家、全社会比农民更需要农业。科学测算农业生态系统价值，加大政府对农业的资金支持力度[②]，引导社会各界增加对农业生态环境的保护投入，通过各种规则、激励和协调的制度安排，将农产品非市场红利转变成农业产值和农民收入，是贯彻落实农业农村优先发展和实现农业绿色发展的主要路径和手段。

第三，充分认识农业的外部性属性，通过补偿等措施手段将农业外部性内部化。

外部性的内涵是私人成本（收益）和社会成本（收益）之间的偏离导致资源配置效率的低下。农业生态价值实现机制，就是要解决好农业的"外部性"问题，将农业正外

---

① 农业最发达的美国和荷兰均是在1978年人均GDP超过1万美元，当年其农业GDP占比分别为1.33%和3.53%；到2018年进一步下降到0.9%和1.63%；又如我们的近邻日本和韩国的人均GDP分别在1981年和1994年超过1万美元，其时农业GDP占比分别为1.94%和5.66%，到2017年分别下降至1.19%和1.96%。

② 2019年全国一般公共预算支出中农林水支出为22420亿元，占农业GDP的31.8%，与发达国家相比并不高，2017年美国农业GDP占比不足1%，美国的农业支持资金占其农业GDP的45.1%，欧盟为37.3%，日本和韩国的农业GDP占比2017年1.19%和1.96%，日本农业支持资金占农业GDP的79.5%，韩国为79.6%。

部性内部化，消除和减缓农业负外部性。

（1）正外部性。一是农业提供的大量生态价值为实现市场价值。目前农业仅有食物供给功能通过农产品市场价格转化为收益，部分文化服务价值通过旅游收入实现，其在保障粮食安全、生态涵养、景观价值方面并未通过市场反映出来，农业真实的价值和产值之间的鸿沟就是正外部性。二是粮食主产区对主销区产生正外部性。具有重要农产品特别是粮食生产功能的主产区承担了资源环境代价、生态代价和经济发展代价。在"绿水青山就是金山银山"理念的指导下，农业生态正外部性的溢出效应愈发凸显。通过建立农业生态资产核算方法体系，探索农业非市场化价值的实现路径，将这些外部性内部化。

（2）负外部性。一是农业生产过程导致的负外部性。农业生产造成面源污染问题、土壤三化问题（南方土壤酸化，北方土壤盐碱化，东北黑土地退化）以及地下水超采等问题。二是其他行业对农业造成负外部性。工矿企业对农田土壤、地下水和灌溉用水等投入要素造成污染，如南方农田土壤的重金属污染等问题。通过补偿绿色环保技术和行为抑制农业的负外部性也是促进农业生态价值实现的关键举措。

（三）农业生态价值核算方法

我国生态价值核算研究始于20世纪80年代。1981年《全国第一次环境经济学术讨论会》，提出了环境污染和生态破坏经济损失的概念。目前主要的生态价值核算方法有绿色国民经济（绿色GDP）核算、生态系统生产总值（GEP）核算、生态元核算等。生态服务价值核算方法体系研究多针对草原、森林、水资源等生态产品，对农业生态红利和生态服务价值的系统研究并不多见。

2001年诺贝尔经济学奖得主哥伦比亚大学Joseph E. Stiglitz教授就指出："中国在评价市场经济时，应该采取远远比GDP更大的概念。衡量国内生产总值，要扣除掉环境恶化的部分"。中央领导多次对推进绿色国民经济核算体系研究、完善经济发展评价体系做出重要指示。在这种背景下，原国家环境保护总局和国家统计局联合开展了绿色GDP的研究，构建了中国绿色国民经济核算体系框架（王金南等，2009；於方等，2009）。通过核算经济增长的生态环境代价，让政府和公众真正了解生态环境代价的大小和分布，并提供一个能促进从"经济增长"到"经济发展"转变的有效工具。世界银行也持续多年对中国的能源、资源、森林消耗和污染损害等进行货币化评价，得出中国环境成本占GDP的比重在2004—2006年间分别为8.7%、9.5%和10.38%（World Bank，2006）。之后，学者围绕绿色GDP的概念、核算方法体系和优化路径，从理论和实践层面开展了一些探讨（何玉梅和吴莎莎，2017；邱琼和施涵，2018；赵泽林，2019）。

GEP是反映一个国家或地区、一个地域或流域的生态系统为人类所提供的生态产品的总和。2001年国家统计局开展自然资源核算工作，重点编制了包括土地、矿产、森林、水资源等四种自然资源的"全国自然资源实物表"，相继开展了"海洋资源实物量核算""土地、矿产、森林、水资源价值量核算""环境保护与生态建设实际支出核算"。在生态系统价值的划分上，有按照生态产品的价值属性分为产品供给价值、文化价值、承载价值与调节价值（王莉雁等，2017；喻锋等，2016），有研究将其分为直接产品价值和间接服务价值（白杨等，2017），在具体的核算方法上，主要有市场价值法、影子工程法、替代成本法、旅游费用法、遥感解译和 GIS 数据分析等（马国霞等，2017；张艳军等，2017）。

随着城市化水平的高度发展、发达国家进入后工业化时代，学者们超越了舒尔茨从生产要素投入角度讨论的"传统农业"和"现代农业"，提出了后现代农业或者多功能农业的概念，从经济、社会、文化、环境等多维度整体思考农业和农村发展的动力、方向、目的（Wilson，2007；罗必良，2020），农业的生态、环境、文化等非生产功能逐步被重视起来，对于农业的生态系统的价值评估逐步纳入研究范畴，其中能值分析法是目前应用较多的模型。许信旺（2005）构建了农业生态系统经济损失的指标体系和评估模型，并对安徽省 2002 年农业生态系统经济总损失进行了估算。徐宏（2019）利用能值分析法以 2005—2016 年为时间序列对江苏省农业生态系统的可持续性进行研究，能值可持续性指数分析结果表明江苏省农业生态系统处于较好的可持续发展状态。刘耕源等（2020）梳理了农业生产系统和农业生态产品（农产品、其他生态系统服务与负服务）的概念与边界，基于能值分析构建了农业生产系统所提供的服务核算方法体系，核算了我国单位面积典型农产品生态系统服务与负服务，并提出分类化的农业生态产品价值实现路径。

耦合协同度模型的研究与应用。经济、环境与社会等不同系统，管理体制相对独立、在可持续发展战略之下目标统一，同时系统之间存在多元耦合关系。耦合协同度模型使用耦合度阐释若干子系统之间的相互关系，并进一步使用协调发展度对整个系统进行综合评价与研究，模型简便有效且结果直观，被广泛应用于多协同耦合发展水平的实证研究中（Sigdel 等，2019；王淑佳等，2021），主要集中在经济社会系统与生态系统（Fan 等，2019；赵雨凡等，2021）。

从地域上看，少数民族自治区、京津冀、东北地区等具有明显地域文化特点和自然资源特点的地区成为热点研究地区（王冠和刘静，2019；朱振亚等，2017；王明权等，2009）。地区的经济发展程度以及城市化发展、城市绿化改善情况、城市生态文明建设程度在一定程度上受地域文化和地理位置的影响。

从研究主题上看，生态发展是近年来的研究重点，且研究角度不仅限于某个地区自然资源的改善和发展，还出现了很多有关地区国家公园、资源旅游、生态文明、生态安全、生态空间等与社会契合度较高产业的相关研究（Wang，2018；陈晓红，2018）。更加集中在与经济发展和社会发展共同进步的角度，更加注重人在生态中的作用和感受，以及与人的社会能力和经济能力相关的生态环境与人文环境的建设和改善。

在模型的应用过程中，仍存在指标构建的主观性、耦合结果的波动性和无可比性的信度问题，需要在探讨该传统模型在经济与环境协同发展研究中效度问题基础上，进一步提出耦合度的修正模型。

（四）农业生态价值实现的路径

生态价值实现就是生态产品价值的显性化过程，即将生态服务价值（潜在价值）转化为现实的经济价值，使其在市场上得到显现和认可。绿水青山转化为金山银山，追求的是现实经济价值，但现实价值的增加不能以潜在价值的减少为代价。因此，生态产品价值实现是不以潜在价值减少为代价的现实价值增加。

生态产品价值的实现路径主要有两种：一是市场化路径。构建长效的生态产品价值实现机制，需要充分利用市场机制。生态产品交易是基于市场价值进行的，生态产品价值实现必然要遵循客观经济规律。生态产品价值实现机制只有符合客观经济规律，充分利用市场机制，才能使得生态系统向人类社会提供的产品和服务得到市场的认可，转化为现实的经济价值，并进入经济系统流转。二是政府调节机制。对于以生态安全为主体功能的区域，保护生态系统、维护生态功能，付出了额外的成本，还会因此丧失一部分的发展机会。这些机会成本或经济损失，难以单纯依靠市场机制进行合理的补偿，此时就必须发挥政府的调节作用。基于政府调节作用的生态产品价值实现，主要是通过政策补偿机制来实现的。政府补偿机制包括自上而下的转移支付或跨区域的生态补偿。通过转移支付或跨区域生态补偿，政府对以生态安全为主体功能的区域所付出的生态保护投入以及丧失发展机会所导致的经济损失提供经济补偿。

具体来说，农业生态价值实现的手段包括：一是探索市场没有反映出来的农业正外部性价值的内部化的实现路径，将潜在的生态价值转化为现实的经济价值。二是通过绿色生产技术减缓和消除农业内源性污染的（面源污染、地下水超采等）负外部性。三是落实区域间的生态补偿，解决主产区正外部性外溢问题，转移支付或跨区域生态补偿，实际上是一种收入再分配的机制，目的是保障实施生态保护的区域与从生态保护中获益的区域之间的公平正义。建立跨区域生态补偿机制，由生态保护受益的区域向实施生态保护的区域提供一定的经济补偿，将生态保护的外部价值转化成为货币化的现实价值，也是生态产品价值实现的重要途径。四是实现外源性污染（工业、矿业等重金属污染等）对农业生态价值造成的损害的补偿。

（五）外部性内部化理论

一是正外部性内部化补偿方法。补偿对象：农业为工业发展和城镇居民提供了最基础的保障粮食安全、文化传承以及提供生态服务的功能，受益主体为全社会、城镇和工业，农业的正外部性根源于农产品价格中没有反映除食品供给功能外的其他外部性价值，遵循"谁受益、谁补偿"的原则，补偿主体应为政府、工业企业和城镇消费者。政府通过创建市场增加旅游收入，让一部分文化价值和生态服务价值转化为市场价值。另一方面可以建设补偿基金池或专项补偿金账户，吸纳工业部门资金、政府财政资金以及其他社会性资金，对农业实施生态补偿。补偿内容包括产品供给服务、粮食安全社会保障服务、生态调节服务和生态文化服务。其中生态调节服务主要包括气候调节、固碳释氧、大气环境净化、防风固沙和土壤保持等功能，文化服务功能主要包括景观休憩价值、科学研究价值、精神寄托和文化象征价值等。补偿核算方法如图1所示，生态调节功能以及文化服务功能可以从生态实物量和生态服务价值量两个角度核算。生态系统实物量数据的获取来源包括查询统计年鉴、借助遥感影像解译数据等进行计算整理，当计算出生态实物量之后，下一步就可以将生态实物量进行货币化、价值化（见图1）。目前较为常用的方法可分为三类：直接市场法，包括费用支出法、市场价值法、机会成本法、恢复和防护费用法、影子工程法、人力资本法等；间接市场法、支付意愿法、条件价值法等；以及当量因子法（见表1）。对于可以转化为市场价值的，如部分景观生态服务和科教文化服务，可以通过旅游收入来测算，对于固碳效益，可以通过碳市场价格来测算；对于难以转化为直接市场价值的，如减排效益，可以以减排成本或排污收费标准等间接反映其价值。

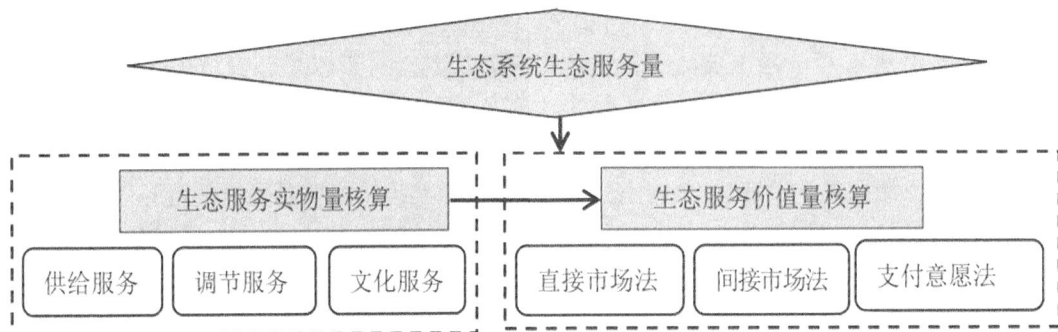

图1 农业正外部性生态补偿核算思路

表1 农业正外部性的核算方法

核算内容	核算方法	
	实物量	价值量
生产有机物质	生态遥感估算法	替代价值法
调节气候	光合作用方程式	碳税法和工业制氧法
涵养水源	贮水转换量方法	影子工程法
保持土壤损失	函数法	机会成本法、替代价值法和影子工程法
营养物质循环损失	函数法	市场价值法

二是农业负外部性消除的补偿方法。为了消除和减缓农业负外部性，需要支持和推广绿色生产方式，由于绿色生产行为和技术的推广和使用改善了农田生态环境，提高了农产品的质量，这种生态服务或福利一部分可以通过优质优价的机制反映在农产品价格中，由城镇消费者购买；一部分则通过政府对于绿色行为和技术的补贴来消除，补偿主体应为政府和农产品消费者，补偿对象为从事环保生产行为的农户。补偿内容分为对农业资源资产保护行为的补偿和农业绿色技术应用的补偿两个方面，具体涵盖环保行为成本、技术推广成本、生态外溢效益以及发展机会成本。环保生产成本包括对农户采用环境友好技术和行为的材料、工艺、设备、技术、信息、人工等投入。技术推广成本是农技部门支出的培训、教育及服务等环节的费用。生态效益包括环保行为和技术采纳后减排带来的减少土壤侵蚀、防止水土流失、减少氮磷等污染排放等环境改善价值。机会成本是指在退耕还林、退耕还草以及土地休耕过程中，当地农户由于生产生活资源被占用而丧失发展成本，一般

以农民放弃在原有条件下生产经营获得的最高价值。生态补偿核算方法如表2所示，对于环保行为的成本、技术推广成本的核算，可直接采用市场价值法；对于生态外溢效益，可采用替代市场法、受偿意愿法等；对于发展的机会成本，可采用机会成本法测算为保护生态环境而放弃某一生产行为的成本（退耕还林、轮作休耕）。

表2 农业负外部性补偿核算方法

补偿内容	核算方法	适用范围
环保行为成本	市场价值法	对农户采用环境友好技术和行为的材料、工艺、设备、技术、信息、人工等投入的核算
技术推广成本	市场价值法	农技部门支出的培训、教育及服务等环节的费用的核算
生态外溢效益	受偿意愿法	受访者在得到一定的货币或非货币补偿下，放弃某一生产行为（如退耕还林、轮作休耕）或接受一定程度的环境恶化（南方重金属污染）的意愿
	旅行费用法	用交通费、门票费等来判断受访者对环境商品和服务的制度意愿（农业的文化价值、生态服务价值）
发展机会成本	机会成本法	为保护生态环境而放弃某一生产行为的成本（退耕还林、轮作休耕）

补偿标准的定价机制要系统分析，综合考虑理论上限、理论下限、参考阈值、启动机制和财政分配等多要素影响，制定符合中国国情、农情，推进资源节约化、过程绿色化的农业绿色发展生态补偿定价机制。如图2所示，农业绿色生产技术定价应遵循以下三个方面：（1）以农业绿色技术产生的生态外溢效益为补偿标准的理论上限值，以技术应用的生态外溢成本为补偿标准的理论上限值，其差值为农业生态补偿标准的理论价值；（2）以农业绿色技术采纳的补偿意愿价值为参考阈值，以支付意愿和受偿意愿的比值为修正参数；（3）以中央政府及地方政府实际财政支付能力为基本遵循和制定补偿标准的重要依据。

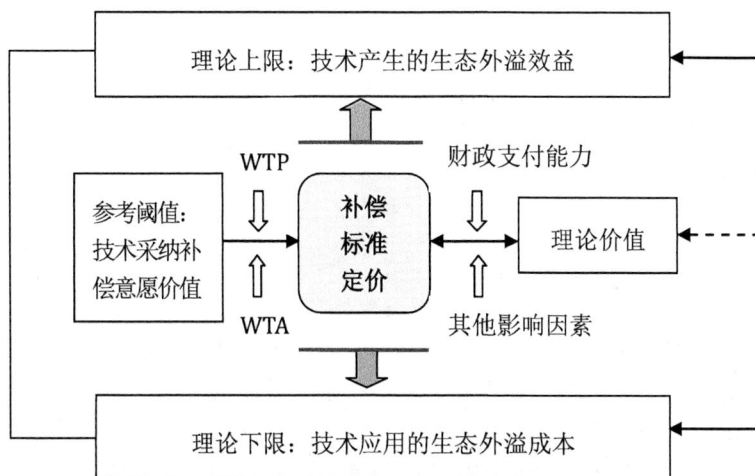

图2 农业绿色生产技术定价应遵循的三个方面

三是区域间外部性生态补偿。主产区承担了大量粮食生产的任务，主销区粮食产量较低，甚至无法维持本省需要，通过粮食调入保障自身需求，因此，粮食主销区切实受益于主产区生产带来的粮食安全红利。整个国家的粮食安全也因此有了保障，因此，中央政府和主销区政府及居民均是受益者，应为第三类外部性的补偿主体，补偿的对象应为主产区的政府和人民。如图3所示，区域间生态补偿的内容应包括主产区发展的机会成本以及生态环境代价两方面。发展的机会成本包括农户种粮效益与种经济作物效益相比的效益损失，粮食主产区的GDP损失和财政损失。生态环境代价包括粮食生产带来的黑土地退化、水资源超采以及面源污染损失。

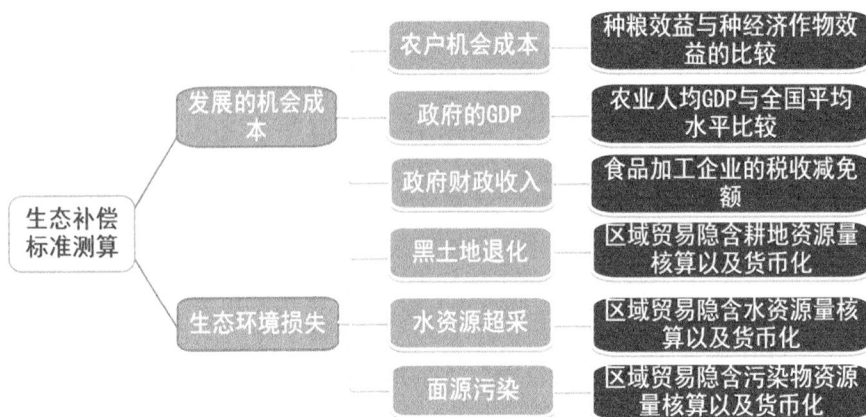

图3　区域间外部性补偿内容

如表3所示，对于发展机会成本，可采用种粮效益与经济作物效益比较来测算农户机会成本，主产区食品加工企业税收减免额来测算政府的财政损失；对于生态环境损失，采用足迹研究法，利用多区域投入产出模型法测算主销区向主产区进口的水资源、土地资源、污染排放以及碳排放，进而将这些资源和污染代价量化，为主销区向主产区的补偿标准提供测算依据。

表3　区域间负外部性生态补偿核算方法

补偿内容	核算方法	适用范围
机会成本	市场价值法	种粮效益与经济作物效益的差额
生态环境损失	多区域投入产出模型	主销区向主产区进口的水资源、土地资源、污染排放以及碳排放

四是工矿企业对农业污染的负外部性。对于责任主体明确的农田重金属污染，应按照污染者付费原则，由工业企业承担农田土壤修复等生态补偿费用；对于责任主体不明确的农田重金属污染，应由政府财政设立补偿基金，实施农田修复以及受害者经济损失和健康损失补偿。补偿主体为政府与工矿企业，补偿对象为受污染农田和农户。如图4所示，工矿企业对农业污染的负外部性的补偿应包括污染带来的人身损害补偿、社会经济损失补偿

以及生态环境损失三方面的内容。这主要因为：（1）生态系统的产品和服务不能贮存和移动，如森林的游憩功能。（2）生态系统价值的动态性问题，随着科学技术的进步，其价值不断地发展变化。（3）公益产品具有公用产品的性质。（4）与现行的国民经济核算体制有关，目前体制仍受传统经济体制的束缚，没有考虑生态成本，即自然资源和生态系统服务功能的价值。

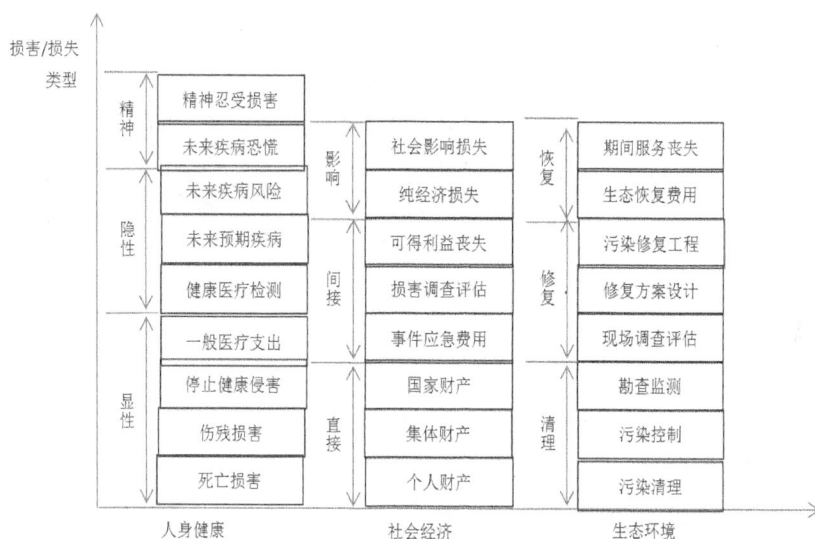

图 4　工矿企业对农业污染的负外部性补偿内容

如表 4 所示，对于健康损失主要采用医疗费用支出、疾病成本法进行评估，社会经济损失采用市场价值法、防护支出法；生态环境损失采用恢复费用法、替代等值分析法、环境价值评估法。

表 4　工矿企业对农业负外部性生态补偿核算方法

补偿内容	核算方法	适用范围
人身健康损失	医疗费用支出、疾病成本法	实际发生费用（医疗费（含疗养费）、疗养补助及丧葬费、儿童补偿津贴）与生活补偿费（残疾补偿费、遗属补偿费、遗属一次性补偿金）
社会经济损失	市场价值法	农作物减产带来的经济损失
	防护支出法	污染清理费用
生态环境损失	受偿意愿法	受访者接受一定程度的环境恶化（南方重金属污染）的意愿
	替代等值分析法	—
	恢复费用法	农田土壤修复费用

三、北京市生态涵养区现状及功能定位

北京市对生态涵养区的界定经历了从生态涵养发展区到生态涵养区的转变，其目标、

要求和内涵也发生了一系列变化。

（一）从生态涵养发展区到生态涵养区

生态涵养发展区：北京市政府网站"首都之窗"信息显示，早在2006年，北京市就针对门头沟、平谷、怀柔、密云、延庆五个区县发展中存在的问题提出了调整思路和总体目标。彼时，即将其列为北京市生态涵养发展区，并提出到2010年"生态涵养水平显著提高，生态环境建设重点领域和关键环节取得实质性突破，林木覆盖率达到70%以上，地表水质达标率、林木保护指数得到较大提高"的目标。

2012年7月，《北京市主体功能区规划》公布，明确提出北京市"首都功能核心区""城市功能拓展区""城市发展新区"和"生态涵养发展区"四个功能分区。其中明确，生态涵养发展区是首都生态屏障和重要水源保护地，是沟域经济等生态友好型产业发展建设的示范区，是构建首都城乡一体化发展新格局的重点地区，是保证北京可持续发展的关键区域。

对于北京生态涵养发展区，当年的规划提出"生态优先""适度开发"和"绿色导向"三个发展原则，并提出，到2020年"强化生态涵养和水源保护功能，生态环境建设重点任务全面完成"等目标任务。

生态涵养区：2017年5月17日，中共北京市委十一届十四次全会经研究讨论，同意将《北京城市总体规划（2016年—2030年）（送审稿）》上报党中央、国务院。该规划明确了人口总量上限、生态控制线和城市开发边界三条红线。对于规划提出的"一核一主一副、两轴多点一区"的城市空间结构，北京市规划国土委明确，"一区"即指"生态涵养区"，包括门头沟区、平谷区、怀柔区、密云区、延庆区，以及昌平区和房山区的山区，是京津冀协同发展格局中西北部生态涵养区的重要组成部分。

近年来，北京推动生态涵养区落实《北京城市总体规划（2016年—2035年）》明确的功能定位。北京市委、市政府制订出台《关于推动生态涵养区生态保护和绿色发展的实施意见》（以下简称《意见》），明确了生态涵养区要把守护好绿水青山当作头等大事、不让保护生态环境的吃亏、实现宜居宜业宜游的绿色发展功能导向，并持续完善政策、加大投入，促进生态保护与绿色发展。

2021年6月5日，《北京市生态涵养区生态保护和绿色发展条例》正式生效，条例要求建立多元生态保护补偿机制，生态涵养区严控开发建设规模。保护更明确、发展更实际、问责更严格。条例规定，本市生态涵养区包括门头沟区、平谷区、怀柔区、密云区、延庆区，以及房山区、昌平区的山区。生态涵养区严控房地产开发建设，严控建设规模，鼓励发展生态旅游、精品民宿、森林康养等新兴业态。为了做到"不让保护生态环境的吃亏"，条例规定建立涵盖重点领域补偿、综合补偿、市场化补偿、区域差异化补偿、横向补偿等方面的多元化生态保护补偿机制。

（二）北京市生态涵养区的基本要求

1.生态涵养区要更好、更高水平、更可持续发展

生态涵养区不是不要发展，而是要更好、更高水平、更可持续发展，要把握好"保

护"与"发展"的关系，选择有利于生态保护的相关产业发展。用实践充分证明"绿水青山就是金山银山"。不考核GDP，不是不要GDP，而是要绿色GDP，要建设成为绿色发展的示范区。围绕首都"四个中心"战略定位，生态涵养区将进一步承接和补充绿色发展的功能和产业来提高发展质量。

2. 绿色发展

北京市为生态涵养区补齐基础设施和公共服务短板、吸引社会资本参与、建立多元化补偿机制，实现了生态保护和经济发展的双重收益最大化。"绿"与"富"同兴，生态涵养区的农户也过上了好日子。还有更令人惊艳的变化，雁栖湖国际会都、怀柔科学城、冬奥会和世园会相继选址在生态涵养区，使之成为首都功能不可或缺的重要承载地，一个个重大活动在这里令全球瞩目。

符合生态涵养区功能定位的绿色产业是宜居宜业宜游，是实现生态涵养区绿色发展、高质量发展的应有之义。如门头沟区要挖掘整合历史村落资源，提升京西古道品牌，推动文化旅游康养和户外运动产业发展；平谷区要以筹办2020年世界休闲大会为契机，推动特色休闲旅游产业发展；怀柔区要以怀柔科学城、雁栖湖国际会都建设为契机，推动绿色创新引领的高端科技文化发展；密云区要把保水作为首要责任，协同做好怀柔科学城建设，推动特色农业与旅游休闲产业融合发展；延庆区则要抓住举办2019年北京世园会、2022年北京冬奥会历史机遇，推动冰雪运动和园艺产业发展；房山区（山区）要统筹历史文化和地质遗迹资源，推动国际旅游休闲产业发展；昌平区（山区）要统筹历史文化和生态农业资源，推动文化旅游和生态休闲产业发展。

3. 高质量发展

七个生态涵养区将通过功能引领、减量发展、共享发展来实现生态涵养区的高质量发展。在减量发展方面，要通过持续实施的疏解整治促提升专项行动，加快一般制造业、低小散乱企业等退出，在建设用地和开发强度减量的约束下，生态涵养区将腾笼换鸟，实现更加节约集约高效高质量的发展；在共享发展方面，此次发布的《意见》实际也是一个民生大礼包，一批生态（新一轮百万亩造林绿化）、交通（市郊铁路、浅山公路环线）、学校（每个区有高等学校）、医院（每个区有1所三级医院）、文化（长城文化带、西山——永定河文化带建设）等项目将在生态涵养区实施和布局。

4. 考评指标

《意见》提出环境保护、生态建设、减量发展、就业增收、城市服务、创新开放等六大方面21个考评指标。其中体现生态环保、资源能源节约的指标高达14个，占总指标数的67%。据悉，2014年—2017年，每年这些方面的指标占比仅占35%左右。《意见》明确，全面推进各区创建国家森林城市，继续实施新一轮百万亩造林绿化，到2020年建设和恢复湿地3万亩以上。

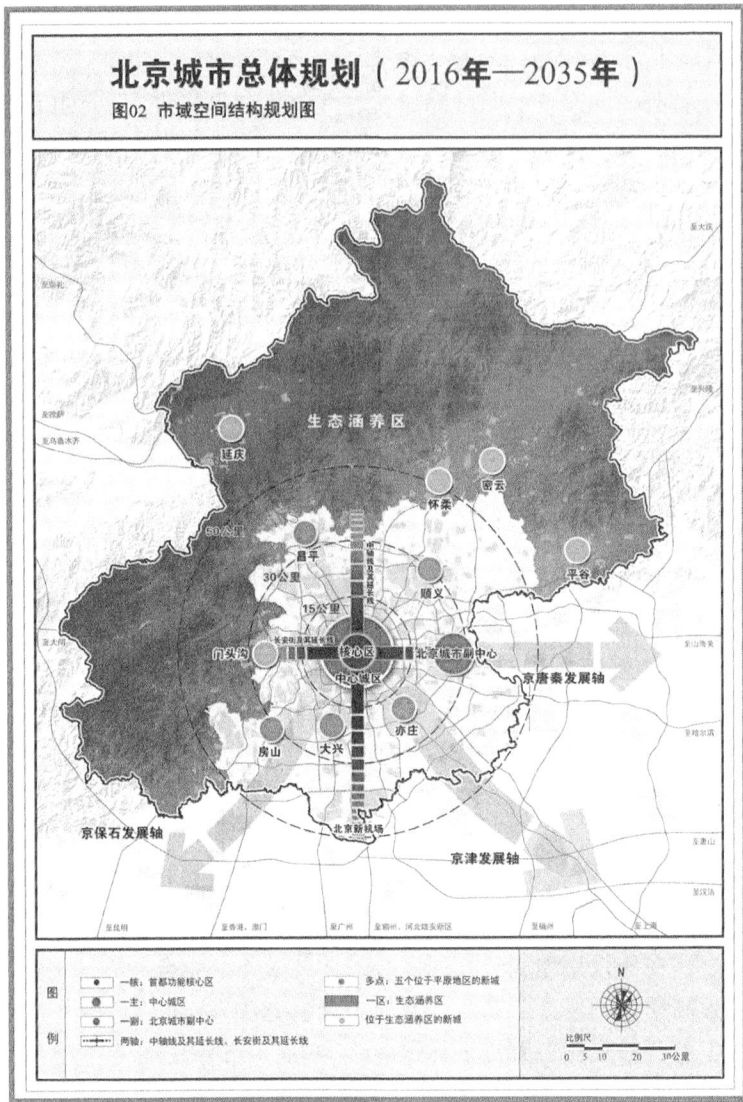

图5　北京市域空间结构规划图

　　按照总体要求，未来三年，将重点统筹实施"两山三库五河"的生态保护。"两山"即北部燕山、西部西山，"三库"即密云水库、官厅水库、怀柔水库，"五河"即东部泃河、北部潮白河、中部北运河、西部永定河、西南部拒马河。此外，还将系统推进"一城两带多园"绿色发展。"一城"即怀柔科学城，"两带"即长城文化带、西山——永定河文化带，"多园"即中关村科技园区生态涵养区各区分园、雁栖湖国际会都、2019年北京世园会、2022年北京冬奥会、2020年世界休闲大会等功能园区和绿色产业园区。从地势上讲，北京三面环山：西部为太行山余脉，北部和东北部为燕山山脉。处于山区的门头沟、平谷、怀柔、密云、延庆五区的全域和昌平、房山两区的山区，是首都的重要生态屏障和水源保护地，北京将这部分地区划为"生态涵养区"。

目前，北京已建立了东城区—怀柔区、西城区—门头沟区、朝阳区—密云区、海淀区—延庆区、北京经济技术开发区—平谷区、丰台区—房山区（山区）、顺义区—昌平区（山区）结对关系。

（三）北京对各区的规划指引和功能定位

生态涵养区的土地面积11259.3平方公里，占全市面积的2/3以上，承载着厚重的历史文化和美丽的绿水青山，是首都重要的生态屏障和水源保护地，是保障首都可持续发展的关键领域。全北京约80%的林木资源、60%的水资源、65%的湿地、95%的生态保护红线划定范围都位于该区域。西山永定河文化带和长城文化带的大部分也都在这里。人们把这里称为"首都的大氧吧和后花园"。

根据《2020年北京市生态环境状况公报》，北京整体生态环境状况良好。2020年，全市生态环境状况级别为"良"，生态环境状况指数（EI）为70.2，连续六年持续改善，生态涵养区稳定保持优良的生态环境，其中延庆、密云、门头沟、怀柔四个区2020年生态环境状况指数（EI）均达到了"优"等级。与2015年相比，全市生态环境状况指数（EI）总体提升了9.3%。从功能区分布看，首都功能核心区生态环境状况指数（EI）提高了15.1%，中心城区提高了14.4%，平原区提升幅度达到16.9%，生态环境服务能力得到提升；生态涵养区生态环境状况指数（EI）提高7.8%，生态环境屏障更加稳固。

1. 怀柔

怀柔区2019年农业生产总值为14.5亿元，其功能定位聚焦首都北部重点生态保育及区域生态治理协作区；服务国家对外交往的生态发展示范区；绿色创新引领的高端科技文化发展区。在分区规划中，怀柔提出生态立区，将守护好绿水青山作为头等大事。努力在生态文明建设中走在前列、树立标杆，构筑国际一流的和谐宜居之都的生态底色，构建"三区、多廊、多点"的区域生态空间结构，构建林水相依、林路相依、林城相彰的森林城市。

怀柔区的重点产业方向之一是怀柔科学城。怀柔的分区规划提出，加强怀柔科学城与中关村科学城、未来科学城、创新型产业集群和制造业高质量发展创新引领示范区在基础研究、应用研究、成果转化等方面的相互支撑联动，共同打造北京经济发展新高地。

同时，怀柔还将强化中国（怀柔）影视产业示范区在首都建设全国文化中心中的独特优势，以文化科技深度融合引领带动区域发展，集聚以影视拍摄制作、影视发行交易为主体的影视文化企业，完善教育培训、文化金融、版权交易、法律中介等配套服务，建设产业链条完整、关联企业集聚、综合服务齐全、产城高度融合、国际影响广泛的中国影都。怀柔区紧密围绕怀柔科学城、雁栖湖国际会都和中国（怀柔）影视产业示范区等的规划建设，提高新城服务配套水平，发展高品质休闲旅游，不断推动绿色创新引领的高端科技文化产业发展。

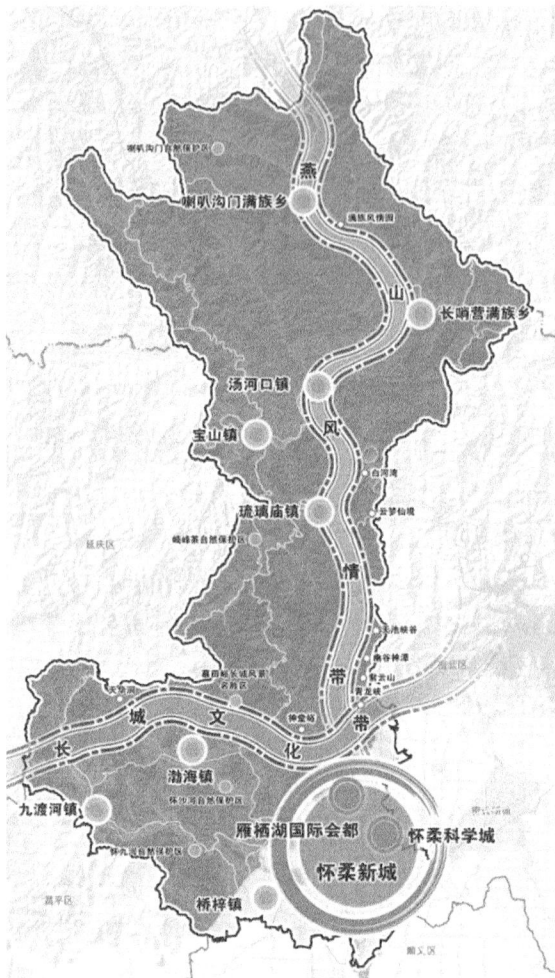

图6 怀柔区空间规划图

2.门头沟

门头沟区2019年农业生产总值为6.8亿元，按照要坚持落实总体规划确定的城市功能定位，门头沟区定位为首都西部重点生态保育及区域生态治理协作区、首都西部综合服务区、京西特色历史文化旅游休闲区。门头沟将重点突出生态治理和绿色发展，特别提出推动废弃矿山的生态修复和产业绿色转型。

门头沟将调整产业用地结构，大幅缩减工业、采矿用地规模，推动各类工矿用地减量12平方公里，占全部腾退用地的60%，主要分布在浅山地区。适度提高商务、金融等生产性服务用地比重；腾退低效集体产业用地，促进集体产业用地减量集约、集中布局、特色发展。

按照疏解非首都功能要求，从2016年开始，京西四矿加速退出，节奏几乎是一年一矿。当年3月，长沟峪煤矿井下停产，5月井口封堵，10月正式关停，成为率先关停退出的煤矿。2017年12月，木城涧煤矿停产，2018年12月5日正式关停。2018年8月，大安山煤矿停产，2019 年 5 月 31 日正式关停。

门头沟区不断加强与石景山区、首钢的互动，管控好长安街延长线的重要节点，共同治理好"一条永定河"，提升沿线生态环境品质，依托京西特色文化做好精品文化旅游。结合创建全国文明城区和国家森林城市，挖掘整合历史村落资源，注重提升京西古道品牌，推动文化旅游、健康养老和户外运动产业发展。

3. 密云

密云区 2019 年农业生产总值为 33.2 亿元，其在分区规划中突出大山林地、大水源地的生态景观格局，提出将密云区建设成为首都最重要的水源保护地及区域生态治理协作区、国家生态文明先行示范区、特色文化旅游休闲及创新发展示范区。

密云区按照生态涵养区的功能定位，紧密对接怀柔科学城和中关村密云园的创新发展方向，坚持绿色创新引领，有序引导高端要素聚集。做精现有优势产业，提高关键核心技术自主创新能力，做优新兴战略产业，培育发展具有核心竞争力的产业，与周边地区形成优势互补、错位发展的产业格局。

密云的第一产业将以特色农业种植为主导，建设都市现代农业基地。第二产业以智能装备、医药健康、节能环保为主导，打造医药健康产业基地、高端装备研发与制造产业基地。第三产业以休闲旅游、科技研发、科技服务、信息技术、绿色金融为主导，建设现代服务业基地。

密云林下有蜂、库中有鱼、山上有果，坚持规模化、标准化、绿色化方向，着力打造"密云农业""蜂盛蜜匀""密云水库鱼"等特色农业品牌，培育更多地理标志产品，建设首都绿色菜园。通过合作社把农民组织起来，发展现代农业，多途径促进农民增收。对集体经济薄弱村开展分类帮扶，发展壮大集体经济。实施乡村建设行动，巩固农村人居环境整治成效，补齐基础设施和公共服务等民生短板，建设美丽乡村。要高水平建设怀柔科学城东区，推动创新发展。做好科学设施项目建设运行保障，加强科学城东区及周边基础设施和公共服务配套建设。积极推进中关村密云园提质升级，加强与怀柔科学城对接。做实与朝阳区的结对协作，"双创中心"年底前实现试运营。

以本课题调研过的密云区溪翁庄镇金叵罗村为例，其位于生态涵养区范围之内，为了保护好生态环境，当地实行了腾退土地等工作，一大批不符合功能定位的产业被清退，使得一些原本依赖于这些产业的村民一下子失去了工作，也影响到了该村的经济发展。后来，金叵罗村经过一番摸索，决定走"产业转型提升"道路，既然原有的一些产业不符合要求，那么就重点发展特色种植产业和旅游产业。因为金叵罗村一直以来都有着种植小米、樱桃等农产品的传统，在此基础上，通过发展民宿和农家乐，又能带动旅游产业的发展，吸引更多游客前来，可谓一举两得，还能实现绿色发展。对于发展特色种植产业来说，到现在为止，金叵罗村已经发展了 1000 亩小米种植园区和 600 亩樱桃园，并成立了小米种植专业合作社，打造了"贡米"品牌。由于品质好，而且全程都不使用农药和化肥，从而受到了消费者的欢迎。光是在这一项上，每年都能获得 500 多万元的收入，极大地改善了村民的生活水平。此外在发展旅游业上，金叵罗村也是投入了巨资，建设了一大批民宿，供游客旅游，同时还大力发展以田园为特色的休闲场所，包括农耕体验区、原生态儿童乐园等，从而很好地满足了游客想要体验农村生活的需求，受到了游客的追捧，与此同时，这也为金叵罗村带来了巨大的收入。每年接待游客约12万人次，直接带来的收入就高达1800万元。可以说，正是靠着这些产业，金叵罗村成功实现了绿色发展，既守护好了绿水青山，又收获了金山银山。

4. 延庆

延庆区2019年农业生产总值为18.9亿元，在其分区规划中明确提出，延庆是生态涵养区重要组成部分，将以首都西北部重要生态保育及区域生态治理协作区、生态文明示范区、国际文化体育旅游休闲区、京西北科技创新特色发展区功能定位，协调生态保护与发展的关系，严格控制城市规模。延庆将建设成为展现北京历史文化和美丽自然山水的典范区、生态文明建设的引领区、宜居宜业宜游的生态发展示范区。

延庆将建设冬奥体育产业集聚区，大力发展冰雪体育休闲功能。依托延庆冬奥赛区，打造世界级高山滑雪精品度假区。建设国际级冰雪赛事举办地和训练营地，提升综合度假服务能力，引进国内外冰雪体育组织及专业媒体机构，提升世界级体育文化交往功能，建成全民健身中心、冰上项目训练基地，持续开展冰雪培训体验活动。盘活存量用地资源，聚集体育产业要素，建设体育科技创新园。

同时，延庆区还提出，在保障首都生态安全的前提下，充分发挥筹办举办北京冬奥会、世园会，以及八达岭长城文化三大资源带来的产业发展动力，集中力量打造以可持续发展和创新为内核的"国际级冰雪度假""国际级园艺观光体验""世界级长城文化"三大世界级产业名片。

5. 平谷

平谷区2019年农业生产总值为35.8亿元，其功能定位为三区一口岸。"三区"分别是首都东部重点生态保育及区域生态治理协作区、特色休闲及绿色经济创新发展示范区、农业科技创新示范区。"一口岸"指的是服务首都的综合性绿色物流口岸，将构建"一城多点六园、两廊两带一区"空间布局。平谷还将推进建设京津冀协同发展桥头堡，发挥地缘优势，既面向津冀又服务首都；推进建设北京城市副中心后花园，主动对接、支撑北京城市副中心发展，完善道路交通连接，提供优质的宜居和休闲环境。

平谷则将以生态为基础、文化为特色、绿色为方向、创新为引领，探索绿色发展之路。加快形成以农业科技创新为支撑，以都市现代农业为内涵的绿色农业发展体系。以绿色低碳环保为基础，以高质量发展为目标，构建高精尖经济结构。办好2020世界休闲大会，结合农旅、文旅，推进体育、旅游、民俗等休闲产业的发展，打造特色休闲绿色经济创新发展新高地。

6. 房山山区

房山区2019年农业生产总值为33.3亿元，北京城市总体规划赋予其"三区一节点"的功能定位，包括西南部重点生态保育及区域生态治理协作区、科技金融创新转型发展示范区、历史文化和地质遗迹相融合的国际旅游休闲区、京津冀区域京保石发展轴上的重要节点。空间布局是"两山四水、三区三轴、三团多点","两山四水"前面提过,"三区"即平原综合服务与都市休闲区、浅山生态修复与文化旅游区、山区生态涵养与保育区,"三轴"即综合服务轴、创新发展轴、山水文化轴,"三团"即良乡组团、燕房组团、窦店组团,"多点"即新城组团外所有乡镇中心区;发展目标是"一区一城"新房山,即将该区建设成为以优美自然生态环境为基础,以科技金融创新为引领,以文化旅游为提升,以国际交往为补充的生态宜居示范区、科技金融创新城。全区明确了"2+2+1"的高精尖产业方向,重点发展现代交通和新材料产业,积极培育智能装备和医药健康产业,在三产方面重点推动金融科技、会议会展等生产性服务业。

房山是平西重要的抗日根据地。经典歌曲《没有共产党就没有新中国》就在其辖区内的霞云岭乡堂上村诞生。房山还有 20 世纪 60 年代载誉首都乃至全国的 12 面红旗,有老帽山六壮士、红色背篓、红色邮路、红色天使等广为传颂的红色故事。新中国成立以来,共涌现出徐庆文等 18 位全国劳动模范,薪火相传的红色基因是该区鲜明的文化符号。

房山区在产业结构上,在瞄准新材料和高端制造业的同时,积极培育以医工交叉和中医药为特色的医药健康产业,大力发展金融科技等生产性服务业,高精尖产业固定资产投资比例显著提高,高端创新要素不断聚集。此外,北京高端制造业基地瞄准现代交通、医工交叉、智能装备三大重点方向,是中关村示范区唯一授权以"高端制造"为主题的特色园区,基地已入驻包括京东方、天仁道和等企业 44 家,实现工业总产值近千亿元。

7. 昌平山区

昌平区 2019 年农业生产总值为 23.2 亿元,昌平北部山区是京津冀协同发展格局中西北部生态涵养区的重要组成部分,是首都重要的西北部生态屏障。《昌平分区规划(国土空间规划)(2017 年—2035 年)》延续了新城规划中的北部山区生态带和"十三五"规划中的北部山区生态涵养带中的生态涵养功能,并在此基础上强调并融合了长城文化带与西山永定河文化带交汇之地的历史文化保护与传承,提出构建北部山区生态文化带。

图7　昌平分区规划图

四、国内外典型案例

北京市生态涵养区乡村产业发展具有其典型性，本研究通过对北京市密云区金叵罗村某农场的实地调研以及国内典型地区：浙江省全域、浙江省安吉县、海南省琼海市以及美国的典型案例进行分析，从省、市、县、村以及国际各不同维度，对生态涵养区的乡村产业发展进行研究。

（一）密云金叵罗：包容式的乡村产业绿色发展①

北京市作为首都，生态涵养功能重要，门头沟、平谷、怀柔、密云、延庆五区的全域和昌平、房山两区的山区被划分为生态涵养区。生态涵养区的基础功能是保护生态，具有重要的公共性，但区域内的农民也有发展的权利和需求，要在生态涵养区与产业发展间找到平衡点。习近平总书记在河北承德考察时指出："产业振兴是乡村振兴的重中之重，要坚持精准发力，立足特色资源，关注市场需求，发展优势产业，促进一二三产业融合发展，更多更好惠及农村农民。"促进乡村产业振兴，要把产业更多留在乡村、要把就业岗位更多留给农民、要把产业链增值收益尽量留给农民。生态涵养区的乡村产业发展既要守住生态底线，又要助推当地农民实现共同富裕。

为探讨北京市生态涵养区的乡村产业发展情况，2021年11月，农研中心课题组赴密云区金叵罗村飞鸟与鸣虫农场（下文称"农场"）进行了调研，以实地察看、深度访谈的方式对该农场的运营状况、与当地利益联结机制等情况进行全方位解析。

---

① 调研组：农研中心金书秦、杨丽、廖洪乐、林煜、栾健、刘洋。

1.农场及区位背景

密云区位于北京市东北部，属燕山山地与华北平原交接地，总面积2229.45平方公里，是北京市面积最大的区。按照《北京城市总体规划（2016年—2035年）》和《北京市生态涵养区生态保护和绿色发展条例》，密云全区均为生态涵养区。北京市在生态涵养区分区规划中突出密云区大山林地、大水源地的生态景观格局，提出将其建设成为首都最重要的水源保护地及区域生态治理协作区、国家生态文明先行示范区、特色文化旅游休闲及创新发展示范区。

农场所在的金叵罗村属密云区溪翁庄镇所辖行政村，距密云城区10公里，距北京市区约70公里，村域面积7.83平方公里，永久基本农田1988.31亩，约占全镇基本农田总面积的四分之一。现有村民1120户，3500口常住居民，汉族居多，少数为满族。村庄三面被浅山环抱，只有西边有一个口子。特殊的地理条件使该村孕育了深厚的次生黄土，自古盛产小米，被形象地称为"金叵罗"。近山不靠山、近水不靠水的金叵罗，全村实现旅游年收入2000万元，旅游就业人数近320人，被评为全国"一村一品"示范村、中国美丽休闲乡村、全国乡村旅游重点村、密云区乡村振兴示范村。

"飞鸟与鸣虫"是一个以食农教育为主的体验式生态农场，其经营理念是"销售在田野中度过的时光"。主要创始人曾在某国际组织工作11年，主要负责东亚地区的农业项目，另有3名创业合作伙伴，均为具有海外教育、工作背景的女性。4名创始人创办农场的初衷是为了践行共同的环保理念，带动更多人了解生态农业。农场面积共50亩，其中一期10亩已于2019年11月投入运营，二期40亩正在建设中。农场主营自然科学、自然戏剧教育、食物与农业、传统节庆文化等主题的亲子课程、亲子农事体验、农事教育、自制烘焙面包等。

2.包容性发展贯通农场建设经营各环节

农场从建设到经营各个方面都体现出本地性和包容性。

（1）多方共建，建立紧密的分红机制

初期农场投入共有三方投资者，分别是：村里的合作社、4名创始人和20名共建人。三者的出资比例为1:1:1，总投资额约300万元。投入形式是：村里出资建设基础设施、道路及建筑，4名创始人投入运营费用约100万元，20名共建人每人投入5万元。

表5 农场建设与运营机制

主体	投入	参与经营	分红
4名创始人	100万元	2人全职、2人兼职、全职领工资、全权负责经营	60%
村合作社	基础设施建设（约100万元）	不参与经营	10万元保底，40%
20名共建人	5万元/人	不参与经营	不参与分红，免费参加农场活动

为强化农场与村合作社的利益联结，农场与村合作社建立了紧密的分红机制，二者之间签订了为期10年的战略合作协议，主要约定如下：合作社主要提供土地（农业配套设

施用地）并根据要求提供相应的基础设施（如房屋），参与农场的经营、决策、运营等；农场主要负责农场的房屋、设施等的设计、建设以及具体的运营、决策等。根据战略合作协议，村合作社与运营团队约定按照4:6的比例分享农场收益，如分红不足10万元，农场将支付村合作社10万元保底。

所谓共建人，是在农场创建之初由创始人挑选的包括艺术、农业、公益、教育、传媒等领域精英在内的20人，每人出资5万元对农场建设予以支持，无股权无利润，来农场可以作为农场主享受相关服务，类似于终身会员，共建人自身的影响力也会给农场带来一定的客户流。

（2）融入经营，形成当地雇工合作机制

农场经营最大的投入在于人工和运营两个方面。4名创始人中目前有2名是全职在农场工作，另外2名则是兼职，2名全职创始人的工资由农场发放。农场雇佣的员工基本都是来自当地的农民，目前农场员工有大约20人，每个月人工成本约8万元。2020年全年的经营总成本约120万元，人工成本占了绝大部分。农场员工主要负责农场内餐厅的点餐、备餐、收银、保洁以及烘焙面包等，农场则负责员工的培训，如烘焙面包就由创始人对其进行培训，经过培训后的员工已具备独立烘焙面包的能力。

（3）功能拓展，积极参与当地村务治理

金叵罗村原有10个生产队，经过这几年在当地打造、发展农场，当地亲切地将农场和其他返乡入乡创业者称为"金叵罗11队"。农场经营团队对村庄发展规划、村内项目筛选、村容村貌提升等村庄事务提供建议和专业指导。农场还定期、不定期为村庄策划一些大型活动并推出一些助贫、助残等慈善活动。例如，针对即将到来的圣诞节，农场推出"+10%"面包套餐，面包销售额的10%将用于对当地困难户的帮扶，包括失独家庭、大病家庭等，具体帮扶形式将由农场和村委会、妇委会等进行协商确定。

3.生态、环保理念覆盖农场全方位

（1）农场发展目标与当地发展现状、远景契合

创始人表示，最初在进行选址时也走过相当多的地方，最后之所以选择金叵罗村主要原因有三：一是农场与当地发展前景规划相一致。村第一书记是初代具有生态保护发展理念的回乡创业大学生，其发展理念就是走生态、可持续发展道路，因此十分支持生态农场的建设，这也是整个村子未来发展的方向。二是基础良好的村合作社。金叵罗村的村合作社重点运营农旅融合项目，93%的村民入社，拥有流转土地1800多亩。创始人与当地村合作社进行合作，既带动了当地农户发展，也依赖当地村合作社的组织协调作用。三是生态环境符合农场发展规划。创始人表示，在她们入驻之前，该村已经连续8、9年未使用农药，选址时对当地的水土进行了测量，认为该地环境指标是符合建设生态农场的。

（2）充分挖掘农业多功能

作为一家主打食农教育的生态农场，其主要业务分为两大部分：一部分是以农场为载体的各类亲子、农事体验、教育等活动，即"田野上度过的时光"，例如种植水稻、小麦、饲养鸡鸭鹅、观察昆虫等。其中，亲子时光教育活动单价788元/2大人1小孩/天，

1186元/2大人2小孩/天，包括一天的活动（根据季节，如种水稻、施肥等）以及一顿午餐，目前农场不提供住宿，但正在建的农场二期——野奢露营花园，是与村集体、共建人、学校采用"社区参与式营造"方式共同完成施工建设，把原有废弃设施和果园荒地打造成同时兼具休闲度假、生态环保、仿生湿地、露营野餐、农业景观、自然教育等多功能户外空间，有可能会提供住宿。除此类亲子活动外，农场还承接公司团建、婚礼等活动。

另一部分是农场自制烘焙面包。全职在农场工作的1名创始人热爱钻研面包烘焙，农场邀请建窑大师建造了一座"柴烧式罗马窑"，采用木柴烧窑手工制作。一方面，当地有大量的果树剪枝，有效解决了燃料来源问题。另一方面，窑烤风味的面包通过微信、小红书等渠道进行预售，按订单生产，避免了食材浪费。目前，农场已经培训了几位当地的工作人员作为窑烤面包师，主要负责窑烤面包。由于面包销售主要通过顺丰邮寄，快递的成本较高，因此虽销往全国，但主要售卖区仍然集中在京津冀。

（3）农业生产遵循自然农法

由于农场并不以销售农产品为主要收入来源，因此对产量没有太高要求，农场生产遵循朴门永续农法。除根据不同时节推出不同的农业活动外，农场本身会盖大棚并种植一些水果、蔬菜，用的肥料是农场中养的小马所产生的粪便；农场中还有小型的锁孔花园、昆虫旅店、蚯蚓食堂等小型生态圈。农场的作物均为顾客参加各种活动时所种，生长过程遵循有机原则，对产量无太多期望。这就是农场所贯彻的生态环保理念和遵循自然法则的生态农业。因此，目前农场尚未有扩大规模的规划，致力于做好二期工程、引入野营基地、增加住宿，继续做好食农教育、发展成为前沿的学农基地。

4.成效与问题

（1）运营成效

一是实现盈利，提前兑现承诺。农场2019年11月投入运营后半年左右实现盈亏平衡。按照目前的运营情况以及往年情况，与去年同期相比，农场2021年预计收益将达到原来的2倍。按照约定，村合作社将得到其中四成的收益，这将高于保底分红的10万元。2020年，农场分配给村里收入35万元，提前兑现了向村集体的承诺。同时，农场会向村合作社公开农场的财务报表情况以供监督。

二是形成良好的雇工合作机制。用工的本地化为双方提供了良好的发展前景，加深了二者的合作。就当地员工而言：一是解决了部分就业问题。农场为当地部分由于个人或家庭等原因无法外出务工妇女的就业提供了就业岗位、缓解了家庭困难。二是提高了员工的就业能力。在农场工作不仅为当地妇女解决了就业问题，也培训了其一定的就业能力，为其未来的发展、就业等提供了支撑。就农场而言：一是节约了人工成本。相比于从村外雇工，在当地雇工既节省了路费，又节省了住宿两大笔开销，同时雇佣农民相比于职业厨师或是保洁等成本更低。二是有利于深入了解当地情况。员工是当地人，既有利于了解当地民情、农情等情况，在遇到一些矛盾纠纷时也有利于化解。

三是提升当地乡村治理水平。"金叵罗11队"积极参与到村庄发展事务当中，起到了乡村资源整合者、城市要素导入者、村庄形象代言者、村庄运营参谋者的特殊作用，成功融入了村庄的生活，成为村"两委"发展产业的参谋助手，也成为城市资源入乡的媒人。

四是传播生态环保教育理念。无论来农场体验"田野上的时光"的是儿童、学生还是成人，通过亲手种植作物、观察大自然规律等等，都能够在农场中体验到遵循自然法则存续的小生态圈和深刻的环保理念。而后，这些感受和理念被带回城市里、带到生活中、带给身边的人，由此进行了生态环保教育理念的正向传播。

（2）存在的问题

一是与周边产业多方协调困难。目前最大的困难在于农场隔壁建有一个养殖能力为10万羽的养鸡场（目前已经达到6万羽），到了夏天，在运输鸡粪时，通常会产生很大的味道，这在一定程度上妨碍了农场的实际体验。尽管在生态涵养区建养鸡场是不符合生态涵养区发展理念的，但由于养鸡场每年给村集体贡献的利润很高，村集体也比较为难。

二是运营团队缺乏务农经验。创始人告诉调研组，此前4人虽都具有很强的农业情怀，工作也与农业相关，但实际农务经验却几乎没有，因此都是照书本上写的理论进行操作。例如，按照理论知识通过孵化瓢虫幼虫用于防治病虫害，但实际上可能连瓢虫的种类都分辨不清。又如，严格按照"1亩地对16只鸡"的标准进行实践，如果鸡的数量过多则会将地踩实、破坏土壤。虽然理论如此，但太过于教条。

三是难以获得政府支持。作为北京第一家"以食农教育为核心的有机农场"，致力于发展成为北京市前沿的学农基地，其作为一种新业态亟须政府的帮助与扶持，但是由于目前农场的规模较小，且由于体验式农场的特殊性，并未打算发展成规模化产业，因此在政府扶持方面较为薄弱。目前享受到的仅有妇联的关于建设区级示范基地的一些补贴以及创始人参与的北京市农业创新大赛所获得的一些奖金。除此之外，区政府对二期工程建设上有一些支持，如帐篷等的物资支持。

四是模式具有特殊性。农场从创建到运营都具有其特殊性，首先农场创始人背景的特殊性，关键词可归纳为"女性＋海归＋高知"，对于4名创始人而言，农场并非是其家庭的主要经济来源；其次，农场采取的网上招募共建人不入股不分红模式，不符合一般商业模式。因此，该农场在经营方面的可复制可推广性较弱。当然，这并不削弱其在生产上践行生态环保理念，在经营上采取包容式发展的引领性和示范性。

5.经验与启示

与其他民宿和休闲农场相比，除了业务和经营理念上的独特性外，农场可以视为是新农人和村合作社的深度合作，实现了环境保护和共享发展的双赢，其最重要的启示有两条。

一是建立了与当地农户紧密的利益联结机制。金叵罗村几乎村社合一的发展模式为农场与当地的深度合作提供了扎实的基础，并且当地领导班子的愿景与农场一致，在主观与客观相一致的前提下自然为打造生态有机的食农教育农场提供了坚实的基础。农场采取共建、"保底＋分红"、本地用工、本地助农的方式进一步强化了农场、村社、农户"利益共同体"的属性。

二是坚持绿色发展理念，深度挖掘农业价值。农场的创办源于创始人的环保、爱农思想和理念，并在实践中得以坚持，以此吸引了一批共建人和客源，使农场在财务上得以可持续。同时，良好的生态环境、景观，以及先进的理念也惠及全村，进一步巩固了各方的利益联结机制。

（二）浙江安吉："两山"理论发源地

20世纪末，作为浙江贫困县之一的安吉县，为脱贫致富走上"工业强县"之路，尽管经济在短期内快速增长，顺利摘掉了贫困县的"帽子"，但当地的生态环境遭到严重破坏。如何实现"农业强、农村美、农民富"的综合性发展目标，成为摆在安吉县面前的一道难题。

2001年，安吉县确定了"生态立县"发展战略，不断探索以最小的资源环境代价谋求经济、社会最大限度的发展。2005年8月15日，时任浙江省委书记的习近平同志在安吉县余村调研时提出了"绿水青山就是金山银山"（以下简称"两山"理念）的科学论断，深刻揭示了经济发展和环境保护的关系，坚定了安吉县走"生态立县"发展之路的决心。2008年，安吉县以"两山"理念为指引，开始实施以"中国美丽乡村"为载体的生态文明建设，围绕"村村优美、家家创业、处处和谐、人人幸福"的目标，实施了环境提升、产业提升、服务提升、素质提升"四大工程"，从规划、建设、管理、经营四方面持续推进美丽乡村建设，创新体制机制，激发建设内在动力。经过十余年努力，实现了生态保护和经济发展的双赢，获得"联合国人居奖"，成为中国美丽乡村建设的成功样板。

通过建设美丽乡村，安吉县走出了一条生态与经济、农村与城市、农民与市民、农业与非农产业互促共进的发展道路，积累了包括坚持"绿水青山就是金山银山"的发展理念、以人民为中心、标准化建设、全域化推进、坚持"一届接着一届干"等宝贵经验，为其他类似资源禀赋地区实现跨越式发展提供了经验借鉴。

余村是习近平总书记"两山"理念的发源地，更是"两山"理念的践行者和传播者。回顾余村近二十年来的发展历程，我们可以看到，任何历史性的变革必然伴随着阵痛和矛盾，余村将石山变青山、再变金山的道路值得我们总结、思索。回头来看，余村落实"两山"理念重点做好了三篇文章。

一是在村民参与的前提下坚持规划先行。"规划科学是最大的效益，规划失误是最大的浪费，规划折腾是最大的忌讳。"作为中国美丽乡村的首批试点村和全省首批村庄规划编制与建设试点村，余村始终坚持规划先行。余村科学布局生态、生产、生活空间，在规划实施过程中，该村充分调动广大村民的积极性，引导村民参与到村庄建设中来。如，"开放庭院"是余村鼓励村民降低围墙、改造绿植来改善村庄景观生态的一项举措，其中由规划团队提供专业图纸，村民负责施工，村委提供政策及管理，施工过程中多方协同，共同推动，坚持了一户一品、各具特色。从主题立意、材料选用、logo设计、花草种植，都由规划团队与村民共同完成，充分体现了村民的自主性和参与度。

二是在产业富民的前提下坚持生态立村。"产业是发展的根基，产业兴旺，乡亲们收入才能稳定增长。"余村村集体经济年收入在当年经历"断崖式"下跌的时候可谓步履维艰。面对极大的代价与困难，有人犹豫，有人徘徊，当然也少不了激烈的碰撞。在解决这些问题时，余村村委始终坚持以产业发展为前提的生态振兴，如当初由重污染的矿山开发过渡到竹制品加工业，再到彻底摒弃仍有污染元素的竹制品加工转而发展乡村生态旅游，这一过程是"两山"理念在实践中摸索并逐渐让老百姓接纳的过程，也是填饱肚子再谈面子的过程。只有这样，才能让百姓真正从心底里认同并支持"两山"理念。

三是在民主协商的前提下坚持法律托底。不断创新完善村级议事协商制度，丰富村民参与乡村治理的渠道，激发群众参与乡村治理的内生动力，是余村发展中各类难事、要事得以解锁的关键。从"两山"议事会成立到《村规民约》修订，村民们以"有事好商量"的大讨论形式解决了诸多疑难问题。如在禁放烟花爆竹时，余村通过深入讨论实现了有效宣教，并提出了舞龙、舞狮、锣鼓、曲艺等多种民俗活动替代方案，让村民被充分尊重的同时体会到精神愉悦。而早年发展市场经济的先行经验也让余村人更早地认识到法律的力量，聘请法律顾问、设立"巡回法庭"等做法不仅让法律意识和法制观念深入人心，也让村民在处理大事小情时心有所依、心有所安。

（三）海南琼海：博鳌国际会客厅 [①]

2018年，党中央决定支持海南全岛建设自由贸易试验区，中央对其做出的四大战略定位包括：全面深化改革开放试验区、国家生态文明试验区、国际旅游消费中心、国家重大战略服务保障区。依托新的战略定位，海南省将成为我国面向太平洋和印度洋的重要对外开放门户。琼海无疑将成为海南对外开放的核心阵地，博鳌亚洲论坛已经成为世界外交的重要舞台，也是国际社会了解海南、了解中国的重要窗口。

依托博鳌亚洲论坛"金字招牌"，保持和展现田园风光特色，琼海市打造兼具"国际范"与"乡土味"于一体的博鳌美丽乡村集群。在美丽乡村建设中，琼海市充分尊重农民意愿，按照"一村一特色、一村一主题"的思路，结合各村的历史底蕴、资源禀赋、文化特色等，为每个乡村量身定制建设方案。根据地理气候、风俗文化、地域特色、居住习惯和生产生活需要，免费向广大村民提供多种类型的建筑方案，引导农村居民科学建房，传承好海南的建筑风貌，打造具有琼海本土特色的乡村民居。

最美的乡村，就是原汁原味的乡村。琼海市始终树牢"绿水青山就是金山银山"的理念，抓住海南建设国际旅游消费中心的大好机遇，在保护好生态环境的同时，大力推动乡村民宿、休闲渔业、特色加工等一二三产业融合发展，既做足"面子"，更做实"里子"。新改造完成的博鳌留客村，无论是稻田、花朵，或是河边的木栈道、居民住的老房子，都充分展现出了本地特色和文化。琼海市深入贯彻习近平总书记关于潭门镇渔业转型发展的重要指示精神，对潭门镇进行改造，推动传统渔业小镇向南海风情小镇发展。2020年9月，海南省休闲渔业试点（琼海）启动仪式在潭门休闲渔业码头举行。按照这一发展思路，潭门镇排港村，保留村落原有形态和格局，将渔文化融入休闲文化形态，发展渔歌文化、渔家文化，引导渔民转型转产，呈现出原汁原味的"渔家风味"。龙寿洋国家农业公园、博鳌国家农业公园等现代化田园综合体建设，促进了农旅深度融合，以吃农家饭、住农家屋、干农家活、享农家乐为主要内容的乡村旅游蓬勃发展，进一步拓宽了农民增收渠

---

① 调研组：农研中心金书秦、林煜；北京市农研中心张英洪、王丽红；中科院地理所徐湘博。

道，农民群众在享受生态宜居环境的同时，"钱袋子"也鼓了起来。

近年来，琼海市积极打造美丽乡村，将乡村变成国际交往的"会客室"，既丰富了乡村的功能，又拓展了国际交往的边界。尽管琼海作为国际交往的重要阵地具有一定的特殊性，但其美丽乡村建设的经验却具有较大的普适性，总结起来有以下三个方面。

一是保留乡村特色原貌，不搞大拆大建。如，博鳌镇沙美村和留客村坚持在原有乡村风貌的基础上进行美丽乡村建设，明显改善了村庄基础设施，加强了人居环境整治，使村庄面貌焕然一新。

二是尊重村庄原住居民，拒绝圈村垄断开发。沙美村和留客村具有良好的自然景观，在美丽乡村建设中，该地充分保障原住居民的正常生活，在此基础上开展美丽乡村建设，实现村庄建设品位的显著提升，使全体村民共享了美丽乡村建设的成果。这完全不同于有的地方强行将村庄原住居民迁出而由某些企业独家垄断村庄优美自然资源和深厚人文资源的掠夺开发建设模式。

三是传承优秀乡村文化，建设现代乡村文明。琼海市在美丽乡村建设中，既注重村庄外部硬环境的整治建设，又注重村庄文化软环境的传承与创新。留客村依托一代巨商蔡家森故居，着力挖掘和开发侨乡传统乡村文化；沙美村巧借博鳌亚洲论坛之契机，创造性地建设国际交流乡村新文化。

以管窥豹，可见一斑。琼海市美丽乡村建设取得的成就，充分说明当地在推进美丽乡村建设中，真正做到了实事求是，改革创新。其基本经验首先是坚持维护农民的合法权益，让农民成为美丽乡村建设的参与者和受益者。其次，正确处理了政府、市场和社会的关系，确保政府、企业与农民的关系平衡。再次，深化了改革开放，促进了美丽乡村建设和乡村文明进步。

（四）浙江省：打造美丽乡村升级版 擘画乡村振兴新图景

浙江省是"两山理论"的发源地，也是绿色发展的排头兵。然而，20 年前的浙江，在经历改革开放初期 20 多年的高速发展从一个陆域资源并不充裕的省份一跃成为经济大省后，却面临着资源过度开采、环境污染严重、生态急剧退化的困境。针对这些问题，省农办牵头拿出一套方案，计划整治 1 万个村庄，总体思路是：以县级为平台、乡镇为主战场、村一级为主阵地，每个县搞 10 个示范村，100 个县就是千村示范，这个工程因此被称为"千村示范、万村整治"。2003 年 6 月 5 日，世界环境日当天，时任省委书记的习近平同志亲自部署推动"千村示范、万村整治"工程（简称"千万工程"），以农村生产、生活、生态三大环境改善为重点，突出问题导向、民意导向、趋势导向、目标导向，从全省 4 万个村庄中选择 1 万个左右行政村进行全面整治，把其中 1000 个左右的中心村建成全面小康示范村。7 月 10 日，习近平同志在省委十一届四次全会上阐释浙江发展的八个优势，提出指向未来的八项举措——"八八战略"，在这个指引浙江改革发展和全面小康建设的总体方略中，"千万工程"成为推动生态省建设、打造绿色浙江的有效载体。

2018 年 9 月，"千万工程"获联合国最高环保荣誉"地球卫士奖"。习近平总书记对此作出重要批示："浙江'千村示范、万村整治'工程起步早、方向准、成效好，不仅对全国有示范作用，在国际上也得到认可。要深入总结经验，指导督促各地朝着既定目标，持续发力，久久为功，不断谱写美丽中国建设的新篇章。"2018年底，中办、国办下发文件，要求全国学习浙江"千万工程"经验。

浙江省实施"千万工程"大致可分为四个阶段：第一阶段：示范引领阶段（2003—2007年）。选择1万多个建制村，全面推进村内道路硬化、垃圾收集、卫生改厕、河沟清淤、村庄绿化，建成了1181个全面小康示范村、10303个环境整治村。第二阶段：整体推进阶段（2008—2010年）。将整治内容拓展到面源污染治理、农房改造、农村公共设施建设，基本完成了全省村庄整治任务。第三阶段：深化提升阶段（2011—2015年）。启动实施美丽乡村建设行动计划，开展历史文化村落保护利用工作，着力把农村建成规划科学布局美、村容整洁环境美、创业增收生活美、乡风文明身心美，宜居宜业宜游的农民幸福家园、市民休闲乐园。第四阶段：转型升级阶段（2016年以来）。推动美丽乡村建设从一处美向全域美、一时美向持久美、外在美向内在美、环境美向生活美转型，全力打造美丽乡村升级版。

在当前我们大力推进农村人居环境的背景下，回看十八年来浙江的成功探索，可以得到以下启示。

一是充分体现了习近平总书记的远见卓识。十八年前，对于全国绝大多数地区来说，还处于GDP论英雄的年代，主政浙江的习近平同志在看到牺牲环境换增长的恶果时以卓越的远见提出"八八战略"，将"千万工程"作为推动生态省建设、打造绿色浙江的有效载体。可以想象当时的压力何其巨大，这充分体现了习近平同志的宏大历史视野和功成不必在我的历史担当。

二是对绿色发展理念一以贯之地坚持。习近平总书记在浙江工作时，一直强调生态环境保护的重要性。2005年视察安吉余村，提出了"绿水青山就是金山银山"的重要论断，此后在多个场合反复强调，该论断成为习近平生态文明思想的核心。2007年，习近平同志离开浙江，但浙江省并未因此而改变政策思路，后继几任领导班子保持战略定力和历史耐心，沿着习近平总书记当年绘就的蓝图久久为功，实现了功成必定有我。

三是始终坚持以人民为中心的思想。从2003年开始，"千万工程"就一直着力于提高人民群众获得感，解决群众身边最迫切的问题。把人民对美好生活的向往落到实处，把满足人民的需求放在首位，一切为了人民，一切依靠人民，只有人民群众充分享受到生产生活环境改善带来的好处，才会更加拥护并乐于参与到环境改善的实践中去。

四是坚持系统思维。浙江省充分发挥规划在引领发展、指导建设、配置资源等方面的基础作用，将地方特点、文化特色，融田园风光、人文景观和现代文明于一体。从"千万工程"的四个发展阶段来看，其体现了农村建设由点到面、由内而外、由单领域到全领域的发展和提升。"千万工程"始于环境整治，升华于生态保护、农村产业发展、文化振兴以及组织振兴，可以说是乡村振兴战略的活样板。

我国农村地域分散，无论是自然环境、资源禀赋、文化风俗，还是经济发展水平等都千差万别。浙江"千万工程"的成功经验为我国其他地区农村发展提供了可借鉴的宝贵经验，但在实践中务必要具体问题具体分析，切忌生搬硬套。乡村建设要遵循乡村自身发展规律，充分体现农村特点，注意乡土味道，保留乡村风貌，留得住绿水青山，记得住乡愁。

（五）国际经验：美国的农业生态补偿项目机制

20世纪30年代，干旱、沙尘暴等自然灾害开始在美国西部出现，美国政府逐渐意识到人类活动对生态环境的影响，加之美国当时正处于经济萧条时期，农产品价格严重下滑，为了协调农业和生态环境的关系，保障农民权益，美国开启了农业生态补偿的尝试。20世纪90年代以前，美国农业生态补偿相关的土地储备和保护政策主要依靠政府指导实施，聚焦保护土壤和提高农产品价格。在这期间，《清洁水法》《清洁空气法》《濒危物种法》等一系列行业环境法规的出台，也为农业土地的使用和管理起到了潜在的推动作用。

多年的实践表明，单一的政策目标和单纯的政府主导行为无法充分发挥生态补偿的环境效益、实现资金利用效率的最大化。20世纪90年代初，美国农业立法首次加入了环境效益成本指标，并扩大了农业环境目标，超出对土壤侵蚀和土地生产力的传统关注范围，增加对大气、水体、野生动物等其他环境领域的关注。生态补偿的精细化运作，保证了项目实施的公正性以及项目目标的实现；竞标机制的使用搭建起了利益相关方之间的沟通渠道，充分调动了市场活力；补偿方式也由单一的租金补贴向成本分担、技术补贴等多样化形式发展，整体呈现出欣欣向荣的面貌。

土地保护性储备项目（Conservation Reserve Program，CRP）。土地保护性储备项目成立于1985年，是一项由政府主导、土地所有者自愿参与的土地休耕项目。尽管项目创设之初是为了应对当时农产品市场的低迷状况和环境问题的日趋严重，但随着相关法规的陆续出台和制度设计的不断完善，CRP已经超出对土壤生产力和土壤侵蚀的传统关注范围，上升到国家环境保护的战略层面。项目中，政府作为补偿主体，通过公共财政对项目进行长期资助，土地所有者根据自身条件自主申请项目补偿，项目合同时限5—10年不等，少部分可参与"连续签约"。

项目补贴由两部分组成：一是项目年度租金补偿，二是土地休耕后建立覆盖物的成本分担。政府根据当地土地租金价格和土壤生产力确定年度补偿的价格上限，这个价格通常会高于农户从事耕作所获的收益，如果农户在休耕地实施还林还草等恢复土地生产力的措施，政府还将提供50%的成本分担。

CRP每年有一次开放申请机会，具有资质的土地所有者通过竞标的方式向政府提出补偿申请，政府依据环境效益指数（EBI）对提交的申请进行综合打分，排序后筛选出最终项目参与者。其中，EBI由4—6类环境因素和一个成本因素组成，各项指标比重可依据政策目标及土地市场变化进行动态调整。在具体的实施过程中，农户在参与投标前政府会提前公布EBI得分，尽管无法确认入选指标和最终权重，这一信息也在极大程度上帮助农户合理权衡中标概率和补偿水平。农户可以通过放弃CRP的部分收益提高EBI分数，增加入选几率：降低租金补偿预期水平；放弃还林还草成本分担；修建具有更高环境效益的土地覆盖物；选择具有更高分数的固有土地类型。理想的多方博弈会促使项目申请人提出的补偿水平近似于受偿意愿（WTA），从而实现项目的最大收益。

由于注册 CRP 的耕地面积将近占到了美国总面积的 10%，项目造成的供应改变很可能对商品的价格产生影响，从而间接影响社会福利。据估计，大约有一半的土地会在项目结束后复垦，增加的产量导致农作物价格下降，从而增加以增产的农作物作为投入的其他生产者以及消费者的福利。

表 6　美国主要农业生态补偿项目机制对比

	CRP	EQIP
项目类型	土地休耕	在耕土地保护
补偿主体	美国政府	
补偿对象	环境敏感区域耕地	所有在耕土地；所有符合美国农业部的保护性实践（250 种）
补偿方式	地租补偿，成本分担	成本分担，激励补偿
补偿依据	土地生产力及市场价值	保护设施建设成本和管理成本
补偿流程	申请—竞标—筛选—补偿	申请—筛选—补偿
筛选指标	环境效益指数（EBI）	"报价指数"（Offer Index）
项目福利	直接福利＋社会收益	直接福利＋私人收益

环境质量激励项目（Environmental Quality Incentives Program，EQIP）。EQIP 同样也是由政府主导的农业生态补偿项目，于 1996 年由农业保护计划（ACP）结合部分项目形成，《联邦农业促进和改革法案》授权实施。项目成立初期受国会指示以每单位成本环境效益最大化作为发展目标，因此早期的 EQIP 也采取了竞标的方式对财政援助进行出价。有限的资金和宽泛的资质认证导致 EQIP 项目申请竞争尤为激烈，竞标补偿水平相较于最高补偿率落差较大，申请数量持续下跌。2002 年，国会大幅增加了对 EQIP 的资助，并取消了竞标性财政援助，弱化了成本的作用，转向强调协助农户遵守法规，但仍保留了"报价指数"的评估方法，作为筛选候选人和分配资金的科学依据。

EQIP 的补偿主要包括两部分内容：一是农业生产者参与环保性工程建设付出的实际成本；二是农业生产者采用环境友好型管理措施的激励补贴，前者分担率一般固定在50%，后者由各地政府依据自身状况确定，目的是促进生态环境质量改善，促进农业可持续发展。具体来说，项目资金由美国农业部自然资源保护局（NRCS）按照一定的分配公式，拨付给不同的州。各州再根据自己建立的"报价指数"，对农户的合同报价进行排名，进一步来分配 EQIP 资金。环保设施的建设和管理方式的精进本身能够获得巨大的环境效益和成本节约，在某些情况下还能够迎合当地法规需求，因此项目参与者除了能够获得直接的补偿收益外，还能产生额外的私人利益，大大提升了项目对农户的吸引力。

美国生态补偿项目的主要特点：一是健全的生态补偿法规制度体系。任何制度的有效实施都离不开法律的强制约束，美国的法律制度从根本上确立了环境保护的目标，坚持"污染者付费"、"受益者付费"的原则，规定投资环境的投资人有权利获得回报，推动农户朝着保护性土地利用方式进行转变。

美国配套法律的出台对耕地生态补偿的实施起到了重要的支撑与促进作用：相关法律与耕地保护与补偿具有较强的衔接性，如 EPA 在 1972 年对农场使用杀虫剂、杀真菌剂和杀鼠剂的规范，促使农业土地管理向环境友好转型；1985 年推行的交叉责任制，提出了对参与农业补贴项目的农户的合规性约束，保障了补偿的合理性；2002 年，美国取消生态效益最大化目标，加大资金补贴力度，激励农户遵守环境法规，进一步强化了民众的环保意识。

二是完善的生态补偿运行程序。对于实施生态补偿的原则与过程，美国的生态补偿法律制度明确了补偿主体、补偿对象与补偿方式，将补偿程序与补偿标准程序化、透明化，使得生态补偿的每个环节都有法可依，每个部分的权责都可追溯，划定了政府职权，强化了农户履行契约的行为，方便民众履行监督的义务。

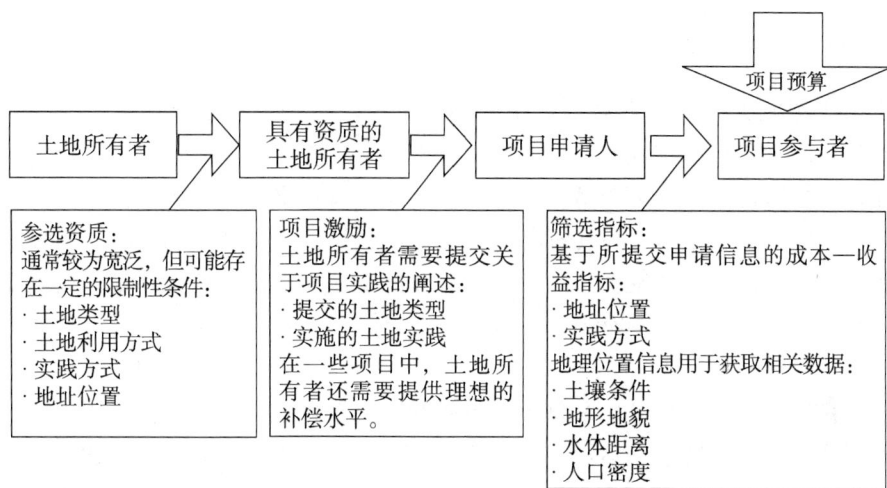

图 5　项目参与者筛选流程

美国生态补偿的程序主要采用"申请—（投标—）筛选—补偿"的模式，因此补偿受体并没有严格意义的限制，但有时会受到土地类型、土地利用方式等的约束，例如 CRP 要求申请的土地是具有高度的环境敏感性耕地，而 EQIP 对土地资质的界定就较为宽泛。这样的特点能够更广泛地容纳不同的补偿受体，从而推动生态农业补偿市场化运作。

美国农业生态补偿的方式较为多样，时限相对灵活，通常包括租金补偿、建设成本分担和管理激励资助，补偿可以事后一次性发放，也可以依照协议进行周期性补偿，例如 EQIP 只有在农户环保性设施建设完成后才发放分担成本。多元化的补偿方式能够在提高补偿受体的资本和生产能力的同时，从多方位激励和引导受偿主体实施可持续性变革，提高环境效益。

美国农业生态补偿的标准通常由市场价值和支付意愿共同决定，政府通过土地市场和土地潜力确定补偿上限，农户依据评估指标综合考虑自身条件提出自己的理想补偿水平。政府依照成本效益评估指标体系，对申请者进行筛选排序，将有限的资金分配给最需要补偿的地区，且在必要的时候能够修改指标权重以实现当下的环境目标。这种竞争赋予了市场极大的自愿性和灵活性，使得补偿能够以更优的成本实现合理的资源配置。

此外，美国生态补偿项目对低收入、散户的倾斜政策对促进社会公平，平衡资源分配起到了重要的作用。EQIP针对弱势群体的申请采用了更高的补贴率，CRP则以其在项目中的高占比进行扶持，这两种方式都在一定程度上避免了资金高度集中流向规模较大的农场主。

三是科学合理的生态补偿评价指标。同时，美国农业生态补偿拥有一套科学的监测计量体系，能够及时监测生态环境中的各项指标体系，涵括地域性差异和时间动态差异，科学判断环境收益损失。在CRP中，申请人除了要提交实施计划书和理想补偿水平以外，还需要提供近3年来的农业生态变化信息，包括土壤、空气、水质等，结合土地类型和地理位置，通过定量化的方式实现对申请的筛选以及对实施效果的考核。

五、研究结论和对策建议

北京市生态涵养区对实现首都的城市功能定位，特别是对建设国际一流和谐宜居之都，具有独特的重要作用。乡村特色产业的发展与乡村资源环境处于友好状态，是生态友好型产业；乡村特色产业是资源节约型产业，其发展既能满足当代人的需求，又不对后人满足其需求的能力构成危害；乡村特色产业的发展机制、发展能力与市场发展始终处于良好关系状态，形成市场不断发展、产业不断升级的发展态势。本研究通过研究北京市涵养区的规划、功能定位、典型案例等，得出以下研究结论和对策建议。

（一）研究结论

随着乡村振兴的深入推进，北京市生态涵养区乡村特色产业呈现高速发展的态势。产业布局不断优化，区域特色基本形成。产业化市场化水平不断提升，品牌化趋势明显。经营主体多元化发展，合作模式多样化，已经成为乡村振兴一重要的产业支撑。对北京市涵养区乡村产业发展的研究发现：

一是生态涵养各区有明确的功能定位、发展目标。门头沟、延庆、平谷、怀柔、密云、昌平山区、房山山区在各区的分区规划中明确给出了各具特色的产业发力方向、功能定位、发展目标等，更精准、更务实、更有可操作性，体现出以大项目带动、以传统优势带动、以产业融合带动、以科技创新带动四个特征。在绿色经济、生态产业被提到新高度的今天，生态涵养区的发展，不仅是北京经济全面转型的新引擎，对于京津冀协同发展也有着极为重要的意义。生态涵养区的经济发展投入大、见效慢，是一个长期的过程，但其后劲十分巨大，要给它们充分的"涵养"时间。

二是从北京市的典型案例看，乡村产业发展的包容性和利益联结机制尤为重要。实践证明，特色产业农户靠单打独斗式经营已不能适应市场，乡村产业发展亟须包容性和在农户与市场主体之间建立起紧密的利益联结机制，需要提高农户的组织化程度，依托领导强有力的村合作社，引进市场主体，保证农户持续增收致富。

三是各区规划中对保护环境强调得多对发展强调得少；对自然关注得多对人的关注较

少。在各区规划中，对"环境"的关注要多于对"人"的关注，更加强调对环境的保护，而对"发展"的关注和支持略显不足。在评价指标体系中也是大幅度关注环境，而对乡村产业发展的关注稍显不足。如前文所述，"生态涵养区"不是不要发展而是要"更好、更高质量的发展"，有些规划仅关注了环境的"涵养"，而忽略了产业和人的"发展"。

四是对新业态的支持稍显不足。例如在密云金叵罗村的北京第一家"以食农教育为核心的有机农场"，致力于发展成为北京市前沿的学农基地，其作为一种新业态亟需政府的帮助与扶持，但是由于目前农场的规模较小，且由于体验式农场的特殊性并未打算发展成规模化产业，因此在政府扶持方面较为薄弱。

（二）对策建议

一是要规划、引领生态涵养区的生态优先与绿色发展。各地要以总体规划为遵循，制定适应于生态涵养需要，推进农村农业转型升级的高质量专门规划。都市型农业、生态休闲旅游追求的是多功能，要制定差异化的土地管理政策。在解决好违规用地问题的同时，对发展休闲采摘、亲子教育、农耕文化体验等园区，给予一定比例的土地，建设如教室、餐厅、公厕、购物、服务等公共配套设施。同时，为城区居民派发生态郊游消费券，用于交通、门票、采摘、农产品购买、餐饮和住宿等；加快山区郊游铁路专线建设。"三个文化带"串联起首都生态涵养区，开通旅游专列，以满足广大市民、游客生态休闲游的需求。通过以上便利条件和路径为生态涵养区的发展提供助力，确保"环境保护"和"产业发展"齐头并进。

二是构建与农户的利益联结机制。北京市有900多个经济薄弱村，大多数都在生态涵养区。这些村庄已经很难单打独斗参与市场竞争，而应走抱团发展之路。通过探索，建立起市场主体与农户的利益联结机制，在提高农户积极性的同时为乡村产业未来的发展提供切实的帮助和推动。如，可以通过利用乡镇联合社平台，打破村级界限，统一经营管理，高效利用集体建设用地。集约利用的方向主要是生态休闲旅游产业、生态养生养老产业、农产品生产与深加工产业；研究开展生态涵养区薄弱村集体经济组织成员权放开试点。设定好前置条件和程序规范，城市居民自愿申请，经村民代表大会批准，按照一定溢价标准，缴纳历史积累，成为集体经济组织成员并获得相应权利。

三是在关注"环境"保护的同时，也要关注"人"的发展。生态涵养区的发展不仅包括对生态环境的保护，同时更重要的是保障生态涵养区内人的发展。有些地区为了保护生态关停了当地污染环境的企业以后，那些因此而产生的失业农民、水库移民等群体的社会保障和生存发展更需要进一步关注。生态补偿制度的效应应向产业发展倾斜，从制度上激励发展活力，调动乡村集体和农民的积极性。树立"绿富同兴"的生态补偿目标，由原来以脱低为主要目标的生态补偿，向以乡村振兴为主要目标的生态补偿转变。制定农村产业长期发展规划，第一阶段是"以补养业"，通过生态补偿来发现和培育适宜发展的农村产业；第二阶段是"以业代补"，通过农村产业发育逐步替代一部分生态补偿支出；第三阶段是"以业为主"，从以补为主逐渐过渡到以绿色产业为支撑、以"绿"养"绿"的良性循环。可通过生态补偿机制，对这些人给予一定的补贴，目前国家级、市级自然保护区及林地有生态补偿，而水源保护区、湿地保护区、区级自然保护区等同样能发挥涵养生态作用的区域，却享受不到生态补偿红利。同时，包括护林员岗位补贴、农民享受到的公益林补偿金等在内的补偿政策标准也有待提高。将生态涵养区基本农田、耕地、湿地、经济林等同样体现生态服务价值的生态资源列入生态补偿范围。对库区及一类水源保护地等严重制约产业发展、农民增收的集中片区，应单独制定倾斜政策，给予支持。如果实在无法保障基本生活来源，当地政府应当为这些为"环境保护"做贡献的人民群众提供基本生活保障。

四是创新支持方式。从目前地方政府对生态涵养区新业态的支持力度和支持方式上来看还略显不足，可通过政府补贴、物资资助、优惠政策等途径对新业态提供支持。同时，结合乡村特色产业发展的具体路径，推动科技创新与特色产业的有机结合。创新结合方式，推进科技创新，依托国家农业科技创新联盟、全国现代农业产业技术体系和国家农产品加工技术研发体系，建立健全特色产业技术研发体系。

农业农村部农研中心、北京市农研中心联合课题组

北京市农村集体经济薄弱村产业发展问题研究

北京市集体经济薄弱村是指集体经济年经营收入低于 10 万元的村级集体经济组织。集体经济薄弱村是首都高质量发展的关键短板，是"十四五"时期首都乡村振兴的重要突破口。推动农村集体经济薄弱村产业振兴是解决首都城乡发展不平衡、农村发展不充分的牛鼻子，是实现首都高质量发展的必然要求，是实现首都农业农村现代化的重要物质基础和实现共同富裕的根本保证。

一、北京市集体经济薄弱村的现状与特征

2018 年 11 月中共中央组织部、财政部、农业农村部印发《关于坚持和加强农村基层党组织领导扶持壮大村级集体经济的通知》，2019 年 6 月农业农村部印发了《关于进一步做好贫困地区集体经济薄弱村发展提升工作的通知》要求，非贫困地区也要对本地区集体经济薄弱村发展提升进行指导和扶持。2019 年 7 月北京市委组织部、市委农工委、市财政局、市农业农村局印发《关于坚持和加强农村基层组织领导扶持壮大村级集体经济的意见》和《关于开展扶持壮大集体经济试点工作的通知》，提出到 2022 年底前实现全市村级集体经济组织集体经济收入全部超过 50 万元，同时，从 2018 年集体经营性收入低于 10 万元的 900 个村集体经济组织中选取了 93 个村开展试点工作，为消除集体经济薄弱村提供了经验。"十四五"时期，北京市将基本消除集体经济薄弱村。

北京市农村集体经济薄弱村的消除与再生是动态变化的。2019 年北京市农业农村局根据农村"三资"监管平台中 2018 年的数据，划定农村集体经济薄弱村 900 个，2019 年有 483 个村集体经营性收入超过 10 万元，然而 2019 年又新增了 508 个农村集体经营收入小于 10 万元的村。2020 年根据北京市农村"三资"监管平台中 2019 年的数据，北京市有 834 个村集体经济组织经营性收入低于 10 万元。2020 年，有 227 个村集体经营性收入超过了 10 万元，但又新增 211 个村集体经营性收入低于 10 万元。由于 2019 年和 2020 年北京市农村集体经济薄弱村的确定是根据上一年度农村"三资"监管平台统计的年经营收入低于 10 万元的集体经济组织数量进行确定的，但是据调研，这样确定的薄弱村中包括了事实上的薄弱村、因统计口径原因导致的"薄弱村"和因"村账乡管"制度导致的"薄弱村"。有鉴于此，2021 年北京市对"十四五"时期需要帮扶的集体经济薄弱村进行重新精准识别，初步确定了 590 个。

根据 2020 年确定集体经济薄弱村情况，北京市集体经济薄弱村的总量和分布情况呈现出"二八八"的特征。一是两成左右的村级集体经济组织的年经营性收入低于 10 万元。2020 年，在北京市 3944 个村级集体经济组织中，有 834 个村集体经济年经营性收入低于 10 万元，占全市村级集体经济组织的 21%。二是八成左右的集体经济薄弱村年集体经营性收入低于 5 万元。2020 年北京市集体经济薄弱村集体经营性收入低于 5 万元的达到 664 个，占全市集体经济薄弱村的 80%。三是八成左右的集体经济薄弱村分布在生态涵养区。昌平区、门头沟、房山、平谷、怀柔、密云、延庆 7 个区的集体经济薄弱村数量达到 682 个，占全市集体经济薄弱村总数的 82%。其中，密云区有集体经济薄弱村 205 个，占密云区村级集体经济组织的 62%，占全市集体经济薄弱村的 24.6%，占生态涵养区集体经济薄弱村的 30%。

二、集体经济薄弱村产业发展面临的主要问题与原因

（一）集体经济薄弱村产业发展面临的主要问题

1. 集体企业发展十分滞后。从生态涵养区集体企业资产总额可以看到，北京市集体经济薄弱村的集体企业发展十分滞后。2019 年，北京市生态涵养区中，门头沟集体企业资产总额为 6.7 亿元，占该区农村集体资产总额的 6.1%；平谷区集体企业资产总额为 3.93 亿元，占该区农村集体资产总额的 5.4%；怀柔区村级集体企业资产总额为 0.85 亿元，占该区农村集体资产总额的 2.2%；延庆区村级集体企业资产总额为 0.35 亿元，占该区农村集体资产总额的 0.5%；密云区村级集体企业资产总额为 0.4 亿元。

2. 集体产业发展十分薄弱。2019 年，北京市集体经济收入中的主营业务收入占比为 52.4%，然而，昌平、平谷、怀柔、密云、延庆的集体经济收入中主营业务收入占比分别为 6.7%、6.9%、5.1%、2.8% 和 1.3%，其他业务收入分别达到 57.8%、35.0%、45.1%、28.5% 和 49.1%，营业外收入占比分别达到 21.2%、47.7%、48.3%、68.7% 和 47.9%。门头沟和房山区集体主营业务收入占比相对较高，分别为 49.5%、79.6%，但门头沟区集体经济薄弱村发展产业以种植业和乡村旅游业为主，种植业面临着高成本低产出的发展瓶颈，乡村旅游业受到疫情影响较大。房山区集体经济薄弱村部分经营收入主要来源于一次性收取的租赁费用，缺乏收入来源的稳定性和持续性。

3. 产业融合度十分欠缺。一是集体经济薄弱村产业发展的融合度还不够高，主要集中于传统的种植业或者简单的资源对外租赁，或者简单的观光休闲和乡村旅游业。二是集体经济薄弱村产业发展与满足市民日益增长的物质文化需求还有较大差距。三是集体经济薄弱村没有将首都乡村特有的资源优势进行优化配置。

（二）原因分析

从内因和外因两个层面来看，当前集体经济薄弱村产业发展难的主要原因有两个方面：

1. 集体经济薄弱村的集体产业发展受到较强的体制机制制约。一是集体产权制度改革仍然不够到位，村级集体经济组织仍然缺乏市场主体地位，集体经济组织的相对封闭性与

市场的开放性之间的矛盾制约了集体经济薄弱村资源要素与社会人才、资本的有效流动。二是生态涵养区政策不够完善，补偿资金使用不够科学，效益发挥不充分。在生态涵养区保护政策的硬约束下，生态涵养区村级集体经济组织一直没有找到政策允许的产业发展方向。三是乡村地区将作为建设用地减量的重点区域，对发展观光休闲、农产品加工等二、三产业所需的建设用地在一定程度上受到了约束。

2. 集体经济薄弱村内在发展动力和能力不足。一是长久以来的各类补贴政策，使很多集体经济薄弱村形成了"等、靠、要"的思维定式，缺乏自力更生、谋求自身产业可持续发展的内在动力。二是近年来部分农民生活富裕与集体经济发展明显脱钩，出现了"富了和尚，穷了庙"的现象，村庄治理经费主要依靠"张口饭"，村集体经济在共同富裕和乡村治理的经济基础作用受到挑战，农户和村"两委"发展集体经济的内生动力不足。三是多数集体经济薄弱村发展缺少领头羊，村干部老龄化、受教育水平相对较低，有的不会用电脑、不会用微信，很难适应现代市场竞争的要求，更缺乏现代经营理念和经营能力。第一书记在推进集体经济薄弱村发展中发挥重要的作用，利用其政策资源优势为村集体经济组织争取了多方支持，然而这种支持仍然是外来的、暂时的、不可持续的。

三、北京市集体经济薄弱村产业发展路径的对策建议

集体经济薄弱村产业发展需要紧扣首都"四个中心"的城市战略定位，围绕承接非首都功能，优化集体经济薄弱村产业发展制度环境，围绕服务超大城市居民消费需求，挖掘首都集体经济薄弱村独特的文化、生态、政治、科技资源优势，因地制宜地培育集体经济薄弱村的新产业新业态，形成集体经济薄弱村可持续发展的新根基新动力。

（一）坚持整体思维，将集体经济发展纳入新发展格局之中。思路决定出路，认识决定高度。一是在思想认识上，应重新认识集体经济在全市经济中的地位和作用。各级党委和政府应从指导思想上做到对加强农村集体经济组织建设的硬重视而不是软重视，从根本上认识到推动京郊集体经济组织振兴和新型集体经济发展对北京市率先基本实现社会主义现代化、构建"国际一流的和谐宜居之都"的重大意义。二是在发展战略上，应将发展集体经济纳入到率先探索构建新发展格局的有效路径之中。当前，北京市已经在率先构建新发展格局的紧要处布好"子"，京郊集体经济应在首都高质量发展的总体战略部署中抓住新发展机遇，共享构建新发展格局的政策红利，推动集体经济乘势而上，加快"换鸟"步伐。三是在具体战术上，应充分尊重市场发展规律，发挥首都城乡要素双向流动、资源互补、城乡互动对集体经济的带动作用。通过市属宣传部门及影响力大的媒体单位，宣传推广集体经济薄弱村的产业特色、资源要素优势、发展需求等进行对外宣传，推动有帮扶任务的企事业单位与乡村经济集体经济组织自由结对，提高项目合作匹配度。以乡（镇）联社为主体，推动乡村集体经济薄弱村与乡镇域内其他集体经济组织联合发展，在保持集体经济薄弱村控股的前提下，允许薄弱村集体经济组织与结对帮扶的龙头企业开展股份合作，成立新型市场经营主体，使之成为人才进入集体经济组织的人口。

（二）推动改革创新，优化集体经济薄弱村产业发展的制度环境。良法是善治的基础，

好的制度环境是集体经济高质量发展的基石。建议从以下五个方面优化集体经济薄弱村产业发展的制度环境：一是深化集体经济薄弱村的集体产权制度改革，适度放宽"村账乡管"制度，给予集体经济组织市场主体地位，加快完善新型集体经济组织的法人治理结构，完善集体资产股权权能，逐步兑现成员在参与管理、退出、继承、抵押等方面的权能，推进乡村集体经济组织股份分红，完善集体经济产业发展的利益共享机制。二是创新解决集体经济薄弱村产业发展用地需求。通过规划预留建设用地指标、点状供地等途径，拓展生态控制区和限制建设区集体经济发展空间。三是建立优秀人才到农村集体经济薄弱村的集体经济组织和集体企业就业创业的激励机制。在集体经济薄弱村试点建立集体经济组织吸引人才机制，在集体经济组织和乡村集体企业实行开放式用人制度，加快建立健全职业经理人聘任机制和激励与约束机制，形成科学合理的薪酬制度，推行合同制，吸引人才，促进人力资源向集体经济组织合理流动。四是创造留住人才的社会保障制度，推动城乡就业、医疗、养老等社会保障制度接轨，使在农村集体经济组织和乡村集体企业就业创业人员能够享受到与在国有企业就业创业人员同等的医疗、养老等社会保障待遇。五是建立支持集体经济薄弱村发展的长效财政金融支持制度。着眼乡村振兴发展需要，坚持把集体经济薄弱村作为重点保障领域，优化生态补偿机制，加大支持力度，创新投融资机制，加快形成财政优先保障、金融重点倾斜、社会积极参与的多元投入格局，合理确定投资规模、筹资渠道、负债水平，形成可持续发展的长效机制。

（三）以需求为导向，促进农村集体经济薄弱村产业与城市融合发展。需求牵引供给，供给创造新需求。首都农村集体经济薄弱村产业发展的供给侧要细分需求市场，在满足个性化需求上做大文章。针对特定消费群体对教育、体育、健康、医疗、养老、亲子等多层面的新需求，大力推动农村集体产业与市民生活需求深度融合，推进农村一三产业深度融合，创造乡村消费新场景，将京郊乡村变成首都市民的御用后花园。一是大力发展教育农园。弘扬"耕读传家"的传统农耕文明，鼓励集体经济薄弱村与高校、各类型教育机构合作，发展中小学生科普基地、体验式菜田、耕读教育学堂等融合型产业。二是推动集体经济薄弱村扩大医疗健康产品供给，创建中医农业示范区，支持集体经济薄弱村发展基础好、有特色、比较优势显著的中医农业及相关延伸产业。三是满足老年市民回归田园的需求，充分利用集体经济薄弱村闲置农宅，发展田园养老、乡村旅居养老产业。四是围绕市民的体育、健康和亲子活动的需求，依托集体经济薄弱村的特色资源，打破观光休闲和乡村旅游对季节的依赖过强的瓶颈，发展以体育娱乐、亲子游戏、乡村美食相融合的娱乐型乡村旅游新业态，将户外拓展、攀岩、越野等多种形式的体育活动融入乡村民宿产业发展之中。

（四）整合优势资源，形成集体经济薄弱村产业发展新动力。打铁还需自身硬，做实做强集体产业基础，才能行稳致远。集体经济薄弱村产业发展需要整合首都乡村所独有的生态资源、文化资源、科技资源、政治资源，将这些资源优势融会贯通到乡村特色产业中，推动形成一批独具首都特色的文化生态智慧特色乡村集体产业。一是充分发挥乡村生态优势，促进集体经济薄弱村生态价值向经济价值转变。借鉴浙江、福建等地经验，构建一套具有首都特点的、行之有效的生态产品价值实现制度体系，打造集农田、湖泊、河流、湿地、森林等多种自然生态要素于一体的生态价值实现空间布局，以集体经济组织与社会经营主体合作的方式，构建生态资源管理、开发和运营的平台。二是激活乡村文化资源，推动知本、资本与乡村文化资源、乡村集体产业有机结合，将没有激活的文化要素转化为可以支撑当地村集体经济特色产业发展的核心竞争力，融入乡村集体产业发展的全产业链。三是围绕"国际交往中心"建设，优先推动集体经济薄弱村的景区化建设，整体提升集体经济薄弱村承办国际交往活动的能力，发展具有国际标准接待能力的国际乡村精品文化旅游业。四是依托首都科技创新中心优势，优先在集体经济薄弱村布局新基建，推动乡村集体产业数字化，将数字经济注入乡村集体产业。

课题负责人：王丽红
调研组成员：张义彬、吴启超、王英杰、李源茂、周彤
执　笔　人：王丽红

社会力量促进北京乡村民宿高质量发展课题研究

乡村振兴是全社会的共同责任。不能把乡村振兴只当作是政府的事、干部的事、农村的事，要发动诸方力量共同实施。不能只靠行政手段、行政力量，要运用市场思维，依靠市场的力量、社会的资源来推动。社会力量参与乡村振兴，是城乡融合发展的具体体现。社会资本参与乡村振兴的数量和质量，是考察财政资金使用效率的重要指标。社会力量参与乡村振兴的成效，是反映农村各项改革成效的重要指征。及时总结社会力量参与乡村振兴好的经验和做法，形成一批可复制、可推广、可持续的好模式、好经验、好典型，不断发挥典型引领作用和辐射效应，最广泛地动员各方社会力量参与乡村振兴，是新时代的重大课题。

一、社会力量参与乡村振兴

（一）社会力量的界定

关于"社会力量"目前并无统一精确的定义，政府部分以及学术界在谈到社会力量时分别对其有不同的界定。文章将参考政府部门出台的政策文件以及学术界发表的已有文献对"社会力量"进行界定。

2013年国务院办公厅发布的《国务院办公厅关于政府向社会力量购买服务的指导意见》中对社会力量的表述为"承接政府购买服务的主体包括依法在民政部门登记成立或经国务院批准免予登记的社会组织，以及依法在工商管理或行业主管部门登记成立的企业、机构等社会力量。"2014年国务院办公厅发布的《国务院办公厅关于进一步动员社会各方面力量参与扶贫开发的意见》中对社会力量的表述为"培育多元社会扶贫主体要大力倡导民营企业扶贫。积极引导社会组织扶贫，支持社会团体、基金会、民办非企业单位等各类组织积极从事扶贫开发事业。广泛动员个人扶贫。"2014年民政部发布的《关于支持引导社会力量参与救灾工作的指导意见》中有关社会力量的表述为"汶川地震、玉树地震、芦山地震、鲁甸地震等重特大自然灾害发生后，大量社会组织、社会工作者、志愿者、爱心企业等社会力量积极参与现场救援"。

在已有文献中，关于社会力量的界定包括"社会精英"、"旅游企业"、"社会组织"、除政府及其下属事业单位以外的符合相关部门登记的企业、NGO（非政府组织）和公众。

参考政府部门出台的政策文件以及学术界已有文献关于社会力量的表述，结合北京市乡村民宿产业发展的实际情况，文章将社会力量界定为"除政府及其下属事业单位以外的，符合相关部门登记的企业（包括国有企业、民营企业）、社会组织（包括各类社会公益组织、社会团体、基金会、其他非政府组织、科研院所、志愿服务团队、社会各界爱心人士等）、社会精英（社会生活中具有某方面独特的资源、特长，能够对其他人产生较大影响的人，包括返乡创业人士、创客、文化、艺术、科技工作者等个体）"。

（二）社会力量进入乡村的基本情况

2018 年出台的《关于进一步加强低收入农户帮扶工作的措施》中提到要进一步完善落实"六个一批"的帮扶措施。其中"社会力量帮扶一批"中提到要统筹帮扶资源，进一步健全党政机关、国有企事业单位、高校定点帮扶机制。充分发挥驻村帮扶第一书记和驻村帮扶工作队的作用；市管国有企业带头扛起低收入农户帮扶的社会责任，所有市管国企与低收入重点村实现"一企一村"对接帮扶；发挥高校智力和人才优势，所有市属高校与低收入村实现"一校一村"对接帮扶；动员、引导在京央企、中管高校等，对接帮扶低收入村。具体到北京市的乡村民宿产业，社会力量的参与主体主要包括以下几种。

1. 国有企业

2016 年以来，北京市委、市政府高度重视低收入农户帮扶工作，通过实施"扶持产业、促进就业、山区搬迁、生态建设、社会保障兜底、社会力量帮扶"的"六个一批"精准帮扶措施取得了显著成效。2018 年又进一步加大力度，北京市国资委、北京市农工委号召 51 家市属企业与 54 家低收入村签订了"一企一村"结对帮扶协议书，低收入村在国企的帮助和社会资本的合作下，利用丰富的自然、文化、历史资源，通过闲置农宅的改造，发展了一批各具特色的精品民宿，成为带动农民就业增收和村集体发展的支柱产业。以门头沟区为例，通过与西城区部分国企签订结对帮扶协议发展精品民宿、打造"门头沟小院 +"田园综合体。

2. 民营企业

上文提到的"社会力量帮扶一批"中提到民营企业要深入开展"百企联百村"结对帮扶低收入村活动，积极探索创新"一企一村一品"工作机制，推动 107 家民营企业结对帮扶 75 个低收入村。目前，民营企业已成为乡村民宿产业投资的重要主体。例如，延庆区姚官岭村民俗旅游合作社与北京沿途旅游发展有限公司合作打造"合宿·延庆姚官岭"民宿集群项目，由原乡里、左邻右舍、大隐于世、乡里乡居、石光长城和百里乡居六大民宿品牌统一管理和营销。怀柔区雁栖镇头道梁村与瓦蓝公司合作开发的"瓦蓝永无乡"，将村里两处闲置农宅改造成精品民宿。瓦蓝公司还利用行业影响力，帮助头道梁村登上真人秀节目，扩大了村庄知名度。此外，相关部门还组织精品民宿与去哪儿网、第一视频等媒体开展对接合作，加大低收入村民宿产业的融资和宣传推介力度，为低收入村精品民宿发展壮大和增加市场影响力提供服务。

3. 高校

高校参与乡村民宿的发展主要体现在制定科技帮扶工作实施方案中，组织科研院所与低收入村结对帮扶。高校以专业教学和科研优势为依托，可以承担乡村旅游相关的管理培训。例如，北京市文化和旅游局举办的"非遗 + 旅游"主题培训班就是由中国社会科学院、中国艺术研究院、北京联合大学等单位的高水平学者从专业角度对"非遗＋旅游"进行了深度多元解读。在门头沟区的门头沟小院推介活动上，北京电影学院摄影学院与淤白村签订了合作协议；美术学院与田庄村签订了合作协议。

4. 社会组织

社会组织包括各类社会公益组织、社会团体、基金会、其他非政府组织、科研院所、志愿服务团队、社会各界爱心人士等。作为乡村旅游基础设施建设的重要参与者，他们更多是以协调者、建议者、参与者的角色作为切入点，帮助乡村旅游协调资金，协调各类关系，协调利益分配。例如北京观光休闲农业行业协会负责组织行业培训、技术咨询、信息交流、会展招商以及宣传推介等业务，协助业务主管部门做好休闲农业企业的服务与自律工作，在政府和会员之间发挥纽带和桥梁作用，为促进北京休闲农业的持续、稳定、健康发展做出了积极贡献。

5. 社会精英

习近平总书记说，"要引导规划、建筑、园林、景观、艺术设计、文化策划等方面的设计大师、优秀团队下乡"。[1]社会精英是民宿产业发展重要的社会参与主体之一，包括返乡创业人士、创客、文艺工作者、知识分子等。首先，社会精英大多是在社会生活中具有某些独特的资源或具有某些方面的特长，能够对其他人产生较大影响的人。返乡创业人士一般是具有丰富的创业或在外打工经历的本地人，有强烈的乡土情怀，在资金、信息以及人脉方面占据优势，可以直接投资民宿项目，也可以凭借自身的号召力，组织村民成立合作社入股参与民宿投资经营。其次，相比政府人员或外来企业更加了解村庄的基本情况和乡土人情，可以成为村民与政府、外来企业之间良好的沟通纽带，保证外来资本在当地发挥良好作用。

（三）企业参与乡村振兴

作为从事生产、流通与服务等经济活动的营利性组织、企业，或者成为社会资本，是最重要、最活跃的社会力量。企业进入"三农"领域，通过其资金、组织、品牌、生产流程、技术、销售优势，优化资源配置、提高产品附加值，实现经济效益，并以其对于科技发展、市场情势的高度敏感性，发掘农业农村各类资源的价值实现形式，通过新产业、新业态、新模式，突破农业农村发展的低水平自我循环，与大流通、大市场建立更高层级市场的联结。另一方面，在战略层面上，中国企业事实上面临两类市场，一类是一般意义的市场经济中的市场；另一类则为政治资源的配置市场。企业参与乡村振兴具有积极意义的公共政策进程，本身也是强化政商联系，获取发展机会的重要窗口。参与乡村振兴这样具有高度社会正外部性和社会关注度的政策进程，不仅是对既有政治联系的管理与维护，更可能给企业拓展增长空间提供历史性契机。

1. 产业联结

企业参与乡村振兴实质上会涉及至少四类主体间的关系，即企业、农户、村集体组织

---

① 习近平：在中央农村工作会议上的讲话，2017 年 12 月 28 日。

与基层政府。因此，应将企业参与乡村振兴放置于企业、地方政府与乡村社会等多元力量各自发展状况与相互关系中观察。

企业需考虑如何将村集体或农户的土地、资金、产品、技能、劳动纳入各类产业活动、业务线与价值链，并明确多方的利益分配模式与层级。农户要按照不同的参与方式，形成不同环节与层级利益分配方式，并决定其收益类型与风险类型。此外，农户与市场主体的联结方式还受制于村级整体自我发展能力。村级单位，这里指村两委及农村集体经济组织，这两者在内涵与外延上都有一定差异，只有将产业联结放置于乡村建设的整体脉络中进行考量，才可能实现长效的乡村发展机制。政府，各层级政府具有与地方经济增长水平相联系的政绩导向，以及与以社会稳定、环境安全等为内容的稳定到想的行为逻辑。两者共同服务于增进群众福祉的政治导向。

2. 产业联结的类型

农户与企业间利益联结包括股权合作模式、租赁联结模式、产销联结模式、雇佣劳动模式等。

股权合作模式。股权合作模式就是将经市场价值评估的经营性资源、财政投入的存量资产、农户土地承包经营权、技术、产业收益等折股量化为股金，投入企业等经营主体、村集体或农户享有股东权益。

租赁联结模式。租赁联结模式是将生产设施、土地、建筑及其他资产租赁给企业等经营主体。较为常见的做法是，农业企业与村级合作社或集体经济组织对接，集中流转土地，农户获得土地租金。

产销联结模式。企业根据事先约定，介入生产技术过程、质量控制及产品收购等环节。较为典型的是订单农业方式，以当地特色农牧产品为主，对收购方来讲，是发挥其网点优势和品牌效益，一般还会根据合作框架跟进当地生产基地建设、技术保障、质量管理措施。承接主体则以当地企业和合作组织为主。这种联结方式具有交易规模优势，处于市场中间环节的龙头企业或大型交易商处于强势地位，农户议价能力较弱。

雇佣劳动模式。农户以一定水平的技能劳动受雇于企业等经营主体，获得劳动报酬。雇佣当地农户、提供就业机会，是企业参与乡村振兴最普遍和基本的形式，且一般与其他参与形式相嵌套。而其他带动农户就业水平及增收情况，也与企业资本、技术密集程度及本身附加值水平相关。

创新型市场模式——新媒体支农。立足于移动互联网的广泛联结性、信息分发技术优势及海量用户群体，社交媒体、自媒体等新型媒介也成为支农的重要力量。

（1）交互递进型

由传统媒介对乡村特色景色、风俗、产品推介宣传（第一环节），并以融媒体推广至各类型新媒体平台（第二环节）。第一环节与第二环节本身可以相互进行螺旋状循环，提升上述传播对象在大众中的知名度，突破地域阻隔造成的信息片状分布。

（2）产品情境化型

直接由短视频平台或直播平台将乡村元素融入新的叙事线索，将前述乡村特色景色、风俗、产品等情节化、故事化。在这种情况下，传播路径从一开始就定位于青年消费群体的喜好与语言习惯，借助当红网络主播或影视新秀以沉浸式体验，让受众穿越于真实与虚幻、风景与情节、古老与时尚之间，激发受众打卡、品尝、体验的兴趣与需求。

3. 企业与乡村振兴联结方式的讨论

在一些引入外来资本开发的乡村旅游项目中，景区在经营思路上没有实施村民参股、经营分权、利益分得等方式，村民拿到的只是微薄的土地租金费用，且征地、拆迁等问题激化了开发商与村民之间的矛盾。而贫富再次分化的根源事实上是多元主体权力博弈的结果。因此，尊重当地农户，以当地农户为主体，是社会资本进入农村发展首先必须坚持的重要原则之一。《中华人民共和国乡村振兴促进法》第55条明文规定："国家鼓励社会资本到乡村发展与农民利益联结型项目，鼓励城市居民到乡村旅游、休闲度假、养生养老等，但不得破坏乡村生态环境，不得损害农村集体经济组织及其成员的合法权益。"

4. 深层联结机制的建立

当前，市场主体与乡村发展的联结形态由单纯面向第一产业，正加快向基于农业多功能性的第一、二、三产业整合方向跃进。事实上，一、二、三产业融合发展本身也是乡村产业发展的内生属性。《国务院关于促进乡村产业振兴的指导意见》（国发〔2019〕12号）给"乡村产业"的定义，即根植于县域，以农业农村资源为依托，以农民为主体，以一、二、三产业融合发展为路径，地域特色鲜明、创新创业活跃、业态类型丰富、利益联结紧密，服务城乡、繁荣农村、致富农民的产业。多产融合发展的实质是具有自然、社会、经济特征及生产、生活、生态、文化多功能性的乡村共同体在产业领域的呈现与价值化。随着地域生态景观、绿水青山、民风民俗、民居古宅、传统手工艺等潜在价值被发现和发掘，多元主体介入、连接乡村的方式日益多元与跨界，产业、人才、文化、生态、组织因素和链条相互整合趋向越发明显。

通过注资、资产经营和固定资产租赁，可在村级培育集体资产。村集体资产的重建和持续性集体收入的实现，为村级扶贫和乡村建设增加了更多的选项。村集体不仅可以在村级集体收入二次分配中向贫困户倾斜，还可以通过"企业＋村集体＋综合性社区合作组织＋农户"的形式，直接将农户增收纳入村庄经济壮大进程。

对于有着天然在地化属性的旅游业，其如何处理与景区民众的利益诉求、传统与文化的关系，则不仅影响着旅游产品本身的品质，也会对当地社会治理和社会稳定产生长久影响。在农村社区，社会治理问题与当地生产方式、经济发展方式是紧密联系在一起的。一种尊重当地现实条件、风土民情、生态特点的村庄发展方式，能给村庄发展带来正向的影响；反之，则可能形成恶性循环。

二、北京市乡村民宿发展情况

（一）发展阶段

北京市的乡村民宿起步于20世纪90年代的"民俗旅游接待户"。伴随着北京乡村旅游发展的历程，北京市乡村民宿的发展大致经历了以下几个阶段。

1. 自发兴起阶段

1992 年，怀柔雁栖镇官地村的单淑芝家挂牌 001 号（目前仍在经营），成为北京第一个"民俗旅游接待户"。此后，"吃农家饭、品农家菜、住农家屋"为主要内容的乡村观光游在全市迅速发展。2007 年京郊旅游接待 6768 万人次，实现收入 104.5 亿元。这一时期，"民俗户"就是乡村民宿的"前身"，是民宿发展的 1.0 版。

2. 规范提升阶段

2008 年北京奥运会之后，北京市加大对乡村旅游的推进力度，坚持"一区一色、一沟（村）一品"的特色发展道路，2009 年出台了《北京市乡村旅游特色业态标准及评定》《乡村民俗旅游户等级划分与评定》，明确乡村民俗旅游户的地方标准，开始对民俗户进行评定认证，率先在全国实行乡村旅游标准化管理。2011 年，市旅游委、市农委、市水务局、市园林绿化局、市农业局五部门联合下发了《关于加快推进北京乡村旅游发展的指导意见》，对于推动北京乡村旅游向特色化、市场化、产业化、集群化和国际化方向发展起到了重要作用。自 2008 年到 2017 年十年间，社会力量开始下乡，北京乡村旅游在规范中提升。这一阶段，北京乡村民宿发展进入 2.0 时代，逐步从"民俗户"住宿形态开始转型，注重品质、设计感强的品牌乡村民宿陆续出现。

2013 年开始营业的密云区北庄镇干峪沟村"山里寒舍"是这一阶段京郊乡村民宿的标志性项目。当时，北京市在农村工作领域提出了"新三起来"的发展战略，即："处理好农民与资源的关系，推动土地流转起来；处理好农民与积累的关系，推动资产经营起来；处理好农民与市场的关系，推动农民组织起来"。山里寒舍项目的开发正是积极响应这一战略号召的典范之作。该项目有机地利用了农村闲置土地和废弃的宅基地，以北庄镇干峪沟旅游专业合作社为主体，把这部分资产开发并经营，整合资源及劳动力，使之产生效益，从而给当地老百姓带来土地（宅地）租金、工资收入以及效益分红等几部分的收益，提高百姓收入。山里寒舍村企共建、修旧如旧、"外部五千年、内部五星级"的做法和效果在当时引起了轰动，成为乡村民宿转型升级的标杆。

3. 精品助农发展阶段

2018 年 1 月，中央发布关于实施乡村振兴战略的意见，提出实施休闲农业和乡村旅游精品工程，建设一批设施完备、功能多样的休闲观光园区、森林人家、康养基地、乡村民宿、特色小镇。可以看出，中央明确将乡村民宿发展作为乡村旅游发展的重点内容之一，北京市积极响应。根据《北京市旅游条例》及《北京市乡村振兴战略规划（2018—2022 年）》和《中共北京市委北京市人民政府关于落实农业农村优先发展，扎实推进乡村振兴战略实施的工作方案》（京发〔2019〕7 号）的要求，2019 年底，北京市出台了《关于促进乡村民宿发展的指导意见》的政策文件，明确提出要准确把握"大城市小农业""大京郊小城区"的市情和乡村发展规律，充分发挥乡村民宿在建设美丽乡村，促进农民致富增收，带动乡村旅游产业提质升级的积极作用，努力构建"三产联动、多业融合"的民宿经济业态，实现乡村产业、人才、文化、生态、组织等方面的全面振兴。可以说，"小民宿"承担起了"大使命"。随着我国社会的主要矛盾转变为人民日益增长的美好生活需要和不平衡不充分的发展之间的矛盾，北京乡村民宿在农、旅两个方向都进入了发展新阶段，进入联农带农、精品化、品牌化、集聚化发展的3.0时代。

3.0时代的民宿发展更加注重品质和内涵，更加注重联农带农机制的建立，更加注重组团式发展。越来越多具有专业运营能力的中小企业上山下乡，成为农村集体经济的"合伙人"，社会资本和农村集体经济合股联营的项目成为发展主流，民宿集群也开始出现。延庆区刘斌堡乡和旧县镇、房山区的黄山店、怀柔区渤海镇、门头沟区清水镇等成为品牌乡村民宿发展的集聚区，其中延庆刘斌堡乡姚官岭村成为第一个北方民宿集群。以延庆区民宿联盟为代表，各区的民宿联盟、民宿协会相继成立。原乡里、隐居乡里等一批优秀的民宿运营企业从北京走向全国，不同于"莫干山""大理丽江"的北京民宿新形象逐步建立起来。

（二）产业规模——在京郊大地蓬勃发展的明星业态

截至2020年下半年，北京市以农民自主经营为主的星级乡村民俗旅游户6042户，其中高星级民俗旅游户1536户；以社会资本投资为主的乡村精品民宿品牌699家（包含院落1668个、房间8211间），对接社会资本近百亿元，盘活闲置农宅2000余户，日接待量为1.7万人次。延庆的"长城人家""世园人家""冬奥人家""山水人家"四大特色民宿品牌，"门头沟小院"民宿综合体品牌成为具有全国影响力的北京民宿名片。密云的"大城小苑"民宿项目成为世界旅游联盟旅游减贫全球百个案例北京市唯一入选项目。

2020年，受新冠肺炎疫情影响，北京市乡村民宿在5月之前处于暂停营业状态。2020年上半年，北京市乡村旅游共接待游客471.3万人次，同比下降69%，实现总收入8.44亿元，同比下降48.2%。随着疫情的平稳向好，市民的旅游消费需求持续释放，微度假、体验游、自助游等消费新偏好，为京郊乡村民宿发展提供了良好的发展机遇。"十一"假期，乡村旅游成为假期热点。京郊累计接待游客309.5万人次，营业收入3.4亿元。全市乡村旅游客房入住率达63%，其中乡村精品民宿客房入住率近90%，高峰期入住率在95%以上，网红民宿更是"一床难求"。

（三）主要工作——实施乡村振兴战略的重要抓手

为促进乡村民宿高质量发展，充分发挥乡村民宿在乡村振兴战略中的重要作用，自2019年年底以来，北京市相关部门重点开展了以下几方面工作：

1. 顶层设计，出台《关于促进乡村民宿发展的指导意见》，成为指导北京市乡村民宿发展的纲领性文件

2019年12月18日，经市政府同意，市文化和旅游局、市农业农村局、市公安局、市规划自然资源委、市住房城乡建设委、市卫生健康委、市市场监督管理局、市消防救援总队联合下发了《关于促进乡村民宿发展的指导意见》，明确了将乡村民宿作为乡村振兴战略和美丽乡村建设的重要抓手，强化规范管理和政策引导，充分发挥乡村民宿在带动乡村旅游产业提质升级，促进农民致富增收方面的积极作用，进一步促进乡村产业、人才、文化、生态、组织等方面的全面振兴。

《意见》明确了北京市乡村民宿的设立条件与审批流程，解决了乡村民宿审批无法可

依的困局。一是对乡村民宿的经营主体、经营用房、生态环境、公共安全、从业人员、规范经营等有关事项进行了明确。二是明确乡村民宿经营者需依法办理"一照、两证、一系统",即:营业执照、公共场所卫生许可证、食品经营许可证(如经营餐饮),要求安装使用公安机关的信息采集系统,落实游客住宿登记等安全管理制度。在体制机制建设方面,《乡村民宿指导意见》强调实施分级管理,建立市、区、镇(乡)三级管理体制。在审批和监管方面,《意见》明确,实行审批权限和监管责任双下沉,由区级乡村民宿发展工作小组实行联合受理、联合踏勘、联合审核、一站式审批,各有关部门在审核过程中加强政策指导。

按照《意见》的要求,北京市成立乡村民宿发展协调小组,负责乡村民宿发展的宏观指导和政策引导,统筹乡村民宿发展,强化产业布局和品质引领。协调小组由市领导牵头,成员单位共有16个部门,办公室设在市文化和旅游局。目前该《意见》正在加快推进实施中。

2.标准引领,制订《乡村民宿服务要求及评定》等地方标准,为民宿健康发展保驾护航

2020年9月,市文化和旅游局制定出台《乡村民宿服务要求及评定(DB11/T 1752-2020)》地方标准,确定三、四、五星级民宿标准。其中,重点强调"乡村民宿主人"和"主人精神"等内容,要求乡村民宿在服务品质方面与星级酒店对标的同时,要与酒店的标准化管理相区别,要突出对非物质文化遗产、乡风民俗等文化传承,同时强调乡村民宿主人参与经营,倡导"提供乡村民宿主人生活体验,分享乡村及乡村民宿故事,展示民宿文化,传递乡村民宿主人情怀"。鼓励乡村民宿主人参与民宿经营,同时积极参与当地村庄发展建设。下半年市文化和旅游局加强了对标准的宣贯培训,并计划于2021年开展乡村民宿星级评定工作。

2020年9月17日,市消防局主持制订的《乡村民宿建筑消防安全规范》地方标准(DB11/T 1753-2020)正式发布。该标准针对由农房改造后的乡村民宿建筑难以采用封闭楼梯疏散的难点问题,首次明确了客房门使用自闭门的乡村民宿可采用敞开楼梯间或敞开楼梯疏散;针对乡村民宿用火用电风险高、消防基础设施薄弱的普遍问题,对合理平面布局、适当防火分隔、规范用火用电、加强日常管理提出明确要求,并对火灾危险性较大的乡村民宿提倡使用轻便消防水龙头、简易自动喷水灭火设施等兼顾经济性和实用性的消防措施。该标准的实施将引导北京市乡村民宿经营户减少火灾隐患,为全面提升北京乡村民宿的消防安全水平提供了技术支撑。

3.服务引导,补短板、强弱项,推动乡村民宿高质量发展

一是针对乡村民宿融资难、经营风险大等经营难题,建设金融服务体系,引导金融资本投向民俗旅游经营户、旅游新业态项目及中小微旅游企业,并建立起乡村旅游经营风险保障机制。市文化和旅游局先后搭建了北京旅游资源交易平台、乡村旅游融资担保平台、乡村民俗旅游政策性保险服务体系"三大金融平台"。这三个平台,被旅游业界称为北京在促进乡村旅游发展上领先全国的三个"第一"。2013年推出的北京旅游资源交易平台为北京乡村旅游企业和旅游项目提供招商、融资、流转、推介服务。2019年该平台集中推

出 10 个区 35 个重点项目，成功吸引投资总额达 120 亿元，高端民宿成为其中的投资热点。融资担保平台，先后推出"民俗保""农宅保""农旅贷"等担保产品，为乡村民宿主体融资保驾护航。2017 年在全国建立首个服务于乡村民俗旅游的政策性保险服务体系，2019 年累计承保业务 4331 笔，保险费为 187.98 万元，累计承担风险金额为 28.992 亿元。

二是针对乡村民宿对公共基础设施的新需求，建设环境提升建设体系。持续加大对包括乡村民宿在内的乡村旅游基础设施和公共服务设施建设投入力度。2011 年至今，先后投入资金 26.6 亿元，用于改造 10 个郊区的旅游乡镇、民俗旅游村、重点传统村落、低收入村、少数民族村的旅游公共服务设施。推进建设浅山区旅游休闲步道 450 余公里，实施推进"厕所革命"、智慧旅游建设和全域旅游示范区创建工作，集中整治 22 个旅游景区45 处地质灾害隐患点，北京乡村旅游环境及公共服务得到不断提升。通过京郊旅游基础设施和公共服务设施建设，乡村民宿发展的外部环境持续改善，为乡村民宿高质量发展打下了坚实的物质基础。

三是针对乡村民宿缺乏经营、管理、服务人才的短板，建设人才培训体系，持续推进京郊旅游"百千万"培训项目，即：培训百名乡镇级管理人员、千名村级管理人员和万名京郊旅游和新业态带头人，不断提升京郊旅游管理人员管理能力及从业人员经营服务水平，目前已培训五万余人次。

四是针对乡村民宿产业"养在深山人未识"的短板，建设营销推广体系。实施"畅游北京乡村"品牌营销战略，编制北京乡村旅游路书、北京乡村民宿手册、制作北京乡村旅游地图。建设"畅游京郊"推广平台，以四季、七个节假日为宣传节点，利用广播、电视、报刊、网络等媒介，全方位、多角度推广北京乡村旅游资源、产品及活动。积极组织各区参加中国旅游产业博览会、举办北京国际旅游博览会、第二届北方民宿大会、民宿设计大赛等活动，为北京乡村民宿提供展示宣传平台，做到了市、区联动联宣。2020 年 8 月，市文化和旅游局以乡村民宿为核心，以新线路、新玩法、新体验为突破，启动"畅游京郊·北京乡村旅游季"系列推广活动，发布四大主题 40 条乡村旅游精品线路，推出贯穿全年的五大系列主题活动。其中，8 月在北京卫视开播的《我的桃花源》文化旅游体验节目，每周向观众推介京郊乡村民宿资源及路线，讲述当地民宿的发展故事；9 月举办的最美乡村民宿线上评选活动，重点推出"有故事的乡村民宿主人"线上评选，重点推介各区返乡创业、文化传承、带动村庄发展的民宿主人典型事例，鼓励更多的青年人通过参与乡村民宿发展，投身到当地乡村振兴大业中去，谱写京华大地上《我和我的家乡》。

4. 迎难而上，一手抓疫情防控，一手抓复工复业，为"再出发"提供有力保障

针对新冠肺炎疫情的特殊形势，中央和市委市政府时刻关注受疫情影响严重的文旅行业的发展，在疫情危急时刻，所推出的金融信贷、财政补贴、税费减免、社保缓缴、稳岗培训等政策工具，文旅行业始终处在重点帮扶、优先保障、特殊优惠的行列之中。北京市农业融资担保有限公司联合北京银行紧急推出"民宿应急保"产品，与市、区两级文旅部门联动，重点为受疫情冲击、暂时存在经营困难的京郊精品民宿经营主体提供担保支持，

帮助其解决疫情期间运营成本等刚性支出，为面临现金流压力的民宿"活下去""再出发"提供了有力保障。

在疫情后谋划文旅行业复苏上，中央和市委市政府均对乡村旅游寄予厚望，文旅部推出了《关于统筹做好乡村旅游常态化疫情防控和加快市场复苏有关工作的通知》。蔡奇书记在加快全市复工复产、复商复市的工作部署中特别点明了要加快推进乡村旅游恢复经营。在可以重启经营之时，率先鼓励民宿恢复开放，探索形成的主体申请、村级同意、乡镇审核、区级备案的开放原则，不仅为民宿的有序开放奠定了坚实基础，更为后续规范经营，探索形成民宿与所在社区、村镇共建共荣的发展格局提供了有益借鉴。

（四）分布现状

2021年9月初，课题组选用中国领先的数字地图内容、导航和位置服务解决方案提供商百度地图和高德地图，通过Python自然语言爬取相关信息，在北京市行政区域内共获取了3676个民宿POI信息（图1）。采用GIS空间分析方法对北京民宿POI数据进行分析，其中通过采用点数据的空间集聚分析，判断北京全域民宿的空间布局结构和空间特征，以此探讨北京民宿的空间分布规律。

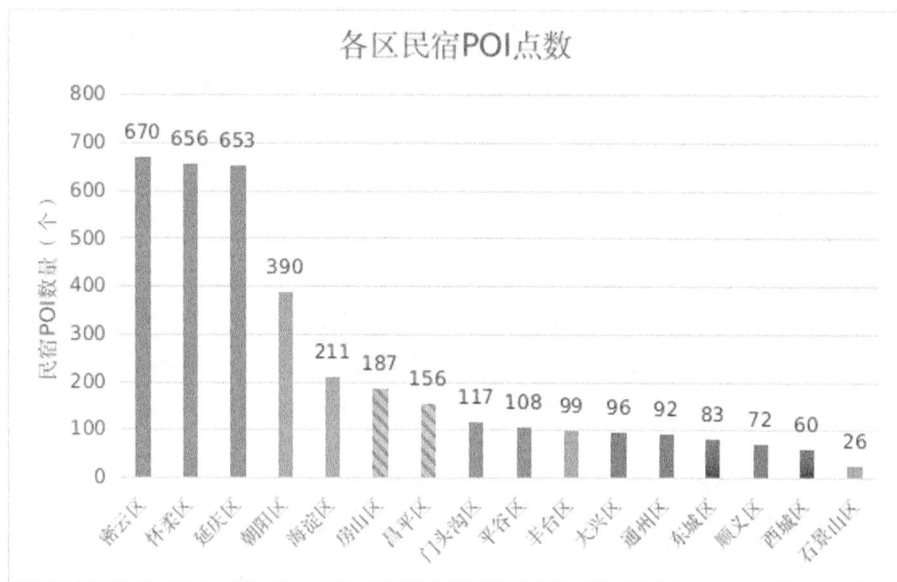

图1 北京市民宿POI分区统计图

1.北京市民宿的空间分布整体呈现"密—疏—密"圈层化的总体布局和局部聚集的特点

通过空间分析可以看出，北京市民宿整体上呈现明显的"密—疏—密"圈层化的总体布局结构，形成了五环内中心城区的城区民宿高密度片区—近郊平原与西部山区低密度片区—北部山区多中心乡村民宿高密度片区的空间分布结构和特征（如图2所示）。

乡村民宿分布最集中的区域为密云新城子—古北口、怀柔渤海—九渡河长城沿线，云蒙山区、延庆盆地。平谷区金海湖镇、房山区十渡镇、门头沟区永定河沿岸也有较为集中的乡村民宿分布。

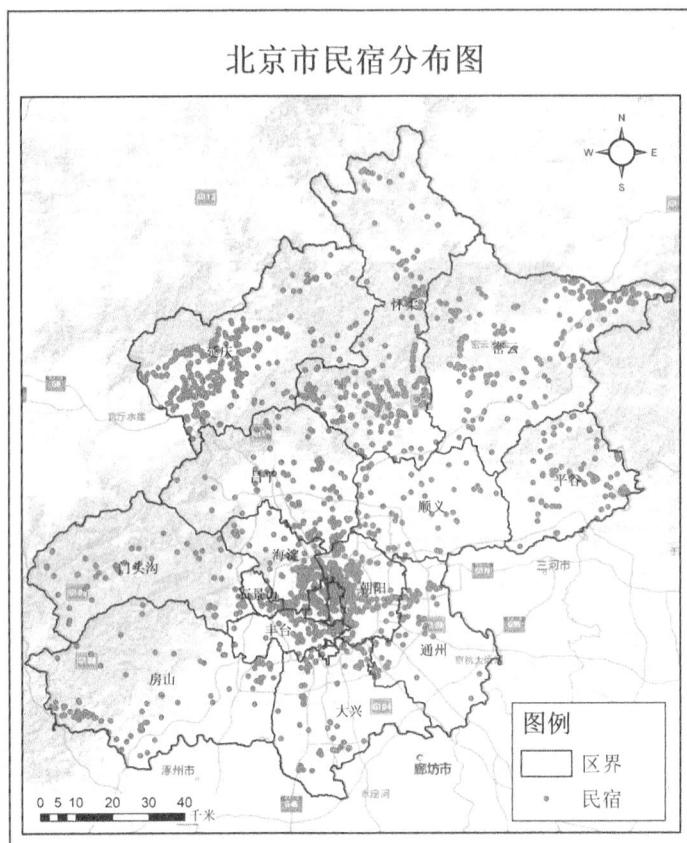

图 2　北京市民宿空间分布图

第一圈层中心高密度核心区，包括东城、西城、朝阳、丰台、海淀、石景山 6 个区，共计 869 个民宿在五环路内高密度集中分布，占全市总量的 23.64%。该区域是全国政治中心、文化中心、国际交往中心、科技创新中心的集中承载地区，有世界级的古都文化遗产资源和海量的商务、公务活动需求，因此集中存在一定数量的城区民宿。

第二圈层是中间低密度片区，主要是多点区域、西部太行山区和平谷，包括平谷、顺义、昌平、门头沟、房山、大兴、通州 7 个区，共计 828 个民宿在广阔的区域内呈现分散分布，占全市总量的 22.52%。多点区域旅游资源相对贫乏，商旅住宿的需求多由租赁房、商务酒店满足，民宿的密度大为降低。太行山区历史上长期属于煤炭、山石开采区，旅游资源开发相对滞后，乡村民宿经济尚处于发展初期。房山十渡、门头沟永定河沿岸、平谷金海湖有小规模的乡村民宿聚集。

第三圈层是外围多中心高密度片区，包括延庆、怀柔、密云三个北部远郊区，1979 家民宿呈现出"局部多中心"聚集分布的空间格局，数量占全市总数的 53.84%。该区域以长城文化带为主体，兼有燕山山地旅游资源、水库湿地旅游资源和冰雪旅游资源，旅游业发展相对成熟，长期位于各大节假日京郊各区接待旅游者人次的前三名（如图 3），且领先优势巨大，是北京乡村民宿经济最发达、最活跃的区域。

民宿 POI 数量分区分布图

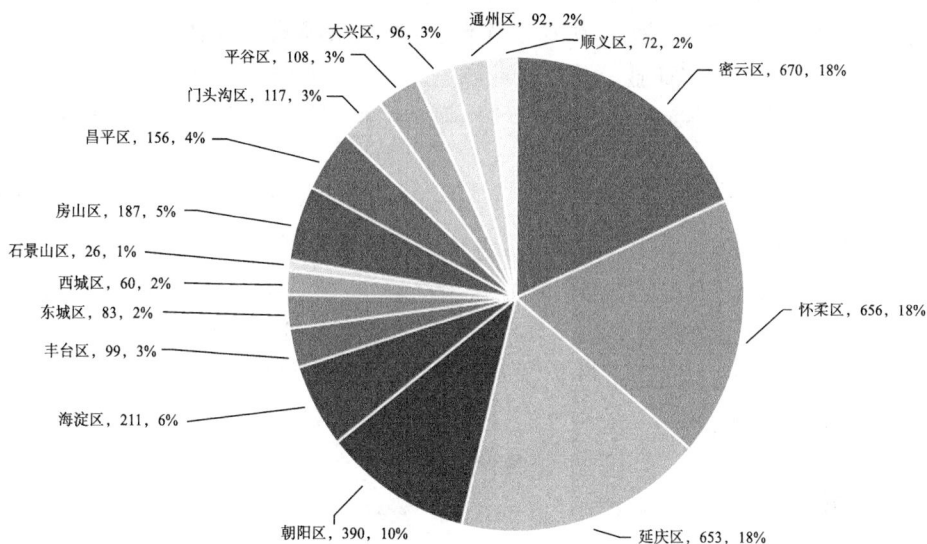

图 3　北京市民宿 POI 数量分区分布图

（朝阳区、海淀区、丰台区、东城区、西城区、石景山区为第一圈层各区，房山区、昌平区、门头沟区、平谷区、大兴区、通州区、顺义区为第二圈层各区，密云区、怀柔区、延庆区为第三圈层各区）

2. 受旅游资源禀赋和旅游产业发育程度的带动，怀柔、密云、延庆表现突出，民宿空间布局呈现出多中心聚集的特征

生态涵养区是北京的"大氧吧""后花园"，山水历史文化资源丰富，因此也成为乡村民宿发展的主要区域。位于生态涵养区中的民宿个数为 2398 个，占全市民宿数量的65.23%。但是，各区乡村民宿发育程度不一。属于北部燕山区域的怀柔、密云、延庆在数量上遥遥领先，其余 4 个区还有较大差距。

事实上，乡村民宿作为以社会力量参与为特征的新型高端旅游业态，其分布充分体现了一个区域旅游产业的发育程度和开放程度。2010 年、2012 年、2013 年，怀柔、密云、延庆先后成为北京市前三个"全国休闲农业与乡村旅游示范县"。2021 年，延庆、怀柔入选农业农村部首批"全国休闲农业重点县"。在乡村民宿的分布上，出现了多个"局部集聚中心"，形成了以延庆盆地、怀柔雁栖—渤海—九渡河、云蒙山区、司马台—古北口等为主的乡村民宿集聚中心。这三个区的民宿 POI 数量共计 1979 个，占全市的 53.84%，占生态涵养区的 82.53%。

怀柔区是京郊旅游的先行者，20 世纪 90 年代借助举办世界妇女大会的契机推动了乡村旅游最早的大发展，也是城市社会力量最早参与乡村旅游开发的区域。

密云区则有古北水镇这样的大型项目的辐射带动，新城子——古北口沿线成为民宿聚集区。在"新三起来"的阶段，云蒙山区出现了山里寒舍这种闲置农宅重新设计、开发利用的标志性项目。

延庆区借助世园会、冬奥会的契机,乡村民宿发展属于后起之秀。以山楂小院为代表的民宿项目,一改过去直接与农户打交道的模式,通过村集体盘活利用闲置农宅,探索出一条社会力量和集体经济深度融合发展的路子。这种发展模式被当地政府所肯定,有意识地引进具有运营能力的小微企业,建立产业联盟,现在已经进入到政府打造营商环境、村集体盘整资源、社会力量赋能运营,推动"民宿共生社区"建设的新阶段,形成了乡村民宿发展的"延庆模式"。

3. 在生态涵养区中,平谷、门头沟、房山、昌平的民宿数量相对较少,与资源禀赋不相匹配,但是随着政策推动,逐渐进入发展的快车道

自 2019 年以来,门头沟区把精品民宿作为推动乡村振兴的重要抓手和引擎,提出了"门头沟小院"的区域品牌和"门头沟小院 +"的民宿发展战略,发布了"门头沟小院 +"精品民宿发展服务手册 2.0 版、"门头沟小院 +"田园综合体实施方案、"门头沟小院 +"精品民宿扶持办法等新政策,整合 6 个相关部门 20 多项政策,推出了"大额度、长周期、广覆盖"的 "10+1+N"《精品民宿政策服务包》。

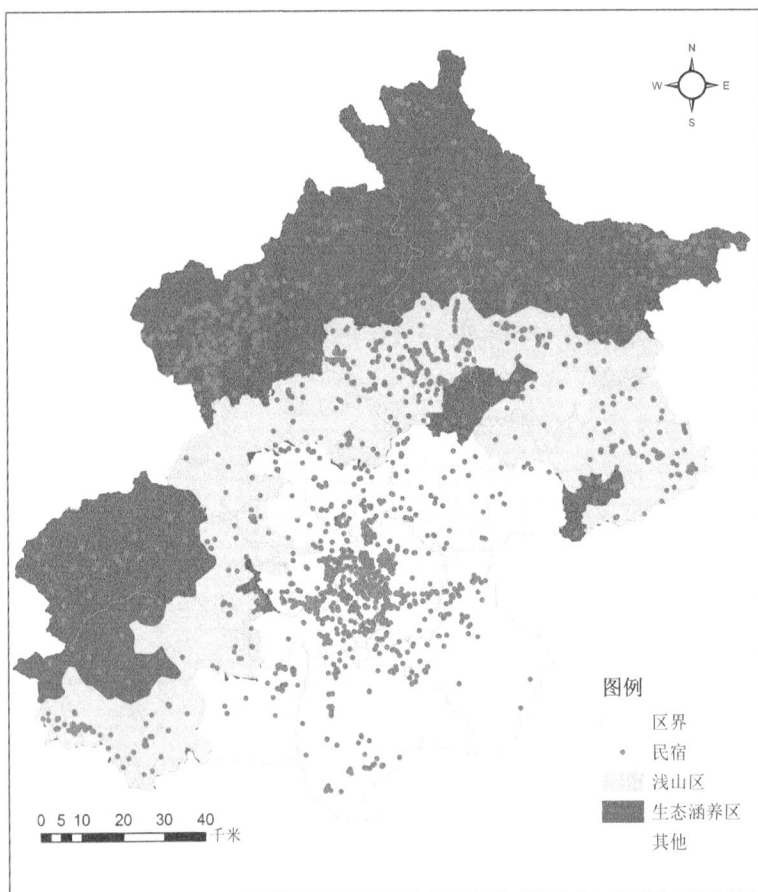

图 3　北京生态涵养区民宿分布图

平谷区借助举办世界休闲大会的契机，大力推进乡村民宿产业发展。2021年，区委五届十三次全会提出"抓住供给侧结构性改革契机，探索打造横过来的五星级乡村度假酒店"的目标，在各乡镇掀起了乡村民宿的发展热潮。

房山区拥有全国知名的周口店镇黄山店村精品民宿集群，又提出了深山区霞云岭乡、蒲洼乡、十渡镇"三乡联动"发展战略，2020年出台《房山区促进乡村旅游提质升级奖励办法》及《房山区推动乡村民宿发展的实施意见》，进一步强化各项政策保障，优化营商环境，加快房山精品民宿的高质量发展。

4. 在平原地区中，通州区借助环球影城的巨大辐射效用，乡村民宿发展空间巨大

2021年7月，通州区制定出台《通州区关于促进乡村民宿发展的实施意见》，明确乡村民宿的设立条件、审核流程等，采取联合审核的方式，简化和优化证照办理手续。区级层面成立"通州区乡村民宿发展工作小组"，负责全区乡村民宿发展的宏观指导和政策引导，统筹乡村民宿发展，强化产业布局和品质引领。以环球影城为基点、大运河为长廊，串联运河商务区、特色小镇、历史遗产传承点、休闲文化体验区，承接环球影城外溢游客资源，通州乡村民宿的发展有望迎来巨变。

三、社会力量参与乡村民宿发展模式

（一）"农户＋集体（主导）＋企业"模式

"农户＋集体（主导）＋企业"模式是一种以村集体或合作社作为主导，与外来企业进行合作发展乡村民宿的模式。这种模式下村民掌握主动权和话语权，农民的利益诉求能够得到更好地满足。由村集体主导，可以让村民放下戒备，大胆参与其中。同时，村集体对于村庄更为了解，有利于开展各种实际工作。外来企业在开发民宿项目的过程中提供专业技术或运营投资等。门头沟区的爨底下村的民宿发展采取的就是这种模式，在当地镇政府主导下成立"斋城旅游开发股份有限公司"，斋堂镇以村落资源为不动产入股，外来企业以资金入股，根据各村的资源情况确定不同的利益分配方案。

（二）"农户＋集体＋企业（主导）"模式

"农户＋集体＋企业（主导）"模式是一种以外来企业为主导，与村集体或合作社对接，共同合作发展乡村民宿的模式。外来企业包括国有企业和民营企业，这种模式下外来企业掌握较大的话语权，由企业制定整体的规划、经营和实施方案等，管理人员一般也是企业内部人员。外来企业与村集体或合作社对接，村集体充当了外来企业与村民之间的沟通桥梁，这种模式省去了外来企业与农户一一沟通的麻烦，有效降低了沟通成本，但同时也存在一定弊端。外来管理者对村中情况可能不够了解，在一些具体事宜的实施中会遇到重重阻碍。门头沟区的清水镇梁家庄村采取的就是这种模式，通过"一企一村"帮扶政策，北科建集团对该村实施了一系列产业帮扶、就业帮扶、文化帮扶、资金帮扶、品牌帮扶措施，确定了依靠民宿业带动农林业发展的思路，并且以北京国资公司为主导，与梁家庄村集体经济组织签订了全面开发运营该村高端民宿的项目合作协议，由北科建全部承担民宿产业的开发运营和融资任务，该村占比51%，分享经营成果。

（三）"农户+集体（主导）+运营团队"模式

"农户+集体（主导）+运营团队"模式是一种以村集体为主导，与外来运营团队合作，外来运营团队仅提供设计运营，不参与资本运作，投资改建等由村集体负责的模式。这种模式既可以获取农民的信任，又解决了农民缺乏专业技术和管理运营能力的问题，同时省去了成立第三方外部公司的成本。房山区周口店镇黄山店村采取的就是这种模式，成立村股份经济合作社，并在合作社之下成立了旅游管理公司和开发公司两个经营实体，引入外部运营团队——自助游攻略网站远方网进行民宿开发合作。在集体资产所有权不变的前提下，村集体负责基础设施建设和投资房屋改建，远方网负责运营管理、宣传推介、人员培训，获益部分按照五五分成。

（四）"个体投资"模式

"个体投资"模式是指农户、返乡创业人士、创客、文艺工作者、知识分子等个体投资、设计、改建房屋的盈亏自负的发展民宿的模式。这种模式不涉及村集体和外来资本，完全由个体经营。京郊早期的"民俗旅游户""农家乐"就是采用的这种模式，被称为"民宿1.0版"，早期的民宿进入门槛低、硬件设施差、专业化程度低、服务意识较差，但一定程度上可以促进农民增收脱贫。目前阶段仍然存在一些个体投资、自主经营的精品民宿，但相比早期的"民俗旅游户""农家乐"，硬件设施、专业化程度和服务意识等各方面都有较大提升。密云区溪翁庄镇金叵罗村的"老友季"就是一个典型的"个体投资"模式的民宿，民宿经营者为当地的返乡创业人士，民宿的设计装潢、格调都独具特色，并且民宿经营者就生活于此，这种模式让游客有种宾至如归之感。因此，密云区的"老友季"民宿在游客中备受青睐，成为京郊的网红民宿。

四、社会力量参与北京市乡村民宿发展的驱动因素分析

（一）政府利好政策支持

政府的政策引导扶持是社会力量进入乡村参与民宿发展的重要推力。从2014年国务院发布的《国务院关于促进旅游改革发展的若干意见》到2020年7月农业农村部发布的《全国乡村产业发展规划（2020—2025年）》，我们可以看出中央政府对于引导社会力量参与乡村旅游及乡村民宿发展的几个特点：一是由鼓励单一个体到鼓励企业、院校、协会和社会组织等多方主体参与；二是由笼统支持到具体项目、具体领域的支持。

2014年国务院印发的《关于促进旅游改革发展的若干意见》提到要加强乡村旅游从业人员培训，鼓励旅游专业毕业生、专业志愿者、艺术和科技工作者驻村帮扶，为乡村旅游发展提供智力支持。此后，一系列中央政策文件中频频提到要大力发展乡村旅游、休闲农业等。2015年8月国务院办公厅印发的《国务院办公厅关于进一步促进旅游投资和消费的若干意见》中提到要鼓励社会资本大力开发温泉、滑雪、滨海、海岛、山地、养生等休闲度假旅游产品。开展百万乡村旅游创客行动。鼓励文化界、艺术界、科技界专业人员发挥专业优势和行业影响力，在有条件的乡村进行创作创业。2016年7月农业部发布的《关于大力发展休闲农业的指导意见》中提到鼓励社会资本依法合规利用PPP模式、众筹

模式、"互联网+"模式、发行债券等新型融资模式投资休闲农业。依托职业院校、行业协会和产业基地，分类、分层开展休闲农业管理和服务人员培训。广泛吸引社会力量参与休闲农业的发展，鼓励企业、院校、协会和社会组织发挥积极作用。在此后发布的政策文件中，对于社会力量参与乡村建设的主体描述更为具体，范围也更广泛，对于其参与乡村旅游发展的项目和发展领域的界定也更为具体。

除中央政策的支持引导外，北京市先后出台了《北京市旅游条例》《关于加快休闲农业和乡村旅游发展的意见》《关于促进乡村民宿发展的指导意见》《京郊精品酒店建设试点工作推进案》等多个涉及乡村旅游及乡村民宿发展的政策文件，引导鼓励乡村民宿产业的发展，并且北京市各区也针对乡村旅游及乡村民宿出台了很多扶持政策。比如门头沟区推出了"10+1+N"《精品民宿政策服务包》，怀柔、房山、平谷、密云、延庆等区出台了《促进乡村旅游提质升级奖励办法（试行）》等，完善了市区两级扶持引导乡村旅游和乡村民宿健康有序发展的政策体系。

表3—1 社会力量参与发展乡村旅游的中央政策文件

时间	政策	内容
2014年8月	《国务院关于促进旅游改革发展的若干意见》——国务院	加强乡村旅游从业人员培训，鼓励旅游专业毕业生、专业志愿者、艺术和科技工作者驻村帮扶，为乡村旅游发展提供智力支持
2015年2月	《中共中央国务院关于加大改革创新力度加快农业现代化建设的若干意见》——国务院	引导和鼓励社会资本投向农村建设。鼓励社会资本投向农村基础设施建设和在农村兴办各类事业
2015年8月	《国务院办公厅关于加快转变农业发展方式的意见》——国务院办公厅	大力发展一村一品、村企互动的产销对接模式。研究制定促进休闲农业与乡村旅游发展的用地、财政、金融等扶持政策，加大配套公共设施建设支持力度，加强从业人员培训，强化体验活动创意、农事景观设计、乡土文化开发，提升服务能力
2015年8月	《国务院办公厅关于进一步促进旅游投资和消费的若干意见》——国务院办公厅	鼓励社会资本大力开发温泉、滑雪、滨海、海岛、山地、养生等休闲度假旅游产品。开展百万乡村旅游创客行动。通过加强政策引导和专业培训，三年内引导和支持百万名返乡农民工、大学毕业生、专业技术人员等通过开展乡村旅游实现自主创业。鼓励文化界、艺术界、科技界专业人员发挥专业优势和行业影响力，在有条件的乡村进行创作创业
2015年12月	《中共中央国务院关于落实发展新理念加快农业现代化实现全面小康目标的若干意见》——国务院	大力发展休闲农业和乡村旅游。引导和支持社会资本开发农民参与度高、受益面广的休闲旅游项目。通过政府与社会资本合作、贴息、设立基金等方式，带动社会资本投向农村新产业新业态
2016年7月	《关于大力发展休闲农业的指导意见》——农业部	政府引导、多方参与。引导和支持社会资本开发农民参与度高、受益面广的休闲旅游项目。鼓励社会资本依法合规利用PPP模式、众筹模式、"互联网+"模式、发行债券等新型融资模式投资休闲农业。依托职业院校、行业协会和产业基地，分类、分层开展休闲农业管理和服务人员培训。广泛吸引社会力量参与休闲农业的发展，鼓励企业、院校、协会和社会组织发挥积极作用

续表

时间	政策	内容
2016年8月	《乡村旅游扶贫工程行动方案》——国家旅游局等	组织动员全国1万家旅游企业、宾馆饭店、景区景点、旅游规划设计单位、旅游院校等单位，对乡村旅游扶贫重点村进行帮扶脱贫。组织和引导百万返乡农民工、大学毕业生、专业艺术人才、青年创业团队等各类"创客"投身乡村旅游发展。探索景区带村、能人带户、企业（合作社）+农户等多种类型的旅游扶贫新模式
2016年12月	《中共中央 国务院关于深入推进农业供给侧结构性改革加快培育农业农村发展新动能的若干意见》——国务院	大力发展乡村休闲旅游产业。鼓励农村集体经济组织创办乡村旅游合作社，或与社会资本联办乡村旅游企业
2016年12月	《国务院关于印发"十三五"旅游业发展规划的通知》——国务院	实施乡村旅游创客行动计划，支持旅游志愿者、艺术和科技工作者驻村帮扶、创业就业，推出一批乡村旅游创客基地和以乡情教育为特色的研学旅行示范基地。创新乡村旅游组织方式，推广乡村旅游合作社模式，使亿万农民通过乡村旅游受益
2017年6月	《农业部办公厅关于推动落实休闲农业和乡村旅游发展政策的通知》——农业部	引导社会各类资本投资休闲农业和乡村旅游。加大对休闲农业的信贷支持，带动更多的社会资本投资休闲农业和乡村旅游
2018年2月	《中共中央国务院关于实施乡村振兴战略的意见》——国务院	鼓励社会各界投身乡村建设。建立有效激励机制，以乡情乡愁为纽带，吸引支持企业家、党政干部、专家学者、医生教师、规划师、建筑师、律师、技能人才等，通过下乡担任志愿者、投资兴业、包村包项目、行医办学、捐资捐物、法律服务等方式服务乡村振兴事业
2018年9月	《乡村振兴战略规划（2018—2022年）》——国务院	坚持市场化方向，优化农村创新创业环境，放开搞活农村经济，合理引导工商资本下乡，推动乡村大众创业万众创新，培育新动能
2019年2月	《中共中央 国务院关于坚持农业农村优先发展做好"三农"工作的若干意见》——国务院	充分发挥乡村资源、生态和文化优势，发展适应城乡居民需要的休闲旅游、餐饮民宿、文化体验、健康养生、养老服务等产业
2019年5月	《数字乡村发展战略纲要》——国务院	深化"放管服"改革，处理好政府与市场的关系，充分调动各方力量和广大农民参与数字乡村建设
2020年1月	《数字农业农村发展规划（2019—2025年）》——农业农村部	各地要加大数字农业农村发展投入力度，探索政府购买服务、政府与社会资本合作、贷款贴息等方式，吸引社会力量广泛参与，引导工商资本、金融资本投入数字农业农村建设
2021年1月	《中共中央 国务院关于全面推进乡村振兴加快农业农村现代化的意见》——国务院	构建现代乡村产业体系。开发休闲农业和乡村旅游精品线路，完善配套设施。组织开展"万企兴万村"行动。强化农业农村优先发展投入保障。发挥财政投入引领作用，支持以市场化方式设立乡村振兴基金，撬动金融资本、社会力量参与，重点支持乡村产业发展

续表

时间	政策	内容
2020 年 2 月	《2020 年乡村产业工作要点》——农业农村部	实施休闲农业和乡村旅游精品工程，建设一批设施完备、功能多样的休闲观光园区、乡村民宿、农耕体验、农事研学、康养基地等，打造特色突出、主题鲜明的休闲农业和乡村旅游精品。实施农村创新创业带头人培育行动，搭建要素聚乡、产业下乡、人才返乡和能人留乡平台，支持本地农民兴业创业，引导农民工在青壮年时返乡创业，制定促进社会资本投入农业农村指引目录
2020 年 4 月	《社会资本投资农业农村指引》——农业农村部	充分发挥市场在资源配置中的决定性作用，更好发挥政府作用，引导社会资本将人才、技术、管理等现代生产要素注入农业农村。鼓励社会资本与政府、金融机构开展合作，充分发挥社会资本市场化、专业化等优势。鼓励社会资本发展休闲农业、乡村旅游、餐饮民宿、创意农业、农耕体验、康养基地等产业，充分发掘农业农村生态、文化等各类资源优势，打造一批设施完备、功能多样、服务规范的乡村休闲旅游目的地
2020 年 7 月	《全国乡村产业发展规划（2020—2025 年）》——农业农村部	坚持市场导向。充分发挥市场在资源配置中的决定性作用，激活要素、激活市场、激活主体，以乡村企业为载体，引导资源要素更多地向乡村汇聚

表 3—2　社会力量参与发展乡村旅游的地方政策文件

时间	政策	内容
2017 年 6 月	《北京市旅游条例》——北京市人民代表大会常务委员会	本市拓展旅游投融资渠道，通过资源交易、融资担保及保险服务等方式，引导和保障社会资本投资旅游业
2017 年 9 月	《关于加快休闲农业和乡村旅游发展的意见》——北京市农村工作委员会	多方参与、政策集成。使市场在资源配置中起决定性作用，更好发挥政府作用，创新休闲农业发展体制机制，调动各方积极性，形成"政府引导、主体多元、市场运作"的发展模式。落实"大众创业、万众创新"，引导和支持返乡农民工、大学毕业生等通过经营休闲农业和乡村旅游实现自主创业
2017 年 12 月	《关于促进乡村旅游供给侧改革推动乡村旅游转型升级的发展意见》——北京市延庆区政府	培育乡村旅游发展人才，促进区域内乡村旅游相关企业、团体、个人协同发展，共同推动乡村旅游供给侧结构升级。积极引导乡村旅游开发者、乡村创客等，通过众筹、贷款、发行债券等融资手段汇聚资本，发展乡村旅游
	《关于服务保障世园会冬奥会大力发展全域旅游的实施意见》——北京市延庆区政府	—
	《北京市延庆区全域旅游发展资金管理办法》——北京市延庆区政府	—
	《延庆全域旅游空间布局战略规划》——北京市延庆区政府	—

时间	政策	内容
2018年1月	《北京市加快供给侧结构性改革扩大旅游消费行动计划（2018—2020年）》的通知——北京市人民政府办公厅	通过京郊旅游融资担保体系，引导30亿元银行资金扶持京郊民俗村（户）和旅游小微企业发展。完善京郊旅游担保体系和保险体系，优化乡村旅游民俗村（户）和旅游小微企业经营环境，提供其融资能力，降低经营风险
2018年7月	《怀柔区乡村民宿服务质量等级划分与评定》——北京市怀柔区政府	—
2018年7月	《怀柔区促进乡村旅游提质升级奖励办法（试行）》——北京市怀柔区政府	—
2018年12月	《北京市乡村振兴战略规划（2018—2022年）》——中共北京市委等	尊重农民意愿，充分调动农民的积极性、主动性、创造性，广泛动员民营企业等社会力量参与乡村振兴，吸引更多人才返乡创业
2019年6月	《中共北京市委北京市人民政府关于落实农业农村优先发展扎实推进乡村振兴战略实施的工作方案》——中共北京市委等	总结推广村企、村校对接和社会帮扶的经验，着力扶持低收入村形成一批新产业新业态。结合创建国家全域旅游示范区，进一步完善土地、资金支持政策，持续推进生态沟域、田园综合体等建设与发展，打造一批休闲农业和乡村旅游精品线路
2019年12月	《关于促进乡村民宿发展的指导意见》——北京市文旅局等	政府引导，市场主导。引导和支持由村集体经济组织统筹，农户和社会资本参与的乡村民宿经营建设，努力打造政府引导、市场主导、全社会参与的乡村民宿发展格局
2019年12月	《京郊精品酒店建设试点工作推进案》——北京市文旅局等	坚持市场运作。充分发挥市场在资源配置中的决定性作用，更好发挥政府引导作用，以市场机制引入优质社会资本参与京郊精品酒店开发建设。按照"乡镇统筹、集体持有、长期受益"的思路，鼓励和支持成立镇（乡）级土地联营公司（股份合作社），由联营公司统筹利用集体经营性建设用地，以土地使用权作价入股的方式与社会资本合作，组建股份制公司作为精品酒店项目的实施主体，具体负责项目投资建设工作
2020年5月	《顺义区促进文化和旅游业发展扶持办法》——北京市顺义区政府	鼓励和引导社会力量参与文化和旅游公共服务设施建设；鼓励社会力量参与公共文化服务活动；鼓励社会投资建设和提升A级旅游景区
2020年11月	《密云区促进文化和旅游产业发展的支持办法（试行）》——北京市密云区政府	—
2021年7月	《通州区关于促进乡村民宿发展的实施意见》——通州区文旅局、区农业农村局、公安局通州分局等	明确通州区乡村民宿的管理体制、组织保障、设立条件、审核流程等，鼓励发展精品民宿，承接环球影城外溢性住宿需求

（二）社会资本逐利需求与社会责任

近年来，中央及北京市委、市政府等相关部门陆续出台了一系列支持乡村旅游及乡村民宿发展的政策措施，乡村民宿发展得如火如荼。社会资本以其敏锐的嗅觉察觉到乡村民宿市场广阔，利用乡村闲置宅基地、农房、建设用地等资源投资乡村民宿建设将有利可图，而社会资本的进入正好弥补了农户在民宿的房屋设计、专业运营以及宣传推广方面的短板。社会资本进入乡村，与当地村集体及农户合作发展乡村民宿，打造出多方共赢的民宿发展格局。

在北京市"一企一村"结队帮扶政策的号召下，一些国有企业和民营企业积极响应，与部分低收入村签订了结对帮扶协议。部分民营企业家具有浓厚的乡土情怀，本着建设家乡、回馈社会的精神，纷纷投资家乡建设乡村民宿，带动了当地经济发展，促进了农民就业增收。

（三）乡村功能拓展转变

党的十九大报告指出我国经济已经进入了高质量发展阶段，我国社会主要矛盾已经转化为人民日益增长的美好生活需要和不平衡不充分的发展之间的矛盾，居民消费也逐渐升级，对生活品质的要求越来越高。"大城市病"导致的空气污染、交通拥堵、房价上涨等问题使得人们更加向往乡村的田园生活，大量城市人口进入乡村体验乡村生活，城乡之间互动加强，城乡融合水平不断提升，促使乡村功能由原来单一的生产功能向"生产、生活、生态"等多功能拓展转变。尤其是北京这样的大城市地区，居民的消费能力和对生活品质的要求更高。受客观因素影响，农民仅凭自身能力无法很好地满足城市居民对于休闲旅游的消费需求。这就为社会力量进入乡村，同农民合作发展乡村民宿提供了更为广阔的空间和领域。

五、北京市乡村民宿进入高质量发展阶段

（一）什么是民宿的高质量发展

所谓高质量发展，就是能够很好地满足人民日益增长的美好生活需要的发展，是体现新发展理念的发展，是创新成为第一动力、协调成为内生特点、绿色成为普遍形态、开放成为必由之路、共享成为根本目的的发展。要牢牢把握高质量发展的要求，坚持质量第一、效益优先[1]。我国经济高质量发展是能够更好满足地人民日益增长的美好生活需要的发展，是体现创新、协调、绿色、开放、共享发展理念的发展，也应是生产要素投入少、资源配置效率高、资源环境成本低、经济社会效益好的发展。它体现为商品和服务质量普遍持续提高、投入产出效率和经济效益不断提高、创新成为第一动力、绿色成为普遍形态、经济重大关系协调循环顺畅、坚持深化改革、共享成为根本目的[2]。高质量发展应当具备高效率增长、有效供给性增长、中高端结构增长、绿色增长、可持续增长、和

---

[1]《把满足国内需求作为发展的出发点和落脚点》，《人民日报》2020年5月24日。
[2] 林兆木：《关于我国经济高质量发展的几点认识》，《人民日报》2018年1月17日。

谐增长等六大特质[①]。

结合乡村民宿的内涵、北京市《关于促进乡村民宿发展的指导意见》中对民宿的发展要求以及高质量发展的含义，本课题认为，乡村民宿高质量发展，就是在习近平生态文明思想的指导下，坚持"绿水青山就是金山银山"的绿色发展理念，结合当地乡村人文生态资源，以法律法规和行业规范为基础，充分发挥村集体的组织引导作用，以市场化运作为手段，整合城市与农村两方面的资源要素，为旅游者提供充足、优质、安全、健康、绿色的住宿餐饮场所及其衍生的休闲、体验、度假、研学、康养等绿色旅游商品，带动集体经济发展与农民增收，加快形成农业农村发展新动能，助力乡村振兴的发展模式。

（二）民宿高质量发展高在何处

1. 高颜值——设计赋能，改善居住空间

民宿首先是乡村建筑空间的再造。"漂亮的建筑和有设计感的装修"往往是大众对精品民宿的首要印象。建筑设计师作为一只独特的社会力量，在参与乡村民宿发展的过程中表现得尤为突出。乡村闲置农宅的改造，为建筑设计师提供了广阔的舞台。他们大都以老宅新生、留住乡愁为设计主导思想，通过以旧修旧，融合现代的生活方式，包容创新，碰撞出新的价值，让乡土建筑焕发新的生命与活力。在房山区周口店镇黄山店村，主持过安缦酒店设计的金雷先生改造了一个晚清时期的农家院。他在改造的时候特意保留了原来的门楼、窗棂、房梁，到处充满古朴的气息，所以当游客踏入这个小院的时候，好像一瞬间穿越回了20世纪80年代，好像我们小时候到姥姥家的那种感觉。这就是隐居乡里旗下的"姥姥家民宿"。2018年4月，这个项目荣获意大利的A Design Award金奖。拥有一家自己设计的乡村民宿，成为很多建筑设计师的职业梦想。

2021年，为聚集更多民宿设计的优秀力量，用设计力量促进民宿行业的快速发展，中国贸促会商业委员会联合上海国际设计周，发起中国民宿设计大奖，面向全球征集优秀民宿设计作品，邀请民宿及建筑室内设计领域具有权威性的专家及实践者作为评委导师，评选出具有高品质空间环境、深层次文化内涵及行业发展促进作用的民宿设计作品，实现建筑及室内设计与美丽民宿的融合碰撞，推动民宿产业赋能乡村振兴。

2. 高品质——提升服务品质，满足多样化需求

民宿归根结底是服务业，除了靠颜值吸引人之外，更重要的是要靠优质的服务留住人。社会力量对于促进乡村民宿的品质提升及业态融合方面具有重要作用。位于长城脚下的延庆区八达岭镇石峡村，村庄历史悠久，古迹众多，旅游资源丰富。

以延庆区下虎叫村的"山楂小院"及房山区黄山店村的"姥姥家"为例，社会力量——"隐居乡里"这一专业运营团队的参与，让处于偏远山村的乡村民宿摇身变成了可以媲美城市星级酒店的住所。民宿品质大大提升，民宿的内部设施完全可以满足城市居民对于旅游的需求标准。

以延庆区石峡村为例，"石光长城"民宿自2015年入驻，从做餐饮起步，到扩大民宿

---

① 魏杰，汪浩：《高质量发展的六大特质》，《北京日报》2018年7月23日。

规模，到植入乡村文化内容，再到启动工坊，提炼乡村产业，经过六年的经营运作，石峡村改头换面，一改往日"出了名的穷村"印象，"石光长城"精品民宿让更多的人认识了解并且来到了石峡村。村中建有咖啡馆、村史博物馆、石光书店、长城学堂、长城露天剧场，游客可以在喝咖啡、看书，也可以举行小型会议、培训活动。在村史博物馆，可以体验剪纸、布艺、葫芦烙画、糖画等非遗手工艺制作。2019 年到 2020 年，石峡村开始挖掘乡村文化资源，发展长城文化村，讲好长城故事，弘扬传统文化，保护长城，并且在村里成立长城讲解队，赋予民宿长城文化的内涵。从 2020 年开始提炼乡村产业。建立工坊，包括酒坊、油坊等。开始产酒、油料、果品饮料、冻果，对艺术品等手工加工，增加地产小产品销售，通过线下店面等渠道帮助村民销售山茶、野菜、海棠、山货等农产品。工坊的发展不但丰富了民宿内容，而且带动了乡村产业发展。此外，为了增加游客的体验活动，石峡村每逢传统节日会举办大型民俗活动，如端午祈福、中秋拜月、春节过年等，游客可以与当地村民一起参与体验；围绕长城文化、海棠产业等主题开展长城保护、植物认知、长城文化读书会等娱乐休闲以及亲子活动，实现了多种业态的融合，构建多样化消费场景，满足旅游者多层次消费需求，促进了乡村民宿的高质量发展。

3. 高效益——带动农民增收，壮大集体经济

乡村民宿建在农村宅基地上，而宅基地的所有权人是农村集体经济组织。一个优秀的民宿还应该起到壮大农村集体经济、带动农民增收的作用。社会力量在参与乡村民宿建设的过程中，同时带动了当地的生态效益、经济效益和社会效益。其中经济效益尤为明显，延庆区在发展乡村民宿的过程中，提出了以共建、共创、共享为特征的"共生社区"的理念，指通过民宿企业与所在村庄共建、共创、共享，实现乡村社区可持续发展①。中国社科院旅游研究中心研究员李明德曾提出："民宿不仅仅是一个企业在村庄投资，而是要跟当地村民共同成长、生活，形成一个社区，整个社区和民宿共生、共振、共荣。"隐居乡里品牌创始人陈长春认为："在未来，乡村可能既不是像城市的生活，也不是像乡村的生活，而是一种生态文明的新型生活，它是高于所有过往的生活状态。"并且他还指出，在乡村建设的过程中，一定要始终坚持以农民为主体，为农民而建，乡村的主人应该是当地的农民。目前延庆区的乡村民宿建设中，已经初步形成了以民宿空间运营为核心，村集体、合作社、社会资本、民宿主、村民、游客等良性互动的格局。在民宿发展过程中，尤其重视当地村民与村集体或合作社的参与，如延庆区刘斌堡乡下虎叫村、姚官岭村、小观头村，张山营镇吴庄村，怀柔区雁栖镇头道梁村秋场自然村，密云区大城子镇下栅子村，门头沟区清水镇梁家庄村，房山区周口店镇黄山店村等村的乡村民宿发展都带动了当地村民就地就业，增加了农民收入，壮大了集体经济。以房山区黄山店村为例，2015 年，黄山店村引进专业的精品民宿和运营机构——隐居乡里，采用"乡村建设、企业运营、利益共享、在地共生"的合作模式，将村里老宅进行改造，进入发展民宿产业的快车道。隐居乡里为其坡峰岭景区做营销宣传，门票收入额从原先的 500 多万做到了 2017 年的 850 多万，到

---

① 张佰明 . 精品民宿发展的"延庆模式"[N]. 中国旅游报 ,2021-06-10（007）.

2019 年翻番达到 1000 多万，加上房山民宿项目，实现游客接待量共 40 多万人次，为村集体创收 2000 多万元。

4. 高规范——明确游戏规则，改善营商环境

一个行业的高质量发展离不开管理的规范化、政策的体系化和治理的法制化，离不开高度规范的营商环境。以延庆区为例，作为京郊民宿发展的后起之秀，延庆区政府等有关部门对延庆的民宿行业发展进行统一规划和指导，形成了"三级书记抓民宿"的管理格局，由区委、乡镇及村书记形成上下贯通、层层落实的决策链条，并在民宿产业联盟的协调之下，依托区域独特的旅游资源、国际会展等，打造区域特色品牌民宿，从而推动了当地乡村民宿的高质量发展。2018 年延庆区由区委书记总抓、主管文旅业务的副区长挂帅，由文旅局牵头，联合农业农村局、园林局、公安局等共 18 个与民宿经营相关的行政部门正式成立延庆精品民宿联席会，以联合办公的形式高效推进掣肘民宿发展的各项问题。联席会的成立为延庆区精品民宿监管规划、政府扶持乡村旅游产业等宏观政策引领发挥了重要作用，并针对公安住宿联网登记、消防应急等重要事项，建立了多方共同支持和监管的机制，形成全区精品民宿"一盘棋"的协同管理局面，为 2019 年北京市出台领先全国的"一证两照一联网"的民宿审批制度做出了卓有成效的探索。2018 年，延庆区制定了民宿产业发展三年行动计划（2019—2021）。计划提出到北京 2022 年冬奥会召开前，将打造一批具有延庆地方特色的乡村民宿，形成"奇迹长城""缤纷世园""激情冰雪""生态画廊"四大民宿集聚区，打造 100 个民宿村、1000 个精品民宿小院、3000 间精品客栈客房、20000 张中高端住宿床位，完成"一区多集群、一镇多品牌、一村一特色"的发展布局，将延庆区打造成为"北方民宿产业引领者、中国民宿产业集群建设标杆、国际乡居生活度假目的地"。

政府规划和政策出台之后，一批民营企业积极响应，有序进入。"世园人家"、"长城人家"、"山水人家"、"冬奥人家"、"延庆人家"等一系列品牌陆续推出。多家企业开始探索不同的品牌运营模式，例如以隐居乡里为代表的品牌输出模式，以大隐于世为代表的品牌连锁模式，以合宿·姚官岭为代表的品牌联合模式。社会力量的参与推动了延庆区民宿的有序发展。

同时，《乡村民宿建筑消防安全基本要求》的出台以及持照经营、公安联网等政策也进一步规范了乡村民宿的进入门槛。一批社会力量民宿经营主体按照以上政策规范自身经营，促进了乡村民宿的高质量发展。

5. 高参与——尊重市场规律，调动多方积极性

乡村民宿高质量发展要遵循"政府引导，多元参与"的基本原则，多方力量不缺位、不越位。基于市场发展规律，政府、村集体组织、农民、社会力量等多元参与的乡村民宿才是高质量发展的乡村民宿。

政府首先是规范性参与，根据区域特点、资源禀赋，因地制宜，编制各区乡村民宿发展规划，明确发展定位、空间布局、区域特色，在合法有序发展的前提下稳步推进，防止一哄而上、违规发展，努力打造规划清晰、布局合理、统筹协调的乡村民宿发展格局，在

政策扶持、公共服务、规范管理、环境营造等方面起引导、规范作用。

接下来是农村集体经济组织的主体性参与。乡村民宿的发展最主要的物质依托是农村宅基地。宅基地的所有权属于农村集体经济组织。根据《民法典》第 362 条规定，宅基地使用权人依法对集体所有的土地享有占有和使用的权利。所以，乡村民宿的高质量发展必须充分发挥村集体的组织引导作用，必须坚持以农民为收益主体，注重农民的全过程参与，调动农民的积极性、创造性和参与性，带动农村集体经济发展，确保乡村民宿发展的成果能够为当地农民所享。

其次是社会力量的广泛性参与。农村要向城市引入资金、技术、人才等多种要素，农村集体经济与社会资本与形成利益共同体，补齐自身的短板。社会力量在参与建设乡村民宿的过程中，充分尊重市场规律，注重政府引导、市场主导的原则，同时投入资金、人才、服务等多种要素，促进了乡村民宿的高质量发展。延庆区姚官岭村于 2019 年 7 月 28 日被文化和旅游部、国家发改委选为第一批全国乡村旅游重点村。姚官岭村建有延庆区首个民宿集群项目，也是中国北方首个民宿集群——"合宿·延庆姚官岭"民宿集群。该民宿集群是政府、市场、村集体以及农户合力打造的成果。

延庆区政府部门如区农业农村局、区文旅局、区移民办等分别对姚官岭村的人居环境整治及产业发展提供了有力支持。区移民办拨付支持的"瓜廊"；区农业农村局支持的设施农业项目；区文化和旅游局为项目搭建贷款融资担保平台，链接银行和农担公司资源，争取到贷款资金 600 万元，并补贴贷款担保费。在政府政策的扶持引导下，北京沿途旅游发展有限公司与姚官岭民俗旅游合作社签订协议，共同成立合资项目公司，合力打造民宿集群，沿途旅游公司及背后的延庆民宿联盟负责投资、设计、建设、运营，帮助发展采摘菜园、果园，收购农民的农副产品，雇佣本村劳动力等，占 90% 的股份。政府引导、市场主导，多方参与的民宿项目，活化了村庄，改善了村庄面貌，盘活了闲置的乡村资源，发展了乡村产业，带动了农民增收，促进了乡村民宿的高质量发展。

6. 高素质——培训高技能人才，支撑高质量发展

高质量的服务业离不开高素质的人力资源。以北京著名的民宿运营企业隐居乡里为例，2018 年隐居乡里在延庆区文化和旅游局、延庆区刘斌堡乡政府的支持下开办了北方民宿学院，实施乡村经理人计划，全方位为乡村培养专业运营人才。期间，发起成立了中国乡村设计师联盟，推广适用于乡村的装配式建筑，并参与了雄安和成都的田园综合体开发。五年来，隐居乡里作为中国乡村文旅产业运营商，解决了劳动就业 180 人，创造总收入超过 1 亿元，服务于 10 万＋中高端客群，策划过 100 多场营地活动，旗下的北方民宿学院开展了近 1000 场民宿服务培训。未来，行业的发展需要进行大量的人才培养。乡村干部通过培训，不仅要形成发展产业的思维，用开放的态度欢迎外来的商家，还要培训更多乡村经理人，呼唤更多的年轻人回到乡村。

随着我国社会的主要矛盾转变为人民日益增长的美好生活需要和不平衡不充分的发展之间的矛盾，乡村民宿在农、旅两个方向都进入了新发展阶段，进入联农带农、精品化、品牌化、集聚化发展的新时代。这一阶段更加注重品质和内涵，更加注重联农带农机制的

建立，更加注重组团式发展。越来越多具有专业运营能力的中小企业上山下乡，成为农村集体经济的"合伙人"，社会资本和农村集体经济合股联营的项目成为发展主流，民宿集群也开始出现。行业应该秉持"六高"的发展理念，共同推动中国乡村民宿的高质量发展。

六、引导社会力量推动乡村民宿高质量发展的思考及建议

吸收全国经验，结合北京实际，在推动、引导社会力量推动乡村民宿发展的过程中，各级政府相关部门要尽快完成从民宿运营到乡村运营的理念转变，完成从引资到引智的重心转移，完成从单体民宿到共生社区的发展转化。

（一）尽快完成从民宿运营到乡村运营的理念转变，统筹项目策划和空间规划

民宿经济的核心是运营，它给乡村带来的最大的价值就是运营的理念、方法和手段。美丽乡村建设本身不是目的，而是发展美丽经济的前提和实现乡村振兴的手段。美丽乡村只有运营起来，才能解决设施管护常态化的矛盾。

首先，在乡村建设行动实施过程中，要充分考虑民宿经济发展的需求。加快配套设施的改造，包括用水用电扩容、规范指路标识、进出道路的拓宽、通讯信号（无线信号）的加强覆盖、娱乐活动场所建设、夜间亮灯工程等，优先保障民宿集聚村的设施建设。这样把民宿项目的策划和村庄建设规划通盘考虑，宜居、宜业、宜游通盘考虑，建立起"无策划不规划，无规划不建设"的工作原则和机制。

其次，在乡村建设行动中充分发挥精品民宿在建筑设计、施工、建材应用等领域的示范作用。如，以精品民宿建筑作为示范工程，带动村民提高农房设计和建造水平，建设满足乡村生产生活实际需要的新型农房，完善水、电、气、厕配套附属设施，加强既有农房节能改造。以精品民宿外观设计作为引领，保护、塑造良好的、特色化的乡村风貌，延续乡村历史文脉，在民宿的设计建造中率先严格落实有关规定，不破坏地形地貌、不拆传统民居、不砍老树、不盖高楼。以精品民宿为示范带动，提高村镇设施建设水平，持续推进农村生活垃圾、污水、厕所粪污、畜禽养殖粪污治理，实施农村水系综合整治，推进生态清洁流域建设，加强水土流失综合治理，加强农村防灾减灾能力建设。

第三，要充分发挥民宿的运营核心作用，在合适的区域，合理规划集体经营性建设用地，建设乡村休闲产业集聚片区，引导农产品加工工坊、乡村文创、绿色餐饮、乡村酒店、研学基地等关联企业集聚，形成完整的乡村休闲经济商圈，产生集群效益，消除"孤岛现象"。

（二）尽快完成从引资到引智的重心转移，重点支持具有运营能力的小微企业入乡

根据现今主流宏观经济学观点，资本可以划分为物质资本、人力资本、自然资源、技术知识。因此不能简单地把社会资本理解为社会资金。农村缺的不是资源，甚至在财政加大转移支付力度的前提下最缺的也不是资金。农村最缺的是现代产业所要求的人力资本及其所承载的技术知识——包括创意设计能力、管理能力、营销能力、服务能力等等。所以，引入社会资本，最应该看中的其实不是"资"，而是"智"。特别是现阶段绝大多数

农村集体经济脆弱，资源环境脆弱，经不起"大资本"的"猛药"式的折腾。而一些"小资本"进入农村，不得不采取老老实实的低姿态，与乡村社区、集体经济组织共谋发展，起到"针灸式"介入的效果。所以，在具体工作中，要打破对大资本的迷信，不能以资本大小论英雄，要加强对具有集团化、品牌化运营能力的小微企业进乡村的扶持，重"大智"而不重"大资"，勿以"资"小而不引，要加强对"双创"工作的支持力度，聚集新农人、新创客的星星之火，调动所有能调动的力量，真正把乡村变成"创客"创新创业的新空间，培育乡村的"独角兽企业"。

发展乡村民宿要重视小微企业的力量，大力扶持小微企业进入乡村民宿发展领域。鼓励有专业运营能力的小微企业与乡村合作，提升乡村的运营能力。国有企业大资本入驻乡村，可能只是为了完成其社会责任，并不能使其投资的乡村民宿得到可持续的长久发展。所以扶持有专业运营能力的小微企业进入乡村，才会使得乡村民宿持久地发展下去。当前，小微企业普遍存在融资渠道单一狭窄、政府扶持力度不够、融资风险过高等问题，因此，扶持小微企业，促进小微企业参与乡村民宿发展应从以下几方面来加强：第一，建立健全银行信贷支持小微企业法律法规。现有的《中华人民共和国中小企业促进法》虽然在一定程度上促进了小微企业运行机制，但仍有许多有待完善的地方。因此，扶持小微企业应首先从法律法规方面完善小微企业的资金用途、准入条件、风险监管等规定，使得小微企业贷款有法可依。第二，加强对小微企业信贷融资信用担保体系的建设。中央和地方政府应该出台一系列支持融资担保公司发展的政策措施。通过建立融资担保基金，为符合条件的融资担保项目增进信用资质、提供风险分担服务，充分发挥财政资金的有利作用，引导更多资金流向小微企业，从而鼓励更多的小微企业参与乡村民宿建设。

（三）尽快完成从单体民宿到共生社区的发展转化

北京的乡村民宿发展已经进入联农带农、精品化、品牌化、集聚化发展的 3.0 时代。延庆区主推的民宿共生社区实践具有较大的推广价值（见分报告 3）。

首先，应明确引导民宿经济的发展走村企合作的道路，消除"富了老板、丢了老乡"的现象。重点支持具有集团化、品牌化运营能力的小微企业进入乡村，与农民专业合作组织建立共生机制，重点扶持培育一批村企合作项目，树立乡村合伙人榜样，在全国起到示范引领作用。允许将支农资金变股金，直接为村集体"输血"，增加集体经济在村企成立合资企业中的股份权重和分红中的比例，引领农村集体经济组织走上滚动式发展的良性轨道。

把民宿经济的发展和农村实用人才培训结合起来，为民宿经济培育人力资源。针对民宿服务和村企合作，依托现有的农村实用人才培训体系，鼓励龙头企业、行业协会、产业联盟积极参与，开设民宿管家、村庄运营两个方向的培训课程，分别培训一线的服务人员和村干部，高质量培养符合形势发展的民宿经济专门人才。对企业培训、吸纳当地农民上岗给予补助。

把民宿经济的发展和农村"双创"工作结合起来，为民宿经济积聚后备力量。建议在农村"双创"活动中单独设置乡村民宿经济创业创新板块，重点考察联农带农能力、生态发展能力、创意设计能力等，引导更多的社会力量进入民宿经济，既为民宿经济的发展提供源源不断的有生力量，又为美丽乡村培养源源不断的建设者、参与者、守护者。

（四）尽快完成从政策碎片化到优化营商环境的政策转变

在乡村民宿行业进入高质量发展的新时代，政府相关部门应该从优化营商环境的高度，服务健康的社会力量进入。强化政府在政策扶持、规范管理、公共服务、营造环境和服务引导等方面的作用，发挥市场配置资源的决定性作用。一是政策支持。制定乡村民宿基础设施建设、公共服务配套、卫生安全、治安消防管理等方面的配套政策。加大对乡村道路、绿化、停车场、观景平台等配套设施建设的支持力度。同时做好涉及日常生活的生活垃圾及生活污水等基础设施项目建设。二是资金支持。市财政、旅游部门加大对于乡村民宿发展的资金支持力度。重点扶持乡村民宿周边公共配套设施建设，对精品民宿予以奖励，鼓励乡村民宿开展环保设施建设和消防安全基础设施升级，充分调动农民群众、社会资本参与乡村民宿发展的积极性。对推动地区乡村民宿发展起重要作用的行业组织，通过购买服务的方式给予扶持。统筹利用现有支农政策资金，以奖代补鼓励村集体、合作社盘活闲置农宅发展乡村民宿。三是加强金融扶持。积极探索用市场化手段为乡村民宿发展提供金融政策支持，充分利用市旅游资源交易平台、京郊旅游政策性保险平台、京郊旅游融资担保平台，解决乡村民宿后顾之忧及投融资等经营困难，鼓励乡村民宿做大做强。四是加强服务引导。制定《北京市乡村民宿标准及评定》地方标准，强化乡村民宿在文化传承、乡风乡韵、创意设计等方面的要求，引导乡村民宿专业化、特色化、品质化发展。充分发挥行业协会和农民专业合作社的作用，加强乡村民宿信息共享、价格规范和行业自律。简化各种审批流程，推进"放管服"改革，放宽市场准入，加强事中事后监管，引导规范经营。

总的结论就是，乡村民宿高质量发展不能排斥社会力量参与，社会力量参与乡村民宿高质量发展需要遵循新的游戏规则，要改变过去"以物为中心"、"以资本为中心"的做法，尊重乡村的特殊经济规律、社会规则，实现社会事业和产业经济的良性互促，实现社会力量和农村经济的良性共生。在乡村民宿高质量发展的浪潮中，新型的社会型企业正在孕育和成长，新型集体经济正在发育和壮大。

分报告1:

金叵罗老友季民宿：民宿与村庄彼此滋养

2016年，老家密云的梁晴毅然辞去亚马逊高管的职务，投入到民宿建设与经营当中，用心用脑、用情用力在密云区溪翁庄镇金叵罗村，打造出精品民宿"老友季"，并且不仅仅停留在"外来租户"的定位上，而是积极参与到村庄发展事务当中，起到了乡村资源整合者、城市要素导入者、村庄形象代言者、村庄运营参谋者的特殊作用，成功融入了村庄的生活，不仅成为村两委发展产业的参谋助手，也成为城市资源入乡的媒人。她的老友季民宿餐厅，也成了名副其实的"乡村会客厅"。

一、融入乡邻，网红民宿助推农产品销售

梁晴先后投资550万元，陆续改造建设村内三套闲置农宅，2017年正式开门迎客。如今，年接待4500人次，营业收入超过200万元。老友季民宿开业伊始，梁晴便主动融入周边乡邻，了解农产品特色，挖掘背后历史、民俗故事，在民宿进行展示宣传，并自掏腰包向客人提供试吃和讲解服务，帮助村民打开渠道，销售农副产品及樱桃，助力乡邻增收，激发种植热情，受到乡邻好评。

2020年初，这位民宿创始人带领合作社的营销团队，克服疫情带来的不利影响，对农场商品及其流通环节进行梳理，并对商品的包装进行设计升级，优化公众号、微店，并开设了直播平台，带着社员一起，直播农场劳作日常，同时帮助农场销售菜地，吸引近300户城市居民成为金叵罗农场的园主，每天早晨四点半社员摘菜打包，晚上五六点钟这些净菜就到了市民家里，让城市人通过蔬菜粮食与金叵罗村建议生活上长久的关联，这些工作在疫情期间帮助合作社实现部分创收的同时，也为百里之外市中心的保供稳价解了燃眉之急。

二、挖掘资源，返乡农人助造旅游综合体

2018年开始，迅速成长的网红打卡地——老友季民宿的创始人梁晴又为金叵罗带来了新活力。她结合自己返乡创业的经验和对这片土地、这些乡邻的了解，主动帮助合作社梳理村庄的旅游资源，着手旅游综合体的设计，并争取到政府资金支持，将金叵罗农场基础设施做了升级改造。

此外，依托老友季民宿，梁晴帮助村庄对接新的创客团队进入。这一年，如今已赫赫有名的飞鸟与鸣虫农场落户金叵罗，更多新业态新创客，带着国际化的理念加入到乡村建设中来。

2018年9月，老友季民宿与合作社一起，策划和举办了首届农民丰收节，使农场在3天时间迎来上万市民游客，为合作社创收25万元。

2020年9月，老友季民宿再一次与合作社一起筹办了金叵罗第三届农民丰收节，她

深入参与活动的策划及布展，并对各部门的社员进行了岗位培训，以确保优秀的服务品质及良好的客户体验。在密云区总工会与朝阳区总工会的共同帮助下，节日期间，农场每天接待游客达5000多人次，最高一天达6700人，10月份，接待游客达5.5万人次，总收入近200万元，解决了因疫情原因造成的困难，村民备受鼓舞。同时，也让更多城市人了解到新农村发展的状态和速度，对乡村的环境及服务品质有了崭新的认识，由此爱上乡村。

2021年，金叵罗乡村旅游加快了发展步伐，老友季民宿协助引入了更多的新业态入村，西口研食社，小小乡村，有了英国国际蛋糕奖得主开办的蛋糕房。同时引入蓝海咨询公司进村开设乡村会客厅，帮助村庄进行产业规划，导流更多更广泛的资源到金叵罗。随着教育改革的进行，梁晴借助政协平台，与其他政协委员合作，开拓教育研学业务，将北师大实验中学、人大附中、清华附中、北京中学、京西国际等学校引入金叵罗村，使金叵罗成为这些学校的教学基地，为村庄实现创收。

三、传递精神，共治理念助建文明新乡风

习近平总书记指出，共同富裕是人民群众物质生活和精神生活都富裕。在发展产业、助农增收的同时，梁晴与村两委建立了深厚的信任和默契，这位已经全面融入金叵罗的新农人主动靠近党组织，深入学习习近平总书记关于乡村振兴的系列重要讲话精神，带领老友季民宿员工学习共建共治共享理念，进而带动周边相邻加强精神文明建设，自觉保护村庄环境、爱护公共设施、约束自身言行，让所有来到金叵罗的游客感受到乡村特有的美丽、静谧、和谐和质朴，真正满足了城市居民对精神家园的渴望。

此外，村两委也将梁晴视为班子"外援"，在村庄规划建设、公约制定、资源开发等重要事项上咨询梁晴的意见、建议，充分发挥这位拥有国际化视野、互联网思维和返乡创业经验的新农人的作用。

新农人带来新理念、新角色助建新农村。如今的金叵罗，以老友季民宿为平台，逐步实现了农产品不愁销售、农村人不差收入、农文化不被遗忘的朴素愿景。与此同时，金叵罗给了城市人理想的多元化休憩空间，让他们在这里看到农村景、吃到农家饭、感到农人情，给自己的身体和精神充满电。

在老友季民宿的带动下，金叵罗村开始了"精品民宿＋生态农业＋自然教育"新空间的打造，不仅实现了农民收入的多元增长，更激发了乡村内生活力，推动了城乡要素融合。金叵罗村的人均年收入从2012年的1.5万元提升至2020年的3万元。近山不靠山、近水不靠水的金叵罗，全村实现旅游年收入2000万元，旅游就业人数近321人，被评为全国"一村一品"示范村、中国美丽休闲乡村、全国乡村旅游重点村、密云区乡村振兴示范村。

每个人心中都有一座桃花源，都期待拥有诗意的栖居，梁晴觉得，做民宿最大的意义，不是简单的在山里造一座房子，而是你回归到一种状态，因为你的状态，周围的世界显现出一种别样的生机。民宿与乡村是彼此滋养、彼此给予的。

分报告 2：

外部收益、组织动员与村庄产业转型及升级

——以北京市房山区黄山店村为例

北京市房山区周口店镇黄山店村先后完成了两次产业转型和产业升级。核心机制在于，前期为了把握新业态形成下的外部收益，推动村民组织化，进而形成集体经济雏形，实现了由农业向工业的第一次转型；中期为了把握政策转型的机会制度收益，在雄厚的村集体经济基础上借助新政策机遇完成了第二次以生态化为名的转型；后期为了把握中产阶级生态消费这一外部收益，村集体利用政府资金、市场资金及村集体资金，将闲置宅基地这一生产资料集中，并对其进行重资产投资改造，才使村集体拥有了与外部轻资本谈判及合作地位，最终实现了收益全村共享式的产业升级。

一、村庄概况

黄山店村地处北京西南的房山区周口店镇，全村 582 户，1305 人，属于京郊典型的浅山型村落。一方面具有中国中部传统农村地区的典型特征，比如农业生产收入普遍较低、农村"三要素"长期净流出，500 余户村民分散居住在 40 多个山沟的 50 多个居民点中；另一方面，该村北京中心城区西南 60km，距离房山新城中心 25km 左右，距离城区较近，背靠幽岚山，夹括河穿村而过，自然资源丰富，具有一定的区位优势及旅游资源优势。该村距离北京周口店猿人遗址只有 25 分钟的车程，人文资源丰富，这也为后期产业转型及升级奠定了基础。

二、2002—2009：外部收益带动下的集体化及工业化转型

20 世纪 90 年代，黄山店村 500 余户村民分散居住在 40 多个山沟的 50 多个居民点中，农户生计以传统农业种植和零散务工为主[1]，处于纯农业时代。有一首民谣这样描述这里的环境："有女不嫁黄山店，十年就有九年旱。吃水贵如油，买卖东西真发愁"。

2001 年年初，村民人均年收入只有 1000 多元，村集体固定资产 40 万，外债却有 300 多万，村里人心涣散，上访不断[2]。最后村里因为交不上水电费经常跳闸，老书记就辞职了。如此症状的背后原因是，由于水资源极度匮乏，使得该村无法有效开发地表资源，进而无法有效地形成资本累积。

镇党委就找到在外创业的张进刚，让他回来当村支部书记。一开始张进刚并不愿意，后来水泥厂的老厂长一定要让他回来，他答应的同时还提了要求，没超过 95% 的票就不干。2001 年 3 月 29 日村委会选举，张进刚高票当选了村支部书记。

---

[1] 屠爽爽，龙花楼，张英男，周星颖.典型村域乡村重构的过程及其驱动因素 [J]. 地理学报,2019,74（02）:323-339.
[2] 北京市房山区人民政府，链接：http://www.bjfsh.gov.cn/zhxw/fsdt/202012/t20201215_40011284.shtml，访问时间：2021 年 7 月 3 日。

2001 年之后，黄山店村之所以能够从涣散无序向组织化方向转变，在于由此形成的组织基础使其能够抓住外来资本所带来的机会收益以支付各阶段的转型成本，实现产业转型乃至产业升级；这一方面与新上任的村支部书记张进刚既有的社会资源、财力基础等高度相关，另一方面也与外来浙江立马水泥厂的入驻带来的外部收益高度相关。

20 世纪初，"农业为本，工业兴村"的热潮让黄山店村不再靠山吃山，而是利用周边丰富的石灰石资源，引进社会资本建起石灰石开采场。2002 年，经过多次动员，村民最终同意流转土地 400 余亩，迁坟 70 余座，成功引进浙江立马水泥控股集团，建起日产 2000 吨现代化环保型水泥生产线，村集体每年获占地费 60 万元。[①]

张书记抓住为立马水泥控股集团供应石灰石原料的这一机遇，组建了由集体控股、村民参股的股份制矿业（运输）公司。据张进刚介绍，每位村民最多可以入两股，一股 500 元，但村民都不是很愿意入股。张书记就承诺："三年之内回不了本，我本人退给你钱本金。"

有了书记的保证，最终在村内集资 60 多万，再加上书记用自有资金垫付了 170 多万元后，股份制公司才最终得以成立。公司运行第一年，总收入 400 万元，实现利润 185 万元，随着发展，企业利润不断提升，村民当年入股分红 30%，第二年分红 80%，第三年以后入股分红 100%。

公司的建立也带动了全村运输业发展，高峰时全村货运机动车达到 120 辆，专业运输户达到 61 户，运输户年均收入 4 万元，还带动修理、商业、石板加工等十几家。2008 年，集体资产总额达 1766 万元，农民人均所得 7450 元，黄山店村的集体经济家底变得殷实，村民的钱包鼓了起来，甩掉了贫困村的帽子。

由此可见，村内最开始以建立的股份制公司为形式的集体经济并非是"自上而下"、喊口号式所形成的，因为任何资源集中的"组织化"过程都是需要支付成本的。科斯在 1937 年发表的《企业的性质》在讨论企业的规模和边界时提出：企业内部组织一笔额外交易的成本等于在公开市场上完成这笔交易所需的成本，或者等于由另一个企业家来组织这笔交易的成本时，企业就达到最大规模，这也是企业的边界点。科斯的这一分析从纯理论角度来说并无不可，但并未解决其所进行对话的完全自由竞争市场假说存在的类似问题，没有考虑组织的启动成本问题。

事实上，组织化过程的开始需要其动力达到一个阈值。同时，科斯只是从成本角度而并未从收益角度考虑，换言之，科斯并未考虑机会成本问题，如果将组织化的动力从"内部交易成本与市场交易成本"的差额变为"内部收益与市场收益"的差额，在研究乡村资源集中和重建集体经济的实际问题上或许更为适用。从这个角度而言，乡村集体经济构建若要成功，就需要使村民通过集体经济获得相较于以个体直面外部市场更多的收益，且只有收益足够大，才能达到相应的阈值，进而"启动"构建的进程。[②]

---

① 首都文明网：张进刚：村支书带领村民走上生态旅游致富路，链接：http://zt.bjwmb.gov.cn/bjhr/hrsj/jyfx/2018/t20181102_886635.htm，访问时间：2021 年 7 月 3 日。

② 温铁军，罗士轩，马黎.资源特征、财政杠杆与新型集体经济重构[J].西南大学学报（社会科学版），2021，47（01）：52-61+226.

黄山店村集体化制度的变迁过程，就是在高于目前农业收益的外部工业收益的吸引下，结合村支部书记保证保本的方式将村民的投资风险转移，使得村民只要能组织起来构建股份公司，就能够在无风险的条件下获取较高收益，所以村内完成集体经济的制度变迁是顺理成章的。

其内在逻辑是，外部资本入驻构建新业态进而形成外部收益，因获取外部收益的过程和制度类型建设流程相一致，所以这一外部收益构成了制度建设的经济基础，使其不需要付出额外成本就能"自下而上"地完成制度建设，把握获取外部收益的机会，完成了资本的原始积累。总之，黄山店能够在去集体化的浪潮中又一次完成集体化制度建设，属于外部收益吸引下的诱致性变迁。

从 2002 年到 2010 年，村集体和广大村民在这 8 年间都积累起了相当的经济实力，为黄山店后期的产业转型及产业升级所需要支付的转型成本和升级成本奠定了财力基础，并且在该阶段形成的组织基础，使其获取了与外部资本谈判的权利。

三、2009—2012：外部政策促进乡村二次产业转型

新世纪以来，国家战略层面开始由"发展就是硬道理"向可持续发展转向。2003 年，党的十六届三中全会提出"以人为本，全面协调可持续的科学发展观"。2005 年，党的十六届五中全会上通过了《中共中央关于制定国民经济和社会发展第十一个五年计划的建议》，首次提及建设资源节约型和环境友好型社会。2007 年党的十七大报告提出，科学发展观第一要义是发展，核心是以人为本，基本要求是全面协调可持续，根本方法是统筹兼顾。党的十七大首次把"生态文明"写入党代会报告，提出"建设生态文明，基本形成节约能源资源和保护生态环境的产业结构、增长方式、消费模式"，并把它作为全面建设小康社会的一项新要求、新任务。

随着宏观政策导向的变化，地方政府也开始逐渐落实党中央的有关决策。2008 年 5 月 1 日，房山区政府发布《北京市房山区人民政府关于实施富民养山工程加快山区发展的意见》，其中第二条加快山区经济结构的战略性调整，发展山区特色经济，并提到"转变生产方式，培育环境友好型产业。以生态保护为前提，研究制定山区产业布局规划与实施方案，实行支农资金、农业综合开发资金向山区倾斜的政策，积极培育发展山区特色种植业、绿色养殖业、休闲旅游业以及农副产品加工业和山区新型服务业等环境友好型产业。到 2010 年，逐步关闭影响生态环境的小煤窑、小矿、小采石场等'五小'企业，发展符合环境保护要求的绿色产业，实现产业替代。"

历经所谓的改革及制度调整而被包下来的利益集团，大多因具有一定的保守性而不可能跟得上中央的调整，但凡能够跟上中央指挥棒，及时进行结构性调整的，都会有制度性收益。这也正是黄山店村能在新时代生态化竞争中再出发的重要制度条件。

由于外部政策改向，使得黄山店村内原有的采矿、运输产业的成本陡然升高，再加上村两委也逐渐发现采煤、采矿造成了植被破坏、土地退化、粉尘污染、地质灾害频发等一系列生态环境问题，不得不考虑产业转型。

2009年黄山店村利用市政府出台的"关停小煤窑、小矿山，发展生态友好型产业"的政策和开矿积累的资金，发挥村里和周边山岳景观资源优势，决心向生态旅游发展产业转型。

村集体出资近三百多万元，组织村民筑路修坡、筑坝蓄水、栽树种果。张进刚带领村民一次次进入蒿草长得一人多高的山里，没路就拿刀砍断荆条硬是劈出一条路来；他坚持不能破坏山体，开发建设不使用大型机械，全靠人背骡子驮修成了一条6000米长的石阶步道。张书记说："那会儿我们提出'两把尺子'精神，一把盒尺，一把水平尺，每级台阶宽度、高度、水平都要达标，不达标，不验收。"最终建成占地2000亩、高标准登山石阶步道6000米的坡峰岭等休闲旅游景区。

为了吸引客流，扩大景区的影响力，村两委决定2010年至2012年景区免费试运营。2010年张进刚开始带领村民做红叶节商业化运营。2011年红叶节，坡峰岭景区接待游客超过10万人，从此流传出"早知坡峰岭，何必去香山"的佳话。有了红叶节活动的加持，坡峰岭景区游客逐渐增多，收入上涨。每年4月份到9月份是景区淡季，淡季门票30元，旺季门票50元。2015年收入大概100—200万，2016年收入大概400多万。2017年后，每年门票收入有八九百万乃至上千万的收入。

坡峰岭景区配套设施

配套设施1——餐饮服务：红色背篓餐饮部

名称由来：20世纪60年代，电影《红色背篓》曾轰动一时。影片讲述了华北某山区一位供销社负责人王福山，长年带领职工背着背篓翻山越岭为村民送去生产生活用品的故事。故事就发生在房山区周口店镇黄山店村，影片主人公王福山的原型则是黄山店村老党员王砚香。

景区负责人介绍到："从坡峰岭景区营业至今，餐饮没涨过价，包子、韭菜馅素包子1块钱一个大包子，3块钱一杯豆浆，10块钱一碗饸饹面，你想这个价格你在哪还能吃到，别说去景区里面了，就小菜什么的都很便宜，包括我们这儿的菜品定价，你像我们小凉菜10块钱，最贵的15块钱，吃火锅涮菜10块钱一份，你在城里哪有10块钱一份的菜？我们就10块钱，很便宜，很多人不适应，但我们这吃一顿饭真的人均消费也就三四十。在景区里面的消费都比较低，当时就是餐饮，就是给游客去提供服务的。"

配套设施2——游玩设施：登山步道、山上民宿

随着游客的增加，接待能力的不足凸显出来，需要继续完善景区建设。一是登山步道的延长及登山步道周边的一些修复，然后包括观景平台的建设。后来，村里发现游客来到坡峰岭以后，他们的需求不仅仅是吃饭、爬山，还有住宿。于是村内又在景区里面依山而建一民宿，取名"坡坡寨"，这就是现在"云上石屋"的雏形。

这次生态化转型能够成功的背后，正是因为黄山店抓住了国家战略转型的重要历史机遇，靠的仍然是"机会性制度收益"①。进入21世纪以来，中国社会结构发生了重大变化，中产阶级崛起。这部分群体有极强的购买力，并且相当一部分被分配到了与绿色生产有关的行为当中，绿色是其消费行为中十分重要的组成部分。黄山店这次生态化转型恰好抓住了这部分需求，既能从政策上又能从市场上获得超额收益，也就意味着这次生态化转型与上次相同，都是转型与获取收益的流程是高度一致的。

黄山店除了抓住了制度性收益，能完成此次转型也依赖于第一次工业化转型时积累的资金与社会资本。不论是初步建造景区所花费的三百多万，还是2010—2012年的免费试营业所花费的运营成本，均来自于第一阶段转型成功后的资本积累。在景区建设过程中能够将村民组织起来投劳投工，节约景区建设成本，依靠的是第一阶段在村内所形成的社会资本。

四、2012—2020：外部资源注入带动资源整合及产业升级

然而，黄山店仍处于生态化转型后的初级阶段，所提供的服务均属于低端服务业，配套设施也都停留在满足游客的基本需求的水平，获得的收益无法完全弥补产业转型所支付的转型成本。若想旅游业能够进一步升级，吸引高端净值客户，就需要实现生态资源的整全开发。

而由山水林田湖草为主的生态资源是内生的多样性、立体性和整体性的资源系统，具有"结构性粘连"的特征，进而导致其产权的模糊性，若强行为其划分产权归属则需要支付巨大的成本。

但产权界定不明确并不代表生态资源的开发利用不能实现。结合调研发现，传统村社的生产生活边界、村社的产权边界和自然生态边界常常在一定程度上具有重合特征。这样的特征决定了村社都应该是相对完整的一级资源开发单位。所以可以通过集体经济实现空间资源的整体开发。

生态产业整合开发就要求生产资料的集中，而集中是需要支付成本的。正是因为黄山店强大的集体经济降低了外部资源与村内的交易成本，才促成了外部资金（主要是市场资金）的成功入驻，从而支付了生产资料的组织成本，为资源整合乃至于产业升级提供了经济基础。

（一）2012—2014：三方（政府、市场、村集体）资金促进资源整合

早在2011年，为了进一步发展村内休闲旅游业，张进刚书记就有计划实施"农民上楼"，从而将闲置宅基地集中在村集体手中发展民宿产业。

在计划还未实施之际，2012年7月21日，一场特大暴雨将村落冲得七零八落，房屋受损率达85%。对于村民目前来说，自家宅基地被毁坏一定不是个好消息。但塞翁失马，焉知非福。这一场偶然的自然灾害使得村民选择留在原有宅基地居住的期望收益大大降

---

① 董筱丹.一个村庄的奋斗:1965-2020[M].北京:北京大学出版社,2021:150.

低，使他们更偏向于选择住上楼房，这也间接使得村里最终将近360家民宿集中在村集体手中，成了和外部资本谈判的筹码，为日后的产业升级做足了准备。

2013年4月，依托北京市出台的7·21特大暴雨自然灾害灾后永久避险安置房建设政策，黄山店村开始实施村庄搬迁工程。

尽管这场暴雨降低了村民选择原有宅基地居住的收益，但是选择上楼的成本依旧高居不下。黄山店村搬迁涉及建设新居、配套基础设施、防护工程、占地赔偿、拆旧复绿和转型发展产业等工程开支，总预算资金达到10.6亿元。短时间内要筹措这些资金，对于灾后的小山村来说非常困难。黄山店村充分发扬民主，广泛征求村民意见，反复召开村"两委"班子会，最终选择了"补、引、筹、挣"的方式化解了资金难题。

一是集成政策，补贴一部分。黄山店村搬迁享受《房山区永久避险安置房建设实施方案》市级专项补贴8600万元，争取市固定资产投资5000万元、京津风沙源治理工程2800万元、区级财政补贴1400万元等政策资金，达到近1.8亿元。

二是市场运作，引资一部分。村集体成立了黄山店农工商公司，村民及村集体以腾退土地入股，由黄山店农工商公司与天洋集团、北京立马水泥有限责任公司签订合作开发协议。公司通过前期投入7.7亿元，完成社区配套设施和经营性项目建设，通过后期经营管理，双方共享经营收益。农工商公司的经营收益中，内部留存30%，将70%的收益按照持股比例分给村民。

三是村集体和村民自己筹措一部分。搬迁农户先通过第三方评估机构对老旧宅基地的地上建筑评估作价，用于抵扣新房的部分价款。安置房建安成本大约3000元/平方米左右，村民以每人40平方米，每平方米400—800元的价格购买（如下表），市财政每平方米补贴1000元，其余部分由村集体补贴。[1][2] 最终，村民自筹资金8000万元，村集体补贴3000万元，共筹措资金1.1亿元。

表1 黄山店村安置房补贴情况

楼层	价格（元/平方米）	政府补贴（元/平方米）	村集体补贴（元/平方米）
6层	400	1000	1600
5层	500	1000	1500
4层	600	1000	1400
2、3层	800	1000	1200

数据来源：实地调研

四是投工投劳，节约一部分。新村环境美化、河道整治、旧房拆除均由本地村民投工投劳完成，让村民不仅在建设自己的家园中付出了劳力，还获得劳动报酬。[3]

① 何佳艳.黄山店村：民宿旅游升级样本[J].投资北京,2017（09）:51-54.
② 刘兰军.关于城郊乡村发展旅游民宿业的调查与思考——以北京市房山区黄山店村为例[J].中共乐山市委党校学报（新论）,2021,23（03）:54-60+103.
③ 北京农村经济，黄山店村"搬出"美丽新村.网址：https://www.pinlue.com/article/2017/12/2221/235117516019.html，访问时间：2021年7月3日.

2015年10月安置房及相关市政配套设施完工，共建设安置楼35栋，总面积81000平方米。据了解，夹括河沿岸共有包括黄山店在内的七个村，2012年均因为"7·21"暴雨灾害而实施搬迁，但黄山店是七个村里面上楼率最高的。截至2016年底，黄山店村95%以上的村民搬入背山、向阳、河水环绕的新居。

黄山店之所以能够完成95%以上的搬迁率，从而实现宅基地这一生产资料的集中，且避免大规模征房冲突爆发，实现社会平滑转型的主要原因归纳如下：

一是黄山店农民对土地依赖性的减弱。2002年，黄山店实现了农业时代转向到工业时代的转型，走上了立体资源开发的道路，使得农民的主要收入来源从土地的"地表资源"转换到了"地里资源"，其农业收益重要性的相对下降降低了集中的难度。

二是农民缺乏自主开发宅基地的经验，该阶段黄山店村的宅基地价值仍未显化，村民对宅基地尚未形成收益预期，所以这一投资对农民来说收益小风险大。不如直接交给村集体开发，如此，村民无须再面对这部分宅基地自出开发所需要承担的市场风险，这部分风险均由村集体承担，也增加了村内民宿这一新业态的抗风险能力。

三是黄山店村在暴雨这一外来冲击下，房屋损毁情况严重，导致村民自主开发宅基地的成本进一步上升，使其更偏向于将宅基地交出去统一开发。

四是以"补、引、筹、挣"这一制度创新大大地降低了农民上楼成本。在总预算的10.6亿中，村集体吸引的市场资金占据了72.6%，成了建设安置房的主要推力。能够和市场资金达成合作意向的主要原因是因村内通过腾退土地入股，成立了黄山店农工商公司。这种方式大大降低了市场资金进入村庄的交易成本，使得合作得以顺利开展。

五是村集体还成立民宿合作社，为搬迁后的村民并符合集体经济组织条件的村民配发产业股，日后的分红成为村民货币补偿来源。但是，面对未来不确定收益的风险，不是所有村都能够像黄山店一样通过入股就能实现生产资料集中的。在完成第一次产业转型后，村集体带领村民脱贫致富的同时也对村集体形成了较强信任。在这一基础之上，才使村民相信村集体的预期能够实现，并且愿意先交出宅基地，后享受收益，从而完成了其他村庄难以实现的生产资料组织化。2017年和2018年，村里给予交回村集体宅院户每户3000元的分红。在这种制度安排下，村集体用一部分土地资本化收益满足失地农民多层次需求和支付社会转型的制度成本而使得征地冲突的根源弱化，实现了社会平滑的转型。

（二）2015—2020：外部资源带动民宿产业升级

2015年，黄山店村中景区已经基本建设完毕，建设了包括"坡坡寨"小屋用于景区配套的住宿服务。但是村里遇到了运营难题，由于不懂得市场营销和精细化服务，"坡坡寨"小屋既卖不出去，又卖不上价格，常年空置。再加上村集体摒弃那种一家一户单打独斗发展民俗旅游的小散模式，想将收归集体的350多套空闲民宅打造民宿群，但却不知道如何做才能挖掘价值。

基于这两点，村里开始寻求外部资源协助村内产业升级。书记通过网络渠道了解到了隐居乡里在北京延庆建设、火遍北京的"山楂小院"项目，进行实地考察后对隐居乡里的运营管理能力和市场营销能力表示认可，于是产生了与隐居乡里合作的意向，向其抛出了橄榄枝。

然而，为什么隐居乡里最终选择了黄山店村呢？据隐居乡里的创始人陈长春介绍："我们对黄山店村也进行了全面考察，发现村中闲置资源很多，村委会的管理能力强，对乡村建设事业认可并且希望在这个领域里深耕发展，这些特征都是我们希望在合作伙伴身上看到的。"

截至2019年，该项目在黄山店采取分批、因地制宜的方式进行改建，培育集"亲子、康养、休闲、度假"为一体的乡村旅游综合体，再按市场需求分段分层投入运营。如下表所示，过去四年中共建设了四个品牌，共计35套院落。

建设过程中黄山店与隐居乡里分工十分明确：在保证集体资产所有权不变的前提下，黄山店负责民宿建设及重资产投资，预估建设成本达到了2100万元，为此，村内使用民宿历年入住流水作为佐证申请2000万左右的信用贷款；隐居乡里负责市内设计、管家培训等轻资产投资。具体情况如下表所示。

表2　黄山店—隐居乡里建设过程

时间	品牌	院落数量	隐居乡里负责内容	村内负责内容	建设成本（估计）
2016	云上石屋	10	产品梳理、管家培训、市场营销	产品设计、建设、出资	800万
	桃叶谷	9	室内设计、产品梳理、管家培训、市场营销	房屋设计、建设、出资	575万
2017	姥姥家	1	建筑设计、产品梳理、管家培训、市场营销	建设、出资	150万
	黄栌花开（一期）	10	建筑设计、产品梳理、管家培训、市场营销	建设、出资	675万
2019	黄栌花开（二期）	5	建筑设计、产品梳理、管家培训、市场营销	建设、出资	275万
合计	—	35个	—	—	2100万

资料来源：2021年7月4日陈长春访谈记录。

在收益分配方面，双方将税后营业流水以约定比例进行分成[1]，并约定村集体享有每年每个房间100天的保底收益。若未达到该标准，隐居乡里要给村内赔偿。如此，村内便获得了一份无风险收益，相当于吃了一份租。

市场化运作之后，院落住宿价格由原来的百元每晚提升到千元每晚，入住率也大幅提升，旺季需提前3周预订。如下表所示，淡季期间，若一天入住率能够达到百分之百，则流水就能达到86100元。自2016年9月民宿项目投入运营以来，民宿平均入住率近50%，村集体创收2700万元。

---

[1] 隐居乡里在留坝的项目分成方式为：村集体获得流水的三成，隐居乡里获得流水的七成。

表3 隐居乡里35个院落基本情况

品牌	院名	价格（淡季；元）	格局（室）	接待人数	建设成本（估计值；万元）
香邦芳舍	整院	2380	2	6	50
姥姥家	整院	6180	6	18	150
黄栌花开	1号院	2380	2	6	50
黄栌花开	2号院	2380	2	6	50
黄栌花开	3号院	2380	2	6	50
黄栌花开	4号院	2380	2	6	50
黄栌花开	5号院	3380	3	9	75
黄栌花开	6号院	3380	3	9	75
黄栌花开	7号院	2380	2	6	50
黄栌花开	8号院	4380	4	12	100
黄栌花开	9号院	3380	3	9	75
黄栌花开	10号院	4380	4	12	100
黄栌花开	11号院	3380	3	9	75
黄栌花开	12号院	2380	2	6	50
黄栌花开	15号院	2380	2	6	50
黄栌花开	16号院	2380	2	6	50
黄栌花开	17号院	2380	2	6	50
桃叶谷	1号院	4180	5	15	125
桃叶谷	3号院	2680	3	9	75
桃叶谷	4号院	2680	3	9	75
桃叶谷	5号院	2680	3	9	75
桃叶谷	6号院	2680	3	9	75
桃叶谷	7号院	1680	2	6	50
桃叶谷	8号院	2680	3	9	75
桃叶谷	9号院	1680	2	6	50
云上石屋	海棠	980	1	3	25
云上石屋	李子	980	1	3	25
云上石屋	苹果	980	1	3	25
云上石屋	山梨	1680	2	6	50
云上石屋	山桃	980	1	3	25
云上石屋	山杏	980	1	3	25
云上石屋	山楂	980	1	3	25
云上石屋	石榴	980	1	3	25
云上石屋	柿子	2680	3	9	75
云上石屋	樱桃	1680	2	6	50
合计	35个	86100	84	252	2100

注：接待人数包括大人和小孩。

数据来源：隐居乡里官网：https://www.nalada.com.cn/，访问时间：2021年6月29日。

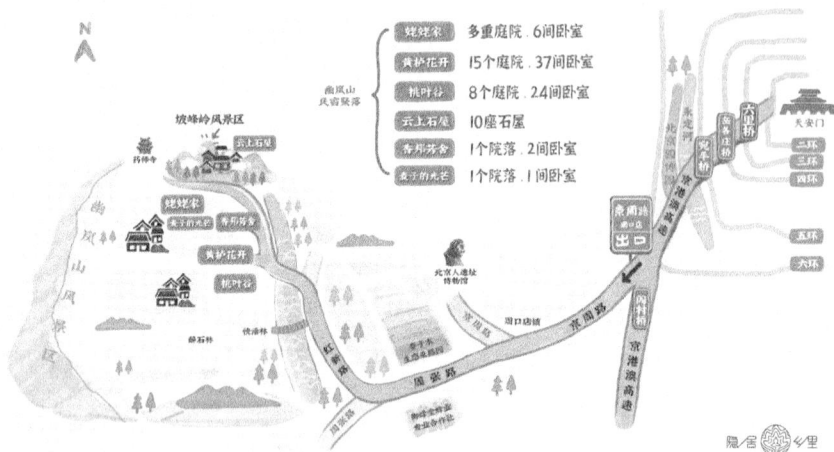

图1 隐居乡里·幽岚山民宿聚落区位图

不仅如此，项目合作双方在村内形成了共生机制，成了利益共同体。

隐居乡里除了参与了黄山店民宿运营，还参与了原来收费30元/人、年均收益400万元的坡峰岭景区的运营。2017—2019年这三年，隐居乡里从市场化角度出发，负责市场营销与门票销售工作，村委会负责现场管理工作。2017年门票收入为790万，到2019年门票收入达1100万，收入提升了近3倍。

为适应精品民宿市场日趋激烈的竞争，村里还通过隐居乡里引荐了"新居民"以丰富旅游业态，其中包括"麦子的光芒"烘焙、"香邦芳舍"芳香理疗多种社会资本。不仅可以以此吸引更多的客流，还给游客带来更加多元化的体验，延长游客驻留时间，为精品民宿产业带来新动能。

村集体在隐居乡里经营困难时也会伸出援手。冬季是旅游业的淡季，民宿的客流也因此受到波动。客流减少也就意味着收入减少，并且冬日取暖费用一日高达数百块，这样的收入支出数额让隐居乡里的现金流出现了压力。为此，村内主动提高冬季的隐居乡里所能获得的流水份额，以协助隐居乡里渡过难关。

黄山店能够成功与隐居乡里合作实现产业升级，其背后并非偶然。首先，在经过前期的统一动员工作后，黄山店将村民的宅基地重新集中回村集体手中，因此黄山店村成了周围村庄内唯一具备发展条件的区域，外部资本可以直接与村集体形成交易，不仅可以因区域集中而获得规模收益，与村集体直接对接还节省了与分散农户的交易成本。其次，隐居乡里是典型的轻资本运作主体，其目标合作对象只能是能够提供重资产投资的村庄。这就意味着只有在雄厚的集体经济基础上，村庄才有与该市场资本谈判的话语权，才能形成平等互信的交易关系。

五、小结与进一步讨论

客观来看，黄山店村的发展之路大致经历了三个具有明显特征的发展阶段：第一阶段，始于 2002 年村内通过引进立马水泥厂这一外部资本形成了外部收益，从而使村内从最初的"无组织化"状态开始向组织化方向转变，从无到有地形成村集体经济基础，在此制度基础上实现了工业化转型并有了一定的资本积累；第二阶段，始于 2009 年，在整体宏观政策发生转向的基础上，村里把握了这一"机会性制度收益"，结合第一阶段村内积累下来的资本，创建了坡峰岭等景区，实现了村内生态化的第二次产业转型；第三阶段，始于 2012 年，在 7·21 特大暴雨这一灾难的冲击下，黄山店村结合三方（政府、市场、村集体）资金实现了村内宅基地这一生产资料的集中，而后中产阶级逐渐崛起，村内为了把握该阶级的生态消费这一外部收益，在 2015 年与外部资本又一次结合，实现了村内旅游业的转型升级。

通过以上可以看出，黄山店的每一次转型、升级的内驱动力都是为了把握外部收益，这说明只有制度转型过程与获取收益的过程保持高度一致时，制度转型才可能顺理成章地完成。

分报告 3：

延庆共生社区：乡村民宿的未来

当前北京生态涵养区将发展精品民宿作为乡村振兴的重要抓手，充分发挥生态环境、历史遗迹和传统村落宝贵财富，推动农房变客房、劳作变体验、田园变公园，打通绿水青山向金山银山的转化通道取得了显著成效。一是高位推进，乡村民宿发展规模不断扩大、品牌不断涌现；二是高点站位，政策积聚，破解了发展难题；三是探索民宿共生模式，推进多元主体的利益共生、旅游要素的产业共生、在地环境和文化的融合共生，创造了"有人来、有钱赚、大家干"的共生社区实践。

一、乡村民宿与在地社区共生关系分析

共生指共生单元之间，在一定的共生环境中按某种共生模式形成的关系。在乡村民宿共生系统中，民宿与在地社区是两个共生单元，而政府、民宿协会、扶贫或金融机构、游客等构成外围的共生环境，影响共生系统的资源配置效率。其中，民宿企业、在地社区、政府、民宿协会是主要利益相关方。这些利益相关方相互之间存在着非常紧密的联系，即通过盘活乡村民宿，将各类资源要素重新聚合，并以运营为核心，实现各利益方的良性互动，构成共同体。具体而言，各利益相关主体在实践共生社区中的主要作用如下：

政府：一是制度设计。明确主责部门、出台扶持政策，把脉发展方向，确定清晰的发展规划和路线路。二是规划引导，开展村庄基础设施和公共服务设施建设，打造村庄高颜值，夯实民宿发展基础条件。三是进行民宿行业的行政指导和监管，对项目进行把关、筛选，推进民宿规范化建设和持久发展。四是创造条件，引进金融机构、扶贫机构等多元化融资渠道。同时，着力长远，发挥区域协调作用，培育高素质的人才。

民宿协会：民宿协会主要承担规范行业经营、引导行业发展的职责，发挥民宿协会在政府和企业间的桥梁和纽带作用，搭建"共建、共享、共治"的民宿自律性管理平台。同时，按照标准，开展管理和行业培训，推进标准化、规范化、集群化发展。如延庆民宿联盟，成为沟通政府、服务企业的关键角色；北方民宿联盟，聚合力量，提升了民宿品牌影响力。

民宿企业（经营者）：民宿企业融入乡村，参与民宿的设计、改造；运营与管理；或者培训在地村民成为民宿管家。在共生社区实践中，民宿企业甚至深入参与村庄治理，如"荷府"民宿运营商经常参与村庄规划编制、村史馆建设、村内景观设计和村内老年餐桌建设。

在地社区：一是村集体。组织村民并负责与民宿企业对接，获取集体收益和利润分红；二是村民，提供农宅等闲置资源并提供就业服务、特色农产品等获取收益。

金融机构：金融机构作为资金的重要来源发挥作用。通过提供贷款或出台民宿专项金融产品，解决资金难题。

由此可见，乡村民宿可以搭建利益共同体平台，通过盘活闲置资源，转化当地闲散劳动力，让政府、企业、村民等各方主体参与其中，促进要素融合，拓展乡村功能，形成共生形态。其中，村民是核心主体，要给予村民更有利的利益保障，增加获得感。

以隐居乡里民宿为例。隐居乡里是远方网旗下的互联网营销平台，目前已发展成为专注于高品质乡村民宿的服务平台。隐居乡里秉承"与民共生、共同发展"的理念，以村集体为合作对象，通过集体合作社撬动政府和农户资源，负责设计、改造农村闲置农宅，培训在地村民成为院落管家并参与服务接待，使村民成为真正的乡村资产持有者，最大化地获得乡村资产增值带来的收益，形成了民宿共生模式。通过 2019、2020 隐居乡里在京项目工资、租金、分红、纳税等数据，可以看出民宿共生可以推动增收致富，实现多方共赢。

表 1　隐居乡里在京项目 2019、2020 年度工资等数据

年份	项目	工资	租金	分红	纳税
2019	房山黄山店项目	912,006.80	54,000.00	3,876,557.35	531,130.18
	房山左岸花园项目	149,097.00	20,000.00	133,933.38	25,322.71
	延庆青山依旧项目	159,903.85	8,190.48	274,667.97	41,268.11
	延庆山楂小院项目	700,171.39	325,000.00	690,447.38	102,827.26
	延庆先生的院子项目	393,717.00	67,500.00	512,586.31	47,159.72
	房山坡峰岭景区	230,909.01	—	8,384,182.88	126,222.19
	2019 年小计	2,545,805.05	474,690.48	13,872,375.27	873,930.17
2020	房山黄山店项目	959,491.81	35,000.00	2,711,670.32	358,006.83
	房山左岸花园项目	151,792.00	20,000.00	185,418.51	36,400.95
	延庆青山依旧项目	440,624.37	24,571.43	977,750.04	52,156.67
	延庆山楂小院项目	484,779.61	190,600.00	782,200.31	1,882.94
	延庆先生的院子项目	352,839.00	67,500.00	518,271.77	1,999.91
	延庆老马回乡项目	156,743.00	0.00	44,845.61	9,757.49
	2020 年小计	2,546,269.79	337,671.43	5,220,156.56	460,204.80
	合计	5,092,074.84	812,361.91	19,092,531.83	1,334,134.97

数据来源：恒观远方（北京）网络科技有限公司。

二、乡村民宿与社区共生的基本特征

（一）主体多元，利益共生，合作共赢

村民、村集体和民宿企业各主体之间，通过产业合作、经济共享、集群发展等形式实现利益共赢。从村集体角度看，充分调用村内集体建设用地、宅基地等各种资源参与民宿产业发展，如组织村民以房屋、土地等方式入股成立村合作社，利用村内现有土地、大棚等发展农事体验活动等项目壮大集体经济。从村民角度看，通过向村集体或民宿企业流转房屋、院落、土地，以现金或其他方式入股村级合作社或公司获得资产性收入；通过提供管家、厨师、保洁、民俗文化讲解等服务获得工资性收入；通过自己建设经营民宿、售卖农产品等方式获得经营性收入。从民宿企业角度看，或租用闲置农宅，独资建设经营精品民宿获得利润；或与村内经济合作社合作，以资金入股精品民宿，负担运营管理成本，获取股权分红；甚至深度参与到村庄建设中，成为"新乡人"。

（二）环境共生，彼此滋养，和谐共治

村庄干净整洁是"乡愁"得以安放的基础，民宿建设融入绿水青山大环境，美丽乡村小生态和绿色庭院微生态。从村庄环境来说，要在村容上提颜值，要在设施上做配套，整体提升"观感"，给人以赏心悦目感、恋恋不舍意。同时，坚持民宿与村庄环境和谐。民宿与乡村是彼此滋养彼此给予的，民宿改造保留乡村庭院的内在肌理，保留了乡土特色。修旧如旧，尽可能在原有的院落形态上改造，不破坏村庄原始风貌，做到"土不掉渣""退进屋是城市，跨出院是田园"，成为村庄的美丽风景线。如密云依托自然资源优势，涌现出了一批如邑仕庄园、风林宿、老友季等精品民宿，这些民宿在打造过程中，外观设计非常考究，非常美观，而且注重与当地村庄景观的融合以及对当地生态环境的保护，既保持了乡村民宿的"乡村性"，同时也在一定程度上改善了村容村貌，成为密云区乡村旅游的新兴品牌。

（三）产业导入，分业共生，发展共享

适应消费升级需求，民宿逐步从单纯"住"的功能跳向"吃住行游购娱"一体的产业链延伸。通过配建餐厅、定制餐饮、配送原材料等方式，让游客感受"舌尖上的乡村"。通过关联民宿周边山水林田、景区景点，让游客足不出户便可游山玩水、融入自然。通过将当地农产品、文创产品开发成为旅游伴手礼，提高产品附加值，增加农民收入。通过开设农耕体验、农产品采摘等活动，延长产业链条。如延庆"石光长城"民宿，自2015年入驻，从做餐饮起步，到扩大民宿规模，植入乡村文化内容，再到启动工坊，提炼了乡村产业。村中建有咖啡馆、村史博物馆、石光书店、长城学堂、长城露天剧场，游客可以在此喝咖啡、看书，也可以举行小型会议、培训活动。同时可以在村史博物馆体验剪纸、布艺、葫芦烙画、糖画等非遗手工艺制作。村中建立了酒坊、油坊，每逢传统节日会举办大型民俗活动。各项活动实现了多种业态的融合，促进了乡村民宿的高品质发展。分业共生，联系的不仅是业态，更密切了民宿相关利益主体。

（四）文化共生，融合乡村，拓展功能

乡村是文化的重要载体。乡村民宿与文化共生，需要根据自身定位，找准发展方向，

在文化主题和特色上进行挖掘；同时依托当地的文化资源，打造符合当地文化特色的主题活动。如坐落在旧县镇独山脚下享有"陶艺之乡"美誉的盆窑村，当地的半月山民宿在建造时就将古窑遗址嵌入在院落内，并且精心安排了各种以陶艺文化为主题的游客活动。因此，民宿也从最初的住宿型向生活型转变，拓展了乡村的生态和文化价值。特别是将文化作为乡村最重要的传承，融合了村庄。另外，乡土、乡情、乡愁是乡村民宿能够吸引都市人群的灵魂，要以乡土文化促共生。

三、乡村民宿与社区共生的条件：处理好三大关系

共生社区依靠"原乡人、归乡人、新乡人"，注重"乡土味、乡愁味、乡亲味"，实现"有人来、有钱赚、大家干"的氛围，对于破解当前民宿发展"带动性不强、多元融合不够"等难题进行了有益探索。其中，处理好三大关系是重要条件。

（一）处理好政府和社会的关系

一是政府在位，有效有为。政府持续加大政策支持和规划布局，发挥在民宿产业发展方面的指导、引导和监管作用。一是完善乡村基础设施建设，打造美丽自然空间。政府加大投入，完善道路、停车、供排水、供暖等基础设施，提前布局游客接待中心、餐饮、工坊等配套服务设施。同时，加强村庄风貌引导管控，留住乡愁记忆，让游客享受到优美的乡村环境、便捷的基础设施和舒适的活动空间。二是制定地区民宿产业发展的长远规划和用地指导计划以及相应的人才培育计划。三是创造条件，引进金融机构、扶贫机构等多元化融资渠道，助力民宿引领共生社区建设。

二是充分发挥社会力量的作用。要发挥社会资本力量，进行多渠道投资和建设，打造多方共赢的共生发展之路。社会资本的介入是推动民宿引领共生社区建设的重要力量。要发挥民宿企业宣传营销平台的作用，扩大影响力。要支持民宿企业开办培训班、组织民宿实践活动，加快本土人才培养。支持民宿企业创新民宿产业链条，拓宽在地农产品利用和销售渠道。

（二）处理好民宿企业与集体、村民的利益关系

一是要与发展集体经济结合起来。北京集体经济总量很大，但发展很不均衡，目前全市有 900 个年集体经营性收入低于 10 万元的村，主要分布在远郊山区。在发展实践中，村集体要发挥桥梁纽带作用，积极组织成立合作社，引导民宿企业与农户建立完善契约型、分红型、股权型利益联结机制，发展集体经济。

二是要与农民增收结合起来。要创新利益链接机制，通过保底分红、股份合作、利润返还等多种形式，确保农民合理分享产业发展的增值收益，真正让乡村民宿发展成为富民乡村产业，不能富了老板、丢了老乡。

（三）处理好民宿发展与乡村建设的关系

民宿的本质是以文化为核心，以居住为媒介，通过卖生活方式而不是景观，创造流量，点燃一个乡村。因此，民宿与村落之间、与地域之间是融合共生，而不是重建与再造。

一要做足"土味"、做透"农味"，突出乡村格调。按照"做农家像农家，建村庄像村

庄"的原则，留住乡愁记忆。

二要与文化传承结合起来。民宿发展，绿水青山是形，农耕文化是魂。要敢于彰显农村的"土气"，善于利用乡村的"老气"，巧于焕发农民的"生气"，精于融入时代的"朝气"，不断提升民宿产品引领共生社区的文化内涵。

四、民宿引领共生社区发展的建议

民宿就是一粒种子，要引导、推动"单体民宿"与农村集体经济高质量融合发展，形成"民宿经济"，进而实现"社区共生"，在推进共同富裕和乡村振兴中发挥作用。

一是把民宿经济的发展和乡村规划结合起来，为民宿经济提供合法的物理空间。要充分发挥民宿的种子核心作用，在合适的区域，合理规划集体经营性建设用地，建设乡村休闲产业集聚片区，引导农产品加工工坊、乡村文创、绿色餐饮、乡村酒店、研学基地等关联企业集聚，形成完整的乡村休闲经济商圈，产生集群效益，消除"孤岛现象"。

二是把民宿经济的发展和壮大农村集体经济结合起来，为民宿经济嫁接利益连接机制。引导民宿经济的发展走村企合作的道路，消除"富了老板、丢了老乡"的现象。重点支持具有集团化、品牌化运营能力的小微企业进入乡村，与农民专业合作组织建立共生机制，重点扶持培育一批村企合作项目，树立乡村合伙人榜样，在全国起到示范引领作用。允许将支农资金变股金，直接为村集体"输血"，增加集体经济在村企成立合资企业中的股份权重和分红中的比例，引领农村集体经济组织走上滚动式发展的良性轨道。

三是把民宿经济的发展和乡村建设行动结合起来，为民宿经济配套完善的基础设施。在乡村建设行动实施过程中，要充分考虑民宿经济发展的需求。加快配套设施的改造，包括用水用电扩容、规范指路标识、进出道路的拓宽以及加强覆盖、娱乐活动场所建设、夜间亮灯工程等，优先保障民宿集聚村的设施建设。

四是把民宿经济的发展和农村实用人才培训结合起来，为民宿经济培育人力资源。针对民宿服务和村企合作，依托现有的农村实用人才培训体系，鼓励龙头企业、行业协会、产业联盟积极参与，开设民宿管家、村庄运营两个方向的培训课程，分别培训一线的服务人员和村干部，高质量培养符合形势发展的民宿经济专门人才。对企业培训、吸纳当地农民上岗给予补助。

五是把民宿经济的发展和农村"双创"工作结合起来，为民宿经济积聚后备力量。建议在农村"双创"活动中单独设置乡村民宿经济创业创新板块，重点考察联农带农能力、生态发展能力、创意设计能力等，引导更多的社会力量进入民宿经济，为民宿经济的发展提供源源不断的有生力量。

分报告 4：

以农文旅运营的力量助力乡村振兴

站在建党百年的历史坐标上，如何稳固脱贫攻坚成果，实现乡村全面振兴，成为我们党带领全国人民实现民族复兴的重要战场。究竟什么才是乡村持续发展的核心支撑力，哪个环节才是乡村全面振兴的突破口？结合多年实践经验，我越来越坚定地认识到，乡村缺乏可持续发展支撑力的根本原因既不是缺少规划和建设，也不是缺少市场，而是需要专业的产业运营。用一句话总结：乡村振兴的核心在产业，产业振兴的核心在运营。

一、产业运营是乡村持续发展的核心支撑力

在城镇化的突飞猛进中，乡村的空心化愈发严重。农村的留守人员既没有资金也没有市场的思维，无论从体力上、智力上还是观念上，都成了滞后、不具备优势的一群人。例如河南信阳的郝堂村，不到100户人家的村庄，最多的时候能够在一天之内涌入近8万人。可就是在这种情况下，村子的发展依然滞后，为什么？因为村里的人没有能力去做相关的运营和设计，没有办法满足城里人诸多的消费需求。所以，一次大流量的涌入击穿了村庄的软肋，立刻凸显出运营这一环节的重要性。

国家这些年不断投入，很多村庄的基础设施得到明显改善，农村人居环境得到大幅提升。但很多村庄仅仅具有漂亮的外壳，产业没能得到真正发展，农民更是少有机会搭上发展的快车。所以，真正的运营应该不仅能让村庄外表发生变化，更能从内在激活乡村持续发展的动力，实现三产融合，还能让农民参与其中，共享发展成果。

二、产业运营是产业振兴的突破口

产业运营的效果如何，是否真的可以带动产业振兴？拿我们自己运营项目的数据就可以说明问题。

隐居乡里于2015年进入线下，建立了乡村度假运营业务平台，在北京市延庆区下虎叫村建立了第一个精品民宿项目——山楂小院。2018年，隐居乡里在延庆区相关部门的支持下，开办了北方民宿学院，实施乡村经理人计划，全方位为服务乡村培养专业运营人才。五年来，北方民宿学院开展了近1000场民宿服务培训，服务于10万多个中高端游客群，策划过100多场营地活动，解决了当地劳动就业180人，创造总收入超过1亿元。如今，我们已经在北京、河北、陕西、成都、贵州、常州的17个村庄，发展运营150多个由闲置农宅改造的农家度假小院。在运营民宿的基础上，我们还对部分区域展开了共生社区、民宿聚落群等乡村产业高级阶段发展形式的探索，将"共生模式"的优势发挥到更广范围和更高层次。

北京市房山区周口店镇黄山店村过去以工业为主，响应国家政策关停矿山，转型发展。2015年，黄山店村引进隐居乡里机构，采用"乡村建设、企业运营、利益共享、在

地共生"的合作模式,对闲置农宅进行改造,驶入发展民宿产业的快车道。隐居乡里为村内的坡峰岭景区做营销宣传,门票收入额从原先的500多万做到了2017年的850多万,到2019年更是翻番达到1000多万,加上民宿项目,实现游客接待量共40多万人次,为村集体创收2000多万元。2019年,隐居乡里协助招商,为村庄引进了麦子的光芒烘焙坊、香邦芳舍芳香博物馆等项目,丰富了当地配套商业和产业形态。如今的黄山店村,已是"全国文明村镇"、"中国最美休闲乡村"、"全国美丽宜居村庄示范"。

在陕西省秦岭山区的留坝县,隐居乡里为当地策划运营2020年第五届红叶节,疫情之后旅游强势复苏。从2020年10月15日至11月5日,县城所有酒店全部满房,餐厅娱乐等场所持续爆满,各红叶观赏区道路持续堵车。全国除西藏外,所有省份都有游客自驾前来赏秋!据不完全统计,2020年红叶节的游客数量达2019年的2倍以上。在楼房沟精品民宿项目的带动下,当地的张良庙及紫柏山等景区的游客人数从2019年的9100人增长到2020年的26700人,增长率达193%,景区收入从38.47万元增长到135.38万元,增长率达251%。

这就是运营的力量。民宿产业的火爆带动的是全域旅游的兴旺,进而带动的是全域乡村产业的兴旺。从农旅产业的兴旺到三产融合发展,再到乡村人才复兴,就差一个传统村庄与专业化运营体系的距离。所以,乡村振兴需要专业的产业运营,甚至可以称其为产业振兴的突破口。

三、如何实现高质量的专业化运营

首先,在乡村建设的过程中,一定要始终坚持以农民为主体,为农民而建,社会资本用共生的模式进入乡村。运营商通过与集体经济合作,将有效带动全体村民的参与度与积极性,这在乡村治理现代化的发展过程中,越来越凸显出极大的优势。

在河北涞水县南峪村,我们和中国扶贫基金会合作了麻麻花的山坡项目。农民成立合作社,收了15个闲置的农宅,由扶贫基金会投资600万,把农宅打造成民宿,交给我们来运营。很快,我们给农民的分红能够达到一年120多万,帮当地的农民卖蔬菜、卖土特产,能够卖到20多万;给当地农民管家付出的工资能付90多万。仅仅15个小院子,就可以给一个乡村支撑起一年150多万的收益。中国扶贫基金会的秘书长语重心长地跟我说:我没想到你用市场的方法,这么轻而易举地就实现了我多年以来梦寐以求的"授人以鱼,不如授之以渔"的扶贫模式。我从来不讲扶贫,我只是想把大家的价值连接在一起。这样的乡村运营就是真正地为农民而建、以农民为主体。

其次,通过构建三产融合的乡创体系,推动全域旅游升级。

楼房沟民宿位于陕西汉中留坝县小留坝村,是隐居乡里的第十个乡村改造项目,也是我们在陕西的第一个在地共生项目,共有9个由老宅改建而成的民宿院落。目前,已经形成以楼房沟民宿为载体的原乡产业集群。具体发展路径是以楼房沟精品民宿为切入口,形成由民宿衍生的三产融合的乡创体系。我们策划了"爸爸去哪儿"、"红叶节"等活动,带动了人流增长,同时推出了"秦岭年礼"系列产品,助推一二三产业融合发展。通过引进更多的适合乡村的精品业态，最终打造成具有属地 IP 的原乡产业集群。

在项目运行中，我们与各方形成了这样的合作模式：隐居乡里作为运营平台对产品、培训、营销、管理统一运营；村里的合作社负责投资和检修；民宿管家负责餐饮、接待、清洁和维护；政府负责秩序、环卫、保障和应急。我们秉持的合作理念是村企合作各施所长，在地共生多方赢利，打造品牌构建平台。通过培训管家、搭建平台，原乡产业集群在留坝连点成线、连线成面，促成了全域旅游大步前进的良好局面。所以说，产业运营才是乡村振兴的芯片。

从发展效果来看，原乡产业的带动效果明显。以楼房沟为例，2020 年民宿收入为230 万元，农产品销售收入达到 20 万元，较上年收入增长 350%。当年村集体分红为 68万元，项目为当地解决就业 20 人，带动周边经济增长 30 万元。

第三，发展遇阻时需要及时引入新鲜血液，转换思路，转向组织的运营和资源的运营。

在乡村振兴的过程中，并非一帆风顺的，乡村建设也不可能一蹴而就。尽管有一些主体积极探索成了新模式新路径的先驱，积累了先进的发展经验，但也有些项目由于水土不服、经营不善等各种原因，在推进过程中不太顺利，甚至有些项目由于运营不当而遭遇了发展梗阻。

隐居乡里就曾接触过这样的情况：一个自然景观、农业生产、基础设施等各方面条件都还不错的乡村区域，由于缺乏有效的产业运营，一时找不到产业振兴的突破口，更难以实现乡村的全面振兴。我们最近就去了峨眉山的乡村进行调研，当地山村自然景观条件较好，有瀑布、万槽水库、徒步秘境等，政府完善了基础设施，有利于发展民宿，目前也有商户贷款开办农家乐，如映月山庄等，但都属于小打小闹，服务小范围客户。乡村农业项目也有一定的基础，比如当地的茶产业优势较强，梅子每斤价格在 15—20 元，是当地特色产业，另有枇杷、葡萄、苦笋、二荆条、珍笋等农特产品，其中高桥利用高海拔优势发展反季节蔬菜，效益可观，冷水鱼也是地方特色，同时还种植黄白、杜仲等中药材，可谓土地富饶、物产丰富。但可惜的是，由于缺乏运营，村庄自办的民宿和产业发展有限，典型的好酒也怕巷子深，璞玉在乡待发掘。

如果在这样的乡村引入强大的乡村产业运营，通过农文旅项目带动流量，促进三产融合，将会极大地拓展乡村产业发展空间，有效地激活乡村活力。而适合当地产业运营的具体打法非常多样，可以考虑采用多种方式的组合，比如无中生有（即营销故事线）、移花接木（即开展资源整合），以及以小博大（即打造示范项目）等等。产生作用的逻辑就是以农文旅为地产项目引流，反过来通过地产项目为农文旅赋能。

当这样的村庄转换运营思路，走上三产融合、IP 引领、全域旅游升级的发展道路，不知道会创造出怎样的发展奇迹？我们拭目以待。

分报告 5:

怀柔区渤海镇洞台村调研情况

——井邻·暖山小筑

2021 年 2 月 25 日，在全国脱贫攻坚总结表彰大会上，习近平总书记宣告我国脱贫攻坚战取得全面胜利，当日下午，国家乡村振兴局正式挂牌成立，这标志着"三农"工作重心从脱贫攻坚转移到了乡村振兴。党的十九大报告正式提出乡村振兴战略，要求"按照产业兴旺、生态宜居、乡风文明、治理有效、生活富裕"的总要求，加快推进农业农村现代化。北京市怀柔区渤海镇洞台村井邻项目就是对国家乡村振兴战略的践行，该项目不仅可以激发当地农民的内生发展动力，而且对当地农民增收，农村面貌改建起到重要作用。

一、洞台村现状与企业家背景

洞台村共有 300 多户，700 多口人，目前村内有几家自己经营的农家乐性质的民宿。在调研过程中，看到几家农户正在翻新房屋用来经营民宿。企业家石晶对农业有天然的热爱，以及自身对安全食品的需求，萌生了把农业与互联网结合在一起的念头，后经营了几家农场，又将业务拓展到餐饮行业。由于政策和村中自然环境的双重吸引，石晶决定在洞台村进行投资，并向村内交付卫生费、物业费、管理协调费（每年 6 万）、水费等，租赁废旧校舍并一次性交付租金，与当地镇联社采取按比例二八分红，镇联社抽成 20%。

企业家石晶做餐饮起步，在市内经营着三家餐厅。2018 年，石晶从在当地政府工作的同学处得知北京市盘活农村闲置集体建设用地试点的消息，抓住机会，租赁了洞台村时长 40 年近 40 亩的土地，其中有 3 亩民宿用地（宅基地）、10 亩建设用地（学校），还包括园地性质的土地，用于露营的帐篷营地、休闲娱乐场地，以及村内的 6 套农宅（经管站签的合同）。井邻在原先洞台村小学的基础之上，通过对废旧校舍的改造，打造一个乡创空间，为金融投资公司、少儿教育、布衣、陶艺、体育、摄影等搭建一个平台，目前已经入驻了十家左右，井邻主要负责餐饮服务以及周遭环境的建设营造，乡创空间为井邻注入人文气息，吸引北京市民前来休闲娱乐，两者相辅相成，也为洞台村村民的增收带来了利好。

二、井邻项目简介

八家为一井，三井为一邻，故取名"井邻"。企业家石晶旨在以洞台村为载体，将井邻打造成一个集自由、多元、创新于一体的乡村文化生活社群空间，探索未来可持续生活方式。

井邻乡创空间包含 30 个跨界品牌，经过长效运营，旨在共同打造"美丽乡村——美丽经济"。文创空间包括井邻艺术工坊、樊登读书会、咖啡工坊、金目摄影工作室、高老师的陶空间、乡村生活美学创意工作室（北服）、二木茶文化、制衣染色工坊、天文小院、四大博物馆。休闲生活微度假包括琳琳餐厅、井邻三克佳映、栗林酒吧、井邻小院儿、乡村市集（绿光）。农业、科技与教育包括垂直农业实验室、cooking school、小恒厨房、四脚兽少儿营地、青青部落树屋营地、魔力自然教育、亲子乐园、采摘园、二产加工及半成品（餐饮半成品）、栗子衍生品、手作香肠、自制果酒。共享办公包括智米共享办公空间、北京农村农业局产业处乡创基地、北京休闲行业协会乡村基地、蓝海咨询乡村学院、井邻设计工作室。社群空间为乐邻合伙人。

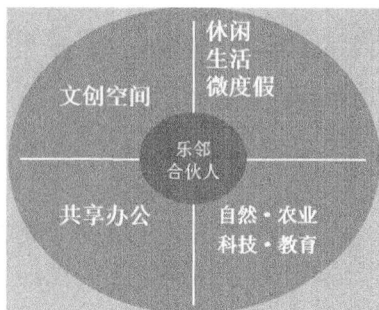

图 1　井邻乡创空间

三、井邻与洞台村面临的机遇与挑战

近年来，市场是推动乡村建设和发展的一支重要力量，然而，"资本下乡"同样面临"外来性"的困境。"资本下乡"无疑为乡村带来了发展机遇，丰富了农村发展的资源。但是，"外来"资本在"下乡"过程中与乡土社会互动不畅，常常遭受到来自乡村社会的抵制。井邻项目在进驻洞台村的过程中也出现过"资本"与村民的矛盾问题：井邻的建设发展必然会影响到当地村民的一些利益，例如施工过程中的噪音扰民、粉尘污染、道路障碍等。但在村委的大力支持下，合理化解了外来社会资本与当地村民之间的矛盾。站在村委会的角度，要充分发挥村委会的纽带作用，合理化解企业与村民之间的关系；站在企业的角度，要遵循乡村治理的原则，做好与村委会的对接工作，搭好乡贤以及村中能人这座桥梁，才能有效化解诸多与村民之间不必要的矛盾，事实证明依靠本地"经纪人"可以有效地帮助外来资本嵌入当地社会。

四、共生环境分析：井邻项目发展的基本条件

首先，就政策环境而言，乡村休闲旅游逐渐被定位为推动乡村发展的重要路径。不管是中央还是地方，各级政府长期以来一直鼓励和支持乡村休闲旅游的发展，出台了大量促进乡村旅游的政策。早在 2006 年，国家旅游局就出台了《关于促进农村旅游发展的指导意见》，要求各级党委和政府"加大对农村旅游发展的扶持力度"。近年来，与乡村旅游有关的政策密集出台，如《促进乡村旅游发展提质升级行动方案（2018 年—2020 年）》《关于促进乡村旅游可持续发展的指导意见》等。然而，从市场环境来看，随着人们生活水平的提高以及生活节奏的加快，越来越多的都市居民选择到乡村来休闲放松，城市居民成为

乡村旅游的主要客源。洞台村距京承高速 1 号入口全程 72.1 公里，驾车约 1.5 小时，有旅游快速通道贯穿其间，交通便利，乡村休闲旅游的潜在市场巨大。最后，从自然环境来看，洞台村具备发展休闲旅游业的一些基本条件。地形上，地处北京市山前暖带地区，四面环山，以西北高山为绿色屏障；旅游资源上，位于长城脚下，响水湖畔，自然风光优美，旅游资源丰富，周边林木茂密，百年栗林随处可见，因此可以吸引大量北京游客前来观光休假。

五、洞台村村民个体经营的主体性优势

乡村振兴战略的实现需要明确农民的主体性地位，乡村振兴是为了农民，由农民做主，让农民获益。尊重农民的主体性地位，是乡村建设的基本原则。只有尊重农民的主体性，才能激发他们参与发展的积极性。

洞台村在发展乡村旅游的过程中之所以选择尊重和发挥村民的主体性作用，主要在于村民个体家庭经营具有以下优势：其一，村民参与乡村旅游发展可以有效地激活村民的闲置资源（如空置的房间、多余的蔬菜等），解决一部分村民的就业问题，从而增加农民的收入。其二，家庭经营有利于村民结合自己及家庭的实际情况，提供不同形式和层次的乡村旅游产品和服务。其三，本地村民参与经营可以最大限度地保证乡土性。家庭经营以村民自己居住和生活的空间为载体，能满足不少"下乡市民"体验乡村院落生活的需求，从而达到感受乡村亲和力、缓释城市疏离感的效果。其四，乡村旅游具有季节性和假日性，家庭经营能够适应季节性度假的特征，经营起来比较灵活，进入和退出市场成本也相对较低。

六、井邻与洞台村村民的互惠共赢

相对于以往洞台村的生产经营模式，井邻的到来为其注入了活力，井邻与洞台村村民的互惠共赢模式具有巨大的优势。首先，在休闲旅游共生环境的开发与营造过程中，井邻能为村庄建设带来便利，而村民一方面为井邻提供充足的劳动力，另一方面通过融入项目建设，使乡村休闲旅游发展增添乡土性。其次，在乡村休闲旅游经营过程中，井邻与洞台村村民具有互补性，这成为互惠共赢模式的前提。井邻可以为洞台村带来大量的客源，而洞台村村民则有助于弥补井邻在乡土性服务方面的不足。最后，诸如农家乐和民宿等形式的村民个体经营生产，提供了新的旅游产品，满足了周边城市游客的多元化需求。综上所述，井邻与洞台村村民相互补充、共同发展，不仅有利于井邻的发展壮大，也增加了村民的收益，提高了他们的生活水平。

七、井邻与洞台村村民共同践行乡村振兴的机制

通过对井邻项目发展洞台村乡村休闲旅游，促进当地乡村振兴的实践分析发现，其取得成效的关键在于有效地协调了井邻与村民之间的关系，使双方相互补充、相互促进，在互动过程中形塑了一种互惠共赢的关系。通过田野调查发现主要依赖于以下机制：价值共

享机制、利益联结机制、分层运营机制以及组织协调机制。其中，价值共享机制使得井邻与洞台村村民共享一套致富的价值体系，井邻以洞台村为载体，吸引外来游客实现营收，村民利用客源经营旅游消费衍生品实现增收，这成为双方互惠共赢关系形成的价值基础。利益联结机制将井邻与洞台村村民的利益捆绑在一起，形成利益共同体，使双方合作有了现实基础。分层运营机制让井邻与洞台村村民在具体的运营过程中针对不同的目标市场，这不仅有利于避免双方之间的冲突和竞争，而且还能够促进双方的互动与合作。组织协调机制促使井邻与洞台村村民紧密联系在一起，双方通过村委会这一联结中介实现了信息沟通、资源整合以及关系协调。

八、发展经验

社会资本具有引致效应。一家有丰富社会网络关系的企业进入乡村，可以引致多家不同业态的社会企业跟随进入。企业家可以凭借自身的关系网络或个人魅力吸引多种不同类型的企业或个体经营者来到乡村，从而激活乡村活力。

村委支持，合理化解外来社会资本与当地村民之间的矛盾。井邻的建设发展必然会影响到当地村民的一些利益，一方面，要充分发挥村委会的纽带作用，合理化解企业与村民之间的关系；另一方面，企业要遵循乡村治理的原则，做好与村委会的对接工作，搭好乡贤以及村中能人这座桥梁，才能有效化解诸多与村民之间不必要的矛盾。

进入乡村的企业家都是在某一方面具有丰富的行业经验。例如井邻的石晶具有多年的餐饮经营经验，老马回乡的马永红拥有丰富的建筑工程经验，石光长城的贺玉玲拥有丰富的餐饮经营经验。可能是这些丰富的行业经验让这些企业家拥有敏锐的投资眼光及魄力。

多数进入乡村的企业家具有乡土情怀。无论是井邻的石晶、老马回乡的马永红、石光长城的贺玉玲、庙上村的田坤都是本县人，对于家乡的熟悉与热爱可能是他们敢于投资乡村的一个原因。

九、调研总结

城郊乡村发展休闲旅游业，是践行"绿水青山就是金山银山"的发展理念，实现巩固脱贫攻坚成果同乡村振兴有效衔接的重要途径，对于加速农村经济社会发展、转变农村生产生活方式、带动村民创业就业、实现共同富裕都具有重要作用。在乡村振兴过程中，基层政府应该充分重视和激活农民的主体性作用，农民理应是乡村振兴的参与者和受益者。洞台村乡村休闲旅游的发展实践表明，在井邻所带来的外来资本的基础条件上，村民个体可以结合自身优势加快发展，实现增收。

课题负责人：刘军萍
课题组组长：陈奕捷
课题组成员：陈奕捷、李敏、张佰明、李婧、王翊嘉、赵晨、陈建周

北京市稳定蔬菜生产措施研究

保障蔬菜供应是大都市经济发展和社会稳定的前提。北京作为超大城市，蔬菜是北京"菜篮子"产品的重要组成部分，满足居民对蔬菜的需求始终是"菜篮子工程"的重要内容。习近平总书记多次强调，中国人的饭碗任何时候都要牢牢端在自己手上。在2020年防控新冠肺炎疫情时，一些地方农产品生产运输销售受阻，给居民生活必需品供应带来较大影响。党中央、国务院对此高度重视，北京市委、市政府关注首都在各种环境下的重要农产品供应风险，提出全力抓好"米袋子""菜篮子"重要农产品稳产保供，到2025年，全市蔬菜自给率提升至20%等目标要求。蔬菜在北京农业生产中具有重要地位，蔬菜生产除了具有增加蔬菜供应的功能之外，还具有资源环境和生态功能、休闲观光和传统文化传承等功能，因此，针对北京作为超大城市的稳定蔬菜生产的研究，对构建合理的北京稳定蔬菜生产体系，保持经济社会稳定发展具有重要意义。

本研究在对北京市自产蔬菜的地位、北京市稳定蔬菜生产的成就等内容进行梳理的基础上，系统分析北京蔬菜生产的现状与特征、稳定蔬菜生产的具体做法以及北京蔬菜生产的优势和面临的问题，最后，提出稳定北京蔬菜生产的发展思路，可为大城市蔬菜产业发展政策制定提供决策参考。从短期来看实现蔬菜稳定生产需采取哪些措施，长期来看，对如何探索建立科学的超大城市蔬菜生产路径，确保实现"十四五"北京稳定蔬菜生产的目标提供理论支撑和具体可操作的政策建议。

一、北京市居民蔬菜消费需求及自产蔬菜的地位

（一）北京市蔬菜消费变化情况

北京市蔬菜人均消费量呈现先下降后上升的趋势。2010年到2020年北京市蔬菜及菜制品的人均消费量整体呈现先下降后上升的趋势，在2015年和2016年呈现低值，人均消费量分别为91.00公斤和92.70公斤，到2018年、2019年、2020年呈现较高值，分别为106.30公斤、114.90公斤、122.70公斤。

北京市蔬菜家庭消费由单一化向多元化与特色化发展。过去，由于北方的气候条件限制，加之交通条件的限制，南方菜运送到北京比较困难，北京市居民的蔬菜消费主要以大白菜、萝卜等为主，但现在，北京市面上的蔬菜种类大大增加，消费者开始购买

各种各样的蔬菜。造成蔬菜消费特点变化的原因有三个：一是因为交通设施的逐渐完善以及运输技术的提高，大量的南方菜进入北京市场，大大丰富了北京市居民的菜篮子；二是因为随着北京市人民生活水平的提高，居民可支配收入提高，消费能力也相比以前有了较大幅度的提高，虽然进京的南方菜价格相对北方常见蔬菜较高，但是仍然有着很好的销路；三是消费能力的提高带动了北京居民消费习惯的转变。居民食品消费早已不再停留在"温饱"的层面，而是开始追求生活质量。独特、营养丰富的蔬菜开始为消费者认知与接受。上述三点原因导致消费者的蔬菜消费结构向多元化与特色化转变。

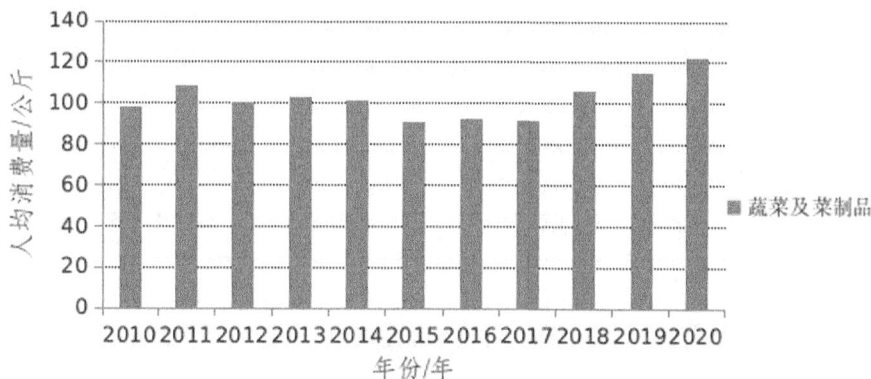

图1—1　2010—2020年北京市蔬菜人均消费量

（二）北京市蔬菜自给率变化情况

1.蔬菜自给率的概念

蔬菜自给能力是指某一区域蔬菜产量满足常住居民消费需求的程度，用蔬菜自给率来表示。

$$R（\%）=Y×（1-C）/（P×Q×D）×100\%$$

其中，R为蔬菜自给率，Y为蔬菜产量，P为某地区常住人口，C为蔬菜损耗率，Q为每人每天的蔬菜需求量，D为1年的天数（取365d）。

2.北京市蔬菜自给率的计算

（1）Y：蔬菜总产量，由北京统计年鉴数据得到。

（2）P：北京市常住人口，由北京统计年鉴数据得到。

（3）Q：每人每天的蔬菜需求量，目前学术界、产业界以及相关政府部门对北京市蔬菜消费情况的统计、测算结果差异较大，较为主流的观点有两类：一是据北京市农业局统计，得到各年的北京人均蔬菜消费量；二是北京市场统计中心测算，北京市人均蔬菜消费量为1kg/d。

（4）C：蔬菜损耗率，由于蔬菜品种特性不一样、损耗率也不一样，而北京市蔬菜品种以叶菜类居多，本研究参考叶菜类（大白菜）的损耗率，取36%，详见下表。

表1—1　北京市蔬菜损耗率

田间到市场的损耗率	市场到零售市场的损耗率	零售市场到餐桌的损耗率	合计
15%	10%	11%	36%

根据 Q 的两种不同赋值，对北京市蔬菜的自给率采取了两种不同方法进行了测算。

方法一：根据近两年北京市农业局对居民、餐厅、高校以及各级市场蔬菜消费、流转、浪费情况的调研，北京市人均蔬菜消费量接近 1kg/d，该数据也得到了北京市价格监测中心典型调研的印证。方法二：采用北京市人均蔬菜消费量 1kg/d 的观点。

计算后如下表：

表1—2　2010—2020 年北京市蔬菜自给率（方法一）

年份	Y：产量（万吨）	C：蔬菜总损耗率	P：常住人口（万人）	Q：每人每天蔬菜需求量（kg/人/天）	D：1 年的天数	蔬菜自给率
2010	302.9822	36%	1961.9	1.0	365	27.08%
2011	296.8701	36%	2023.8	1.0	365	25.72%
2012	279.902	36%	2077.5	1.0	365	23.62%
2013	266.8593	36%	2125.4	1.0	365	22.02%
2014	236.1635	36%	2171.1	1.0	365	19.07%
2015	205.1447	36%	2188.3	1.0	365	16.44%
2016	183.5771	36%	2195.4	1.0	365	14.66%
2017	156.82	36%	2194.4	1.0	365	12.53%
2018	130.5512	36%	2191.7	1.0	365	10.44%
2019	111.45341	36%	2190.1	1.0	365	8.92%
2020	137.89	36%	2189.0	1.0	365	11.05%

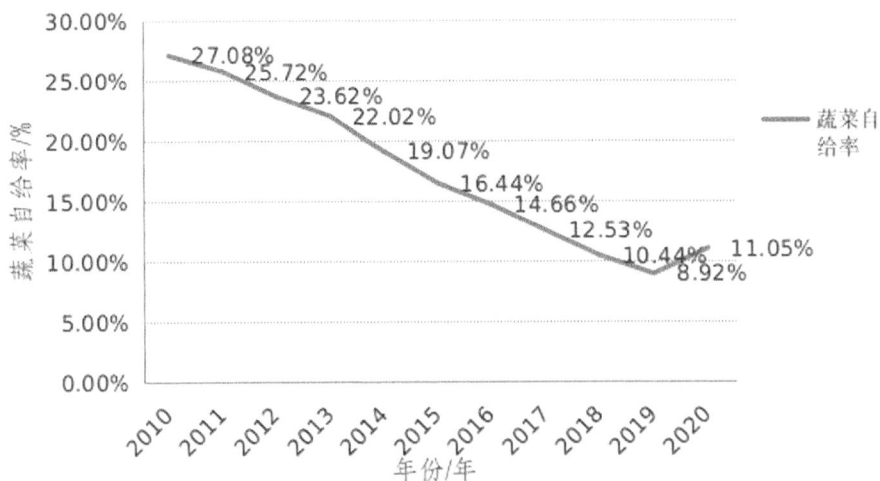

图1—2　2010—2020 年蔬菜自给率变化情况（方法一）

　　方法二：据北京市农业局统计发布的数据，年人均蔬菜消费量/365，得到人均日蔬菜消费量。在此种计算中，考虑到在京消费蔬菜的流动人口情况，P 的数值按照常住人口 +650 万来展开计算。结果如下：

表 1—3　2010—2020 年北京市蔬菜自给率（方法二）

年份	Y：产量（万吨）	C：蔬菜总损耗率	P：常住人口（万人）	Q：每人每天蔬菜需求量（kg/人/天）	D：1 年的天数	蔬菜自给率
2010	302.9822	36%	2611.9	0.27	365	75.83%
2011	296.8701	36%	2673.8	0.30	365	65.19%
2012	279.902	36%	2727.5	0.28	365	65.35%
2013	266.8593	36%	2775.4	0.28	365	59.86%
2014	236.1635	36%	2821.1	0.28	365	52.63%
2015	205.1447	36%	2838.3	0.25	365	50.83%
2016	183.5771	36%	2845.4	0.25	365	44.55%
2017	156.82	36%	2844.4	0.25	365	38.40%
2018	130.5512	36%	2841.7	0.29	365	27.66%
2019	111.45341	36%	2840.1	0.31	365	21.86%
2020	137.89	36%	2839	0.34	365	25.33%

图 1—3　2010—2020 年蔬菜自给率变化情况（方法二）

　　可以看出，虽然根据两种不同方法测算出的北京市蔬菜自给率数值有所不同，但其变化趋势非常一致，都是从 2010 年一路下降至 2019 年最低点，到 2020 年有所反弹。

二、北京市稳定蔬菜生产的成就

（一）国内蔬菜市场保供稳价政策

国家主要通过实施一系列"菜篮子"工程，为我国蔬菜市场保供稳价奠定基础；建立健全北方大城市冬春蔬菜储备制度，致力于调节蔬菜市场供应季节性和区域性矛盾；建立健全蔬菜等重要民生商品保供稳价应急机制，用以缓解灾害天气等突发事件期间市场异常情况。

1. "菜篮子"工程为我国蔬菜市场保供稳价奠定基础

党中央、国务院历来高度重视蔬菜生产和市场供应工作，早在 1988 年我国便开始实施"菜篮子"工程。其中，第一阶段（1988—1993 年）首次提出"菜篮子"市长负责制，重点解决了蔬菜等农副食品市场供应短缺问题；第二阶段（1995—1999 年）扩大"菜篮子"工程实施范围，重点推行实施蔬菜等农副食品生产设施化、多产化、规模化；第三阶段（1999—2009 年）是我国蔬菜生产快速发展阶段，也是"菜篮子"工程全面向质量层面发展阶段，蔬菜基本进入无公害产品时期；第四阶段（2010 年至今）着重解决蔬菜等农副食品生产流通体制机制问题。

经过三十多年的"菜篮子"工程建设，我国蔬菜产量大幅增长，品种日益丰富，质量不断改善，市场流通体系逐步完善，为蔬菜市场保供稳价打下了坚实基础。据联合国粮农组织（FAO）统计数据口径，我国蔬菜产量占全球比重由 1988 年的 26.7% 提升至 2019 年的 52%，远超第二名的印度（2019 年占比 11.7%，下同）和第三名的美国（2.7%）；人均蔬菜产量是全球平均、印度及美国的 3 倍以上。农业农村部数据显示：我国蔬菜（田头）产量由 2000 年的 4.45 亿吨提升至 2020 年的 7.22 亿吨，增幅 62.5%;2020 年蔬菜商品产量为 5.5 亿吨。其中，鲜食消费、加工消费22、其他消费33分别为 2.27 亿吨、1.24 亿吨、0.60 亿吨；经测算，人均每天蔬菜可供消费量约 0.68 公斤（鲜食蔬菜 0.44 公斤＋加工蔬菜 0.24 公斤），完全满足 0.3—0.5 公斤／天的合理摄入量。

2. 建立健全北方大城市冬春蔬菜储备制度

冬春两季是我国北方地区蔬菜生产淡季，为保障冬春蔬菜市场供应和价格基本稳定，2011 年开始国家要求北方大城市（城区人口百万以上）建立冬春蔬菜储备制度。该项制度实施以来，对保障元旦、春节、全国"两会"和灾害天气期间北方大城市乃至全国蔬菜市场的平稳运行发挥了重要作用，使广大群众特别是中低收入群体得到了实惠，已经成为城市政府的一项重要惠民工程。正如前所述，2011 年起国内蔬菜价格上涨年份中，年度价格涨幅基本稳定在 10% 以内，半数年份甚至在 5% 以内。另据监测显示，2011—2015 年北方地区（15 个省区市）蔬菜年均价格比全国平均水平低 4%—9% 不等，2016—2020 年比全国平均水平低 9%—12% 不等。

3. 灾害天气等突发事件期间启动保供稳价应急机制

随着我国"菜篮子"工程推进，国家及各地政府已陆续建立健全蔬菜等重要民生商品保供稳价应急机制，用以应对灾害天气等突发事件期间市场异常，保障"菜篮子"商品市场供应，维护城乡居民生活安定和社会稳定。如国家层面制定了《全国生活必需品市场供应应急预案》《应对市场价格异常波动价格工作预案》《非常时期落实价格干预措施和紧急措施暂行办法》等有关政策法规。

经过多年实践和经验积累，重要民生商品保供稳价应急机制总体上减轻了灾害天气等特殊时期蔬菜价格异动幅度，也促进了灾后菜价能够快速恢复至正常水平，降低了突发事件对居民生活的影响。如 2020 年突发新冠肺炎疫情，全国各地根据疫情实际形势启动重要民生商品及防疫物资应急保供稳价预案，保障了全年蔬菜等商品价格总体稳定。监测显示：2020 年 36 个大中城市蔬菜年度零售均价涨幅仅为 4.3%。特别是在武汉"封城"期间（1 月 23 日至 4 月 8 日），国家和当地政府制定并启动多项抗疫措施。其中，在稳定物价方面，通过搞特价、扩仓储、发补贴等多种手段，确保市民买得到、买得起。

（二）北京市蔬菜生产的发展阶段

北京市蔬菜生产的发展历史大概分为以下四个阶段：

第一阶段，1978—1987 年，面积和产量处于缓慢上升阶段，北京蔬菜生产属于恢复阶段。

第二阶段，1988—2002 年，面积和产量呈现快速上升趋势，主要是 1988 年开始实施的"菜篮子"工程显著促进了北京蔬菜产业的发展。

第三阶段，2003—2006 年，北京蔬菜播种面积和产量均出现下降趋势，主要是外地蔬菜大量进入北京和蔬菜产业内部优化升级。

第四阶段，自 2007 年后，面积和产量的下降开始趋缓，这与基本菜田的保护管理、"菜篮子"优级标准化基地增加和"三百工程"的持续实施密切相关。随着 2015 年《北京市基本菜田蔬菜生产补贴办法》出台，北京市蔬菜生产下降趋缓。说明北京市蔬菜生产由保证数量需求向提高质量、保证安全方向转变，由粗放型向效益型方向转变，蔬菜附加值日益提高。

自 2019 年以来，中央财政坚持底线，实施了一系列强农惠农政策，支持保障我国粮食、蔬菜、生猪等重要农产品的有效供给。特别是新冠肺炎疫情暴发以来，中央财政在抓好疫情防控的同时，积极促进农业生产发展，有序推进全产业链复工复产，为我国"米袋子""菜篮子"等重要农产品稳产保供提供了有力支撑。

为加强统筹谋划和组织调度，北京市农业农村局成立了市委农工委、市农业农村局"菜篮子"稳产保供工作专班，研究制定工作方案，明确工作职责和分工，印发了《积极应对新冠肺炎疫情抓好"菜篮子"稳产保供和春耕备耕工作的指导意见》《2020 年北京市小麦春管和玉米春播技术意见》等多个文件，多次召开调度会议，指导各区组织生产主体尽快恢复生产，认真抓好春耕备耕，为夺取全年农业丰收提供有力支撑。

2020 年，为有效支持蔬菜产业健康有序发展，进一步提升并稳定本区蔬菜生产面积，增加绿色优质蔬菜产量，全面提高蔬菜产业土地产出率、劳动生产率、资源利用率，提高北京市蔬菜产量和质量安全水平，印发《北京市农业农村局 北京市财政局关于促进设施农业绿色高效发展的指导意见》（京政农发〔2020〕157 号），并召开了市级"菜篮子"市长负责制考核工作联席会议，安排部署相关工作，并完善"菜篮子"区长负责制考核办法、指标解释等工作。

为落实《北京市农业农村局　北京市财政局关于促进设施农业绿色高效发展的指导意见》（京政农发〔2020〕157号），进一步提升并稳定本市蔬菜生产面积，增加绿色优质蔬菜产量，印发了《2020年北京市菜田补贴实施办法》，要求紧紧围绕绿色高效这条主线，切实增面积、提产能、优结构、促质量，力争用五年时间，使全市蔬菜生产面积达到50万亩以上，总产量达到220万吨以上，蔬菜自给率提升到20%以上，设施农业机械化水平达到60%以上，土地产出率、劳动生产率、资源利用率水平明显提升，培育一批"菜把式""田状元"等高素质职业农民，培养一批爱农业、懂科技、会管理的新时代农民企业家，打造一批叫得响、卖得好的本地蔬菜产品品牌，显著提升设施农业质量效益和竞争力。

三、北京市蔬菜生产的现状及特点

（一）蔬菜生产的基本特征

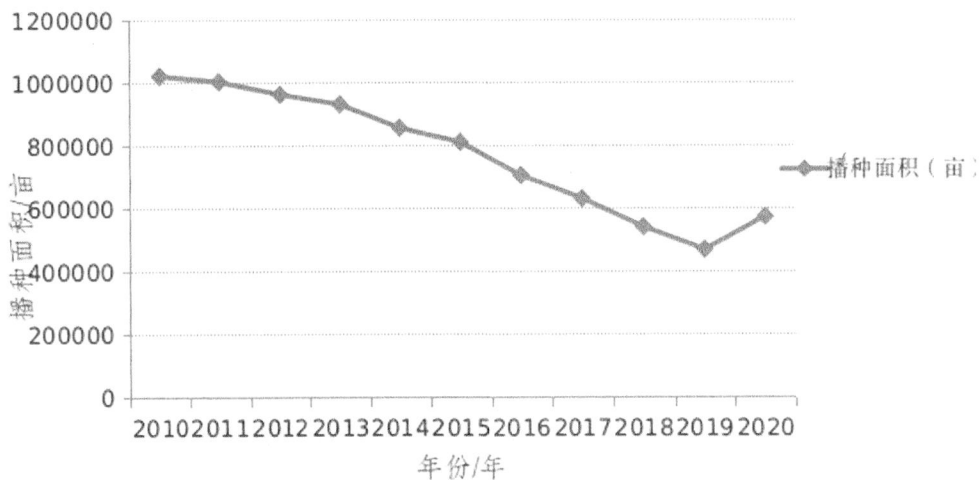

图3—1　2010—2020年北京市蔬菜播种面积变化情况

1. 蔬菜播种面积变化趋势

从北京市蔬菜播种面积的变化情况来看，北京市蔬菜播种面积从2010年到2020年总体有波动趋势，其中，2010年到2019年播种面积呈现逐步下降趋势，下降幅度较大，播种面积从102.00万亩降低到47万亩。

2019年到2020年略有上升趋势，2020年达到近57万亩，产量超过130万吨，比2019年增长20%以上，扭转了蔬菜生产连续多年下滑的局面。

2. 蔬菜总产量变化趋势

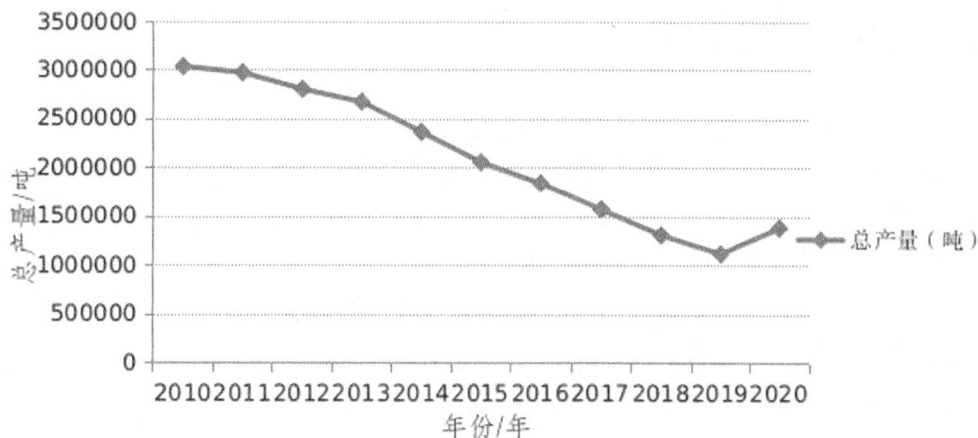

图 3—2　2010—2020 年北京市蔬菜总产量变化情况

从北京市蔬菜总产量的变化情况来看，北京市蔬菜总产量从 2010 年到 2020 年整体呈先下降后上升的趋势，其中，2010 年到 2019 年呈逐渐下降的趋势，蔬菜总产量从 303.0 万吨降低到 111.5 万吨，主要受到蔬菜总体面积缩减的影响，说明播种面积所代表的土地要素是影响蔬菜产量的一个重要因素；2019 年到 2020 年，蔬菜总产量呈逐渐上升趋势，由 111.5 万吨增长到 137.9 万吨。

3. 蔬菜亩产变化趋势

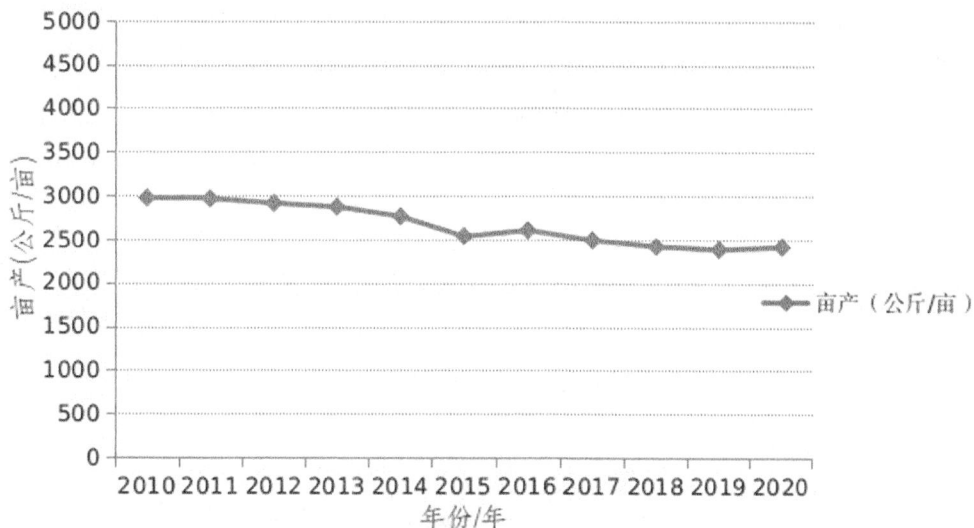

图 3—3　2010—2020 年北京市蔬菜亩产变化情况

从北京市蔬菜亩产的变化情况来看，北京市蔬菜亩产变化从 2010 年到 2020 年整体变化不大。其中，2010 年到 2015 年，受到蔬菜总体面积缩减的影响，蔬菜亩产呈略有下降趋势，从 2970.4 公斤／亩降低到 2532.7 公斤／亩；2016 年到 2020 年，蔬菜亩产基本变化不大，维持在 2460 公斤 / 亩左右。这主要是由于采用新技术和新模式而使单位面积产量维持稳定。

（二）蔬菜生产的品种特征

北京目前种植的蔬菜骨干品种达 300 多个，将各蔬菜品种按大类来分（表 3—1），可分为 8 大类：叶菜类、瓜菜类、根茎类、茄果类、葱蒜类、菜用豆类、水生蔬菜类、食用菌类。北京适宜的气候条件和配套的设施条件使蔬菜主要品种做到了春秋品种配套，早、中、晚熟配套，形成了周年生产、周年供应。在提高品种和产量的同时，也引进了大量特菜新品种，大大丰富了首都蔬菜品种的多样性。

表 3—1　8 大类蔬菜的主要蔬菜种类

叶菜类	瓜菜类	根茎类	茄果类	葱蒜类	菜用豆类	水生蔬菜类	食用菌类
大白菜	黄瓜	萝卜	番茄	大葱	菜豆	莲藕	香菇
普通白菜	冬瓜	胡萝卜	辣椒	韭菜	豇豆	慈菇	平菇
结球甘蓝	南瓜	土豆	茄子	大蒜	—	荸荠	双孢菇
生菜	西葫芦	莴笋	—	葱头	—	—	—
芹菜	—	—	—	—	—	—	—

可以看出，北京蔬菜种植品种以叶菜类、瓜菜类品种最多，这与北京市居民饮食结构息息相关，随着人们对饮食健康的关注，对蔬菜的新鲜程度、口感和安全性要求更高，叶菜类、茄果类相对于其他品种属于不耐储存品种，对流通时间和条件要求较高，北京郊区倾向于种植这些相对不耐储存蔬菜提供给市区，一些耐储存的蔬菜可以考虑依赖外省的供应。

（三）蔬菜生产的地区特征

1. 北京市各区蔬菜播种面积变化情况

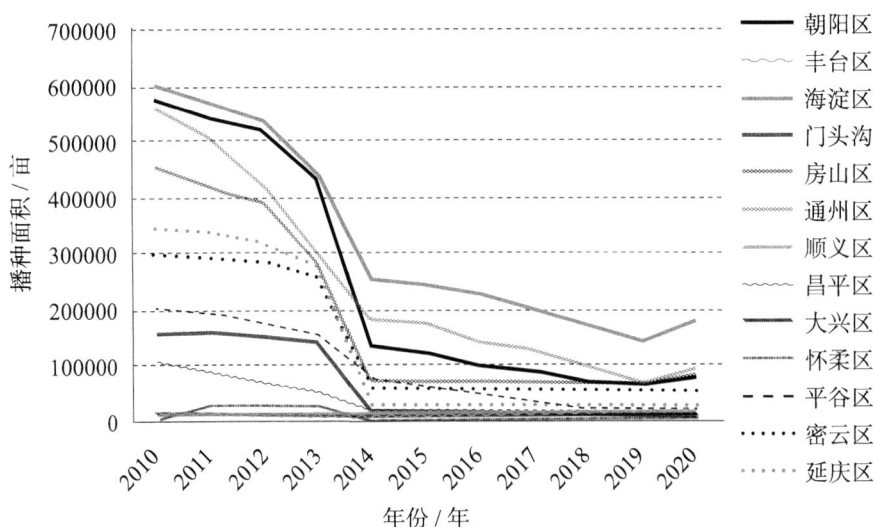

图 3—4　2010—2020 年北京市蔬菜播种面积变化情况

2. 北京市各区蔬菜总产量变化情况

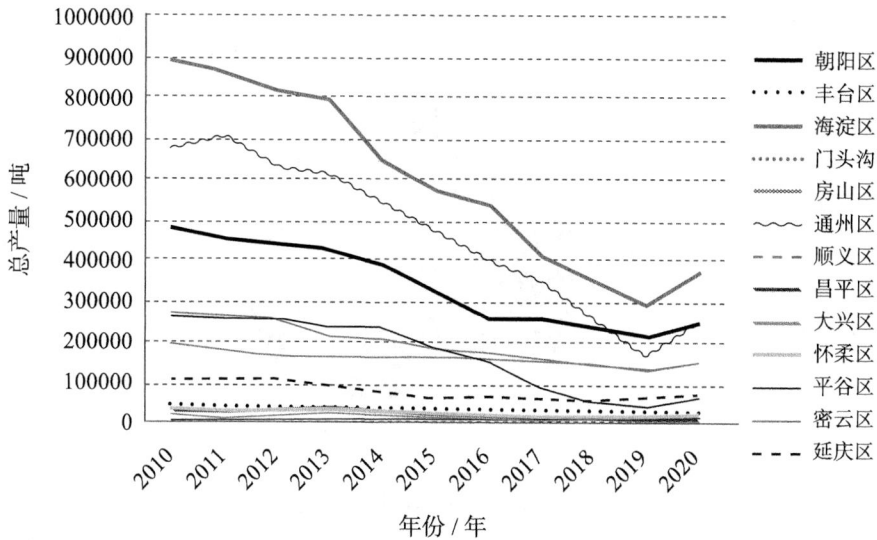

图 3—5　2010—2020 年北京市蔬菜总产量变化情况

从北京市蔬菜播种面积和蔬菜总产量的变化情况来看，北京市各区蔬菜播种面积和总产量最高的为大兴区，其次为通州、顺义、密云、房山、平谷、延庆，这些区域是北京市蔬菜的主产区。

（四）蔬菜生产的技术特征

1. 蔬菜生产的技术结构

蔬菜生产的技术结构，共分为露地菜田、设施农业、水生菜田三种技术类型，其中，露地菜田和设施农业的种植面积占比较大。

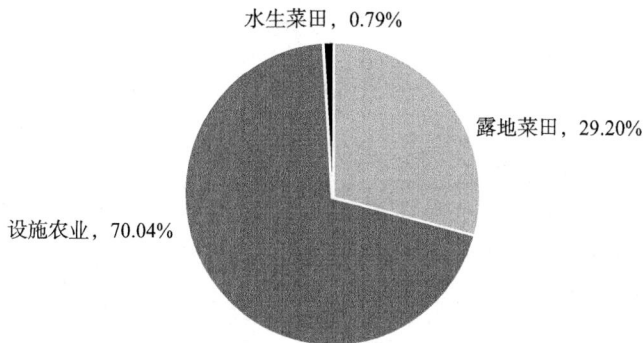

图 3—6　北京市蔬菜生产种植类型分布

2020年，北京市菜田种植面积最大的是设施农业，占比70.04%；其次为露地菜田，占比29.20%；面积最小的是水生菜田，占比为0.79%。

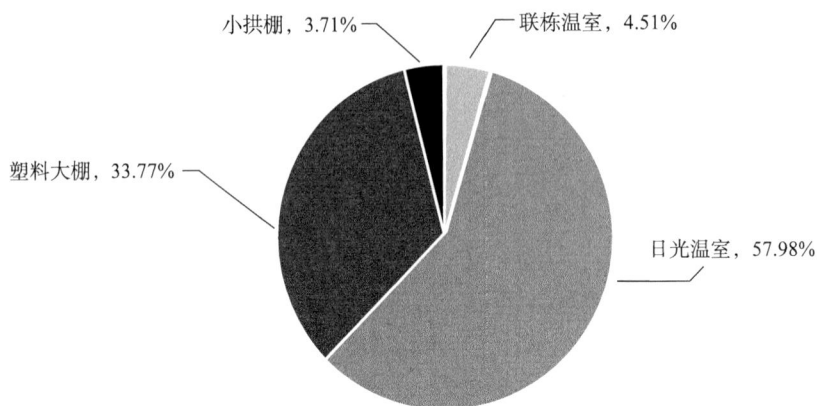

图3—7　北京市设施农业类型分布

2020年，北京市设施农业中以日光温室为主，占比57.98%；其次为塑料大棚，占比33.77%；连栋温室占比4.51%；小拱棚最少，占比3.71%。

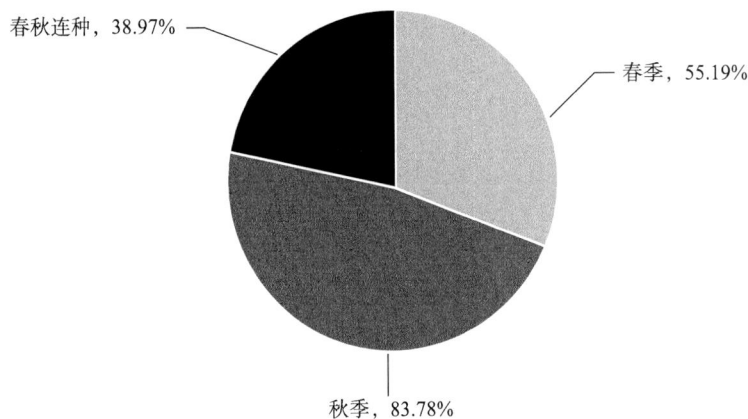

图3—8　北京市露地菜田类型分布

北京市露地菜田中以秋季菜田为主，占比83.78%；其次为春季菜田，占比55.19%；春秋连种菜田最少，占比38.97%。

由此可见，北京市逐渐采用设施蔬菜种植，在设施蔬菜中比较倾向于日光温室和塑料大棚，这两种设施技术的应用对中小棚设施技术采用率相对较低。

2.蔬菜（包括食用菌）的设施种植的变化趋势

（1）设施农业的播种面积变化情况

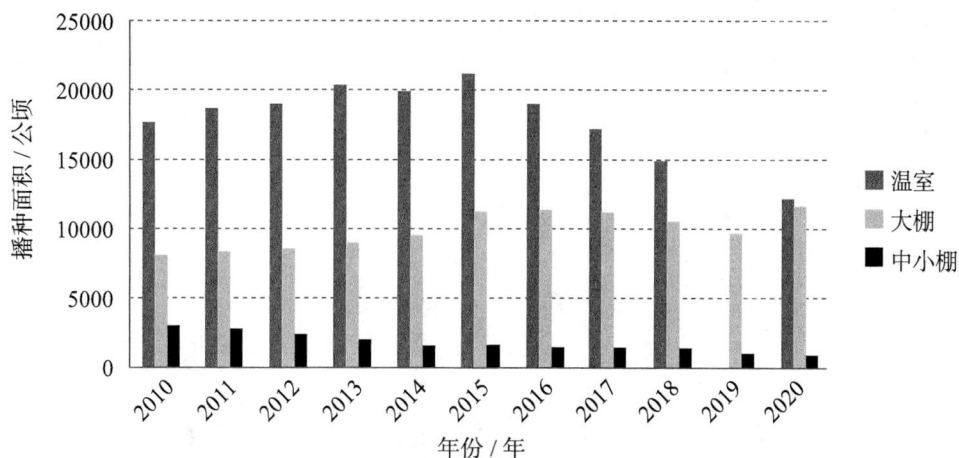

图 3—9　2010—2020 年设施农业播种面积变化情况

从北京市设施农业的播种面积变化情况来看，温室播种面积比重最大，其次为大棚，中小棚占比较小；其中，温室的播种面积近十年来呈现先上升后下降到略有回升的趋势，2009 年到 2015 年期间，温室蔬菜发展迅速，在 2015 年有最高值为 21141.0 公顷，之后呈现逐年下降的趋势，但 2020 年略有回升，为 12115.9 公顷；大棚的播种面积呈先上升后下降再上升的趋势，在 2016 年有较高值为 11324 公顷，到 2020 年又略有上升，为 11658.6 公顷；中小棚的播种面积近十年来一直呈逐年下降的趋势，2020 年播种面积仅为 835.7 公顷。

（2）设施农业的产量变化情况

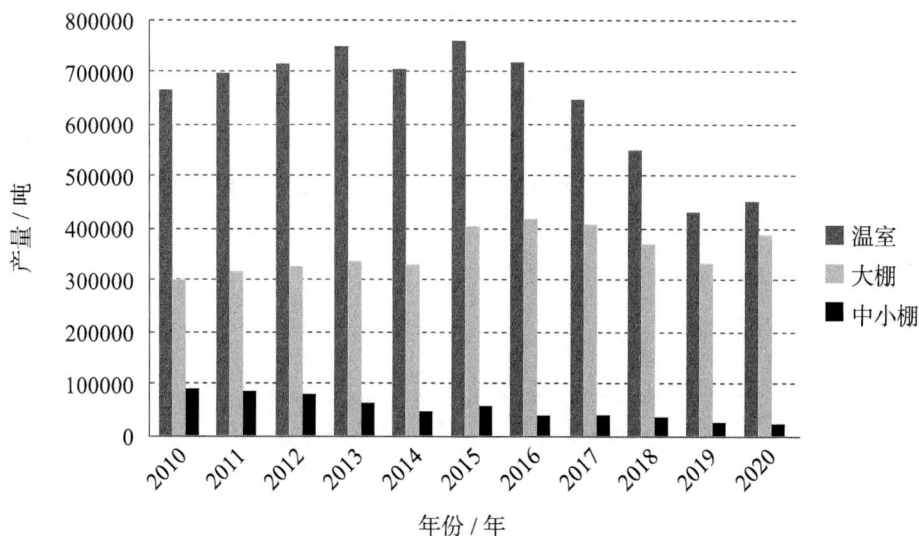

图 3—10　2010—2020 年设施农业产量变化情况

从北京市设施农业的产量变化情况来看，温室的产量占比最大，其次为大棚，中小棚占比较小；其中，温室的产量近十年来呈现先上升后下降到略有回升的趋势，在2015年有最高产量为758625.0吨；大棚的产量呈先上升后下降再上升的趋势，在2016年有最高产量418373.0吨，在2020年产量略有回升；中小棚的产量呈逐年下降的趋势，2020年产量仅为21745.0吨。

（3）设施农业的收入变化情况

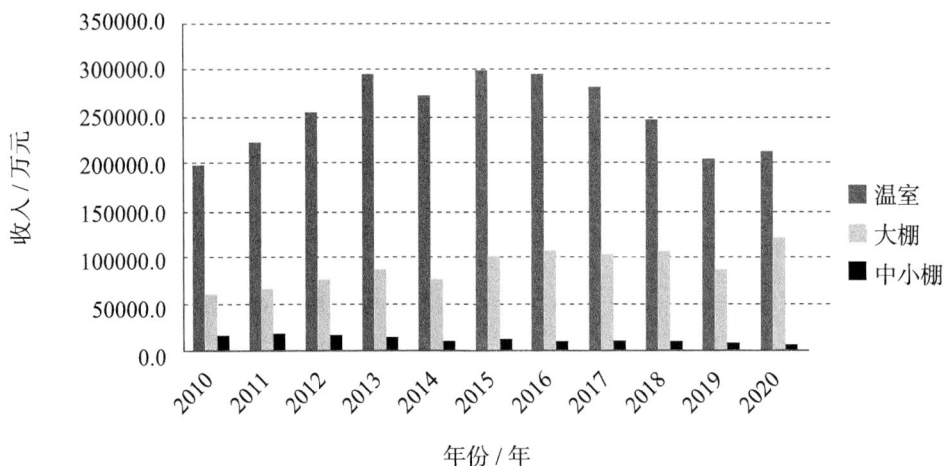

图3—11 2010—2020年设施农业收入变化情况

从北京市设施农业的收入变化情况来看，温室的收入占比最大，其次为大棚，中小棚占比较小；其中，温室的收入近十年来呈现先上升后下降的趋势，在2015年有最高值为299481.1万元；大棚的收入整体呈现上升的趋势，在2020年有最高产值122997.5万元；中小棚的收入呈逐年下降的趋势，2020年的收入仅为7871.3万元。

设施蔬菜可以获得较高收益的原因在于：一方面，设施蔬菜成本高于露地蔬菜，成本拉动了价格提高；另一方面，设施蔬菜生产不受季节和天气制约，冬季往往是蔬菜供应减少，受供需关系影响，价格出现上涨，因此，设施蔬菜可以在这一时期获得相对较高的收益。

3. 北京市蔬菜生产技术的地区分布

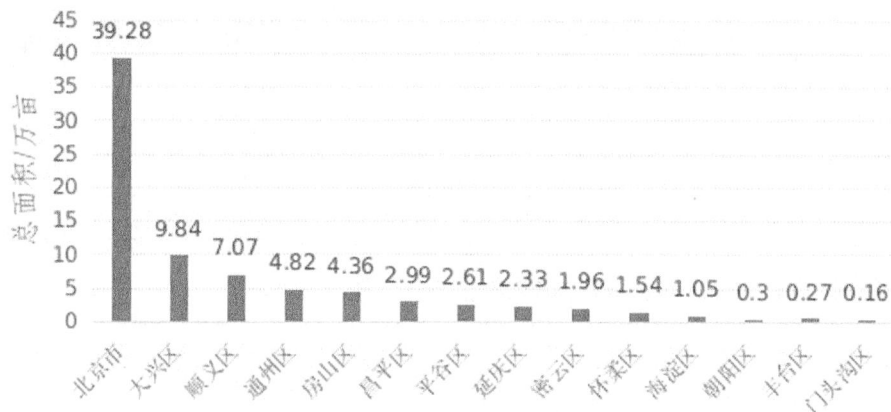

图 3—12　蔬菜生产技术的地区分布情况

北京市蔬菜种植总面积约为 39.28 万亩，其中蔬菜种植面积较大的有大兴区、顺义区、通州区、房山区、昌平区、平谷区，分别为 9.84 万亩、7.07 万亩、4.82 万亩、4.36 万亩、2.99 万亩、2.61 万亩。

（1）设施农业的地区分布

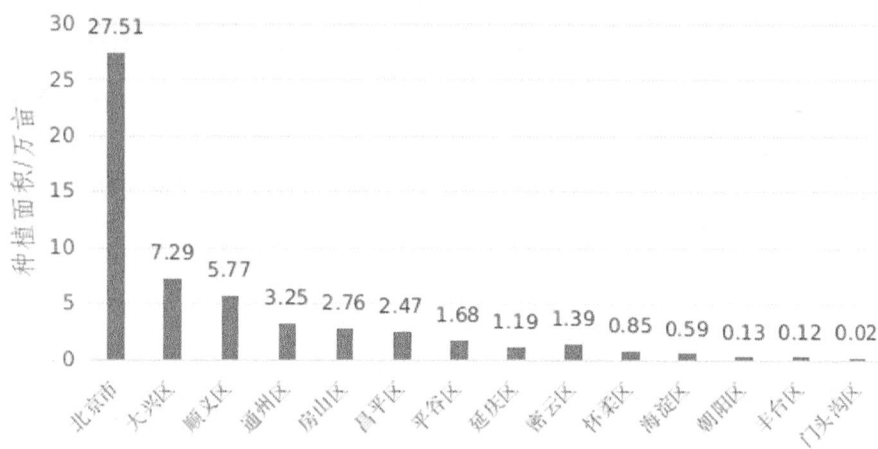

图 3—13　设施农业的地区分布情况

北京市设施农业种植面积约为 27.51 万亩，其中设施农设施农业种植面积较大区有大兴区、顺义区、通州区、房山区、昌平区、平谷区，分别为 7.29 万亩、5.77 万亩、3.25 万亩、2.76 万亩、2.47 万亩、1.68 万亩。

表 3—1　北京市设施农业种植面积情况

区县名称	设施农业种植面积（万亩）			
	联栋温室	日光温室	塑料大棚	小拱棚
北京市	1.24	15.95	9.29	1.02
大兴区	0.49	2.51	4	0.29
顺义区	0.24	2.62	2.6	0.31
通州区	0.11	2.13	0.95	0.06
房山区	0.09	2.05	0.48	0.14
昌平区	0.1	2.08	0.13	0.16
平谷区	0.01	1.59	0.08	0.01
延庆区	0.02	0.5	0.67	0
密云区	0.06	1.25	0.08	0
怀柔区	0.01	0.62	0.22	0
海淀区	0.07	0.41	0.05	0.06
朝阳区	0.02	0.1	0.01	0
丰台区	0.02	0.08	0.01	0
门头沟区	0	0.02	0	0

北京市设施农业技术的地区分布：使用联栋温室的主要地区为大兴区、顺义区、通州区，种植面积分别为 0.49 万亩、0.24 万亩、0.11 万亩；使用日光温室的主要地区为顺义区、大兴区、通州区，种植面积分别为 2.62 万亩、2.51 万亩、2.13 万亩；使用塑料大棚的主要地区为大兴区、顺义区、通州区，种植面积分别为 4 万亩、2.6 万亩、0.95 万亩；使用小拱棚的主要地区为顺义区、大兴区、昌平区，种植面积分别为 0.31 万亩、0.29 万亩、0.16 万亩。

（2）露地菜田的地区分布

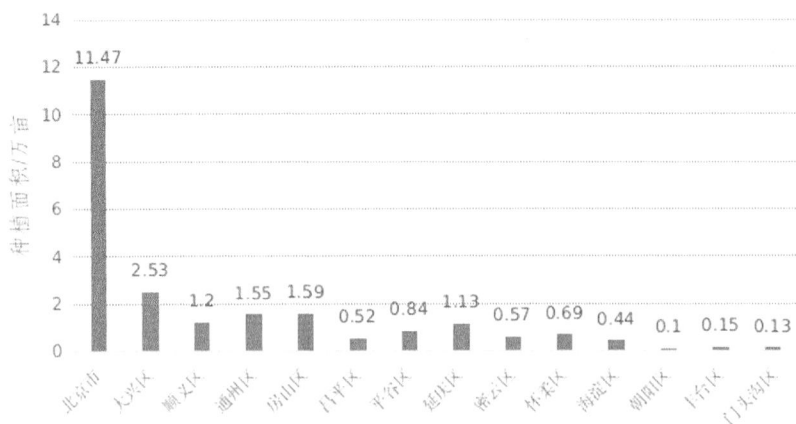

图 3—14　露地菜田的地区分布情况

北京市露地菜田种植面积约为 11.47 万亩，其中露地菜田种植面积较大的地区有大兴区、房山区、通州区、顺义区、延庆区、平谷区，分别为 2.53 万亩、1.59 万亩、1.55 万亩、1.2 万亩、1.13 万亩、0.84 万亩。

表 3—2　北京市露地菜田种植面积情况

区县名称	露地菜田种植面积（万亩）		
	春季	秋季	春秋连种
北京市	6.33	9.61	4.47
大兴区	1.17	2.05	0.69
顺义区	0.56	0.95	0.3
通州区	0.88	1.29	0.62
房山区	1.03	1.35	0.79
昌平区	0.2	0.48	0.17
平谷区	0.53	0.71	0.39
延庆区	0.71	0.92	0.5
密云区	0.41	0.45	0.29
怀柔区	0.47	0.63	0.42
海淀区	0.19	0.41	0.16
朝阳区	0.04	0.09	0.03
丰台区	0.07	0.15	0.06
门头沟区	0.07	0.13	0.06

北京市露地菜田种植的地区分布为：春季露地菜田的主要地区为大兴区、房山区、延庆区，种植面积分别为 1.17 万亩、1.03 万亩、0.71 万亩；秋季露地菜田的主要地区为大兴区、房山区、通州区，种植面积分别为 2.05 万亩、1.35 万亩、1.29 万亩；春秋连种露地菜田的主要地区为房山区、大兴区、通州区，种植面积分别为 0.79 万亩、0.69 万亩、0.62 万亩。

（3）水生菜田的地区分布

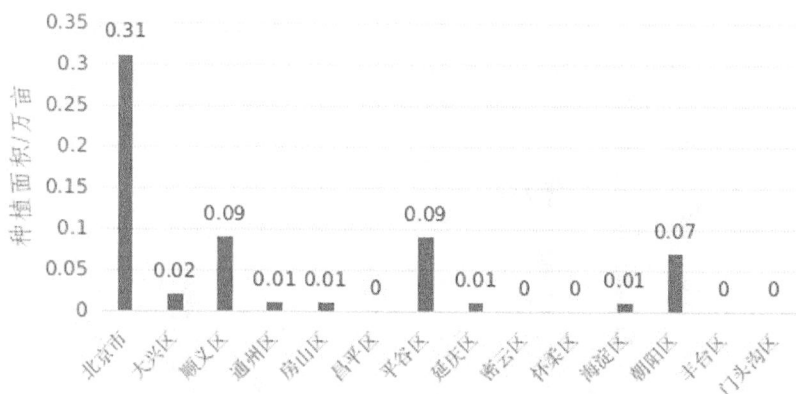

图 3—15　水生菜田的地区分布情况

北京市水生菜田种植面积约为0.31，其中水生菜田种植面积较大的区有顺义区、平谷区、朝阳区、大兴区、通州区、房山区、延庆区、海淀区，分别为0.09万亩、0.09万亩、0.07万亩、0.02万亩、0.01万亩、0.01万亩、0.01万亩、0.01万亩。

4.北京市蔬菜生产技术的乡镇分布

（1）万亩以上菜田乡镇统计

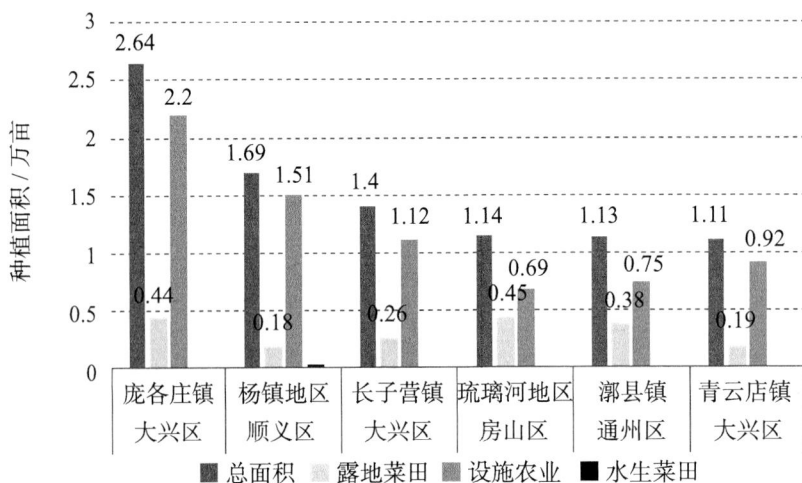

图3—16　万亩以上菜田乡镇分布情况

北京市万亩以上菜田共有6个镇，其中大兴区3个镇、顺义区1个镇、房山区1个镇、通州区1个镇。

设施农业中，种植面积从大到小依次为大兴区庞各庄镇、顺义区杨镇、大兴区长子营镇、大兴区青云店镇、通州区郭县镇、房山区琉璃河镇。

露地农田中，种植面积由大到小依次为房山区琉璃河镇、大兴区庞各庄镇、通州区郭县镇、大兴区长子营镇、大兴区青云店镇、顺义区杨镇。

（2）千亩村菜田地区分布情况

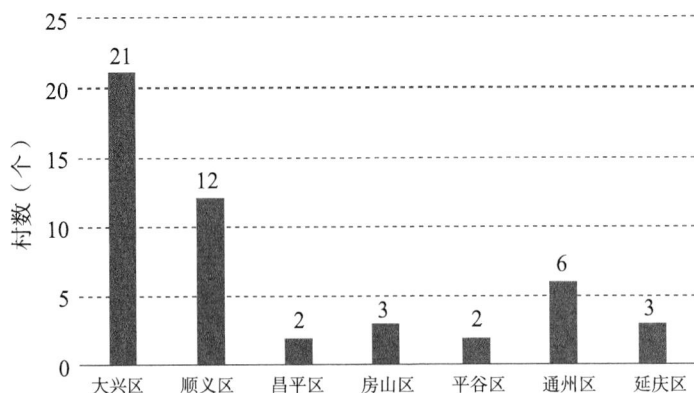

图3—17　千亩村菜田分布情况

千亩村菜田共有 49 个村，其中大兴区 21 个村、顺义区 12 个村、通州区 6 个村、房山区 3 个村、延庆区 3 个村、昌平区 2 个村、平谷区 2 个村。

由此可见，蔬菜规模化生产主要集中在大兴区、顺义区、通州区、房山区四个区，其他区的蔬菜生产规模化程度较小，仍有待提升。

四、北京市稳定蔬菜生产的做法

北京作为国际大都市，"菜篮子"工程建设是北京现代都市型农业的主要组成部分，为应对近期新冠肺炎疫情防控的严峻形势和寒潮天气的不利影响，北京市委、市政府高度重视蔬菜产业发展，坚持疫情防控和农业生产"两手抓、两不误"，坚持问题导向、底线思维，多措并举保障蔬菜供给，为提高首都蔬菜生产水平打下了坚实基础。

一是研究出台了《关于促进设施农业绿色高效发展的指导意见》，对标高质量发展要求，深化农业供给侧结构性改革，提前谋划设施农业未来五年发展方向，强化"储菜于地、储菜于技"，提高蔬菜产品稳产保供能力。

二是严格落实市级蔬菜生产补贴政策，稳步提升生产面积。印发了《2020 年北京市菜田补贴实施办法》，加大设施蔬菜生产奖励力度，落实市、区两级设施蔬菜生产补贴政策，对设施蔬菜生产进行 300 元—600 元／亩奖励补贴，鼓励生产主体积极组织生产，扩大生产规模，鼓励支持蔬菜产业健康有序发展，提高补贴资金使用效率，提升并稳定本市蔬菜生产面积，增加绿色优质蔬菜产量。

三是积极开展耕地地力保护补贴工作。对北京市拥有耕地承包权的种植农户（含村集体土地承包户）和国有农场（含首农食品集团双河农场）种植职工，对承包集体土地或经营流转土地的，发放补贴资金。享受补贴的农户和种植职工，应以绿色生态为导向，采取节水、节肥、节药等有效措施保护耕地和提升耕地地力。

四是鼓励设施农业发展以奖代补工作。市级在农业农村改革发展资金中安排设施农业发展以奖代补资金，通过引导各区优化品种结构、变革生产方式、加强科技创新，推动设施农业生产提档升级和全产业链发展。奖补资金使用紧扣增蔬菜产能、补产业短板、促消费升级等方面，切实增面积、提产能、优结构、促质量。

五、北京市蔬菜生产的优势和面临的问题

（一）北京市蔬菜生产的优势

首先，总体来看，北京市自产蔬菜近些年来产量和播种面积整体呈现不断下降趋势，其生产特点可分别从生产品种结构、技术结构、地区结构、经营主体等方面进行归纳：

一是品种优势，北京市自产蔬菜中多以叶菜类、茄果类和瓜菜类为主，考虑到叶类菜和茄果类相对于其他品种属于不耐储存品种，对流通时间和条件要求高，北京郊区倾向于种植这些相对不耐储存蔬菜。

二是技术优势，北京市逐步形成了以设施蔬菜为核心技术体系的蔬菜生产模式，设施蔬菜生产不受季节和天气制约，冬季往往是蔬菜供应减少，受供需关系影响，价格出现上

涨，因此设施蔬菜可以在这一时期获得相对较高的收益。

三是地区布局优势，京郊区资源禀赋、地理环境以及经济发展等差异，导致农业种植结构也不同，蔬菜生产正在不断向优势区域集中，形成北京市蔬菜主产区域，面积和产量最高的为大兴区，接下来依次为顺义、通州、平谷、房山、密云，这些区域是北京市蔬菜的主产区。

四是经营主体优势，传统家庭经营是北京市农村的基本经营主体，而且仍然是重要组成部分，一些新兴经营主体（企业、合作社和家庭规模化经营人）逐渐出现。

（二）北京市蔬菜生产存在的问题

北京市蔬菜种植面积增长空间十分有限，资源的约束越来越大，在产业发展过程中还存在蔬菜生产主体组织化程度不高、设施蔬菜产能发挥不充分、生产科技水平有待提升、蔬菜销售流通渠道不畅等问题，具体表现在以下几个方面：

1. 蔬菜生产主体组织化程度不高

当前北京市蔬菜生产主体仍以小规模、分散经营的农户为主，整体组织化程度较低，传统露地生产占比不低，种、管、收等环节机械化普及率（我国蔬菜种植机械化率在25%左右，美国80%以上、部分环节100%）不高，抵抗自然风险和市场风险能力还很薄弱。主要表现为：一是难以解决设施蔬菜发展需要的资金投入。标准化的设施建设与发展需要投入的资金较多，但农户个体自筹资金的能力较弱，制约着产业向更高水平发展。二是采用新技术较慢。组织化程度低，既影响农民对技术和信息的获取，也影响到新技术的扩散和推广。三是难以拓宽市场渠道。分散经营的农户难以依靠自身力量拓宽市场渠道，订单生产比例较小，导致生产的盲目性和设施效益的不确定性。四是农业服务体系建设滞后，服务功能尚未充分发挥。企业、合作社等没有真正与农民建立风险共担、利益共享的机制，没有形成产加销全发展链条，设施蔬菜产业发展基础依然脆弱。

2. 设施蔬菜产能发挥不够充分

现存农业设施建设年限平均在10年以上，部分农业设施建设年份较久远，温室主体部分坍塌，部分墙体下沉、开裂，存在安全隐患，亟待更新换代。原有老旧温室设计参数落后，墙体保温性能差，室内空间过小，截获太阳能少，温室内空间小，作业机械无法进入，劳动生产强度大。材料常年日晒雨淋骨架锈蚀、变形，亟须更新。根据"大棚房"清理整治工作要求，对部分操作间超标拆除或违建拆除，拆除后的温室无法起到冬季缓冲温度的作用，使得设施生产功能受损，影响喜温果菜的越冬生产。

3. 蔬菜生产科技水平有待提升

在智能化和数字化的大背景下，北京市的蔬菜生产仍以传统生产方式为主，露地蔬菜种植面积占到近三分之一，在生产效率方面劣势明显。当前北京市蔬菜生产科技水平不足体现在：一是自动化水平低。主要依靠人力实现设施通风和卷被等环境调控，劳动强度大，增加劳动成本。二是数字化水平低。大多数生产者依靠经验种植，随意性较大，特别是控制温室环境能力不足，如缺乏冬季保温、夏季降温和二氧化碳补充等能力，导致产品品质和产量均得不到保障。三是机械化水平低。产中各生产环节机械化水平低下，劳动生产率水平不足等问题突出。

4.蔬菜销售流通渠道不畅

蔬菜产业可持续发展要一手抓生产、一手抓销售，销售的畅通与否，关键在于市场体系的完善程度。北京市具有中等规模的批发市场数量不多，专业化的流通企业和农业龙头销售企业很少，同时批发市场还存在管理不够规范的问题。设施蔬菜生产六成以上的面积以一家一户的种植方式为主，品种规模小而分散，难以形成价格优势，制约了设施蔬菜经济效益的发挥。

六、稳定蔬菜生产政策建议

为保证北京市蔬菜生产的平稳发展，提高蔬菜自给率，进而提升蔬菜产业整体水平，提出以下建议。

（一）持续加大政策扶持力度

持续加大政策扶持力度，保证蔬菜产业稳步发展。积极探索建立健全"产前、产中、产后"全程机械化服务体系，引进（研发）推广大宗蔬菜生产全程机械化设备，不断提升蔬菜生产的机械化程度。继续重点扶持示范带动能力强、蔬菜种植规模大的家庭农场、合作社和龙头企业。建立蔬菜产业政策性保险制度，完善"菜篮子"保险服务，提高蔬菜产业抵御市场风险的能力。

（二）促进蔬菜生产主体规模化发展

农业产业化经营是北京郊区发展改革的根本方向，蔬菜生产产业化经营是必不可少的一个支撑。农民组织化程度的提高有助于蔬菜种植产业化、现代化转型，有利于化解小生产与大市场之间的矛盾，解决农资、农具组团购买、市场预测、风险预估等部分难题。农民组织化既有利于解决规模效益问题，更有利于农民对蔬菜种植更新技术信息的获取和蔬菜生产社会化服务业的形成与发展。建议要加快推进乡村土地流转整合，优化蔬菜产业区域布局，突出规模连片，引导蔬菜生产进一步向优势产区集中。在此基础上，加快培育一批农民专业合作社和规模化生产主体，引导农民建立农民自身的产销合作组织，鼓励成立菜农协会并发挥其积极作用，加大菜农种植技术和市场营销知识培训力度，使菜农向专业化、规模化方向发展，促进产销衔接，把菜农引入现代农业发展大格局，以适应大市场大流通的竞争。

（三）提高蔬菜生产科技应用水平

建议在北京市范围内逐渐淘汰中小棚，向大规模的连栋温室和日光温室大棚发展，并抓紧对老旧的日光温室大棚进行更新换代，推动节能日光温室和大棚标准化建设，提高保护地建设的科技水平。引入节能日光温室墙体保温新材料、双层充气膜保温、适合机械化作业的无柱化设计和机械化自动卷帘装置等新技术。此外，应大力促进叶菜、瓜果菜的种质资源研究，引进和推广适合不同作物种植的优质、高产蔬菜品种，推广标准化生产技术。在继续推广茄果类种植技术模式的同时，还要努力提升叶菜类和瓜菜类的设施种植比较优势。在提高硬件水平的基础上，通过引进配套采用 CO_2 施肥、滴灌节水、地膜覆盖、遮阳网栽培、嫁接栽培、有机栽培等综合新技术，充分发挥软、硬件综合优势夺取高效益。

（四）健全完善蔬菜信息监测体系

北京自身的蔬菜生产占整体蔬菜消费的比率很小，在大众蔬菜市场上难有定价权。要充分发挥在地鲜食的优势，集中发展精品蔬菜供应。建议市有关部门加强沟通合作，充分运用大数据、云计算、人工智能等现代技术，以种子销售、种植意向、蔬菜长势、市场交易、流通运输信息为重点，建立健全覆盖全市蔬菜全产业链的信息监测发布预警大数据体系，针对不同区域、关键时节蔬菜上市数量、流向、消费、价格等进行预测预警，及时发布供需平衡表、产销动态等市场信息，平抑菜价大幅波动，保障蔬菜生产和市场价格稳定。

课题负责人：吴志强
课题责任人：季虹
课题组成员：刘先锋、赵雪婷、赵术帆、苑云、康林园
执　笔　人：赵雪婷、康林园

北京高效设施农业发展研究

——以蔬菜生产为例

本课题围绕首都"菜篮子"保障供应需求、北京都市型现代农业升级发展重点、北京科技创新中心建设要求等内容,详细分析了北京高效设施农业的发展历程、取得的成效和存在的问题,借鉴国内外发达地区高效设施农业发展经验,从科技创新、生产运营、支撑保障等方面对北京高效设施农业发展提出相应的发展建议。

一、绪论

(一)研究背景与意义

1.发展高效设施农业,是保证北京农产品有效供应的重要保障

"菜篮子"安全问题涉及首都整体安全稳定的大局。北京常住人口多,人口密度大,政府机构、企事业单位多,在应对突发疫情、重大自然灾害及重大活动时,农产品有效供应和应急保障面临较大压力与挑战。发展北京高效设施农业,在特殊时期能够有效提高蔬菜自给率,丰富城市"菜篮子",对保障首都农产品市场有效供应、提升应急保障水平方面具有重要意义。

2.发展高效设施农业,是加快北京都市型现代农业升级的重要抓手

"十四五"时期,为了更好地落实首都城市战略定位,服务首都"四个中心"功能建设,增强对重大活动的服务保障能力、满足首都市民高品质农产品需求,北京都市型现代农业亟须加快升级发展。北京市政府将提升都市型现代农业发展水平作为十四五重点工作,从农业产业基础设施建设、农村产业质量效益、重要农产品稳产保供等方面提出了具体工作要求。发展高效设施农业,是促进北京都市型现代农业高质量升级发展的重要抓手。

3.发展高效设施农业,是北京建设科技中心的重要支撑

北京四中心定位之一是"科技创新中心",但北京农业科技优势发挥不充分,发展质量不高,高效设施技术储备不足,数字技术在农业领域应用场景不多、变革作用不明显。"十四五"时期,紧抓以数字技术、生物技术等为代表的新一轮科技革命和产业变革深入发展机遇,发展高效设施农业,有利于充分发挥北京市科技优势,深入实施创新驱动发展

战略，提高农业科技自主创新能力和成果转化水平，打造农业"高精尖"的北京板块，为北京科技中心建设提供重要支撑。

（二）研究对象

为更精准聚焦研究内容，提供科学合理依据，本研究对象主要指以连栋温室为设施类型、以蔬菜生产为主的高效设施农业。

（三）研究内容

1. 系统分析北京高效设施农业发展现状与问题

回顾北京高效设施农业发展历程，从生产经营、模式创新、市场销售、品牌创建、绿色生产等方面进行现状分析，并全面梳理高效设施农业政策的现状和问题。

2. 总结国内外高效设施农业发展经验

从产业结构、科技创新、成本效益、支持保障等方面总结荷兰和日本的经验和做法，提出借鉴启示。

3. 提出高效设施农业发展建议

根据北京市"十四五"时期高效设施农业发展重点任务，结合北京市的资源特点、产业基础和市场需求，围绕核心技术自主创新、科技培训、模式探索、建设运营、鼓励投资等内容，从体制机制上提出相关政策建议。

二、北京高效设施农业发展历程及取得成效

（一）北京高效设施农业发展历程

北京发展现代化大型连栋温室始于 20 世纪 70 年代，大致经历了三个发展阶段。

1. 起步探索阶段（1972 年—1994 年）

1972 年玉渊潭公社组成大型蔬菜温室筹建小组，标志着北京大型连栋温室探索起步。玉渊潭、四季青温室的先后建成引领了北京和全国大型温室的发展，第一次兴起了建设大型温室的高潮。这一阶段北京引进与自建的大型温室未能显示出高产出高效益，导致发展滞缓，原先引进的温室逐渐停用或改变用途。

2. 发展提升阶段（1995 年—2014 年）

1995 年，以色列赠送北京中以示范农场的 1.24hm² 大型连栋薄膜温室建成投产，北京第二次兴起了引进和建设现代化大型连栋温室的热潮。这段时期发展的大型连栋温室用途逐步扩展，结构和性能有所提升，促进了大型温室制造业的发展，但是蔬菜生产产出率仍未能大幅度提升。

3. 稳步发展阶段（2015 年至今）

这一时期北京市大型连栋温室发展更加趋于稳健和理性。随着对外交流学习的不断加强，北京市部分园区及企业开展了蔬菜工厂化生产模式的探索，蔬菜生产的大型温室发展仍在继续，面积呈逐渐增加的趋势。

（二）北京高效设施农业取得的成效

1. 连栋温室是重要设施类型，各区分布相对集中

根据北京市农业农村局数据，2020年北京连栋温室面积1.24万亩，占比4.51%。

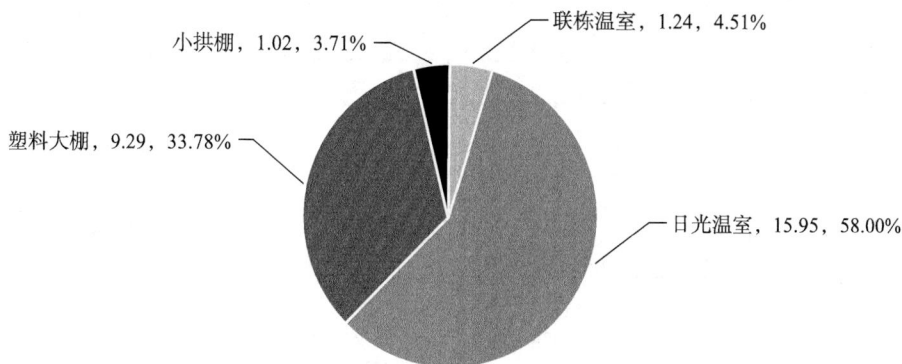

图1 2020年北京设施农业不同类型面积（万亩）对比

数据来源：北京市农业农村局设施农业台账管理平台

北京市连栋温室分布相对集中，13个区中，大兴、顺义、通州、昌平、房山区5个区的连栋温室面积占比达83.06%。其中大兴区连栋温室的面积居北京市首位，占39.52%；其次为顺义，占19.35%。

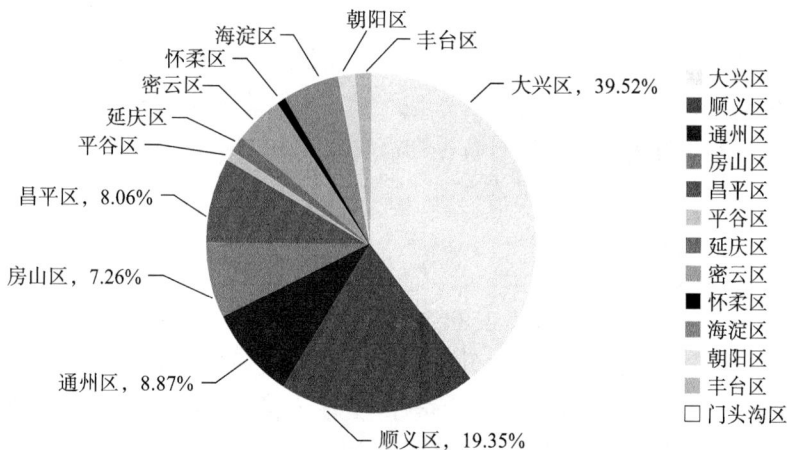

图2 北京市各区连栋温室对比

数据来源：北京市农业农村局设施农业台账管理平台

2. 工厂化模式较快发展，总面积和单体面积逐年增加

2020年，北京采用植物工厂模式，利用智能连栋温室生产蔬菜的经营主体有13家，总面积358.95亩，主要生产果菜类和叶菜类，其中果菜以番茄为主，还包括少量黄瓜和彩椒，叶菜涉及生菜、韭菜等。近年来，北京地区连栋温室工厂化生产模式取得较快发展，虽然连栋温室蔬菜工厂化生产面积占比较小，但是总面积及单体面积逐年增加。

表1 北京智能温室设施蔬菜生产经营主体情况表

序号	位置	企业名称	面积（公顷）	占本区连栋温室比重（%）	作物种类
1	大兴区长子营镇	北京京农智慧农业有限公司	6.7		番茄
2	大兴区庞各庄镇	北京宏福农业公司	5	3.77%	番茄
3	大兴区长子营镇	大兴区农业示范站	1		番茄
4	大兴区魏善庄镇	京东方科技公司	0.5		叶菜
5	密云区穆家峪镇	北京极星农业公司	3.3	27.20%	番茄、叶菜
6	房山区良乡镇	北京粮香四溢科技有限责任公司	0.53	2.05%	叶类蔬菜
7	房山区窦店镇	北京首诚农业发展有限公司	0.1		人工光叶菜
8	通州区于家务镇	国家现代种业基地	0.5		番茄、韭菜
9	通州区于家务镇	京东植物工厂	1.56	2.80%	叶菜
10	通州区宋庄镇	北京京鹏环球科技生产基地	0.4		番茄、黄瓜
11	昌平区小汤山镇	小汤山特菜基地	2.7	7.67%	番茄、叶菜、彩椒
12	昌平区小汤山镇	天通泰农业公司	1		叶菜
13	延庆区旧县镇	北京绿富隆农业有限责任公司	0.64	12.80%	果类蔬菜、叶菜
	合计		23.93		——

3. 温室结构和性能提升，环境控制能力显著增强

近年来，北京蔬菜工厂化生产园区及企业广泛引进荷兰等国家先进温室、配套设备及产品，环境控制能力显著增强，为产量提升奠定了良好基础。目前运营的连栋温室多数由荷兰专业设计公司进行系统设计，并结合产地气候、环境等现状条件进行改良，国内施工团队进行施工，温室设计更趋合理，符合生产需求。

4. 单产水平提升明显，生产技术体系初步形成

为了提高大型连栋温室蔬菜单产水平，国家蔬菜工程技术中心、北京市农业技术推广站等单位进行了大型连栋温室番茄工厂化高产栽培生产试验与研究。2017年北京工厂化蔬菜生产园区平均大型果番茄产量达 35.0kg·m²，中型果番茄产量 26.13 kg·m²，樱桃番茄产量 17.27 kg·m²，单产水平明显提升。京郊连栋温室工厂化生产企业广泛引进安莎、瑞克斯旺、德澳特、孟山都等公司的优新品种，并在生产中进行筛选。在品种引进基础上，各园区引进了工厂化生产系列技术，并在生产中进行了集成应用。

5. 产加销一体推进，基本实现全产业链发展

北京高效设施农业生产经营主体大多都是企业，极具代表性的有北京极星农业、北京宏福农业等。这些企业采用现代化经营管理理念，不断改进人员与技术管理方式，进行集约化育苗，促进种苗产业化发展，加强产品清洗、分级、包装、储运等商品化处理，拓展延伸科技培训、科普教育和休闲观光等功能，形成生产—加工—销售有机结合，与市场相适应的运行管理机制，实现全产业链发展，整体产业化经营水平较高。

6. 绿色生产持续加强，产品质量安全有保障

北京高效设施农业非常重视环境保护和资源循环利用，采取生态循环农业的经营模式。北京市大型连栋温室以无土栽培技术为核心，能够节水、节能、节肥、减轻土壤污染，实现生产过程资源化和生态化。北京高效设施农业生产园区，建立了完整的农产品质量安全追溯体系，采用全程可追溯系统，可以记录播种、移栽、管理、采摘、运输每个环节真实、全面的产品信息，实现管理精细化，保证到消费者的每个环节都能够实现可追溯。

三、北京高效设施农业政策分析

（一）阶段支持重点较明确，引导产业循序渐进发展

北京市政府注重结合本市各个时期的区域特点和发展优势，明确设施农业总体布局和各阶段任务。在不同时期，高效设施农业的发展也相应有不同的阶段重点，整体上政策引导产业根据市场需求循序渐进式发展。

（二）设施用地政策是重点，逐渐标准合理集约利用

北京市政府制定下发了一系列设施农业用地政策文件，在用地地类划分、用地规模、用地管理方式、服务监管等方面提出较为明确的要求，切实保障高效设施农业用地规范使用。

（三）科技支撑保障增强，促进整体水平持续提升

北京市政府持续强调农业科技创新，近年来的政策分阶段、分任务地进行有力引导，先后发布了《北京市农业科技园区发展规划（2019—2025年）》《北京市关于开展国家农业科技示范展示基地遴选的通知》《北京现代种业三年行动计划（2020—2022年）》《设施农业良种更换工作实施细则》等文件，很大程度上促进了高效设施农业的发展。

（四）人才政策支持性较弱，专业技术培训较少

高效设施农业因其高度专业化、科技化、产业化等特点，所需从业人员专业技术要求相对一般设施农业更高。已出台的人才政策大多针对一般设施农业经营主体及从业人员，专门针对高效设施的人才政策较少，发挥作用较弱。

（五）抓手项目支持较多，类型相对丰富

北京高效设施农业围绕现代化、规模化、集约化、标准化、科技化和资源利用高效化等目标，紧抓《关于开展北京都市型现代农业（高效农业）示范镇创建活动实施意见》《北京市"七统一"生态标准园区创建实施方案》《北京市级现代农业产业园创建管理办法（试行）》等政策机遇，以示范镇、示范区、示范园等项目为载体抓手，统筹规划、促进产业加快发展。

四、北京高效设施农业发展存在问题

（一）科技创新方面

1. 技术装备国外依赖度高

目前，北京高效设施农业的技术装备多为国外引进，较少有国内自主创新的技术设

备，国内温室设计专业化程度较低，缺少专业的设计团队。由于温室设计与建造施工相脱离，容易出现温室建设标准各异、细节不到位的问题，导致温室环境控制能力出现问题。另外，北京高效设施农业在技术咨询、育苗、质保、设施设备维护等方面缺乏专业化的服务机构和公司，维修依赖国外公司，设备更换时间长，容易延误生产，国内自主创新能力亟待加强。

2.品种技术研发仍需加大

由于国产粉果品种多不耐长季节栽培，丰产性差，目前生产上多以欧美红果番茄为主。京郊蔬菜工厂化生产示范点主栽品种均为国外引进品种，多数园区未建立病虫害监测预警机制，存在病虫害发生风险，一些关键技术环节依然空白或依赖于国外经验，亟须进行本土化消化吸收。工厂化栽培条件下物理隔离防治技术、生物防治技术、化学防治技术相结合的综合防治技术需进一步完善。

（二）生产运营方面

1.各区连栋温室闲置问题突出

2019年全市连栋温室中有231栋（占比13.14%）共1462亩（占比13.06%）处于闲置状态，无论是闲置数量还是闲置面积都是所有类型中最高的。13个区中有9个区的连栋温室都存在闲置问题，其中大兴区连栋温室闲置面积最大，有862亩，共120栋；其次是通州区，闲置面积335亩，共38栋；第三是丰台区，闲置面积104亩，共20栋。

表2　2019年北京设施农业类型数量和面积信息

设施种类	塑料大棚	日光温室	连栋温室
总面积（亩）	91017	90036	11198
闲置面积（亩）	3973	8618	1462
闲置面积占比	4.37%	9.57%	13.06%
总数量（栋）	98981	113240	1758
闲置数量（栋）	5217	11483	231
闲置数量占比	5.27%	10.14%	13.14%

数据来源：北京市农业农村局设施农业台账管理平台。

表3　2019年北京各区连栋温室数量和面积信息

地区	总面积（亩）	闲置面积（亩）	闲置面积占比	总数量（栋）	闲置数量（栋）	闲置数量占比
朝阳区	100	32	32.00%	48	24	50.00%
海淀区	670	24	3.58%	184	2	1.09%
丰台区	396	104	26.26%	54	20	37.04%
门头沟区	32	—	—	13	—	—
房山区	461	17	3.69%	76	3	3.95%
通州区	1319	335	25.40%	195	38	19.49%

续表

地区	总面积（亩）	闲置面积（亩）	闲置面积占比	总数量（栋）	闲置数量（栋）	闲置数量占比
顺义区	1794	52	2.90%	367	19	5.18%
大兴区	5247	862	16.43%	618	120	19.42%
昌平区	724	—	—	125	—	—
平谷区	156	—	—	16	—	—
怀柔区	42	20	47.62%	9	2	22.22%
密云区	182	16	8.79%	33	3	9.09%
延庆区	75	—	—	20	—	—
合计	11198	1462	13.06%	1758	231	13.14%

数据来源：北京市农业农村局设施农业台账管理平台

2. 整体规模及单体面积仍然偏低

北京连栋温室的生产面积为 1.24 万亩，仅占全市设施农业生产面积的 4.51%，整体规模较小。单体面积方面，荷兰单个玻璃温室面积一般在 15 亩以上，高度在 5.5 米到 6 米之间，日本近年来在全国大力推广大型温室建造，建设面积一般为 45—150 亩。北京连栋温室单体占地面积较小，平均每栋连栋温室占地 6.37 亩，不到荷兰的 1/2。近年来，京郊新发展了北京极星、宏福等单体规模在 2hm²（30 亩）以上的商业运作的番茄工厂化生产园区，但数量很少。

表 4　各地高效设施农业面积规模情况

单位	建筑面积（万亩）	单体面积（亩）
北京	1.24	6.37
荷兰	165	≥ 15
日本	3.3	45-150

数据来源：北京市农业农村局设施农业台账管理平台、《荷兰设施蔬菜生产经验对国内蔬菜生产的启示》、《荷兰、日本、以色列设施农业发展经验与政策启示》、《日本设施蔬菜产业发展经验对我国的启示》。

3. 前期建设和后期管理运营成本高

北京高效设施农业具有建设成本贵、运营成本高，投资回报周期长的特点。初期一次性投资巨大，大型智能连栋温室每平方米的建设成本高达 1500—2500 元，规模园区投资额动辄数亿元，是一般经营主体难以承担的，只能依靠有实力的企业进行投资建设。园区建成投产后，后期运营成本压力也很大，北京市大型连栋温室果类蔬菜生产每亩投入高达 132540 元（不含市场营销费用），加温能耗费和用工费是构成蔬菜生产成本的主要部分，在总成本中占比分别为 33.7% 和 23.7%；其次是维修及其他费用，占比 15.9%。

表5　北京市大型连栋温室蔬菜工厂化生产成本收益分析

成本构成指标	平均投入金额（元/亩）	占比（%）
天然气	44689	33.72
水电费	8004	6.04
雇工费	31416	23.7
种苗费	6003	4.53
肥料费	8671	6.54
基质	9005	6.79
病虫害防治	3675	2.77
设施使用和维修费	21077	15.9
总成本	132540	100.0
总收益（元）	160080	
益本比	1.2	
纯收入（元）	27540.43	

数据来源：北京市农业农村局种植业处调研数据。

4.企业品牌为主，市场培育难度大

发展高效设施农业的企业各自经营自有品牌，部分已经注册的高效设施蔬菜商标缺乏品牌化的行业指导、长远规划和重点扶持，缺少区域公用品牌，导致知名度不高，品牌影响力较小，难以发挥品牌的持续带动作用。由于缺少高效设施农业产业化联合体，没有形成蔬菜工厂化生产园区联盟，蔬菜工厂化生产园区之间缺少有效合作，种植品种和生产茬口容易高度重合，且各企业各自为战，开拓市场，进行市场营销和品牌运营，在企业成本增加的同时，虽然市场空间很大，但一定程度上还是存在竞争。另外，园区农产品营销费用较高，高昂的营销成本进一步加大了企业的运营压力，影响高效设施农业的生产效益及投资者的积极性。

5.单产水平和亩产效益相对发达国家依然较低

北京地区工厂化蔬菜生产园区平均大型果番茄产量达35.0 kg·m², 中型果番茄产量26.13 kg·m², 樱桃番茄产量17.27 kg·m², 相对荷兰番茄产量90 kg·m², 平均产量超过60 kg·m², 与国外相比单产水平依然很低，北京番茄采收时间约为8个月，少于荷兰9—10个月，整体产量相对更少。对比北京市和荷兰大型连栋温室设施番茄亩产效益，荷兰玻璃温室番茄每亩产出高达397973元，是北京市（160080元/亩）的2.49倍。北京企业的成本收益率为23%左右，2016年以来，首农、供销社、宏福、极星等几家企业虽已投资建成十几公顷的智能温室，但现阶段尚未实现盈利。

（三）支撑保障方面

1.专业技术人员欠缺

高效设施农业设施设备及信息化技术应用水平较高，对从业人员的专业知识和系统操作使用有较高要求，国内农业院校和社会培训机构对高效设施农业生产经营的专门培训相对较少，目前生产技术人员在技术水平和熟练程度上有所欠缺，许多先进设施的功能和优势难以发挥。经营主体前期高投入的成本压力及效益低等因素，难以承担较高的待遇支付，对引进的专业人才缺少相应的落户、待遇和食宿补贴等优惠条件，难以留住人才。

2.经营主体贷款难，政策补贴很难享受

市政府虽然加大资金投入力度，但针对高效设施农业的资金政策较少。由于大棚、温室等不能作为固定资产抵押银行，经营主体仍然存在贷款难的问题，且金融机构的资金远远满足不了高效设施农业建设、运营和维护方面大量资金的投入需求，资金不足的矛盾日益显著。另外，经营大型连栋温室的企业难以享受补贴或者没有补贴。

3.针对性政策少，宣传解读不到位

"大棚房"问题清理整治导致很大一部分经营主体对于生产用地、利用规划、提档升级和融合发展等方面比较敏感，影响生产经营主体对设施农业的政策稳定性的信心。北京市已经出台的政策聚焦设施农业的较少，专门针对高效设施农业的政策更少，且现有相关政策内容上涵盖范围较广，针对性和精准度不够。长期以来，北京市农业政策宣传和解读大多注重大规划、大方针方面，涉及针对性的农业政策宣传和解读较少，尤其是有关设施农业出台政策有限，高效设施农业政策更是少之又少，存在"宣传不到位、解读不到位"的突出问题。

五、国际高效设施农业发展经验总结

（一）不断优化产业结构，提高专业化水平

1.产业结构均衡

在荷兰玻璃温室与日本植物工厂中，种植面积最大的也是蔬菜，但与北京不同的是，荷兰与日本的蔬菜种植面积占比并没有北京这么高，两国在瓜果和花卉苗木中也有一定规模的占比，总体来看，产业结构较北京相比较为均衡。

表6　各地设施作物种植面积占比情况

单位	蔬菜及食用菌	瓜果类	花卉苗木类	园林水果类
北京	83.5%	10.1%	7.8%	3%
荷兰	50.9%	—	48.55%	—
日本	69.1%	15.2%	15.7%	—

数据来源：《2018年北京统计年鉴》、网络收集资料。

2.专业化程度高

荷兰设施农业专业化程度高，通常每一农户只栽培一种蔬菜，有利于种植者积累经验，提高生产技术和风险管理能力，稳定和提高产量与品质。不仅如此，为农业法人提供技术支持的相关厂商和咨询公司也能提高其专业技术开发效率，促进专业设施设备的开发利用，便于实施温室的机械化、自动化控制，提高劳动生产效率和降低生产成本，由此形

成良性循环，实现规模效益。

（二）高投入高效益，以经济效益带动社会效益

不管是荷兰的玻璃温室，还是日本的植物工厂，高效设施农业的一大特点是高投入、高产出。

1. 荷兰温室投入产出情况

荷兰设施农业的生产理念是高投入、高产出，产业集约化、规模化，劳工专业化，尽一切可能实现利润最大化。2014 年荷兰温室每亩总投入 384533.33 元，总产值 397973.29 元，净利润 13440 元。

表7 荷兰番茄温室投入产出情况

类型	项目	每平方米投入量（产出量）	单价/元	每平方米投资（产值）/元
投入	天然气/m³	38	1.84	69.92
	电/kw·h	246	0.48	118.08
	用工量/h	1	128.00	128.00
	生产资料	—	64.80	64.80
	维护及其他	—	196.00	196.00
产出	产量/kg	53.30	11.20	596.96

数据来源：李跃洋，苏铁，王胤，任晓平，韩会会，张天柱. 中国与荷兰设施园艺对比分析 [J]. 中国蔬菜,2020（06）:11-15.

2. 日本温室投入产出情况

日本大力提倡发展大型设施栽培降低成本，更好地维护环境。在设施建造成本方面，建造大型设施成本相对较低，约为 568 元 /m²。日本商业化运营的 253 家植物工厂，有 20% 的植物工厂是盈利的，60% 处于收支平衡，20% 在亏损。据估计，建造植物工厂一半的费用是在建造外部结构，另一半是内部装备。10 层栽培架植物工厂的初期总投资约为每平方米 4000 欧元（33200 元 / 平方米）。

（三）重视科技创新，"政产学研用"紧密结合

科技发展是高效设施农业发展的强力支撑，荷兰和日本政府高度重视科技在设施农业中的应用。

1. 建立高水平技术研究中心

在荷兰，以瓦格宁根大学和所属研究机构为核心的一个区域，聚集了大量国际顶级跨国食品公司、科研院所和民间企业研究机构，集聚了 15000 名左右农产品及食物领域的科学家，共同打造农业发展的智力引擎，使得从消费者需求到基础研究的一贯制研发成为可能，"农民—政府—产业"的关系更加紧密，现已成为全欧洲乃至全世界最著名的农产品和营养研发中心。荷兰全国教育和研究经费占到国家总预算的 19.1%，远高于其他部门，而农业科研则是其中的重要领域。同时，荷兰私人部门研发投入比例在欧洲名列第二。

2. 设立产官学联合组织

荷兰制定了旨在促进大学与民间企业共同研究、技术转化的法律，并设立了民营的荷兰应用科学研究机构 TNO。通过加强企业、科研、政府紧密协作，企业直接投入科研，不完全依赖于政府，科研成果直接为生产服务；科研院校与企业全方位合作，根据需要提供技术支撑；政府鼓励企业完成既定的科研指标并给予经费支持。日本建立了包括国立和公立科研机构、大学、民间（企业等）3 大系统的农业科研体系。政府提供大部分农业科研经费，企业的科研积极性也较高，日本企业投入的科研经费是全世界最高的。

3. 提高生产和经营者素质

科学技术方面的巨大投入，夯实了荷兰和日本设施农业的基础竞争力。荷兰政府通过教育造就高素质劳动者队伍。一方面，通过职业教育学习现有知识，用以解决问题。另一方面，通过学术教育创造新知识，用以分析问题。所有从业人员都有资格执照，以 5 年为期，期满重新学习。对于种植商，创办读物，以论文传播知识并组织交流。日本在推进农业物联网发展的过程中，对相关人员进行农业信息科技方面的教育，这不仅有利于涉农人员事先对农业物联网技术进行评估，提高他们应用先进信息技术的积极性，而且有利于他们在具体应用农业物联网技术时能够得心应手，从而推动农业物联网技术的发展。

（四）提升机械化程度，实现大数据智能化管理

1. 荷兰机械化智能化的管理

荷兰设施农业启用先进的全自动、智能化设施控制系统，温室内的温度、湿度、光照、二氧化碳、水肥供给、排液等日常管理几乎全部靠计算机系统控制完成。1 座 15 亩的玻璃温室除特殊季节外，平时只需要 3—4 个管理人员即可，真正做到了全自动、智能化。

2. 日本农业物联网技术的普及

日本植物工厂实现了作物自动化生产和环境因素的智能化控制，从播种、育苗、定植、灌溉、施肥、病虫害防治和采收全部实现了自动化控制。植物工厂内的温度、空气湿度、光照、CO_2 浓度和营养液等环境因子通过传感器进行感知，数据传输至计算机控制系统，通过控制系统进行分析后发出指令，实现对植物工厂各个系统的智能化控制。

（五）坚持绿色种植，注重生态环境可持续发展

荷兰建立了的绿色种植闭合系统，通过生产内部循环，使资源运用到极限，最大限度地减少了浪费和对环境的污染，使产品质量安全得到充分保障。一是基质循环利用。荷兰的温室蔬菜 90% 以上采用基质栽培，基质经高温杀菌后循环使用，对不可再利用废品由基质的生产商负责回收。二是肥水循环使用。正确地控制水分与养分的供应，数据精确到每株植物、每片叶片，多余的肥水收集处理后再利用。三是生物防治病虫草害。使用天敌、色板和防虫网等非化学方法控制虫害，运用植被覆盖控制草害和精确的控温控湿方法控制病害。

六、北京高效设施农业发展建议

（一）加强科技研发，构建科技支撑体系

1. 加大对关键共性技术和配套设备的研发

政府要加大对高效设施农业关键共性技术和配套设备等研发支持力度，鼓励和支持科

研院所、高校围绕连栋温室，从设施结构、材料、能源、生物技术、信息技术到育种、新机械、栽培等多方面设置专项研究课题，开展技术创新研究和综合配套技术示范应用研究与开发，提高国内自主创新能力。加快关键设备国产化及服务体系建设，及时把国产设备列入农机购置补贴目录，尽快形成具有自主知识产权的关键技术和设备体系。

2. 加强蔬菜工厂化生产集成技术研究

建立科研院所、农技推广及生产企业间的紧密合作关系，针对工厂化生产中技术限制因素开展技术攻关。加快蔬菜工厂化生产品种引进及筛选，开展工厂化生产栽培技术、环境控制技术、植株管理技术、病虫害防治技术、精准化灌溉技术、育苗技术等集成研究，实现技术数据化，奠定北京市蔬菜工厂化生产技术基础。

3. 构建教育、科研、推广相结合的科教体系

构建以市场需求为导向的设施农业技术装备创新体系和新技术推广体系，引导市场参与者之间建立全方位的互信机制，通过科研单位与企业联合创新，构建教育、科研、推广三结合的科教体系，进一步强化政府、科研机构和企业之间的连接机制，发挥好政府资助的基础研究与社会科研机构应用研究的互补耦合作用。

（二）重点环节突破，加强示范引领

1. 创新管理经营模式

建议市政府引进科学的管理方式，制定奖励机制，激励参与高效设施农业的经营主体，鼓励经营主体承包经营闲置连栋温室，如在农业园区或高效设施的招租中优先包给有技术、会经营、懂管理的主体，降低设施闲置率，提高连栋温室使用效率。

2. 提高建设运营补贴力度

深化农业补贴政策改革，围绕高效设施农业生产的产前、产中、产后环节，对高效设施农业产业链全环节做到"建设—生产—销售"应尽补贴，提高经营效益，吸引更多经营者主动投身发展行列。一是针对设施建设方面，加大对高效设施农业设施设备建设，包括设施建筑、材料用料、机械装备等给予资金补贴，按照支持政策统一完善生产用水、用电、用气、用路等基础设施，对设施环境方面给予相应的资金补贴。建议对通过技术创新和变更种植策略等方式降低单位用气量予以奖励，达到鼓励科技创新和节约能源的双重作用。二是针对销售服务方面，建议市政府对当地生产的设施农产品进行价格补贴，通过实施保护本土农产品政策，引导经营主体参与区域品牌建设，在市场营销、品牌宣传、加工物流等方面给予一定补贴，降低企业营销成本。

3. 专业社会化服务体系

建立健全高效设施农业专业社会化服务体系，强化高效设施农业技术的供需衔接、推广以及标准订立等。建议通过政策支持，扶持有条件的企业或机构开展育苗、植保、营养液检测等专业化的服务，提升工厂化生产专业化生产能力，促进产业发展。

（三）强化支撑保障，优化高效设施农业发展环境

1. 加强专业人员培训

按照北京市实际情况开展人员技术培训，将理论学习和实际操作相结合，借鉴新型职

业农民的培育计划，根据高效设施农业从业人员整体素质情况，制定相应的培训课程、培训选拔等人才培养计划。通过农村信息服务站、"阳光培训"工程、专题培训班、网络学校、远程教育等多种方式和专项讲座、现场展示和试验示范等多种形式，开展多层次、全方位的技术培训、信息化知识和技能培训，提高从业人员的科技水平。市政府可以引导大专、职高、中专等院校开设高效设施农业专业，培养从事设施农业的专业人才。建议加强各类农业科技示范园区建设，发挥好引进研究、示范培训等功能。同时通过对高技术人才培训费用进行一定额度的财政补贴，适当提高员工收入，帮助农业高科技企业留住专业技术员工。

2. 加大金融扶持力度

一是允许农业企业以农业生产性设施设备在金融机构进行融资抵押；加大政策性农业担保扶持力度，针对产业业绩良好的农业企业，通过农担公司担保的形式在金融机构融资；对经营效益好但暂时出现生产流动性流动资金缺口的企业，允许以贴息贷款的形式进行扶持。二是建议市政府成立高效设施农业发展基金，将一部分市财政收入专门用于基础设施配套建设、贷款贴息以及建设、生产过程中的其他补助。三是建议要求各大农业金融机构从信贷规模中安排一定比例的资金用于高效设施农业的大额贷款、中长期贷款等用于高效设施农业发展，市政府给予一定扶持。四是顺应高效设施农业发展的需求和特点，加快推进高效设施农业保险产品开发试点，扩大保险品种覆盖面、提升保额，逐步构建有利于设施农业发展的保险险种体系。

3. 加强专项政策保障

一是系统制定高效设施农业发展规划。根据北京市的战略定位、城市规划、区位优势和资源特点，建议市政府制定切实可行的、有指导性的高效设施农业发展规划。二是完善高效设施农业专项政策。建议从促进高效设施农业绿色高质量发展角度，从土地、资金、人才、科技等要素渠道，加大专项政策完善。三是做好政策解读与宣传推广。市政府应加大政策宣传解读的力度，建立信息服务平台，提高高效设施农业的信息流通效率，进一步促进政策落实落地。

课题负责人：吴志强
课题责任人：季虹
课题组成员：刘先锋、赵雪婷、赵术帆、白春明、梁玉琴、张莹雪、庞晓丽、
　　　　　　宋梦妮、王亚茹

北京地产农产品流通体系变化与优化建议

农产品流通与农业生产同等重要，并且紧密相连、相互影响。有效的农产品流通可让微观的农业生产经营主体据以建立运销导向的生产机制，形成有计划的生产。通过汇聚效应，在宏观上促使土地与其他农业资源达到最有效率的组合，形成有利于农业资源分配与利用的市场化机制。

一、北京农产品流通体系的结构性变化与特征

北京属于全国较早的城市化地区，发展至今具有典型的"大城市、小农业，大市场、小农户"的特征。2019年第一产业增加值为113.7亿元，仅占地区生产总值的0.32%。常住人口中城乡人口比约为6.4∶1，全市农业生产经营人员约为53万人。农产品供给对外依存度较高，蔬菜、生猪自给率分别约为10%和3%。自2014年以来，北京农业适应京津冀协同发展和疏解非首都功能要求，主动实施以"调转节"为主线的农业供给侧结构性改革。2016年，为深入实施京津冀协同发展战略，政府主导大力推进京津冀农产品产供销一体化的农产品流通体系建设。北京农产品流通体系的架构也随之发生重大变化。

（一）从市域各自为政转向区域流通一体化

与之前的京津冀三地农产品产供销各自谋划、各成体系相比，当前京津冀三地的农产品流通体系已经纳入整体布局当中。其中三地有明确的功能定位：北京加快疏解跨区域大宗农产品中转集散功能，突出发挥资本、信息、技术管理的输出与辐射作用，加强城市高效物流配送体系、终端销售模式、农产品电商等创新。天津总结对台冷链物流试点经验，提高全程冷链、生鲜宅配等创新发展能力，发挥港口和自贸试验区等优势，积极打造北方进出口农产品集散中心。河北着力发展一批优质农产品生产基地，加快建设一批农产品加工仓储物流园区，改造升级一批现代化农产品批发市场，扶植引导一批线上线下融合发展、高效物流加工配送、绿色消费优质品牌的现代农产品流通企业，构建面向京津及域内大中城市消费的优质农产品供应链体系。三地分工层次分明、功能互补。河北主导区域内从农产品生产到加工物流配送的全供应链建设。天津充分发挥港口优势主要承担了北方进出口农产品集散功能。北京着重发挥高端要素供给、终端销售配送、创新引领示范等作用，北京农业生产的功能进一步弱化，特大城市的消费带动功能将继续增强。据调研，在设施建设方面，三地已经联合签署合作协议，以共建共享等方式在天津滨海新区，河北

张家口、廊坊和保定等地建设和改造一批主要服务北京市场的农产品流通项目。北京多家企业积极建设首都农产品外埠基地，已在环首都地区建立 49 个蔬菜基地和多个畜禽养殖基地。

（二）从"多中心"市场体系转向"双核"保障格局

疏解非首都核心功能是京津冀协同发展的牛鼻子，相应地疏解农产品流通非首都核心功能也是京津冀农产品流通体系创新行动的首要任务。《北京市落实京津冀农产品流通体系创新行动工作方案》明确要求有序疏解转移区域性大宗农产品中转集散功能，逐步健全完善北京新发地、河北高碑店市场等外埠平台，有力承接本市外迁功能，打造新发地农产品批发市场和北京鲜活农产品流通中心"双核"保障格局。加速新发地农产品批发市场[①]的调整升级和功能转型，将其升级为以蔬果类经营为主、突出专业化、绿色配送和展示功能的全市型农产品配送枢纽；加强建设北京鲜活农产品流通中心工程，将其打造为承担首都农产品安全供应和应急储备职责、具备现代化承接能力的全市型农产品配送枢纽。随着五环内一级农产品批发市场的有序调整和退出，北京原有的以各大农产品批发市场为主体的"多中心"农产品市场体系逐渐被以新发地农产品批发市场和北京鲜活农产品流通中心为"双核"的保障格局所替代。截至 2019 年底，北京已相继拆除或清退农副产品市场 109 个，北京新发地农产品批发市场在疏解后实现市场占地减量、商户减量、垃圾减量、交通减量的"四减"，商户由 8000 多户减至 4000 多户，进场车辆由 2 万辆减少至 1 万辆。新发地市场大量上游产业链环节外迁至高碑店市场。北京鲜活农产品流通中心项目正在建设中，主要承接四环内传统农产品批发市场的调整退出业务，同时保障"正副中心"安全农产品供应，设计吞吐量为年交易额 800 亿元、年交易量 700 万吨，承担全市核心城区约40% 的鲜活农产品供应。

（三）从集散型市场功能转向销地型市场功能

因资讯、区位、交通和服务的优势带动，原先北京市有一批农产品批发市场天然形成了中转集散功能，满足附近省份地区基本的农产品中转供应。其中，新发地农产品批发市场是典型的集散型市场。就全市来说，2018 年北京市批发市场蔬菜的总上市量是 889.2 万吨，在批发市场交易量中有 25% 属于过境交易，据此初步匡算，全市约有 222 万吨的蔬菜属于过境交易。这次京津冀农产品流通创新行动明确要求北京农产品批发市场鲜活农产品过境物流比例下降 90% 以上，将集散型市场功能转移到河北地区，支持鼓励本市传统型农产品批发市场通过节约集约利用土地、大力发展电子商务、升级市场交易模式、完善城市物流配送、提高冷链设施水平等手段加快向现代型农产品配送中心转型升级。所以未来北京市大型农产品市场设施的功能更多偏重于"最后一公里"的城市配送、冷链物流、终端零售等农产品供应链下游功能，其产品集散、价格形成、信息传输、引导生产、调节供需、稳定价格、带动就业的功能将大幅减弱。

---

① 2019 年新发地农产品批发市场年交易量 1749 万吨，交易额 1319 亿元，在全国 4600 多家农产品批发市场中连续 17 年双居全国第一。

（四）从批发市场为主转向农产品流通多元化

根据东亚小农经济的农产品流通规律，随着消费需求的不断变化，农产品经由批发市场流向消费者的比率会自然降低，短渠道的直供模式由于环节少、农产品在流通中停留时间短、节省流通费用等优势而逐渐增多。如在日本，蔬菜等鲜活农产品在批发市场的经由率曾经高达85%，但目前经由率已经下降到约65%。在这种规律的驱使下，加之北京农产品批发市场的行政式削减，未来短渠道的农产品直供模式比重将进一步增加。

（五）从线下主体交易转向线上线下交易同步发展

随着5G、大数据、云计算、冷链物流等信息物流技术突飞猛进的发展，北京市的农产品流通业态与营销模式不断创新创造，"生产基地＋线上销售平台"的垂直电商模式、"以销定产"的社区团购模式、直播销售平台、以"盒马鲜生"为代表的线上线下相结合的互动式消费体验的新零售、"前置仓"、"30—60分钟快速达"等新模式、新业态竞相发展。目前，北京市有4000家以上的农产品电商，其中有一定规模且具备运营能力的企业约有650家。特别是2020年上半年新冠肺炎疫情以来，生鲜电商发展迅猛，吸收和培养了一大批新用户，北京网民网购生鲜农产品的生活习惯正在逐步形成。

二、北京地产农产品流通现状

当前，北京基本形成了以松散型农产品批发市场渠道为主体，以农贸市场、生鲜超市、社区门店、电商平台、直销直配为零售终端的功能互补、城乡互通的多层次农产品流通体系。据调查，在全市40多万农业经营户和约8000个农民专业合作社中，从事种植业的占60%以上，其中又以果蔬的流通渠道最为复杂。本文主要以果蔬为例，梳理北京地产农产品流通现状。

（一）批发市场流通渠道

批发市场渠道主要是指农业生产经营主体通过产地收购商集中农产品后转卖给批发市场的批发商，经过批零环节最终实现农产品销售。以该渠道销售的果蔬量占比约为80%。一般来说，通过批发市场渠道销售的农产品一般要经过4—5个交易环节，每个交易环节平均加价25%—50%不等，其中生产成本约占零售价的20%，农民保底收益约占零售价的5%，零售价格的75%用于产地收购商、中间转运商、一级批发商、二级批发商、农贸市场（超市）的利润和流通过程产生的储运、交易、损耗、销售成本费用。

据调研，我市家庭农户自营或者大户承包经营的果蔬种植因经营规模小、组织化程度低、产品同质化程度较高，大部分农户采取批发市场渠道销售农产品。如大兴区庞各庄镇因交易习惯自然形成了几个小型的产地批发市场，专供当地农民种植的西瓜、蔬菜等农副产品，保持当地农产品销售顺畅。专业合作社、乡村集体、外部企业经营的果蔬基地会根据果蔬销售形势变化，将卖不出去的农产品交给产地收购商，再进入农产品批发市场渠道。

（二）产销一体流通渠道

产销一体渠道主要指果蔬生产经营主体通过电子商务平台或其他方式与消费端建立长

期紧密型直供关系，将农产品直接送入终端零售市场或到达消费者手中的销售模式。以该渠道销售的果蔬量占比约为10%。这种销售模式流通环节少，流通费用低，在与消费者加强互动、采取精准营销、提高生产的计划性等方面具有独特优势，由于有一定的管理、技术、资金、人才门槛，通常由外部企业或者专业合作社领头发展，主要模式有农超对接、社区团购、电商模式、家庭会员宅配模式和订单农业。

1. 农超对接。农超对接一直是商务部门重点推广的新型农产品流通模式，主要指生产经营主体和商家签订意向性协议书，向连锁超市和便民菜店直供农产品的新型流通方式。通过十多年的推广实践证明，北京地产果蔬产品越来越不适应连锁超市的销售渠道。由于北京的用地、用工、用水、用电等农业生产成本增长较快，生产规模化程度低，普通的果蔬产品与外省市产品相比具有高成本的劣势，加之进入超市的各种费用高、要求多、结账周期长，所以北京地产果蔬产品很难进入超市。据调研，很多种植大户、合作社将商超渠道转向便民菜店，由于社区便民菜店要求供货种类多、量不大、产品新鲜，且结账周期短（可实现周结），更加适合北京地产果蔬产品的生产特点，所以成为很多种植大户、合作社的重要销售渠道。

2. 社区团购。这是近几年随着移动社交软件的发展逐渐兴起的一种新型农产品流通模式，在北京一些农民合作社中应用广泛，主要指借助微信建立社区消费群、形成订单、完成支付、线下直接集中配送到社区的销售方式。尤其是在今年新冠肺炎疫情的高发期中，在京外的农产品难以进京的情况下，很多合作社采取这种社区团购预订方式，就近为周边城市社区送菜。以大兴绿园天星合作社为例，一头与周边10多个村的社员签署了供货协议，带动生产；一头通过口碑效应，与大兴、朝阳、东城、西城等10多个社区建立了团购直配关系，覆盖近5000户居民，每天销售约8000斤蔬菜。

3. 生鲜电商。指直接面向消费者销售农产品的电子商务零售模式。据统计，我市地产农产品的线上销售率为3%—4%。生鲜电商模式由于技术门槛高、物流成本高、产品同质化严重、消费者缺乏信任等痼疾难以攻破，一直处于呼声高但发展慢的状态。但今年受新冠肺炎疫情的影响，我市农产品电商的销量出现了快速增长，由于传统线下渠道供应不畅，很多消费者转向电商平台购买农产品，并且逐渐形成线上消费习惯。在疫情效应的刺激下，农产品电商配合直播带货方式，极大地促进农产品电商发展。据调研，"密农人家"在疫情暴发初期，几个线上销售平台严重爆单，日订单量相当于"双十一"量级，每天销售密云地区蔬菜1万公斤左右。

4. 家庭会员宅配。主要是通过家庭宅配的方式把自有基地的产品直接配送给家庭会员。这种模式需要有规模化种植基地、集中的产品供应信息，家庭会员可以提前预订好家庭所需的产品类别与数量、配送周期、配送方式，生产经营主体根据预订信息按照配送周期要求，直接将产品配送到家。这类模式的主要盈利点来自家庭会员的年卡、季卡或月卡消费。据调研，延庆北菜园合作社的运销渠道分为3个"1/3"，即1/3采取农超对接模式、1/3采取B2C电商模式、1/3采取宅配模式。其中商超渠道净利润最低（在没有进场费的前提下纯利润约为20%，净利润很低，基本不赚钱），主要用于扩大品牌宣传；宅配渠道净利润最高，高于 30%。

5. 订单农业。这种模式主要是消费者事先支付一定的订金，待果蔬产品成熟后，可通过自采或者委托配送方式获取产品，类似于国外的社区支持农业模式。这种模式是在消费者更加关注农产品质量安全以及注重消费体验的趋势下出现的，生产经营者向预订的消费者承诺种植过程不打农药、不施化肥、不加生长素，消费者需要和生产者共同承担种植风险，照单全收种植预订的农产品。采取这种模式的典型有小毛驴农场、分享收获农场等。

（三）观光采摘流通渠道

观光休闲农业是北京发展都市型现代农业的重要支柱型产业。其中，依靠观光农业和乡村旅游产业，通过观光采摘销售农产品是北京本地果蔬运销的重要渠道。如昌平草莓、平谷大桃、大兴西瓜等。根据估算，以该渠道销售的果蔬量占比不到 10%。2019 年昌平草莓（红颜）的地头销售价格为 15—20 元 / 斤，采摘价格为 30—60 元 / 斤，同期，社区果蔬店同类同质的草莓价格为 21 元 / 斤，现场销售、采摘等产地自销渠道的净利润在10%—30%，观光采摘渠道的净利润远高于商超渠道。

新冠肺炎疫情暴发以来，观光采摘渠道受到严重制约，我市一些传统特色农产品产业遭受巨大的打击。以昌平草莓为例，2020 年虽没有减产，但由于观光采摘渠道基本停滞（草莓采摘季正处于新冠肺炎疫情高峰期，村里禁止游客入内），很多莓农只能选择就近社区摆摊销售，零售价格为 10—16 元 / 斤，昌平草莓的销售额下降了 60% 以上。

三、北京地产农产品流通问题分析

从近年来北京农产品流通创新的实践来看，涌现了许多值得肯定的实践创新经验，农产品流通的信息化、产业化、链条化水平明显提升。但现实中存在的问题也比较突出，主要表现为农业生产的规模、质量、效益与现代农产品流通所需的销量、标准、技术不匹配，导致占比多数的北京地产农产品难以进入现代农产品供应链条，地产农产品供给和首都市场需求不协调、不平衡。

（一）小规模的农业产销组织方式难以与大市场进行对接

北京的农用地经营规模小，且低于全国平均水平。全市 637.1 万亩经营农用地中，10 亩以下的占 43.8%，单体规模 5.3 亩。全市 433.7 万亩确权地中，10 亩以下的占 55.3%，单体规模只有 4 亩，低于户均 7 亩多的全国平均水平。根据农产品流通规律和东亚小农地区的实践经验，解决小农户与大市场之间的矛盾，主要有两种方式：一是依靠农业合作组织（如农民专业合作社、农业协同组织）提高农产品产销的组织化程度，主导农产品供应链建设，减少中间环节，提升农民的议价权和市场地位。二是依赖于大型的农产品产地市场，带动产地农产品产加销一体化发展，实现快速的集中与分销。但从北京农业发展的实践来看，这两方面的条件都不成熟。一方面，我市的农民专业合作社由于自身建设等问题导致带动农户的能力不强、经营管理的水平较弱，没有很好地推动农业产销的组织化与专业化。据调查，全市 7000 多家农民专业合作社，处于正常运营状态的有 2832 家，占登记注册合作社总数的 38.3%；2017 年，正常运营合作社可分配盈余按交易量进行返还的只有 733 家，仅占总数的 25.9%；其中返还比例占 60% 以上的合作社有 636 家，仅占总数的 22.5%。另一方面，北京市的产地市场体系比较薄弱。根据"三农普"数据，2016 年末，北京市有 133 个乡（镇）有商品交易市场，占 67.9%。其中，63 个乡（镇）有以粮油、蔬菜、水果为主的专业市场，占 32.1%；4 个乡（镇）有以畜禽为主的专业市场，占 2.0%；4 个乡（镇）有以水产为主的专业市场，占 2.0%。在农副产品市场拆除或清退中，很多自营的家庭农户或者承包大户的农产品销售因市场拆除受到了较大冲击。据调研，大兴区庞各庄镇北顿垡村种植户王某共有 12 亩大棚设施，主要种植西瓜、蔬菜。王某家采取地头采摘、亲友推荐社区店直销、通过合作社和批发市场等方式进行销售，西瓜销售情况还可以。但他反映因当地两个市场关闭，销售渠道中断，其他农户多采取地头售卖、等待地头收购商收货等方式进行销售，出现卖难和滞销现象。

（二）高成本同质化的产品结构难以对抗外来产品的竞争

北京的农产品具有种类多、特产多、规模小等特点。随着城市化、工业化、市场化的推进，由于农地价格、人工成本、物质成本的上涨使得北京的农产品生产成本远高于周边省份。而在大市场、大流通的环境下，北京的地头农产品价格随行就市。一边承担本地化的高成本，一边只能获得市场化的平均价，使得北京的农产品总体缺乏市场竞争力。如大兴西瓜由于种植成本较高，在价格上与周边省份相比没有优势，且市场上不断充斥便宜的假冒大兴西瓜，所以很难进入超市。2018 年 5 月 15 日至 25 日，大兴西瓜的批发价为 1.8—2.5 元 / 斤，而同期超市西瓜价格为 0.9—1 元 / 斤，大兴西瓜批零价格倒挂，无法进入大型超市售卖。现在大兴西瓜很多靠摆路边摊售卖。再如昌平的苹果，由于种植成本较高，如果要进入超市销售，其每斤价格要比山东栖霞苹果高出 3—4 元，才能实现微利。再如怀柔板栗，其与同属燕山板栗主产区的迁西、遵化、兴隆的板栗产品没有太大差异，但在生产规模、生产成本上相比没有竞争力，且缺乏市场销售体系支撑，造成怀柔板栗产业的数量和质量双下降，继而打击了栗农的积极性，让怀柔板栗产业陷入了低水平维持的陷阱。目前，怀柔板栗种植面积 22 万亩，年产量 1.2 万吨左右，种植面积仅占燕山板栗总面积的 6%，产量占燕山板栗的 8%—10% 左右。怀柔板栗竞价权、影响力、话语权都不及迁西板栗，甚至出现了卖难问题。经调查，迁西鲜板栗每市斤收购价格每年都高于怀柔板栗 1—2 元。

（三）产业用地政策难以满足生产流通主体的需求

尽管商务部门、农业部门鼓励核心流通企业建立从生产基地到宅配系统的农产品供应链体系，提高农产品加工和流通现代化能力，但是现实中的农业产业用地政策和制度安排却难以满足生产流通主体的需求。我们在调研中了解到，为减少果蔬产后损失，鲜活果蔬产品从采摘后至物流配送前，大致要经过预冷、分级、初加工、包装及仓储等环节，这些环节对于物流"最先一公里"至关重要，会影响果蔬商品的腐损率。一般来说，物流"最先一公里"过程中的腐损率高达 10% 以上，而发达国家因产地冷链物流做得较好，可以将腐损率控制在 5% 以内。而预冷、分级、加工、包装及仓储等环节需要配备必要的设施和必要的场地，其用地需求与生产用地需求都属于农业产业化的刚性用地需求，与生产形成有机整体。只有生产用地，没有或者没有合理比率的附属设施用地，会严重影响农产品的商品化率，是不完整的农产品产业链。尽管如此，受相关用地政策和制度安排影响，一些生产主体很难申请这类附属设施用地。据调研，沱沱工社在2016年时急需要分拣、包装车间场地，但最终用地没有审批下来，无奈之下只好在四五公里之外的外村租地做包装车间，增加了包装成本。此外，沱沱工社还面临没有存放冷库用地的问题。

四、完善北京地产农产品流通体系的思考与建议

从北京的市情农情出发，一方面应尊重市场经济和公平竞争原则，借助市外市内两个市场确保首都农产品保供稳价。另一方面应统筹推进北京市地产农产品生产与流通的同步转型升级，让更多的农产品通过数字化农产品供应链进入北京农产品高端市场，实现优质优价与农民增收。

（一）加强"主体市场"建设，实现两个"加快"，确保农产品运销"主动脉"畅通高效

第一，加快农产品产地市场体系建设。产地市场建设是北京市农产品流通基础设施建设短板中的短板，要尽快补齐，以产地市场体系建设为抓手，服务小农生产主体，提高地产农产品商品化处理能力和错峰销售能力；同时依托产地市场加快培育大型蔬菜流通核心企业，提升批发市场对产地生产的指导、组织和带动能力。一是强化产地生鲜农产品集散加工中心建设。积极落实《国务院办公厅关于加快发展流通促进商业消费的意见》（国办发〔2019〕42号）关于加快农产品产地市场体系建设的要求，根据农业商品化生产的规模、商品流量流向、地理交通条件、市场辐射范围等，选取一批生产集中、专业化基础好、地域特色突出的连片产地进行试点，落实涉农区镇（乡）域规划预留少量（不超过5%）城乡规划建设用地指标用于建设产地农产品集散加工中心，该类中心除提供农产品集散配送服务外，还应能提供检验检测、清洗、分级、分拣、包装、仓储（冷冻库、冷藏库、常温保鲜库等）、装卸、搬运等农产品商品化处理服务。二是针对小散农户的预冷保鲜储藏需求，积极引进相关企业提供可共享的移动冷库租赁式服务，帮助小农户解决鲜果隔夜愁问题，同时可避免在基本农田上建立永久设施。三是鼓励创新冷链物流基础设施经营模式，开展多品种经营和"产销双向合作"，提高淡季期间设施利用率。四是设立农产品产地流通基础设施建设投资基金，引导社会资本参与产地市场设施建设运营。

第二，加快销地农产品批发市场的转型升级。当前，我市销地农产品市场逐步转向"双核"保障格局，要加快以"双核"为主体的销地农产品批发市场的转型升级，这部分市场是保证首都农产品和食品消费"有"和"足"的主要通道。针对当前市场内部人流物流无序、交通道路拥堵、内部管理凌乱、卫生环境脏乱、质量安全监管作用无法很好发挥等普遍问题，建议加强政府对农产品批发市场的管制力度和交易秩序监管力度，推行公共企业运营模式，促进农产品批发市场的功能完善和科学管理。对于新建、改建、在建的农产品批发市场，借鉴日本、韩国批发市场的管理经验，建立健全市场的展览、展示、仓储、物流、配送、价格信息服务等功能，建立经销商市场准入制度、产品代销制度、统一

结算制度，改变当前农产品批发市场的摊位制运营盈利方式，建立交易佣金盈利模式，采取批零分离，实现物流、人流、资金流、信息流分置、高效、有序运转。

（二）支持"新型市场"发展，抓好两个"支持"，扩大构建长期稳定产销衔接机制

第一，支持产销型农产品供应链核心主体发展。扶持培养一批产销型农产品供应链核心主体（企业）。供应链核心主体（企业）能够有效整合供应链上下游资源，通过采取数字化供应链管理方式，提高农产品生产的计划性和产销衔接的匹配度。此外，还有一批创新能力较强的供应链核心主体（企业）在发展过程中培育形成了较好的技术创新能力和配套产业服务能力（如研制小型农机、研发生物防控技术与产品、提供直播带货营销服务等），这些市场主体一方面可以提升农产品供应链现代化水平，另一方面有能力孵化出较为专业的农业社会化服务企业，是带动我市构建长期稳定产销衔接机制的重要市场力量和推动农业现代化和流通高效化的宝贵创新力量。建议加快落实财政部办公厅、商务部办公厅印发的《关于推动农商互联完善农产品供应链的通知》，将订单农业主体、产销一体主体、股权投资合作主体纳入重点扶持培养的范围，重点支持其加强产后商品化处理设施建设、发展农产品冷链物流、加强供应链末端惠民服务设施建设、提升生产标准化和产品品牌化能力建设。关注这类产销型农产品供应链核心主体（企业）在基础研究、产品研发、技术开发、成果转化、融资担保、人才引进、税收优惠等方面的需求，并给予适当的政策扶持。

第二，支持数字化农产品流通创新模式发展。实践表明，数字经济在一定程度上代表了流通产业的发展方向，新零售与数字化转型等新型农产品流通模式强化了产供需匹配，可以更好地满足消费者对高品质、便捷化的农产品和食品消费需求。政府应加强对这些数字型农产品供销市场主体在企业融资、供应链信息化建设、市场准入、专业人才培养等方面给予支持。特别是重点关注以下几个方面：一是加强对数字型农产品供销市场主体的产业用地支持。依据相关法规，结合实际情况，合理确定与生产销售直接相关的预冷、分级、加工、包装及仓储等各类农业用地建设标准，让生产经营主体有据可依，依法经营。二是加强农业电商人才培养和汇聚，鼓励农村电商企业与农业类大学签订三方合作协议，吸引大学生进入电商企业工作，并适度给予用人补贴；针对职业农民开展新媒体直播电商培训，提升职业农民的直播带货能力。三是结合新基建建设积极推进城市社区冷链物流智能末端配送网络建设，将智能快件箱、智能多功能柜等配送设施纳入公建配套设施建设范围；关注"前置仓"模式发展，必要时可规范生鲜农产品配送站点（或门店）的市场准入、运营和设施建设，将其作为城市社区的便民设施来支持，为农产品进入社区提供更为便捷化和智能化的终端配送设施。

（三）推进农业规模化经营，聚焦三个"渠道"，着力提高农产品产供销体系的衔接性与匹配度

第一，通过提升农民合作社的产业功能，推进农业规模化经营。将农民专业合作组织作为我市农业产业化主体组织来培育，拓展农民合作形式，鼓励以土地承包权、资金、技术等要素入股发展多种形式合作，鼓励合作社向生产、加工、储运、销售等多环节多领域发展。积极引导合作社通过组建联合社的方式进行跨产业、跨区域扩张,建立"一乡一品"产业辅导机制,利用联合社载体加强跨品种、跨区域的产品开发与品牌推广。

第二,通过提高农业社会化服务水平,推进农业规模化经营。立足首都的农业定位,大力发展有利于推动高效农业、优质农业、科技农业、休闲农业、种业的农业社会化服务体系建设,通过提升规模化服务水平来促进农业规模化经营。创新农业社会化服务的方式,大力推动建立公益性服务和市场化服务相结合、专业性服务和综合性服务相协调、传统性服务与现代化服务相匹配的多元化服务机制。大力培育各类服务主体,繁荣农业社会化服务人才市场,加大农业科技推广、商标设计、包装营销、品牌策划、供应链管理、物流冷链、农业金融等设计型、专业性人才的产业输送。加大对农业社会化服务产业的引导与扶持,整合涉农资金、农业项目,重点支持农业社会化服务组织、龙头企业和合作社开展产业基础设施建设、新品种新技术引进和推广、市场营销体系、农产品质量安全和农业信息服务体系建设。

第三,通过加快培育新型职业农民,推进农业规模化经营。保护和提升传统农民,要保护其生产积极性,同时要提升其生产经营技能。支持和培育新型农民,出台相关政策鼓励年轻人返乡从事现代农业的生产、服务与经营职业,使他们尽快成长为京郊农业的"新农人"。认可和吸纳外来农民,据不完全统计,当前北京市外来务农人员占全市务农人员总数的20%,个别区的外来务农人员生产的产品产量和种植面积占到本区的60%,非京籍的外来务农人口逐渐成为北京农业劳动力的重要力量,要切实维护外来务农人员的基本权益,让他们能在北京全身心投入农业。要加强对农民的培训力度,不断提高农业从业人员的文化水平、专业技能、经营能力和市场意识。

(四)加快地产农产品品牌建设,实施四大"工程",提升地产农产品市场知名度

第一,实施"区域公共品牌提升"工程。在设施农业、畜牧业、现代种业、林果花卉业等优势产业和主导产业中选定一批产业基础好的优质农业精品,进行农产品区域公共品牌的重点打造。一是启动创建农产品区域公共品牌标识征集评选活动。二是把农业标准化建设与农产品区域公共品牌培育结合起来,建立和完善农业标准化体系、农产品质量安全检测体系和品牌农产品质量标准体系。三是推动"三品一标"农产品全覆盖。把发展"三品一标"农产品与农产品区域公共品牌建设相结合,在农产品区域公共品牌集中打造区内实现"三品一标"农产品全覆盖。四是建设农产品区域公共品牌动态管理机制。强化日常监督管理,加强农产品区域公共品牌保护和监管、质量保证与诚信体系建设,形成优胜劣汰的动态管理机制。五是依法经营区域公共品牌。对区域公共品牌实施统一的行业规范、技术标准、准入制度、宣传推介、外形包装、品牌保护、指导服务。

第二,实施"农产品等级分类"工程。建议在规模化生产基地引导推广农产品等级分类。一是加强对农产品等级分类优势的宣传,提高农业生产经营主体对农产品等级分类重要意义的认知。二是加强对不同种类农产品等级分类标准的基础性研究,作为全面推广农产品分级工作的政策性储备。三是引导有一定规模的生产基地开展农产品分级包装试点工作,通过建立农产品分级机制,推进产品的包装规格化、质量等级化、物流标准化和销售品牌化，从而大大提升产品与商超、电商、新零售渠道的产品对接能力。

第三，实施"地产地销"工程。一是开展地产优质农产品品鉴评优暨品牌推介活动。按照生产有规模、产品有绿色、营销有品牌、信息可共享、市场可对接的原则组织开展品鉴评优活动，搭建地产优质农产品宣传和推介平台，促进产销对接。二是围绕品鉴评优暨品牌推介活动，推出与获奖主体配套的金融信贷产品，开展精准对接，着力打好品鉴评优与相关服务的"组合拳"。三是谋划举办北京农博会，让北京农博会成为北京地产优质农产品品牌展示的窗口、城乡互动的载体、合作交流的平台、市民和农民共同的节日。四是加强对区域公共品牌的推介。积极组织品牌使用基地、合作社和农业龙头企业通过参加国内各类大型农业展会，组团前往大型农产品批发市场开展品牌专场宣传。

第四，实施"农业节庆回归"工程。依托农业主导产业，将农耕文化、丰收文化、生态文明、民俗风情融入传统节日或主题庆典中开发，通过农业节庆活动推动贸易、旅游、会展、文化、教育等行业融合发展，实现共赢。一是对于有农业节庆传统的区域或乡村，鼓励恢复与坚持传统民俗节庆，如大兴的西瓜节、平谷的桃花节、顺义的农博会等，坚持保留农业节庆本来的乡土性，从提升节庆内涵的认识高度广泛地吸引和引导当地居民参与农业节庆活动，引导社会关注本地农业和农产品，参与农产品品牌开发，为构建品牌形象奠定市场基础。二是鼓励新办各类农业节庆活动，要形成农业节庆的独特优势，要将乡村优秀传统文化与现代城市文明有机结合起来，形成有更多城乡居民共同参与的农业节庆模式，在城乡居民互动体验中提升地产优质农产品的品牌知名度。

课题组组长：曹四发
课题组成员：张英洪、刘雯
执　笔　人：刘雯

对北京市休闲农业星级园区用地需求
情况的调查与思考

全面推进乡村振兴，首先要产业振兴。产业要发展，用地是难题，特别是对于超大城市的首都来讲，农业农村用地更是难上加难。各区开展了"大棚房"问题专项清理整治行动之后，普遍存在从严从紧问题，加之近两年疫情影响，整个农业农村的产业发展出现了勉强维持的局面。为了尽快恢复闲置设施生产，促进设施农业的发展，2021年，北京市农业农村局会同北京市规划和自然资源委员会联合出台了《关于对"大棚房'整治'一刀切"问题进行纠偏整改促进设施农业发展的指导意见》，北京市规划和自然资源委员会会同北京市农业农村局以及北京市园林绿化局发布了《关于加强和规范设施农业用地管理的通知（京规自发〔2021〕62号）》，但在具体实施过程中，各个生产主体存在徘徊观望的心理。了解农业农村整体用地需求，激发经营主体的活力，有效地带动农民增收致富，有效地改变乡村的整体发展面貌，有效地对乡村产业提档升级，是实现乡村振兴的有力途径。近日，北京观光休闲农业行业协会从151家星级休闲农业园区中选取了19家，以问卷形式向经营者了解园区的用地现状和用地需求，为政府制定用地决策提供依据。

一、受访园区基本情况

按照星级园区在各区数量占比，受访的19家星级园区选自8个区，包括顺义区6家、延庆区2家、大兴区1家、房山区3家、密云区1家、昌平区3家、通州区2家、怀柔区1家。按照各星级园区数量占比，受访的19家星级园区中五星级5家、四星级3家、三星级11家。从占地面积看，受访的19家星级园区中千亩（含）以上的园区有4家、500亩（含）—1000亩的园区有3家、100亩（含）—500亩的园区有10家、100亩以下的园区有2家。

二、受访园区设施面积及主营业务

受访的19家星级园区已有设施面积为10000平方米以上的有2家，5000（含）—10000平方米的有1家，1000（含）—5000平方米的有5家，500（含）—1000平方米的有5家，100（含）—500平方米的有4家，100平方米以下的有2家。

受访园区主营业务占比前三位的依次为农产品种植销售（33%）、采摘项目（21%）和社会实践大课堂（17%），占比后三位的分别为餐饮（5%）、住宿（3%）、农产品加工（2%）。

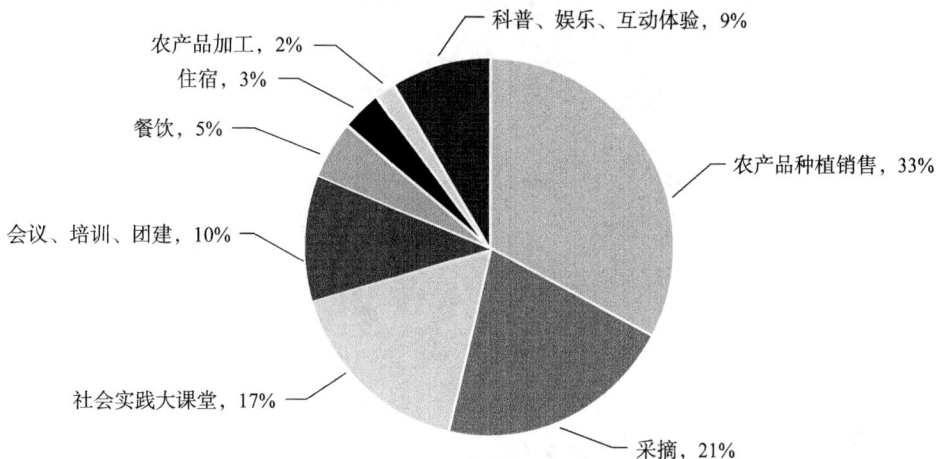

图1　受访休闲农业企业主营业务占比

三、受访园区需要增加设施面积及用途

（一）用地需求强烈

受访的19家星级园区中有17家园区表示有强烈的用地需求，现有用地不能满足园区的发展，需求用地面积基本超过1000平方米，甚至需求万余平方米，其中需求10000（含）平方米以上的有7家，需求1000（含）—10000平方米的有8家，需求1000平方米以下的有2家。

（二）科普教室需求最旺，住宿设施需求不高

受访的19家星级园区中，对科普体验、校外大课堂教室的需求最高（24%），其次为接待中心（21%）、卫生间（19%）和餐饮设施（13%）。在国家政策的倡导和市场需求的推动下，农业与教育的融合发展近年来快速发展，越来越多的农业园区通过教育部门的审核，成为中小学生社会大课堂资源单位，争相获取这一新兴的消费市场，弥补平日的客源不足。但是中小学生社会大课堂有较高的教学场地要求，虽然这种要求可以是临时性的，但是也对农业用地的复合功能利用提出了新的需求。

值得指出的是，由于乡村精品民宿、乡村酒店的蓬勃发展，休闲农业园区对住宿设施的建设需求较小（详见图2）。

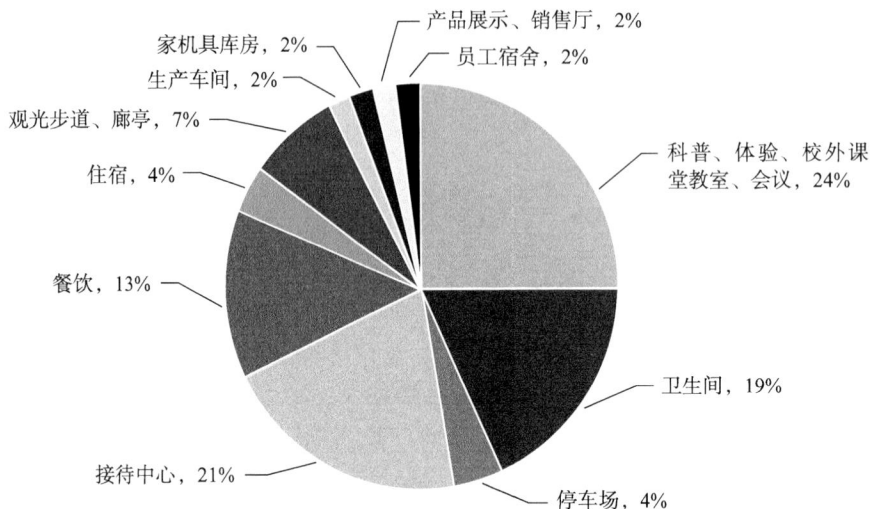

图2　受访休闲农业企业需求设施占比

四、用地方面存在的主要问题

（一）家庭农场或企业规模化经营需求与农村集体建设原有配套用地无法使用的矛盾

伴随着我国工业化、信息化、城镇化和农业现代化进程，农村劳动力大量转移，农业物质技术装备水平不断提高，农户承包土地的经营权流转明显加快，发展适度规模经营已经成为必然趋势。2014年，中办、国办印发《关于引导农村土地经营权有序流转发展农业适度规模经营的意见》，随着适度经营规模的增加，适合规模经营的配套设施如新增的晾晒场所、烘干场所以及农机具存放场所无法申请，观光休闲农业园区所需的农机用具分散在农业农村的各个角落。以前集体所有的晾晒场所、烘干场所随着家庭联产承包责任制的落地也相继出租出去，未能与适度规模经营相配套。虽然在意见中指出各省（自治区、直辖市）根据实际情况，在年度建设用地指标中可单列一定的比例专门用于新型经营主体建设配套辅助设施，但在具体实施和操作过程中，没有相应的实施细则和流程。

（二）"大棚房"整治后存在从严从紧问题，经营主体不知道违规的界限和范围

"大棚房"问题专项清理整治行动主要为遏制非法侵占耕地的乱象，主要针对在大棚中违法建设餐饮、住宿场所、房地产开发的现象，但并不是不允许正常的用地需求。在清理整治行动之后，产业经营者的正常需求依然得不到满足，甚至不知道什么行为可以，什么行为不可以。拉横幅、利用废旧汽车轮胎做攀岩、标识和照片墙以及耕地中田间小品等一系列不涉及硬化路面的营销行为都被明里暗里地禁止，弄得经营者一头雾水、一筹莫展、不知所措，极大地消磨着休闲农业从业者的信心和勇气。虽然自然资源部、国家发展改革委、农业农村部联合出台了《关于保障和规范农村一二三产业融合发展用地的通知》，明确鼓励保障一二三产业融合发展用地需求，但在实际申请过程中，还存在着"宁可错杀三千，不可放过一个"的现象，从严从紧的问题依然存在。2021年北京市规划和自然资

源委员会等联合发布了《关于加强和规范设施农业用地管理的通知》（京规自发〔2021〕62号），但通知中备案缺乏细则，不能落地和取得实效。

（三）产业主管部门和用地审批部门不是同一部门，两个部门之间也没有建立有效的联席机制

农业产业主管部门和主责部门是农业农村部门，但用地审批和监管是规划和自然资源部门。规划和自然资源部门关注的是耕地红线和建设用地指标，而农业农村部门关注更多的是耕地产量和农业农村产业的发展。乡村要发展，产业要振兴，必然需要产业用地的保障，农、规两部门应建立有效的联席机制，农业农村部门从产业发展的角度保证项目的合理性，规划部门则从用地保障的角度解决用地的合法性。

（四）服务于全市的功能区或项目优先占用了当地的建设用地指标，保护的任务由当地部门来承担

例如怀柔区是生态涵养区，部分乡镇又在生态红线和自然保护区范围之内，同时怀柔又在创建世界级原始创新战略高地的怀柔科学城、国际会都和中国影都。生态涵养区、生态红线和自然保护区是服务于全市的战略功能区，但目前生态价值还没有完全显现，处于发展滞后和缓慢的阶段，甚至有些是牺牲了当地的发展来进行生态环境的保护。怀柔科学城、国际会都和中国影都吸引了大批的人流和信息流，以及具有国际视野的冲击，所以怀柔的主要建设用地指标都优先保证了这些项目的运行，其他剩余的分配指标较少，未能形成有效的利益分配和补偿机制。

五、启示和建议

农业企业在三产融合的发展过程中，遇到的首要问题就是土地问题。休闲农业作为服务业来说，与传统农业不同，要求有必要的经营场所。虽然从企业的角度说，用地需求难免有夸大的成分，用地方向难免有偏颇之处，但是实事求是地讲，休闲农业园区原有的土地性质大多为农田、林地，缺少必需的建设用地指标是不争的事实，也是困扰整个行业发展的最大问题。为此，课题组提出以下建议：

（一）出台明确的产业用地政策，配套出台正负面清单，明确规定什么允许，什么不允许

通过对休闲农业经营者和乡镇负责同志的访谈，解决用地问题，重点在于出台明确的休闲农业用地政策。例如有部分休闲农业园区已备案建设用地，但在没有明确正负面清单的情况下，行政部门一律从严从紧管控，仍不能正常开展建设。直面休闲农业设施的准入门槛，对休闲农业和休闲农业配套设施设立明确的规定和划定明确的范围，使经营者有据可依，不再徘徊志忑。目前虽然北京市规划和自然资源委员会出台《关于加强和规范设施农业用地管理的通知》（京规自发〔2021〕62号），但具体怎样操作、实施和落地缺乏细则和可操作性的规范，比如设施农业用地占用基本农田怎么占，怎么补划，无从下手。出台正面清单和负面清单，让休闲农业从业者有法可依、有据可查、有流程可遵循。

一是在用地上必须给休闲农业、休闲农业园区以明确定义，并细化规定各类土地可

以用于和禁止用于哪类经营，既方便农业经营者操作，又便于规划部门和农业农村部门执行。二是制定与休闲农业正确发展方向相一致的用地政策，以地控业，有底线有高线，按标准配备休闲农业用地，例如申请校外社会实践大课堂的休闲农业园区给予配套的卫生间、教室等用地。三是因地制宜制定与区功能定位相结合的用地政策，生态涵养区在协调生态红线范围内民生用地的同时，既要从生态富民的角度出发，又要在生态红线外适当留出产业用地。

（二）建立有效的联席机制，合力谋划政策措施

破解农业生产经营主体用地难题，需要农业农村、规划和自然资源两部门担当有为，通力合作，明确牵头单位和具体操作流程，在对接协调的基础上整合现有资源，研究可行路径，探索共建产业融合用地协作机制，在充分调研的基础上，联合出台一二三产融合发展用地的项目申报政策。建议成立以规划和自然资源部门牵头推动，农业农村局、园林绿化局等相关委局参加的联席机制。

（三）用地指标要落实到项目上，明确产业用地的审批流程和附属设施的实施细则

政策的生命在于落实。要通过项目清单的形式，落实产业融合发展用地政策，明确用地项目库、申报标准、审批流程、项目类型以及申报条件等。具体来说，农业农村部门牵头建立全市农村一二三产业融合发展项目库，制定评审办法和评审标准，规划和自然资源部门负责入库项目用地审批流程的优化、组卷报批等程序。对于项目申报实行用地项目双审核制，两部门共同组织专家对申报项目进行实地考察和综合评审。农业农村部门重点审核项目类型、产业融合程度、发展前景以及带动效益等；规划和自然资源部门重点审核项目用地性质、用地合规性以及规划衔接性等，评审符合条件的项目经公示无异议并报市政府批准后，统一纳入农村一二三产业融合发展用地项目库。

（四）建立有效的补偿机制或者价值实现机制，实现保功能到强价值的转变

尽快建立生态产品价值实现机制，探索生态产品价值实现的有效途径，单纯从政府主导逐渐向政府和市场主导以及纯市场主导过渡和看齐。建立森林生态银行、碳汇交易机制以及绿色信贷等市场交易方式，实现市场的分配调节。将保证首都功能集中的用地指标带来的收益进行二次分配，确保周边及保证用地指标实现乡镇的利益分配公平公正合理。

执笔人：赵晨、张颖、李敏

关于为农业经营主体提供金融顾问服务的思考

多年来，"融资难""融资贵"一直困扰着农业经营主体。从中央到地方，各级政府在发展农村普惠金融、金融服务"三农"方面持续出台政策，金融机构积极响应，坚持新发展理念，以供给侧结构性改革为主线，不断推出新的服务和产品。但现实中仍存在金融机构"放款难"、经营主体"融资难"等现象。笔者通过近年来从事农村金融服务工作以及与经营主体座谈、调研发现，在大量涉农金融产品投放市场的前提下，由于金融供需双方信息不对称，造成一方面经营主体不知道或不了解哪些金融产品适合自己，另一方面金融机构研发的产品不能很好地落地。本研究认为需要建立一个有效的机制来连接政府、金融机构和涉农融资主体，即在现有农村金融服务体系中增加金融顾问服务这一"诊断＋指导"环节，实现金融供需的"双赢"。

一、客观要求

习近平总书记提出"全党务必充分认识新发展阶段做好'三农'工作的重要性和紧迫性，坚持把解决好'三农'问题作为全党工作重中之重，举全党全社会之力推动乡村振兴，促进农业高质高效、乡村宜居宜业、农民富裕富足"。

从政策和金融供给角度：今年中央一号文件提出"强化农业农村优先发展投入保障。坚持为农服务宗旨，持续深化农村金融改革。大量开展农户小额信用贷款、保单质押贷款、农机具和大棚设施抵押贷款业务。鼓励开发专属金融产品支持新型农业经营主体和农村新产业新业态。增加首贷、信用贷"。为落实中央一号文件，人民银行、银保监会、农业农村部等六部门联合发布了《关于金融支持巩固拓展脱贫攻坚成果全面推进乡村振兴的意见》，以"全面推进乡村振兴，创新金融产品和服务，引导更多金融资源投入'三农'领域……"为指导思想，提出"丰富服务乡村振兴的金融产品体系""大力开展小额信用贷款""创新开展产业带动贷款""开发新型农业经营主体贷款产品""拓宽农村资产抵押质押物范围"等，以丰富服务乡村振兴的金融服务体系。北京市积极落实中央精神，以推动农业农村高质量发展为主题制定了《"十四五"时期乡村振兴战略实施规划》；近期，人行营管部、北京银保监局、北京证监局、北京市金融监管局、北京市财政局和北京市农业农村局六部门联合出台了《关于金融支持北京市全面推进乡村振兴的实施意见》，提出"创新农村金融产品和服务""加大重点领域涉农信贷投放力度""增强涉农主体信贷获取能力"等措施和保障机制。

从市场和金融需求角度：金融作为经济发展的血脉在乡村振兴中发挥着重要作用。产业振兴位列乡村振兴之首，对于北京农村发展不充分的现状来说显得尤为重要，也是市委十二届十五次全会提出的"北京要走在全国前列，率先基本实现社会主义现代化"的基础。产业要发展、农民要增收就必然需要资金的投入。近年来，涉农金融机构在建立服务乡村振兴的内设机构的基础上不断研发和投放创新产品，以满足不同产业、不同区域、不同融资主体的需求。北京郊区面积占全市总面积的91.5%，在1.5万平方公里内有3944个村级集体经济组织、133.8万个农户、182万个劳动力，有7000多个农民专业合作社，还有其他新型经营主体，生产经营涵盖一二三产业。随着乡村振兴战略的不断推进，本市"十四五"时期乡村振兴战略实施规划的逐项落地，围绕一二三产业融合发展，资金缺口增大、金融需求增加，保守测算，全市农业经营主体年融资需求量在10亿元以上。

二、现实情况

从近年为金融供需双方提供服务的过程中，笔者看到了一些现象，也听到了金融机构和农业经营主体的一些反映。从金融机构方面总结起来，主要认为农业经营主体除缺少符合条件的抵质押物以外，财务记录不完整、不规范，金融机构在识别其经营状况方面存在一定困难，因而对经营主体"放款难"。从经营主体方面总结起来，一是因不掌握优惠政策而造成"融资贵"。如2016年市农委、市金融工作局和人行营管部联合出台了《关于加大农业领域贷款贴息等金融扶持的办法（试行）》（京政农函〔2016〕58号），该办法在支持对象、支持方向和支持方式上具有一定的普惠性，可操作性强，对于产业发展和缓解"融资贵"很有帮助，但由于经营主体对该政策不了解，有贷款需求时采取惯性思维方式融资而与优惠政策失之交臂。二是因不会选择金融服务和产品而感到"融资难"。农行北分、北京银行、北京农商行、邮储北分等涉农金融机构与时俱进，不断创新金融产品，如针对农村承包土地的经营权抵押贷款提供的"农权贷""农权保"，针对光伏发电项目提供的"光伏扶贫贷款""光伏保"，针对新产业新业态提供的"惠农快贷"，针对郊区旅游业发展的"旅游户贷款"等，据不完全统计，现行的涉农金融产品有40多个。但由于经营主体或不清楚有针对自己生产发展的产品，或与金融机构信息不对称、对接不畅而放弃融资。三是不了解金融机构的业务程序而感到"融资慢"。农业生产自然风险大、季节性强，经营主体希望在较短的时间内完成融资，但金融机构出于风控考虑需要走相应的流程，经营主体感到银行贷款手续多、时间长，等贷款批下来时已失去了意义，因此有的经营主体在急需资金的情况下采取使用"过桥"资金甚至是高利贷。

三、原因分析

（一）对政策和产品的宣传不到位

在为农业经营主体提供金融服务及与之调研座谈中发现，无论是政府出台的优惠政策还是金融机构提供的金融产品，农业经营主体都不甚了解。如上面提到的自2017年开始实施至今的 2016 年 58 号文以及 40 多个涉农金融产品的服务对象、内容等。一方面是经营主体把主要精力放在了自身生产上，需要融资时再临时打听；另一方面是政府及金融机构的宣传、培训不够。

（二）金融供需双方的信息不对称

一方面是有的经营主体财务管理不规范，如现金交易不走账、没有把真实的经营收入反映在财务报表中等，金融机构无法从财务报表中识别其经营状况；另一方面是金融机构在创新产品时对经营主体的需求内容了解得不够充分，如农业生产的季节性、周期性、融资需求的时效性等，使有的产品设计出来后在可操作性方面没有收到预期效果。

（三）农村信用体系建设尚不完善

2007 年，北京市农委与北京农商行共同制定了《北京市农村信用户、信用村、信用镇（乡）评定及授信管理办法》，开展"三信工程"评定工作；2019 年，北京市农业农村局、北京农商行和云华农汇网创建了农民专业合作社信用评价系统并实现上线应用，这些措施在改善农村信用环境、帮助经营主体增收方面发挥了积极作用，但需要在此基础上与时俱进，进一步完善和提升。

四、对策建议

（一）制定和完善金融扶持政策，通过多种方式、多种渠道加强金融政策和产品宣传

《北京市"十四五"时期乡村振兴战略实施规划》对于解决"三农"问题明确了目标、量化了指标，为保证目标的实现，政府会出台相应的支持政策，金融机构也会随之创新和推出金融产品。这些支持政策和金融产品要落地、要实施，首先要让经营主体了解和掌握。在这方面，自 2015 年起，金融处每年搜集、整理、印发《农村金融政策法规及北京市涉农金融产品汇编》，提供给农业经营主体作为工具书，并利用下乡调研、提供金融服务等机会为经营主体讲解一些市级优惠政策，方便他们融资，得到了经营主体的认可和称赞。但仅有这种方式还远远不够，还需要有关部门共同发力，通过线上、线下的宣传、培训等方式提高受众面。

（二）开展农村金融服务顾问试点，尝试通过精准服务方式打通农村金融服务"最后一公里"

随着乡村振兴战略的不断实施，农村金融服务需求的多元化、多层次特点越来越明显。为有效解决金融供需问题，浙江省在 2018 年推出了金融顾问制度，为各类企业提供服务，促进了该省经济金融健康发展。今年上半年，北京市启动了"小微金融服务顾问制度"，旨在培育一批资深、敬业的金融顾问队伍，充分发挥其作为地方政府"金融智库"和企业"保健医生"的作用，为企业提供政策宣导、金融问诊、投融规划、风险化解、上市辅导等综合服务等。笔者认为在上述背景下，对于本市农业经营主体的金融服务，可依托市农村金融协会这个社团组织，利用其既有金融供需双方会员，又有从事农村金融研究及教学的高校专家学者等资源，通过政府购买服务的方式，开展对本市农业经营主体的金融顾问服务试点，建立一个有效的机制来连接政府、金融机构和涉农融资主体，通过线上

和线下，集成"政策宣传、产品展示、业务咨询、业务受理、信息收集"等功能，为有融资需求的经营主体解读政策、诊断产品、指导融资等精准识别和精准服务，为融资需求者出"诊方"，提高其融资效率和获得感。

（三）继续加强农村信用体系建设，通过提升信用生态环境实现金融要素向农村有效流动

信用是市场经济的重要基石、金融资源配置的关键要素，也是形成金融对农业农村服务供给的稳定器。加强和规范开展各类经营主体的信用评定工作，将信用评价结果与经营主体的贷款授信结合起来，建立正向激励和反向惩戒机制，对于培养经营主体"守信为荣失信可耻"的信用意识和信用自觉、改善和提升新时代农村整体信用环境、帮助金融机构做出正确的信贷决策等经济发展和乡村治理方面都具有现实意义。

执笔人：曹晓兰

依托农业龙头企业 打造农业全产业链

——北京北菜园农业科技发展有限公司案例分析

构建现代乡村产业体系是乡村产业振兴的基础要素。2021年，中央一号文件继续强调依托乡村特色优势资源，打造农业全产业链，把产业链主体留在县城，让农民更多分享产业增值收益。那么，农业全产业链如何打造呢？在乡村发展中有哪些生动实践呢？本文以北京北菜园农业科技发展有限公司构建农业产业链为例，系统深入分析了该公司的产业逻辑和具体做法，探讨了农业龙头企业构建产业链的优势，以期为读者提供一个依托农业龙头企业，打造农业全产业链的范例样本和路径选择。

一、基本情况

2011年，北京北菜园农业科技发展有限公司（以下简称"北菜园公司"）在北京正式注册成立。北菜园公司隶属于北京北菜园农产品产销专业合作社（2011年成立），是其主要成员单位之一。该公司控股北菜园生态农业（北京）有限公司（2016年成立）、北菜园园林园艺科技（北京）有限责任公司（2016年成立）、北京农合供应链管理有限公司（2019年成立），主营有机蔬菜种植生产、加工包装和产品销售业务。经过近十年的发展，北菜园公司已经发展成为拥有生产管理、供应链管理、品牌营销"三大核心业务板块"的区域性有机农业龙头企业，开创了信息科技技术引领蔬菜行业的先河，建立了一套较为完整的有机蔬菜种植、加工、销售的系统解决方案，拥有先进的农业管理模式和多重安全品质保障，确保有机农产品从源头到餐桌的新鲜、健康和品质安全，业务网络覆盖北京、天津、河北等省市，并向东北、华中地区逐步拓展。

二、主要做法

（一）遵循"需—供—产—销"的产业逻辑

通过不断的实践探索与经验总结，北菜园公司摸索出了一套"需—供—产—销"的产业推进逻辑，将市场销售与用户需求紧密结合，利用农业信息化手段实现了以目标客户需求找目标产品、以提高集货能力确保目标产品供应、以生产标准化做到精准排产，从而确保产品销售与用户需求的高度匹配，成功实现了从"种什么、卖什么"到"卖什么、种什么"的产业逻辑逆转。

需：北菜园公司的主打产品是有机蔬菜，基于有机市场的消费特点，鉴于有机农产品的高端性和小众性，北菜园公司的市场定位是"北京市场"，经营策略是"种全国、供北京"，目标用户锁定在北京市 200 多万户中产家庭。围绕已有用户和潜在用户的所需，北菜园公司注重分析市场上有机蔬菜的主要销售通路特点和用户需求，并最大限度地满足用户的需求。

供：为了满足用户的需求，提供优质快捷的产品服务，北菜园公司一方面需要快速集货，另一方面需要开展农产品初加工和物流业务。据公司负责人介绍，农户履约能力特别差，今天卖不出去的给你了，明天价格高了又不给了，会存在着集货的问题。此外，产品怎么分级、怎么做包装、怎么做品牌、怎么能够真正地流通出去，也是运营的难点。为此，北菜园公司于 2019 年底新成立了供应链管理中心，专门负责集货和加工物流业务。2020 年疫情高发期间，供应链管理中心在快速集货、提高物流效率等方面发挥了重要的作用，疫情期间最多的一天供应北京市场 20 吨蔬菜，约占北京市蔬菜供应量的 1%。未来，北菜园公司将借助国家有关政策加强产地加工物流中心的建设，以降低农产品从地头到终端的损耗，提高产品的品质。

产：北菜园的生产管理主要体现在三个方面：一是根据销售数据进行种植分配。北菜园公司在锁定三种销售通路的用户信息后，可以很容易地拿到并科学处理不同销售通路的零售数据。如将数据分为 top1-top30，细分从 top1 到 top30 的销售数据，研究消费行为；再如将数据按品类进行划分，预估每种单品下一周期的销售量作为排产依据；再如根据渠道的增长预计市场的增长，提高排产的计划性和科学性。以种植番茄为例，种植番茄一分地（约 66.7 平方米）200 株，每株在四层果至六层果之间，依据不同区域的种植时间和产果数量，计算每层果的数量与单位地块的产量来进行产量分配。每年 6 月底的时候可以把 10 月份到次年 10 月份的产量都分配完，各基地根据分配计划完成种植即可。二是推行种植标准化，确保排产的精确性。北菜园公司推行株距、行距、疏果的标准化，基本能够做到合理估算单位地块的不同级别产品的产量范围值，通俗地讲就是能够知道一亩地大约能产多少一等品、多少二等品。只有做到种植的标准化，才能够通过排产、定产实现产销数据的匹配。三是通过不同的产区调节能够实现固定品种的全年供应。北菜园公司目前已经可以实现 35 种产品的常年供应，主要是通过全国的不同维度海拔气候调节，采取适宜、适用、适量的原则在各基地组织生产种植，确保单品周年稳定供应。

目前，北菜园公司的产品获取主要有以下三种组织方式：一是依靠自有基地种植生产。北菜园公司在北京延庆区拥有自己的核心有机蔬菜生产基地 1500 亩，带动 870 余户农户种植有机蔬菜。在河北省沽源县建立产业扶贫基地 450 余亩，带动 140 余户村民种植有机蔬菜（其中约 70 户是贫困户）。二是拓展外埠合作基地生产。与多地取得合作，选择优质的自然生态环境作为有机种植基地，且合作方都获得有机认证，通过不同纬度、气候、海拔等地域条件来实现不同季节核心品类产品的周年种植，避免受地区气候环境影响造成的蔬菜断档问题，保障有机蔬菜的持续稳定供应和品质保障。北菜园公司先后在河北、山东、江苏、河南、海南、新疆等省、自治区建立了约6000余亩合作基地，合作基地带动约1000户小农种植有机蔬菜，全年可供有机蔬菜50余种，年供有机蔬菜总量达2000吨以上。北菜园公司对于外埠合作基地采用连锁农场模式运营，以控股或技术输出与连锁农场合作，提供产业对接服务，统一采收，用订单来管控连锁农场。北菜园为连锁农场提供种苗、种植技术和植保等社会化服务。随着产品日益丰富以及客户量的日益积累，进而发展到农产品供应链管理，从种苗、生产、采收、初加工、配送形成全过程供应链管理。三是在全国优质产地零星采购小众特色产品，确保品类齐全，比如成都蒲江的猕猴桃、新疆的哈密瓜、黑龙江五常大米等，北菜园公司和生产基地谈好价格、约定好品质，通过完善的物流体系为消费者送去优质产品。

销：销售主要是指品牌营销，以"看得见的有机"为出发点，通过用户服务反推过程管理，同时以故事化、场景化、体验化逐步建立消费者的品牌认知。目前，北菜园公司的销售结构大致如下：一是为华润Ole、京东7鲜、麦德龙、沃尔玛、哈尔滨·远大、青岛海信、保定百货等60—70家高端商超供货。该部分销售量约占60%—70%，商超通路的净利润较低，核心意义在于品牌背书。二是为电商平台供货，如京东、中粮我买网、本来生活网等，销售量约占20%—30%。三是通过北菜园官方微信商城为宅配会员提供有机蔬菜配送服务。目前约有3000位家庭会员，该部分销售量占10%以下，该通路净利润高于30%。宅配会员是北菜园公司的核心目标用户。四是为企业及各类机构提供有机蔬菜，重点开发企业年节福利，客户主要有北京人寿、农行北京分行、维拓建筑以及十余家幼儿园机构等，这部分渠道的销售量约占5%—10%，未来是北菜园公司重点推进的渠道之一。

北菜园公司的整体业务流程图如下。

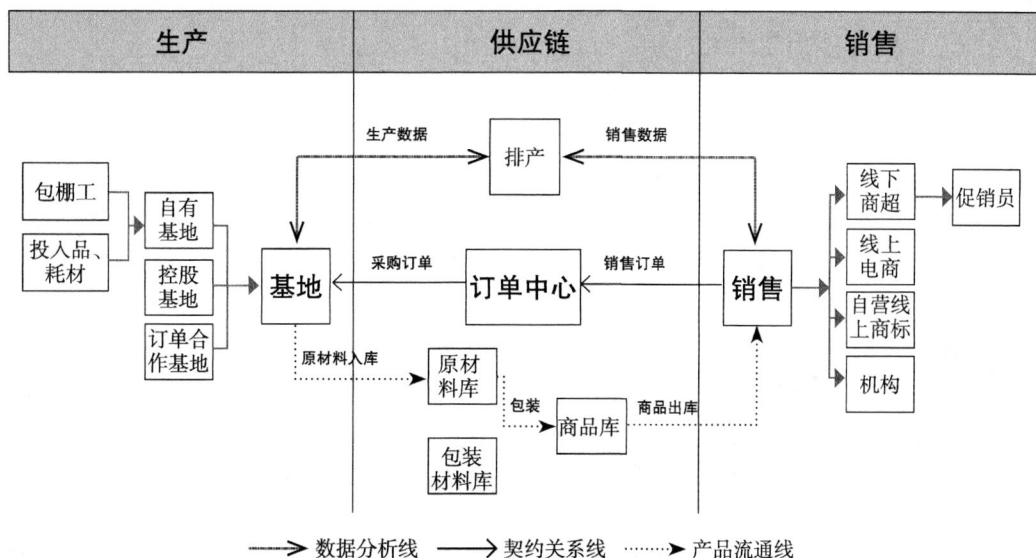

图1 北菜园公司业务流程图

（二）建立数字化供应链管理模式

数字化供应链管理是实现北菜园公司"需—供—产—销"产业逻辑的核心利器。目前，北菜园公司已经建立并应用了生产管理系统、供应链管理系统、营销管理系统和订单管理系统。

生产管理系统主要用于从种质、育苗、定植、过程管理、采收、入库到加工后赋码追溯等生产和初加工环节的信息资源管理，可实现全区生产的数字化管理，通过在大棚内安置摄像头、传感器等设施设备，定期检测地力水质、土壤情况，以及湿度、温度等相关数据，全程监控蔬菜生产过程并建立档案；通过环境作物生长模型、病虫害预警模型、作物环境健康测评模型对数据进行分析，为植物生长进行诊断诊疗。记录农产品从播种、育苗、成熟、收获、物流运输整个过程，上传到绿色履历系统平台中，供消费者进行质量安全追溯[①]。

供应链管理系统主要用于处理各生产基地订单，由供应链下采购单（明确采收量、收货结算量、损耗量），分析订单完成情况；承担干线物流、物流车辆管理和加工车间管理分拣、包装、理货、出入库管理等；根据销售数据进行排产管理。供应链管理系统可实现不同销售渠道数据的抓取记录与统计分析，用以进行不同基地的排产；同时对于产品流通过程中的损耗进行监控和评估，对于生产加工流通环节提出优化方案，以降低产品损耗，提升品质，确保农产品的数量与质量在产供需环节的高度匹配与有序衔接，降低企业成本，提高企业利润率。

营销管理系统主要用于商超货架采销存管理、营销活动、巡店管理、客户积分管理、App（微信端会员商城）管理。

订单管理系统主要用于各企业端客户订单管理、宅配会员及企业客户订单系统、数据分析等。

（三）拓展盈利模式

经过十多年的发展，北菜园公司已经从一家卖产品的企业向卖技术、卖服务转变，实现了多元化经营。除了为北京中高端市场提供有机农产品外，北菜园公司在发展壮大过程中深感农业社会化服务业发展薄弱，专业人才队伍匮乏，产业体系不健全。对北菜园来说，一方面是发展的障碍，另一方面也是发展的机遇。为此，北菜园一边壮大自己的主营业务，一边加强相关产业技术的研发以满足自身的需求，最终也拓展了自身的业务范围。

目前，北菜园公司有三种经营模式：一是农产品输出。经过十余年的发展，"北菜园"有机蔬菜品牌已经稳稳领衔北京高端市场，2020年实现有机销售收入4000万元。二是生物防控产品输出。在有机生产基地繁育生物防治产品，成立了北京阔野田园生物技术有限公司，天敌生产车间占地面积约9800平方米，拥有自主研发的生产线，其中包含1条自

---

① 资料来源：艾格农业数据库.北京北菜园农产品产销联合社：科技兴社 [EB/OL].http://www.cnagri.com/shipin/shipinzixun/shucai/20131130/271153.html.

动化生产线。所生产的天敌产品包括巴氏新小绥螨、智利小植绥螨、异色瓢虫、龟纹瓢虫、烟盲蝽、丽蚜小蜂、小花蝽、授粉熊蜂、授粉蜜蜂、管氏肿腿蜂等，年生产能力过亿（粒）卵头。2020年，该公司销售额突破2300万元[1]。三是服务输出。北菜园公司凭借自身较为成熟的有机供应链管理模式，正在探索以运营方的身份帮助其他基地建立科学的供应链管理系统。另外，北菜园公司还利用自身在蔬菜领域的管理经验、产品标准、加工过程管理、品牌运营、市场开发、用户服务等优势，积极参与北京市延庆区打造康庄、大榆树、井庄至永宁蔬菜产业带的整体布局以及"妫水农耕"延庆区域品牌建设整体发展规划。

三、经验启示

在农户高度分散化、农业社会化服务体系不健全的情况下如何打造农业全产业链，构建现代农业产业体系？纵观市场作用的表现和基层涌现的经验，依托农业龙头企业，通过产权连接、合同连接、技术输出、管理输出、服务输出、品牌合作等方式，把供应链上的零散弱小的主体有序组织协同起来，使得农产品的产供销环节能够纳入高效的现代农业产业体系进行管理，是重要的路径选择。本案例研究认为，这种依托农业龙头企业、打造农业全产业链，提供安全优质农产品供给的模式，至少具有以下四点优势。

（一）有利于推进农业生产的规模化

农户个体分散经营的模式已经越来越不适应现代农业发展的要求。实践证明，农产品品质的提升要求建立品种专门化、种植专业化、经营规模化、环境绿色化的原料基地。而分散的、小规模的生产模式难以实现生产的标准化、规范化、专业化、绿色化，也不利于产品产后的分等定级和加工处理。在这方面，龙头企业有巨大的优势来带动农业规模化生产。从供应链管理的微观视角来看，龙头企业被称为"核心企业"。之所以被称为"核心企业"，就是体现在它对资源的组织配置能力和对供应链的经营管理能力，核心企业是整条农产品供应链的发起者和组织者，企业的经营规模越大，说明其带动农业规模化经营的作用越大，可以有效解决产业链上游的组织化、标准化、品质化问题。北菜园公司通过自有基地与合作基地管理共带动近2000户农户进行标准化有机种植与销售。随着企业规模的扩大，北菜园公司有能力带动更多小农户进行标准化生产，纳入现代农业生产流通体系。

（二）有利于实现产、消信息的高度匹配

2015年底以来，中央首次提出并着力加强农业供给侧结构性改革，就是要使农产品供给数量、品种和质量契合消费者需要，真正形成结构合理、保障有力的农产品有效供给格局，提高农业供给体系质量和效率。打造宏观层面的农业全产业链，核心是加强微观层面的农业供应链管理。农业供应链管理的目标就是协调核心企业内外资源来共同满足消费者需求，随时根据市场的需求变化调整供应链的采购、物流和供应策略。可以说，实施农

---

[1] 资料来源：北京阔野田园生物技术有限公司.公司简介[EB/OL].http://www.kuoye.com/about/.

产品供应链管理是最有利于实现农产品产销信息高度匹配的，是推进农业供给侧结构性改革的微观主导模式。北菜园公司在生产端的茬口安排、定植管理、环境控制都是依据销售端（消费端）的大数据科学推导出来的，可以严格控制产销的匹配度。此外，北菜园公司高度重视产品的质量安全与品牌信誉，其品牌营销的定位就是"看得见的有机"，通过建立自己的绿色履历系统和品牌背书体系最大化地减少农产品的信息不对称问题，使得产品在数量、品种与质量方面与消费者需求高度契合，因而形成了有利于企业可持续发展的优质优价机制，而优质优价恰恰是安全优质农业的核心制度环境。据调研，北菜园有机蔬菜的均价常年稳定在50—60元/千克，目前仍在扩大生产基地规模，产品供不应求。

（三）有利于发展农业社会化服务产业

农业社会化服务体系是一个国家农业发展的重要标志，也是衡量一个国家农业现代化的标准，是现代农业发展不可缺少的支撑力量。农业社会化服务体系薄弱、服务主体发育滞后、服务质量不高等问题已经成为阻碍我国农业现代化的重要因素。总结北菜园经验，农业龙头企业至少可以从两方面促进农业社会化服务产业发展。一是在做强做大自身产业链中，孵化出农业社会化服务企业。北菜园公司在主营有机蔬菜种植销售期间，因急需大量生物防治产品却苦于找不到合适供货商时，开始独立探索生物防控产品的研发，于2013年正式成立了北京阔野田园生物科技有限公司，并落成了巴氏新小绥螨生产线，如今已经发展成为北京市唯一一家捕食性天敌生产企业，在北京的市场占有率达到60%，全国达到40%，2020年销售额达到2300万元。另外，北菜园公司还在探索以服务输出、技术输出、品牌合作等方式为其他农场或基地提供专业化的有机农业社会化服务，并在探索建立连锁农场的供应链管理模式，这些新型的服务模式、管理模式都是农业龙头企业在发展过程中转化的社会化服务产品，有利于充实和丰富农业社会化服务体系内容。二是以开展农业社会化服务为核心业务，联合企业外资源共同做好现代农业。如采用连锁农场模式运营外埠合作基地中，北菜园公司为连锁农场提供种苗、种植技术和植保等社会化服务。再如，北菜园公司正在延庆区永宁镇孔化营1000亩基地探索"政府+合作社（村集体）+企业"三方联动的新合作模式，该基地通过申请建设农业设施项目，产权归村集体，北菜园公司通过租赁形式，在地租的基础上增加设施租赁费用（约占投入金额的7%左右），以市场化的方式进行运营。该项目建成后可直接创造约80个就业岗位，人均年收入不低于4万元，并通过地租带动410户农民，户均年增收2700元。再如，北菜园公司充分发挥自身的品牌示范带动作用，带动其他品牌快速发展，利用自身成熟的销售通路和供应链管理能力为其打开市场，比如怀柔的板栗，延庆的苹果、草莓，赣州的橙子，五常的大米等等。

（四）有利于降低农产品的产后损耗率

我国果蔬等农副产品在采摘、运输、储存等物流环节上的损耗率在25%—30%，其中水果的储藏量不足总量的15%，烂果率高达25%以上，而发达国家通过产后系统高投入、高建设（西方农业发达国家农业投入的70%用于产后系统建设，其农产品采后处理能力占总产量的 60% 以上），将果蔬损耗率控制在 5% 以下（美国为 1.7%—5%）。"节约"是供应链管理的重要原则之一，在物流领域中除流通时间的节约外，由于流通过程消耗大而又基本上不增加或不提高商品的使用价值，所以依靠节约来降低投入是提高相对产出的重要手段。物流过程作为"第三利润源"而言，这一利润的挖掘主要是依靠节约。因此，龙头企业会通过优化物流规划、提高加工物流能力来降低农产品产后损耗，提高成本收益率。这一管理原则与降低农产品的产后损耗率天然契合。北菜园公司的 4000 平方米有机蔬菜鲜切、加工车间已申报立项，预计 2022 年投入使用。项目建成后将极大地提升北菜园有机蔬菜的生产加工能力，可将北菜园有机蔬菜的日加工能力（以包装单位为标准）从现有的 8000 份提升到 32000 份，有机蔬菜年处理量可达 1 万吨左右，可有效满足北菜园在未来几年内的发展需要。同时通过净菜的加工、分级可降低菜叶等垃圾产生，可以有效降低农产品的产后损耗，避免对人居环境造成污染。北菜园公司正在通过提高加工能力、科学规划干线物流等方式，研究将企业主导供应链内果蔬的产后损耗率降至 10% 以内。

四、政策建议

把零散弱小的农业生产主体有序组织协同起来，使得农产品的产供销环节纳入高效的现代农业产业体系进行管理与配置，扩大构建长期稳定的农产品产销衔接机制是未来北京市现代农业发展的主要方向和推动模式。借鉴北菜园公司案例，我们的主要建议是：

一是培养扶持一批农业龙头企业。建立农业龙头企业引导基金，支持初创期科技型中小农企的创业和技术创新；加快落实 2019 年财政部办公厅、商务部办公厅印发的《关于推动农商互联完善农产品供应链的通知》，将订单农业主体、产销一体主体、股权投资合作主体纳入重点扶持培养的范围，重点支持其加强产后商品化处理设施建设、发展农产品冷链物流、加强供应链末端惠民服务设施建设、提升生产标准化和产品品牌化能力建设。关注农业龙头企业在基础研究、产品研发、技术开发、成果转化、融资担保、人才引进、税收优惠等方面的需求，并给予适当的政策扶持。

二是加强农业龙头企业的安全优质品牌的推广。加强政府与农产品品牌的扶持与宣传，是优质农业发展的内在要求。按照 WTO《农业协定》，政府用于市场推广的农业补贴属于"绿箱政策"，不仅不削减，而且正是 WTO 所倡导与鼓励的做法。政府在全球范围宣传本国的农产品品牌，以至直接推销本国农产品，是发达国家的共同做法。建议应用新技术、新平台、新模式加大对北京市农业龙头企业的安全优质品牌的推广，为优质农产品品牌做背书。按照生产有规模、产品有绿色、营销有品牌、信息可共享、市场可对接的原则组织开展品鉴评优活动，搭建京郊安全优质农产品宣传和推介平台，促进产销对接。围绕品鉴评优暨品牌推介活动，推出获奖主体配套的金融信贷产品，开展精准对接，着力打好品鉴评优与相关服务的"组合拳"。加强对知名品牌的动态跟踪管理，一旦品牌产品出现质量安全问题，按规定从严从重处理，起到社会警示作用，提高政府对品牌推介的公信力和地产品牌的诚信度，促进形成优质优价市场机制。

三是确保农业龙头企业和农户建立合理的利益链接机制。对待农业龙头企业，一方面利用其先进性和引领性；另一方面也要加强对资本的规制，建立健全工商资本进入农业的风险防范机制，防范农地"非农化"和农民利益受损等风险。

执笔人：刘雯、任军

续红色基因，促绿色发展，创金色未来

——金叵罗村的首都生态涵养区乡村振兴实践

一、背景情况

北京市密云区因 61 年前建成的密云水库成为首都北部最重要的生态涵养区。在"绿水青山就是金山银山"的科学论断指引下，密云区探索出了一条生态富民的新路子。2020 年 8 月 30 日，习近平总书记在给建设和守护密云水库的乡亲们的回信中满怀深情地说："得知你们发挥好山好水的优势，日子越过越红火，我感到很高兴。"在水库边的红火日子里，金叵罗村是一个典型代表。

密云区溪翁庄镇金叵罗村位于密云水库主坝南侧 1.5 公里处，距密云城区 10 公里，距北京市区约 70 公里，村域面积 7.83 平方公里，永久基本农田 1988.31 亩，约占全镇基本农田总面积的四分之一。现有村民 1120 户，3500 口常住居民。村庄三面被浅山环抱，只有西边有一个口子。特殊的地理条件使村里孕育了深厚的次生黄土，自古盛产小米，被形象地称为"金叵罗"。

金叵罗人有着深厚的红色基因和家国情怀。在抗日战争、解放战争、抗美援朝战争中，金叵罗献出了 23 名优秀儿女的生命。1951 年 6 月，金叵罗村的乡亲们响应政府号召，节衣缩食，努力生产，为抗美援朝前线捐赠小米 7420 公斤。在密云水库的建设热潮中，金叵罗采用腾村并户的办法，腾出半个村子供移民居住，奉献出 3700 亩优质耕地，为修建水库就近提供用土、砂石料。在这片热土上赓续着红色基因的乡亲们，从来不缺的就是干劲、闯劲和拼劲。

改革开放的新时代，在突出保水政治责任的同时，金叵罗村坚持生态优先，以农民为主体，以集体经济为基础、农民专业合作社为载体，积极开发乡村新价值为主线，吸引城市创客融入村庄，携手打造"生态农业 + 精品民宿 + 自然教育"的新空间，不仅实现了农民收入的多元增长，更激发了乡村内生活力，推动了城乡要素融合。金叵罗村的人均年收入从 2012 年的 1.5 万元提升至 2020 年的 3 万元。近山不靠山、近水不靠水的金叵罗村，全村实现旅游年收入 2000 万元，旅游就业人数近 320 人，被评为全国"一村一品"示范村、中国美丽休闲乡村、全国乡村旅游重点村、密云区乡村振兴示范村。续红色基因，促绿色发展，创金色未来，金叵罗村为"绿水青山就是金山银山"的科学论断提供了生动的注脚。

二、主要做法与成效

（一）认准道路发展乡村旅游

发展乡村休闲旅游是超大城市郊区农业农村资源开发利用的重要方向。乘着京郊旅游大发展的东风，2012年，金叵罗村"两委"以市里提出的"土地流转起来，资产经营起来，农民组织起来"为指导，以加快农民增收致富为目标，编制了金叵罗村旅游发展规划。经村"两委"商议、党员大会审议、村民代表决议，确立了以"旅游+"为主线，以旅带农，以旅促农，以乡村美丽经济促产业发展的思路。自此，金叵罗村的乡村旅游从无到有，展开了村庄发展的新篇章。

2014年，金叵罗村第一家民宿北井小院开张营业，为村庄民俗户示范了新的接待标准。到2021年，全村注册民俗旅游接待户共90余家，可同时接待500人住宿，近千人同时用餐。

同年，村里打造了金叵罗农场原木儿童乐园，尝试为城市居民提供游、玩、学一体的乡村生活体验。2014年5月和9月，金叵罗村成功举办首届樱桃采摘节、首届金谷开镰节。当年接待游客达到5万余人次，实现收入120万元，间接农户收入600余万元，同比增长均超过50%。2018年，村里成功举办了第一届农民丰收节。活动期间，吸引上万市民前来参与，农场实现营业收入50万元，带动农产品销售、餐饮、住宿等，实现农民增收120万元。2020年，第三届农民丰收节举办，农场单日接待量6700人次，节日8天共接待4.5万人次，创收200余万元。

在村"两委"班子的带领下，金叵罗村逐渐确定了春季有农耕、夏季有采摘、秋季有秋收、冬季有节庆的固定活动。这些活动不仅打响了金叵罗的知名度，而且在带动农民增收致富方面效果显著——樱桃种植户年收入最多可达30万元，小米种植户年收入最多到100万元。2015年，金叵罗村被农业农村部评为"全国一村一品"示范村；2018年，被评为全国休闲美丽乡村；2020年荣获全国乡村旅游重点村称号；2021年上半年，金叵罗村依托北京市农研中心资源区划处、中华女子学院（全国妇联干部培训学院）、北京林业大学马克思主义学院的专业力量，开展了红色资源的整理工作，新增了红色旅游和党建活动项目，数字红馆也已上线，在赓续红色血脉的同时，拓宽了乡村资源开发利用的视野，扩大了增收渠道。

（二）绿色转型发展生态农业

作为密云水库周边的村庄，金叵罗村要为游客奉献绿水青山，更要为本地的农业生产打造出一片净土。2012年，村"两委"着手土壤改良，秉承自然永续的种植理念，坚持9年不打农药不施化肥。2016年，北京市低碳环保协会将金叵罗村定为试点村，辅导村庄进行各项堆肥实验，同时响应中央"厕所革命"号召，在农场增设蚯蚓无水厕所，践行低碳环保的生态理念，持续不断地对村庄生态环境进行修复。2018年，金叵罗村将农田的土壤及灌溉水样本送检，经检测达到国家自然保护区标准。金叵罗生态农场种植的绿色粮菜，每周持续供应 300 多户首都市民——每天清晨四点半采摘，当天摆上市民餐桌。

2017 年，金叵罗生态农场被评定为北京市中小学校外大课堂资源单位，并作为中国儿童基金会指定的行知教育基地，为全市近万名学生提供社会实践、劳动教育、自然教育的课程。生态农业更大的社会价值被激发出来。

2021 年 7 月 9 日，蔡奇同志来到金叵罗村，走进这片北京谷子地，看到村里近 2000 亩基本农田应种尽种，非常高兴。他向劳作的农民道声辛苦，询问产量和收入情况，叮嘱区镇干部全面落实"田长制"，保护好利用好耕地，调整优化种植结构，促进农民增收。10 月 13 日，北京市"世界粮食日"和"粮食安全宣传周"主会场活动在金叵罗生态农场举行。溪翁庄小学的同学们表演了原创快板《珍惜粮食好风尚》、诗歌朗诵《爱惜粮食传承美德》等节目，嘉宾们带领孩子们一起举行了农场早稻开镰仪式。现在，金叵罗村正在积极谋划建设京郊第一个耕地保护"田野大课堂"。

（三）共同富裕发展集体经济

发展壮大农村集体经济既是实现乡村振兴的基本保障，又是实现共同富裕的重要途径。2012 年，金叵罗先后成立了樱桃合作社、农业种植合作社和民俗旅游合作社，首批入社社员分别为 218 户、658 户和 192 户。合作社依法将农民闲置的土地、农宅、果园流转过来，共流转农地 1400 余亩，统一管理实现规模经营，农民组织程度明显提高。以村里的浅丘凤凰台、龟山为中心，建立了金樱谷农场——这是全北京市唯一一家由上千村民入股自建的生态农场。三个合作社就像一台发动机，让传统农业种植村向都市现代农业发展村迈进。

截至 2020 年，全村 93% 的村民已经成为北京金樱谷农业专业合作社的股东，合作社真正代表了绝大多数村民的利益。目前合作社解决 56 名村民就业，其中 3 人为残疾人。通过发展有机种植、农耕体验、民俗旅游等项目，间接为 400 多名妇女搭建就业平台，金叵罗村也被北京市妇联评为妇女"双学双比"活动示范基地。2021 年 3 月初，合作社克服新冠肺炎疫情影响，实现分红 100 万元。合作社还从村集体手里租赁了旧厂房、旧的村庄小学和集体山场，统一对外招商，统一向村集体上缴租金。集体经济壮大了，乡村旅游和特色农业成了乡亲们共同的致富产业。2021 年 9 月 23 日，商务部援外项目"苏里南共和国落实 2030 可持续发展议程妇女儿童专题研修班"现场云教学课程在金叵罗村进行，金叵罗农民"感党恩、庆丰收"的热烈场景深深地感染了国外学员。

（四）城乡融合共谋乡村振兴

习近平总书记在 2017 年中央经济工作会议上号召，打好"乡情牌"，念好"引才经"，激励各类人才到农村广阔天地大显身手。金叵罗的村干部们清醒地认识到，乡村自身的力量是有限的，必须以开放的心态，引进城市的资源，走城乡融合发展的道路。村"两委"班子的开放心态，加上"集体经济＋专业合作社"的体制机制，为新农人返乡入乡创业提供了良好的土壤和坚实的支撑。

也正是 2017 年，美式乡村风格的老友季花园民宿落户金叵罗村，先后投资 550 万元，改造建设三套闲置农宅，年接待 4500 人次，营业收入超过 200 万元，高品质的住宿餐饮环境及标准成为北京精品民宿的标杆。尽管 2020 年新冠肺炎疫情暴发，但从 5 月开始民宿就日日爆满。更为重要的是，村民们目睹了精品民宿的魅力，深刻认识到乡村的经济价值、生态价值和文化价值，积极思考本村农家乐提档升级，提升品质。2021 年 7 月，有 4 个本村的民俗旅游接待户与北京观光休闲农业行业协会亲子农业教育专委会、北京亲游科技公司合作，打造了首批"亲子小院儿"，8 月的最后一个周末就实现了单日营收破万。到了 11 月，小院累计营收 6 万余元，按照公司、村集体、农户三方协议约定的分配原则，村集体和亲游公司各可获得 1 万元收益分配。现在金叵罗亲子小院正在进行"金叵罗家宴"的研发，随着项目运行进一步稳定，市场影响力逐渐打开，预计 2022 年春节前可实现 20 万元营收。高端民宿和传统的农家院，服务于不同的目标市场，在村庄内和谐共生。

一个优秀新农人就是一粒种子。盘活闲置农宅，增加了农户资产性收入；聘请当地村民做管家做服务，提供就业机会，增加就业村民工资性收入。密云区政协委员、老友季花园民宿的主人梁晴，并没有停留在"外来租户"的角色上，而是积极参与到村庄发展事务当中，起到了乡村资源整合者、城市要素导入者、村庄形象代言者、村庄运营参谋者的特殊作用，成功融入了村庄的生活，成为村"两委"发展产业的参谋助手，也成为城市资源入乡的媒人。她的老友季民宿餐厅也成了名副其实的"乡村会客厅"。

2018 年，在市农研中心资源区划处的引荐下，四位留英女硕士带着创业计划来到金叵罗村。面对这些稚嫩的新农人创客，梁晴伸出了热情的双手，村"两委"班子也敏锐地意识到国际化视角和理念的价值。在合作社理事长伊书华的主导下，合作社出资完成了基建项目，飞鸟与鸣虫食农教育农场在短短一年时间内就开门迎客，并且带来了 20 位在艺术、农业、公益、教育、传媒等领域颇有建树的共建人。农场以亲子食农教育为主题，根据四季变化提供包含自然科学、自然戏剧教育、食物与农业、传统节庆文化等主题的亲子课程，实现了农业与教育的深度融合，创造了新供给，培育了新业态，实现了新价值，建成运营短短一年，已经服务了上万名国内外宾客。2020 年，飞鸟与鸣虫农场营业收入 146 万元，分配村集体收入 35 万元，带动本村就业 20 人，年发放工资 60 万元，提前兑现了向村集体的承诺。

2021 年初，在合作社的大力支持下，飞鸟与鸣虫农场聘请国内最著名的朴门永续农业设计师、自然之友盖娅设计工作室创始人高健设计二期工程——野奢露营花园，并与村集体、共建人、学校采用"社区参与式营造"方式共同完成施工建设，把原有废弃设施和果园荒地打造成同时兼具休闲度假、生态环保、仿生湿地、露营野餐、农业景观、自然教育等多功能的户外空间。2021 年 8 月，飞鸟与鸣虫农场成功入围第五届北京市农村创业创新大赛四强，代表千千万万京郊的新农人参加全国农村"双创"大赛。

城乡融合是难以抵挡的大势，新农人的涓涓流水终会汇聚成乡村振兴的滚滚洪流。现在，几乎每周都有城里人到村里看资源、谈项目、谋合作。西口甜品工作室、北青传媒自然教育、亲游科技、蓝海咨询、北京国际设计周艺术乡村主题展、北京观光休闲农业行业协会乡村振兴工作站纷纷落户金叵罗，绿骑士自然学校、华德福教育空间、知宿自媒体工作室、隐居乡里民宿品牌、势象空间乡村美育馆等项目也在洽谈中。村干部亲切地把这些在村里创业的新农人称为"金叵罗11队"——因为村里原本有10个生产队，这些新农人将此作为村庄对自己的认同和接纳，同时也给出了新的解释——城与乡就是"1+1"，而且要创造"1+1>2"的效果。放宽城乡融合发展的视野，一个低碳环保、拥有国际化自然教育的宜居乡村，一个用生活来分享田园美学的艺术乡村，一个工农互促、城乡互补、协调发展、共同繁荣的乡村创客新社区，逐渐清晰地成为乡村振兴新时代金叵罗的金色蓝图。

三、经验启示

（一）落实党建引领，夯实发展基础

农村党支部在农村各项工作中居于领导核心地位。金叵罗村的几届党支部坚持"一张蓝图绘到底"，村干部拥有开阔的视野、开放的态度、十足的干劲，服务村庄发展、服务农民增收致富、服务返乡入乡人员创业，用前瞻性的视野，引进"村庄＋民宿""农业＋自然教育"新产业新业态，村支部进行考察和选择，判断是否与村庄发展相协调相促进，是否有利于村庄持续发展，是否有利于村民理念提升，为把金叵罗村建设成为红色基因的传承地、"两山理论"的践行地、美丽乡村的体验地发挥了核心作用。

（二）着力农业资源保护，做优生态本底

没有绿水青山，就没有金山银山。地处首都生态涵养区的金叵罗村拥有面积广大的山场资源和耕地资源，资源条件得天独厚。村"两委"较早地认识到农业资源保护的重要性，牢固树立节约集约循环利用的资源观，把保护生态环境放在优先位置，落实构建生态功能保障基线、环境质量安全底线、自然资源利用上线的要求，在建设"面子"工程的同时也织好农业资源保护的"里子"，着力节约利用资源，保护产地环境，提升生态服务功能，在合作社的统一管理下，坚持9年不打农药、不施化肥，绿色供给能力明显提升，为创客开展有机种植和自然教育提供了先决条件，为发展绿色产业打下了坚实的生态基础和环境基础。

（三）立足集体经济壮大，激发内生动力

金叵罗村把资产经营起来，推进融合发展。同时，在发展产业过程中，通过建立农民利益链接机制壮大集体经济，确保农民能分享全产业链增值收益，充分维护农民利益。村民拥有工资收入＋租金收入＋分红收入，享受到了发展的果实，成为拥有稳定收入的新农民。农民既是行动主体，也是受益主体，充分调动广大农民的积极性和主观能动性，形成"大家事大家干"共谋发展的生动局面。

（四）贯彻新发展理念，激活乡村价值

乡村振兴，人才是基石。京郊的农村缺的不是资源，甚至最缺的也不是资金，最缺的是盘活资源的体制机制和对项目的运营力——包括创意设计能力、管理能力、营销能力、服务能力等。这些才应是乡村从城市大量引进的要素。因此，村集体必须以创新、协调、绿色、开放、共享的新发展理念为指导，打乡情牌，念人才经，搭发展台，种梧桐树，吸引优秀的返乡入乡人员带着资金、资源、技术为村庄发展赋能，用乡村运营的手段激活、放大乡村的经济价值、生态价值、社会价值、文化价值、美学价值。

　　乡村振兴是一个以人为本的事业，而不是以资本为中心的产业。因此，要用历史的耐心，聚集"人"的要素，点滴积累，聚沙成塔。金叵罗村2015年引入老友季民宿，2018年引入飞鸟与鸣虫团队，这是一个缓慢的过程，但是到了2021年，乡创人员的聚集效应已经开始显现，"金叵罗11队"越来越壮大。续红色基因，促绿色发展，创金色未来，从美丽乡村到美丽经济，从乡村建设到乡村运营，新发展理念下农业农村资源得到了新的综合开发利用，金叵罗村在密云水库旁继续创造着城乡共赴、共赋、共富的红火日子。

　　执笔人：陈奕捷、李敏、张颖

北京乡村红色资源梳理与开发试点研究

——以密云水库周边及溪翁庄镇金叵罗村为例

一、研究综述

（一）研究背景

红色历史资源是新中国乡村振兴和发展的重要见证。近年来，"红色文化旅游"成为一项极富有中国特色以及精神文化内涵的新时代文旅活动。凭借红色历史文化的特殊魅力与政治、文化属性，广受国人青睐，很多地区也将红色文化作为推动区域经济文化发展，弘扬爱国主义文化的重要力量之一。许多红色文化资源都坐落在偏远乡村地区，深入挖掘并梳理红色文化，对乡村振兴及社会主义文化发展都具有十分重要的作用。但随着城镇化进程的加快，许多乡村忽略了这部分红色文化的保护，也没有意识到红色资源的重要意义。

因此，协调好乡村红色文化资源的保护工作与乡村振兴和现代化乡村建设发展之间的矛盾成为当前的重要研究课题。本文围绕北京乡村红色资源梳理与开发试点研究的课题，选择密云水库周边及溪翁庄镇金叵罗村作为主要研究对象，就如何挖掘乡村红色革命历史资源和高效发展展开讨论，尝试采用SWOT分析法对北京密云水库周边及金叵罗村的发展红色旅游的优势与劣势，面临的机遇与挑战展开多维分析，总结乡村振兴城乡融合发展中的经验做法。

（二）研究目的和意义

近代红色革命所承载的是丰富的民族文化资源。在乡村振兴的时代背景下，对红色资源加以梳理和开发，形成高效地利用，使其成为乡村地区经济的重要支柱，将对加速乡村现代化建设具有十分重要的现实意义。北京具有悠久的历史文化，分散在各乡村的红色文化资源也比较丰富。但随着城镇化的加速发展，许多乡村忽略了这部分红色文化的保护，未对红色资源加以梳理和开发利用。本文以密云水库周边及溪翁庄镇金叵罗村作为主要研究对象，结合当地的实际情况提出在红色资源梳理和开发方面的可行性的优化建议，以期为当地利用红色旅游资源开发试点产业，推动乡村振兴提供参考。

（三）研究内容和方法

1. 研究内容

本文基于北京乡村文化资源保护和开发利用的现状，以密云水库周边及溪翁庄镇金叵罗村作为本次研究的主要对象，研究共分为五个部分：

第一部分：概述，主要是阐述研究背景、研究目的和意义以及本次研究的具体方法和内容。

第二部分：现状分析，主要是阐述密云水库周边及金叵罗村的基本情况。

第三部分：SWOT 分析，当地在红色资源梳理与开发试点情况展开具体分析。

第四部分：建议梳理，结合分析结果提出具有针对性和可行性的优化建议。

第五部分：总结，归纳和总结全文观点，形成研究结论。

2. 研究方法

调查研究法：理论联系实际，针对溪翁庄镇金叵罗村乡村红色资源梳理与开发试点的实际情况，进行实地调研，收集资料、数据、经过整理、归纳、分析并提出建议。

文献归纳法：通过网上查找和去图书馆查阅文献资料，包括相关研究成果、统计资料，加以分析、整理、归纳，从而找出有价值、可借鉴吸取的观点。

跟踪研究法：在较长时间内连续不断地对溪翁庄镇金叵罗村乡村红色资源梳理与开发试点的实际情况进行调查、了解现存的问题并进行跟踪分析。

二、主要经验做法

（一）纵深挖掘资源发展红色教育

通过前期的驻村调研，对密云水库周边及金叵罗村开发红色资源，重点挖掘整理了革命战争年代的"英雄母亲"邓玉芬，以白乙化、"三青烈"为代表的革命烈士和建设密云水库"十姐妹"的红色历史，通过密云区委党史办公室、密云区妇联等部门对历史资料进行筛查，对革命烈士张普增、张纯儒、关定悌、郭珍的家属进行专访，对村庄周边的红色资源点位进行数字化采集，以实际行动践行习近平总书记"深入学习党史、新中国史、改革开放史、社会主义发展史"的要求。

（二）聚合多元主体发展乡村旅游

金叵罗村两委于 2012 年确立以"旅游 +"为主线，以旅带农，以旅促农，以乡村美丽经济促产业发展的思路。2014 年，金叵罗村首家民宿北井小院开张，成为村庄民俗户典范。同年，村里举办的首届樱桃采摘节、首届金谷开镰节等活动吸引了大量市民参与，农民增收效果显著。金叵罗先后荣获"全国一村一品"示范村、"全国休闲美丽乡村"、"全国乡村旅游重点村"等荣誉。2021 年，金叵罗村联合北京市农研中心、中华女子学院 / 全国妇联干部培训学院、北京林业大学马克思主义学院、北京观光休闲农业行业协会等机构，共同开发红色旅游资源，进一步丰富了乡村旅游的内容。

（三）准确把握大势发展生态农业

作为密云水库周边的村庄，金叵罗村于 2012 年着手土壤改良。在 2016 年被北京市低碳环保协会确定为试点村，辅导村庄进行各项堆肥实验。2017年，金叵罗生态农场被评定为北京市中小学校外大课堂资源单位，并作为中国儿童基金会指定的行知教育基地。生态农业更大的社会价值被激发出来。2018年，金叵罗村农田土壤及灌溉水样经检测达到国家自然保护区标准。

（四）坚持改革攻坚发展集体经济

2012年，金叵罗村先后成立了樱桃合作社、农业种植合作社和民俗旅游合作社，依法将农民闲置的土地、农宅、果园流转过来，共流转农地1400余亩，统一管理实现规模经营，农民组织程度明显提高。合作社还从村集体手里租赁了旧厂房、旧村小学和集体山场，统一对外招商，统一向村集体上缴租金。通过乡村旅游和特色农业带领乡亲们共同致富。

（五）做实协同战略发展乡村振兴

金叵罗村两委充分发挥职能作用，积极推进基建项目。推动农业与教育的深度融合。秉承开放的心态，坚持走城乡融合发展的道路。搭配"集体经济＋专业合作社"的体制机制，为新农人返乡入乡创业打好了坚实基础。村民们同样也深刻认识到乡村的经济价值、生态价值和文化价值，积极思考本村农家乐提档升级、品质提升。规划了不同规格的民宿项目，服务不同的目标市场。

以飞鸟项目为例，金叵罗村两委与村集体、共建人、学校采用"社区参与式营造"方式共同完成施工建设，把原有废弃设施和果园荒地打造成同时兼具休闲度假、生态环保、仿生湿地、露营野餐、农业景观、自然教育等多功能的户外空间。

在村民发展意识得到了全面激发之后，几乎每周都有城里人到村里看资源、谈项目、谋合作。西口甜品工作室、北青传媒自然教育、亲游科技、蓝海咨询乡村会客厅、北京国际设计周艺术乡村主题展、北京观光休闲农业行业协会乡村振兴工作站纷纷落户金叵罗，绿骑士自然学校、华德福教育空间、知宿自媒体工作室、隐居乡里民宿品牌、势象空间乡村美育馆、阿育吠陀工作室、房车露营基地等项目也在洽谈中。基于城乡融合发展的国际化视野，金叵罗低碳环保、和谐发展的宜居乡村蓝图正被勾勒得越来越清析。

三、红色资源教育培训现场教学课程体系

2021年是中国共产党成立100周年，在这一重大历史节点，党中央组织开展党史学习教育，引导干部群众把党的历史学习好、总结好、传承好、发扬好，从党的百年伟大奋斗历程中汲取继续前进的智慧和力量。

为了更好地开展党史教育和在乡村振兴中充分发挥巾帼力量，北京市农村经济研究中心资源区划处、中华女子学院/全国妇联干部培训学院继续教育学院、北京林业大学马克思主义学院、北京观光休闲农业行业协会，共同开展相关专题研究。以密云水库周边及溪翁庄镇金叵罗村为基点，围绕当地红色文化资源发掘和乡村振兴城乡融合发展中好的经验和做法开发的相关现场教学课程。设计一套针对党建活动、青少年思想教育、

干部培训的产品体系，并开展相关的宣传活动，推动金叵罗村"红村、绿村、金村"红色教育基地建设。

四、红色教室的概念性设计——金叵罗云展厅

金叵罗云展厅借助村委会议室的空间特色来构筑组织展示秩序，以增加云展厅的金叵罗特色。这是实践探索"乡村活态博物馆"、"乡村故事汇"在地性、鲜活性的一种尝试。虚拟空间突破现实物理空间的限制，能自由地扩展、叠加内容，与手机互联网连接，能利用人们的碎片时间便捷地观看、查询展览内容。展厅内容不仅以"续红色基因、谋绿色发展、创金色未来"创意结构金叵罗的历史与新时代故事，也给展厅增添了记忆亮点。这为金叵罗村开启乡村活态博物馆建设做了扎实的内容梳理和提炼。

北京拥有十分悠久的历史，分布在城郊的乡村同样在近代历史发展过程中，积累了大量的历史文化资源。密云水库和金叵罗村均在特殊的历史时期留下了不少红色文化资源，这些乡村均是弘扬中华民族传统文化与红色精神的重要载体。加强对新中国成立以来北京地区红色资源的认知、梳理、开发和利用，对发展地区经济、助力乡村振兴都有着非常积极的意义。

五、SWOT 分析

就密云水库周边及溪翁庄镇金叵罗村而言，已经拥有较为丰厚的资源。当地近年来在红色旅游产业方面也已具备了一定的基础。如加大重视并进行科学分析，将能够实现进一步发展，更好地发挥红色资源的优势，推动乡村经济建设和文化升级。打造更具市场竞争力、更有区域文化特点的发展模式，最大限度地扬长避短，推动当地红色文旅产业的升级，加速乡村振兴建设进程。

（一）发展的优势（Strengths）

1.红色旅游资源众多，类型丰富多样

密云水库周边及溪翁庄镇金叵罗村的文化资源从数量来看是较为多元的，内容包括英雄母亲邓玉芬雕塑主题广场、白乙化烈士陵园（纪念馆）、密云地区抗日斗争史展馆、密云水库展览馆、金叵罗村党建基地等。这些元素不仅具有深厚悠久的历史底蕴，也涵盖着抗日战争、解放战争、抗美援朝战争等不同历史时期的重要内容，形成了丰厚的红色文旅资源，成为当地发展红色旅游的优势所在。

2.具备较好的红色文旅资源组合条件

密云水库周边及溪翁庄镇金叵罗村的资源与乡村区域内的其他资源互为辅佐、融为一体。就目前而言，当地的红色资源与生态、历史人文以及民俗等资源已经形成了一些不错的组合，能够较好地结合休闲观光游和红色研学游等元素，在让访客亲近自然、欣赏美景的同时，接受到深刻的爱国主义教育，学习到特殊历史时期革命先辈们浴血奋战、不畏牺牲的红色精神。

总而言之，密云水库周边及溪翁庄镇金叵罗村从红色资源层面来看，是极具发展潜力

的资源型乡村。

（二）发展劣势（Weaknesses）

红色文化作为优秀中华文化和红色民族精神传承的重要支柱，红色旅游已成为一种具有特殊意义的新时代旅游方式。密云水库周边及溪翁庄镇金叵罗村的红色资源近年来逐步得到开发，但在打造具有地方特色的红色文旅 IP 方面还有较大的发展空间。红色文旅的品牌比较少，还需要加以进一步的打磨，从而增强对游客的吸引力，更真切地引发游客对红色文化的内心共鸣，对红色历史文化形成更为深刻的理解。

（三）发展机遇（Opportunities）

发展机遇主要表现在政策优势较为突出，在乡村振兴的战略主题背景之下，通过深入挖掘资源推动乡村发展成为很多乡村管理的共识。北京历史文化悠久，也为密云水库周边及溪翁庄镇金叵罗村沉淀了较多的资源。基于当地这些丰富的红色资源，塑造"红色"品牌，延伸红色旅游产业链，不断推进乡村红色文旅产业的发展是"天时、地利、人和"的机遇。

（四）发展挑战（Threats）

从现阶段来看，发展挑战主要体现在密云水库周边及溪翁庄镇金叵罗村对红色资源的梳理还需进一步完善，而相关的专业人才队伍未及时有效地跟上，成为制约相关工作快速高效完成的一项制约因素。专门为乡村红色旅游服务的单位数量目前相对还不多，从事红色文旅宣传、讲解、活动策划、运营发展等工作的人才队伍也有待进一步扩大。

六、乡村红色资源梳理与开发的优化建议

（一）整合红色资源，科学地规划开发结构

乡村振兴的主旋律已经在神州大地长兴，在两个一百年交会的重要历史时期，挖掘乡村红色资源不仅体现出了革命前辈红色精神的价值，也为当代乡村建设发展，提升政治、经济、文化、教育等有效赋能。但这些均需要建立在合理规划、科学开发发展的基础之上。应注重与其他资源的充分结合，有效整合村内及周边红色资源，形成红色景区。举例来说，可以把红色文化资源与古文化资源、自然生态资源以及当地民俗资源进行整合。

同时，不忘生态环境、低碳排放的发展原则，科学规划"红色＋生态"的乡村发展模式，合理利用红色资源，挖掘人物精神中的价值财富，在传承民族优秀文化传统和红色精神的同时，加速乡村振兴战略的实现。

（二）加强专业队伍的建设，实现高效治理

从密云水库周边及溪翁庄镇金叵罗村的实际情况来看，专业人才的稀缺成为制约当地经济、文化发展的一大原因。因此，需加强红色文化事业以及相关文旅产业专业人才梯队打造的重视，采用合理的激励措施，扩大专业人才引进，不断完善现有的工作机制，更好地激发现有工作人员的工作热情。

用情怀激励人心，用制度激发热情，使更多具有专业知识及能力的创新复合型人才真正沉淀到当代乡村振兴的事业之中来。此外，应结合专业人才的实际需求，定期开展红色

文化资源梳理，深化对资源开发和利用研究。持续提升乡村文化形象，吸引更多人才加入，形成良性循环的发展模式。

（三）注重创新，加强配套性和专项主题开发

在规划乡村红色资源的具体开发计划后，应重视景点开发，并加强对相关内容的说明。做好配套说明，对开发旅游资源、提升服务能力是非常重要的。此外，在软硬设施的投入上，也需要以人为本，因地制宜。将其配套性充分考虑在内，例如将旧址、故居、烈士陵墓、纪念物的开发与展览馆、解说系统、纪念活动、文化演出等形成配套协同，从而更好地挖掘红色资源中的历史文化内涵，更好地发挥其人文教育、传承文化的积极作用。

此外，创新性还可以体现在对红色文化资源的主题性开发上。形成专项开发，对内容采取非单一形式的挖掘和利用，形成不同的旅游线。例如不同历史人物的生平各有不同，但资源都可按照烈士陵墓的形式来表现，将不同人物的线索串联可以形成更具主题性的红色文旅项目，使乡村红色资源的利用更具统一性。

七、结论

红色文化是中华民族的精神传承和血脉延续，体现了强大的民族凝聚力。中国有960万平方公里国土，每一寸土地都书写了党领导全国各族人民进行革命、建设、改革的红色事迹，亿万中华儿女跟着伟大的中国共产党参与了革命、建设、改革的伟大事业。每一个村庄都有值得歌颂的党的故事、革命的故事、英雄的故事。

在庆祝中国共产党成立100周年之际，中共中央政治局6月25日下午就用好红色资源、赓续红色血脉进行第三十一次集体学习。习近平总书记指出，要用心用情用力保护好、管理好、运用好红色资源。要深入开展红色资源专项调查，加强科学保护。要开展系统研究，准确把握党的历史发展的主题主线、主流本质，旗帜鲜明反对和抵制历史虚无主义。要打造精品展陈，坚持政治性、思想性、艺术性相统一，用史实说话，增强表现力、传播力、影响力，生动传播红色文化。要强化教育功能，围绕革命、建设、改革各个历史时期的重大事件、重大节点，研究确定一批重要标识地，讲好党的故事、革命的故事、英雄的故事，设计符合青少年认知特点的教育活动，建设富有特色的革命传统教育、爱国主义教育、青少年思想道德教育基地，引导他们从小在心里树立红色理想。

当前，在乡村振兴的时代主旋律之下，乡村建设应提高对红色资源梳理和开发利用的重视度。通过科学分析和优质的配套建设，形成高效地利用，使其成为乡村地区经济的重要支柱，从而赋能现代化的乡村建设。北京历史悠久，也是近代中国红色历史文化的重要根源地。

就密云水库周边及溪翁庄镇金叵罗村而言，已经拥有较为丰厚的资源。当地近年来在红色旅游产业方面也已具备了一定的基础。如加大重视并进行科学分析，将能够实现进一步发展，更好地发挥红色资源的优势，推动乡村经济建设和文化升级，打造更具市场竞争力、更有区域文化特点的发展模式，最大限度地扬长避短，推动当地红色文旅产业的升级。

　　密云水库周边及溪翁庄镇金叵罗村可以通过整合红色资源，科学地规划开发结构，加强专业队伍建设，实现高效治理，注重创新，加强配套性和整合性开发等措施来完善对当地乡村红色资源的梳理和开发利用。将开发利用红色资源作为乡村振兴的坚定理想信念、加强党性修养的生动教材，讲好党的故事、革命的故事、根据地的故事、英雄和烈士的故事，加强革命传统教育、爱国主义教育、青少年思想道德教育，把红色基因传承好，确保红色江山永不变色，从而实现加速乡村振兴的建设进程的目标。

课题负责人：刘军萍
课题组组长：陈奕捷
课题组成员：吴国庆、张颖、李敏、乔通、赵晨、张霁、张洁、徐人杰、要雁峥、荣振环
执　笔　人：陈奕捷、乔通、赵晨、张霁、徐人杰

第三篇

新型农村集体经济

中国农村集体产权制度改革分析报告

一、2010—2019 年不同层级农村集体产权制度改革进展情况

(一)集体产权制度改革进展总体情况

1. 村级农村集体产权制度改革进程任务完成近 2/3，中部、西部及东北地区部分省（自治区、直辖市）加快推进

如图 1 所示，2010 年，全国 30 个省（自治区、直辖市），只有 1.29 万个村级单位完成集体产权制度改革，占全国村级单位总数的 2.10%，且有 7 个省份完全未启动或尚未有完成集体产权制度改革的村级单位。截至 2019 年底，完成改革的村级单位增加到 36.86 万个，占比上升到 63.16%，是 2010 年完成比例的 30 倍。

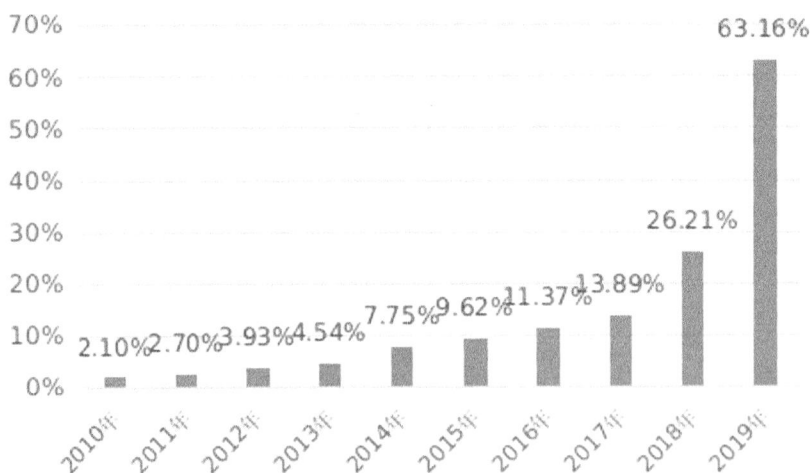

图 1　2010—2019 年村级单位农村集体产权制度改革完成比例

数据来源：《中国农村经营管理统计年报》（2011—2018）、《2019 年中国农村政策与改革统计年报》、《2019 年中国农村合作经济统计年报》，下同。

如表 1 所示，2010—2019 年，北京市、浙江省稳居村级集体产权制度改革完成比例的前四名，浙江省自 2012 年以来，连续 8 年一直位居前两名。2018 年、2019 年中部地区

的安徽省、西部地区的陕西省、东北地区的黑龙江省的村级单位改革进程明显加快。至2019 年，黑龙江省完成比例跃居第 1 位，安徽省跃居第 3 位，陕西省跃居第 9 位。

表 1　2010—2019 年村级集体产权制度改革完成比例前十名的省（自治区、直辖市）

排名	2010	2011	2012	2013	2014	2015	2016	2017	2018	2019
1	北京	北京	北京	北京	北京	浙江	上海	浙江	上海	黑龙江
2	江苏	江苏	浙江	浙江	浙江	北京	浙江	上海	浙江	浙江
3	广东	广东	江苏	江苏	上海	上海	北京	北京	北京	安徽
4	浙江	浙江	广东	上海	江苏	江苏	江苏	江苏	山东	北京
5	四川	海南	上海	广东	海南	山东	山东	山东	陕西	上海
6	上海	四川	四川	四川	山东	海南	广东	天津	江苏	山东
7	湖南	上海	天津	山东	广东	广东	海南	重庆	安徽	河南
8	天津	广西	山东	天津	四川	四川	重庆	四川	天津	江苏
9	辽宁	天津	河南	河南	天津	重庆	四川	青海	黑龙江	陕西
10	广西	湖北	河北	湖北	重庆	天津	天津	陕西	重庆	福建

2. 组级单位农村集体产权制度改革完成比例明显增加

如图 2 所示，截至 2019 年底，全国有 22.56 万个组级单位完成集体产权制度改革，占比为 4.66%，是 2013 年的 4.61 倍、2018 年的 3.56 倍。可见，组级集体产权制度改革大部分都是 2019 年完成的，显示了加速推进的迹象。

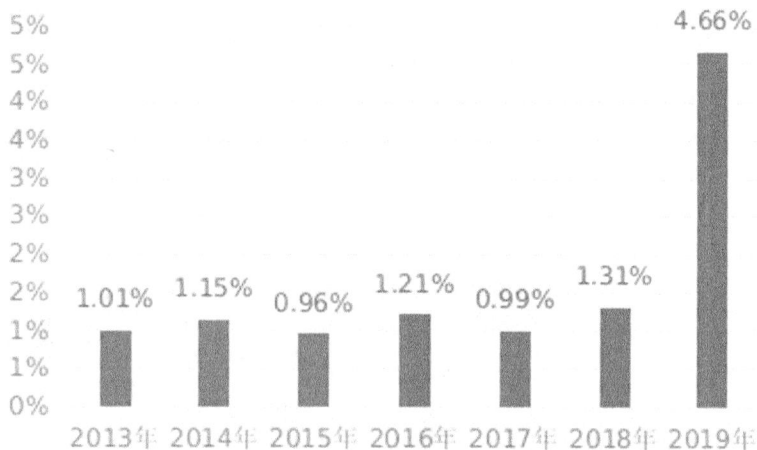

图 2　2013—2019 年组级单位农村集体产权制度改革完成比例

3. 镇级单位农村集体产权制度改革进程逐步加快

如图 3 所示，截至 2019 年底，全国 30 个省（自治区、直辖市）完成集体产权制度改革的乡（镇）有 380 个，占乡（镇）总数的 1.05%。考虑到江苏、广东两省口径调整等原因，主要利用其余 28 个省（自治区、直辖市）的数据进行全国镇级集体产权制度改革分析。从纵向比较看，2019 年完成比例 1.09%，是 2018 年的 3 倍。

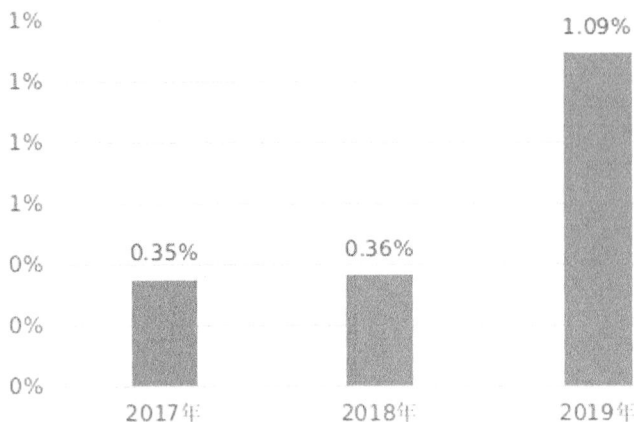

图3　2017—2019年镇级单位农村集体产权制度改革完成比例

（二）股东规模及构成情况

1.村级单位股东规模快速扩大，村级成员股东占比逐渐下降

如图4所示，2010—2019年，全国村级股东规模增长迅速，由2010年的1718.64万个增加到2019年的66645.67万个，增长了38倍。如图5所示，2019年，村级单位成员股东有5.64亿个，占84.56%；集体股东453.12万个，占0.68%；其他股东9833.63万个，占14.76%。从纵向来看，自2016年开始，成员股东占比逐渐下降，集体股东和其他股东占比逐渐上升，这主要是改制单位数量快速增加导致的。

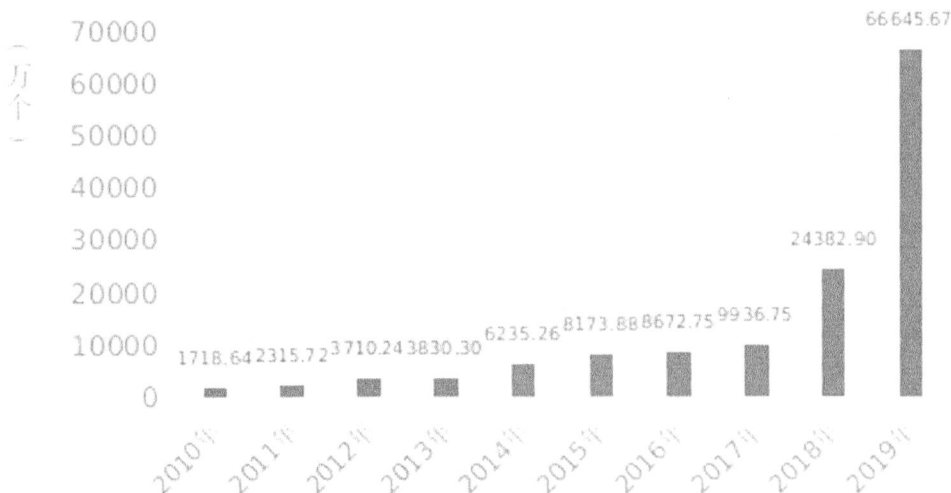

图4　2010—2019年村级单位股东总数

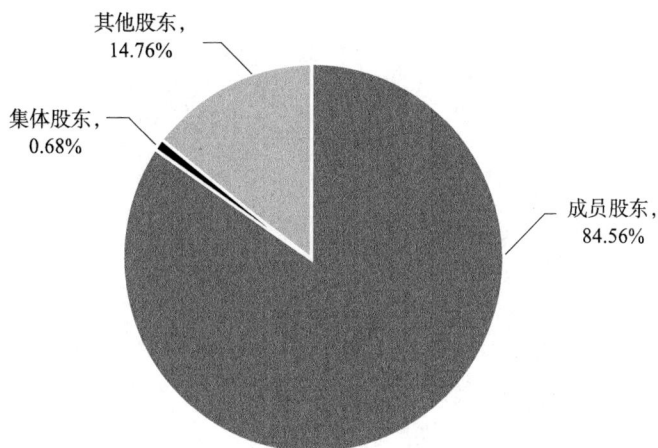

图5　2019年村级单位股东构成情况

2.组级单位股东规模快速扩大，绝大部分为成员股东

如图6所示，组级单位股东规模迅速扩大，由2013年的550.79万个增长到2019年的3754.87万个，增加了5.8倍。2019年，成员股东3677.29万个，占97.93%；集体股东14.05万个，占0.37%；其他股东63.54万个，占1.69%。相比村级股东的构成，呈现成员股东"一股独大"的局面。

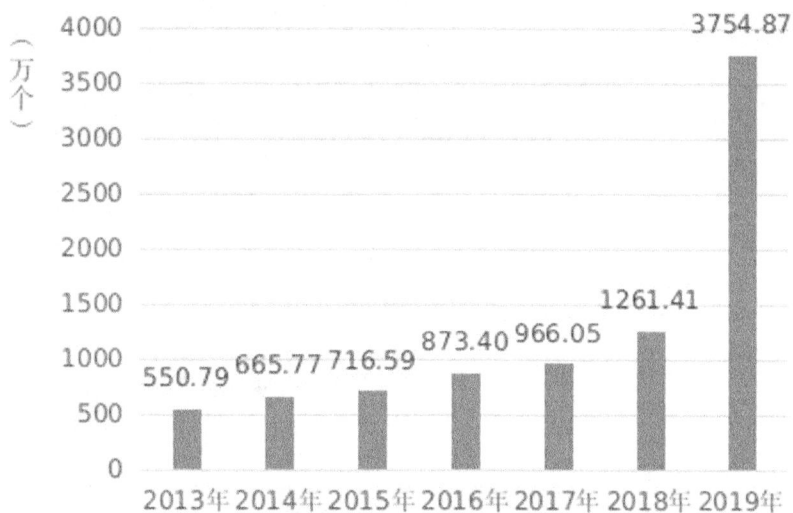

图6　2013—2019年组级单位股东总数

3.镇级单位股东成员总数明显增加，镇级单位成员股东占比明显上升

如图7所示，截至2019年底，全国28个省（自治区、直辖市）共有镇级股东608.66万个，较2017年增加391.51万个，其中成员股东570.74万个，占93.77%，较2017年增加31.27个百分点；集体股东3.23万个，占0.53%，较2017年减少36.91个百分点；其他股东34.69万个，占5.70%，较2017年增加5.64个百分点。

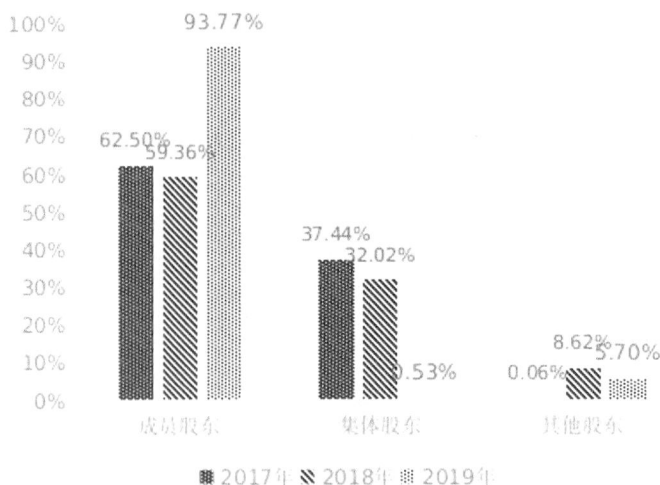

图7 2017—2019年镇级单位股东构成情况

（三）量化资产情况

1.村级单位平均量化资产规模下降，经营性资产占比逐年下降

如图8所示，截至2019年底，村级单位量化资产总额达16467.80亿元，较2010年增加13939.68亿元，其中，村级单位量化经营性资产总额达8997.38亿元，较2017年增加5556.57亿元。纵向来看，如图9所示，村均量化资产总额[1]由2010年的1954.78万元减少到2019年的446.79万元。村均量化经营性资产总额[2]由2017年的422.78万元增加到2019年的244.11万元。随着完成改制的村级单位进一步快速增加，2017—2019年村级单位量化经营性资产在总资产中的比重逐年下降，2017年为60.67%，2018年为59.23%，2019年为54.64%。

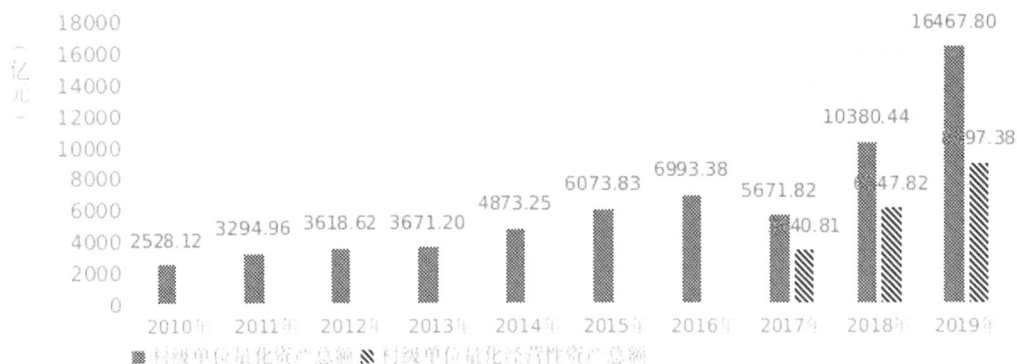

图8 2010—2019年村级单位量化资产情况

---

[1] 村均量化资产总额=村级单位量化资产总额/完成产权制度改革的村级单位数，下文镇级、组级类同。

[2] 村均量化经营性资产总额=村级单位量化经营性资产总额/完成产权制度改革的村级单位数，下文镇级、组级类同。

图9 2010—2019年村均量化资产情况

2.组级单位量化资产规模大幅增加，组均量化资产、经营性资产及经营性资产占比呈现逐年下降

如图10所示，截至2019年底，组级单位量化资产总额达2273.09亿元，是2013年的3.3倍，其中，组级单位量化经营性资产总额达1315.24亿元，是2017年的2.7倍。如图11所示，2019年，组级单位平均量化资产总额为100.74万元，较2013年减少36.76万元；组级单位平均量化经营性资产总额为58.29万元，较2017年减少41.45万元。2017—2019年组级单位量化经营性资产在总资产中的比重逐年下降，由2017年的71.74%降到2019年的57.66%。

图10 2013—2019年组级单位量化资产情况

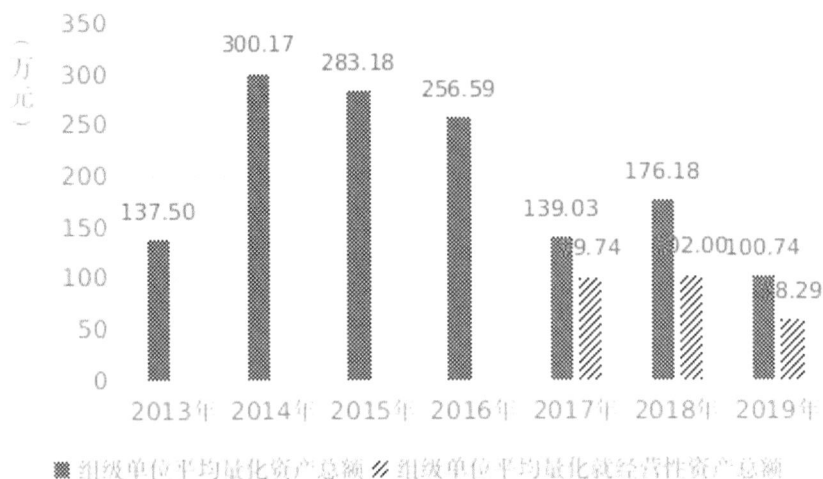

图 11　2013—2019 年组级单位平均量化资产情况

3. 镇级单位平均量化经营性资产规模增加，量化经营性资产占比明显上升

如图 12 所示，截至 2019 年底，镇级单位量化资产总额达 641.02 亿元，是 2017 年的 3 倍，其中，镇级单位量化经营性资产总额达 563.18 亿元，是 2017 年的 3.8 倍。如图 13 所示，随着完成集体产权制度改革的镇级单位数的快速增加，镇级单位平均量化资产总额由 2017 年的 1.82 亿元降至 2019 年的 1.76 亿元，减少了 3.34%。但是，镇级单位平均量化经营性资产总额由 2017 年的 1.28 亿元升至 2019 年的 1.55 亿元，增加了 20.53%。镇级单位量化经营性资产在总资产中的比重由 2017 年的 70.45% 上升到 2019 年的 87.86%。

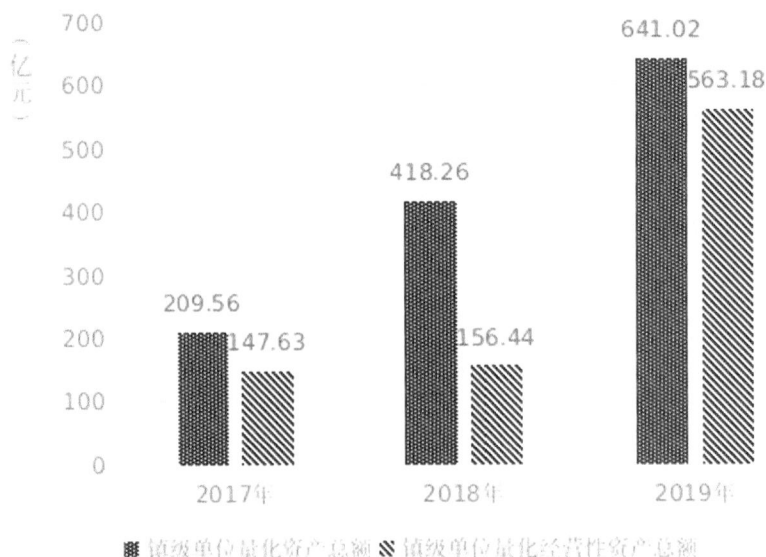

图 12　2017—2019 年镇级单位量化资产情况

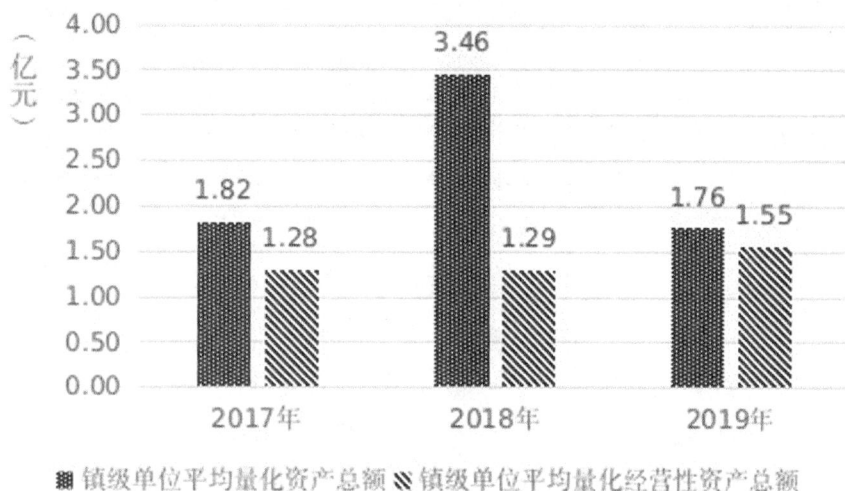

图 13　2017—2019 年镇级单位平均量化资产情况

（四）股金分红情况

1. 村级单位股东人均年股金分红总额大幅下降

截至 2019 年底，全国完成改制的村级单位累计股金分红达 2427.62 亿元。村级股东平均累计股金分红总额排名靠前的五个地区分别是广东省（27710.40 元）、北京市（12110.85 元）、浙江省（1435.87 元）、上海市（980.51 元）、天津市（379.50 元）。纵向来看，如图 14 所示，2016 年后改革进程加快，村级单位股东人均年股金分红总额由 2010 年的 510.97 元降至 2019 年的 52.63 元。2019 年，排名靠前的五个地区分别是广东省（3182.69 元）、北京市（1583.38 元）、西藏自治区（448.64 元）、天津市（288.50 元）、上海市（250.71 元）。

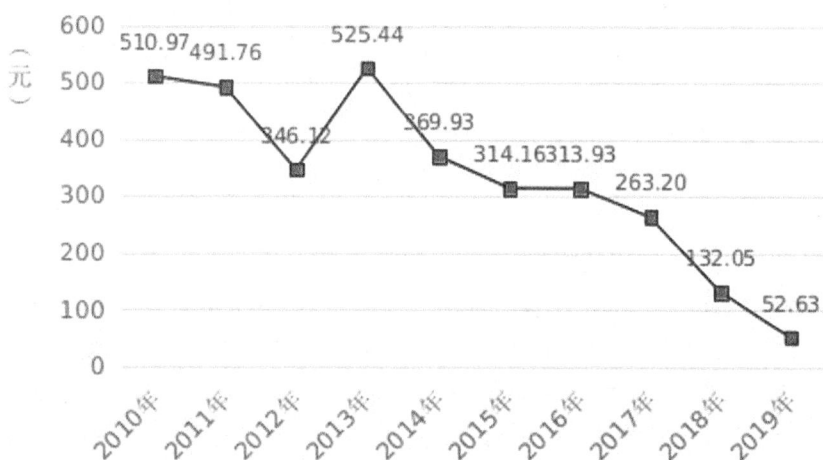

图 14　2010—2019 年村级单位股东平均本年股金分红总额

2. 组级单位股东人均年股金分红在 2014 年达到最高值后持续下降，但远高于镇、村两级

截至 2019 年底，全国完成改制的组级单位累计股金分红达 938.33 亿元，组级单位股东本年股金分红总额 213.07 亿元。纵向来看，与村级类似，总体呈现持续下降态势。如图 15 所示，组级股东年人均股金分红在 2014 年达到最高点后持续下降，由 2010 年的 1637.88 元下降到 2019 年的 567.46 元，减少 1070.42 元。

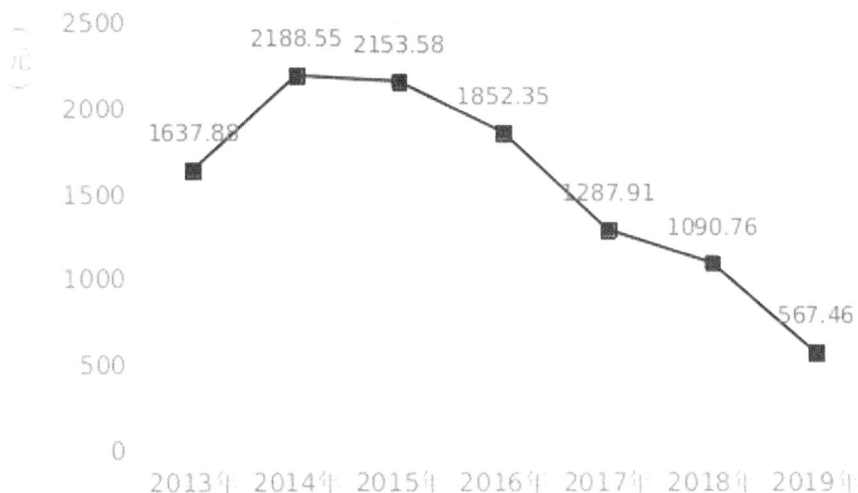

图 15　2013—2019 年组级单位股东平均本年股金分红总额

3. 随着镇级单位股东数量的快速增加，镇级单位股东分红金额明显下降

截至 2019 年底，全国完成改制的镇级单位累计股金分红达 54.08 亿元，镇级单位股东人均累计股金分红总额为 888.50 元，镇级股东本年股金分红总额为 7.32 亿元。镇级单位股东年人均股金分红总额也呈现下降趋势，2017 年为 299.26 元，2018 年为 326.23 元，2019 年为 120.27 元。

（五）公益性支出情况

总体上看，完成改制的镇、村、组三级平均公益性支出总额均下降，镇级上升，并远高于村、组两级。

如图 16 所示，2019 年全国完成改制的村级单位平均公益性支出总额为 18.89 万元，较 2017 年减少 12.25 万元。组级单位为 0.74 万元，较 2017 年减少 0.52 万元。但是，镇均公益性支出总额维持在相对较高的水平。2019 年全国完成改制的镇级单位平均公益性支出总额为 134.42 万元，是村级单位的 7.1 倍、组级单位的 181.6 倍。纵向来看，较 2017 年减少 15.42 万元。显然，为落实好《乡村振兴促进法》关于"加强乡镇人民政府社会管理和服务能力建设，把乡镇建成乡村治理中心、农村服务中心、乡村经济中心"的要求，有必要进一步增强镇级集体经济组织包括公益性支出在内的综合实力。

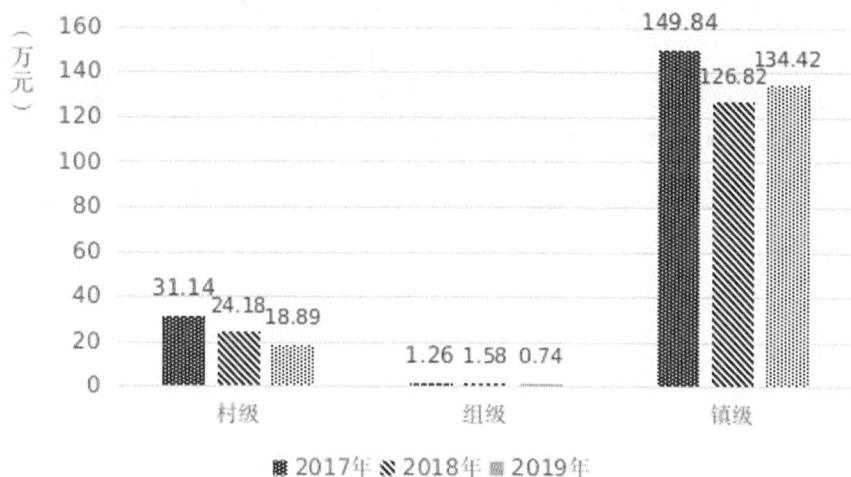

图 16　2017—2019 年全国不同层级改革单位平均公益性支出总额

二、2010—2019 年不同地区农村集体产权制度改革进展情况

（一）集体产权制度改革完成情况

1. 东部、东北地区村级单位农村集体产权制度改革进程遥遥领先，中部、西部相对滞缓

如图 17 所示，东部地区完成产权制度改革的村在总村数中的比重由 2010 年的 4.44% 上升至 2019 年的 84.06%，增加 79.62 个百分点；中部地区由 2010 年的 0.30% 上升至 2019 年的 67.76%，增加 67.46 个百分点；西部地区由 2010 年的 1.24% 上升至 2019 年的 29.87%，增加 28.63 个百分点；东北地区由 2010 年的 0.22% 上升至 2019 年的 65.38%，增加 65.16 个百分点。

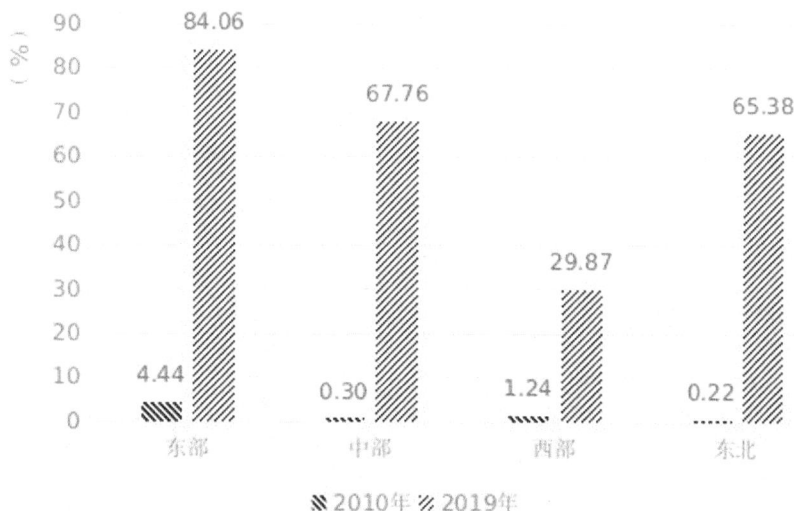

图 17　2010 年和 2019 年全国不同地区完成村级单位产权制度改革的村占比

2. 西部地区组级单位改革进程相对较快，东北地区最为缓慢

如图 18 所示，东部地区完成改制的组级单位比重由 2013 年的 2.12% 下降至 2019 年的 2.06%，减少 0.06 个百分点；中部地区由 2013 年的 0.12% 上升至 2019 年的 1.04%，增加 0.92 个百分点；西部地区由 2013 年的 1.00% 上升至 2019 年的 12.50%，增加 11.50 个百分点；东北地区由 2013 年的 0% 上升至 2019 年的 0.11%，增加 0.11 个百分点。

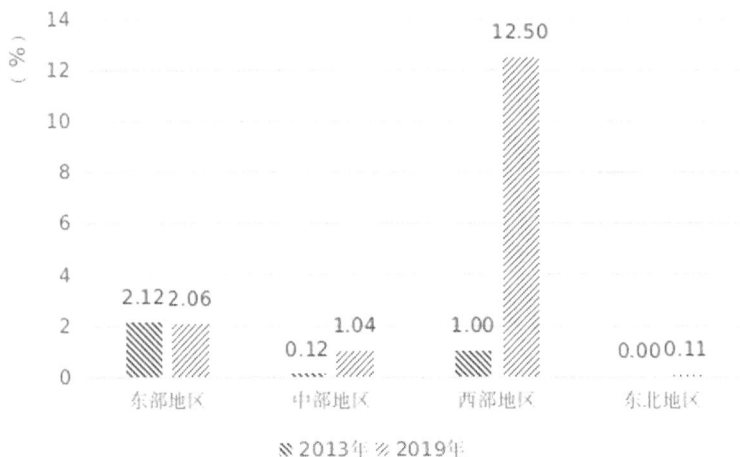

图 18 2013 年和 2019 年全国不同地区完成镇级单位产权制度改革的村民小组占比

3. 东部地区镇级单位农村集体产权制度改革进程领先，东北地区最为缓慢

如图 19 所示，东部地区完成改制的镇级单位占比由 2017 年的 1.21% 上升至 2019 年的 2.33%，增加 1.12 个百分点；中部地区由 2017 年的 0.31% 上升至 2019 年的 0.86%，增加 0.55 个百分点；西部地区由 2017 年的 0.01% 上升至 2019 年的 0.85%，增加 0.84 个百分点；东北地区由 2013 年的 0.04% 上升至 2019 年的 0.07%，增加 0.03 个百分点。

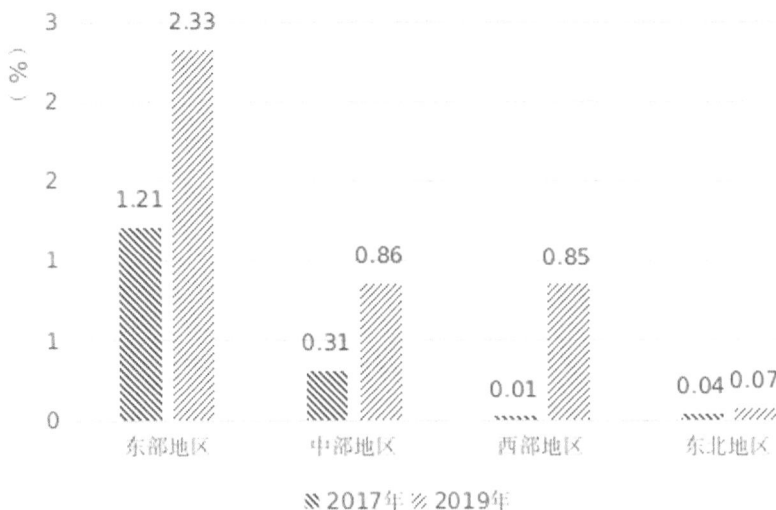

图 19 2017 年和 2019 年全国不同地区完成镇级单位产权制度改革的乡（镇）占比

（二）股东构成情况

1. 四类地区村级股东规模均呈现迅速增长态势

如表2所示，从村级单位股东成员总量来看，四类地区村级单位股东总数均大规模增加。从股东成员构成来看，四类地区均为成员股东占比最高。除中部地区外，其他三类地区2019年成员股东占比有所增加，其他股东占比有所下降。

具体来看，东部地区村级股东总数均值由2010年的164.42万人增加到2019年的2477.15万人。中部地区由5.77万人增加到4605.96万人。西部地区由3.02万人增加到882.97万人。东北地区由6.63万人增加到1199.09万人。

表2　2010年和2019年全国不同地区村级单位股东构成情况

地区	年份	村级股东总数均值（万人/省）	增加（万人）	成员股东占比（%）	增加（个百分点）	集体股东占比（%）	增加（个百分点）	其他股东占比（%）	增加（个百分点）
东部	2010	164.42	2312.7	87.29	8.70	0.16	0.66	12.55	-9.36
	2019	2477.15		95.99		0.82		3.19	
中部	2010	5.77	4600.2	86.81	-18.54	0.12	0.05	13.07	18.48
	2019	4605.96		68.27		0.17		31.55	
西部	2010	3.02	880.0	95.03	1.19	0.50	1.39	4.48	-2.58
	2019	882.97		96.22		1.89		1.90	
东北	2010	6.63	1192.5	94.76	3.06	0.02	0.03	5.22	-3.10
	2019	1199.09		97.82		0.05		2.12	

2. 中部、西部、东北三类地区组级单位股东规模呈现增加态势，除中部地区外组级单位股东构成中成员股东规模均下降

如表3所示，从组级单位股东成员总量来看，除东部地区外，其他三类地区组级股东总数均明显增加。从股东成员构成来看，2019年四类地区均为成员股东占比最高，除西部地区外，其他三类地区较2013年占比均有所下降。除东部地区外，其他三类地区集体股东占比均有所增加。2019年四类地区其他股东占比均较2013年有所增加。

表3　2013年和2019年全国不同地区组级股东构成情况

地区	年份	组级股东总数均值（万个/省）	增加（万个）	成员股东占比（%）	增加（个百分点）	集体股东占比（%）	增加（个百分点）	其他股东占比（%）	增加（个百分点）
东部	2013	415.29	-340.12	97.74	-1.89	1.10	-0.34	1.16	2.23
	2019	75.17		95.85		0.76		3.39	
中部	2013	1.98	83.98	98.19	-0.51	0.07	0.29	1.73	0.23
	2019	85.96		97.68		0.36		1.96	
西部	2013	10.32	191.73	97.76	0.89	0.01	0.26	2.23	-1.15
	2019	202.05		98.65		0.27		1.08	
东北	2013	0.17	20.80	99.98	-2.64	0.02	0.04	0	2.60
	2019	20.97		97.34		0.06		2.60	

3. 东部地区镇级单位股东成员总数增速最快，成员股东和其他股东占比增加

如表4所示，从镇级单位股东成员总量来看，四类地区镇级单位股东总数均有增加。从股东成员构成来看[①]，2019年四类地区成员股东占比均较2017年有所上升。与2017年相比，2019年四类地区镇级单位股东中的集体股东占比均下降，东部和西部地区其他股东占比上升。

具体来看，东部地区镇级单位股东总数均值由2017年的21.69万人增加到2019年的44.69万人，增加23万人。其中，成员股东占比由2017年的62.47%增至2019年的93.06%，增加30.59个百分点；集体股东占比由2017年的37.47%降至2019年的0.01%，减少37.46个百分点；其他股东占比由2017年的0.10%升至2019年的6.93%，增加6.83个百分点。

中部地区镇级单位股东总数均值由2017年的0万人增加到2019年的5.18万人，增加5.18万人。其中，成员股东占比由2017年的63.53%上升至2019年的97.69%，增加34.16个百分点；集体股东占比由2017年的21.18%下降至2019年的0.61%，减少20.57个百分点；其他股东占比由2017年的15.29%下降至2019年的1.72%，减少13.57个百分点。

西部地区镇级单位股东总数均值由2017年的0个增加到2019年的11.77万个。其中，成员股东占比由2017年的0上升至2019年95.22%，增加95.22个百分点；集体股东占比由2017年的100%下降至2019年的2.31%，减少97.69个百分点；其他股东占比由2017年的0上升至2019年的2.47%，增加2.47个百分点。

表4 2017年和2019年全国不同地区镇级单位股东构成情况

地区	年份	镇级股东总数均值（万个）	增加（万个）	成员股东占比（%）	增加（个百分点）	集体股东占比（%）	增加（个百分点）	其他股东占比（%）	增加（个百分点）
东部	2017	21.69	23.00	62.47	30.59	37.47	-37.46	0.10	6.83
	2019	44.69		93.06		0.01		6.93	
中部	2017	0	5.18	63.53	34.16	21.18	-20.57	15.29	-13.57
	2019	5.18		97.69		0.61		1.72	
西部	2017	0	11.77	0	95.22	100	-97.69	0	2.47
	2019	11.77		95.22		2.31		2.47	
东北	2017	0.07	0.30	99.95		0.05		0	
	2019	0.37		—		—		—	

（三）村级单位量化资产情况

1. 中部、西部地区在村级单位量化资产总额中的占比大幅度上升，东部地区快速下降

如图20所示，2010年村级单位量化资产主要集中于东部地区，占93.68%，中部地

[①] 根据《2019年中国农村政策与改革统计年报》，2019年东北地区中只有吉林省有2个完成产权制度改革的乡镇，但是没有镇级股东成员，因此2019年东北地区镇级股东构成为缺省值。

区占全国的 3.59%，西部地区占全国的 1.70%，东北地区占全国的 1.03%。2019 年，东部地区村级单位量化资产占全国的比例降为 66.75%，中部地区增至 18.64%，西部地区增至 10.84%，东北地区增至 3.77%。

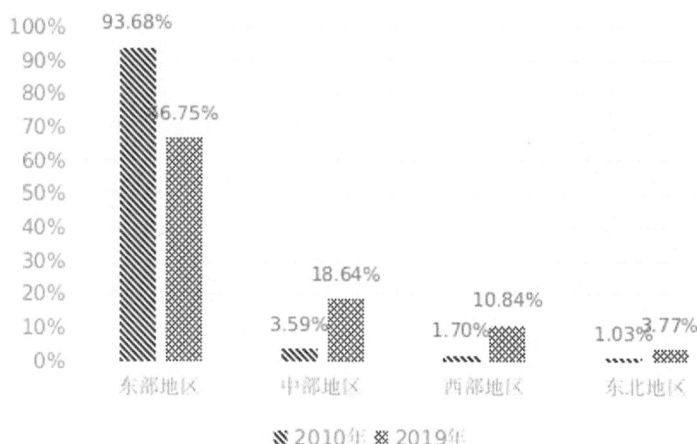

图 20　2010 年和 2019 年全国不同地区村级单位量化资产总额所占份额

如表 5 所示，东部地区村级单位量化资产总额均值（总额 / 省数）由 2010 年的 236.85 亿元增加到 2019 年的 10991.49 亿元，增加 10754.64 亿元；村均量化资产总额由 2010 年的 2328.86 万元降至 2019 年的 578.60 万元，减少了 75.16%；村均量化经营性资产总额由 2017 年的 453.47 万元降至 2019 年的 323.56 万元，减少了 28.65%。中部、西部与东北地区村均量化资产总额变动趋势类似。

表 5　2010 年、2017 年和 2019 年全国不同地区村级单位量化资产情况

地区	年份	量化资产总额均值（亿元 / 省）	增加（亿元）	村均量化资产总额（万元）	增长率（％）	年份	村均量化经营性资产总额（万元）	增长率（％）
东部	2010	236.85	10754.64	2328.86	-75.16	2017	453.47	-28.65
	2019	10991.49		578.60		2019	323.56	
中部	2010	15.11	496.57	1675.57	-1.40	2017	744.30	25.83
	2019	511.68		1652.18		2019	936.54	
西部	2010	3.91	144.89	199.68	-80.22	2017	79.03	102.73
	2019	148.80		359.87		2019	160.22	
东北	2010	8.65	198.21	3933.99	-92.16	2017	1724.54	-90.91
	2019	206.86		308.48		2019	156.83	

2. 西部地区在组级单位量化资产中占比大幅提升，东部地区快速下降

如图 21 所示，西部地区组级单位量化资产占比明显增加。2013 年东部地区组级量化资产总额占全国总额的 86.93%，中部地区占全国的 6.23%，西部地区占全国的 6.50%，东北地区占全国的 0.33%。2019 年，东部地区组级单位量化资产在全国总额

中的比重降为 72.51%，中部地区降为 5.90%，西部地区增至 21.07%，东北地区略增加至 0.52%。

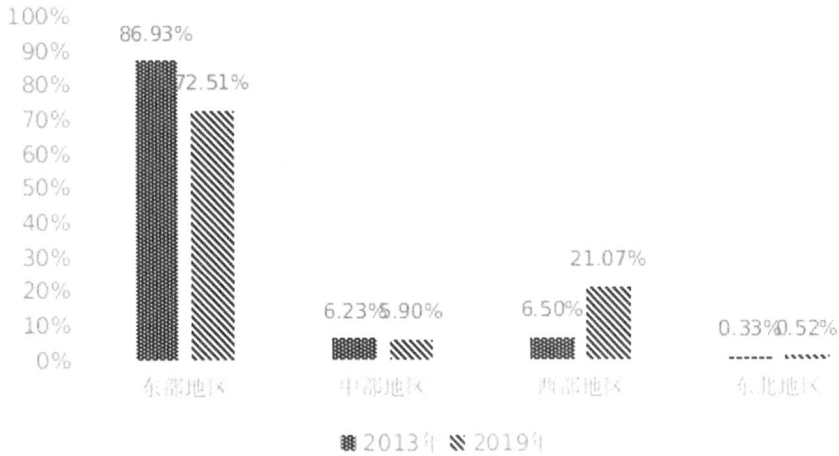

图 21　2013 年和 2019 年全国不同地区组级单位量化资产总额所占份额

如表 6 所示，东部地区组级单位量化资产总额均值由 2013 年的 60.07 亿元上升至 2019 年的 135.81 亿元，增加 75.74 亿元；组均量化资产总额由 2013 年的 177.28 万元升至 2019 年的 419.86 万元，增加了 136.83%；组均量化经营性资产总额由 2017 年的 387.02 万元降至 2019 年的 306.59 万元，减少了 20.78%。

中部地区组级单位量化资产总额均值由 2013 年的 7.18 亿元增加到 2019 年的 18.40 亿元，增加 11.22 亿元；组均量化资产总额由 2013 年的 56.80 万元上升至 2019 年的 64.35 万元，增加了 13.29%；组均量化经营性资产总额由 2017 年的 56.80 万元降至 2019 年的 27.70 万元，减少了 51.23%。

东北地区组级单位量化资产总额均值与组均量化经营性资产总额均增加。西部地区除组级量化资产总额均值增加外，组均量化资产总额与组均量化经营性资产总额均出现了下降。

表 6　2013 年、2017 年和 2019 年全国不同地区组级单位量化资产情况

地区	年份	量化资产总额均值（亿元/省）	增加（亿元）	组均量化资产总额（万元）	增长率（%）	年份	组均量化经营性资产总额（万元）	增长率（%）
东部	2013	60.07	75.74	177.28	136.83	2017	387.02	-20.78
	2019	135.81		419.86		2019	306.59	
中部	2013	7.18	11.22	56.80	13.29	2017	56.80	-51.23
	2019	18.40		64.35		2019	27.70	
西部	2013	4.09	62.14	31.24	-50.16	2017	21.53	-27.68
	2019	66.23		15.57		2019	15.57	
东北	2013	0.77	2.51	3833.33	-88.90	2017	0	—
	2019	3.28		425.58		2019	91.83	

3. 镇级单位量化资产主要集中在东部地区，四类地区镇均量化资产规模均大幅增加

如图 22 所示，与 2017 年相比，2019 年中部、西部、东北地区镇级单位量化资产占比均有所增加。2017 年东部地区镇级单位量化资产总额占全国总额的 99.90%，中部地区占全国的 0.02%，西部地区占全国的 0.07%，东北地区占全国的 0.01%。2019 年，东部地区镇级单位量化资产在全国总额中的比重降为 95.55%，中部地区增至 1.73%，西部地区增至 2.67%，东北地区略增加至 0.05%。

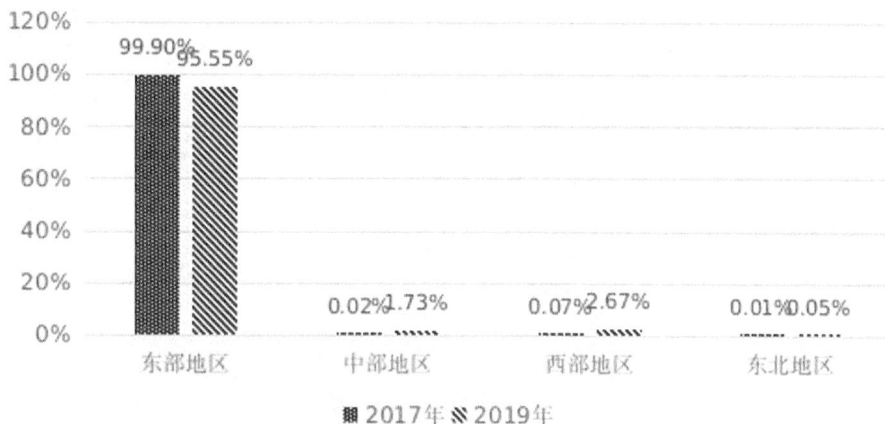

图 22　2017 年和 2019 年全国不同地区镇级单位量化资产总额所占份额

如表 7 所示，全国不同地区镇级单位量化资产规模总体呈上升态势。

表 7　2017—2019 年全国不同地区镇级单位量化资产情况

地区	年份	量化资产总额均值（亿元／省）	增加（亿元）	镇均量化资产总额（万元）	增长率（%）	镇均量化经营性资产总额（万元）	增长率（%）
东部	2017	14.74	47.27	25213.27	40.53	17759.47	81.68
	2019	62.01		35431.65		32265.19	
中部	2017	0.01	1.84	15.52	8635.82	0	—
	2019	1.85		1355.80		565.52	
西部	2017	0.02	1.41	113.50	1145.45	113.50	-11.57
	2019	1.43		1413.59		100.37	
东北	2017	0.02	0.08	215.14	601.80	0	—
	2019	0.10		1509.85		7.45	

（四）股金分红情况

1. 随着村级股东数量的快速增加，各地区村级单位股东分红水平大幅下降

如图 23 和图 24 所示，随着村级股东数量的增加，2019 年四类地区的村级股东平均累计股金分红总额和村级股东平均本年股金分红总额均较 2010 年大幅下降。

具体来看，东部地区村级单位股东平均累计股金分红总额由 2010 年的 2547.42 元降至 2019 年的 953.54 元，减少了 62.57%；东部地区村级单位股东平均本年股金分红总额由

2010 年的 509.18 元降至 2019 年的 133.62 元，减少了 73.76%。

中部地区村级单位股东平均累计股金分红总额由 2010 年的 522.78 元降至 2019 年的 151.80 元，减少了 70.96%；中部地区村级单位股东平均本年股金分红总额由 2010 年的 230.62 元降至 2019 年的 38.54 元，减少了 83.29%。

西部地区村级单位股东平均累计股金分红总额由 2010 年的 4359.53 元降至 2019 年的 17.02 元，减少了 99.61%；西部地区村级单位股东平均本年股金分红总额由 2010 年的 890.76 元降至 2019 年的 7.40 元，减少了 99.17%。

东北地区村级单位股东平均累计股金分红总额由 2010 年的 8315.73 元降至 2019 年的 15.45 元，减少了 99.81%；东北地区村级单位股东平均本年股金分红总额由 2010 年的 520.02 元降至 2019 年的 3.62 元，减少了 99.30%。

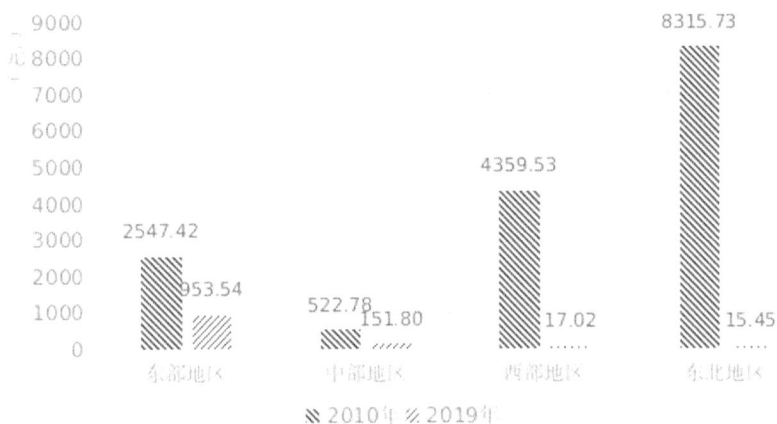

图 23　2010 年和 2019 年全国不同地区村级单位股东平均累计股金分红总额

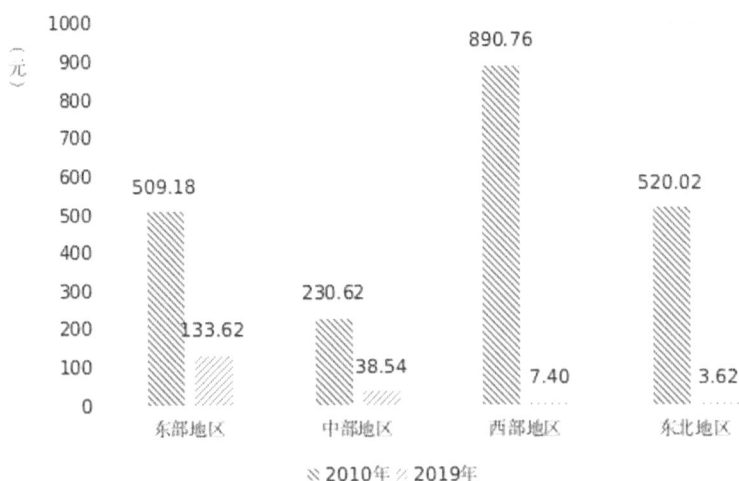

图 24　2010 年和 2019 年全国不同地区村级单位股东平均本年股金分红总额

2. 东部和东北地区组级单位股东平均累计股金分红总额高于千元

如图 25 和图 26 所示，2019 年四类地区的组级单位股东平均累计股金分红总额均较 2013 年下降，东部地区下降幅度较大。中部和西部地区 2019 年组级股东平均本年股金分红总额均较 2013 年有所下降。

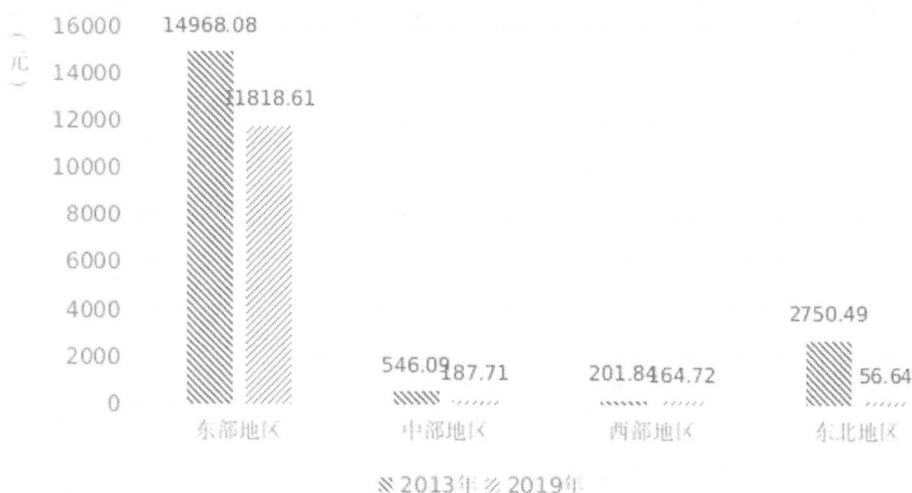

图 25　2013 年和 2019 年全国不同地区组级单位股东平均累计股金分红总额

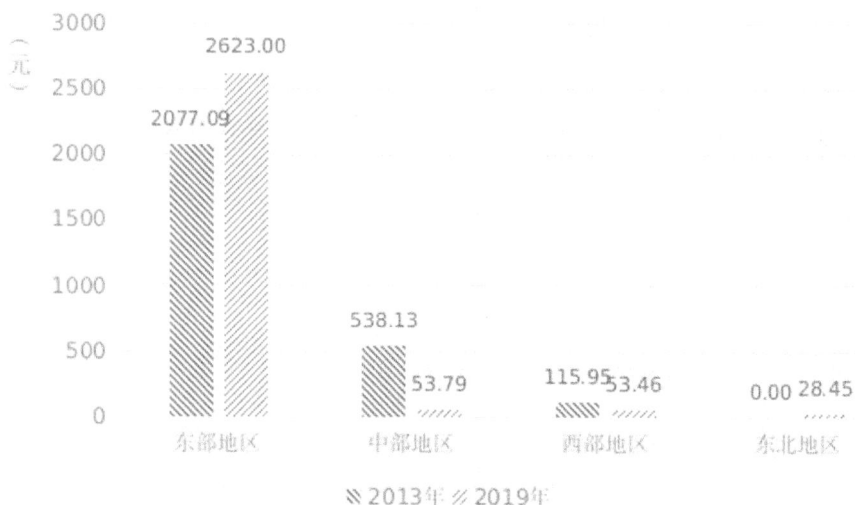

图 26　2013 年和 2019 年全国不同地区组级单位股东平均本年股金分红总额

具体来看，东部地区组级单位股东平均累计股金分红总额由 2013 年的 14968.08 元降至 2019 年的 11818.61 元，减少了 21.04%；东部地区组级单位股东平均本年股金分红总额由 2013 年的 2077.09 元升至 2019 年的 2623.00 元，增加了 26.28%。

中部地区组级单位股东平均累计股金分红总额由 2013 年的 546.09 元降至 2019 年的 187.71 元，减少了 65.63%；组级单位股东平均本年股金分红总额由 2013 年的 538.13 元降至 2019 年的 53.79 元，减少了 90.00%。西部地区和中部地区类似。

东北地区组级单位股东平均累计股金分红总额由 2013 年的 2750.49 元降至 2019 年的 56.64 元，减少了 97.94%；东北地区组级单位股东平均本年股金分红总额由 2013 年的 0 元升至 2019 年的 28.45 元。

3. 东部地区镇级单位股东平均累计股金分红总额远超其他三类地区，各类地区镇级单位股东平均本年分红总额均有不同程度下降

如图 27 所示，2019 年东部地区镇级单位股东平均累计股金分红总额为 1149.83 元，远远高于其他三类地区，中部地区为 12.07 元，西部地区为 4.00 元，东北地区为 13.38 元。

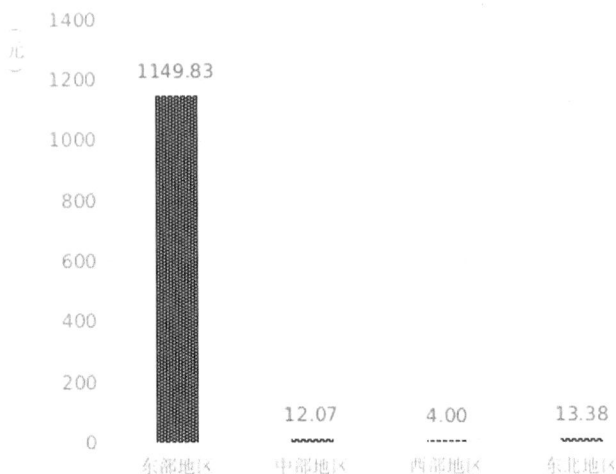

图 27 2019 年全国不同地区镇级单位股东平均累计股金分红总额

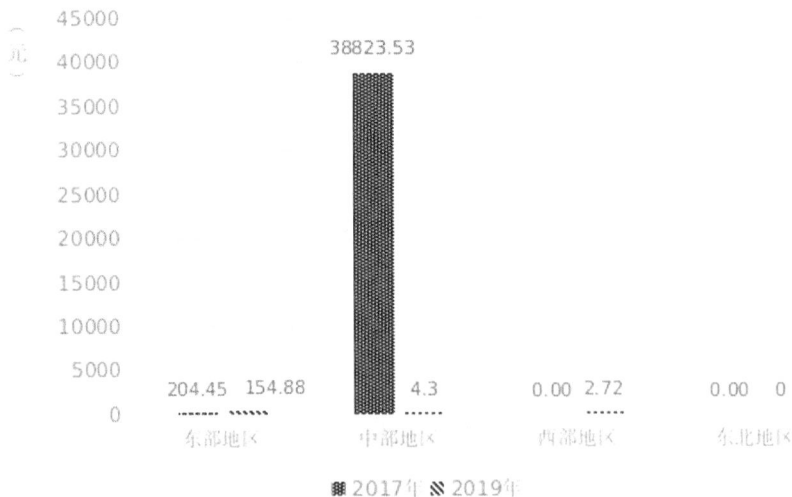

❊2017年 ◈2019年

图 28 2017 年和 2019 年全国不同地区镇级单位股东平均本年股金分红总额

如图 28 所示，随着镇级单位产权制度改革的推进，镇级单位股东个数的大幅增加，2019 年四类地区的镇级单位股东平均本年股金分红总额均较 2017 年有所下降。东部地区镇级单位股东平均本年股金分红总额由 2017 年的 204.45 元降至 2019 年的 154.88 元，减少了 24.25%。中部地区镇级单位股东平均本年股金分红总额由 2017 年的 38823.53 元降至 2019 年的 4.30 元，减少了 99.99%。西部、东北地区与中部地区类似。西部地区镇级单位股东平均本年股金分红总额由 2017 年的 0 元增加到 2019 年的 2.72 元。东北地区 2017 年和 2019 年镇级单位股东平均本年股金分红总额均为 0 元。

（五）公益性支出情况

1. 四类地区村均公益性支出总额有所减少

如图 29 所示，2019 年，四类地区村级改革单位平均公益性支出均较 2017 年有所减少。东部地区 2019 年村均公益性支出总额为 28.37 万元，较 2017 年减少 7.24 万元。中部地区为 8.75 万元，减少 27.87 万元。西部地区为 10.99 万元，减少 2.16 万元。东北地区为 3.67 万元，减少 4.77 万元。

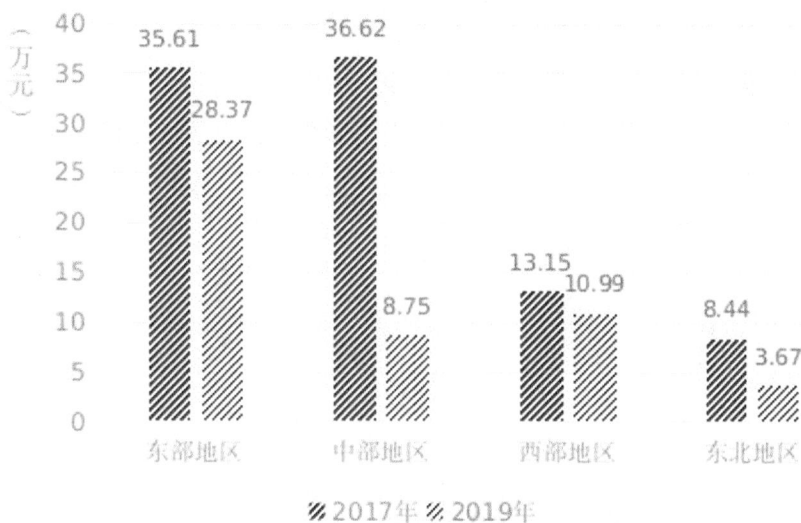

图 29　2017 年和 2019 年全国国不同地区村均公益性支出总额

2. 除东部地区外，其他三类地区组均公益性支出总额有所增加

如图 30 所示，2019 年，除东部地区外其他三类地区组级改革单位平均公益性支出均较 2017 年有所增加。东部地区 2019 年组均公益性支出总额为 2.32 万元，较 2017 年减少 3.19 万元。中部地区为 0.85 万元，增加 0.53 万元。西部地区为 0.47 万元，增加 0.33 万元。东北地区为 1.28 万元，增加 1.28 万元。

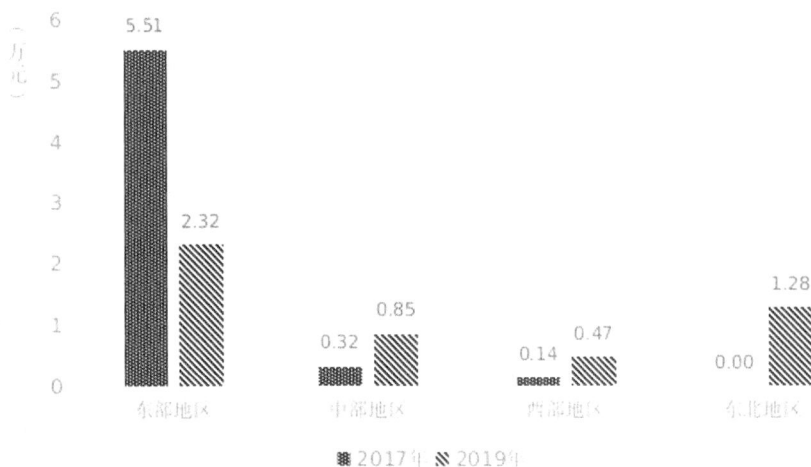

图 30   2017 年和 2019 年中国不同地区组均公益性支出总额

3. 中部、西部地区镇均公益性支出总额处于增长态势

如图 31 所示，东部地区 2019 年镇均公益性支出总额为 49.48 万元，较 2017 年减少 90.14 万元。中部地区为 103.33 万元，增加 65.60 万元。西部地区为 262.78 万元，增加 262.78 万元[①]。东北地区 2017 年和 2019 年镇均公益性支出总额均为 0 元。

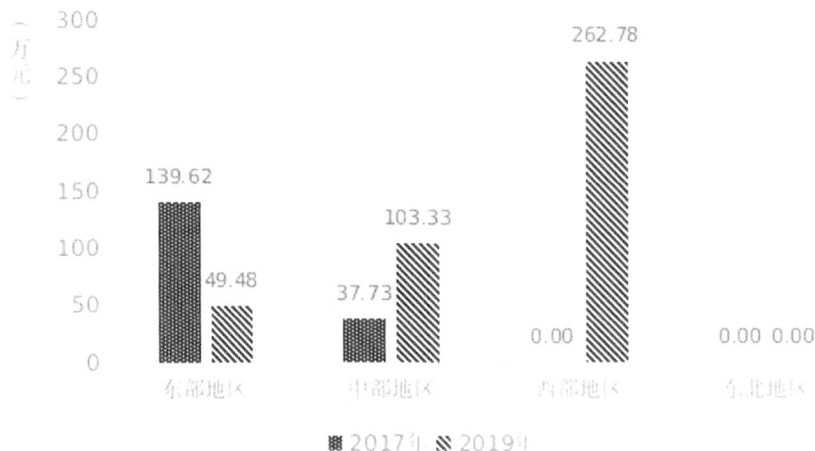

图 31   2017 年和 2019 年中国不同地区镇均公益性支出总额

三、结论与建议

本报告利用 2010—2019 年相关数据对我国农村集体产权制度改革相关指标进行分析，

---

① 依据《中国农村经营管理统计年报（2017）》，2017 年西部地区仅贵州省有 2 个乡镇完成产权制度改革，其镇级公益性支出总额为 4548.30 万元，镇级单位平均公益性支出总额为 2274.15 万元，是当年全国平均水平（149.84 万元）的 15.18 倍，本文将其视作奇异值。

从纵向和横向对比全国和各地区的改革进程，主要目的是对全国集体产权制度改革进程基本面进行总体描述和把握。主要结论与建议如下。

1. 村级农村集体产权制度改革进展迅速，但地区差异较大，东部、东北地区进展总体上看最快，中部、西部部分地区尽管正在快速赶超，但总体较缓慢，建议改革进程较慢的地区根据当地实际情况和面临的问题，因地制宜地制定更符合当地实际的改革方案。集体经营性资产较少的村集体要重点通过农村土地承包经营权股权化加快集体产权制度改革进程。林业资源较多的地区，要通过林地与林木股权化的方式推进改革。

2. 镇级和组级集体产权制度改革进程亟待加快。相比而言，东部地区镇级改革进程较快，西部地区组级改革进展较快，建议各地方进一步细化镇级、组级改革实施方案，形成镇、村、组三级联动推进集体产权制度改革的局面。

3. 随着村级集体产权制度改革进程的推进，村级单位平均量化资产及经营性资产持续下降，村级单位量化经营性资产占量化资产比重逐渐下降，股东平均分红金额均趋于下降。镇级、组级改革单位的经营性资产占比均高于村级集体资产。集体经营性资产是农民增收的重要依托，经营性资产占比较低的村往往不具有区位优势、产业发展基础较差、经营性收入偏低，建议各级政府提高扶持标准，扩大扶持范围和领域，重点通过壮大集体经营性资产，加大对集体经济薄弱村的扶持力度。

4. 镇级集体经济的公益性支出能力相对较强，但呈下降态势，仍有待进一步提升。集体经济组织的公益性支出水平与农村社区公共服务水平密切相关，建议各级政府加大财政扶持力度，确保集体经济组织为成员提供更高水平的生产生活服务。

执笔人：孙梦洁、陈雪原、翟翠立、王洪雨

农村集体经济组织研究报告之一：

农村集体经济组织发展历程

通常意义上所说的农村集体经济组织，是指产生于 20 世纪 50 年代农业合作化运动、建立在农村集体土地所有制基础上具有中国特色的乡村社区型综合性经济组织。从政策理论研究上说，农村集体经济组织可以从广义和狭义两个方面去理解和把握。广义上的农村集体经济组织包括农村社区型集体经济组织和非社区型农村合作经济组织，具体涵盖农村生产合作、供销合作、信用合作等各类具有综合性合作与专业性合作的农村集体经济组织和合作经济组织；狭义上的农村集体经济组织特指以农村土地集体所有制为基础的社区型综合性经济组织。本研究所指农村集体经济组织为狭义上的农村集体经济组织，即建立在农村集体土地所有制基础上具有中国特色的乡村社区型综合性经济组织。农村集体经济组织是个泛称概括，它在不同时期有不同的具体名称，在建立初期表现为农业生产合作社，当前主要表现为乡村经济（股份经济）合作社等。[①]

农村集体经济组织发端于 20 世纪 50 年代我国农业合作化运动时期，孕育于互助组、形成于初级社、定型于高级社、强化于人民公社时期。1978 年改革开放以来，农村集体经济组织发生了许多重大变化，经历了人民公社解体初期农村集体经济组织、农村集体产权制度改革与新型集体经济组织发展等阶段。

一、农村集体经济组织的产生

农村集体经济组织是中国共产党领导广大农民进行社会主义革命与社会主义建设的产物，是党组织农民的历史性结晶。1950 年 6 月 28 日，中央人民政府委员会第八次会议通过的《中华人民共和国土地改革法》规定："废除地主阶级封建剥削的土地所有制，实行农民的土地所有制，借以解放农村生产力，发展农业生产，为新中国的工业化开辟道路。"从 1950 年冬季开始，经过三年暴风骤雨般的土改运动，到 1952 年底，除一部分少数民族

---

① 2017 年 11 月 23 日上海市第十四届人民代表大会常务委员会第四十一次会议通过，自 2018 年 4 月 1 日施行的《上海市农村集体资产监督管理条例》界定的农村集体经济组织是指乡镇、村、组成员以生产资料集体所有制为基础建立的合作经营、民主管理、服务成员的组织。2020 年 8 月 21 日黑龙江省第十三届人民代表大会常务委员会第二十次会议通过，自 2020 年 10 月 1 日起施行的《黑龙江省农村集体经济组织条例》第三条界定的农村集体经济组织是指在集体统一经营和家庭分散经营相结合的双层经营体制下，土地等生产资料归全体成员集体所有，具有公有制性质的农村社区性经济组织。

地区及台湾地区外,我国基本完成农村的土地改革。在整个土改中,共没收征收约7亿亩(约合4700万公顷)的土地,并将其分给了约3亿无地和少地的农民。占农村人口92.1%的贫农、中农,占有全部耕地的91.4%;原来占有农村人口7.9%的地主富农,占有全部耕地的8.6%。[①]土地改革完成以后,一家一户分散的小农,迫切需要组织起来发展农业生产。于是,将亿万农民组织起来走社会主义道路就成为党的重大关切。继土地改革运动后,党大力开展农业合作化运动。农村集体经济组织就是在农业合作化运动中孕育、产生和形成的。具体来说,农村集体经济组织的诞生主要走了三大步:第一步积极发展互助组,第二步大力发展初级社,第三步快速发展高级社。从1951年到1956年,在短短几年之内,农业合作化运动跨越了三大步,从而形成和建立了我国历史上从未有过的具有独特性质的农村集体经济组织。

第一步是积极发展互助组。互助组可以说孕育了农村集体经济组织的萌芽。1951年9月,中国共产党召开第一次农业互助合作会议,作出了《关于农业生产互助合作的决议(草案)》,并于12月15日下发各级党委试行。决议提出引导农民走互助合作道路的三种形式,即临时互助组、常年互助组、农业生产合作社。临时互助组也叫季节互助组,一般在农忙季节实行简单的换工互助,常年互助则是常年换工互助。[②]截至1952年底,全国参加互助组的农户达到4536.4万户,占农户总数的近40%;到1955年参加互助组的农户达到6038.9万户,占农户总数的50.7%[③]。互助组是在农村生产资料私有制基础上产生和发展起来的,农民以自愿互利为原则,实行劳动和生产资料之间的互换,不涉及农户土地及其他生产资料所有权的变更,是具有集体性质的劳动组织和劳动形式。互助组是初级农业合作社(简称初级社)产生的重要基础。

第二步是大力发展初级社。初级农业生产合作社标志着农村集体经济组织的正式诞生。初级农业生产合作社是农民在互助组的基础上自愿组织起来的具有半社会主义性质的集体经济组织。[④]1953年2月,党中央将1951年12月下发试行的《关于农业生产互助合作的决议(草案)》作了个别修改后以正式决议——《中国共产党中央委员会关于农业生产互助合作的决议》印发给各地施行。这个决议要求条件比较成熟的地区重点发展以土地入股为特点的农业生产合作社。这是在土地私有基础上的农业生产合作社,后来被称为初级社。1955年11月9日全国人民代表大会常务委员会第二十四次会议通过《农业生产合作社示范章程草案》,第一条规定:"农业生产合作社是劳动农民的集体经济组织,是农民在共产党和人民政府的领导和帮助下,按照自愿和互利的原则组织起来的;它统一地使用社员的土地、耕畜、农具等主要生产资料,并且逐步地把这些生产资料公有化;它组织社员进行共同的劳动,统一地分配社员的共同劳动的成果。"第三条

---

① 中共中央党史研究室著《中国共产党历史》(第二卷)上册,北京:中共党史出版社,2011年第1版,第100页。

② 互助组,http://www.360doc.com/content/20/0130/15/6017453_888684893.shtml.

③ 郭书田主编《毛泽东与中国农业》,北京:新华出版社,1995年1月第1版,第108—111页。

④ 陈锡文、罗丹、张征著《中国农村改革40年》,北京:人民出版社,2018年10月第1版,第84页。

规定，农业生产合作化的发展，分为初级和高级两个阶段。初级阶段的合作社属于半社会主义的性质。随着生产的发展和社员社会主义觉悟的提高，合作社就由初级阶段逐步过渡到高级阶段，高级阶段的合作社属于完全的社会主义性质。在这种合作社里，社员的土地和合作社所需要的别的生产资料都已经公有化了。该示范章程草案第一次明确提出逐步用生产资料的劳动群众集体所有制代替生产资料的私人所有制的农村所有制变革目标，并将农业生产合作社明确界定为劳动农民的集体经济组织。① 该示范章程草案最后一条即第82条特别说明 "本章程主要适用于初级阶段的农业生产合作社"。② 有的研究认为初级社是农村集体经济组织的 "雏形"。③ 但据《农业生产合作社示范章程草案》的明文规定，农业生产合作社已被明确定义为集体经济组织，初级和高级只是农业生产合作社发展的两个阶段。所以我们认为初级农业生产合作社的建立就已经标志着农村集体经济组织的正式诞生。初级农业生产合作社以土地入股为特点，其性质，一方面是在私有财产基础上，农民有土地私有权和其他生产资料的私有权，农民按入股的土地分配一定的收获量，并按入股的工具及牲畜取得合理的报酬；另一方面是在共同劳动的基础上，又有部分社会主义因素，如实行计工取酬，按劳分红，并有某些公共的财产等。④1953年全国初级社发展到15053个，参加农户27.2万户。最多时的1956年1月达到139.4万个，参加农户10668万户，占全国农户总数的90%。后来大量初级社转变为高级社。到1956年底，全国75.6万个农业合作社中，初级农业生产合作社21.6万个，到1957年锐减到3.6万个。⑤

第三步是快速发展高级社。高级农业生产合作社标志着农村集体经济组织的完成定型。从1955年夏季开始，根据毛泽东有关加快发展农业合作社的讲话精神，各地加速推进农业合作化运动，并强力推进从半社会主义性质的初级社向完全社会主义性质的高级社转变。1955年10月4日至11日，中共七届六中全会（扩大）根据毛泽东《关于农业合作化问题》的报告，讨论通过了《关于农业合作化问题的决议》，并要求有条件的地方有重点地试办高级社，推动农业合作化运动急速发展。1956年6月30日，第一届全国人民代表大会第三次会议通过《高级农业生产合作社示范章程》，第一条规定："高级农业生产合作社是劳动农民在共产党和人民政府的领导和帮助下，在自愿和互利的基础上组织起来的社会主义的集体经济组织。"第二条规定："农业生产合作社按照社会主义的原则，把社员私有的主要生产资料转为合作社集体所有，组织集体劳动。"第十三条规定："入社的农

① 张晓山著《乡村振兴战略》，广州：广东经济出版社，2020年6月第1版，第60页。

② 中华人民共和国国家农业委员会办公厅编《农业集体化重要文件汇编》（上），北京：中共中央党校出版社，1981年10月第1版，第479—501页。

③ 陈锡文、罗丹、张征著《中国农村改革40年》，北京：人民出版社，2018年10月第1版，第84页。

④ 中共中央党史研究室著《中国共产党历史》（第二卷）（上册），北京：中共党史出版社，2011年1月第1版，第220—221页。

⑤ 参见 初级农业生产合作，https://baike.so.com/doc/6386335-6599990.html.

民必须把私有的土地和耕畜、大型农具等主要生产资料转为合作社集体所有。"①高级社实行主要生产资料完全集体所有，社员的土地必须转为合作社集体所有，取消土地报酬（土地分红），耕畜和大型农具作价入社等等。到1956年底，加入农业生产合作社的社员总户数已达全国农户总数的96.3%，其中初级社户数占8.5%，高级社户数占87.8%。仅在一年之内，我国就基本完成了高级形式的农业合作化。农业合作化运动的完成，标志着我国基本完成了对个体农业的社会主义改造，实现了中国农村土地的公有化即土地的集体所有制，在广大农村普遍建立了集体经济组织和集体所有制经济。②

二、农村人民公社时期

1958年开始的农村人民公社化运动，直接起因于大搞农田水利建设的需要，从而推动高级农业生产合作社由小社并成大社。1958年4月8日，中央政治局会议批准了成都会议于3月20日通过的《中共中央关于把小型的农业合作社适当地合并为大社的意见》，提出把小型的农业合作社有计划合并为大型的合作社。此后各地在短时间内广泛开展了并社工作。1958年8月17日，中央政治局扩大会议做出《关于在农村建立人民公社的决议》，决定把各地成立不久的高级农业生产合作社，普遍升级为大规模、政社合一的人民公社。1958年8月29日，北戴河会议通过了《中共中央关于在农村建立人民公社问题的决议》，提出把规模较小的农业生产合作社合并和改变成为规模较大的、工农商学兵合一、政社合一、集体化程度更高的人民公社。从1958年8月到1958年10月底，全国74万个农业生产合作社合并成26000多个人民公社，入社农户占农户总数的99%以上。在不到两个月的时间内，全国农村建立不到两年的高级农业生产合作社多数被人民公社所代替，全国农村高速实现了人民公社化。③1958年12月10日，中共八届六次全会通过《关于人民公社若干问题的决议》提出，人民公社实行统一领导、分级管理，公社的管理机构一般分为公社管理委员会、管理区（或生产大队）、生产队三级。④至此，我国农村三级集体经济组织体系开始形成。⑤人民公社的主要特征是"一大二公""政社合一"。

"一大二公"是人民公社的基本特点。毛泽东在1958年8月中央政治局扩大会议上最早提出人民公社的特点是一曰大，二曰公。所谓"大"，就是规模大。全国原有74万多个农业生产合作社，每社约有一二百个农户，基本上是一村一社。而人民公社则平均每社由原来的28个合作社组成，有农户四五千个到一两万个，基本上是一乡一社，甚至数乡一

① 参见中国人大网，高级农业生产合作社示范章程，http://www.npc.gov.cn/wxzl/wxzl/2000-12/10/content_4304.htm.

② 中共中央党史研究室著《中国共产党历史》（第二卷）（上册），北京：中共党史出版社，2011年1月第1版，第220-221页。

③ 中共中央党史研究室著《中国共产党历史》（第二卷）（上册），北京：中共党史出版社，2011年1月第1版，第496-497页。

④ 中华人民共和国国家农业委员会办公厅编《农业集体化重要文件汇编》（下），北京：中共中央党校出版社，1981年10月第1版，第122-123页。

⑤ 张云华《农村三级集体所有制亟须改革探索》，载《农村经营管理》2015年第5期。

社。所谓"公"，就是生产资料公有化程度高。[①]

"政社合一"是人民公社的体制安排。人民公社既是一级政权机构，又是一个经济组织，将政权机构与经济组织合二为一。1962 年 9 月 27 日，中共八届十次全会通过《农村人民公社工作条例修正草案》（简称《农业六十条》）第一条规定："农村人民公社是政社合一的组织，是我国社会主义社会在农村中的基层单位，又是我国社会主义政权在农村中的基层单位。农村人民公社是适应生产发展的需要，在高级农业生产合作社的基础上联合组成的。它在一个很长的历史时期内，是社会主义的互助、互利的集体经济组织，实行各尽所能、按劳分配、多劳多得、不劳动者不得食的原则。"人民公社集基层政权组织、经济组织和社会组织于一体，兼具基层行政管理、社会生产经营职能的复合体。农村改革前的 1978 年，全国共有 52731 个人民公社，69 万个生产大队，481.8 万个生产队（小队）。到撤社建乡前的 1982 年，全国共有人民公社 56331 个、生产大队 75 万个、生产队 589 万个，比 1978 年分别增长了 6.83%、8.70% 和 22.25%。[②]

我国农村人民公社一般实行三级管理、三级所有制。人民公社在建立初期，在全社范围内实行统一经营、统一核算、统一分配，但由此引发了"一平二调"（平均主义、无偿调拨）现象。1962 年 2 月 13 日，中共中央发出《关于改变农村人民公社基本核算单位问题的指示》，明确生产队为人民公社基本核算单位，并指出在我国绝大多数地区的农村人民公社以生产队为基本核算单位，实行以生产队为基础的三级集体所有制。农村基本核算单位改变为生产队以后，人民公社仍然是一个完整的集体经济组织，公社内部仍然实行统一领导、分级管理，生产队仍然是生产大队这一级经济组织的组成部分。《农村人民公社工作条例修正草案》第二条进一步明确："人民公社的基本核算单位是生产队。根据各地方不同的情况，人民公社的组织可以是两级，即公社和生产队，也可以是三级，即公社、生产大队和生产队。""三级所有、队为基础"成为人民公社生产资料所有制形式的简明概括。"三级所有"是指农村生产资料分别属于人民公社、生产大队、生产队三级组织所有。"队为基础"是指生产队作为人民公社的基本核算单位。1975 年修订的《中华人民共和国宪法》第七条规定："农村人民公社是政社合一的组织。现阶段农村人民公社的集体所有制经济，一般实行三级所有、队为基础，即以生产队为基本核算单位的公社、生产大队和生产队三级所有。"

三、人民公社解体初期农村集体经济组织

农村人民公社自 1958 年正式建立到 1984 年基本结束，在我国存在了 26 年。1978 年党的十一届三中全会之后，我国进入了改革开放的新时期。为解决人民公社的体制弊端，各地开始探索政社分开、撤社建乡改革。1980 年 6 月 18 日，四川省广汉县向阳公社在全国第一个摘掉人民公社的牌子，换上乡人民政府的牌子，迈开了改革人民公社

---

① 中共中央党史研究室著《中国共产党历史》（第二卷）（上册），北京：中共党史出版社，2011 年 1 月第 1 版，第 497 页。

② 陈锡文、罗丹、张征著《中国农村改革 40 年》，北京：人民出版社，2018 年 10 月第 1 版，第 95 页。

管理体制的第一步。[1]1982 年 12 月 4 日第五届全国人大五次会议通过《中华人民共和国宪法》第八条规定："农村人民公社、农业生产合作社和其他生产、供销、信用、消费等各种形式的合作经济，是社会主义劳动群众集体所有制经济。参加农村集体经济组织的劳动者，有权在法律规定的范围内经营自留地、自留山、家庭副业和饲养自留畜。"1983 年 1 月 2 日，中共中央印发《当前农村经济政策的若干问题》（即改革以来中央第二个关于"三农"工作的一号文件）提出："人民公社的体制，要从两方面进行改革。这就是，实行生产责任制，特别是联产承包制；实行政社分设。 政社合一的体制要有准备、有步骤地改为政社分设，准备好一批改变一批。在政社尚未分设以前，社队要认真地担负起应负的行政职能，保证政权工作的正常进行。在政社分设后，基层政权组织，依照宪法建立。"[2]1983 年 10 月 12 日，中共中央、国务院印发《关于实行政社分开建立乡政府的通知》（中发〔1983〕35 号），提出"当前的首要任务是把政社分开，建立乡政府，同时按乡建立乡党委"，并要求此项工作大体上在 1984 年底以前完成。到 1984 年底，全国共建乡 84340 个，建制镇 7280 多个，新建村民委员会 82.2 万个。[3]1985 年，全国共设立乡（包括民族自治乡和镇）人民政府 91590 个，设立村民委员会 94.9 万个，村民小组 588 万个。[4]

在撤社建乡中如何处理和发展农村集体经济组织，《关于实行政社分开建立乡政府的通知》（中发〔1983〕35 号）明确了两条：一是要根据生产的需要和群众的意愿逐步建立经济组织；二是有些以自然村为单位建立了农业合作社等经济组织的地方，当地群众愿意实行两个机构一套班子，兼行经济组织和村民委员会的职能，也可同意试行。1984 年中央一号文件《中共中央关于一九八四年农村工作的通知》提出，政社分设后，农村经济组织应根据生产发展的需要，在群众自愿的基础上设置，形式与规模可以多种多样，不要自上而下强制推行某一种模式；一般应设置以土地公有为基础的地区性合作经济组织，这种组织可以叫农业合作社、经济联合社或群众选定的其他名称，可以以村（大队或联队）为范围设置；也可以以生产队为单位设置，可以同村民委员会分立，也可以一套班子两块牌子。[5]在实践中，各地的具体做法不同，致使集体经济组织的形态、集体所有权的主体存在很大的差异。四川省广汉县向阳公社进行人民公社改革时的做法是成立工业公司管理企业，改社办工业为社队集资联办，干部群众投资入股；在农机站的基础上成立农业技术服务公司；在供销社的基础上成立商业公司。这三个公司联合成立

① 刘政、陈武元《农村管理体制改革的初步尝试——四川省广汉县向阳公社改革"政社合一"体制的调查》，载《经济管理》1981 年第 4 期。

②《中共中央国务院关于"三农"工作的一号文件汇编（1982—2014）》，北京：人民出版社，2014 年 1 月第 1 版，第 26 页。

③ 李永军《集体经济组织法人的历史变迁与法律结构》，载《比较法研究》2017 年第 4 期。

④ 陈锡文、罗丹、张征著《中国农村改革 40 年》，北京：人民出版社，2018 年 10 月第 1 版，第 95 页。

⑤《中共中央国务院关于"三农"工作的一号文件汇编（1982—2014）》，北京：人民出版社，2014 年 1 月第 1 版，第 43 页。

农工商联合公司，系统管理原人民公社的生产经营和服务工作。[①]陕西省一般是将公社党委改建为乡党委，将公社管委会分建为乡政府和乡经济组织。乡经济组织的名称不统一，有的叫农工商联合公司，有的叫农工商联合社，有的叫经济委员会或经济管理委员会，有的仍叫人民公社，一般下设农工商各公司或者管理站等，名称虽然各异，但都是按行政地域将农工商各业统一在一起进行管理的，基本上维持了人民公社的经济体制。[②]北京市于1984年11月底前完成了人民公社政社分设体制改革，在原263个人民公社基础上建立了350个乡政府、4个区所，新建1个镇，建立了4423个村民委员会；原公社级经济组织大部分组建为农工商联合总公司。[③]广东省在原生产队或联队（自然村）一级设置经济合作社，在原大队（管理区）一级设置经济联合社，在原公社（乡镇）一级设置经济联合总社。[④]

由于认识不清等原因，一些地方在机构改革中撤销了农村集体经济组织。1998年我国开始以撤乡并镇和精简机构为重点的乡镇机构改革，不少地方撤销了乡镇集体经济组织，由乡镇政府来直接管理全乡镇农民集体所有的资产和事务。例如北京市在乡镇机构改革中实行乡镇机构"三改二"改革，即保留乡镇党委和乡镇政府，撤销农工商联合总公司，在乡镇政府内设置集体资产管理委员会。2012年北京市印发《关于进一步建立健全农村集体经济组织 全面加强登记管理工作的通知》（京政农发〔2012〕12号），对集体经济组织进行了规范，一些改制后的集体经济组织又重新建立了村合作社和乡（镇）联社。到2019年底，北京市共有4131个乡村集体经济组织，包括187个乡（镇）联社、3944个村合作社。[⑤]据统计，2019年我国共有乡镇总数36082个，村集体经济组织413370个，占70.8%；村委会代行村集体经济组织职能的村共有170203个，占29.2%；村民小组集体经济组织数为759321个，占全国村民小组总数的15.7%。[⑥]

四、农村集体产权制度改革与新型集体经济组织

随着改革的不断深入，特别是随着工业化、城镇化进程的不断加快，我国特大城市郊区和东部沿海经济发达地区开始率先探索以社区股份合作制为主要形式的农村集体经济组织产权制度改革，在实践创新中将传统农村集体经济组织改革发展为新型集体经济组织，实现了集体经济组织在市场化改革中的再生与重塑。据统计，截至2012年底，全国58.9万个村级集体经济组织账面资产总额（不含土地等资源性资产）2.2万亿元，村均369.3万元。

① 刘文耀《伟大的创造：联产承包与撤社建乡——1977—1984年四川农村改革的回顾与思考》，载《四川党史》1998第6期。
② 张宝通《政社分开与人民公社经济体制改革》，载《经济研究》1984年第5期。
③ 北京市农村经济研究中心编《北京市农村改革发展60年大事记（1949—2009）》，北京：中国农业出版社，2010年12月第1版，第120页。
④ 参见《广东省农村社区合作经济组织暂行规定》，http://www.law-lib.com/law/law_view.asp?id=21041.
⑤ 北京市农业农村局《北京市农村经营管理统计资料（二零一九年度）》，2020年6月，第1页。
⑥ 农业农村部政策与改革司编《2019年中国农村政策与改革统计年报》，北京：中国农业出版社，2020年8月第1版，第3页。

此外，农村集体经济组织还拥有 62.0 亿亩农用地等土地资源，其中耕地面积 13.9 亿亩（承包合同记载面积）、草地 23.8 亿亩、林地 18.8 亿亩。大城市郊区和东部发达地区农村集体资产数量更加庞大，广东、山东、浙江、北京、江苏等 5 省份的村级集体资产总额高达 13172.1 亿元，占全国村集体资产总额的 60.5%，村均 865.4 万元。① 如何保障农村集体经济组织及其成员的合法财产权利，已成为农村改革和城乡一体化发展的重大问题，而积极稳妥地推进农村集体产权制度改革，就成为维护和发展农村集体经济组织及其成员财产权利、激发农业农村发展活力的内在要求和有效途径。自 20 世纪 80 年代中后期以来，我国农村集体产权制度改革主要分为两个方面推进：一方面是地方层面的率先改革探索，另一方面是国家层面的统一规范指导。

一方面，在地方层面率先改革探索上。20 世纪 80 年代末 90 年代初，广州市天河区沙河镇扬箕村、登峰村，上海市普陀区长征镇红旗村、闵行区虹桥镇虹五村等地，在全国率先实行了村级集体经济股份合作制改革，将集体资产以股权形式量化到人，按股权进行收益分配，建立完善现代企业治理结构。②1992 年，广东省佛山市南海区掀起了农民变股东、办工厂的新浪潮，南海地区村民将土地交给村集体成立经济合作社或经济合作联社，利用区位优势将土地集合对外出租获取租金。③1991 年 1 月 22 日，北京市委、市政府印发《关于加强乡村合作社建设，巩固发展农村集体经济的决定》（京发〔1991〕2 号），提出村级集体经济组织为村合作社，乡镇集体经济组织为乡镇合作经济联合社，简称"乡（镇）联社"。当时北京市有 293 个乡镇经济联合社（同时保留农工商联合总公司的牌子），村经济合作社 4159 个（同时保留农工商联合公司的牌子），村合作社内部以原生产队为基础组建分社（农工商分公司）3080 个。④1993 年北京市丰台区南苑乡果园村、东罗园村和右安门村启动了社区股份合作制改革试点，积极探索走"撤村不撤社、资产变股权、农民当股东"的农村集体产权改革之路。⑤ 到 2019 年底，北京市完成 3952 个农村集体经济组织产权制度改革任务，其中乡镇级 27 个，村级 3925 个，村级完成比例为 99.5%；全市 335.7 万农民当上新型农村集体经济组织的股东，其中乡镇级成员股东 2.48 万个，村级成员股东 333.23 万个；全年股金分红 57.8 亿元，其中村级分红 53.7 亿元，乡镇级分红 4.1 亿元。⑥

另一方面，在国家层面的统一规范指导上。2007 年 10 月 9 日，农业部印发《关于稳步推进农村集体经济组织产权制度改革试点的指导意见》，对农村集体经济组织产权制度改革试点工作提出规范的指导意见，强调农村集体经济组织产权制度改革要以股份合作为

---

① 黄延信主编《农村集体产权制度改革实践与探索》，北京：中国农业出版社，2014 年 10 月第 1 版，第 4 页。
② 参见陈天宝著《农村社区股份合作制改革及规范》，北京：中国农业大学出版社，2009 年 1 月第 1 版，第 25 页；方志权著《农村集体产权制度改革：实践探索与法律研究》，上海：上海人民出版社，2015 年 12 月第 1 版，第 88 页。
③ 于雅璁、王崇敏《农村集体经济组织：发展历程、检视与未来展望》，载《农村经济》2020 年第 3 期。
④ 曹四发、张英洪、王丽红《首都乡村集体经济组织振兴研究》，载《北京调研》2021 年第 5 期。
⑤ 黄中廷著《农村集体经济产权制度改革研究》，北京：新华出版社，2007 年 2 月第 1 版。
⑥ 北京市农业农村局编《北京市农村经营管理统计资料（2019 年度）》，2020 年 6 月第 28 页。

主要形式，以清产核资、资产量化、股权设置、股权界定、股权管理为主要内容。2014年11月22日，农业部、中农办、国家林业局印发经党中央、国务院审议通过的《积极发展农民股份合作赋予农民对集体资产股份权能改革试点方案》，重点围绕保障农民集体经济组织成员权利，积极发展农民股份合作，在赋予农民对集体资产股份占有、收益、有偿退出及抵押、担保、继承权等方面开展试点。2016年12月26日，中共中央、国务院印发《关于稳步推进农村集体产权制度改革的意见》，强调"以明晰农村集体产权归属、维护农村集体经济组织成员权利为目的，以推进集体经营性资产改革为重点任务，以发展股份合作等多种形式的合作与联合为导向"，提出"有集体统一经营资产的村（组），特别是城中村、城郊村、经济发达村等，应建立健全农村集体经济组织"，"发挥好农村集体经济组织在管理集体资产、开发集体资源、发展集体经济、服务集体成员等方面的功能作用"。2017年3月15日，十二届全国人大五次会议通过《民法总则》，首次将农村集体经济组织确定为"特别法人"。2018年十三届全国人大常委会立法规划将农村集体经济组织方面的立法列为第三类项目。2018年中央组织部、财政部、农业农村部联合印发《关于坚持和加强农村基层党组织领导扶持壮大村级集体经济的通知》，计划到2022年在全国范围内扶持约10万个行政村发展壮大集体经济。2020年5月28日十三届全国人大三次会议通过的《民法典》第96条进一步明确农村集体经济组织为"特别法人"，第99条规定农村集体经济组织依法取得法人资格。2020年11月4日，农业农村部印发《农村集体经济组织示范章程（试行）》，对农村集体经济组织名称、集体资产、集体经济组织职能、成员及成员权利、组织机构及内部治理、资产经营和财务管理、变更及注销等相关事宜做了明确规定。

2015年至2019年，全国组织开展了4批农村集体产权制度改革试点，共有15个省、89个地市、442个县整建制开展试点，覆盖全国73%左右的县级单位。2019年全国已有59.5万个单位完成农村集体产权制度改革，其中镇级380个、村级36.86万个、组级22.56万个，全国1.05%的乡镇完成农村集体产权制度改革，63.2%的村完成集体产权制度改革，4.7%的村民小组完成集体产权制度改革。通过农村集体产权制度改革，2019年全国共确认集体经济组织成员6.06亿人，其中镇级成员592.8万人，村级集体经济组织成员5.64亿人，组级集体经济组织成员3677.3万人。2019年全国共有46.5万个完成产权制度改革的单位取得登记证书，占完成产权制度改革单位的78.1%，其中，在农业农村部门登记赋码单位共有45.2万个，包括镇级集体经济组织有257个，村级集体经济组织有33.6万个，组级集体经济组织有11.6万个；在市场监督管理部门登记的单位数有12668个，包括乡镇级集体经济组织126个，村级集体经济组织10029个，组级集体经济组织2513个。[①]分区域来看，东、中、西部地区各有19.97万个、11.92万个、4.96万个村完成产权制度改革，分别占各地区村数的83.8%、66.6%和29.9%，占全国完成产权制度改革

---

① 农业农村部政策与改革司编《2019年中国农村政策与改革统计年报》，北京：中国农业出版社，2020年8月，第57页、59页。

村数的 54.2%、32.3% 和 13.5%。东、中、西部地区完成产权制度改革的组分别为 3.25 万个、1.72 万个和 17.6 万个，分别占各地区村民小组的 2%、1% 和 12.5%，占全国完成产权制度改革组数的 14.4%、7.6% 和 78%。[①] 中央明确要求到 2021 年底基本完成农村集体产权制度改革试点任务。从各地改革试点来看，大规模清产核资工作基本结束，已进入建立集体经济组织、深化股份合作制改革的攻坚期。[②]

执笔人：张英洪、王丽红、刘伟

---

① 农业农村部政策与改革司编《2019 年中国农村政策与改革统计年报》，北京：中国农业出版社，2020 年 8 月，第 110 页。
② 参见郁静娴《全国超七成村完成农村集体产权制度改革》，载《人民日报》2020 年 8 月 23 日第 2 版；《国务院关于农村集体产权制度改革情况的报告——2020 年 4 月 26 日在第十三届全国人民代表大会常务委员会第十七次会议上》，载中国人大网：https://www.thepaper.cn/newsDetail_forward_8954912.

农村集体经济组织研究报告之二：

农村集体经济组织的基本特征与问题

一、农村集体经济组织的基本特征

农村集体经济组织作为特别法人，有其鲜明的特征，主要体现在性质上的政治性、范围上的社区性、地域上的唯一性、产权上的封闭性、成员上的身份性、功能上的综合性等方面。

（一）性质上的政治性

农村集体经济组织虽然从名称上看属于经济组织，但却完全不同于一般的经济组织，而具有明显的政治性质。首先，农村集体经济组织是中国共产党执政后从政治上将农民组织起来的最重要的组织载体，承载着党的马列主义意识形态基因与公有制信仰，体现了党组织领导农民实现执政目标的价值追求。其次，农村集体经济组织既是我国实行社会主义土地公有制改造的产物，也是我国农村土地公有制即土地集体所有制的所有权行使主体。农村集体经济组织代表抽象的"农民集体"行使农村集体土地所有权，是我国除国家以外的唯一合法拥有土地所有权的特别组织（在没有建立农村集体经济组织的村由村委会代行集体土地所有权）。农村集体经济组织是我国任何其他组织都无法比拟的特殊政治属性。[1] 再次，农村集体经济组织长期以来承担农村社区有关基础设施和基本公共服务供给的部分公共职责。最后，农村集体经济组织与其他经济组织不同之处，还在于目前不能适用《破产法》实行破产倒闭。[2]

（二）范围上的社区性

农村集体经济组织是在农村特定社区范围内以集体土地所有制为基础，以一个自然村（组）、行政村、乡镇为覆盖范围建立起来的社区型经济组织，这与供销合作社、信用合作

---

[1]《中华人民共和国土地管理法》第11条规定："农民集体所有的土地依法属于村农民集体所有的，由村集体经济组织或者村民委员会经营、管理；已经分别属于村内两个以上农村集体经济组织的农民集体所有的，由村内各该农村集体经济组织或者村民小组经营、管理；已经属于乡（镇）农民集体所有的，由乡（镇）农村集体经济组织经营、管理。"参见《中华人民共和国土地管理法》，北京：法律出版社，2019年8月第1版，第19页。《中共中央国务院关于加大统筹城乡发展力度 进一步夯实农业农村发展基础的若干意见》（2010年中央一号文件）提出："力争用3年时间把农村集体土地所有权证确认到每个具有所有权的农民集体经济组织。"参见《中共中央国务院关于"三农"工作的一号文件汇编（1982—2014）》，北京：人民出版社，2014年1月第1版，第213页。

[2] 关于农村集体经济组织有关破产问题的讨论，参见陈锡文《从农村改革四十年看乡村振兴战略的提出》，载《行政管理改革》2018年第4期。张晓山、范鹏、崔红志、陆雷、刘长全著《农村集体产权制度改革论纲》，北京：社会科学出版社，2019年8月第1版，第45-46页。于飞《"农民集体"与"集体经济组织"：谁为集体所有权人？——风险界定视角下两者关系再辨析》，载《财经法学》2016年第1期。

社、专业合作社等合作经济组织以及各类企业组织有明显不同。社区性是农村集体经济组织的重要特征之一。

（三）地域上的唯一性

农村集体经济组织是一个以自然村（组）、行政村、乡镇的集体所有土地为边界建立的地域性组织，在同一层级的乡村地域范围内，一般来说只能建立一个代表"农民集体"行使集体土地所有权的集体经济组织，不存在与之并列竞争的另一个同一层级的代行集体土地所有权的集体经济组织。在特定的社区地域范围内的同一层级，代行集体土地所有权的农村集体经济组织具有唯一性。也就是说，在某个特定的乡村社区地域范围内，同一层级只能建立一个具有法律上承认的代表"农民集体"行使集体土地所有权的经济组织。一些地方通过对集体经营性资产进行产权制度改革后建立的股份经济合作社，并不涉及土地等资源性资产，因而不能代表"农民集体"行使集体土地所有权，但可以代表"农民集体"行使相关集体资产所有权，股份经济合作社并不具有唯一性。

（四）产权上的封闭性

建立在土地集体所有制基础上的集体经济组织的集体产权具有明显的封闭性特征，只有集体经济组织成员才享有集体土地承包权、宅基地使用权、集体收益分配权等权益，且土地承包权、宅基地使用权只能在本集体经济组织内部流转，集体经济组织成员以外的任何个人和组织都无权获得土地承包权、宅基地资格权、集体收益分配权等。集体经济组织资产的集体所有制性质不同于共有制（不管是共同共有还是按份共有），集体资产只能由集体成员共同占有，可以明确集体成员的股份或份额，但不可将集体资产分割到个人。[1] 有的认为集体所有制类似总有制，但也并不等同总有制。[2] 传统集体经济组织的产权还具有模糊性、虚置性特征，呈现所谓"人人都有，人人都没有"的状态。[3]

（五）成员上的身份性

集体经济组织成员具有明显的身份特征，其身份界定主要基于农业合作化历史、农业户籍、现实情况等因素。一般来说，集体经济组织成员身份的取得方式有原始取得、法律取得和民主程序取得等途径。例如，《广东省农村集体经济组织管理规定》界定的集体经济组织成员身份，一是原人民公社、生产大队、生产队的成员，户口保留在农村集体经济组织所在地，履行法律法规和组织章程规定义务的；二是实行以家庭承包经营为基础、统分结合的双层经营体制时起，集体经济组织成员所生的子女，户口在集体经济组织所在

---

① 陈锡文《从农村改革四十年看乡村振兴战略的提出》，载《行政管理改革》2018 年第 4 期。关于"共同共有"和"按份共有"是否属于私有经济的讨论，参见张晓山、苑鹏、崔红志、陆雷、刘长全著《农村集体产权制度改革论纲》，北京：社会科学出版社，2019 年 8 月第 1 版，第 43-44 页。

② 方志权著《农村集体产权制度改革：实践探索与法律研究》，上海：上海人民出版社，2015 年 12 月第 1 版，第 8 页；陈锡文、罗丹、张征著《中国农村改革 40 年》，北京：人民出版社，2018 年 10 月第 1 版，第 92-93 页；李永军《集体经济组织法人的历史变迁与法律结构》，载《比较法研究》2017 年第 4 期；王利明、周友军《成员集体所有在性质上类似于总有》，载《农村经营管理》2017 年第 9 期。

③ 秦晖《从"集体所有制"说开去》，载胡耀邦史料信息网 http://www.hybsl.cn/zonghe/zuixinshiliao/2020-06-05/71516.html.

地，并履行法律法规和组织章程规定义务的；三是户口迁入、迁出集体经济组织所在地的公民，按照组织章程规定，经社委会或者理事会审查和成员大会表决确定其成员资格等。农村集体经济组织成员身份具有唯一性，任何人不得同时作为同一层级两个以上农村集体经济组织的成员。拥有集体经济组织成员身份的，在集体经济组织内享有平等的财产权利和民主权利。

（六）功能上的综合性

农村集体经济组织不仅具有经济功能，还具有基本公共服务供给、社区治理等综合性功能。2016年12月26日中共中央、国务院发布《关于稳步推进农村集体产权制度改革的意见》指出，要"发挥好农村集体经济组织在管理集体资产、开发集体资源、发展集体经济、服务集体成员等方面的功能作用"。2020年11月4日农业农村部印发《农村集体经济组织示范章程（试行）》第6条规定，农村集体经济组织具有管理集体资产、开发集体资源、发展集体经济、服务集体成员等职能，具体开展如下业务：（1）保护利用本社成员集体所有或者国家所有依法由本社集体使用的农村土地等资源，并组织发包、出租、入股，以及集体经营性建设用地出让等；（2）经营管理本社成员集体所有或者国家所有依法由本社集体使用的经营性资产，并组织转让、出租、入股、抵押等；（3）管护运营本社成员集体所有或者国家所有依法由本社集体使用的非经营性资产；（4）提供本社成员生产经营所需的公共服务；（5）依法利用本社成员集体所有或者国家所有依法由本社集体使用的资产对外投资，参与经营管理等。除此之外，一些农村集体经济组织事实上还承担农村社区公共产品供给、社区治理以及文化传承服务等公共性职责。

二、农村集体经济组织存在的主要问题

农村集体经济组织诞生于20世纪50年代农业合作化运动时期，有近70年的发展历史。虽然在不同时期、不同地区的农村集体经济组织在不同领域发挥了重要的作用，但从总体上看，由于种种原因，农村集体经济组织的改革与建设明显滞后，存在的问题也比较突出。

（一）地位不明

农村集体经济组织虽然与基层党组织、村民自治组织构成我国当代村庄社会最重要的组织网络，但长期以来，农村集体经济组织的地位并不明确。一是法律地位不明。改革以来，《宪法》《村民委员会组织法》《农村土地承包法》《土地管理法》《物权法》《农业法》等法律都提到农村集体经济组织，比如《宪法》第八条规定："农村集体经济组织实行家庭承包经营为基础、统分结合的双层经营体制。农村中的生产、供销、信用、消费等各种形式的合作经济，是社会主义劳动群众集体所有制经济。"但我国至今缺乏《农村集体经济组织法》等专门法律明确集体经济组织的地位和作用。直到2020年6月，我国才召开农村集体经济组织法起草领导小组第一次全体会议，正式启动起草农村集体经济组织法相关工作。可以说，农村集体经济组织有宪法地位但缺乏专门的法律地位。二是市场地位不明。自1978年市场化改革以来，农村集体经济组织长期缺乏法人地位，虽然《宪法》第

十七条规定"集体经济组织在遵守有关法律的前提下，有独立进行经济活动的自主权"。但由于相关立法的缺失，农村集体经济组织缺乏进入市场的法人资格，在社会主义市场经济中缺乏应有的市场主体地位。直到 2017 年 3 月通过的《民法总则》才首次将农村集体经济组织确定为"特别法人"。2020 年 5 月通过的《民法典》进一步规定农村集体经济组织为"特别法人"，并依法取得法人资格。但涉及具体实施落实特别法人的专门法律法规尚未跟上，农村集体经济组织以市场主体身份进入市场的一些具体障碍并未消除。三是现实地位不明。在现实生活中，农村集体经济组织的地位也很不明确，大多数集体经济组织依附于基层党组织和村民自治组织，不能正常独立运行，其职能和作用常常被基层党组织和村民自治组织取而代之，农村集体经济组织的自主性缺失。在经济发达地区，一些集体经济组织同时成立公司，且以公司的名义进入市场开展生产经营活动。

（二）产权不清

自从农村集体经济组织诞生以来，其产权的模糊性就始终存在。农村改革以前，"一大二公"的人民公社"一平二调"和"共产风"盛行，导致集体经济组织和农民的财产权利损失巨大。改革以来，农村集体资产产权归属不清晰、权责不明确、流转不顺畅、保护不严格等问题相当突出，严重损害了集体经济组织及其成员的财产权利。一是集体所有土地与国有土地权属不清。《宪法》第九条规定："矿藏、水流、森林、山岭、草原、荒地、滩涂等自然资源，都属于国家所有，即全民所有；由法律规定属于集体所有的森林和山岭、草原、荒地、滩涂除外。"第十条规定："城市的土地属于国家所有。农村和城市郊区的土地，除由法律规定属于国家所有的以外，属于集体所有；宅基地和自留地、自留山，也属于集体所有。"上述《宪法》条文只是原则性的规定，而集体土地与国有土地的边界往往比较模糊，比如各类自然资源的边界、各个城市与农村的边界都比较模糊，而相关精细化的土地确权工作则长期滞后，致使集体土地所有权的强度就明显弱于国有土地所有权。长期的征地模式又造成大量集体土地的国有化。二是农村集体经济组织与其他组织的产权边界不清。乡镇集体经济组织往往与乡镇党委政府、村委会的产权边界不明确，乡镇党委政府、村委会随意占有、使用集体资产的现象比较普遍。由于城镇化发展以及村庄撤并等冲击，农村集体经济组织之间的产权也存在不少模糊与纠纷之处。三是集体所有权主体界定不清。《宪法》和《土地管理法》等相关法律强调集体土地和其他集体资产归农民群众集体所有，但农民群众集体都是比较抽象的概念，缺乏具体的所有权主体的规定，从而造成了集体资产所有权归属主体的模糊性。比如《土地管理法》明确规定国家所有土地的所有权由国务院代表国家行使，但没有规定集体所有土地的所有权由哪个主体代表农民集体行使。相关法律只规定集体所有的土地属于农民集体所有，而农民集体只是一个抽象的概念集合，并不是一个具体的组织机构。此外，源于人民公社"三级所有"的历史传统，集体土地所有权在乡镇、村、自然村（组）的界定也比较模糊。特别是一些地方强行推行撤乡并村运动，进一步加剧了集体产权归属的混乱与矛盾。四是集体经济组织与集体经济组织成员之间的产权不清。在农村集体经济组织产权制度改革以前，集体经济组织成员身份不明确，集体资产家底不清楚，集体资产股份没有量化到户到人，集体资产监管不到位等问题突出，致使集体资产名义上"人人都有"，但实质上"人人都没有"，集体资产往往被村干部等少数人控制、少数人侵吞。

（三）政经不分

由于受人民公社"政社合一"体制的深刻影响，至今农村政经不分现象比较普遍。目前许多地方的农村集体经济组织的资产经营管理工作主要由村两委成员兼管，集体经济组织与村委会的账户混用，一些乡镇集体经济组织也没有与乡镇政府分开设立账户。据北京市农研中心课题组的调查，到2015年底，在北京市195个乡镇集体经济组织中就存在着三种主要类型：一是实行政社分开、乡镇集体资产账目单独设置、有独立经营活动的有20个（包括丰台区5个、海淀区7个、朝阳区8个），占全市乡镇总数的10%。二是建立隶属于乡镇政府集体资产管理委员会或办公室、账目单独设置的有94个（包括顺义、通州、门头沟、房山、密云5个区全部乡镇以及朝阳区13个乡、石景山1个镇），占全市乡镇总数的48.2%。这类乡镇虽实行账目单设，但集体经济组织的经营收益仍由乡镇政府支配使用。三是乡镇集体资产、账目等并入政府账目的有81个（包括昌平、大兴、怀柔、延庆、平谷5个区的全部乡镇），占全市乡镇总数的41.5%。[①]

（四）名实不符

农村集体经济组织虽然有《宪法》和其他法律的规定，在政策上也得到不断地强调与重视，但在许多地方，农村集体经济组织可谓有名无实，或名不副实。有的地方在乡镇机构改革中将乡镇级集体经济组织纳入乡镇政府职能部门进行管理，集体资产转为乡镇政府所有，有的地方取消了乡镇集体经济组织机构，造成乡镇一级仅有集体资产账面数据，而没有集体经济组织实体。有的乡镇集体经济组织的理事长不是本乡镇集体经济组织成员，但因有党政机关干部不准在社会团体兼职的要求，出现乡镇联社的理事长由乡镇政府临时聘用人员担任的现象。很多地方的村级集体经济组织更是名存实亡，"有牌子，没组织。"有的村连集体经济组织的牌子也没有。不少农村集体经济组织内部管理不规范、运转不畅，没有开展正常的经营、管理业务。有的农村集体经济组织账面上除了已经承包给农户的承包土地数据外，没有其他经营性资产，除了上级有关部门拨付的建设资金外也没有任何集体经营性收入。

（五）履职不全

农村集体经济组织具有"管理集体资产、开发集体资源、发展集体经济、服务集体成员"等职能，承担着社区综合性服务管理的多重职责。但长期以来，许多农村集体经济组织并没有充分履行有关法律和章程赋予和明确集体经济组织的职责，没有充分发挥应有的功能作用。一是在集体资产管理上不到位。许多农村集体经济组织自身缺乏对集体资产进行管理的动力和机制，造成"小官巨贪"现象，导致集体资产的惊人流失。二是在集体资源开发上不充分。由于农村集体经济组织都建立在农村土地集体所有制基础之上，所以凡是有集体所有土地的地方都有集体土地资源，凡是有集体土地资源的地方都有开发利用的

---

① 郭光磊主编《北京市农村集体产权制度改革研究》，北京：中国言实出版社，2016年8月第1版，第71-72页。

空间和潜力。但不少集体经济组织在集体资源开发利用上缺乏思路和办法，要么放任自流，要么束手无策，要么开发无方而破坏有术。三是在集体经济发展上不谋划。在改革进程中之所以产生一些农村集体经济"空白村"和"薄弱村"，虽然有多种因素所致，但缺乏健全的集体经济组织和有能力的集体经济组织带头人去谋划与推动集体经济发展有很大关系。四是在集体成员服务上不作为。农村集体经济组织实行家庭承包经营为基础、统分结合的双层经营体制，这是改革以来我国宪法确立的农村基本经营体制，是党的农村政策的基石。但许多农村集体经济组织几乎完全放弃了有关法律和章程规定的为集体经济组织成员提供生产生活服务的职责。这突出体现在集体经济组织"统"的功能缺位上。农村家庭承包经营即"分"是农村双层经营体制的基础，集体统一经营即"统"是农村双层经营体制的关键。集体统一经营最重要的是要增强集体经济组织对农户的服务功能。而有的地方不但没有增强对农户的服务功能，反而以"统"的名义去削弱乃至取消"分"的错误认识与实践误区。

（六）经营不善

我国农村集体经济组织总体经营效益不佳。截至 2019 年底，在全部 55.43 万个村中，没有经营收益或经营收益在 5 万元以下的"空壳村"有 32 万个，占总村数的 57.7%，经营收益 5 万元以上的村 23.5 万个，占总村数的 43.3%。其中，有 15.96 万个村没有集体经营性收入，占 28.8%；16.01 万个村的经营性收入低于 5 万元，占 28.9%；9.98 万个村的经营收入在 5 万元至 10 万元之间，占 18%；9.37 万个村的经营收入在 10 万元至 50 万元之间，占 16.9%；1.87 万个村的经营收入在 50 万元至 100 万元之间，占 3.4%；约 2.25 万个村的经营收入在 100 万元以上，占 4.1%。[1] 据调查，2019 年北京市有 1982 个村级集体经济组织收不抵支，占村级集体经济组织的 50.3%；全市村级集体经济组织资产负债率为 59.6%，其中乡镇集体经济组织资产负债率为 82.5%，村级集体经济组织资产负债率为 55.3%。[2]

执笔人：张英洪、王丽红、刘伟

---

[1] 农业农村部政策与改革司编《中国农村政策与改革统计年报（2019）》，北京：中国农业出版社，2020 年 8 月第 1 版，第 33 页。

[2] 北京市农业农村局编《北京市农村经营管理统计资料 2019 年度》，2020 年 6 月，第 36 页。

农村集体经济组织研究报告之三：

新时代农村集体经济组织的重构

农村集体经济组织与农村基层党组织、村民自治组织一道，构成当代中国基层村庄社会最重要的组织架构。在中国特色社会主义新时代，把握新发展阶段，贯彻新发展理念，构建新发展格局，实施乡村振兴战略，必须从多方面重构农村集体经济组织，重点是要实现农村集体经济组织的价值重构、组织重构、产权重构、功能重构、治理重构。

一、价值重构

在中国特色社会主义新时代，回顾农村集体经济组织在农业合作化运动、人民公社化运动中的经验教训，总结改革以来农村集体经济组织建设的成败得失，直面农村集体经济和集体经济组织在理论、政策、法律和现实中一个不能漠视的巨大现实存在，必须重新认识农村集体经济组织的重要价值，重构农村集体经济组织在农业农村现代化进程中的价值地位。

首先，农村集体经济组织是坚持集体所有制的重要组织载体。农村集体经济组织建立在农村土地集体所有制基础之上，同时又是除国家以外唯一拥有土地所有权即集体土地所有权的特别组织，其地位和作用具有不可替代的重要性。只要坚持农村土地集体所有制，就必须坚持和发展农村集体经济组织，并适应社会主义市场经济发展的需要，不断探索创新农村集体所有制的有效实现形式。

其次，农村集体经济组织是实现乡村振兴的重要力量。一方面，实现乡村组织振兴，必须实现乡村集体经济组织的振兴。要彻底改变一段时期以来高度重视农村基层党组织建设和村民自治组织建设而忽视农村集体经济组织建设现象，改变重视农民专业合作社建设而忽视农村集体经济组织建设的做法，要像重视农村基层党组织建设那样重视农村集体经济组织建设，像重视村民自治组织建设那样重视集体经济组织建设，像重视农民专业合作社建设那样重视农村集体经济组织建设。在实施乡村振兴战略中，使农村集体经济组织振兴与农村基层党组织振兴、村民自治组织振兴相辅相成，与农民专业合作发展相得益彰。另一方面，农村集体经济组织本身就是实现乡村产业振兴、人才振兴、文化振兴、生态振兴和组织振兴的重要力量和振兴主体，同时也是实现乡村善治的重要基础，必须在新形势下将农村集体经济组织体系、功能发挥、治理机制全面建设好、发展好。

再次，农村集体经济组织是实现乡村共同富裕的重要依托。实现共同富裕是社会主义的本质要求。共产党执政后在农村进行社会主义改造，推行农业合作化运动，建立土地归公的集体所有制，其初心和使命就是要消灭剥削，消除两极分化，实现全体农民的共同富裕。农村集体经济组织要坚持不忘初心使命，最根本的就是要全面推进农村集体产权制度改革，发展壮大集体经济，切实保障集体经济组织成员土地承包经营权、宅基地使用权、集体收益分配权以及参与集体经济组织管理的民主权利，着力促进共同富裕，使每一个集体经济组织成员在集体经济组织中都切身感受到获得感、幸福感、安全感。

二、组织重构

20世纪80年代在人民公社解体、政社分设中，由于对集体经济组织认识比较模糊，致使农村三级集体经济组织的建设明显滞后，许多地方没有建立相应的集体经济组织。据统计，截至2019年，全国583573个村中，建立村级集体经济组织的413370个，占70.8%；村委会代行村集体经济组织职能的村170203个，占29.2%。在全国4838482个村民小组中，建立组集体经济组织的759321个，仅占15.7%。在36082个乡镇中，建立乡镇级集体经济组织的就更少了，因为数量过小而没有纳入统计表中。[①] 目前主要有北京、上海等特大城市和一些东部经济发达地区建立有乡镇级集体经济组织。如果要真正坚持农村集体所有制，维护和发展农民集体财产权利，提高农民的组织化程度，促进乡村治理现代化，必须高度重视并着力推进农村集体经济组织建设，建立健全农村三级集体经济组织体系。

一是要建立健全乡镇集体经济组织。基于人民公社三级所有的历史背景，乡镇一级形成和积累了一定规模的集体资产。但在撤社建乡以及历次乡镇机构改革中，由于忽视乡镇集体经济组织建设，导致乡镇集体资产长时期的重大流失和农民集体权益的严重损失。在乡村振兴战略实施进程中，要像各级组织部门抓基层党组织建设、民政部门抓村民自治建设那样，各级农业农村部门必须着力抓好集体经济组织建设。应当总结北京、上海、广东等地在乡镇集体经济组织建设以及乡镇集体产权制度改革方面的基本经验，在全国范围内加快建立健全乡镇集体经济组织，推进乡镇集体产权制度改革，从根本上改变绝大部分乡镇集体经济组织缺失的状况，维护乡镇集体经济组织成员的基本权利。乡镇集体经济组织建设的工作重点，就是要落实1984年中央一号文件提出的"地区性合作经济组织应当把工作重点转移到组织为农户服务的工作上来"的要求，[②] 发挥乡镇集体经济组织"统一服务"的重要功能。可以借鉴东亚地区农会组织建设的有益做法，着力将乡镇集体经济组织建设成为类似于东亚农会组织性质的全方位服务于农民生产生活的区域服务中心。

二是建立健全村级集体经济组织。在乡镇、村、组三级农村集体经济组织体系建设中，目前村级集体经济组织建设的成效相对较好一些。截至2019年，全国70.8%的村建

---

① 农业农村部政策与改革司编《2019年中国农村政策与改革统计年报》，北京：中国农业出版社，2020年8月第1版，第3页。

②《中共中央国务院关于"三农"工作的一号文件汇编（1982—2014）》，北京：人民出版社，2014年1月第1版，第46页。

立有村集体经济组织，63.2%的村完成了村级集体产权制度改革。但仍有29.2%的村由村委会代行村集体经济组织职能。[1] 尚未建立村级集体经济组织的村，应当加快建立村集体经济组织机构，推进集体产权制度改革，摸清集体资产家底，界定集体成员身份，保障成员权利，加强股权管理，强化服务职责。对于已建立集体经济组织的村，应当进一步建立健全符合特别法人要求的治理结构，依照《农村集体经济组织示范章程（试行）》，修改完善章程，严格规范运行。

三是建立健全组级集体经济组织。农村人民公社建立以后确立了"三级所有，队为基础"的根本制度，生产队是基本的核算单位。人民公社解体以后，生产大队改为村民委员会，生产队改为村民小组，绝大部分组一级的集体经济组织开始萎缩甚至消失，但仍有部分组级集体经济组织得到坚持和发展。据统计，截至2019年底，全国建立有组级集体经济组织75.9万多个，占村民小组总数的15.7%；以组为单位完成集体产权制度改革的村民小组22.56万个，占村民小组总数的4.7%。[2] 在有条件但尚未建立集体经济组织的村民小组，应当加快建立健全集体经济组织；在没有必要建立集体经济组织的村民小组，应当坚持实事求是，不必"一刀切"地建立组级集体经济组织，但必须加强村级集体经济组织建设，使村级集体经济组织能够有效维护村民小组成员的正当权益。

三、产权重构

农村集体资产是农村集体经济组织成员的主要财产，是农业农村发展的重要物质基础。农村集体资产包括农民集体所有的土地等资源性资产，用于经营的房屋等经营性资产，用于公共服务等方面的非经营性资产。重构农村集体产权，就是要分类推进农村集体产权制度改革，维护农民合法权益，增加农民财产性收入，让广大农民分享改革发展成果，增强农民对集体的认同感、归属感、自豪感。对于重构农村集体产权的总体要求是，对土地等资源性资产进行确权登记颁证，对集体公益设施等非经营性资产建立健全运行管护机制，对集体经营性资产着力推进确权到户和股份合作制改革。

一是在农村承包地产权重构上。近年来国家已经明确的政策制度安排主要有：（1）按照农村承包土地"三权分置"的要求，落实集体所有权，稳定农户承包权，放活土地经营权，充分发挥"三权"的各自功能和整体效用，形成层次分明、结构合理、平等保护的格局。（2）土地集体所有权人对集体土地依法享有占有、使用、收益和处分的权利，土地承包权人对承包土地依法享有占有、使用和收益的权利，土地经营权人对流转土地依法享有在一定期限内占有、耕作并取得相应收益的权利。（3）赋予农民对承包地承包经营权抵押、担保权能。（4）保持土地承包关系稳定并长久不变，第二轮土地承包到期后再延长30年。（5）严格保护农户承包权，不得违法调整农户承包地，不得以退出土地承包权作为农民进

---

[1] 农业农村部政策与改革司编《2019年中国农村政策与改革统计年报》，北京：中国农业出版社，2020年8月第1版，第3页、第110页。

[2] 农业农村部政策与改革司编《2019年中国农村政策与改革统计年报》，北京：中国农业出版社，2020年8月第1版，第3页、第110页。

城落户的条件。重构农村承包地产权，关键就是要贯彻落实农村承包土地"三权分置"办法，同等保护所有权、承包权、经营权，解决市场经济条件下承包土地的产权封闭性，使农村集体经济组织成员以外的人和组织可以依法流转获得土地经营权从事农业生产经营活动，维护农民权益，发展现代农业。

二是在农村宅基地产权重构上。近年来国家已经明确的政策制度安排主要有：（1）探索实行宅基地"三权分置"，落实宅基地集体所有权，保障宅基地农户资格权、农民房屋财产权，适度放活宅基地和农民房屋使用权。（2）农村村民一户只能拥有一处宅基地，面积不得超过本省、自治区、直辖市规定的标准。对历史形成的宅基地面积超标和"一户多宅"等问题，按照有关政策规定分类进行认定和处置。（3）鼓励村集体和农民盘活利用闲置宅基地和闲置住宅，通过自主经营、合作经营、委托经营等方式，依法依规发展农家乐、民宿、乡村旅游等。城镇居民、工商资本等租赁农房居住或开展经营的，租赁合同期限不得超过二十年。（4）对进城落户的农村村民，各地可以多渠道筹集资金，探索通过多种方式鼓励其自愿有偿退出宅基地。（5）充分保障宅基地农户资格权和农民房屋财产权。不得以各种名义违背农民意愿强制流转宅基地和强迫农民"上楼"，不得违法收回农户合法取得的宅基地，不得以退出宅基地作为农民进城落户的条件。（6）严禁城镇居民到农村购买宅基地，严禁下乡利用农村宅基地建设别墅大院和私人会馆。严禁借流转之名违法违规圈占、买卖宅基地。重构农村宅基地产权，关键就是要改革创新农村宅基地"三权分置"办法，改变长期以来对农村宅基地过度控制、对农村宅基地使用权流转严格限制的管控思维方式和习惯做法，必须适应实施乡村振兴战略和城乡融合发展的需要，突破农村宅基地管控的传统窠臼，发挥市场在农村宅基地资源配置中的决定性作用，同时更好地发挥政府的作用，实现农村宅基地产权的封闭性与开放性的有机统一，维护和发展农民宅基地和住房财产权益，为乡村振兴开辟利国利民的新道路。

三是在农村集体经营性建设用地产权重构上。近年来国家已经明确的政策制度安排主要有：（1）集体经营性建设用地，土地所有权人可以通过出让、出租等方式交由单位或者个人使用。（2）集体经营性建设用地出让、出租等，应当经本集体经济组织成员的村民会议三分之二以上成员或者三分之二以上村民代表的同意。（3）通过出让等方式取得的集体经营性建设用地使用权可以转让、互换、出资、赠予或者抵押。（4）集体经营性建设用地的出租，集体建设用地使用权的出让及其最高年限、转让、互换、出资、赠予、抵押等，参照同类用途的国有建设用地执行。（5）集体建设用地的使用者应当严格按照土地利用总体规划、城乡规划确定的用途使用土地。2019年8月26日十三届全国人大常委会第十二次会议审议通过、2020年1月1日起实施的新《土地管理法》，最大亮点是允许集体经营性建设用地入市，这是重构农村集体经营性建设用地产权最重要的法律突破。重构农村集体经营性建设用地产权，关键就是要贯彻落实新《土地管理法》有关农村集体经营性建设用地入市的规定，建立健全农村集体经营性建设用地入市配套制度体系，保障农村集体经济组织土地发展权，维护和发展农民土地财产权、集体收益分配权。

四是在农村经营性集体资产产权重构上。近年来国家已经明确的政策制度安排主要有：（1）清产核资，对集体所有的各类资产进行全面清产核资，摸清农村集体经济组织家底。（2）明确集体资产所有权，把农村集体资产的所有权确权到不同层级的农村集体经济组织成员集体，并依法由农村集体经济组织代表集体行使所有权。（3）确认农村集体经济组织成员身份，统筹考虑户籍关系、农村土地承包关系、对集体积累的贡献等因素，协调平衡各方利益，解决成员边界不清的问题。（4）以股份合作制为改革的基本方式，将农村集体经营性资产以股份或者份额形式量化到本集体成员，作为其参加集体收益分配的基本依据。（5）股权设置应以成员股为主，是否设置集体股由本集体经济组织成员民主讨论决定。股权管理提倡实行不随人口增减变动而调整的方式。（6）保障农民集体资产股份权利，改革探索赋予农民对集体资产股份占有、收益、有偿退出及抵押、担保、继承权。农村集体产权制度改革从地方率先探索到全国统筹安排，这是我国重构集体经营性资产产权极为重要的制度创新。重构农村经营性集体资产产权，关键就是要贯彻落实中央有关农村集体产权制度改革的政策规定，以发展股份合作等多种形式的合作与联合为导向，全面完成和深化农村集体产权制度改革，加快构建归属清晰、权能完整、流转顺畅、保护严格的农村集体产权制度，有效保护和发展农民作为农村集体经济组织成员的合法权益。

四、功能重构

农村集体经济组织作为社区型综合性经济组织，具有多重功能。中共中央、国务院《关于稳步推进农村集体产权制度改革的意见》以及《农村集体经济组织示范章程（试行）》都明确农村集体经济组织具有管理集体资产、开发集体资源、发展集体经济、服务集体成员等职能。

一是管理集体资产。首先，集体经济组织肩负着履行管理集体资产的主体责任。集体经济组织是集体资产管理的主体，要坚持民主和公开原则，保障集体经济组织成员对集体资产的知情权、参与权、监督权、决策权，建立健全集体产权登记等资产管理基础性制度。其次，各级党委政府负有管理农村集体资产的领导职责。在工作上要将集体资产管理提上重要议事日程，在制度上将集体资产管理纳入法制建设轨道，在体制机制上不断深化集体资产管理改革，创新管理机制。再次，各级农业农村部门承担农村集体资产的指导和监督职责。重点是要推进集体资产管理的制度化、规范化、程序化、公开化、精细化、信息化等工作，指导、监督农村集体经济组织贯彻落实章程，维护和发展集体经济组织成员的财产权利和民主权利。

二是开发集体资源。农村集体资源十分丰富，集体资源开发利用的潜力巨大。首先，大力利用山水林田湖草等资源发展休闲农业和乡村旅游等业态。集体经济组织应当结合实际，因地制宜利用集体土地资源开展农业观光和乡村体验活动，建设田园综合体，建设农村乐园，创建户外课堂等休闲农业和乡村旅游项目，为人们提供乡村体验。其次，合理开发利用闲置农宅发展多种形式的乡村民宿。集体经济组织既可以单独开发利用闲置农宅，也可以与社会资本合作开发利用闲置农宅。再次，积极开发利用农村集体建设用地，发展乡村特色产业和乡村公益事业。充分利用新修订的《土地管理法》允许农村集体建设用地入市的新契机，加强对集体建设用地利用的规划和开发等工作，立足实际，发展乡村自身特色产业和乡村公益事业。

三是发展集体经济。发展壮大集体经济，既是农村集体经济组织的重要职能，也是各级党委和政府高度重视与大力推动的重要工作。特别是近些年来，各级党委和政府制定和出台了一系列发展壮大农村集体经济的政策措施，取得了一定的成效。但由于多种因素的影响，农村集体经济发展面临的深层次问题不少，集体经济发展的内在动力不足比较明显，应当在战略认识上和体制机制上有新突破。首先，要像重视国有经济发展那样重视集体经济发展，像抓国有企业改革发展那样抓集体企业改革发展。要改变长期以来在思想观念和政策制度安排上重国有、轻集体的倾向，构建集体经济与国有经济、集体企业与国有企业同等重要、平等对待的政策制度体系。其次，加快集体经济发展的相关立法工作，改变集体经济发展立法严重滞后的局面，尽快制定有关集体经济发展的法律法规。再次，改革制约集体经济发展的体制机制，营造有利于集体经济发展壮大的制度环境。一要深化农村集体产权制度改革，发展新型农村集体经济，实现集体产权封闭性与开放性的有机统一；二要加快破除城乡二元体制，建立健全城乡融合发展的体制机制，实现城乡要素的双向流动和平等交换，发挥市场在农村资源配置中的决定性作用，更好地发挥政府的作用；三要保障集体经济组织成员的民主管理权和集体收益分配权，使集体经济发展的成果由集体成员共享。

四是服务集体成员。为集体成员提供生产生活各方面的服务，是集体经济组织建立与发展的根本目的。应当充分发挥集体经济组织"统"的功能，强化统一服务职能，重点将乡镇集体经济组织建设成为乡村枢纽型农民服务中心。2020 年 10 月 29 日中共十九届五中全会通过《中共中央关于制定国民经济和社会发展第十四个五年规划和二〇三五年远景目标的建议》，提出实施乡村建设行动，把乡镇建成服务农民的区域中心。2021 年 4 月 29 日十三届全国人大常委会第二十八次会议通过的《中华人民共和国乡村振兴法》第二十一条规定"国家采取措施支持农村集体经济组织发展，为本集体成员提供生产生活服务"。第四十一条规定"地方各级人民政府应当加强乡镇人民政府社会管理和服务能力建设，把乡镇建成乡村治理中心、农村服务中心、乡村经济中心"。[①] 乡镇要建成服务农民的区域中心和农村服务中心，至少应在如下两个方面着力：一方面，要强化乡镇政府基本公共服务提供。2017 年 2 月，中共中央办公厅、国务院办公厅印发了《关于加强乡镇政府服务能力建设的意见》，对乡镇政府公共服务能力建设作了明确规定。另一方面，要强化乡镇集体经济组织生产经营服务提供。可以借鉴台湾乡镇农会组织的有益经验，把乡镇集体经济组织建设作为重点，制定《关于加强乡镇集体经济组织服务能力建设的意见》，形成以乡镇集体经济组织即乡镇联社为主导、以乡带村的服务新机制，全方位加强乡镇新型集体经济组织建设，在乡镇集体经济组织内部设立生产合作、供销合作、信用合作、文化旅游、农业教育、对外联络等服务部门，实现生产合作、供销合作、信用合作，为集体成员的生产

---

① 参见《中华人民共和国乡村振兴促进法》，载《农民日报》2021 年 4 月 30 日。

经营提供产前产中产后全方位社会化专业化服务。可以将有关部门分散提供的农资、农技、信息、金融、流通等农业社会化服务整合到农村集体经济组织之中，由农村集体经济组织这个服务平台向社员提供统一整地、统一供应种子、统一规范使用化肥农药、统一利用高科技设备、统一开展技术培训、统一聘请专业团队进行田间管理、统一信息服务、统一金融服务、统一市场销售服务等。鼓励和规范以乡镇集体经济组织为主体，承接农村交通、水利、基础设施维护、道路养护、绿化环卫管护等社区基础设施建设、劳务服务和政策工程项目，加强和提升相关服务质量，使乡镇集体经济组织成为农业社会化服务的主力军，成为服务农民生产生活的重要组织力量。

五、治理重构

推进乡村治理体系和治理能力现代化，实现乡村善治，必须实现集体经济组织的治理重构，加快构建农村集体经济组织治理体系，提升集体经济组织的治理能力和治理效能。

一是加快推进农村集体经济组织系列立法工作，将农村集体经济组织建设管理纳入法治化体系。按照《民法典》确定的集体经济组织作为特别法人类型，加快推进国家《农村集体经济组织法》以及地方《农村集体经济组织条例》的立法进程。2020年6月，农村集体经济组织法起草领导小组第一次全体会议在京召开，标志着农村集体经济组织法起草相关工作正式启动。2020年8月21日，黑龙江省第十三届人民代表大会常务委员会第二十次会议通过、10月1日起施行的《黑龙江省农村集体经济组织条例》，明确了集体经济组织的市场经济主体地位、管理主体、股份合作体制和资产运营机制以及监督管理等一系列核心制度，对产权制度改革成果，以法规形式进行了固化。黑龙江省农村集体经济组织的地方立法走在全国前列，相关立法经验做法值得借鉴。在制定农村集体经济组织主体法律法规的同时，也要加强相关辅助法律法规以及配套法律法规建设，形成集体经济组织建设和集体经济发展的法律法规体系。

二是完善与落实农村集体经济组织内部治理机构，将农村集体经济组织内部治理纳入规范化轨道。在农村集体产权制度改革的基础上，建立健全新型农村集体经济组织法人治理结构，贯彻落实农业农村部印发的《农村集体经济组织示范章程（试行）》，加强集体经济组织的章程制定和修订工作，尽快实现农村集体经济组织内部治理的制度化、规范化、程序化，形成集体经济组织共建、共治、共享、共赢的治理局面，充分体现和保障每一个集体经济组织成员的主人翁地位，确保集体成员的权利得到有效保障，集体成员的意志得到充分体现。各级农业农村部门要加强对农村集体经济组织落实章程情况的指导与监督检查，确保章程规定的成员大会或成员代表大会、董事会、监事会等治理机制得到有序运行，确保实现农村集体经济组织的民主管理、规范经营，保障集体成员的知情权、参与权、决策权、监督权。

三是不断深化改革扩大开放，营造有利于农村集体经济组织振兴的体制环境。首先，在深化农村集体产权制度改革的基础上，建立健全有利于农村集体经济组织发展的特别法人财税制度，使农村集体经济组织同等享受新型农业经营主体的各项财政优惠政策，支持农村集体经济组织带动农民共同富裕，减免集体股份分红的个人所得税等相关税费。其次，建立健全有利于集体经济组织发展的金融制度。在战略上加强农村合作金融建设，积极探索以乡镇集体经济组织为主体发展农村合作金融，农村信用合作社可以在乡镇集体经济组织建立信贷部门和服务窗口，满足集体经济组织及其成员多方面的金融服务需求。再次，建立健全鼓励优秀人才到农村集体经济组织和集体企业就业创业的政策制度。建立集体经济组织吸引外部人才的体制机制，在集体经济组织和集体企业实行开放式用人制度，加快建立健全职业经理人聘任机制，形成科学合理的薪酬制度，促进人力资源向集体经济组织合理流动。推动城乡就业、医疗、养老等社会保障制度接轨，使在农村集体经济组织和集体企业就业创业的人员能够享受到与在国有企业就业创业的人员同等的医疗、养老等社会保障待遇。最后，积极推进政经分离。厘清乡镇集体经济组织与乡镇党委政府之间、村集体经济组织与村党支部、村委会之间的职能关系和权责边界，实行党务、村务、社务分离，各类组织账户分开，加强基层党组织的领导，强化乡镇政府公共产品供给职责，保障村民自治，剥离集体经济组织所承担的农村社区公共管理和公共服务职能，使农村基层各类组织依法依规各司其职，相互配合，协调发展。

执笔人：张英洪、王丽红、刘伟

北京市农村集体经济发展问题研究

一、北京市农村集体经济发展的历史脉络

农村集体经济是我国公有制经济的重要组成部分，是我国农村经济的重要形式。《宪法》规定："中华人民共和国的社会主义经济制度的基础是生产资料的社会主义公有制，即全民所有制和劳动群众集体所有制。"农村集体经济是劳动群众集体所有制经济的简称，是生产资料归部分劳动者共同所有的一种社会主义公有制经济。北京市农村集体经济发展经历了以下四个阶段：

（一）合作化和集体化时期京郊农村集体经济的起步阶段（1951年—1978年）

1. 农业合作化运动时期，京郊农村集体经济以提高农业生产力为主要目标。在1951—1957年京郊农业合作化运动的六年中，京郊农村实现了由小农个体经济到农业合作集体经济的变革，保持了农业生产的稳定增长，从互助组到初级社，兼顾了农民的个体积极性和合作积极性，贯彻了自愿互利的原则，注意协调农民各个阶层的利益。1951年京郊一产增加值从1949年的0.6亿元增加到1.1亿元，1957年京郊一产增加值达到3.5亿元。1957年北京市农村经济总收入达到12657.6万元。

2. 农村工业化推动了社队企业的萌芽与发展。1958—1966年是社队企业的萌芽时期。1958年8月，京郊在创办人民公社的同时，组织农民投入全民大炼钢铁运动。1958年12月，中共八届六中全会通过的《关于人民公社若干问题的决议》强调"人民公社必须大办工业"，同时提出公社要逐步实现农村工业化。1958年北京市委决定成立区县工业办公室，各区县和公社也都相继建立了工业管理机构，发动群众掀起了大办工业的高潮。许多社、队因陋就简，利用农副产品和矿产资源，充分调动各种能工巧匠，办起了磨坊、粉坊、油坊、豆腐坊、酿酒厂、缝纫厂、制鞋厂、编织厂、小烘炉、小砖瓦厂、小煤窑、石灰窑、木器厂、农机具修配厂、土化肥厂等一批社办、队办企业。社办、队办企业最初被称为"公社企业"，后被称为"社队企业"，社队企业成为农村工业的代名词。1960年京郊社队企业总收入达到7217万元，占1960年人民公社三级总收入的19.9%。

3. 城市资源要素助推社队企业在曲折中发展。由于"大跃进"高潮中办起来的一批社队企业具有很大的盲目性，并占用了大量的农业生产劳动力，1961年中共中央决定对国民经济实行"调整、巩固、充实、提高"的方针，北京郊区对社队企业进行了调整，大批

社队企业的劳动力清退回到农业生产第一线，对平调原农业社和社员的房屋、财产进行退赔，关停并转了一批企业，社队企业总收入大幅下滑。1963年，京郊社队企业总收入减少到3083万元，比1960年减少了57.3%。经过调整，农村非农产业有所恢复。在当时开展的农村社会主义教育运动中，北京市委、市政府主要领导亲自帮助蹲点社队办工厂，陆续建立了一批社队企业。社队企业总收入增长到3477亿元，比1963年增长了12.8%。但是在"文化大革命"中，农村工副业被批判为"资本主义的温床"、农村社队企业被称为"地下工厂"，社队企业再次进入缓慢发展状态。1968年，北京市为了支援郊区农业生产，组织工业支援农业服务队，实行"厂社挂钩，定点支农"。

4. 农业机械化带动了社队企业进一步发展。1970年和1971年，国家提出加快农业机械化，要求把农业机械化与发展社队企业结合起来，建立县、社、队三级农机修配网，发展"五小"工业，农村非农产业发展出现了转机。20世纪70年代初期，北京市先后组织268家城市工矿企业，组成了1704个支农队（组），帮助农村完善三级农机修配网。有些支农单位把本企业的一些产品带到农机厂（站）加工生产，拓展了一些农村工副业点。

5. 农业学大寨期间，人才下乡为社队企业发展提供重要支持。自1973年开始，北京郊区普遍开展农业学大寨运动，派出城市机关、企业的干部轮流到农村去，开展农业学大寨运动，并帮助农村发展农业和工副业生产。1973年北京郊区农村社队办的企业达到2923家，从业人员8.1万人，实现总收入2.1亿元，占农村三级总收入的22.5%。1975年邓小平在国务院讨论《关于加快工业发展的若干问题》时指出："工业要支援农业，促进农业机械化是工业的重点。"1975年7月，北京市计委、建委、农林组、财贸组联合印发了《关于加强领导认真办好农村社队企业的试行办法》，把办好社队企业的有关政策措施具体化。但由于"左"倾错误并未解决，社队企业发展仍受到许多限制和干扰。1978年11月，北京市召开社队企业工作会议，进一步肯定了社队企业在农村经济发展中的作用，提出了"1980年郊区社队企业总收入占公社三级总收入比重比全国提前5年达到50%左右"的要求，进一步促进了社队企业发展。1978年底，北京郊区社队企业发展到4075家，比1973年增长39%；从业人员22.6万人，比1963年增长178%；总收入7.9亿元，比1973年增长2.7倍，占农村三级总收入的比重由1973年的22.5%上升到1978年的41.9%。

（二）改革开放初期乡村集体经济快速发展（1979年—1995年）

改革开放后，随着人民公社的解体，农村集体经济发展遭遇了新的挑战和冲击。但农村集体经济并没有随着人民公社的解体而终结。京郊农村集体经济在这一时期也迎来了较好的发展，具体来看可以分为两个阶段。

1. "异军突起"的低水平扩张阶段（1979年—1985年）

20世纪70年代末期到80年代初期，京郊社队企业经历了历史性的转折，迎来了发展的黄金期。1979年7月，国务院颁发《关于发展社队企业若干问题的规定（试行草案）》，国家首次用法规的形式颁发了关于发展社队企业的指导性文件。1979年9月，党的十一届四中全会通过《关于加快农业发展若干问题的决定》，指出"社队企业要有一个大的发展"。北京市委、市政府认真贯彻落实中央关于发展社队企业、开展多种经营的指示精神，做出了一系列部署，鼓励支持郊区社队企业发展。一是成立北京市人民公社企业局（1984年改名为北京市乡镇企业局）。二是1980年至1982年，在郊区农村开展了3次"致富大讨论"，解放思想、消除疑虑、明确方向，调动广大农村干部和农民发展社队企业。北京市委、市政府认真贯彻落实中央方针，多次指出社队企业是农村经济的支柱和命脉，充分肯定农村社队企业的重要地位和作用。三是积极调整社队企业发展方向。贯彻落实1981年5月国务院颁发的《关于社队企业贯彻国民经济调整方针的若干规定》，在调整中坚持了市场导向，即产销兴旺的企业，集中人力、物力、财力重点发展；产品有销路的企业积极发展；原料无来源、技术不过关、销路有困难的企业坚决调整下马；坚持发展利用当地资源的建材企业和农副产品加工业。四是改革经营机制，参照农村家庭联产承包责任制，建立企业承包经营责任制，实行"五定一奖"（定人员、定收入、定开支、定工资总额、定利润，按完成情况实行奖罚），调动了经营者和员工的积极性。五是建立健全企业财务管理制度，改变"统收统支"的办法，扩大企业自主权，调动企业的积极性。六是推动农工商综合经营，成立了一批农工商联合公司。到1984年，北京市社队企业发展到1.42万家，从业人员72.4万人，实现总收入37.6亿元，比1978年增长了3.8倍。

2. 上规模上水平阶段（1985年—1995年）

20世纪80年代初，我国社队企业发展面临资金不足的问题，一些地方开始尝试吸收农民入股的方式筹集资金，1984年和1985年中央一号文件中明确"鼓励集体和农民本着自愿互利的原则，将资金集中起来，联合举办各种企业"。"有些合作经济采用了股份经营、股份分红的办法，资金可以入股，生产资料和投入基本建设的劳动也可以计价入股，经营所得的一部分按股分红"。1984年3月，中共中央、国务院转发了农牧渔业部《关于开创社队企业新局面的报告》，明确社（乡）队（村）举办的企业、部分社员联营的合作企业、其他形式的合作企业和个体企业统称为乡镇企业。按照所有制类型划分，京郊乡镇企业可以分为乡办集体企业、村办集体企业、农户联合经营企业和农民个体企业四种类型。乡村集体企业是乡办集体企业和村办集体企业的统称。1985年全市乡村集体企业总数为15962个，占乡镇企业总数的24.31%；乡村集体企业就业人数达到763031人，占乡镇企业总就业人数的87.7%；乡村集体企业总收入达到52.08亿元，占乡镇企业总收入的92.6%[①]。

1987年北京市政府印发了《关于进一步加快发展乡镇企业若干政策规定》和《关于鼓励科技人员支援乡镇企业的若干规定》，北京市政府领导还与国家24个部委领导分别对话，请他们对京郊乡镇企业发展在项目、资金、人才上给予支持和帮助。在一系列政策的出台和落实的推动下，京郊乡镇企业快速发展。1990年，全市乡村集体企业达到18298家，占乡镇企业总数的17.63%；乡村集体企业就业人数为88.53万人，占乡镇企业总就业人数的81.14%；乡村集体企业总收入达到171.56亿元，占乡镇企业总收入的84.73%[②]。

---

① 数据来源：国家统计局北京调查总队、北京市统计局编，《数说北京70年》，北京：中国统计出版社，2019年8月，第349页。
② 数据来源：国家统计局北京调查总队、北京市统计局编，《数说北京70年》，北京：中国统计出版社，2019年8月，第349页。

1992 年至 1995 年,京郊乡村集体经济在深化改革开放中实现"双上"发展。进入 20 世纪 90 年代,京郊乡镇企业深化改革,乡村集体企业推行股份合作制改革试点,进行资产重组、技术改造、对外合作,推动乡村集体经济总体上平稳快速发展。1992 年邓小平南方谈话和中共十四大召开,确立了建设社会主义市场经济体制的目标。北京市委、市政府结合郊区实际,强调乡镇企业要扩大对外开放、加大改革力度,依靠科技进步,调整结构,通过质的改造和提高,上规模、上水平,增强竞争力;拓展国内国际两个市场,努力增加效益。具体情况如下:一是进行股份合作试点。1992 年开始围绕集体企业资产重组,探索产权制度改革,进行股份合作制试点。到 1995 年,全市先后组建了 2116 家股份制合作企业,总股本金达到 23.5 亿元。二是扩大企业规模,提高员工素质。1995 年,全市乡村集体企业固定资产投资总额达到 59.2 亿元,比 1990 年增长了 2.3 倍。平均每个企业拥有的固定资产由 35.2 万元提高到 102.9 万元。总收入超过 1000 万元的企业达到 687 家,占乡村集体企业总数的 4.36%,收入突破亿元的企业达到 18 家。全市乡村集体企业管理人员中具有大中专学历和技术职称人员占比分别达到 18.9% 和 47.5%。三是加快科技进步。乡村集体工业企业技术改造累计完成 50 万元以上的投资项目 4444 项,完成投资总额 65.1 亿元,成为集体工业企业新增固定资产、新增工业产值的主要因素。四是发展外向型经济,到 1995 年底,全市乡村集体与外资合资兴办的企业达到 1521 家,外商投资总额达 9.8 亿美元,分别比 1990 年增长 7.9 倍和 9.7 倍。[①] 乡村集体兴办的工业企业,形成了 29 个大行业、50 个小行业,产品达到 5000 多个品种,10 万多个花色、规格。其中重点行业有机械电子、建筑材料、服装鞋帽、化工、纺织、食品、工艺品、采掘等 8 个行业,其产值综合约占乡、村集体工业产值总额的 80%。

(三)乡镇集体企业改制阶段(1996 年—2002 年)

自 1994 年开始北京市乡镇集体企业经济效益开始下降,到 1996 年开始进入低谷[②]。1996 年北京市提出乡镇企业改革的重点是进行企业制度创新,改变产权单一、产权封闭、企业消费失控、企业社会负担过重等问题。1997 年是京郊乡镇集体企业改制的重要一年,北京市委、市政府下发《关于进一步审核农村经济体制改革,落实农村经济政策若干问题的意见》,提出了"乡镇企业进行重组转制,通过重组转制解决结构性问题,通过转制解决体制性问题"。1997 年 3 月,北京市政府举办了郊区企业资产重组、人才交流洽谈会,京郊有 1242 家乡村集体企业参会,16 个市属局(总公司)及所属企业、国内 20 多个省市代表参会,还吸引了美国、日本、德国等 10 多个国家和地区的客商参会。参会企业通过合作、联营、出售、租赁、托管等形式招商引资、资产重组、引进名优产品和人才。1997 年 5 月,北京市又召开了郊区乡镇企业重组转制工作会,会议提出了"六个一批"的企业重组转制思路,即"引进一批、组建一批、创新一批、放活一批、盘活一批、聘用一批",实现企业重组转制,引进高起点增量,推动企业结构优化,增加经济总量。到

① 北京市地方志编纂委员会著,北京志.农业卷.农村经济综合志,北京:北京出版社,2007.9:168-169.
② 熊文武、李理.京郊乡镇企业尚未摆脱徘徊局面,1997—2000 调研参考资料汇编,北京:北京市农村经济研究中心,第 60—63 页。

1998 年，全市乡村两级实行重组转制的企业达到 5388 家，占乡村企业总数的 34.3%，其中，联营 987 家、中外合资 272 家、股份制和股份合作制 892 家、出售 602 家、租卖结合 86 家、租赁 2549 家。到 2002 年，全市共有 11726 家乡镇集体企业进行了重组转制，占乡村集体企业的 95%。其中，实行股份制和股份合作制的有 3279 家，占转制企业的 28%；实行租赁的企业 5251 家，占转制企业的 44.8%，整体拍卖的 1541 家，占 13.1%，兼并的 158 家，占 1.3%，联营的 971 家，占 8.3%，其他形式的 526 家，占 4.5%。在乡镇企业改革过程中，直观的表象就是乡镇集体企业总数快速减少（图 1）。自 2002 年起，北京市乡镇集体企业占全市乡镇企业总数的比重下降至 5% 以下，真正体现"社队属性"的乡镇企业已经凤毛麟角，乡镇企业变成了一个单纯的地域修饰词。

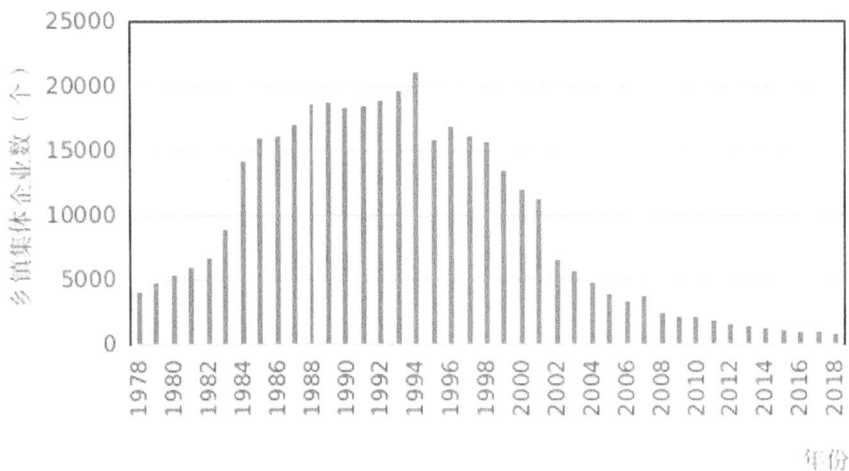

图 1 北京市乡镇集体企业数量（1978—2018 年）

数据来源：北京市统计局、国家统计局北京调查总队编，《数说北京 70 年》，第 349 页。

（四）农村集体经济转型发展阶段（2003 年以来）

北京市农村集体经济产权制度改革从 1992 年开始在丰台区进行试点，接着在朝阳、海淀、昌平、大兴等近郊、远郊区进行扩大试点。经过 10 余年的改革试点后，2003 年北京农村集体经济产权制度改革试点全面启动，2003—2007 年北京市远郊区进入乡村集体经济产权制度改革全面试点阶段。2008—2013 年北京市农村集体经济产权制度改革全面推进，到 2013 年底全市农村集体经济产权制度改革完成 96.9%。自 2014 年以来，北京市农村集体经济产权制度改革进入全面深化阶段，到 2019 年北京市基本完成村级集体经济产权制度改革。2003 年以来，北京市农村集体经济产权制度改革实现了"资产变股权、农民变股东"，盘活了存量资产，转变农村集体经济的经营方式，激发了农村集体经济内生动力，建立与市场经济接轨的产权清晰、权责明确、政企分开、管理科学的新型农村集体经济组织。

通过农村集体产权制度改革，北京市农村集体资产总额快速增长，集体经济实力显著增强，农村集体经济活力明显增强，新兴了一批有市场活力的经济体，农村新型集体经济的产业发展与首都建设和服务首都发展紧密相连，具体来看，比较成功的有以下三种模式：一是搭上城市化的快车，抓住改革与政策红利，推动农村集体经济持续发展。北京市部分近郊新型农村集体经济组织直接参与城市建设，积极发展建筑业、房地产业、商业和服务业，成为城市建设和服务的重要主体，为新型农村集体经济注入了新的生命力。北京市丰台区、海淀区、朝阳区等环绕北京市三环和五环之间的大量商场、宾馆、饭店、写字楼都是新型乡镇集体经济组织开办的，一批居民小区也是新型乡镇集体经济组织开发建设的。二是依托本地区位优势，发展租赁经济，支撑集体经济高速发展。随着北京市城市化的快速发展，近郊地区农村集体所有土地的极差地租收益不断上涨，部分农村集体经济组织获得了土地增值收益和房屋租赁的租金收益，并在新型农村集体经济发展中占有重要的比例，还有部分农村集体经济组织通过集体经营性建设土地入市预留发展空间，例如大兴区西红门镇、瀛海镇抓住全国农村集体经营性建设用地入市试点的机遇，在农村集体建设用地入市过程中为村集体经济组织发展留下产业发展空间，推动集体建设用地入市后发展高精尖产业，丰富本地区市场链条，为乡村集体经济可持续发展提供动力。三是依托本地资源优势，发展实体产业经济，形成了全市乃至全国的著名品牌，焕发了持久的生命力。例如，北京市丰台区花乡新发地村在产权制度改革以后，大力发展蔬菜批发市场，成为全国重要的蔬菜批发龙头市场，承担了北京市 80% 以上的农产品供应，2020 年交易量 1298 万吨，交易额 1006 亿元。在全国 4600 多家农产品批发市场中，新发地市场交易量、交易额名列前茅，是首都名副其实的大"菜篮子"和大"果盘子"。顺义区赵全营镇北郎中村通过集体产权制度改革，建立了北京市北郎中农工贸集团，充分利用本地资源优势发展现代农业，并不断调整产业布局，形成了以花卉、籽种农业、农产品加工、物流配送和生态、观光农业为主的产业结构，实现了一二三产有机融合、相互促进、协调发展。北郎中农工贸集团被北京市政府评为北京市首批农业产业化重点龙头企业，2006 年以来"北郎中"品牌连续被评为北京市著名商标。

二、京郊新型农村集体经济发展的现状与问题

（一）经济规模庞大

2020 年，北京市农村集体资产总额达到 8868.7 亿元，比 2019 年增加 519.4 亿元，同比增长 6.22%，是 2006 年的 4.2 倍。其中，乡镇级集体资产达到 3230.93 亿元，村级集体资产达到 5637.8 亿元，占全市总资产的比重分别为 36.4% 和 63.6%。根据农业农村部统计，2019 年我国村级集体资产总额为 50670 亿元，北京市村级集体资产总额占全国的比重为 8.25%[①]。

（二）空间分布的梯度显著

1. 全市农村集体经济组织五成以上分布在远郊平原区。从农村集体经济组织来看，位于中心城区的朝阳、海淀、丰台、石景山 4 个区的农村集体经济组织数量为 348 个，占全

---

① 农业农村部政策与改革司编，2019 年中国农村政策与改革统计年报，北京：中国农业出版社，2020 年 8 月，第 50 页。

市农村集体经济组织的比重为8.4%；位于远郊平原的通州、顺义、大兴、昌平、房山5个区的农村集体经济组织数量为2260个，占全市的比重为54.7%；位于生态涵养区的门头沟、平谷、怀柔、密云、延庆5个区的农村集体经济组织数量为1552个，占全市的比重为36.9%。

2. **农村集体资产分布呈现三个梯度**。由于京郊农村集体资产主要是由农村集体土地资源转化，因此京郊农村集体资产在各区的分布总体上与京郊城市化进程的梯度性相类似，呈现出三个梯度。在新版城市总体规划中被划入中心城区的朝阳区、海淀区、丰台区和石景山区4个区的农村集体资产总额达到5752.1亿元，占全市农村集体资产总额的64.9%；处于远郊平原区的通州区、顺义区、大兴区、昌平区、房山区的农村集体资产总额为2645.4亿元，占全市农村集体资产总额的29.8%；处于生态涵养区的门头沟区、平谷区、密云区、怀柔区和延庆区的农村集体资产总额仅为471.2亿元，占全市农村集体资产总额的5.3%。

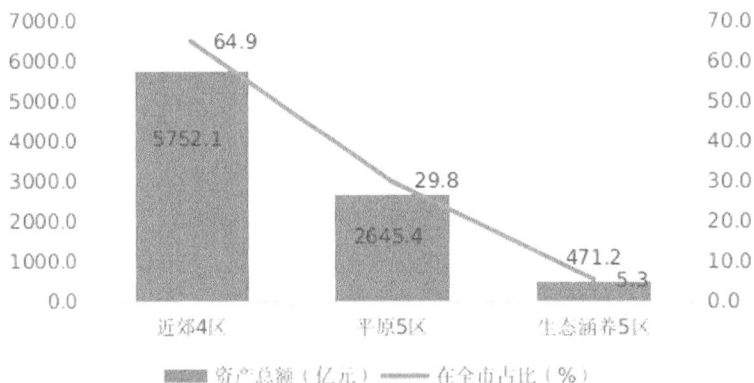

图2 2020年北京市农村集体资产在各区域分布情况

数据来源：北京市农业农村局，北京市农村经营管理统计资料（2020年），2021年10月。

3. **集体经济产业形态呈现三个圈层**。京郊农村集体经济产业结构与农村的工业化、城市化有很大的关联，农村集体经济的产业形态也呈现出较为突出的三个圈层的特点。第一个圈层为近郊的朝阳、海淀、丰台、石景山4区以及平原区城镇化较快的乡镇，较早地进入城乡互补的产业形态，一部分农村集体产业成为承接城市产业功能的重要载体，较好地融入城市现代产业聚群之中，比如丰台区卢沟桥乡的三路居村的集体产业以房地产、现代物业、金融科技等为主导产业。也有大部分的城乡结合部地区存在大量的以租赁为核心的产业形态，积聚仓储物流、底商出租等业态。比如，大兴区西红门镇政府投资2.55亿元，购买17500平方米底商，由各搬迁村按购置价购买，集体每年获得稳定租金收益。第二个圈层即为远郊平原城乡结合地区或者远郊浅山区，农村集体经济主要为一二三产融合型产业，农产品加工、都市现代农业，比如密云区溪翁庄镇金叵罗村依托本村樱桃、小米等特色农业，通过发展有机种植、小米加工、农耕体验、精品民宿、农业节庆，推动乡村一二三产业深度融合，2020年全村实现旅游收入2000万元，村合作社股东分红100万元。

第三个圈层即为远郊深山区，这部分地区主要处于生态涵养区，农村集体经济组织空壳化比较严重，且农村集体经济发展普遍受到生态红线的制约，大部分村庄的农村集体经济处于空心化状态，近年来少数村集体经济依托红色资源和绿色资源，以观光休闲和乡村旅游业为主导，盘活利用闲置农房，向一三产业融合的方向发展。比如，门头沟区清水镇洪水口村依托灵山古道等红色旅游资源和优美的自然资源优势，成立运输合作社、修配厂、矿泉水厂和灵山古道等 8 个不同产业的新型村集体企业，发展壮大农村集体经济，2020 年洪水口村集体经济纯收入达到 180 万元，股份分红达 8600 元 / 人。

（三）经营效益总体偏低且区域不平衡

1. 集体资产收益率有所上升，但仍然比较低。2020 年全市农村集体资产收益率为 0.42%，是 2019 年的 2 倍。其中，乡镇级农村集体资产收益率为 2.5%，村级农村集体资产收益率为 0.52%。从集体经济的不同经营主体来看，2020 年全市村级集体企业的资产收益率最高，为 1.96%（图 3）。

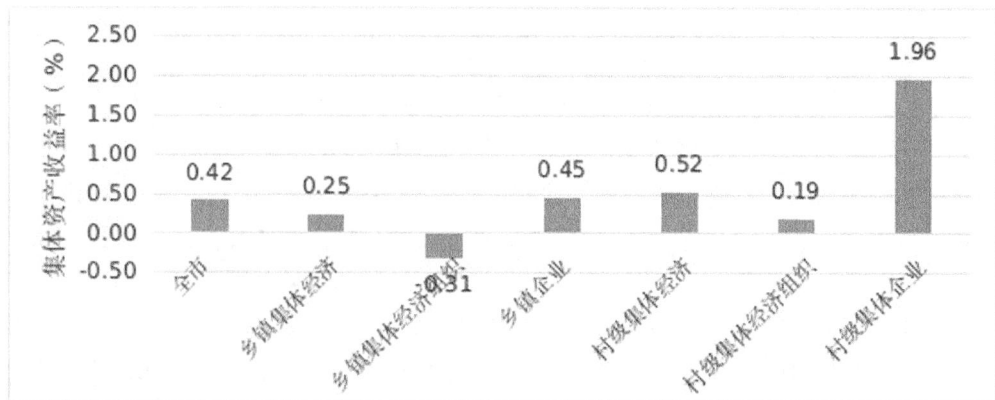

图 3　2020 年北京市各类经营主体农村集体经济资产收益率（%）

数据来源：北京市农业农村局，北京市农村经营管理统计资料（2020 年），2021 年 10 月。

2. 全市村级集体经济组织经营情况有所好转，但仍有 42.5% 的村级集体经济组织处于收不抵支的状态。2020 年全市共有 1677 个村级组织收不抵支，占比达到 42.5%，比 2019 年下降了 7.6 个百分点。其中丰台区、密云区、延庆区农村集体经济组织收不抵支的村占比超过村集体经济组织数量的 60%。平谷区、昌平区、通州区农村集体经济组织收不抵支的村占比超过村集体经济组织数量的 50%。大兴区收不抵支的村级集体经济组织从 2019 年的 100 个下降到 0 个，是全市首个没有收不抵支村级集体经济组织的区。

3. 全市农村集体经济经营效益呈现较为突出的不平衡性。从区域来看，2020 年朝阳区、海淀区、丰台区、石景山区 4 个区的农村集体经济资产收益率分别为 -0.12%、0.56%、1.12%、0.85%，通州区、顺义区、大兴区、昌平区、房山区 5 个区的集体经济资产收益率分别为 -1.59%、-1.15%、3.22%、-0.21%、0.08%，门头沟区、平谷区、怀柔区、延庆区、密云区 5 个区的农村集体经济资产收益率分别为 0.22%、-0.52%、-0.67%、0.16%、0.09%。2020 年大兴区农村集体经济资产收益率位居全市第一，丰台区农村集体经济资产收益率位居全市第二，石景山区农村集体经济资产收益率位居全市第三，通州区农村集体经济资产收益率为全市最低。

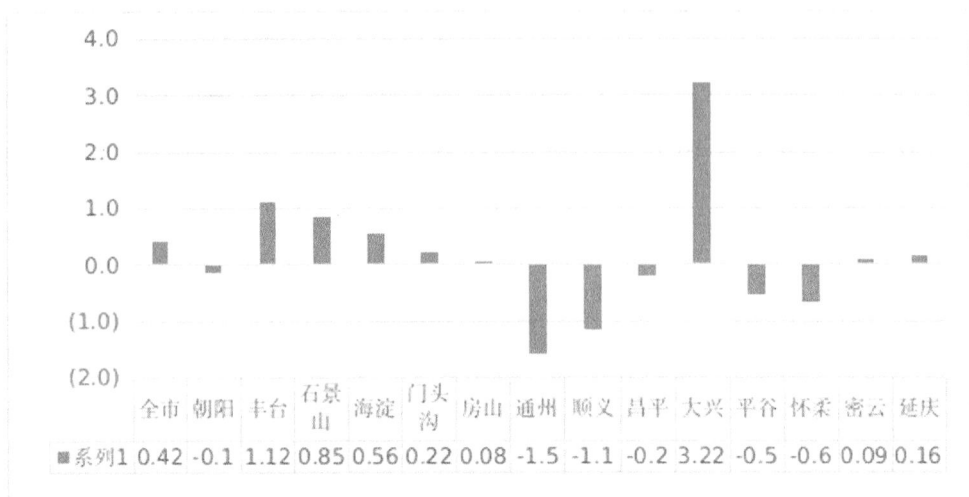

图4　2020年北京市各区农村集体经济资产收益率（%）

数据来源：北京市农业农村局，北京市农村经营管理统计资料（2020年），2021年10月。

4.集体经济实体产业仍比较薄弱。北京市将农村集体经济年经营收入低于10万元的村级集体经济组织确定为集体经济薄弱村。截至2020年，北京市农村集体经济薄弱村占全市农村集体经济组织的两成左右，其中八成分布在生态涵养区。2020年，在北京市3944个村级集体经济组织中，有834个村集体经济年经营性收入低于10万元，占全市村级集体经济组织的21%。2020年北京市集体经济薄弱村的集体经营性收入低于5万元的达到664个，占全市集体经济薄弱村的80%。八成左右的北京市农村集体经济薄弱村分布在生态涵养。昌平、门头沟、房山、平谷、怀柔、密云、延庆7个区的集体经济薄弱村数量达到682个，占全市集体经济薄弱村总数的82%。其中，密云区有集体经济薄弱村205个，占密云区村级集体经济组织的62%，占全市集体经济薄弱村的24.6%，占生态涵养区集体经济薄弱村的30%。从2021年北京市农业农村局和北京市农研中心联合开展的100个农村集体经济薄弱村调查来看，集体经济薄弱村产业结构转型比较滞后，第一产业仍为主导产业，2020年100个村的第一产业产值占63%，第二产业产值仅占15%，主要是建筑业、其他制造业，农产品加工业严重缺乏。

（四）带动农民增收作用增强，但还有很大的提升空间

根据北京市农业农村局农村"三资"监管平台数据，2020年北京市农户从集体经济获取的人均所得6489元，占农户人均所得的比重为23.6%。其中，农户从乡村集体经济获取的报酬收入占农户报酬性收入的29.3%，集体福利性收入占农户财产性收入的36.7%。2011—2020年，北京市新型农村集体经济组织股份分红总额持续快速增长，分红的村从2011年的620个增加到2020年的1433个，股金分红总额从2011年的20.6亿元增加到2020年的55.3亿元，增长了168.4%，获得分红的股东人数从58万人增加到2020年的

131.4 万人，人均分红从 3525 元增加到 4208 元。但从全市 3927 个完成乡村集体产权制度改革的经济组织、341.3 万个股东来看，进行分红村数仅占 36.5%，参与分配的人数也仅占 38%，仍有 63.5% 的新型农村集体经济组织没有进行分红，62% 的股东没有获得分红收益。北京市集体经济薄弱村带动农民增收的能力尤为微弱，2020 年全市受访的 100 个集体经济薄弱村农户从集体经济获得的人均所得占农户所得的比重仅为 6.2%。

表 1　2011—2020 年北京市新型农村集体经济组织股份分红情况

（单位：个，亿元，万人，元/人）

年份	分红村数量	股份分红总金额	分配人数	人均分红
2011	620	20.6	58	3525
2012	1073	23.6	111	2124
2013	1267	34.8	133	2611
2014	1332	41.8	134	3108
2015	1334	45.0	134	3368
2016	1373	47.3	137	3467
2017	1356	48.7	131	3712
2018	1361	55.7	141	3943.8
2019	1354	53.7	131	4068.2
2020	1433	55.3	131.4	4208

数据来源：北京市农业农村局合作经济指导处。

三、京郊新型农村集体经济发展面临的机遇与挑战

（一）京郊新型农村集体经济发展的机遇

1. 空间重塑带来新机遇。近年来，北京市积极推进京津冀协同发展战略，大力开展疏解整治促提升专项行动，到 2020 年，北京市基本完成一般制造业企业集中退出、区域性批发市场大规模疏解任务[1]。此次疏整促行动已经持续了 6 年有余，目前仍在继续。可以说此次疏整促行动的决心空前、力度空前、效果空前。比如，2014—2016 年，朝阳区共清理商品交易市场 154 家，退出工业企业 184 家，拆除再生资源回收场站 53 家，拆除仓储物流企业 3 家，拆除出租大院 289 个，共计腾退建筑面积 655.4 万平方米[2]。2016 年大红门地区拆除物流仓储大院 81 处，疏解人口约 1.2 万人[3]。在疏解腾退的低级次市场、工业大院中，主要是集体产业项目。疏解整治促提升行动使那些历史上形成的、管理不规范、发展层级不适应首都核心功能的农村集体产业空间得到了有效释放，为布局首都高质量发展

---

[1] 2021 年北京市政府工作报告，http://www.beijing.gov.cn/gongkai/jihua/zfgzbg/202102/t20210201_2249908.html.

[2] 张世玉，包装功能疏解显成效，北京朝阳新闻网，2017 年 2 月 23 日，https://chynews.bjchy.gov.cn/sub/news/419894/12876.htm.

[3] 北京晨报，大红门拆除 81 处物流仓储大院 共疏解人口约 1.2 万人 2016-06-29.http://finance.qianlong.com/2016/0629/712247.shtml.

提供了新空间，倒逼农村集体产业向绿色高端高效转型。2021 年 6 月，朝阳区拆除了位于十八里店村铁路以南的仓储物流库房，占地面积 11 万平方米，腾退空间将建设集农业生产、科技、生态、观光等多功能于一体的农业产业综合园项目，该项目将有助于提升朝阳区南部地区都市农业发展水平，提高村集体的经济收入，解决村民就近就业等问题。

2. 发展方向基本明确。"十四五"时期是北京落实首都城市战略定位、构建高精尖经济结构、推动京津冀产业协同发展的关键时期。北京市"十四五"时期发展规划和各个专项规划已经发布，为北京市农村集体产业发展指明了方向。一方面，农村集体经济要为首都农业农村高质量发展提供支撑。按照《北京市"十四五"时期乡村振兴战略实施规划》①，远郊农村集体经济组织和乡村集体企业应积极主动承接推进都市型现代农业高质量发展的重要任务，围绕抓好"米袋子""菜篮子"稳产保供、建设农业"中关村"、加快一二三产业融合发展等推进农村地区集体产业培育与发展，着力消除集体经济薄弱村。近郊农村集体经济应着力发展新型农村集体经济，以发展特色产业、盘活土地资源等为抓手，拓宽集体经济发展路径，推动集体产业转型升级，增强集体经济组织服务成员能力。另一方面，首都农村集体经济应主动服务首都"四个中心"城市功能定位，融入首都现代产业体系之中。近郊和中心城区农村集体经济应以《北京市"十四五"时期高精尖产业发展规划》②为指引，围绕构建北京市"2441"高精尖产业体系，依据各个产业的空间布局，主动引入"北京智造""北京服务"产业以及未来前沿产业。

3. 重视程度日益提高。2019 年 7 月，北京市委组织部、市委农工委、市财政局、市农业农村局印发《关于坚持和加强农村基层组织领导 扶持壮大村级集体经济的意见》和《关于开展扶持壮大集体经济试点工作的通知》，要求到 2025 年基本消除集体经济薄弱村。为此，北京市农业农村局开展集体经济薄弱村帮扶专项行动，北京市委组织部从各个市区相关部门派驻第一书记，北京市委农工委、市农业农村局联合市相关部门组织国有企业、市属高校开展农村集体经济薄弱村帮扶对接工作，这为补齐农村集体经济发展短板提供资金技术和智力支撑。北京市委、市政府领导高度重视农村集体经济发展工作，在多个调研报告上批示，要求落实和推动集体经济薄弱村发展各项工作。

4. 发展势头日趋向好。从 2006—2020 年京郊农村集体经济总收入的变化趋势来看，受"调转节"和"疏整促"等相关政策的影响，京郊农村集体经济经历了一个快速腾笼期，2014 年和 2016 年京郊农村集体经济总收入出现了两次"断崖式"下滑，2017—2019 年京郊农村集体经济总收入在 600 万元—700 万元徘徊，2020 年京郊农村集体经济总收入仅为 2012 年的 44.9%。但是，近两年来京郊农村集体经济总收入企稳微增，2020 年北京市农村集体经济总收入达到 679.8 亿元，比 2019 年增加 6.1 亿元，同比增长 0.9%，扭转了 2013 年以来农村集体经济总收入持续下滑的局面。这表明，北京市农村集体经济发展

---

① 北京市人民政府关于印发《北京市"十四五"时期乡村振兴战略实施规划》的通知（京政发〔2021〕20 号），北京市人民政府网站，2021 年 8 月 12 日，http://www.gov.cn/xinwen/2021-08/12/content_5630961.htm.

② 张景华，北京"十四五"时期高精尖产业发展规划发布，光明日报，2021 年 8 月 29 日，https://finance.sina.com.cn/tech/2021-08-29/doc-iktzqtyt2749406.shtml.

势头开始向好，农村集体经济发展的新产业、新业态在快速培育和发展。

（二）京郊新型农村集体经济发展面临的困难与挑战

1. 体制机制约束。一是农村集体产权制度改革需要进一步深化。当前农村集体产权的封闭性与市场的开放性之间的矛盾制约了乡村资源要素与社会人才、资本的有效流动。二是村级集体经济组织仍然缺乏市场主体地位，作为特别法人的集体经济组织市场地位仍缺乏具体实现路径，市场经营需求与行政许可供给难以衔接，特别是在金融信贷、资源开发、资本合作等方面存在较强的制度壁垒。三是集体经济组织管理体制不顺畅，集体经济组织与村"两委"、乡镇政府之间的政社不分、职责不明在一定程度上制约了集体经济组织的建设和集体经济的发展。四是农村集体建设用地入市仍存在许多具体操作层面的问题，农村宅基地改革仍比较滞后，土地征收制度在一定程度上剥夺了农村集体经济组织平等地参与首都经济建设的权益。2004年以来施行的《北京市建设征地补偿办法》确定的"逢征必转"政策，给城市化地区农村集体经济组织带来巨大的经济负担。五是农村征地补偿款的管理制度改革滞后，限制了农村集体资产的有效运营，全市1750亿元的征地补偿款只能存在银行收取利息[①]，获得的收益极低，而村集体经济组织还要承担成员福利、分红、公益事业等责任，这也是导致村集体经济收不抵支村占比仍超过四成的重要原因之一。

2. 政策供给不足。一是乡村地区将作为建设用地减量的重点区域，对发展观光休闲、农产品加工等二三产业所需的建设用地在一定程度上受到了约束。二是农村集体经济发展缺乏税费政策的支持，新型农村集体经济组织进行分红要征收个人所得税，这就加大了集体经济带动农民增收的成本。三是缺乏人才引进方面的支持政策。集体经济组织和集体企业就业政策与国有企业不可同日而语，导致集体经济缺乏对高端人才的吸引力。四是生态涵养区政策不够完善，补偿资金使用不够科学。在生态涵养区保护政策的硬约束下，生态涵养区村级集体经济组织一直没有找到政策允许的产业发展方向。五是在城市化较快的地区，一大批撤销乡村行政建制的地区仍需要继续发展农村集体经济，这些地区面临农村集体经济组织如何管理的问题，亟待加快政策研究。

3. 经营主体虚化。一是大多数集体经济组织依附于基层党组织和村民自治组织，不能正常独立运行，其职能和作用常常被基层党组织和村民自治组织取而代之。很多村级集体经济组织更是名存实亡。二是不少农村集体经济组织内部管理不规范、运转不畅，没有开展正常的经营、管理业务。有的农村集体经济组织账面上除了已经承包给农户的承包土地数据外没有其他的经营性资产，除了上级有关部门拨付的建设资金外也没有任何集体经营性收入。据调研，延庆区12个集体经济薄弱村及所在乡镇均存在着集体经济组织有名无实的情况。三是乡镇、村干部对农村集体经济发展的相关政策不熟悉，集体经济组织只有牌子和印章，没有真正的运营实体，集体经济组织章程也处于墙上挂挂的状态，集体经济组织的股东大会、股东代表大会没有真正发挥作用。四是乡村集体企业缺失，在生态涵养

---

① 胡睿宪.改革土地补偿费管理制度的建议，北京调研，2021（10）：58.

区农村集体企业或者农村集体领办专业合作社等都非常缺乏，据京郊100个集体经济薄弱村调查显示，只有2家村集体企业和28家村集体领办的农民专业合作社。

4.经营人才短缺。我们在京郊100个农村集体经济薄弱村调研中发现，多数农村集体经济薄弱村发展缺少领头羊，村干部老龄化突出、受教育水平相对较低，有的不会用电脑、不会用微信，很难适应现代市场竞争的要求，更缺乏现代经营理念和经营能力。驻村的第一书记在推进集体经济薄弱村发展中发挥重要的作用，利用其政策资源优势为村集体经济组织争取了多方支持，然而这种支持仍然是外来的、暂时的、不可持续的。我们在海淀区、朝阳区等近郊农村集体经济发展较好的地区调研中了解到，农村集体经济发展也面临着经营管理人才短缺的问题，由于薪酬激励、社会保障、上升空间等方面的制约，乡村集体企业很难招进、留住人才。

四、思考与建议

北京市农村集体经济在京郊农村经济发展中占有重要地位，是首都乡村产业振兴的重要内生动力源泉。可以说，抓住了新型农村集体经济发展这个核心，就拿到了撬动和整合首都超大城市优势资源进入农村的金钥匙。建议从思想认识、组织建设、体制机制、政策供给等四个层面提高新型农村集体经济发展的内外环境和条件，推进北京市新型农村集体经济加快转型发展。

（一）坚持法治化、市场化、公平化的发展理念

1.从国民经济体系的整体视角，认识京郊新型农村集体经济的地位。农村集体经济是我国国民经济的重要组成部分。改革开放以来，农村集体经济与国有经济、个体经济逐步形成了互补、竞争、互促的紧密关系。京郊农村集体经济为北京市的工业化、农业机械化、城市化、小城镇建设等都做出了重要贡献。新时代京郊新型农村集体经济发展对加快构建双循环新发展格局、推动首都高质量发展、全面推进具有首都特点的乡村振兴也具有重要作用。

2.从新时代首都高质量发展的视角，给予新型农村集体经济组织和乡村集体企业与国有企业相同的市场地位。农村集体经济是农村产业发展的重要力量，农村集体经济的发展经历了从发展一产到发展非农产业的跨越，乡村集体经济为农村和小城镇发展提供了重要的产业支撑和财政收入来源。然而，在城乡二元的制度安排下，农村集体经济的发展所面临的制度与政策环境和国有企业不可同日而语，这也成为制约乃至左右农村集体经济发展的重要因素。新时代应给予新型农村集体经济平等的市场主体地位、公平的政策制度待遇。

3.从推动实现共同富裕的视角，加快推动农村集体经济特别是农村集体经济薄弱村的发展。北京在推进实现共同富裕的道路上，应当也能够做出表率。但近些年来，北京市城乡居民收入差距较大，缩小城乡居民收入差距、促进共同富裕的任务还比较艰巨。在增加农民收入上，除了采取提高农村居民财政转移支付的输血式帮扶外，更重要的是培植和振兴乡村产业，提高乡村居民工资性、财产性收入，关键在于保障和实现农村集体土地房屋

等财产权益、壮大新型农村集体经济，提高农村集体资产经营收入。

（二）推动集体经济组织建设突破性发展

1.进一步深化乡村集体产权制度改革。加快推动乡镇级集体经济产权制度改革，动态监测集体经济组织家底、明晰集体产权关系，建立"归属清晰、责权明确、保护严格、流转顺畅"的农村集体经济现代产权制度，探索乡村集体经济组织对集体土地等集体资源所有权的有效实现路径。健全新型集体经济组织的治理机制，强化对集体资产的监督管理，维护和发展农村集体和农民的财产权益。

2.重点推动乡（镇）联社建设。一是推动乡（镇）联社的实体化建设，使之从乡镇政府的集体资产管理部门分离出来，成为具有独立特别法人资格的实体单位，乡（镇）联社董事长人选由村股份合作社代表选举产生，区委、区政府审议通过。二是在乡镇党委的领导下，乡（镇）联社行使乡镇范围的行业管理和发展统筹，促进农村产业供给侧结构性改革和农村发展动能转换。三是以乡（镇）联社为主体，建立乡镇联社与农村股份经济合作社之间紧密的关系，使乡（镇）联社成为带动农村股份经济合作社共同进入市场的龙头经营主体，带动乡村集体经济薄弱村与乡镇域内其他集体经济组织联合发展。四是加快完善新型集体经济组织法人治理结构，完善乡村集体经济发展的利益共享机制，规范乡村集体经济组织股份分红，充分保护和实现农村集体经济组织和成员合法的财产权，增强集体经济组织成员的获得感。

3.实行"农村集体经济组织+"行动。一是推动新型农村集体经济组织+乡村治理，促进集体经济组织向实发展，落实新型农村集体经济组织的市场主体地位，完善新型农村集体经济组织内部治理机制。二是推动新型农村集体经济组织+土地要素，明确农村集体土地的各项权益，实化和显化农村集体经济组织对农村集体土地的所有权。三是推动新型农村集体经济组织+工商资本，通过股份合作等方式完善城乡资本合作运营机制，撬动城市资本要素向农村流动。四是推动新型农村集体经济组织+各类人才，通过下派各级党政机关干部、第一书记、派驻大学生选调生、经济专员等各类人才到农村集体经济组织的方式，支持农村集体经济组织人才振兴，吸引城市人才下乡。

（三）着力优化农村集体经济发展的制度环境

1.加快集体经济发展的相关立法工作。改变集体经济发展立法严重滞后的局面，尽快制定有关集体经济发展的法律法规。在国家层面加快集体经济组织立法的同时，应当尽快修改《北京市农村集体资产管理条例》等地方性法规，研究制定《北京市农村集体经济组织条例》，建立体现扶持、有所差别的涉农税收制度，推进农村集体经济组织依法顺畅地进入市场，推动农村集体产权依法有序交易。

2.进一步完善农村集体经济发展的管理体制。一是完善乡村集体资产管理与监督的体制机制。加强和巩固市、区、乡镇农村经管专业机构和队伍，借鉴海淀区经验，建立区级集体资产监管委员会，从体制机制上保障农村经管机构进行资产监管的权威性。二是优先推动中心城区集体经济组织的政经分离，明确集体经济组织与村委会的职责关系，将乡村合作社与乡镇政府、村委会分开，在党组织领导下各司其职，逐步剥离集体经济组织所承担的社区公共管理服务和公益建设职能，推动集体经济组织向市场主体的方向发展。三是明确集体资源和资产的所有权主体，构建和落实集体经济组织成员与农村集体经济组织之间的利益联结机制，保障集体经济组织成员的民主管理权和集体收益分配权，使集体经济发展的成果由集体成员共享。四是遵循市场经济规律，建立新型农村集体经济组织带头人报酬与农村集体经济收益相挂钩的收益分配机制，充分体现管理者才能的市场价值，调动新型农村集体经济组织带头人发展壮大农村集体经济的积极性。

3. 加快破除城乡二元体制，建立健全城乡融合发展的体制机制。一是建立有利于农村集体经济组织发展的财政税收制度。支持农村集体经济组织发展乡村产业，使农村集体经济组织可以同等享受新型农业经营主体的各项优惠政策。支持农村集体经济组织带动农民共同富裕，减免集体股份分红的个人所得税。二是建立支持集体经济组织发展的金融制度。探索以集体经济组织为主体发展农村合作金融。针对农村集体经济组织的支付结算、现金管理、投资理财、融资信贷等方面的金融服务需求，制定为集体经济组织提供全方位金融服务与支持的制度。三是建立鼓励优秀人才到农村集体经济组织就业创业的政策制度。建立集体经济组织吸引外部人才的机制，在集体经济组织和乡村集体企业实行开放式用人制度，加快建立健全职业经理人聘任机制和约束与激励机制，形成科学合理的薪酬制度，推行合同制，吸引人才，促进人力资源向集体经济组织合理流动。四是推动城乡就业、医疗、养老等社会保障制度接轨，使在农村集体经济组织和乡村集体企业就业创业人员能够享受到与在国有企业就业创业人员同等的医疗、养老等社会保障待遇。

（四）优先破解"卡脖子"的政策难题

构建适应市场化、城镇化和城乡一体化发展的新型集体经济发展的政策体系，推动集体经济转型发展。一是制定《关于加强农村集体经济组织建设 发展壮大新型集体经济的意见》等全市性的政策文件，为新时代首都乡村集体经济组织建设和新型集体经济发展提供有力的政策指导和支持。二是加快解决集体经济产业发展用地需求。通过规划预留建设用地指标、点状供地等途径，拓展生态控制区和限制建设区集体经济发展空间。三是进一步完善生态涵养区政策，落实《北京市生态涵养区生态保护和绿色发展条例》，在注重生态保护和有效治理的同时注重绿色发展，加快研究制定生态涵养区适宜产业发展的政策，引导生态涵养区农村集体经济转变发展思路。建立生态产品价值实现制度体系，打造集农田、湖泊、河流、湿地、森林等多种自然生态要素于一体的生态价值实现空间布局，以集体经济组织与社会经营主体合作的方式，构建生态资源管理、开发和运营的平台，促进集体经济薄弱村生态价值向经济价值转变。四是推动全市产业发展禁限目录的调整，适度放宽对京郊乡村农产品加工业的限制，为乡村绿色产业发展和一二三产业融合发展提供政策支持。

执笔人：王丽红、张英洪

农村集体经济组织的市场主体地位研究

最近颁布的《中华人民共和国市场主体登记管理条例》所界定的市场主体，主要包括公司、个人独资企业、农民专业合作社、个体工商户等，没有把"农村集体经济组织"列为登记管理对象，即未列入市场主体范围，与集体产权制度改革相关文件关于赋予农村集体经济市场地位的一贯精神和要求形成反差，引起了农村经管部门，特别是基层工作人员的广泛关注。研究此问题有利于破解农村集体经济组织的"市场化悖论"。而弄清此问题，需要从政策、理论、实践等方面进行界定和梳理，并在此基础上明确农村集体经济组织的未来改革方向。

一、农村集体经济组织属于特别法人特点的市场主体

（一）明确集体经济组织市场主体地位是政策上的一贯要求

2015 年，中共中央办公厅、国务院办公厅《关于印发〈深化农村改革综合性实施方案〉的通知》中，要求"分类推进农村集体资产确权到户和股份合作制改革……明确集体经济组织市场主体地位"。

2016 年，中共中央、国务院印发的《关于稳步推进农村集体产权制度改革的意见》（以下简称《意见》）中，认为"充分发挥市场在资源配置中的决定性作用和更好发挥政府作用，明确农村集体经济组织市场主体地位""可由县级以上地方政府主管部门负责向农村集体经济组织发放组织登记证书，农村集体经济组织可据此向有关部门办理银行开户等相关手续，以便开展经营管理活动"，表明农村集体产权制度改革的重要方向之一就是要确立农村集体经济组织的市场主体地位。

（二）集体经济组织的市场主体地位要兼顾特别法人性质

《意见》指出"农村集体经济组织承担大量的农村社会公共服务支出，不同于一般经济组织"，显然不应属于一般意义上的市场主体。2017 年 3 月，十二届全国人大五次会议通过的《民法总则》第九十九条规定，"农村集体经济组织依法取得法人资格"，属于特别法人，说明即使要明确农村集体经济组织的市场主体地位，也需要兼顾其特别法人性质。

（三）农村集体经济组织已在农业农村行政主管部门登记

2018 年 5 月以来，按照农业农村部等三部门《关于开展农村集体经济组织登记赋码工作的通知》要求和精神，各地农村集体经济组织积极开展登记赋码和身份确认工作。农

村集体经济组织成立 60 多年来，有了自己的身份证，对于解决集体经济市场化过程中需要的身份地位问题，无疑发挥了重要的建构性作用。

当然，也要认识到，由于未能进行工商注册，在参与市场经济运行的现实活动中，市场主体地位仍然是不够格的。在以往实践中，一种方式是将农村集体经济组织改制，变性为集体所有（股份合作）性质的有限责任公司或股份有限公司，直接进行工商注册。而如果仍保留"社"的形式不变，就只能再联合一个入资单位，组成联合公司后才能进行工商注册。显然，这个社变公司或联合公司都已经不再是原来意义上的"农村集体经济组织"性质了。也有一些省市，如上海、浙江等地，把改制后的农村股份经济合作社直接进行了工商登记。

二、非完全市场主体地位源自农村集体经济组织的内在规定性

从理论视角审视，公有制和社区性是农村集体经济组织的两个基本特征，社会成本内部化、交易成本节约化、产业统筹立体化、收益在地化与产权逐级开放化构成了农村集体经济组织的五个重要功能和作用。其中，社会成本内部化集中概括了农村集体经济组织的本性，即作为一类社会经济组织，社会效益目标高于经济效益目标。具体表现在产权属性、社会属性和政治属性等几个方面。

（一）股权结构的封闭性

1956 年 6 月，第一届全国人大三次会议通过了《高级农业生产合作社示范章程》，规定农业生产合作社是"劳动农民在共产党和人民政府的领导和帮助下，在自愿和互利的基础上组织起来的社会主义的集体经济组织""入社的农民必须把私有的土地和耕畜、大型农具等主要生产资料转为合作社集体所有"，体现了与初级社的重要差别。集体所有制不是按份共有的合作制，更不是合伙制或股份制，股权无法穿透到自然人。

完成集体产权制度改革的新型集体经济组织，实现了收益权的按份共有，所有权依然是封闭的集体所有权，即改制后的经济合作社或股份经济合作社一级仍不具备股权穿透性。因为改革后形成的股权，实质是一种不可分割资产基础上的股权收益凭证，而非物权意义上的股权，与一般投资形成的股权具有本质不同。组织成员也不是一般意义上的投资主体，只是收益主体和决策主体。否则，就否定了集体经济组织的单一所有权主体特征，成为受委托的个人财产的管理者。显然，这是一般市场主体所不具备的。

（二）承担着社区基本保障与共同富裕两类社会功能

农村集体经济组织承担着重要社会性功能。首先，要维持农村社区的基本保障和正常运行，如农业灌溉、社区治安、公共设施维护等；其次，要带领集体经济组织成员实现共同富裕。为此，农村集体经济组织原则上不能破产，只能从事低风险的市场经营活动。

当前，中国正处于剧烈的社会结构转型期，过去工业化、城镇化形成了大量的社会遗留问题亟待解决。2011 年—2020 年，全国城镇化率由 51.27% 快速提升到了 63.89%，年均城镇化率上升 1.4 个百分点。这意味着每年有将近 2000 万人口由农村转移到城市就业和生活，由此形成了巨大的直接和间接社会成本。农村集体经济组织具有两个基本特征和

五个重要功能，可以充当农民在城镇化转型过程中永久的利益依托，具有"兜锅底"的社会属性。特别在一些集中城镇化地区，在股金分红、福利待遇、社区公共服务、治安维稳等多个方面，组织成员对集体经济组织仍有强烈的依赖感。

这种根深蒂固的"社会性"决定了农村集体经济组织与具有完全风险承担能力的一般市场经营主体具有本质不同。

（三）具有显著的政治意义

农村集体经济组织自成立以来，就具有贯彻落实不同阶段国家发展战略和政策，巩固党的执政基础的重要功能。如计划经济时期，"以粮为纲"支援国家工业化建设；改革开放时期，廉价提供集体土地，降低工业化、城镇化的成本，均有力支撑了国家现代化建设进程；党的十八大以来，发展壮大农村集体经济成为中国快速完成脱贫攻坚任务，推进共同富裕的关键所在。这种突出的政治属性也注定了农村集体经济组织不能成为一般意义上的市场主体。

三、农村集体经济组织的市场化重构

尽管农村集体经济组织具有非完全的市场主体地位，但是，这并不一定意味着集体经济不能与市场经济相互融合。随着近年来集体资产规模的日益壮大，农村集体经济组织的市场谈判地位也在实质性提升。2019年底，全国农村集体经济组织仅拥有的农用地总面积就有76.1亿亩，占到国土总面积的52.8%，各类集体账面积累性资产6.5万亿元，每个行政村平均1100多万元。跨越集体经济市场化的门槛，关键是实现农村集体经济组织的市场化重构。

（一）组织形态上，基本途径是"社＋公司"

"社＋公司"的集体经济实现形式和组织形态，既保证了"社"的"社会性"，通过下设公司，又保证了其"经济性"的充分实现，并可以通过集体资产结构化布局，优化集体经济的经营体制的实施路线来完成。

具体措施主要是"四分开"：乡级总社（联社、总公司）与村级（分）社（治理边界）分开，产权方与经营方分开，重资产与轻资产分开，总公司、专业公司与市场化公司的三级公司分开。为此，需要把农村集体经济组织与集体经济两个概念进行区分，后者增加了农村集体经济组织的下属企业，或者是公司，或者是专业合作社等。

（二）健全和优化治理机制是集体经济融入市场经济的主要难点所在

经营体制与治理结构类似不同部位的电脑硬件，而治理机制相当于电脑软件，具有"灵魂性"的地位，决定着电脑各项应用功能的可控运行。党建引领、内部法人治理、社区治理与政府监管等，属于农村集体经济组织治理机制的基本构成要素，这些机制的正常发挥作用需要有一系列的制度建构过程。

重点是理顺农村集体经济组织的内外部关系，如镇党委（或村支部）与乡（村）集体经济组织之间的领导关系、镇政府与集体经济组织之间监管关系、股东代表大会与董事会之间信任托管关系、董事会与经理层之间的委托代理关系等。检验运行效果的试金石，就是在公司（或专业合作社）层面能否培育出真正的企业家精神。需要强调说明的是，仅政社不分，就已经让"集体经济的企业家"成为不可能。市场化聘请职业经理人是当前发展壮大集体经济不得不迈的一道坎。

（三）制度政策制约是发展壮大集体经济面临的"天花板"

根据北京市农村经济研究中心的"石景山区集体经济组织成员（职工）代表"问卷调查结果，政策制约已经成为发展壮大集体经济的首要障碍因素。以对集体经济组织征地物业返还为例，一方面在征地时按照计划进行价格补偿，另一方面在农村征地返还物业进入市场环节又按照市场价格征税，导致集体资产无法真正市场化。既然政策与法律层面已经明确其特别法人性质的市场主体地位，也就不能按照一般营利法人进行同样规则、同样程度地征税。要建立税务部门与集体经济组织之间的交流沟通机制，有效解决信息不对称问题，积极维护集体经济组织权益。

此外，农村集体经济组织下属企业上市缺乏专项规定。随着农村集体经济组织法即将颁布，需要相应修改《证券法》的具体内容，充分考虑"社"的非完全市场主体特征，而不能与公司类企业"一视同仁"，加快集体经济组织下属企业上市步伐。

四、未来农村集体经济组织的改革方向

随着就业、社会保障、社会化管理与公共服务以及集体土地利用等各类社会遗留问题的逐步化解，目前的这种混合型的过渡性的农村集体经济组织会沿着集中城镇化地区和非集中城镇化地区两类地区，向着两个方向演化，并逐步培育形成区镇村三级统筹体制机制。

（一）城镇型集体经济组织

城镇化地区的集体经济组织，社区性、社会性逐渐淡化，仍保留公有制属性。为了发展壮大集体经济，可以增加不带有福利性质的现金股，通过股权结构适度开放，以解决集聚人才、资金等高端要素的问题。决策环节可以实施一人一票与一股一票相结合。考虑到普通股减少、股东老龄化以及人才难以引进与留下等现实突出问题，需要推进股权激励或积分制实施"职工股东化"。积极探索通过岗位管理股、期权池等股权激励方式，培养和吸引优秀职业经理人及专业管理人才。

（二）一般农村型集体经济组织

保留社区性仍有较强的社会性特征，同时，坚持公有制属性。但是，要探索与农民专业合作组织的有机衔接与融合，积极培育乡村两级农村集体经济组织为核心的现代农业产业组织体系，并延伸到区级，通过发挥区级统筹的龙头作用，大力培育区级行业协会组织，持续打造区域品牌。

（三）提升"统"的层级，培育乡镇经济中心的体制支撑

按照《乡村振兴促进法》要求，要打造乡镇经济中心，两类地区都面临着资源要素集约利用问题。需要打破"村自为战、户自为战"的发展体制格局，构建乡镇统筹下的"两级多层"复合型经营体制。按照"总社—分社""联社—社""总公司—分公司""联营公司—

子公司"等不同类型，选择适宜的乡村集体经济组织架构，制定镇村联席会议制度，厘清乡镇级集体经济组织与村级集体经济组织的治理边界。

（四）构建区级统筹的体制机制

按照"一委＋一办、一会、一基金"构成的"三位一体"框架设置区级统筹组织体系。区农资委是党的一级组织，代表区委统筹集体资产经营管理的全部工作，下设区（农村）集体资产监督管理办公室（简称"农资办"）、区集体经济联合会与集体产业转型发展引导基金，统筹集体经济发展战略规划、全区产业品牌打造、征地补偿款集合利用、农用地规模化流转等工作。按季度召开例会，负责政策制定、人事任免、项目选择等重大事项的决策。

执笔人：陈雪原

北京市农村集体经济组织股权抵押贷款试点初探

国家于2014年制定了赋予农民对集体资产股份权能改革试点方案，2015年开始在全国开展股份权能改革试点，股份的抵押权、担保权为其中的试点内容。北京市大兴区于2015年被确定为全国股份权能改革试点单位，探索集体资产股份抵押权、担保权；海淀区于2017年被确定为全国农村集体产权制度改革试点单位，进一步完善集体股份权能，探索股份价值评估机制。笔者通过赴大兴和海淀两个试点区深入调研，并与有关金融机构座谈交流，形成如下调研报告。

一、重要意义

农村集体经济组织股权抵押贷款是指已完成农村集体产权制度改革的集体经济组织及其成员将其持有的股权作为抵押担保，按股权评估价值的一定倍数从金融机构获得贷款。开展此项试点对拓宽农村集体经济组织及其成员融资渠道，加大金融支持乡村振兴力度具有重要的示范意义。

（一）有利于盘活农村资产

2020年底，北京市农村集体资产总额达9633亿元，体量巨大。农村集体经济组织股权作为依附于集体资产的财产性权利，具有巨大的升值空间。通过抵押贷款将农村集体产权制度改革红利与金融支农惠农相结合，有利于盘活农村资产资源，实现农民对集体股权占有资产转变为资本。

（二）有利于扩充抵质押物

2020年，北京市有1433个村集体经济组织实现股份分红，占改制村集体经济组织的36.5%。这些享受股份分红的农村集体经济组织及其成员所持有的股权具备相应价值，通过将其作为金融机构所认可的有效抵质押物进行贷款，是破解"三农"融资难痛点的一个途径。

（三）有利于发展集体经济

2020年，北京市有3928个村完成产权制度改革，占全市村集体经济组织的98.8%。产权制度改革对壮大集体经济和维护农民财产权益具有突出作用，股权抵押是进一步深化改革、完善股份权能的有益探索，是遵循市场经济、资源有效配置的重要方式，将有效拓宽集体经济发展路径。

二、基本情况

试点区集体产权制度改革取得良好成效，为开展股权抵押贷款试点奠定了坚实基础。积极探索股权抵押贷款试点，建立相应制度加强规范管理，为金融支持乡村振兴进行了有益尝试。

（一）试点区产权改革奠定了基础

农村集体产权制度改革是涉及农村基本经营制度、具有四梁八柱性质的重大改革。大兴区于 2002 年启动产权制度改革，目前已完成全区 527 个村的改革任务，现有 562 个集体经济组织，确认集体股东 481 个，个人股东 36.7 万人。2020 年全区有 14 个镇 309 个村集体经济组织实现了股份分红，个人股东分红达 18.35 亿元，涉及股东 21.54 万人，人均分红 8519 元。海淀区于 2002 年启动产权制度改革，2020 年全区产权制度改革圆满收官，现有股份经济合作社 86 个，拥有个人股东 9.5 万人。2020 年全区共有 20 家股份社实现了按股份分配，分配总额 7.2 亿元，同比增长 6%，其中 3.5 万个人股东分配 5.6 亿元，人均分配 1.61 万元，同比增长 3%。产权制度改革明晰了资产权属，确定了股权设置，理顺了分配关系，为开展股权抵押贷款试点打下了基础。

（二）试点区制定了股权管理办法

2014 年，农业部、中农办、国家林业局联合出台的《关于印发〈积极发展农民股份合作赋予农民对集体资产股份权能改革试点方案〉的通知》（农经发〔2014〕13 号）（以下简称《试点方案》）明确规定，试点地区可与人民银行分支机构、银监会派出机构，在深入调研、充分协商的基础上，探索农民以其所持集体资产股份向金融机构申请抵押、担保贷款的具体办法。大兴区充分利用本区承担的农村金融改革试点优势，积极与北京银行、北京农村产权交易所、北京市农投公司等机构合作，围绕股权估值认定、抵押登记程序等方面商议，形成了规范化操作办法，于 2017 年出台了《大兴区农村集体资产股份管理办法（试行）》，规定审慎开展集体资产股份抵押、担保，经镇经管站指导，按照程序修改村集体经济组织章程，明示可以抵押担保后方可实施。股东要进行股份抵押、担保，需要经村集体经济组织同意。海淀区于 2018 年出台了《海淀区农村股份经济合作社股权管理办法（试行）》，规定具备条件的股份经济合作社可结合实际，积极探索集体股股权质押的有效实现形式，个人股股东进行股权质押，事先须经所在股份经济合作社同意。

（三）试点区设计了风险化解措施

《试点方案》明确规定，试点地区和金融机构应严格防范金融风险，避免集体经济的产权结构受到冲击。大兴区与北京银行就风险防范措施进行了研究和探讨，设定合理的贷款还款进度及方式，与相关分红、补助、租金分配等现金流进行匹配。个人办理抵押贷款，建议采用未来收益锁定模式，未来收益按照还款计划优先划转至银行还款账户。建立共同的管理和处置机制，由集体经济组织和银行共同开展贷款管理工作，严格把控贷款用途，确保借款人按照规定用途使用。贷后及时关注借款人情况，一旦出现风险，由集体经济组织配合开展股权转让工作，金融机构可依据股份抵押借款合同进行违约处理；也可通过担保基金等方式进行缓冲，出现风险由担保基金先行兑付并获得股份转让处置权，有效缓解银行风险。担保公司向金融机构代偿，采取定期划转分红收益、集体经济组织成员之间转让股权、集体赎回三种方式进行追偿。

三、制约因素

北京市自开展股权抵押贷款试点至今，并未能成功落地，笔者通过调研了解到推动试点进程主要存在以下制约因素。

（一）相应配套机制不健全

以股权进行抵押贷款，首先需要对股权对应的价值进行合理的估算，再匹配适当的抵押率，但目前缺乏股权公允价值评估机制，而且具体政策制定仍不完善；股权抵押经集体经济组织确认后，应在抵押登记部门进行备案，避免多头质押，保障银行权益，但目前缺乏股权抵押登记部门，同时缺乏统一的结算路径，无法考量其收益的价值。

（二）农民股权抵押贷款意愿不强

由于农村金融尚未建立起有效的市场机制，农民仍未形成正确的信贷理念，依然存在"想贷不敢贷"的现象。经调研，大兴区对集体经济组织成员股份权能安排的意愿调查显示，85.7%的成员表示不会进行集体资产股权抵押贷款，主要是因为股权价值较低，抵押贷款额度较少，小额信贷也无法满足发展生产的资金需求，吸引力较低，获得感不强。

（三）政府宣传推动力度不够

国家在政策顶层设计中赋予了农民对集体资产股份的抵押、担保权利，但在实际操作过程中，试点区相关部门比较担忧集体经济组织成员一旦经营不善，无法按时还款，对其股份进行处置会造成不稳定因素，更加倾向于维护农村社会和谐稳定，在一定程度上也影响了集体资产股权抵押贷款试点工作的开展。

（四）金融机构参与积极性不高

金融机构囿于商业可持续原则，在业务开展和产品设计上追求高收益、低风险，与农村低收益、高风险形成强烈反差。传统的商业信贷理念和风险防范套用到农村，不能契合农村政策及特征。因股权处置时，仅限于本集体经济组织内部成员之间转让或者由本集体经济组织赎回，不易判断股权处置效率，处置难度加大，造成执行过程中从业人员的积极性不高。

四、打通环节

股权抵押贷款为农民融资提供了一个可供选择的解决方案，具有一定的探索意义。推动股权抵押贷款试点成功落地，还需要打通以下几个环节。

（一）完善相应配套机制

建立股权登记托管制度，明确股权固化范围、成员权益与利益分配，体现股权收益。建立股权价值评估机制，提供股权价值认定依据，保证评估价值的公正性、科学性。充分运用全国农村集体资产监督管理平台中的农村集体产权管理系统功能，在条件允许时实现与银行的数据信息共享，为银行办理股权抵押贷款提高工作效率。

（二）激发农民贷款需求

帮助农民树立正确的融资价值观。选择合适的应用场景，可结合农民自身发展生产的资金需求，或者以试点区重点项目带动农民投资产生的资金需求，采取贷款贴息的方式，提升农民股权抵押贷款的意愿程度，自下而上、全链条推动股权抵押贷款试点。

（三）加大政府宣传力度

加强对股权抵押贷款政策的宣传，可通过对试点区的村集体经济组织印发宣传单，重点宣传办理对象、条件、程序等规定。联合相关金融机构召开宣讲会，组织村集体经济组织听取股权抵押贷款的系列讲座，突出讲解办理流程以及需要注意的事项。深入试点区的村集体经济组织展开调查，对有意向进行股权抵押贷款的村集体经济组织进一步宣传解读相关政策。

（四）提高金融机构积极性

金融机构要勇于创新金融产品，敢于接受新的抵押物，对农村实行差别化的金融政策，产品设计要契合农村特点与农民需求。同时，加大金融机构尽职免责与容错纠错机制建设，可尝试在试点区建立风险补偿基金，解决金融机构对股权进行抵押的后顾之忧，推动金融机构深入了解集体股权特性及价值，为后期金融产品的完善与落地提供保障。

执笔人：林子果

京郊 100 个集体经济薄弱村现状调查

按照市委农办的总体安排和部署，结合市委农工委、市农业农村局《全系统开展"进村入户走基层"三年专项行动方案》要求，今年 4 月份以来，市农业农村局与市农村经济研究中心组成联合调查组，组织 80 多名研究人员，在全市选取 100 个集体经济薄弱村开展专题调研，进一步了解和掌握郊区农村集体经济薄弱地区的发展现状与问题，为市委、市政府加大政策倾斜、资金扶持和统筹推进力度，制定深化农村集体经济体制改革和促进农业农村高质量发展的专项政策提供信息和决策依据。现将调研情况报告如下。

一、基本情况

2020 年，全市农村集体资产总额达 9633 亿元，占全国总量的 10% 以上，但是空间分布不均衡，2/3 集中在朝阳、海淀、丰台、石景山地区，并直接影响了农民地区收入差距。2019 年，从年集体经营性收入低于 10 万元的集体经济薄弱村中选取了 93 个村进行村级扶持壮大集体经济试点，现已全部实现经营性收入超过 10 万元的目标，并规范和健全了村集体经济发展的运行机制。

目前，全市有 590 个需要纳入扶持的集体经济薄弱村，计划在"十四五"期间基本消除。今年 5 月初，建立了区党委、政府为责任主体，乡镇党委、政府为项目申报和实施主体，村党组织和集体经济组织为执行主体的工作机制，全力推进集体经济薄弱村增收工作。

本次调查对象是通过 stata 计量软件随机抽样的方式，综合村庄区位分布、集体经营性收入等指标，从 590 个集体经济薄弱村中随机选取的 100 个村级集体经济组织。被访村分布于门头沟区 9 个，房山区 9 个，昌平区 1 个，大兴区 1 个，平谷区 18 个，怀柔区 20 个，密云区 30 个，延庆区 12 个。被调查村在联合调查组、区调查专项小组的指导下填写《集体经济薄弱村调查问卷》，由联合调查组进行数据汇总分析。

二、主要问题

受到老龄化、林果业利润空间缩小、农地利用碎片化、产业资源与基础设施薄弱、农地生态功能的规划刚性约束的"推力"以及劳动力社平工资上升吸引下的人口与劳动力外流的"拉力"双向因素影响，郊区农户家庭经营日趋弱化，以家庭承包经营为基础、统分结合的双层经营体制要进一步加强"统",实施产业统筹。调查问卷显示有 66% 的被访村认为需要跨村联合,"统"的层级亟待向镇级提升。

(一)村庄人力资源匮乏,人口结构老化

1.村干部老龄化明显,任职时间偏短,管理人才短缺

党建引领是基层社会治理的核心。但是,100 个集体经济薄弱村的村书记平均年龄已有 50.8 岁(村主任 50.7 岁,村股份经济合作社社长 51.1 岁),而平均连续任职仅 5.39 年(村主任为 5.02 年,村股份经济合作社社长为 4.69 年),多数没有干满两届。村书记、村主任、村股份社社长三职"一肩挑"的占 93%,与全市水平持平。27% 的薄弱村由第一书记或驻村工作队协助管理本村事务,管理人才依然有较大缺口。

2.村庄农居混杂,农业户籍常住人口进入深度老龄化阶段,且人口净流出明显,残疾人现象突出

村庄平均人口规模为 270.5 户 602.1 人。其中,农业户籍人口 409.2 人,占 67.96%。这意味着传统农区"农民种地"的功能日趋弱化,正在向亦城亦乡的多元功能方向转化。

在村常住人口进入深度老龄化阶段。薄弱村平均有 60 周岁以上老人 161.3 人,占村庄人口总数的 26.79%,进入中度老龄化阶段(标准为 20%)。其中,农业户籍老人 130.3 人,占农业户籍人口的 31.84%,进入重度老龄化阶段(标准为 30%)。长期在本村居住的农业户籍老人 115.7 人,占农业户籍长期在村居住人口的 39.8%,进入深度老龄化阶段(标准为 35%)。

村庄人口处于净流出态势。农业户籍中长期在本村居住的,平均 134 户 290.7 人,占农业户籍人口总数的 71.04%;外流人口近 30%,随着村庄空心化,生产功能将逐步萎缩。

残疾人已经成为一个相当普遍的现象。村均残疾人 60.3 人,占村庄人口总数的 10.01%。农业户籍中长期在本村居住的残疾人村均 46.6 人,占农业户籍常住人口总数的 16.03%。

3.劳动力就业以第三产业和第一产业为主,一产就业的 50 岁以上劳动力占比近 60%

务农劳动力仍占有相当大的比重,但生产效率极低。薄弱村平均拥有 298 个就业劳动力,其中第一产业平均就业劳动力 117 个、第二产业 51.5 个、第三产业 129.5 个,分别占 39.26%、17.28%、43.46%。但是,务农劳动力生产率很低,劳均年产值 0.73 万元,约相当于薄弱村中第二产业劳均生产率的 1/13、第三产业劳动力的 1/7。因此,如果考虑务农的机会成本,种养殖业肯定是要赔钱的。

一产就业劳动力老龄化严重。在实际就业劳动力中,大于 60 岁的男劳动力与大于 55 岁的女劳动力占 21.47%。第一产业劳动力中,50 岁以上的占 59.32%,40 岁以下的仅占 11.29%。由此导致远郊区"有果无人摘,有田无人种"的粗放式经营现象,走向农业现代化必须培育新型农业经营主体。

外出务工是农民的主要就业渠道,占比为 47.08%。如图 1 所示。

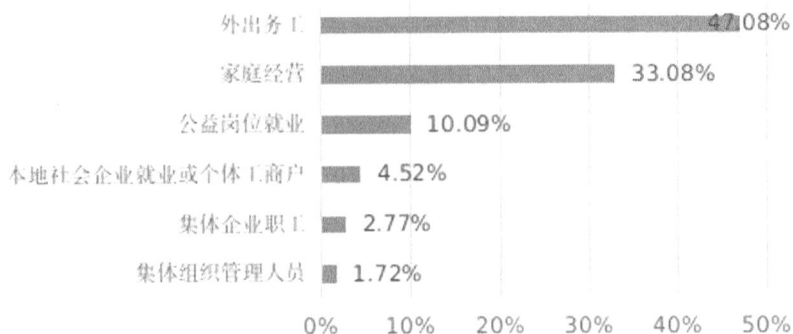

图1　百村按就业渠道划分的劳动力就业结构

如图2所示，80%的被访村表示外出打工是村民最主要的收入来源，且远高于村内农业收入。

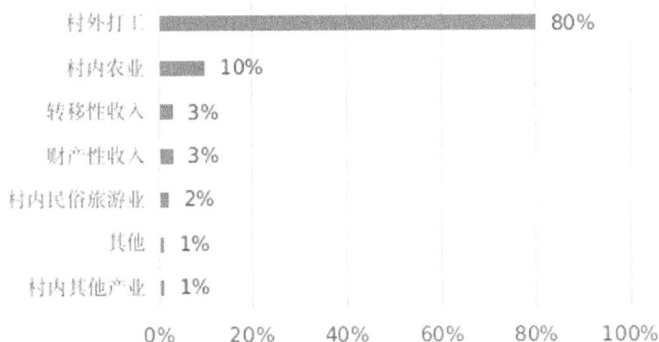

图2　百村村民的主要收入来源

4.村内社会保障与公共服务城乡二元反差明显

2020年，薄弱村村均130.8人参加城镇职工基本养老保险，占村庄人口总数的21.72%；132.1人参加城镇职工基本医疗保险，占21.94%。218.4人参加城乡居民基本养老保险，占36.27%；312.5人参加城乡居民基本医疗保险，占51.90%。

仅有29%的薄弱村参加了农业保险，平均参加年限7.04年，平均参加种植业险种1.3个、养殖业险种1.1个、创新险种1.7个。已参加农业保险的薄弱村均有意愿继续参加。

15.31%的薄弱村在本村或者邻村无公用的社区卫生服务机构（包括社区卫生服务中心、卫生服务站、卫生室等）；84.61%的薄弱村在本村或与邻村尚无公共养老院；11.11%的薄弱村尚无公厕。

（二）村庄区位条件较差，农地碎片化，林地、农宅等资源闲置严重

1.薄弱村主要位于山区或浅山区，多数地区交通不便

70%的薄弱村位于山区，23%位于浅山区，7%位于平原区。薄弱村距本区城区平均41.22公里，距北京城区平均94.86公里。58.59%的薄弱村认为本村地理位置不具有优越性。

2. 农用地中以林地、园地为主，耕地资源稀缺，农地流转率偏低，林下经济发展明显滞后

村均耕地 453.29 亩①，占农用地面积的 5.64%，流转比例 28%。村均园地 793.11 亩，占农用地面积的 9.87%，流转比例 7.94%，说明在林果产业中，家庭经营模式仍有一定的适应性。村均林地 6343.13 亩，流转比例 4.28%。仅有 4 个村有林下经济，每村平均 243 亩。

3. 大部分村没有现状集体经营性建设用地，闲置农宅已具有规模性开发价值

村均现状集体经营性建设用地 15.06 亩，流转比例 4.71%。70 个薄弱村没有现状集体经营性建设用地。

村均农宅 212.86 套。有 25 个村发生农宅流转，流转比例 1.05%，年平均流转价格 37831 元 / 套。70 个村有闲置农宅，共有 1816 套，占农宅总数的 8.71%。45 个村存在一户多宅，占农宅总数的 3.02%。69 个村存在一宅多户，占农宅总数的 9.48%。

表 1　百村集体土地资源构成

	村均面积（亩）	发生流转的村数（个）	流转面积比例（%）	平均流转价格（元 / 亩）
集体土地总面积	8514.91	—	—	—
农用地面积	8036.39	—	—	—
耕地	453.29	43	28.00	1108.54
园地	793.11	14	7.94	839.11
林地	6343.13	28	4.28	851.32
草地	292.28	1	0.65	615.00
水面	15.37	2	9.07	343.48
其他农用地	139.21	5	5.05	953.03
建设用地面积	266.47	—	—	—
集体经营性建设用地	15.06	3	4.71	1821.62
公共管理与公共服务用地	48.81	1	0.10	6000
宅基地	154.78	—	—	—
未利用地	212.06	—	—	—

（三）村集体家底较薄，村均集体资产为全市水平的 1/13，6% 的村集体已经资不抵债

村均资产总额由 2019 年的 820.72 万元（不及 2019 年全国 868.3 万元，更不及全市 10621.3 万元水平）增长到 2020 年的 870.38 万元，增长幅度为 6.1%。

2019 年村均集体净资产额为 479.21 万元，2020 年达到 522.85 万元，增长率为 9%。2019 年，房山区霞云岭乡龙门台村、密云区北庄镇土门村等 6 个村集体净资产为负。

（四）产业结构主要以农业为主，一二三产业融合发展滞后

2020 年，百村第一产业产值占 62.95%。从细分产业看，林果业产值占比最高，为

---

① 怀柔区怀北镇新峰村整体纳入怀柔科学城建设规划，土地资源利用分析中不含该村，即占比分析的分母按 99 计算。

39.66%；其次是休闲农业与乡村旅游业，占18.41%；再次是以玉米为主的大田作物，占14.73%；其他依次是以蔬菜为主的经济作物（6.82%）、其他制造业（7.43%）、建筑业（7.17%）、其他服务业（3.67%）、养殖业（1.74%）、农产品加工业（0.37%）。

按照九部门细分产业比较，林果业是目前集体经济薄弱村的首要收入来源，但也面临着利润收窄的"天花板"效应。以平谷区刘家店镇大桃记账户为例，2012年至2018年大桃单位生产成本从每公斤2.8元增加到3.0元，销售价格从每公斤7.8元下降到5.9元，销售利润从每公斤5.0元下降到2.9元，即单位生产成本增加了7.8%，销售单价和销售利润却分别波动下降了24.4%和43%（见图3）。平谷大桃产业在外埠激烈市场竞争环境下，带动农民增收作用逐渐削弱。

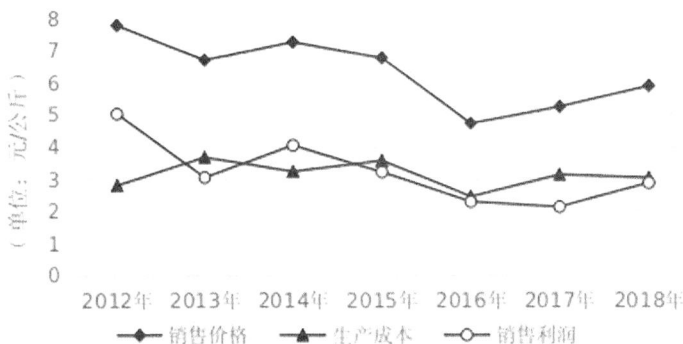

图3 平谷区刘家店镇大桃单位成本、售价、利润变动趋势

（五）转移支付收入超70%，以运行维护性支出为主，有40%村收不抵支

1. 收入主要来自财政转移性收入

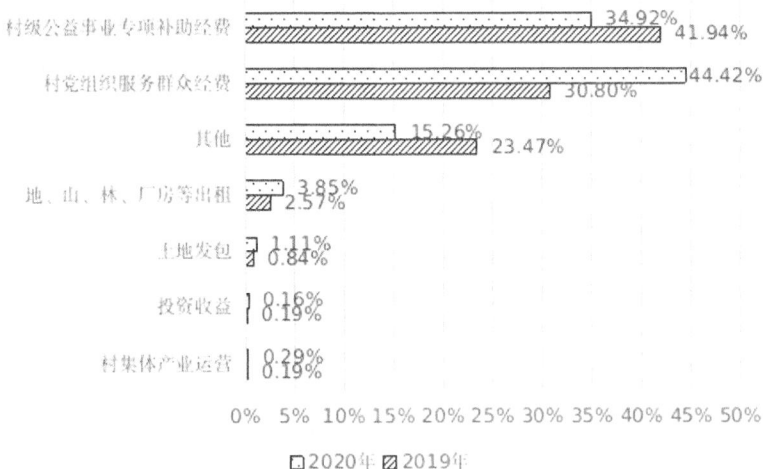

图4 2019年、2020年百村村级集体经济组织主要收入构成

村均集体经济组织收入由2019年的54.79万元增加至2020年的66.04万元，上涨20.53%。如图4所示，2019、2020年政府政策性补助经费占比均为最高，2019年村级公益事业专项补助经费与党组织服务群众经费两项转移支付性收入合计占比为 72.74%，2020 年上升到 79.34%。2019 年和 2020 年分别仅有 2 个和 3 个村有集体产业运营收入。

2. 支出主要用于公共服务运行维护

村集体经济组织支出均值由 2019 年的 53.54 万元增加至 2020 年的 60.08 万元，上涨 12.22%。如图 5 所示，2019 年、2020 年村均公共服务运行维护费支出占比最高，大部分为环境整治、社区治安、维修维护等支出。

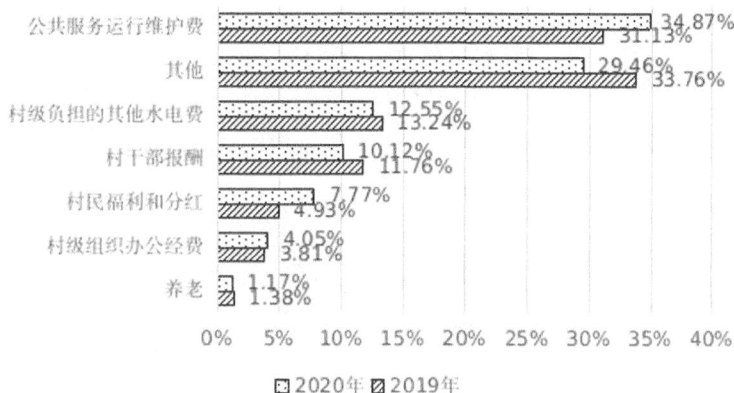

图 5 2019 年、2020 年百村村级集体经济组织运转经费支出构成

3. 收不抵支村占比近 40%，以山区为主

2019 年，有 40 个村收不抵支[①]，2020 年减少为 37 个。2019 年收不抵支村占样本村数量最高的三个区分别是房山区（77.78%）、平谷区（61.11%）、怀柔区（35%），2020 年分别是房山区（100%）、平谷区（61.11%）、密云区（30%）。

如图 6 所示，收不抵支村大部分位于山区，2019 年占 65.00%，2020 年占 67.57%；浅山区分别占 27.50%、21.62%；平原区分别占 7.50%、10.81%。

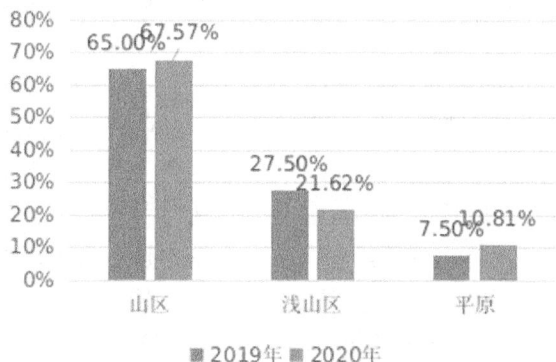

图 6 2019 年、2020 年收不抵支村的村庄区位

---

① 考虑到疫情因素，本报告更多采用 2019 年数据。另外，昌平区仅有一个样本村，该村 2019 年收不抵支，未纳入横向比较。

4.集体经济对农民增收带动力不强，且提升困难

根据"三资"平台，被访村2019年农户收益为1055.1万元，2020年为1083.8万元，增加2.72%。农户从集体经济组织中所获取的总额分别为65.1万元、67.5万元，占总体农户收入的比重两年均为6.2%，说明集体经济对农民增收带动力不强，且提升空间已经面临"天花板"效应。

三、发展意愿

（一）主要制约因素：缺产业发展资金、缺基础设施、缺扶持政策

如图7所示，被访村认为本村集体产业发展的三个"主要制约因素"（多选，不按重要性排序）依次是缺少产业发展资金（21.0%）、基础设施薄弱（16.6%）和缺少产业发展扶持政策（14.5%），占比合计52.1%。

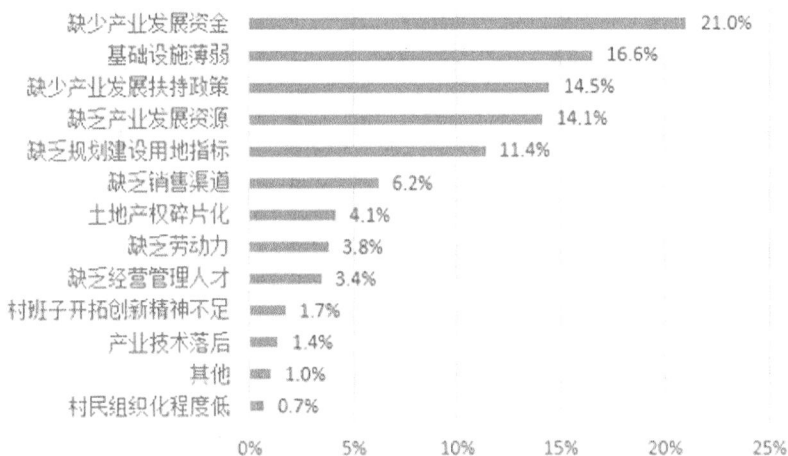

图7　百村集体产业发展主要制约因素（多选）

从重要性排序来看，如图8所示，"最突出制约因素"依次是缺乏产业发展资源（35.4%）、基础设施薄弱（19.2%）和缺少产业发展资金（17.2%），占比合计为71.8%。山区薄弱村集体产业发展最突出的制约因素依次是缺乏产业发展资源、基础设施薄弱和缺少产业发展资金；浅山区薄弱村受基础设施薄弱的制约更大，缺乏产业发展资源、资金及规划建设用地指标影响也较大；平原区薄弱村最大的制约因素是缺乏产业发展资源。

产业发展资源缺乏成为当前集体经济薄弱村，特别是在山区和平原地区发展的最突出制约因素，根本原因是首都进入后工业化社会阶段，作为特大城市对郊区农村功能定位及规划管控趋严，如严禁煤炭等矿藏开采，拆除大棚房、违规别墅，生态沟域限制发展餐饮业等等。当前京郊薄弱村发展的出路是从村庄在城市功能中的定位出发，努力找到自身的发展空间，而不是再像工业化时期经历不停的市场竞争试错方式来寻找和开发产业资源。

缺乏产业发展资源 35.4%
基础设施薄弱 19.2%
缺少产业发展资金 17.2%
缺乏规划建设用地指标 9.1%
缺少产业发展扶持政策 5.1%
土地产权碎片化 4.0%
缺乏经营管理人才 3.0%
缺乏销售渠道 2.0%
村班子开拓创新精神不足 2.0%
缺乏劳动力 2.0%
产业技术落后 1.0%

0% 5% 10% 15% 20% 25% 30% 35% 40%

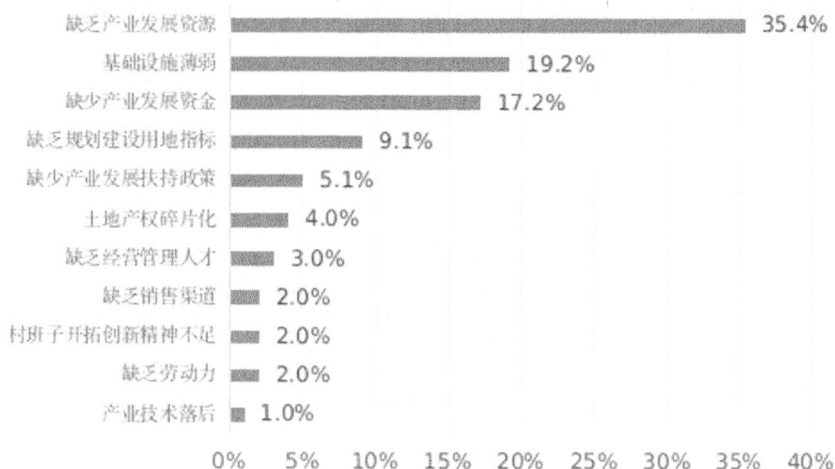

图 8　百村集体产业发展的最突出的制约因素

表 2　不同区位薄弱村集体产业发展的最突出的制约因素

最突出制约因素	山区村	浅山区村	平原区村
缺乏产业发展资源	35.7%	18.2%	85.7%
基础设施薄弱	18.6%	27.3%	—
缺少产业发展资金	18.6%	13.6%	14.3%
缺乏规划建设用地指标	8.6%	13.6%	—
缺少产业发展扶持政策	5.7%	4.5%	—
缺乏劳动力	2.9%	—	—
土地产权碎片化	2.9%	9.1%	—
村班子开拓创新精神不足	2.9%	—	—
缺乏经营管理人才	2.9%	4.5%	—
产业技术落后	1.4%	—	—
缺乏销售渠道	—	9.1%	—
合计	100%	100%	100%

（二）集体产业发展的方向

被访村大多位于生态涵养区（除大兴区 1 个村、房山区 1 个平原村外），以生态保护和绿色发展为主。被访村提升产业发展水平、增加产业收入的需求较强烈，但受到资源条件和产业发展政策等限制，产业结构存在一定的同质化。部分村表示村内缺少特色资源且现有资源多数掌握在农民个人手中，集体"有想法，没办法"。

如图 9 所示，被访村在未来计划发展的产业（多选）中，多数计划发展乡村观光休闲旅游业（35.0%）、林果业（23.3%）和种植业（杂粮、蔬菜、中草药、花卉、食用菌等经济作物）（20.8%），有 5 个村计划发展光伏发电产业。仅就平原村来看，未来产业发展以乡村观光休闲旅游业和种植业为主。从不同行政区来看，除大兴区、昌平区外，发展乡村观光休闲旅游业是各区薄弱村的首选，其中门头沟区意愿最强（66.7%），其次为房山区（39.1%）、平谷区（37.8%）。

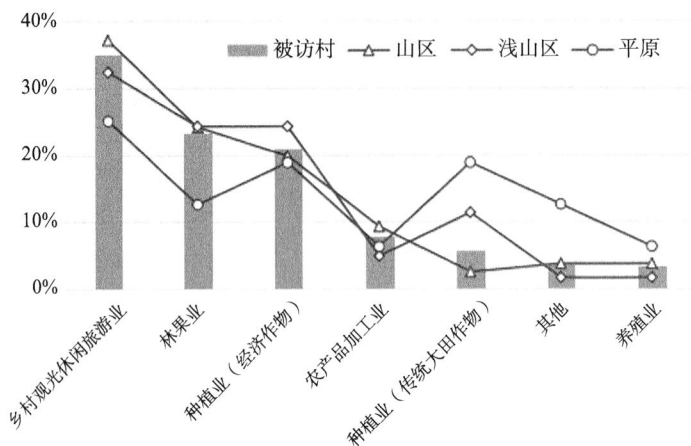

图9　未来产业发展计划（多选）

84个村将"乡村观光休闲旅游业"作为其未来计划发展产业的选择，其中12个村将其列为未来发展产业的唯一选择。主要有以下模式：一是依托特色资源，如红色资源、古村落、非遗项目等发展体验式休闲旅游产业。如怀柔区九渡河镇红庙村计划建设村非遗文化手工制作培训基地，开展灯笼制作、葫芦镶嵌等非遗传统手工艺品的互动体验和非遗项目中高级专业培训；房山区南窖乡南窖村是"中国传统村落"，计划借助明清古戏楼、古街、古寺、古宅和古树，发展登山、观光休闲、民宿等产业。二是依托周边景区等资源，发展乡村旅游、观光休闲产业。如密云区太师屯镇落洼村计划依托邻近古北水镇的地理优势发展民俗旅游，延庆区大庄科乡沙门村依托香草产业正在筹建香草产业观光园。三是利用山林资源，发展休闲观光、采摘。如平谷区金海湖镇向阳村依托7000多亩林地、果园发展果品、中草药种植及果树认领、采摘等产业。四是盘活利用闲置农村宅院，发展精品民宿或民俗旅游。如门头沟区斋堂镇黄岭西村、密云区北庄镇土门村等。

（三）山区搬迁：有搬迁意愿与已搬迁、正在搬迁村合计占65.7%，搬迁成为山区薄弱村转型发展的主要模式

1. 已搬迁和正在搬迁的村共27个，占比为38.6%

被调查的70个位于山区的薄弱村中，已搬迁和正在搬迁的村共27个，占比为38.6%。已搬迁村共21个，占比为30%，其中12个村为整村搬迁、15个村为就地搬迁，共搬迁2175户5388人，搬迁时间主要集中在2016年至2020年。正在搬迁的村共6个，占比为8.6%，涉及650户1524人（其中1个村搬迁户数、人数尚未确定），均为就地搬迁，其中3个村为整村搬迁。

2. 有27.1%的山区村有搬迁意愿，与已搬迁、正在搬迁村合计占65.7%

未搬迁的43个山区薄弱村中，认为不需要搬迁的村有24个，有搬迁意愿的村19个，需要搬迁的原因主要是村庄处于生活条件恶劣区（居住分散、地理位置远、交通不便、缺乏发展资源等）或处于地质灾害易发区。其中，位于门头沟区、平谷区的薄弱村，由于位置偏远、交通不便、缺少资源等原因，搬迁意愿更加强烈。

（四）主要政策需求：基础设施建设、财政资金和规划建设用地指标

1.普遍希望在基础设施建设、财政资金和规划建设用地指标等方面获得支持

如图 10 所示，被访村认为本村实现未来产业发展计划，"需要的支持"（多选）依次为产业基础设施（25.5%）、财政投入（20.2%）和规划建设用地指标（19.9%）。72 个村希望获得产业基础设施方面的支持，主要是修建村庄道路、上下水管道及设施，修建田间路、灌溉设施及景观路等；57 个村希望获得财政投入方面的支持。

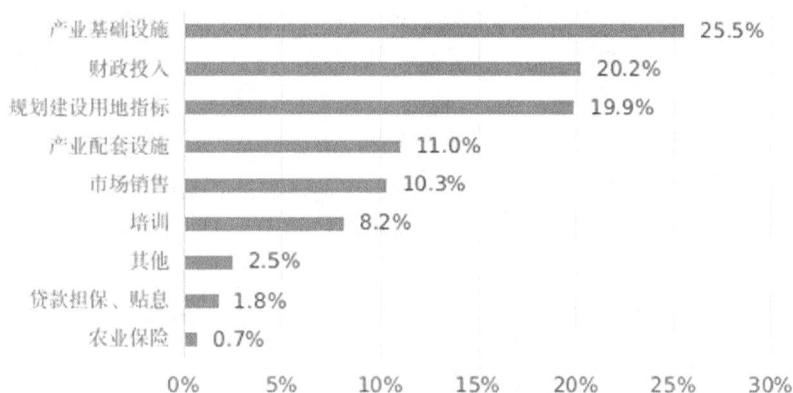

图 10　百村产业发展需求（多选）

2.最需要获得"规划建设用地指标"支持

如图 11 所示，薄弱村"最需要的支持"是规划建设用地指标（46.5%），其次为产业基础设施（21.2%），再次为财政投入（18.2%），占比合计 85.9%。对规划建设用地指标需求强烈程度，依次为浅山区、山区、平原区，这应与浅山区多数位于山前暖坡台地、具有更高的开发价值有关。

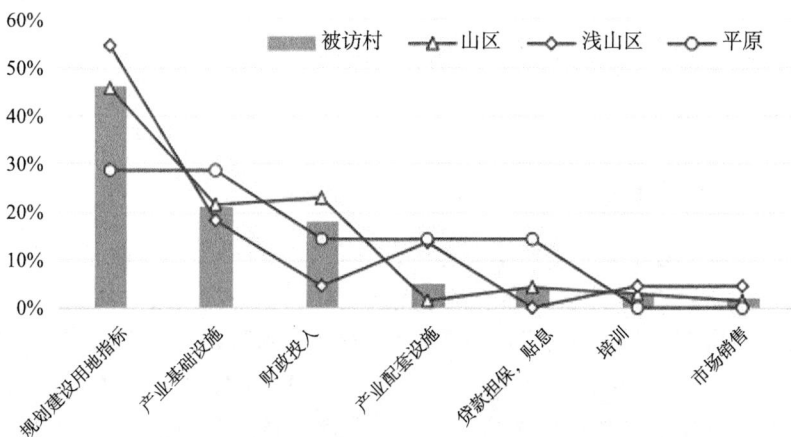

图 11　百村发展"最需要"的支持

56个村提出了产业发展的规划建设用地指标需求，共4136亩，每村平均约74亩。其中，用于建设产业配套设施的指标需求约3000亩，如建设精品民宿、旅游接待管理用房、培训基地、厂房、储藏间等。其他指标主要用于满足村民居住需要及提升村庄人居环境水平，包括密云区、怀柔区的5个村计划将共约110亩建设用地指标用于险户搬迁建房等满足村民居住需求，平谷区2个村需要共1000亩建设用地指标用于美丽乡村建设，延庆区、房山区和平谷区4个村共需45亩，用于建设养老驿站、文化服务设施、停车场等基础设施。

3. 对人才、市场销售方面的帮扶需求较高

在调研座谈中，部分村表示村里亟须专业技术、服务及管理人才。从问卷看，被访村中有32个村提出了"培训"需求，主要是农业实用技术培训（果树种植管理、养蜂技术等）、旅游服务技能培训、经营管理能力培训和转移就业技能培训四类，部分村为单一培训需求，有的村则需要多种类型的培训。其中，有农业实用技术培训需求的村共18个，有旅游服务技能培训需求的村16个，有经营管理能力培训需求的村14个。如图12所示。

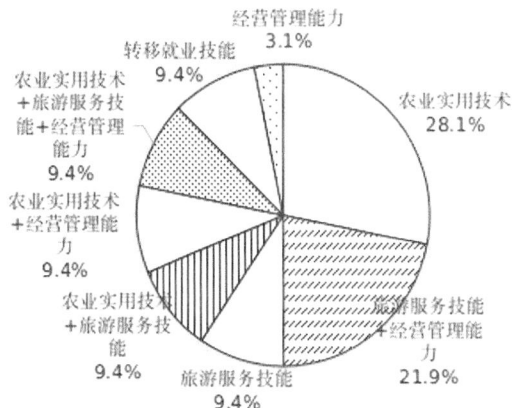

经营管理能力 3.1%
转移就业技能 9.4%
农业实用技术+旅游服务技能+经营管理能力 9.4%
农业实用技术+经营管理能力 9.4%
农业实用技术+旅游服务技能 9.4%
旅游服务技能 9.4%
旅游服务技能+经营管理能力 21.9%
农业实用技术 28.1%

图12　百村产业发展需要的培训类型

29个村提出了希望相关部门帮助解决"市场销售"的需求。其中，大部分薄弱村的诉求是促进农商对接、拓宽销售渠道、提高销售价格等，5个村提出希望相关部门帮助本村打造民宿或农产品特色品牌，个别村提出发展订单农业或政府、村、企联动推广乡村旅游产品和农产品的需求。

四、转化集体经济薄弱村的思路与实施路径

（一）逻辑原点：立足首都城市功能定位谋划薄弱村产业发展，破解"三个错位"

与全国农村地区不同，北京市郊区村庄发展具有后工业化阶段与特大城市辐射带动两个基本特点，要从满足城市需求把握村庄功能定位，发展现代服务业，而不能再用工业化时代的发展思路，一般化地研究依靠资源上项目。薄弱村现象的实质是京郊工业化转型完成了，社会结构没有转型，本应用于社会转型的规划建设用地指标即土地发展权已经透支了。当前，只有通过加强"统"来集约出发展权，培育新的产业资源这一条大

路可走。关键是走出时间、空间与体制上的"三个错位"，认清薄弱村转型发展的逻辑原点，按照"政府主导、集体主体、分类推进、统筹实施"的原则，有效推进"转薄"工作。

1. 立足后工业化发展阶段，解决"时间错位"

2019 年，北京市人均 GDP16.4 万元，折合 2.45 万美元，属于典型的发达国家或地区收入水平。由此导致的消费结构高端化，需要产业结构的高端化相匹配。北京市三次产业结构比重为 0.3:16.2:83.5，去工业化、去农业化基本完成，农业农地承担的产业功能必须要向现代服务业方向转型发展，要在战略意义上放弃从产业化农业或农产品加工业方向上促进农民增收的传统思路。

2. 立足首都超大城市功能，解决"空间错位"

在中心城区、新城对郊区辐射日益增强，规划管控进一步精细，导致村庄功能依附化，除了落实首都核心功能外，自由发挥空间大幅度收窄。加之，在存量减量发展条件下，农村经济发展面临着强"天花板"约束效应，需要统筹实施村庄有机更新，完善空间与产业布局，集约出土地发展权，重点发展宜居服务、文化创意服务、会议会展服务、医疗保健养老服务、观光休闲旅游为主的都市服务型农业等。

3. 变开发商主导的"分割式发展"为集体经济组织主导的"统筹发展"，解决"体制错位"

开发商主导的城乡结合部、小城镇建设、新型农村社区建设，容易"挑肥拣瘦""吃肉吐骨头"，成本畸高，导致推进滞后，最终留下大量"旧村庄"。解决这些历史遗留问题，首先需要转变发展方式，通过城乡统筹、区镇统筹，从"统"的层面健全统分结合的双层经营体制，优化空间与产业布局，并辅之以财政、金融、规划等配套政策。

（二）实施路径：借力山区搬迁，精研村庄功能定位，推进"城市化、城镇化、新村社区化"

1. 借助郊区新城或边缘组团建设消除薄弱村

这类村庄一般位于中心城、新城或边缘组团的规划建成区范围内，区位条件相对较好。随着大规模征占地，重大项目、功能区等建设，面临着整村拆迁，农民上楼。在完成社保体制城乡并轨后，要适时放宽征地补偿款的使用范围，提高集体经济组织成员的福利和分红水平。如在怀柔科学城建设中，新峰村在征地过程中形成的大量集体资产，可以通过稳健经营成为未来集体经济组织成员城市化过程中永久的利益依托。要探索与山区搬迁相互结合，让部分远郊山区村庄一步迈入城市化快车道。

2. 通过小城镇镇区集聚产业和人口带动薄弱村转化

一般是位于重点镇、一般镇中心区规划范围内，或不在中心区需要独立完成城镇化的薄弱村。这类村的主要任务是培育集聚资源要素与产业的增长极，是培育乡镇经济中心的关键点。需要在规划、基础设施投资、人才引进等领域进行政策倾斜。山区搬迁等撤并类村庄要与小城镇建设紧密结合起来。如平谷区镇罗营镇的上营村，重点是通过集体建设用地集约利用，培育小城镇集聚内核和增长点。

3. 通过新型农村社区建设落实首都功能带动薄弱村转化

一般是镇域总体规划中的保留村，总体上处于人口外流趋势，但具备一定的产业聚集功能，如养老、宜居性服务业等，可以吸引城里人长期或经常前来居住。或者属于古村落，具有一定的历史文化保存价值，如房山区的南窖村；黄山店村是一个比较成功的典型，盘活宅基地资源是其转型发展的关键一步，目前景区、民宿以及培训等各类产业年收入总计已达 1.4 亿元。

另外，有相当数量的村庄通过山区搬迁政策就地就近求发展带动薄弱村转化。在城镇化进程中，村庄常住人口持续性下降、生活功能趋于弱化的地区，未来将逐渐演化成若干护林点、林场等。如房山区佛庄子乡山川村，农业户籍人口 272 人，长期在村里居住的仅有 45 人，相当于 83.5% 的农业户籍人口净流出。此类村庄已经缺乏产业发展的基本要素，未来需要进行乡镇统筹，甚至区级统筹，借助山区搬迁政策，实施村民异地上楼安置，村庄原址进行绿化。

五、扶持转化集体经济薄弱村的对策建议

（一）建立健全村级集体经济"统"为主导的经营体制，并逐步向乡级延伸，实施"体制统筹"

理顺村级集体经济"统"为主导的经营体制，并逐步成立乡镇级联社，提升"统"的层级和资源统筹配置的综合效率。

一是政社分开。集体经济组织作为集体资产的所有者，负责规划空间与产业布局、发展模式、方向及重点。村委会主要负责村内公益性服务事业。镇政府与乡级集体经济组织关系是监管与被监管的关系，保障集体经济组织的自主经营管理权利。

二是产权方与经营方分开。乡村两级集体（即"社"）作为产权主体，要坚持公有制的产权不可分割性及封闭性。原则上，只负责资源整合，不直接作为经营主体直接参与市场竞争。而是按照"社 + 公司"的组织形式，通过下设若干个专业公司（或专业合作社）作为经营方，形成直接参与市场竞争、合作、产权开放、有限责任的市场主体。

（二）设立区级农地流转基金与专项补贴政策，以乡村两级集体经济组织为主体整合农地资源，实施"空间统筹"

市区两级财政部门制定农地流转基金，重点鼓励和支持集体经济薄弱地区，以乡村两级集体经济组织为实施主体，进行农地资源碎片化整合，促进农地规模经营和农业科技进步。落实集体经济组织土地占有和规划权、土地发包和调整权、收益权以及处置权等基本权益。对实施农地规模化流转的集体经济组织在资金奖励、项目建设、用水用电等方面进行扶持。对于全部流出土地的老年农民，村集体经济组织按月发放生活补贴。

制定土地流转指导价，规避集体经济组织在农地资源整合中可能面临的坐地要价。利用农村产权交易所，采取公开招投标方式提高农地对外流转价格。通过农地流转补贴，对管理规范、示范带动能力强、符合产业转型升级方向的各类农业经营主体进行扶持。

（三）设立区级现代服务业产业引导基金与区级休闲旅游行业协会，引领镇村联动发展，实施"产业统筹"

充分发挥区级主导作用，设立专项引导基金。参照门头沟发展精品民宿经验，由各区成立区休闲旅游现代服务业产业引导基金。目前，重点支持乡村两级集体经济组织主导的民宿产业发展。针对民宿产业发展中的低端化、"一家一户"、"小、散、低"现象，鼓励探索集体经济主导模式。同时，成立区级民宿旅游（专业）协会组织，系统整合区域产业资源，打造区域性的民宿品牌，作为区域龙头，带动林下经济、大田作物种植、蔬菜种植产业进行有机衔接与整合。

赋予集体经济组织林地养护、基础设施和公益事业等领域的特许经营权。乡联社或村股份社下设乡级绿化养护公司与公共服务经营公司，村集体可以薄弱村支持资金参股，负责全市各区镇村以平原造林、山区生态养护为主的生态环境服务及竞争性较弱的基础设施维护的公共服务业。按照全市 200 万亩林地，每亩地 2600 元 / 年林木养护费测算，52 亿元的总支出，再扣除 50% 成本（常年看护费与杂草清理费），集体经济组织可以获得约 26 亿元的收入。通过区镇统筹，可以解决 600 个集体经济薄弱村经营性收入 10 万元达标问题。

（四）进行村庄画像，分类推进乡村经济社会有机更新，差异化满足一二三产业融合用地需求，实施"政策统筹"

重新进行村庄画像，系统开展村庄功能定位研究，用功能引导产业，而不是相反。对于非保留村，财政果断买单，对于要继续发展的村赋予土地发展权。要把集体产业发展纳入在功能引导下的乡村社会可持续发展的总目标之下。

以盘活闲置农宅为重点，集成财政、规划、金融等多项政策，由集体经济组织主导，采取原址提升、就地翻建、整体改造、集中联建等多种方式，开展自主改造。整理集约出的建设用地指标，解决一二三产业融合中的配套设施建设用地需求，加快农业科技园区、休闲观光园区以及精品农业园区等项目建设。

针对合规不售类的违章建筑，稳慎探索在拆除一定比例前提下变更所有权到集体经济组织，壮大集体资产，并按照原产权主体优先原则，对社会资本发包经营。尽量减少"一刀切"式拆迁，最大限度地减少社会资源浪费。

市农业农村局、市农研中心联合调查组
负责人：张光连、姚杰章、刘军萍、熊文武
责任人：陈雪原、张英洪
执笔人：陈雪原、孙梦洁、王洪雨、郭轲

延庆区集体经济薄弱村发展调研报告

　　2021 年 4 月，市委农工委、市农业农村局与市农研中心组成联合调查组，开展 100 个集体经济薄弱村专题调研。按照联合调研组的统一安排，4 月 19 日—20 日，北京市农村集体经济薄弱村发展问题联合调查组第四组的第 1 小队、第 4 小队和第 5 小队的 12 人分别到延庆区康庄镇小曹营村、旧县镇常里营村、刘斌堡乡营盘村、香营乡上垙村以及张山营镇苏庄村、千家店镇沙梁子村和大庄科乡东太平庄村、沙门村、旺泉沟村和珍珠泉乡称沟湾村、桃条沟村、下水沟村进行入村走访和座谈。入村调研结束后，调研小组对各村问卷进行了反复核实和分析，现将调研情况报告如下。

一、基本情况

　　延庆区 2020 年 1—11 月集体经营性收入低于 10 万元的村共有 87 个，分布在 14 个乡镇（八达岭镇无），主要集中在东部 4 个山区乡镇（大庄科乡、千家店镇、四海镇、珍珠泉乡），共 42 个村，占 48.3%。本次调研选取延庆区 12 个集体经济薄弱村进行调查，占延庆区集体经济薄弱村的 13.8%，其中大庄科乡和珍珠泉乡共 6 个村，占东部 4 个山区乡镇集体经济薄弱村的 14.3%。

（一）12 个村的资源要素情况

　　1. 八成左右的集体土地是林地，集体经营性建设用地仅占集体土地的 0.5%。12 个村集体土地总面积 8.67 万亩，其中耕地面积 0.74 万亩，占集体土地总面积的 8.57%；园地面积 0.54 万亩，占集体土地总面积的 6.26%；林地面积 6.95 万亩，占集体土地总面积的 80%；集体建设用地面积 0.17 万亩，占集体土地总面积的 2.12%，其中集体经营性建设用地仅占集体土地的 0.5%。

表1　12个受访村土地资源情况（亩，%）

乡镇	村	耕地	园地	林地	其它农用地	小计	建设用地	未利用地	总面积
康庄镇	小曹营村	660		3	17	680	129	17	826
旧县镇	常里营村	1620	17	173	556	2367	165	97	2628
刘斌堡乡	营盘村	1662	187	8544	6	10399	259	24	10682
香营乡	上垙村	388	498	5834	23	6743	124	33	6900
张山营镇	苏庄村	1280	832	987	311	3410	273	810	4493
千家店镇	沙梁子村	683	1370	18479	8	20540	375	414	21328
大庄科乡	东太平庄	66	440	6500	3	7009	77	7	7093
	沙门村	136	212	1512	3	1863	34	0	1897
	旺泉沟村	5	659	5072	0	5735	32	305	6072
珍珠泉乡	称沟湾村	587	438	6989	11	8026	131	5	8162
	桃条沟村	27	317	11863	0	12207	64	91	12362
	下水沟村	331	463	3511	3	4309	56	41	4406
合　计		7445	5433	69467	941	83289	1719	1844	86849
占　比		8.57	6.26	79.99	1.08	95.90	2.12	1.98	—

2. 农民老龄化程度达到36.7%。12个受访村共有村民1678户3330人，其中村民最多的村庄是千家店镇沙梁子村，有村民366户775人；村民最少的村庄是大庄科乡沙门村，仅有村民22户57人。12个受访村共有农户1150户，占村民总户数的68.5%；有农民2540人，占村民总数的76.3%。12个受访村的集体经济组织成员共有2663人，比农民数量多180人。12个受访村共有就业劳动力1974人，占村民总数的59.3%。12个受访村人口老龄化程度比较高，60岁以上村民共有985人，占村民总数的29.6%；60岁以上的农民共有912人，占农民总数的36.7%；60岁以上的集体经济组织成员共有915人，占村集体经济组织成员的34.4%。从劳动力就业的产业分布来看，一产就业744人，占劳动力的比重为37.7%；二产就业331人，占劳动力的比重为16.8%；三产就业784人，占劳动力的比重为39.7%。从劳动力就业渠道来看，外出务工人员652人，占劳动力的比重为33%；公益岗位就业375人，占劳动力的比重为19%；家庭经营人员280人，占劳动力的比重为14.2%；集体经济组织管理人员88人，占劳动力的比重为4.5%；集体企业就业人员60人，占劳动力的比重为3%。

3. 集体账面资产比较薄弱。2020年第四季度延庆区12个受访的集体经济薄弱村的账面集体资产总额为8472.9万元，除康庄镇小曹营村和苏庄村有征地补偿款以外，其他村集体资产总额均低于1000万元，其中下水沟村集体资产总额为209.7万元，为12个村集体资产总额最低的村（如图1）。

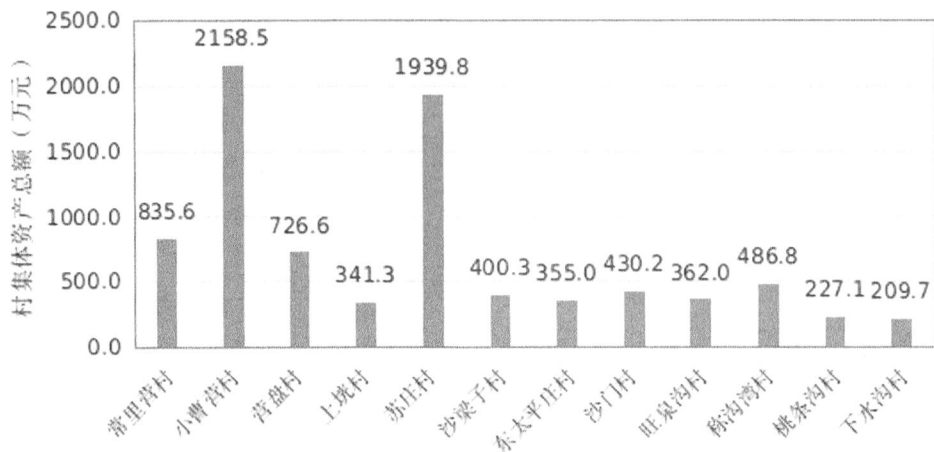

图1 2020年延庆区12个受访村集体资产总额（万元）

数据来源：北京市农村"三资"监管平台。

（二）12个村集体经济发展现状

延庆区12个受访村2020年集体经济总收入为437.8万元，其中集体企业总收入为0元。12个村集体经济总收入中，主营业务收入和投资收益均为0元，其他业务收入为42.1万元，营业外收入为395.7万元。在营业外收入中，补贴收入为294.5万元，占12个村集体经济总收入的比重为67.3%。12个受访村中有5个村的补贴收入占集体经济总收入的比重超过90%，分别为旧县镇常里营村（91.9%）、刘斌堡乡营盘村（91.7%）、千家店镇沙梁子村（96.3%）、大庄科乡旺泉沟村（96.3%）、珍珠泉乡称沟湾村（98.8%）。

二、集体经济薄弱村发展的主要制约因素及原因分析

（一）主要制约因素

集体经济薄弱村发展面临的最大问题是产业空心化。导致集体产业发展空心化的主要原因是集体产业发展面临着公共服务、资金、政策、劳动力、销售渠道等五个方面的制约。一是缺少有利于集体产业发展的基础设施。旧县镇常里营村、刘斌堡乡营盘村、香营乡上垅村和大庄科乡沙门村、旺泉沟村，珍珠泉乡下水沟村等6个村提出集体产业发展的基础设施不足。二是缺少集体产业发展的资金。旧县镇常里营村、千家店镇沙梁子村和大庄科乡东太平庄村、沙门村以及珍珠泉乡称沟湾村等5个村提出集体产业发展缺乏资金的问题。三是缺少产业发展的扶持政策。康庄镇小曹营村、千家店镇沙梁子村和珍珠泉乡称沟湾村、桃条沟村4个村提出缺少产业发展的扶持政策。四是缺乏有效劳动力资源。大庄科乡东太平庄村、旺泉沟村和珍珠泉乡下水沟村3个村提出缺乏有效劳动力的问题。五是缺乏农产品销售渠道。刘斌堡乡营盘村和大庄科乡东太平庄村、沙门村3个村提出缺乏产品销售渠道。

（二）原因分析

1. 较强的体制机制约束是导致集体经济薄弱村产生的根本原因。一是农村集体产权不清，农村集体资产产权归属不清晰、权责不明确、保护不严格，严重损害了农村集体经济组织及其成员的财产权利。农村集体产权制度改革不到位、不及时，集体经济组织与成员之间的产权不清，成员变动后没有及时调整，集体资产被村干部等村内少数人控制。在统分结合的双层经营体制下，农村集体经济组织对集体土地的所有权没有得到有效的保护和实现，生态涵养区农村村集体基本上将全部集体土地都承包到户了，但近年来由于老龄化、劳动力转移就业等原因，大部分集体土地处于撂荒或者低效经营的状态，村集体经济组织要统一经营起来，需要高价从农户手中流转。二是生态涵养区政策不够完善，补偿资金使用不够科学，主要是将生态涵养区的村和农户由财政转移支付"养"起来，而不是从发展的角度对生态涵养区进行保护。在生态涵养区保护政策的硬约束下，生态涵养区村级集体经济组织一直没有找到政策允许的产业发展方向。2019 年北京市八成左右集体经济薄弱村分布在生态涵养区。延庆区村级集体经济组织共有 376 个，其中有 87 个村集体经济组织的经营收入低于 10 万元，占比 23.1%。三是乡村地区作为建设用地减量的重点区域，生态涵养区农村集体经济组织对发展观光休闲、农产品加工等二、三产业所需的建设用地在一定程度上受到了约束。延庆区香营乡上垯村曾推动在村内打造国防教育基地，但由于用地指标的限制最终无法落地。称沟湾村有 50 亩集体建设用地，计划与社会资本合作开发，但由于政策限制已经闲置 10 年。还有的村有成熟的项目，但是没有集体经营性建设用地，发展受到限制。

2. 部分村干部维稳心态大于发展冲动，对于发展集体经济的内生动力并不足。一是长久以来的各类补贴政策，使很多集体经济薄弱村形成了"等、靠、要"的思维定式，缺乏自力更生、谋求自身产业可持续发展的内在动力。二是近年来部分农民生活富裕与集体经济发展明显脱节，出现"富了和尚、穷了庙"的现象，村庄治理经费主要依靠"张口饭"，村集体经济在共同富裕和乡村治理的经济基础作用受到挑战，农户和村"两委"发展集体经济的内生动力不足。

3. 多数集体经济薄弱村发展缺少领头羊。村干部老龄化、受教育水平相对较低，有的不会用电脑、不会用微信，很难适应现代市场竞争的要求，更缺乏现代经营理念和经营能力。调研显示，村支部书记（村主任）的年龄普遍偏大，12 个受访村中大于 55 岁的村支部书记（村主任）有 5 人，45 岁至 54 岁的村支部书记（村主任）有 5 人，45 岁以下的村支部书记（村主任）只有 2 人。村支部书记（村主任）的学历相对较低，12 个受访村中只有 2 位村支部书记（村主任）是大专学历，其余 8 位村支部书记（村主任）是高中（中专）学历，2 位村支部书记（村主任）是初中学历。12 个受访村的第一书记配比率为 50%，仍然有 6 个村没有配备第一书记。

4. 缺乏乡村集体经济发展的实体。一方面，乡村集体经济组织处于虚化状态。12 个受访村及所在的乡镇均存在乡镇集体经济组织和村级集体经济组织有名无实的情况。乡镇、村干部对集体经济发展的相关政策不熟悉，集体经济组织只有牌子和印章，没有真正的运营实体，集体经济组织章程也处于墙上挂挂的状态，集体经济组织的股东大会、股东代表大会没有真正发挥作用。另一方面，集体企业处于缺位状态。从问卷调查情况来看，12 个村均没有村级集体企业，也没有私营企业，12 个村中有 6 个村有农民专业合作社，共计 9 家，带动社员共 245 人，占 12 个村人口的 7.35%。其中，香营乡上垅村的北京缙阳种植专业合作社 2020 年经营收入为 21.04 万元，珍珠泉乡称沟湾村的北京京北珍珠山水大榛子专业合作社 2020 年经营总收入为 2 万元，其余 7 家农民专业合作社 2020 年经营收入均为 0 元。这 9 家农民专业合作社均不是村集体领办的农民专业合作社。

三、受访村发展集体经济的思路与政策需求

（一）受访村发展集体经济的主要思路

12 个受访村集体产业发展均具有一定的资源要素基础，也有不同的发展优势和空间。从受访村目前发展集体经济的思路来看，主导产业集中在发展特色种植业和观光休闲与乡村旅游业。有 7 个村计划发展杂粮、中草药材和蔬菜等特色种植业，占 12 个受访村的58.3%；有 6 个村计划发展观光休闲与乡村旅游业，占 12 个受访村的 50%（如图 2）。

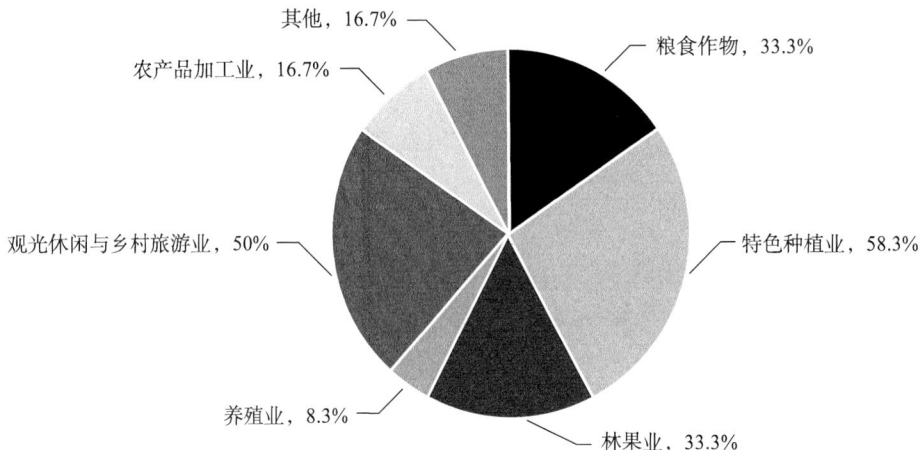

图 2　延庆区 12 个受访集体经济薄弱村产业发展思路

具体来看，计划发展特色种植业的村主要有 3 个类别：一是发展香草种植加工业。在延庆区委、区政府的大力支持下，在大庄科乡党委政府的持续推动下，大庄科乡整体打造香草产业全产业链，推动产学研深度融合、推动一二三产业深度融合，目前已经带动了全区 10 个乡镇的 24 个村发展香草种植业。在沙门村发展香草精油提取加工业的带动下，旧县镇常里营村也在尝试发展香草产业。二是发展中草药种植业。千家店镇沙梁子村、珍珠泉乡称沟湾村均计划与观光休闲和乡村旅游业相结合发展中草药种植。三是杂粮作物种植业。香营乡上垅村、千家店镇沙梁子村、珍珠泉乡称沟湾村等计划种植谷子、藜麦、水果玉米、蔬菜等。计划发展观光休闲与乡村旅游业的主要是依托本村闲置农宅发展精品民宿。康庄镇小曹营村计划利用本村回迁房中 30 余套剩余房屋，发展高端日租民宿，并利用腾退的 100 亩宅基地还耕种植粮食作物。香营乡上垅村计划依托闲置农宅发展民俗户，

种植杂粮，如谷子、藜麦。旧县镇常里营村计划在镇政府的帮助下发展光伏发电，与沙门村联合开展香草种植业，与隐居乡里合作发展老马精品民宿，但目前老马精品民宿主要是村内个人投资，与村集体经济组织未建立起利益联结机制。张山营镇苏庄村、大庄科乡旺泉沟村均依托周边的成熟景区资源发展观光休闲与乡村旅游业。

（二）政策需求

12个受访村对发展集体经济的政策需求主要集中在财政投入、产业基础设施建设、产业配套设施建设、市场销售渠道四个方面。12个受访村中有7个村提出了加大财政投入力度的需求，主要用于集体产业发展的启动经费。有7个村选择加强产业基础设施建设需求，有4个村选择加强产业配套设施建设，有5个村选择市场销售渠道帮扶。

四、思考与建议

发展壮大农村集体经济是实施乡村振兴战略的重要举措，是实现乡村治理有效的重要抓手，是实现共同富裕的重要路径。然而，当前农村集体经济发展面临五个方面的制约因素，归根结底是由于体制上的强约束和内生动力不足，建议从以下四方面培植集体经济薄弱村可持续发展的根基。

（一）在体制机制和政策上改革放活

一是适应新发展阶段、新发展理念、新发展格局的要求，研究制定《关于加强农村集体经济组织建设，发展壮大新型集体经济的决定》，为新时代首都乡村集体经济组织建设和新型集体经济发展提供有力的政策指导和支持。二是在体制机制上保障乡村集体经济组织的市场主体地位，在推动农村集体经济组织赋码的基础上进一步打通乡村集体经济组织进行金融信贷、资源开发等方面的制度壁垒。在保持集体经济薄弱村控股的前提下，允许薄弱村集体经济组织与结对帮扶的龙头企业开展股份合作，成立新型市场经营主体，使之成为市场要素进入集体经济组织的入口。三是进一步完善生态涵养区政策，落实《北京市生态涵养区生态保护和绿色发展条例》，在生态保护和有效治理的同时注重绿色发展，加快研究制定生态涵养区适宜产业的发展政策，引导生态涵养区农村集体经济转变发展思路。建立生态产品价值实现制度体系，打造集农田、湖泊、河流、湿地、森林等多种自然生态要素于一体的生态价值实现空间布局，以集体经济组织与社会经营主体合作的方式，构建生态资源管理、开发和运营的平台，促进集体经济薄弱村生态价值向经济价值转变。四是创新解决集体经济薄弱村产业发展用地需求。通过规划预留建设用地指标、点状供地等途径，拓展生态控制区和限制建设区集体经济发展空间。

（二）在内生发展动能上激活主体

一是改变生态涵养区转移支付政策的方式，将"撒芝麻盐式"的"供养"型补贴资金进一步整合，用于绿色发展上来，同时突出集体经济薄弱村的主体地位和作用，进一步优化集体经济薄弱村帮扶资金的使用方式，激活集体经济薄弱村发展的内生动力，关键是激活农村集体经济组织内部的主动性。二是完善农村集体经济组织内部治理结构，落实集体经济分配收益制度，通过集体经济发展壮大，进一步提高农户从集体经济获取的所得占比，让集体经济组织成员有获得感，增强内部联结和凝聚力量。三是通过加大农村党员干部培训力量，提升农村集体经济组织带头人的经营管理水平，鼓励吸纳返乡农村青年人才到集体经济组织就业创业，充实农村集体经济薄弱村"乡土"人才队伍。

（三）在集体经济组织振兴上夯实基础

一是进一步深化农村集体经济薄弱村产权制度改革，动态监测集体经济组织家底、明晰集体产权关系，建立"归属清晰、责权明确、保护严格、流转顺畅"的农村集体经济现代产权制度，探索乡村集体经济组织对土地等集体资源所有权的有效实现路径。二是可以以大庄科乡联社为试点，推动乡（镇）联社的实体化，使之从乡镇政府的集体资产管理部门分离出来，成为具有独立特别法人资格的实体单位，乡（镇）联社董事长人选由村股份合作社代表选举产生，区党委、政府常委会审议通过。在乡镇党委的领导下，乡（镇）联社行使乡镇范围的行业管理和发展统筹，促进农业供给侧结构性改革和农村发展动能转换。三是以乡（镇）联社为主体，建立乡镇联社与农村股份经济合作社之间紧密的成员关系，使乡（镇）联社成为带动农村股份经济合作社共同进入市场的"头部"经营主体，带动乡村集体经济薄弱村与乡镇域内其他集体经济组织联合发展。四是加快完善新型集体经济组织的法人治理结构，完善乡村集体经济发展的利益共享机制，推进乡村集体经济组织股份分红，充分保护和实现农村集体经济组织和成员合法的财产权，增强集体经济组织成员的获得感。

（四）在绿色产业发展上狠下功夫

延庆区地处北京市生态涵养区，集体经济薄弱村发展的关键在于找到适宜生态涵养区的发展方向，在绿色发展上做文章，加强对农村集体经济薄弱村产业发展的引导。一是明确生态涵养区适宜发展的产业目录，构建生态涵养区全域有机农业产业体系，发展立体循环的生态型林下经济，推动生态旅游业、中医药康养业、数字经济等新型绿色产业发展。注重文化资源、生态资源与现代要素的有机结合，深入挖掘长城文化、红色文化、农耕文化、奥运文化，建设乡村博物馆，创造有价值的艺术乡村。二是完善集体经济薄弱村绿色发展的配套公共基础设施和产业基础设施，提高集体经济薄弱村交通基础设施水平，改善乡村基础教育、医疗卫生发展环境，提升基础教育和医疗水平。三是集体经济薄弱村应积极调整和转变自身发展思路，立足本区、本乡镇在首都城市"四个中心"功能定位中的地位和作用，适应新时代、新理念、新格局的发展需要，充分利用和发掘自身资源要素优势。

调研组组长：刘军萍

调研组成员：韩生、徐建军、吴国庆、白晨、李明、王丽红 张颖、薛晓娟、赵晨、
周雅希、王自立、白天一、赵旭艳、秦东所、李颖、谷继成、哈莹莹、
闫立民、王宗亮、闫娅男、闫鸿雁、曹艳红、李海燕、刘斌、王艳波、
黄立新、贾春启、赵丽霞、于凤瑛、李腾飞、徐秀华、于守利、刘殿群、
闫贵发、赵燕飞、古文叶、卢六来、张春和、尤存、翟永亮、闫金萍

执　笔　人：王丽红

密云区集体经济薄弱村发展调研报告

2018年11月，中共中央组织部、财政部、农业农村部印发了《关于坚持和加强农村基层党组织领导扶持壮大村级集体经济的通知》。2019年7月，为贯彻落实《通知》要求和市农村工作会议精神，北京市委组织部、市委农工委等四部门印发了《关于坚持和加强农村基层党组织领导扶持壮大村级集体经济的意见》《关于开展扶持壮大村级集体经济试点工作的通知》，提出到2022年底前，实现村级集体经济组织年集体经济收入超过50万元。2020年，在北京市3944个村级集体经济组织中，仍有834个村集体经济年经营性收入低于10万元，占全市村级集体经济组织的21%。其中密云区有集体经济薄弱村205个，占密云区村级集体经济组织的62%，占全市集体经济薄弱村的24.6%，占生态涵养区集体经济薄弱村的30%。2021年，市农业农村局与市农村经济研究中心组成联合调查组，在全市选取100个集体经济薄弱村开展专题调研。第三调查组负责密云区部分集体经济薄弱村的调研任务，现将调研结果报告如下。

一、基本情况

根据联合调查组的抽样安排，本次调研抽取了密云区12个镇中30个集体经济薄弱村进行问卷调查，结果显示：

（一）资源要素情况

1. 七成集体土地是林地。30个村集体土地总面积为26.51万亩，其中耕地面积1.81万亩，占集体土地总面积的6.83%；园地面积2.95万亩，占集体土地总面积的11.13%；林地19.02万亩，占集体土地总面积的71.75%。集体建设用地面积1.34万亩，占集体土地总面积的5.05%，其中集体经营性建设用地0.11万亩，仅占集体土地的0.41%

2. 宅基地占集体土地总面积的3.99%，闲置率为5.91%。30个村宅基地总面积为1.06万亩，共7957套219.01万平方米，套均275.24平方米。目前闲置470套，闲置率为5.91%；有一户多宅178套、一宅多户791套；流转107套，占比为1.34%，流转对象主要为村外个体户和城市居民。

3. 60岁以上村民占比为27.4%，村书记年龄中位数为53岁，从事一产的劳动力占比为47.12%。30个村共有村民2.15万人，其中村集体经济组织成员1.87万人，占比为86.69%。60岁以上村民0.59万人，占30个村总人口的27.4%。30个村的村书记平均年龄为 50 岁，年龄最小的为 37 岁，年龄最大的为 62 岁，中位年龄为 53 岁。2020 年实际就业劳动力为 1.06 万人，其中从事一产的为 0.50 万人，占比为 47.12%。

（二）现有经济发展情况

调查问卷显示，30 个村村民主要收入来源为村外打工、村内农业和转移性支付。2020 年 30 个村集体收入中 87.3% 来自于政府政策性补助，只有 1 个村有集体企业，吸纳本村就业 11 人；17 个村有专业合作社 25 家，其中 19 家为村集体领办，只有 1 家专业合作社实现分红。

（二）产业发展主观判断情况

根据调查问卷统计，调查对象认为本村集体产业发展的主要制约因素排在前五位的分别是缺少产业发展资金、缺乏规划建设用地指标、缺少产业发展扶持政策、基础设施薄弱、缺乏产业发展资源。村庄未来计划发展的产业选择集中在乡村观光休闲旅游业、种植经济作物和林果业三个方面。

二、集体经济发展壮大的制约因素分析

当前密云区的集体经济薄弱村发展主要受配套硬件设施基础薄弱、软资源环境乏力和外部环境约束三方面制约。

（一）硬件设施配置需进一步提质

1. "生活路"已通，"产业路"未达

根据《北京市实施乡村振兴战略扎实推进美丽乡村建设专项行动计划（2018—2020）》文件精神，密云区相应出台了配套政策文件并积极推进各项工作开展，截至 2020 年底，已实现了 99% 的村生活垃圾得到处理，99% 的户用厕所无害化改造，生活污水得到有效治理，人居环境明显改善。乡村公路中等路以上比例保持在 90% 以上，一批村内道路泥泞、村民出行不变的问题得到解决，入户道路建设基本完成。

虽然"生活路"已通，但"产业路"未达。调研显示，薄弱村大多收入来源于一产，尤以林果业为主。果树大多集中在山场，目前通往山场的路大多仍为泥土路，山路狭窄且崎岖，连乡间常用的三轮车也不能通行，日常所需的工具仍靠人力上山。遇到下雨的时候，路则越发难以行走。多个村庄提出想依靠林果发展休闲采摘，但产业路未达，市民步行上山道路较远，道路无法支撑车辆通行，即产业路无法满足林果业基本的生产需求，更无法适应向休闲产业升级的需求。

2. 基本公共服务仍需提质

调研结果显示，30 个村中 0.32 万人有城镇职工基本养老保险，1.07 万人有城乡居民基本养老保险，0.34 万人有城镇职工基本医疗保险，1.33 万人有城乡居民基本医疗保险。基本医疗和养老保险均呈现较高参保率。30 个村共有 25 个卫生服务站、卫生室，28 名医生，1 名护士，27 张床位。9 个村有养老院，总计可服务 423 人。

养老设施整体建设不均衡，建管统筹不够，实际运营效益不高。养老设施建设与运营脱节，服务设施建设涵盖全生命周期的统筹思维不足，影响了养老设施建设整体效益的充

分发挥。有的养老服务项目运营管理比较粗放，造成资源闲置，相当一部分养老服务驿站运营收不抵支。据调查，村内养老设施运营过程中的成本主要是用工、水电和取暖费用。冬季的取暖费用是造成养老设施运营收不抵支的主要原因。养老院冬季取暖靠电，但其电费未享受居民煤改电的夜间电费优惠，直接造成冬季运营成本过高。

（二）软资源环境乏力

1.各村产业发展思路趋同，多元化不足

据调查，30个村未来计划发展的产业选择集中在乡村观光休闲旅游业、种植经济作物和林果业三个方面。多个村庄"两委"干部已经意识到丰富的自然、生态景观的价值，已经从单纯的一产发展重心转向休闲旅游业发展的强烈意愿。但其具体思路依然希望以政府主导、外部资本一揽子开发为主，更加深入的主题创意和文化挖掘稍显不足，更缺乏向农业生产服务业、城市生活服务业、环保产业、文化产业等多元化业态发展的考量。

2.缺乏人才

在调研过程中发现，30个村的人才缺乏现象严重，体现在三个方面：一是本村青壮年流失严重，实用型人才乡村劳动力的比例较低。村内产业单一，缺乏就业机会，为获得更好的收入和让孩子能享受更好的教育资源，青壮年大多在县城和外区工作生活。二是基层干部人才缺乏，村书记年龄中位数为53岁，通过村党委的动员仅有个别年轻人返乡在村"两委"任职以助力乡村发展。三是外部智力资源稀少。虽然北京的智力资源丰富，但从薄弱村的调研反馈来看，农业高科技人才、高校智力资源和各类管理型、市场型人才对这些村的辐射力度远远不够。

3.现有产业经营主体的市场力量较弱

调查显示，当前薄弱村虽然成立了多个合作社，有一定的组织化，但林果业生产依然呈现出服务体系不健全、抵御自然灾害和市场风险能力弱、受市场波动影响大等问题。由于生产规模受限，其农产品缺少与之直接对接的商超，多数情况下农户只能等中间商上门收购，但商贩常常利用农户不了解市场信息的弱点，压低农产品价格使农民利益受损。为了增加利润，也有少数农户直接将农产品运到镇上售卖，但选择集贸市场自行销售的农户需要支付额外的劳动和交通成本，且难以解决运输途中的保鲜问题。

4.部分村"两委"干部工作压力大，发展动力不强

一方面，村干部要面对来自上级政府和有关部门的考核压力，不仅要及时协助上级整理有关材料，还得配合各类人员走访调查，定期向有关部门汇报工作，既占用了大量的时间和精力，还扰乱了正常的工作节奏。另一方面，基层干部要经常面临来自农户的压力。农户的家庭成员文化素养参差不齐，不能全面正确地理解国家相关政策，得到各方的友好帮扶后，对帮扶有了依赖性，缺乏自觉性和能动性。"不患寡而患不均"的传统心理导致少数农户心理失衡，甚至去办公室"闹事"，一定程度上影响了干部的工作。近年来，北京市对农村各项补贴较多，使部分村干部形成了"等、靠、要"的思维定式，想的是如何获得更多的政府支持，如何以大项目整体外包来带动集体经济发展，而缺乏自力更生的内在动力。

（三）较强的外部环境约束

1. 生态涵养区产业发展面临挑战

近年来，生态环境目标被置于突出位置，相应地对资源利用和开发实施了一系列刚性限制，如禁采矿产和限制性发展工业，但对产业结构重建和发展缺乏明确的规划和完整的扶持政策体系，给涵养区产业发展带来了前所未有的挑战。在生态涵养区落实保障首都生态安全的战略使命和遵从全市减量发展的统筹要求之下，生态涵养区集体经济组织一直没有找到产业结构重构和发展的方向。

2. 建设用地指标限制

乡村地区作为建设用地减量的重点区域，生态涵养区农村集体经济组织对发展观光休闲、农产品加工等二、三产业所需建设用地在一定程度上受到了约束。调研问卷显示，30个村提出明确的产业发展用地需求总量约2300亩，用于建设民宿、康养产业、农产品加工等，但用地难以解决。

三、几点思考

发展壮大农村集体经济是实施乡村振兴战略的重要举措，是实现乡村治理有效的重要抓手，是实现共同富裕的重要路径。密云区的集体经济薄弱村壮大发展，需要从规划引领强基础、创新理念引外力、深化改革破藩篱三方面形成合力来破解绿水青山向金山银山的转化，从而探索出绿色富民的可持续发展路径。

（一）规划引领强基础

1. 进一步强化乡村规划编制

当前，北京市已出台市、区、镇、村四级乡村规划编制指导意见、导则，实现各级各类规划统筹管理和系统衔接。密云区集体经济薄弱村要按照"一村一策"，强化分类编制多规合一的实用性村庄规划，实现村庄资源盘点和画好村庄产业发展的蓝图。

2. 以打通产业路为重点的配套基础设施建设

在对30个薄弱村进行调研时，有20个村明确提出建设田间路、景观路的强烈需求，加强力量打通产业路，将为集体经济薄弱村的产业发展提供强力支撑。从国际经验来看，发达国家和地区的乡村建设规划普遍优先改善农村经济基础设施，在此基础上进一步推动农村社会基础设施建设。此外，在传统道路、能源、水利等基础设施建设的基础上，还要加强第五代移动通信、数据中心等新型基础设施建设，建设结构优化、集约高效、智能绿色、安全可靠的现代化基础设施体系有助于密云区集体经济薄弱村实现弯道超车。

（二）创新理念引外力

1. 多种渠道解决资金难题

密云区薄弱村集体经济发展壮大主要的制约因素是缺少资金，要通过多途径解决"没钱办事"的问题，使村级集体经济发展走上由"输血"向"造血"转变的良性轨道。一是加大财政支持力度。集体经济薄弱村自身基础弱，建议加大对现有集体经济薄弱村的财政帮扶力度，相对集中地进行财政资金支撑。二是加大结对帮扶支持力度。组织有关部门、国有企业和市属企业对经济薄弱村进行结对帮扶，将有关部门的项目、资金和人才输送到集体经济薄弱村，助力村级集体经济发展壮大。三是引进社会资本。鼓励村集体经济组织以现有资产资源入股，吸引社会资本入驻集体经济薄弱村发展智慧生活服务业、康养、文化产业等新业态，带动集体经济发展壮大。四是加大金融支持力度。鼓励各类金融保险组织积极向农村拓展业务，创新面向三农的各类金融产品，积极引导通过险资直投、集中授信等方式加大服务力度，提升服务水平，助力薄弱村集体经济组织融资难题解决。

2. 建立人才支撑体系

调研显示，密云区集体经济薄弱村长期以来存在着自身人才不足、难以吸引外部人才和留不住人才的困境。打造人才队伍的强力支撑需要多方努力。一是着力培养集体经济薄弱村的"带头人"，发展好的村往往都有一个强有力的"领头羊"，要把好村"两委"选人用人关，把有思路、有干劲、懂农村、爱乡村的好干部培养成为薄弱村的发展主心骨。二是以培训产人才，大力开发在地乡土人才，实施以技能培训为主的农民素质提升工程，激发本土农民增收致富的内生动力。三是多种方式引人才，整体形成尊重人才、求贤若渴的环境，继续坚持对集体经济薄弱村"第一书记"的派驻及支持力度，鼓励吸纳返乡农村青年人才到集体经济组织就业创业，积极主动地同首都高校、科研院所等对接，实现技术、管理和经营方面的人才支持。四是创新激励机制留人才，通过物质、精神、晋升等人才激励机制的创新实现留人才。

（三）深化改革破藩篱

1. 坚持党对农村工作的领导。充分发挥基层党组织在薄弱村集体经济发展壮大中的战斗堡垒作用，强化信仰意识、信念意识、组织意识和服务群众的意识。高度重视薄弱村意识形态阵地建设，推动习近平新时代中国特色社会主义思想深入人心，形成基层党支部强大的号召力和凝聚力。

2. 深化土地制度改革。鼓励集体经济薄弱村承包地流转实现规模化经营；逐步以"点状供地"破解薄弱村产业发展用地难的问题，鼓励薄弱村盘活利用闲置宅基地资源，创新产业发展模式。

3. 深化产权制度改革。以维护薄弱村农民根本利益为前提，形成产权归属清晰、权能完整、流转顺畅、保护严格的集体产权制度。完善法人治理结构，赋予集体经济组织合法市场地位。

调研组组长：吴志强
调研组副组长：季虹
调研组组员：朱淑英、张军、刘先锋、常剑、杨树林、赵雪婷、彭彤、李欣凌、
　　　　　　何继源、李云龙、赵术帆、郎董君、陈洁、张琰
执　笔　人：赵雪婷

一个深山区村庄的集体经济发展困境

——北京市密云区不老屯镇半城子村调查

北京市密云区不老屯镇半城子村地处密云水库北部重要的水源涵养区，是原半城子乡政府所在地，兼具生态涵养区集体经济薄弱村的一般特征和因历史原因形成的个性特征。按照市农业农村局、市农研中心开展100个集体经济薄弱村专题调查的部署安排，2021年4月28日，第一调查组第1小组赴密云区不老屯镇半城子村开展了集体经济薄弱村专题调研。

一、发展现状

（一）总体情况

半城子村北靠燕山山脉，南临密云水库，内衔半城子水库，属于饮用水水源二级保护区，距离密云城区54公里，距离北京市区134公里，风景秀丽，地表水充沛。

半城子村总人口为765人，其中农业户籍人口653人、非农业户籍人口112人。长期居住在村的人口在226—360人之间，平均年龄在50周岁以上，春夏秋在村居住较多，冬季较少。农户的收入主要来源于板栗种植、外出务工和公益林补偿、水源二级保护区补偿等转移性收入。村域面积为12165亩，其中农用地为11834亩、建设用地为331亩。农用地中有耕地105亩、林地11707亩、其他农用地22亩。建设用地中有宅基地329亩、公共管理与公共服务设施用地约2亩。全村共有农宅265套，其中闲置50套、一户多宅4套、一宅多户23套。

半城子村于2010年完成了集体经济产权制度改革，成立了半城子村股份经济合作社，现有村集体经济组织成员653人。村集体资产情况如下：一是资源性资产，村内的40亩耕地全部承包到户，实行家庭承包经营；2000多亩商品林全部采取确权确地的方式承包到户，也实行家庭承包经营；9000多亩生态公益林按照"均股不分山，均利不分林"的原则，采取"确权入股、确权确利"的方式，以村为单位明晰股本，确定股份份额，平均分配给本集体经济组织成员，该部分生态林没有进行开发利用，唯一收入来自于全市山区生态公益林生态效益补偿（用于补偿做出生态贡献的山区农村集体组织和农民），每位集体经济组织成员每年获得100—300元的补偿费用。二是经营性资产，村集体拥有服装厂、机修厂、煤厂、兽医站等经营性资产，但是这些资产的原有用途早已停用，处于闲置状态。村里没有在营的集体企业、专业合作社，目前几乎没有集体产业。

截至2020年底，半城子村集体资产总额为6352637.97元，所有者权益为4701515.6元，负债为1651122.37元。2020年，半城子村集体总收入为970842.83元，其中经营收入为10346.81元，补贴、补助收入为960496.02元。总支出为1012655.49元，其中管理费用为69103.4元，公益事业专项支出为149679.94元，投资项目预算支出150000元。

（二）主要特点

该村集体经济发展的现状呈现为"四有四无"。

1. 有林地无收入

该村林地面积约为11000亩，其中板栗林约占2000亩、生态林约占9000亩，是该村最大的农林资源。板栗林大约由210名农户分散承包经营，由于没有任何灌溉设施，且多年未引进新品种和新技术，板栗的品质一般，主要依靠收购商上门低价收购，销售所得除去剪枝、打药、打栗子等人工成本，再加上大小年产量因素，种植板栗基本上没有收入。此外，半城子村从事板栗种植的农户老化严重，平均年龄在55岁以上，这些农户的子女多在外打工，很多人都不知道自己家的承包地在哪里，树在哪里，回家务农的意愿几乎为零。板栗种植面临无人种植、无人管理的难题。生态林仅具有生态保护和水源涵养的功能，没有进行任何经济功能的开发利用，没有经营性收入。

2. 有资产无经营

半城子村原隶属于半城子乡，是原半城子乡政府所在地。从1993年起，随着半城子乡撤销、并入不老屯镇，半城子村归并不老屯镇管辖。由于半城子村原属于乡域范围，因此半城子村里保留了很多当时作为乡政府所在地遗留下来的公共设施和闲置厂房，这些资产的所有权一部分归属各级政府和相关部门所有，如原乡政府产权归不老屯镇政府、供销社产权归供销总社系统、信用社产权归北京农商银行系统、中学产权归教委系统、粮站产权归粮食集团、电管站产权归国家电网、半城子水库发电站产权归区水务局；一部分归村集体经济组织所有，包括原服装厂、机修厂、煤厂、兽医站等。这些资源大部分处于闲置状态，仅有少部分设施被简单出租使用。如村集体经济组织所有的服装厂、煤厂在很多年前就签订了永久性出租合同，现被人居住使用。随着村干部一茬茬更换，已经无人监管这些资源的经营使用情况，也说不清楚租金收缴情况。

3. 有风景无产业

半城子村环抱半城子水库。水库被群山包围，常年有野生飞鸟、野鸭等栖息。绿水青山，环境优美，河道内有麦饭石沉积，被人们冠以"不老湖风景区"美誉。2020年，北京市河长制办公室评定半城子水库为"2020年度北京优美河湖"之一。但是良好的水库自然风光并没有带来乡村观光休闲产业的发展，村内没有任何农家乐、民宿、观光园等旅游休闲服务业态。

4. 有水库无水喝

半城子村地表水充沛，村内还有一个半城子水库，但是却守着水库没水喝、少水喝。

村内用水全部来自于自备井，需要通过电机泵抽水输往各家各户，由于电机泵长时间运转容易损坏，加之水井中的水量有限，因此村里每天供水的时间控制在1—2个小时。目前各户用水没有收费，集体每年要负担约7万元因抽水产生的电费。

二、主要问题及原因

半城子村集体经济发展存在内部管理运行不规范和外部诸多因素制约的问题。

（一）村集体经济组织没有正常运行

半城子村的集体经济组织与村委会混同管理，村集体经济组织没有独立正常运行，主要原因体现在三个方面：一是集体经济组织带头人身份问题。该村书记为镇派的事业编制干部，不是本村集体经济组织成员，于2021年1月开始担任村书记，同时兼任半城子村股份经济合作社社长。该书记具有旅游专业本科学历，有大学生村官、乡村旅游设计、村书记等工作经验，密云区本地人，农村工作经验丰富，市场意识较强，工作能力突出，本人很有意愿带领班子发展壮大集体经济，但由于该同志为镇派干部，任职时间由乡镇把控，具有很大的不确定性，这种人员安排方式在一定程度上使得带头人很难就村集体经济发展做全盘规划长久谋划。2019年该同志曾经担任过半城子村书记，但是刚干满一年就被调回乡镇工作。这次是该同志第二次来半城子村担任书记。二是政经不分问题。村集体经济组织依附于党支部和村委会，没有正常开展有关经济管理与产业发展业务。党支部、村委会没有账户，共同使用村股份经济合作社的账户，实际上三个组织是一个账户、一本账目、混同管理。三是履职问题。从半城子村的集体经济发展情况来看，村股份经济合作社"统"的功能缺位，没有很好地发挥出管理集体资产、开发集体资源、发展集体经济、服务集体成员等方面的职能作用。

（二）部门管理不精细给集体经济发展设置障碍

半城子乡早在1993年就被撤销，至今已有近30年，按常理，各主管部门应及时处置这些原先服务于乡镇功能的系统内部资产，通过转移、变更和核销所有权、使用权，以及改变资产性质或用途，使得这些资产得到妥善处置。但实际上，近30年来无人问津闲置资产处置问题。以村内的半城子水库发电站为例，该水库早已停止发电功能，水库发电站也早已停止使用，已经闲置了20年以上。但在闲置过程中，作为水库产权部门和主管部门的密云区水务局还要花钱雇人看管废弃的水电站。半城子村因产权问题与用地性质，也无法改造利用废弃的水电站。这一方面造成了公共资源的巨大浪费，另一方面也给半城子村集体经济发展带来困扰。究其原因，存在部门管理不精细、随意性较大的问题。如2020年12月，中华全国供销总社印发了《供销合作社社有资产监督管理办法》，办法中提到资产处置的原则性要求，原文为"供销合作社所属事业单位应当建立健全资产管理制度，规范资产配置、使用和处置管理，落实资产保值增值责任"。但是并未详细规定资产处置的条件与方式，实际上资产处置无法落地。

（三）产业发展用地不配套

按照《密云分区规划（国土空间规划）（2017年—2035年）》，全区共划定城乡建设用地 132.5 平方公里（含战略留白用地 10 平方公里，支持怀柔科学城东区建设 0.5 平方公里），比 2016 年建设用地规模 141 平方公里缩减 8.5 平方公里。全区为实现城乡建设用地减量提质，引导城乡建设用地向城市开发边界内集中，严格控制城市开发边界以外新增城乡建设用地，重点实施集体产业用地、工矿用地减量，稳妥有序地推进农村居民点整理。生态控制区内地建设用地腾退后优先用于还绿，进一步扩大全区绿色空间规模。乡村地区是建设用地减量的重点区域。半城子村地处生态控制区，根据规划要求，半城子村很难新增建设用地，而原废弃厂房所在地也有可能成为减量的对象。就目前来看，村里因为不清楚地块性质，不敢进行资源开发利用，尽管村里想借助水库风景、废弃厂房资源进行综合性、统筹性开发旅游休闲服务产业，但是因为缺少产业用地的支持安排，一直未动手实施。

（四）集体生态公益林补偿标准较低

半城子村属于典型的生态涵养区乡村，紧挨着首都最重要的水源地，肩负着保障首都生态安全和保护水资源水环境的重任，围绕这类村庄的山、水、林、田、湖的政策制度安排明确有别于其他农村地区。在集体生态林资源上，尽管进行了林权改革，但是为了服务首都生态安全的大局，明晰份额后的林权份额并不能流转顺畅、显化价值，而是全部将使用权让渡给政府，由政府支付一定的生态公益林生态效益补偿费用。2010 年北京市政府印发了《关于建立山区生态公益林生态效益促进发展机制的通知》（京政发〔2010〕20 号），做出了建立山区森林生态效益补偿的决策，通过加大生态效益补偿和森林健康经营管理资金投入，进一步鼓励、支持山区农民参与生态公益林保护、建设和经营管理。目前，山区生态公益林生态效益促进发展资金为每年 70 元/亩，现有山区 120 余万农民直接年人均生态补偿收益约 360 元。按照这个标准计算，全市用于补偿集体和农户的山区生态公益林生态效益补偿金额为 4.32 亿元。另据北京市统计局公布的《2019 年北京都市型现代农业生态服务价值监测公报》，2019 年北京都市型现代农业生态服务价值年值为 3895.32 亿元，其中生态与环境价值 2226.44 亿元。全市 1077 万亩生态公益林是产生 2226.44 亿元生态与环境价值的主体，但是仅仅获得了 4.32 亿元的生态效益补偿，这两数之间数百倍的差距反映了集体经济组织在生态林资源中让渡了巨大的利益，为保护首都生态安全做出了巨大的牺牲。

（五）水源保护政策增加了集体经济发展的制度成本

密云区实行的是最严格的水资源管理制度，严格控制用水总量，严格执行对密云水库水源保护区范围的保护和管控要求。半城子村集体经济组织在当前水资源管理的制度框架下，承担了保护水源的直接成本与机会成本。第一，所有的林地资源没有灌溉体系，无论是商品林，还是生态林，都是靠天灌溉，影响了栗树产量，也为林下经济发展带来挑战。第二，由于严控地下水开采，半城子村用水时间和用水量受到限制，村民生活不方便，加重了村集体经济组织公共管理的负担。第三，由于地处饮用水源二级保护区内，尽管现有政策并未禁止二级保护区从事旅游等活动，但是在实际运行中，半城子村因为拿不到工商营业执照而无法兴办农家乐、精品民宿等经济业态，无法合法经营乡村旅游产业。

三、政策建议

（一）加强村集体经济组织规范化建设

贯彻落实农业农村部印发的《农村集体经济组织示范章程（试行）》，推动半城子股份经济合作社内部治理的制度化、规范化、程序化。一是按照成员大会或成员代表大会、理事会、监事会等治理机制选举产生社长，实现集体经济组织的民主管理、规范经营，保障集体成员的知情权、参与权、决策权、监督权。二是厘清集体经济组织与党支部、村委会的职能关系和权责边界，实行党务、村务、社务分离，各类组织账户分开，剥离集体经济组织所承担的社区公共管理和公共服务职能，使半城子股份经济合作社专心致力于发展壮大集体经济。

（二）发挥"统"的作用，壮大集体经济

进一步提高集体经济组织在统分结合的双层经营体制中的"统"的力度。一是在当前政策制度框架下，加大对闲置农宅的开发力度，充分利用50套闲置农宅，统筹发展乡村民宿、休闲观光农业等；加大对集体成员生产经营的服务力度，成立板栗产销合作社，为栗农提供产前、产中、产后全方位社会化专业化服务，打通销售通路，组织栗树高效优质管护种植，妥善解决栗树无人管理、无人种植等问题；健全完善林场的灌溉设施，发展优质特色林下经济。二是在产业用地政策可落地、闲置资源可合法合规经营使用的条件下，统筹利用"不老湖风景区"、山场、林地、闲置厂房、闲置学校、闲置农宅等资源，通过自主开发、合资合作、投资入股和就业参与等方式联合社会资本，连片打造全村域休闲旅游服务产业。

（三）妥善处置好各部门遗留在村庄的闲置资产

一是各部门应尽快建立完善系统内部的资产管理制度，规范资产配置、使用和处置方式，让遗留在村庄的部门闲置资产处置有据可依。二是梳理全市村庄的部门历史遗留资产的使用现状，集中解决这些资产处置问题。条件成熟时，有条件的部门可将遗留在村庄的闲置资产以合适的方式交由村集体经济组织统一使用经营，作为扶持壮大农村集体经济发展的具体措施。

（四）提供支撑乡村建设发展的用地保障

一是贯彻落实《北京市生态涵养区生态保护和绿色发展条例》，市规划和自然资源部门制定土地利用年度计划，应当优先保障生态涵养区公益事业、市政基础设施、险村险户搬迁等项目的建设用地需求。二是总结门头沟区点状供地试点做法，探索改革农村供地模式，解决依靠生态资源发展乡村文旅项目时存在的用地难问题。三是探索乡镇统筹利用集体建设用地模式。成立镇土地股份联合社，采取土地股份合作制方式，鼓励所辖村庄利用本村集体土地使用权作为股份投入乡镇土地股份联合社，连片打造乡村三产融合产业，所有收益按照各村持有的土地股份分配，实现集体经营性建设用地规模化、集群化发展。

（五）探索实现生态价值的市场化机制

根据市统计局对都市农业生态服务价值的估算与测量结果，完全靠政府财力提供标准

合理的生态保护补偿很不现实，应贯彻落实《北京市生态涵养区生态保护和绿色发展条例》，尽快探索生态补偿的市场化机制。一方面，以精细化治理方式代替"一刀切"式的保护方式，对生态涵养区的资源环境承载能力和国土空间开发适宜性进行科学化评价和精细化评估，分类评价不同类型的经济活动或项目建设对于自然资源和生态环境保护的破坏程度与影响级别。根据评价结果，科学分类、有度有序开发符合生态涵养区功能的相关产业与项目建设。另一方面，建立健全市场化的生态保护补偿机制，加快构建更多体现生态产品价值、运用经济杠杆、采用市场办法的生态保护制度体系，推动用能权、用水权、碳排放权交易，促进符合条件的生态资源资产化、可量化、可经营。

调 研 组 组 长：张光连
调研小组成员：葛继新、张英洪、范宏、周庆林、曹洁、陈珊、富裕、马晓立、
　　　　　　　刘雯、肖焕军、杜成静、陈新美、王彩虹
执　　笔　　人：刘雯

关于探索深山区新民居建设后旧宅基地集约利用的思考与建议

——平谷区白云寺村扶持壮大集体经济调查

按照北京市新版城市总规要求，深山区产业发展方向是提高服务品质，打造深山休闲观光旅游区。白云寺村位于平谷区城区东北20公里处黄松峪乡旅游走廊前端，四周景点密集，林木覆盖率93.72%。新民居建成后，旧农宅常年闲置荒废，且当地的自然景观观赏和休闲缺少适度的食宿供给，村集体守着绿水青山不能变金山银山。村民难于留村就地创业就业，年轻劳力主要靠外出务工，亟待探索新民居建设后将腾退出的旧宅基地进行集约规范利用，壮大集体资产，保障村集体经济可持续发展的新路径。

一、白云寺村发展集体经济面临"四无"难题的严重制约

（一）村集体经济壮大"无产业"

2010年作为平谷区新型农村社区规划新民居建设试点工程，白云寺村借力社会力量和国家政策补贴，总投资1.5亿元，2013年完成141栋新民居建设，2016年9月全部以一对一置换方式入住。置换过程采取了"宜粗不宜细"的方式，旧房不论宅院大小、好坏一律不予评估作价。由于农宅都在个人手里，新民居置换过程中没有形成集体产业。

（二）村集体经济支撑"无规划"

新民居采取先建后拆方式，旧房统一由村委会无偿收回处理。由村企协议引进社会资本建设了70栋独栋别墅，准备运营敬老院项目。这部分资产15年内企业独立经营，之后再实施村企合营，村集体占股20%，之后逐年递增。2016年农民搬迁入住后，由于没有规划建设用地指标，135套旧农宅无法确定为集体产业用地性质，随时有被拆除的可能，只能闲置荒废。如按照一个院落年租金2.5万元计算，机会成本损失高达337.5万元/年。敬老院项目亦列入待拆除范围，一些独栋别墅至今仍处于毛坯房状态。

（三）村集体经济发展"无动力"

一是人口和劳动力老龄化严重且无吸引年轻人回乡的产业。全村141户279人，60岁以上老人88人，占31.5%。村内常住人口209人，31人为残疾人，占比14.8%。农

业劳动力 20 人，12 人大于 50 岁，小于 40 岁的只有 2 人。此外，公益性就业岗位 34 人，剩余 53 人全部外出务工。二是村内农产品主要有柿子、花椒、黑枣等，均不成规模。柿子遭遇去年冻害，除部分小树外，全部冻死。核桃年产值 1 万斤，但品质老化，价格 0.2 元 / 斤，共计 2000 元的产值，劳均产出仅 100 元。三是深山区历史欠账较多，在水、路等基础设施方面尤为突出。如石头路面需要重机械施工，每天 8 小时一个班，需要 2500 元。

（四）村集体经济生存"无收益"

村集体收益可以界定为村集体收入减村集体支出。2020 年，村级组织办公经费、公共服务运行维护费等合计 68.12 万元。村集体年正常收入主要来自财政转移支付，形成收不抵支差额约 20 万元，经常出现拖欠村民"小工钱"的现象。考虑到未来村庄随着群众生活质量不断提高、公共服务和治理支出不断改善、生态涵养不断加深和扩展，未来会加剧政府和集体的资金支出压力。

二、新民居建设后集约利用旧宅基地的比较效益分析

新民居建设完成后，剩余的旧农宅拆除复垦还绿一部分，也应保留一部分，形成合规的集体产业用地，发展精品民宿、观光采摘等休闲旅游。社会资本可以将敬老院产权移交村集体，采取向集体承包方式经营，从根本上解决村集体经济"四无"难题。

（一）旧农宅拆除生态效益增加甚微，且加重财政负担

复垦还绿后，发展果树等种植业将难以有生存空间。白云寺村一家农户用了一周时间，收获了 1000 斤青皮核桃，按照 0.2 元 / 斤价格。白云寺村有 3898 亩林场、1040 亩果园，已经形成了可观的生态效益。而深山区农宅一般具有零散、细碎特征，按照平均 4 分地核算，总共可以复垦还绿的零散面积总和为 56.4 亩，仅占现有园地、林地面积的 1.1%。

从另一方面看，如果能给村庄保留一些存量资产和用于发展一些无碍于生态保护，也不会导致房地产开发的适宜小微产业，对于集体经济存续和壮大的意义十分突出。同时，对于可拆可不拆的民舍拆除腾退不仅需要财政资金的支持，而且由于形成不了村集体经济自身造血的功能，要由国家来养农民，会形成长期性的财政负担。

（二）适度保留农宅，可低碳节约利用存量资产并快速壮大集体经济实力

适度保留下来的农宅，既可以低碳节约利用存量资产，避免资源浪费，又具有旺盛的市场需求和增值潜力，可以快速壮大集体资产。以白云寺村 135 个院落保留 50%，即全村农宅资源整理后，精装修 67 个院落，按年租金 5 万元 / 年·院计算，每年有稳定的经济收入 335 万元。村集体经济组织与社会开发主体 5:5 分成，集体经济组织不仅可以获得每年 167 万元的稳定分成收入，还可为传统种植业找到新的生存空间，并快速增加当地村民的就业机会。

（三）集约利用农宅并不会影响城市房价，也不会导致房地产开发

随着城市居民消费结构升级，多数市民希望能在乡村拥有一套"第二居所"，这属于外溢型改善性需求，与城市刚性居住需求不在一个竞争平台上。因此，农村集体利用存量

资产发展适宜产业与大规模的房地产开发不可画等号。在生态保护和村庄规划等严控下，农村集体完全有条件避免以建造商品房出售为目的的房地产开发问题。

三、对开展深山区新民居建设后"旧宅基地集约利用"试点的建议

习近平总书记在十九届中央全面深化改革领导小组第一次会议上指出，拓展宅基地制度改革试点范围。在门头沟区椴木沟村和房山区黄山店村、龙门台村等地均存在建新民居后旧宅基地资源整理再利用的需求和经验，这是全市深山区面临的一个共性问题，有必要采取试点并及时推广的方式。

（一）试点范围

建议首先在深山区选择一批新民居建设后有规模性旧农宅闲置的村，进行旧宅基地集约利用试点，探索减量发展与发展壮大集体经济之间的有效结合点，培育一批有特色、环境优雅、食宿舒适的高端民俗旅游村，探索形成农业增效、农民与集体增收和生态环境保护的多赢模式。

（二）试点内容

主要是探索新民居建设后旧宅基地集约利用，发展壮大集体经济模式。以白云寺村为例，一是编制"白云寺村庄规划"，将集约利用后的旧宅基地集约后规划为集体产业用地。二是引入社会资本。村集体组织成立集体控股的旅游公司，与社会资本成立合资公司作为立项主体，进行产业统筹、立体开发。三是拆除腾退还绿与项目实施。四是产业转型升级，培育文冠果产业园区、高端精品民宿产业、"中国禅村"，示范未来适合城市生活习惯和品质的乡村居住新样式。

（三）组织机制

市级相关部门负责试点的顶层设计、统筹协调；区政府负责制定产业准入清单、村庄规划编制与审批，对"旧宅基地集约利用"试点进行监督，帮助解决试点过程中的实际困难；乡镇党委、政府牵头成立乡级土地资源联营公司、乡旅游协会、村旅游合作社、村企合营公司、专业协会等，与村集体作为联合实施主体，负责确定产业方向，选择合作企业，进行镇域范围内的规划、产业、体制与政策统筹。

调研组组长：熊文武 姚杰章
调研组成员：徐建军、翟翠立、崔爱国、王洪雨、杨军、丁浩、石保利
执　笔　人：陈雪原

关于浅山规模化种植区借助农旅
融合发展壮大集体经济的思考

——平谷区东山下村扶持壮大集体经济调查

浅山区是山区与平原的过渡地带，占北京市域面积的近30%，自然环境优美、资源丰富。该区域既要承接首都城市发展辐射，优化产业结构、培育文化和旅游功能，又要以生态环境建设为首要任务、承担首都生态环境天然屏障作用，面临着发展与保护的双重压力。参照北京城市总体规划和生态涵养区发展要求，浅山区适宜以绿色发展为导向，依托山水自然资源做大做强特色产业，发展生态旅游、精品民宿等绿色产业，助推乡村振兴。平谷区东山下村位于"中国蟠桃第一镇"——刘家店镇内，紧邻丫髻山景区，交通便利。目前村内以传统桃种植为主，产业单一，农民收入增长缺少支撑，亟须探索通过挖掘资源综合潜力实现产业转型升级，带动集体经济发展壮大的新路径。

一、村集体经济发展现状及困境

（一）"缺劳力"：人口及劳动力重度老龄化

一是村内人口老龄化。东山下村共143户312人，其中农业户籍106户223人，集体经济组织成员295人。60周岁以上人口共94人，占全村总人口的30%，占长期在村居住农业户籍人口的47%，处于重度老龄化阶段。

二是农业劳动力老龄化更加凸显。本村实际就业劳动力160人，第一产业实际就业148人，其中小于40岁的仅8人，40岁至50岁的15人，大于50岁的125人，占比为84%；超龄劳动力，即60岁以上的男劳动力和55岁以上的女劳动力共67人，占实际就业劳动力总数的42%。与全国农村劳动力外流的大趋势相一致，由于村内产业单一、收入较低，村内40岁以下的劳动力多外出务工。劳动力人口老龄化导致农业劳动力整体素质的下降，对村内桃种植先进生产技术、网络销售等推广及应用造成不利影响。

（二）"缺产业"：传统桃产业销售渠道不畅

村集体所有土地1812.2亩，其中园地602亩、林地1002.2亩、公共管理与公共服务设施用地48亩、宅基地115亩。村内产业主要由农户以家庭承包经营模式，利用承包到户的园地各自种植和销售大桃，2020 年产值共 360 万元，均为农户家庭收入。种植中以传统技术为主、科学化管理水平较低、精品果占比不高，销售中以按斤卖、路边卖的地头销售为主，难以进入市场销售渠道，导致农户各自为战、互相杀价，销售渠道窄、销售价格不高。村内还有 1 户民俗旅游户，2020 年收入 25 万元。村集体自身没有可利用的土地资源，没有集体产业。

（三）"缺配套"：基础设施及配套设施薄弱

农村基础设施建设直接关系着乡村振兴战略"产业兴旺、生态宜居"目标的实现，科学完善的基础设施是实现乡村振兴的坚实基础。东山下村目前有 1 个卫生服务站，配备 2 名医生、2 名护士以及 5 张床位，为村民提供取药、挂水等基本公共卫生服务；有 1 座水冲式公厕，正常使用中，改善了村内的卫生环境；虽然人口老龄化严重，但未配套老年活动站等设施。因缺少资金及设施设备更新工程量较大，村内道路、上下水管道、污水处理场站等基础设施普遍使用年限较长，需要更新改善。如饮用水、污水管道分别铺设于 2004 年、2009 年左右，管道老化，加上修建时管道设计不合理，已经影响了村民的正常使用。村集体想要发展产业，就要在提升基础设施和配套设施上投入较大的资金。

（四）"缺资金"：集体经济发展缺少资金支持

由于缺少自有资源和产业，村集体经济主要收入来源为政府政策性补助。2020 年村集体经济组织收入共 88.8 万元，其中包括党组织服务群众经费在内的政策性补助收入 87.8 万元、出租收入 1 万元，集体经济没有产业运营收入和投资收益等其他收入。

同年，村集体支出共计 109.1 万元，仅用于村内治安、公共卫生防疫、公共服务设施维护等的公共服务运行维护费支出就达到了 83.9 万元，当年村集体收不抵支，包括疫情防控值守人员工资在内的资金未能及时支付。

政策性补助资金通常有既定用途，主要用于村级发展生产、完善基本生活保障、维持基本运转等，再加上集体经济组织基本没有其他资金积累，村集体仅依靠自身很难获得足够的资金用于发展壮大集体经济。

二、农旅融合发展的必要性和可行性

（一）传统桃产业亟待升级

平谷区是我国著名的大桃之乡，以大桃为代表的果品业是农业生产的特色产业，全区 17 个乡镇、街道种植大桃，种植面积约 18 万亩，是农村人口的主要收入来源。近年来由于当地相对粗放的管理和全国桃产量激增，平谷大桃的市场优势受到影响，仅依靠以大桃为主的农业产业难以进一步带动农民增收。刘家店镇大桃记账户数据显示，2012 年至 2018 年桃种植单位生产成本从每公斤 2.8 元增加到 3.0 元，销售单价从每公斤 7.8 元下降到 5.9 元，销售利润从每公斤 5.0 元下降到 2.9 元，即单位生产成本增加了 7.8%，销售单价和销售利润却分别波动下降了 24.4% 和 43%。在外埠激烈市场竞争环境下，桃产业传统的单打独斗模式带动农民增收作用逐渐削弱。

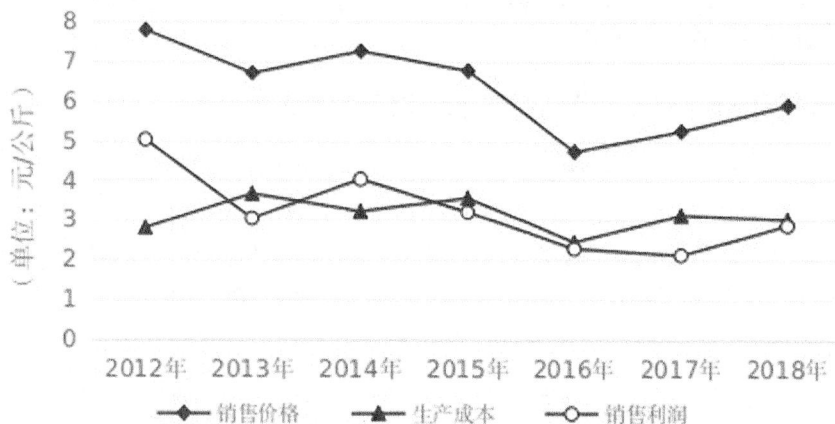

图1 刘家店镇大桃单位成本、售价、利润走势

东山下村桃树种植面积达到了600亩且集中连片，一定程度上具备规模化种植条件，但受传统模式、劳动力、技术等限制，实际上并未形成规模效益，亟须通过产业升级做大做强特色产业。

（二）区域功能变化催生资源的最大化利用

土地和农宅是农村最重要的资源，盘活土地和闲置农宅是农村最大的增长点。随着北京首都功能的发展，浅山区为城市提供休闲游憩场所的作用更加突出，要在"保生态、保文脉"基础上实现"保民生"，就要求其在承担旅游服务功能过程中积极寻找产业融合发展的结合点，统筹利用可调动的所有资源，提高资源综合利用效益，促进村内整体经济效益的全面提升。

东山下村虽然存在"四缺"困境，但从资源上看仍具备综合挖掘潜力。一是桃种植园的多功能扩展。充分利用600亩连片桃种植园，改变农地农业生产的单一功能，通过规模化科学种植和管理，提升桃园环境和景观，引入观光、采摘、体验等项目，推进农地多元化利用，全面扩展农业的功能和领域。二是闲置房屋的盘活利用。村内农宅共143套，其中闲置农宅13套、一户多宅15套，村集体和村民将闲置农宅用于发展民俗旅游和民宿的意愿较强。三是与周边景区形成联动。距丫髻山风景区仅10分钟车程，周边有平谷桃花海、抗日战争纪念馆、国家登山步道等景点。村内农旅项目成型后，可承接部分周边景区游客，为其提供"第二站"休闲游憩场所。

（三）村级组织平台作用逐步加强

农村基层党组织既是农民群众的组织者，也是领导农民群众实现乡村振兴的实施者。在村党支部的领导下，村委会和集体经济组织各司其职，带领农民群众心往一处想、劲往一处使，才能汇聚成实现乡村振兴战略的强大合力。目前，东山下村村级组织在带动发展、资源统筹中的引领作用还未得到有效发挥，但其带动发展的意识和意愿逐步提升。本村"两委"班子成员共5人，其中村支委3人、村委3人，实行"一肩挑"。通过座谈交流，班子成员较了解村内基本情况，对村集体经济发展存在的问题认识较清晰，对未来发展有一定的思考，也有把农民群众组织起来、把资源整合起来发展集体经济，提高村内环境质量，带动农民增收的动力和决心。

三、浅山规模化种植区发展壮大集体经济的建议

浅山区存在其他与东山下村类似的、以传统特色果业种植为主要产业的村，有的自然环境优美或有可依托的休闲旅游资源，农宅具备盘活潜力。这类村庄面临着传统产业带动增收能力下降、基础设施和配套设施薄弱、农民增收缺少动力等共性问题。建议该类村试点"乡村观光休闲旅游示范村"，因地制宜统筹利用村内资源，加快探索通过产业升级带动村庄改造，提升综合配套水平，推进农旅融合发展，壮大集体经济的转型发展路径。

（一）以产业升级为导向的顶层设计发展规划

按照资源最大化利用原则，梳理村庄资源本底条件、挖掘资源潜力，因地制宜对村庄功能布局、产业定位、基础设施和配套设施建设、人居环境整治等进行整体设计，编制村庄发展规划暨原地旧村改造方案。

以东山下村为例，主要围绕农业产业升级实施原地旧村改造，综合提升产业和人居环境水平，打造"食、住、行、游"一体的农旅融合发展产业链。第一，融合三产升级传统桃产业。引进先进技术和管理方式开展桃规模化种植，在种植区建设观光、采摘、种植体验等休闲项目，必要时通过"点状供地"模式修建餐饮等配套设施，提高农地利用效益。第二，盘活闲置农宅打造精品民宿。在满足村民居住的前提下，整合腾退一定规模的农宅，统一规划和改造，打造高标准民宿，为游客提供食宿。第三，综合提升各类设施水平。在农宅整理和产业升级的同时，同步改造完善基础设施、配套设施，在改善农村人居环境的同时为产业发展提供支撑。主要包括村内上下水管道、污水处理场站、道路等基础设施，观光路、大桃存储冷库、加工厂房等配套设施。

（二）建立带动集体经济发展的组织架构

建立村党组织党建引领下的"村集体+企业+农户"的组织架构，组建项目管理公司，形成推动集体经济发展的组织体系，核心任务是发展壮大集体经济、创新农民权益保障机制，使农民群众获得土地流转的保底收入、产业升级的资产性收入和务工的工资性收入，形成推进乡村振兴的合力。

以东山下村为例，一是强化村级组织平台作用。村党支部主要发挥领导、组织和协调作用，对内统一思想、明确发展思路、组织群众，将资源统筹起来，对外对接各级部门和社会企业，并做好监督工作。村集体经济组织负责集体资产管理、理顺收益分配关系，以入股形式与社会企业组建项目管理公司，参与产业项目运营和收益分配，壮大集体经济。二是引进社会企业，帮助制定村庄发展规划，负责规划具体实施，并提供资金、技术、人才支持。在村庄规划落地中主要有以下工作：第一，实施农旅融合发展。统一流转村内果园和闲置农宅，负责特色桃种植产业的种植和销售，引入观光、体验等休闲产业，承担民俗旅游业和精品民宿项目的统一建设、市场化运营，发展壮大新产业新业态。第二，为旧村改造项目的实施提供资金、技术支持，村内资金不足部分由企业先期支付。第三，提高

村内就业水平。优先雇佣村里大桃种植户负责种植工作，优先聘用本村村民承担引导、保洁、服务等工作，对其进行专业培训，提高劳动技能和服务水平。

（三）构建多层次的保障体系

市级相关部门负责统筹协调，制定农旅融合发展的政策支撑，整合政府扶持资金，提高财政资金使用效率。区级政府负责公信力平台搭建，抓好区域特色果品知名品牌、区域公共品牌创建，指导和审批村庄规划编制，引导社会资本与镇、村对接。镇政府及部门负责统筹镇内资源，帮助村级确定产业方向和选择社会企业，提供政策、技术支持，协助制定组织架构及收益分配机制，并按照村务监督、村账镇管等要求对项目运营和收益分配情况开展监督。

调研组组长：熊文武 姚杰章
调研组成员：陈雪原、袁庆辉、翟翠立、崔爱国、王洪雨、杨军、丁浩、多言静、
　　　　　　杜鹤、苏东波
执　笔　人：王洪雨

生态涵养区乡村产业与集体
经济发展的实践与思考

——延庆区大庄科乡沙门村调研报告

2021年4月20日和6月22日，市农业农村局、市农研中心"农村集体经济薄弱村"联合调查组第4小组先后赴延庆区大庄科乡沙门村开展农村集体经济薄弱村专题调研，现将调研情况报告如下。

一、基本情况

沙门村位于延庆区大庄科乡西部①，东邻慈母川村，西邻景而沟村，南邻霹破石村，北面是燕羽山。沙门村是一个深山里的小村庄，距离北京城区70公里，距离延庆城区50公里。据调研，2020年全村共有22户57人，是延庆区大庄科乡最小的行政村。沙门村57人中有7人是残疾人、60周岁以上人口12人，占全村人口的21%。沙门村集体土地4423.2亩，其中农用地4344亩、建设用地79.2亩。农用地中耕地136亩、园地50亩、林地（含山场）4158亩。建设用地中宅基地78.3亩，公共设施服务用地0.9亩。沙门村是泥石流搬迁村，2014年该村居民全部搬迁到村边新居。目前沙门村共有17套农宅，一宅多户的有5户，占地面积3720平方米，目前没有闲置农宅流转情况。村内耕地136亩已经全部流转，其中6亩用于平原造林，其余130亩耕地转入村内农民专业合作社，用于种植香草。村内园地50亩主要由一家一户分散经营，用于种植核桃、板栗、山楂等。目前，村民收入主要依靠村内林果产业和香草产业。

二、沙门村产业发展的现状与成效

近年来，在大庄科乡党委、政府的大力支持下，在北京农学院香草专家和沙门村书记的共同努力下，黄土梁村的1亩香草试验田变成了带动延庆区10余个乡镇2000亩的香草

---

① 延庆区大庄科乡位于延庆区东南部深山区，东南与怀柔区九渡河镇为邻，南与昌平区十三陵镇接壤，西、北与本区井庄镇、永宁镇毗邻。全乡有29个行政村，40个自然村。

产业，小香草已经变成了大产业，真正践行了"绿水青山就是金山银山"。沙门村香草低收入产业项目在第二届"全球减贫案例征集活动"2020 全球减贫伙伴研讨会上获得首批 34 个最佳案例。农业农村部将沙门村设为农村干部培训管理学院实习教育基地。

（一）独特自然环境为特色产业发展奠定了基础

大庄科乡是一个独立的小盆地，气候特殊，植被覆盖率高，生态优良，乡域年平均气温 8℃，无霜期 180 天左右，年平均降水量 596.7 毫米，日照时数 2385.6 小时，年蒸发量约 1600.5 毫米。在这样的乡域环境下，沙门村具备了独特的自然生态环境优势。沙门村平均海拔 1000 米左右，气温较低，昼夜温差大，夜间平均气温 0℃，白天最高气温 30℃，酸性的砂壤土，土质肥沃①，山泉水甘甜清冽，水质极佳②。

（二）香草专家落户沙门村，孕育出了新产业

2017 年，在北京农学院派驻大庄科乡黄土梁村"第一书记"李志敏和北京农学院香草专家谷继成教授的帮助下，黄土梁村成功试种了 1 亩金盏菊、玫瑰天竺葵、柠檬香茅、薄荷等 7 个香草品种。2017 年下半年，应沙门村书记闫贵发的邀请，李志敏书记和谷继成教授来到沙门村调研。谷继成教授非常敏锐地发现这个村庄的气候、土壤、水资源条件都非常适合种植香草，李志敏书记发现这个村的民风淳朴、开放，很容易接受新鲜事物，并且闫贵发书记具有很强的实干精神，他带领的村"两委"班子经协商，决定为谷教授免费提供 3 个大棚，用于香草育苗。就这样，在良好的自然生态环境和良好乡村民风的吸引下，香草专家落户沙门村，与远见务实的村书记联起手来，在沙门村建立香草研发中心，发展香草种植和继续开展精油提炼技术研发。2019 年，谷继成教授专研了 20 多年的香草精油提炼技术在沙门村试验成功。据测试，精油加工设备出油量达到国内领先水平，这为香草精油加工业发展打开了新天地。目前谷继成教授的香草加工设备已经申请了专利产品，并成立了北京大庄科香草实业有限公司，注册了"燕羽山"精油品牌，购进精油加工设备 164 套，同时与上海彤颜实业有限公司、北京果香源生物科技有限公司达成框架合作协议，与上海遇鑫公司等达成销售协议，解决了精油产品的市场销售渠道问题。闫贵发书记成立了燕羽山种植专业合作社，带领村民发展香草种植业，带动本村和周边村民共同走上了芳香致富路。

（三）五位一体模式下的香草全产业链发展

2018—2020 年，大庄科乡党委、政府以北京农学院香草专家的核心技术为支撑，以沙门村为圆心，陆续投入低收入项目资金 1275 万元，截至 2020 年底，形成固定资产 1135 万元，建立和完善了香草研发中心、乡级香草种苗培育基地、村级香草种植基地、香草手工坊、香草文化馆、香草体验馆等香草产业基础设施和配套设施，不断推动大庄科乡香草全产业链发展。

香草产业逐步形成了"政府 + 研究所 + 企业 + 合作社 + 农户"的五位一体发展模式。

---

① 资料来源：http://bj.bendibao.com/tour/2016421/223041_3.shtm.
② 资料来源：《北农教授进村入户 京郊农民增收致富》，2021 年 5 月 21 日。https://news.bua.edu.cn/info/1002/22427.htm.

政府负责规划指导、政策扶持，研究所提供技术指导，公司负责加工、包装和销售，合作社负责统筹村内集体资源，组织农户香草培育，以及与企业对接，农户提供土地和劳动。据调研，沙门村的北京燕羽山种植专业合作社不但带动了本村农户增收，而且将全乡6个村150多名村民吸纳到香草产业链中。通过"政府＋研究所＋企业＋合作社＋农户"的发展模式，辐射带动大庄科、永宁、井庄、四海、刘斌堡、旧县、大榆树、珍珠泉、张山营、沈家营等10个乡镇，2020年种植面积973亩，2021年种植面积扩大到2000亩。

目前沙门村大多数村民都从事一产，其中50岁以上的劳动力占比超过40%，村民主要收入为从事农业的经营性收入、加入合作社参与香草育苗的工资性收入等。2020年沙门村人均收入达到4.58万元，其中工资性收入1万元、土地流转收入3万元、育苗收入0.18万元、精油回收0.4万元。参与种植香草的大庄科乡各村预计年增收200万元。目前沙门村也正筹备建立香草精油提取加工业和一二三产相融合的产业观光园，大力发展旅游业，进一步带动村民增收。

三、沙门村集体经济发展现状及薄弱的原因

根据北京市农村"三资"监管平台数据，2020年该村集体经济总资产为430.2万元，集体经济总收入16.1万元，主要来源于营业外收入，其中财政补助收入10万元，主营业务收入、其他业务收入和投资收益均为0元。然而，沙门村与其他集体经济薄弱村不同的是本村产业发展势头良好，农民收入也从2万元增加到4万余元，但是乡村集体经营性收入仍然低于10万元。究其原因主要有两个：

（一）香草产业发展与集体经济没有建立起关联

香草产业发展运营模式为"政府＋研究所＋企业＋合作社＋农户"，在这个产业主体链条中没有乡村集体经济组织。其中的合作社即燕羽山农民专业合作社，负责统筹村内集体资源。据调研，该合作社注册地为村集体公益性用地和办公用房。但是按照《农民专业合作社法》，农民专业合作社并没有统筹村内集体资源的职能，一般的农民专业合作社也不具备统筹村内集体资源的能力。沙门村燕羽山农民专业合作社之所以能够统筹村内集体资源，根本原因是该合作社法人是村书记。据了解，其他农民专业合作社也有类似的做法，这种做法的根本原因是集体经济组织的主体虚化，村集体资产的产权主体不明晰，村集体经济组织被排斥在产业发展之外，出现"个人富、集体穷"的现象，导致财政补贴资金和村集体资产也存在精英俘获的风险。

（二）乡村集体经济组织虚化

2000年前后，北京市远郊区实行乡镇机构"三改二"改革，即保留乡镇党委和乡镇政府，撤销农工商联合总公司，在乡镇政府内设置集体资产管理委员会。这一改革对京郊乡村集体经济组织，特别是乡镇集体经济组织的影响非常大，乡（镇）联社变得有名无实。沙门村香草产业发展之所以没有与集体经济建立起关联的重要原因是乡村集体经济组织虚化。据调研，延庆区12个集体经济薄弱村及所在乡镇均存在着集体经济组织有名无实的情况。乡镇、村干部对集体经济发展的相关政策不熟悉，集体经济组织只有牌子和印

章，没有真正的运营实体，集体经济组织章程也处于墙上挂挂的状态，集体经济组织的股东大会、股东代表大会没有真正发挥作用。沙门村集体经济组织与其他山区村一样，也是由村委会代行职能。村股份经济合作社社长由村支部书记、主任一肩挑。该村支部书记从2001年任村主任，2007年6月任村支部书记（兼主任），2011年6月至今兼任村支部书记、主任、股份经济合作社理事长。村委共有6人，也负责股份经济合作社管理工作。

四、沙门村产业发展面临的问题与政策需求

（一）由于禁限目录限制，产业链无法形成闭环

在大庄科乡香草产业发展的计划中，是将香草产业做成集香草研发、培育、种植、加工、销售的全产业链。目前香草种植业已经初步形成规模，香草精油提取技术也取得了关键性突破。北京市重点实验室农业应用新技术实验室出具证明，水蒸馏植物精油技术对环境没有负面影响。然而，关于香草精油提取的加工业属于化学制品制造业，《北京市新增产业的禁止和限制目录(2018年版)》针对生态涵养区的规定十分严格，明确规定制造业中除研发、中试、设计、营销、财务、技术服务、总部管理等非生产制造环节、本地农业废弃物生产有机肥用于就地改良土壤的、市级以上开发区和产业园区的例外，其他制造业项目均在禁限范围。这样的规定导致北京市生态涵养区的产业发展受到严重制约。延庆区2000亩香草种植出来，如果不进行就地加工，而是转运到外省进行加工，不但增加运输成本和原料损耗，而且损失了加工环节的巨大收益。如果没有香草精油提取环节的跟进，也就没有办法形成现代产业体系，农户也无法分享全产业链收益，甚至导致香草种植业发展前景堪忧。因此，还需要进一步细化产业支持和限制政策。

（二）财政支持资金需求仍然比较迫切

一方面，产业发展需要更大范围的资金支持。目前财政资金对香草产业的支持主要侧重于固定资产投入和消耗性农资投入，其中固定资产投入是部分投资，需要村集体配套一部分自有资金，比如建设育苗大棚，财政支持了改造棚的资金，没有支持土地整理的资金。正是由于这个原因，香草产业园的发展与扩建导致沙门村有了10万元左右的负债，农民在香草产业园的务工收入也处于拖欠状态。另一方面，需要进一步加强产业基础设施建设支持。随着香草种植规模的不断扩大，香草种植所需的配套基础设施明显不足，比如微灌设备。

五、思考与建议

大庄科乡、沙门村香草产业发展的实践证明，当合适的要素紧密结合就可以利用好绿水青山的优势资源，在生态涵养区保护政策之下，也可以有合适的产业发展道路。生态涵养区的乡村要发展必须以绿色发展理念为导向，依托自身的资源要素优势，才能找到政策允许的适合自身发展的道路。沙门村和谷继成教授的实践，让我们看到了生态涵养区绿色产业发展的希望，也看到了生态涵养区集体经济发展面临的问题，对开展全市集体经济薄弱村帮扶工作很有启发。推动生态涵养区集体经济薄弱村发展，需要从以下

四个方面着力。

（一）加强政策和科技的双重支撑

一方面生态涵养区集体经济需要在绿色发展的大前提下，做好"绿水青山就是金山银山"这篇大文章，另一方面市政府相关部门需要为生态涵养区集体经济和乡村产业发展提供强有力的政策和科技支撑。一是加快研究制定生态涵养区适宜产业的发展政策，并为乡村产业自主发展留有一定空间，适度放宽对京郊乡村加工业的限制。二是在财政支持层面，应进一步整合支持生态涵养区产业发展和集体经济薄弱村发展的财政资金，在乡村基础设施、产业基础设施方面给予按需帮扶。三是在科技支持方面，应为科技工作者搭建一个科技人才走进田间的通道和平台，为科技转化为生产力提供更大力度的支持。以谷继成教授为例，谷继成教授20多年里一直在校园内从事芳香植物研究和教书育人工作。直到2017年，他遇到了北京农学院到大庄科乡黄土梁村任第一书记的李志敏，才走进了京郊田野大地。2019年市委统战部部署"北京科技小院"落户大庄科乡黄土梁村，谷继成教授正是借助"北京科技小院"这个平台，将自己的实验室搬进了黄土梁村和沙门村，也为大庄科乡香草产业从0到1的质变，再到从1到N的巨变打下了基础。据了解，北京市已在9个区挂牌成立40家科技小院，辐射带动周边192个村，其中包括低收入村62个，辐射低收入户1700多户，解决1300多人就业，实现农民技术培训6500余人次。科技小院管理联盟成员单位也由10个增为12个。然而，这与590个集体经济薄弱村的数量相比，还有很大缺口。建议进一步扩大"北京科技小院"规模，加大对专家建设乡村实验田、实验室、开展技术推广等方面的经费支持和保障，让更多的实验室专家走进乡野，发现和孕育更多有潜力的符合集体经济薄弱村发展方向的乡村产业。

（二）提升乡村干部发展集体经济的理论与实践水平

在新时代全面推进首都特色乡村振兴战略中，各级党委和政府应从指导思想上做到对加强农村集体经济组织建设和发展壮大新型集体经济的真正重视，特别是乡村干部是推动乡镇、村集体经济组织建设的"操盘手"，更需要从根本上认识到推动集体经济组织振兴的重大意义，将推动乡村集体经济组织规范发展落到实处。建议抓住乡村干部这个关键主体，提升乡村干部推动乡镇、村集体经济组织建设的观念和能力至关重要。一是通过专题培训班、专题座谈交流会等方式，开展系列集体经济组织建设与发展的专题培训，提高乡村干部推动农村集体经济组织建设与发展的思想认识和能力水平。二是创新结对帮扶工作机制，由组织部门通过干部交流的方式，让生态涵养区乡镇集体经济的负责人到朝阳、海淀、丰台、石景山、大兴的农经管理部门挂职锻炼，在实践中学习掌握集体经济组织规范发展的具体经验。三是总结和推广北京市各区、乡镇农村集体产权制度改革、农村集体经济组织规范化建设的先进经验，为各地区推动农村集体经济组织建设和集体经济发展拓展思路。

（三）推动生态涵养区集体经济组织实体化

一是进一步深化农村集体经济薄弱村产权制度改革，动态监测集体经济组织家底、明晰集体产权关系，建立"归属清晰、责权明确、保护严格、流转顺畅"的农村集体经济现代产权制度，探索乡村集体经济组织对土地等集体资源所有权的有效实现路径。二是推动乡联社的实体化，使乡联社从乡政府的集体资产管理部门分离出来，成为具有独立特别法人资格的实体单位，乡联社董事长人选由村股份合作社代表选举产生，区党委、政府常委会审议通过。在乡镇党委的领导下，乡联社行使乡镇范围的行业管理和发展统筹，促进农业供给侧结构性改革和农村发展动能转换。三是以乡联社为主体，建立乡镇联社与农村股份经济合作社之间紧密的成员关系，使乡联社成为带动农村股份经济合作社共同进入市场的"头部"经营主体，带动乡村集体经济薄弱村与乡镇域内其他集体经济组织联合发展。四是加快完善新型集体经济组织的法人治理结构，完善乡村集体经济发展的利益共享机制，推进乡村集体经济组织股份分红，充分保护和实现农村集体经济组织和成员合法的财产权，增强集体经济组织成员的获得感。

（四）重点做好产业发展中的利益分配机制设计

乡村振兴需要在共建共治共享的社会治理理念下，扎实推动共同富裕，不断增强人民群众的获得感、幸福感、安全感。在乡村产业振兴中，通过建立良好的利益共享机制，发挥好、保护好、实现好各类型主体的合法权益，使乡村集体经济组织与其他经营主体成为乡村产业振兴中的共建共治共享主体。以沙门村产业发展模式为例，应在做好集体产权制度改革基础上，合理评估农村集体固定资产价值，并允许集体经济薄弱村财政支持资金转化为乡联社产业发展资金，以作价入股的方式分别入股公司和燕羽山农民专业合作社，并按照乡联社—企业—村股份经济合作社的结构按比例分享发展成果。沙门村股份经济合作社如果有村集体资产或资源参与产业发展，也应按照村股份经济合作社—企业—农民专业合作社—农户的结构按比例分享发展成果。

调研组组长：刘军萍
调研组成员：张英洪、徐建军、韩生、李明、王丽红、周雅希、王宗亮、李海燕、
　　　　　　刘斌、谷继成、闫贵发
执　笔　人：王丽红

第四篇

城乡融合发展

加快缩小北京城乡居民收入
差距促进共同富裕研究

2020年，北京市居民人均可支配收入69434元，其中，城镇居民可支配收入75602元，农村居民可支配收入30126元，城乡居民收入比为2.51∶1。同期全国居民人均可支配收入32189元，其中，城镇居民可支配收入43834元，农村居民可支配收入17131元，城乡居民收入比为2.56∶1。上海市城乡居民收入比为2.19∶1、天津市城乡居民收入比为1.86∶1、重庆市城乡居民收入比为2.45∶1、浙江省城乡居民收入比为1.96∶1。北京市农村居民可支配收入绝对值低于上海、浙江，城乡居民收入比在四个直辖市中是最大的，在全国位居第23位。近些年来，北京市农民收入增长乏力，城乡居民收入差距较大，有其深层次的结构性因素，需引起高度重视。

一、北京市城乡居民收入差距拉大的主要因素

最近10多年来，北京城乡居民收入差距总体上呈扩大趋势，农民增收后劲不足，这与我市城乡改革发展中的许多深层次矛盾密切相关。

（一）在首都"三农"战略实施上不够有力

首都"三农"问题既有全国"三农"的共性问题，也有首都自身的特性问题。特别是党的十八大以来，随着京津冀协同发展战略、新版北京城市总体规划、乡村振兴战略、新发展格局等重大战略、规划和大政方针的提出与实施，首都"三农"工作应有的观念转变、改革转机和发展转型没有及时跟上，比如在总体上北京加快推进京津冀协同发展战略，但首都"三农"工作如何适应和体现京津冀协同发展战略则明显不足；新版北京城市总体规划提出"四个中心"的城市战略定位，但首都"三农"工作如何体现和彰显"四个中心"的城市战略定位则认识模糊；市委提出走具有首都特点乡村的振兴之路的明确要求，但首都"三农"工作如何认识和把握首都特点，从而有序推进首都特点的乡村振兴战略则不够到位，等等，这就造成在实际工作中各级各部门仍然习惯性地泛泛地就"三农"抓"三农"工作，缺乏战略性谋划、整体性思考、创新性举措、协同性推进，导致首都农村改革发展出现历史性拐向发展下跌或进展缓慢的大趋势轨道。京郊农村改革发展和乡村振兴实践还缺乏在全国有影响力的闪亮点、创新点、示范点。改革如逆水行舟，不进则

退。首都农民收入增速明显放缓、城乡居民收入差距显著扩大，正是这种下跌趋势或缓慢趋势的必然结果。

（二）在城乡二元体制破除上不够到位

早在 2008 年 12 月，北京市委十届五次全会通过《中共北京市委关于率先形成城乡经济社会发展一体化新格局的意见》，明确提出到 2020 年北京率先形成城乡经济社会发展一体化新格局，基本目标任务是：建立完善城乡一体的社会保障体系，城乡社会保障制度实现并轨，农村社会保障水平大幅度提高；实现城乡教育、文化、卫生等基本公共服务均等化，农村基础设施和社会事业取得长足进步；都市型现代农业体系日臻成熟，环境友好型实体经济全面发展，农村经济实力显著增强，农民人均纯收入比 2008 年翻一番，占农户总数 20% 的相对低收入户人均纯收入到 2015 年翻一番；等等。虽然北京市在推进城乡一体化发展中取得了很大进展，但至今尚未率先形成城乡经济社会发展一体化新格局，尚未率先实现城乡基本公共服务均等化，一些预期目标并未如期实现，城乡二元体制机制并未完全破除，城乡融合发展的体制机制尚未有效形成，突出表现在：一是城乡基本公共服务差距较大。城乡基本公共服务差距体现在就业、基础教育、基本医疗、基本养老、公共文化服务、人才培训等诸多方面。在城乡就业服务以及就业待遇水平上差距较大。2020 年北京市城镇居民工资性收入 44620 元，是农村居民工资性收入 21174 元的 2.1 倍。在基本养老待遇方面城乡差距也相当明显，2020 年全市城镇职工养老金最低每人每月 1714 元，平均每人领取金额 4365 元；农村居民基础养老金每人每月 830 元，平均每人每月领取金额 902 元，农村居民平均基础养老金仅为城镇职工平均养老金的近 1/5。二是阻碍城乡要素双向流动与平等交换的政策制度体系尚未破除。土地、劳力、资金、信息、技术等生产要素在城乡之间双向自由流动和平等交换面临诸多政策阻碍和制度壁垒。三是农业农村基础设施建设短板仍然存在。特别是在乡村振兴战略实施中适应乡村产业发展和乡村社会服务需要的配套基础设施建设、乡村产业用地供给明显滞后等。

（三）在全面深化农村改革开放上不够碰硬

40 多年来，北京市农村改革取得很多突破和历史性成就，这是有目共睹的。但从立足新发展阶段、贯彻新发展理念、构建新发展格局的要求，从首都城市战略定位，从满足农民群众对美好生活向往的需求来看，我们在全面深化农村改革开放上还存在许多不到位的地方，特别是在有关农村家庭基本经营制度、农村产权改革、城乡融合发展、人口生育政策等方面的改革以及农村集体经济和集体经济组织、乡村振兴、土地征收补偿等涉农立法滞后，致使农村发展活力受限，农民增收后劲乏力。由于人口老龄化、村庄空心化、新冠肺炎疫情等影响，京郊农民家庭经营性收入下降明显。2020 年北京市农村居民家庭经营净收入 1613 元，仅占农村居民人均可支配收入总额的 5.35%。"十三五"期间，北京市农村居民家庭经营净收入年均下降 5.95%，是四项收入中唯一的负增长。2020 年农村居民经营净收入下降 28.69%。财产性收入占比往往是衡量一个国家或地区居民富裕程度的重要指标。欧美等发达国家居民财产性收入占可支配收入的 40%。由于农村产权制度改革还不够全面深入，致使农村巨大的集体资产和农民"沉睡"的财产不能有效转化为农民的财产性收入，抑制了农民收入的增长。2020年北京市农村居民人均财产性净收入3103元，占农村居民人均可支配收入30126元的10.3%；同期北京市城镇居民人均财产性净收入13152元，占城镇居民人均可支配收入75602元的17.39%。北京市农村居民人均财产性净收入比城镇居民人均财产性净收入低7个百分点，比欧美发达国家低30个百分点左右。2020年底，全市已完成农村集体产权制度改革的3927个村集体经济组织中，只有1433个实现股份分红，仅占36.5%，股份分红总金额55.3亿元，人均分红4208元。

（四）在调整国民收入分配格局上不够有效

农村居民收入不仅受制于农村内部改革发展，而且受到整个国民收入分配格局的严重影响。一段时期以来，收入分配中的公平问题比较突出。一方面，坚持按劳分配为主体的收入分配原则没有得到应有的贯彻落实。在劳动与资本的收入分配中，劳动收入明显过低。农村居民收入主要靠劳动收入，劳动报酬在初次分配中的比重过低。据统计，2019年北京市农林牧渔业年平均工资为84856元，只有全市平均工资水平的60%；农民就业较多的集体企业平均工资水平为68765元，仅为全市平均工资的49%。另一方面，政府在再分配中的调节职能未得到很好的体现。以农村居民转移性收入为例，2020年北京市农村居民转移性净收入4236元，只有城镇居民转移性净收入17145元的24.7%，城镇居民转移性净收入比农村居民转移性净收入绝对值多12909元。

（五）在乡村振兴工作思路方式上不够适应

针对首都的特殊地位、功能定位、发展战略以及基本市情农情，北京乡村振兴工作应当深刻认识和把握首都的特点与要求，并积极围绕首都的特点和要求谋划与推进"三农"工作。但一段时期以来，北京乡村振兴工作在思想认识、思维方式和工作机制等方面还没有完全适应首都的特点和要求。一是对首都"三农"发展缺乏系统性、战略性、长远性、前瞻性的研究谋划与科学推进。一些部门和领导在乡村振兴工作中往往感性认识的多，理性思考的少；惯性思维多，创新思路少；应付性工作多，主动性谋划少；就事论事的多，整体性推进的少。二是超越职能部门局限的农村工作总体谋划、顶层设计和统筹协调机制明显不足，相关职能部门涉农工作缺乏协调统一。当前，市委农村工作领导小组办公室、市委农工委、市农业农村局、市乡村振兴局四块牌子都挂在市农业农村局，统一开展工作，表面上看似乎大力加强了农业农村工作，但实质上这使应当超越职能部门的乡村振兴工作缺乏有效的市级层面的顶层政策研究、综合协调功能与实施机制，从而将全局性的乡村振兴工作往往窄化为农业农村局的工作。市级各职能部门之间政策互不衔接、行动彼此冲突、结果相互抵消的事时有发生。比如，2016年9月，由发改委、公安部门主导，以市政府名义发布的《北京市人民政府关于进一步推进户籍制度改革的实施意见》明确提出"取消农业户口和非农业户口性质区分，统一登记为居民户口"。农业户口和非农业户口划分取消后，根本不存在农业户口再转变为非农业户口的问题，但有的地方和部门至今仍然在实施户籍制度改革前的"农转居"政策。再比如，发改委负责制定乡村产业禁限目录，规自部门负责对农村土地的规划控制，环保部门负责农村环境整治，但他们都不负责农村产业发展和农民增收工作，而负责农村产业发展和农民增收任务的农业农村部门则缺乏相应的土地政策、环保政策等方面的话语权和政策制定权。三是政府部门干预过多与市场机制不足并存。京郊农村比较普遍存在和反映的问题是政府行政干预太多太滥，农村资源配置的市场化机制严重不足，有关部门"一刀切"的思维方式和工作方法比较普遍。四是涉农立法比较滞后。20 世纪 90 年代以及 21 世纪初北京市制定的有关农村集体经济和集体经济组织、土地制度和征地拆迁等涉农方面的地方性法规亟须修改完善或重新制定，特别是 2004 年 7 月 1 日施行的《北京市建设征地补偿安置办法》（俗称 148 号令）有关规定已明显不合时宜，包括征收农转居费用的规定也极不合理，迫切需要重新修订。

二、加快缩小城乡居民收入差距、促进共同富裕的对策建议

北京是我国十四亿多人口的大国首都，常住人口超过两千万人的超大城市，人均GDP约2.4万美元，达到发达经济体中等水平。西方发达国家城乡收入差距一般在1.5左右。《北京市"十四五"时期乡村振兴实施规划》确定"十四五"期末即 2025 年城乡居民收入差距为 2.40:1。这个目标是在常规性工作思维和方式的前提下确定的，但这与北京经济社会发展水平和共同富裕的要求并不相称。北京市农民收入多年来低于浙江省农民收入水平，的确反映了北京市在农村改革发展方面存在的严重不足。我们认为，只要认识到位、改革到位、政策到位，切实采取创新性、突破性的重大举措，北京市完全应当也可以完全能够在"十四五"期末将全市城乡居民收入比缩小到 2.2:1 甚至 2:1 以内，并争取实现北京农民收入超过浙江农民收入水平。

（一）突出紧扣首都特点推进乡村振兴的思路与举措

面对"大城市小农业、大京郊小城区"的市情农情，首都特点至少有四个方面："国家首都、超大城市、发达地区、首善之区"。北京的乡村振兴要紧紧围绕和体现这四个方面的特点和要求。一是要紧紧围绕和体现"国家首都"的特点和要求。作为国家唯一的首都城市，北京确定了"四个中心"的城市功能战略定位，京郊乡村要积极承接和彰显全国政治中心、文化中心、国际交往中心、科技创新中心的功能。换言之，北京的乡村振兴工作，既要围绕"四个中心"展开，又要创新"四个中心"在京郊乡村的体现和发展，主动承接和发展从中心城区疏解出来的首都功能以及相关非首都核心功能，从根本上提升北京乡村振兴的首都格局和发展愿景。二是要紧紧围绕和体现"超大城市"的特点和要求。作为我国屈指可数的几个常住人口超过两千万的超大城市，北京具有巨大的经济社会发展规模和辐射带动效应。必须重新认识和赋予乡村的地位和价值，加快构建新型城乡关系，放活乡村发展空间，将京郊乡村定位和打造成首都的后花园、会客厅、休闲地、度假村。三是要紧紧围绕和体现"发达地区"的特点和要求。作为人均 GDP 约 2.4 亿美元的发达经济体，北京具备强大的以城带乡、以工哺农的经济能力和实力，完全可以也完全应当尽快补齐农业农村发展的短板，率先基本实现农业农村现代化。四是要紧紧围绕和体现"首善之区"的特点和要求。北京作为其他各地无法比拟的首善之区，应明确提出和加快建成全国乡村振兴的引领区、共同富裕的先行区、城乡融合的示范区、公平正义的样板区、民主法治的标杆区、乡村善治的模范区。

（二）率先构建城乡融合发展的体制机制和政策体系

北京市在率先构建城乡融合发展的体制机制和政策体系方面要出实招、硬招。一是要加快率先实现城乡基本公共服务均等化。全面构建、推进和实现城乡基本公共服务均等化，实现城乡居民就业政策制度平等统一，将农村的公益性岗位从兼业转变为就业，缩小城乡居民工资性收入差距。实行从幼儿教育到大学教育的免费制度，降低教育成本，为学生提供免费、安全、营养的校园午餐。整合城镇职工基本医疗、基本养老与城乡居民基本医疗、基本养老政策，实行城乡平等的免费医疗制度。加强城乡养老政策体系建设，建立农民退休制度和家庭福利制度，大幅度提高农民养老待遇水平，缩小城乡养老待遇差距，参照城镇职工养老待遇标准，尽快将农民养老金逐步提高到每人每月2000元、3000元甚至更高的水平上来。加强满足乡村产业发展需要以及农村居民生活服务需要的基础设施和公共服务设施建设。二是加快实现城乡要素双向流动与平等交换。将户籍制度改革的政策落到实处，建议停止有的地方仍在推行的征地"农转居"或"整建制农转居"政策，坚决废止借户籍身份转换之名收取农村集体和农民个人巨额社保费用的做法，做到户籍制度改革后的城乡居民"户籍身份统一，职业身份各异"，市民既可以进村当农民，农民也可以进城当市民。深化农村集体产权制度改革，实现集体产权的流动开放和有效利用，维护和发展农村集体和农民的财产权利。对农村承包地、宅基地、经营性集体建设用地等土地要素，应当建立既有利于维护和发展农村集体和农民的土地权益，又有利于实现土地资源配置的市场化，提高土地利用效率，特别是要放活农村宅基地制度，将农村宅基地制度的改革放活作为实施乡村振兴战略和城乡融合发展的战略切入点。三是进一步优化财政支出结构，着力加大财政支农力度。应当着眼于让广大农民共享改革发展的成果，加大财政资金在提高农民收入、农村基本公共服务等农村民生方面的投入力度。建立低收入家庭补贴制度，对每年低于全市居民平均收入水平的农村低收入家庭给予财政援助补贴，使之达到全市居民收入平均水平。积极落实中共中央办公厅、国务院办公厅印发的《关于调整完善土地出让收入使用范围优先支持乡村振兴的意见》，建议北京市土地出让收入每年用于农业农村比例应从现在提出的8%提高到15%以上，重点用于补齐农村社会保障和公共服务设施建设的短板。

（三）着力推进新时代京郊农业农村改革开放

必须适应新发展格局的要求，全面深化农村改革开放，真正放活农村生产要素，进一步解放和发展农村生产力。一是着力发展生态有机农业。北京的农业是都市型现代农业，要深入推进农业供给侧结构性改革，明确定位京郊发展全域生态有机农业，提高农产品优质安全水平，促进生态有机农业种植收入大幅增加。尽快制定《北京市生态有机农业发展规划》，形成京郊生态有机农产品优质品牌，体现高质量发展要求。在加强对农业生产支持保护的同时，重点加大对生态有机农业的政策支持力度。二是深化农村集体产权制度改革，实现农村集体产权封闭性与开放性的统一，维护和发展农村集体和农民的财产权利。完善农村承包土地"三权分置"办法，同等保护集体所有权、农户承包权、土地经营权，更加重视农业社会化专业化服务体系建设；大力改革创新农村宅基地制度，实现农村宅基地制度与城乡融合发展相适应，在不改革宅基地集体所有制的前提下，允许和规范宅基地及农房的市场化流转，鼓励、规范和保护以农户为主体建设乡村民宿。三是推进农村经营性建设用地开发利用。适应乡村振兴战略实施的需要，改变城乡建设用地挂钩政策，将中心城区建设用地减少与乡村地区建设用地增加统一起来，切实放宽乡村产业用地需要。调整生态涵养区产业发展禁限目录，允许和发展与生态涵养区保护与建设相统一、无污染的农产品深加工产业。四是加强农村集体经济组织建设，发展壮大新型集体经济。根据特别法人的规定，加快建立健全农村集体经济组织，充分发挥集体经济组织的功能，将乡村集体经济组织实体化、市场化、经营化，以农村集体经济组织为主体发展新型集体经济，允许和规范农村集体经济组织或集体经济组织所属的村级投资公司成为乡村建设的主体，承接乡村建设项目，发挥农民的主体作用，增加村集体和农民的收入。规范集体经济组织按股分红，保障集体经济组织成员的收益分配权。五是加快构建城镇化与逆城镇化相互促进的平等开放的政策制度体系，积极应对农村人口老龄化挑战，积极鼓励生育，大力保护家庭，解决农村的老龄化、空心化等人口危机。深化农村金融改革，建立健全农民合作金融机构，加大农业保险工作力度，为乡村振兴提供金融保障和服务。

（四）切实调整优化国民收入分配格局

党的十八大报告提出，提高居民收入在国民收入分配中的比重，提高劳动报酬在初次分配中的比重。初次分配和再分配都要兼顾效率和公平，再分配更加注重公平。党的十九大报告提出，坚持在经济增长的同时实现居民收入同步增长、在劳动生产率提高的同时实现劳动报酬同步提高。北京市应当加快调整国民收入分配格局，尽快制定实现城乡居民共同富裕的行动计划和方案。一是切实提高劳动报酬在初次分配中的比重。坚持和落实按劳分配为主体，完善按要素分配体制机制，着力提高农村居民工资性收入水平。二是进一步强化政府在再分配中的职责。改革和完善相关税制，特别是要建立与农村集体经济组织这一特别法人相适应的税收制度，加快推进和实现城乡基本公共服务均等化，大幅度缩小城乡居民在社会保障等方面的待遇差距，补齐农村居民社会保障短板。政府不仅要加大对农业农村基础设施和发展项目的财政投入，也要继续加大对农民就业、就学、就医、养老等基本公共服务的投入。借鉴国际经验，扩大城乡居民低保覆盖水平，建立农村低收入家庭补贴和家庭福利制度，制定农村人力资源培训规划，确定每年培训计划和方案，加大对农村人力资源的培训。三是加强法治建设，保护私有产权，引领和规范各种社会力量参与乡村振兴，发展公益慈善事业，提高社会三次分配水平，助推共同富裕。

（五）创新北京"三农"工作思维和方式

北京的"三农"工作与首都的独特地位、北京城市战略定位和农民群众对美好生活的需要还不相适应，亟须解放思想，转变观念，坚持问题导向和目标导向，增强危机感和责任感，以大手笔应对大挑战，大举措解决大问题。一是健全超越各职能部门的乡村振兴领导协调机构和统筹部门。应当尽快改变市委农村工作领导小组办公室、市委农工委、市农业农村局、市乡村振兴局四块牌子合署办公的格局，突出市委农办对全市乡村振兴战略实施的顶层设计、战略谋划与统筹协调功能，市委农办秘书处不应设在市农业农村局，而应单独设置在市委办公，同时应充实市委农办内设机构和人员配备，提高其统筹谋划和协调推进全市乡村振兴的职能。二是强化各职能部门在推动乡村振兴中的重大职责。乡村振兴涉及市级各职能部门的相关工作，单纯依靠农业农村部门则无法有效实施乡村振兴战略目标，必须明确和强化各职能部门在乡村振兴中的重大职责，比如，发改委要围绕缩小城乡居民收入制定和实施调整居民收入分配体制，规自委要紧扣"四个中心"城市战略定位提高乡村规划水平、围绕增加农民收入制定和实施相关产业用地政策，生态环保部门要围绕生态涵养区生态保护与绿色发展制定和实施绿色产业发展政策，人力社保部门要围绕实现城乡基本公共服务均等化制定和实施城乡社会保障一体化和农村人力资本培育政策，等等。三是组建服务北京乡村振兴战略的政策研究智库。任何伟大的事业都需要伟大的智力支持，实施具有首都特点的乡村振兴战略，必须有与之相匹配的政策研究智库提供有效支撑。现在，除北京以外，全国其他各省市自治区基本成立有与国务院发展研究中心相对应的省市自治区人民政府发展研究中心，作为同级党委、政府政策研究的重要智库。北京市应尽快整合各职能部门直属的相关研究机构，组建北京市市政府发展研究中心，将实施乡村振兴战略研究作为其中的重要研究职能。或者整合市农业农村局所属的市农村经济研究中心、市发改委所属的市经济与社会发展研究所、市委研究室所属的首都经济社会研究所等研究机构，单独组建直属市委、市政府的一流"三农"政策研究智库——北京市乡村振兴战略研究中心或北京市乡村振兴战略研究院，为市委、市政府提供超越各职能部门局限的全局性、战略性、前瞻性、权威性的农业农村决策咨询意见和政策建议。四是增强改革意识，强化法治观念。要正确处理好政府与市场的关系，重在"放活"上下功夫，改变政府管控过多过强过死、市场机制不足不够不充分的问题，真正发挥市场在资源配置中的决定性作用，更好地发挥政府的作用。尊重基层和农民群众的主体性、创造性，改变"一刀切"的思维方式和工作方式。市人大农业农村委、市政协农业农村委与政府农业农村部门存在工作职责上的不同，应当避免在调研工作上的雷同、重复现象，市人大农业农村委应当更加聚焦涉农立法方面的调查研究，改变北京市涉农立法滞后的局面，努力为首都乡村振兴提供切实有效的法治保障；市政协农业农村委应当更加聚焦乡村振兴中的重大问题，超越政府职能部门局限，积极为首都乡村振兴和城乡融合发展提供战略性、全局性、系统性的政策建议。

执笔人：张英洪

北京市农村居民收入差距分析报告 ①

一、北京城乡居民收入差距情况分析

改革开放以来，北京市的农民收入，伴随着首都现代化步伐和农业农村经济发展进程，同步实现了长期较高速度的增长。特别是在改革开放初期和进入 21 世纪的第一个 10 年这两个阶段，农民收入的增速远高于城镇居民，城乡居民收入比值曾经缩小到 1.29∶1 的较好水平。但从总体上看，特别是近年来，北京农民收入存在着增长后继乏力、城乡居民收入有所扩大的问题。具体表现是：

（一）40 年期间，农民收入增长较快，城镇居民收入增长更快，城镇平均每年增速高出农村 1.03 个百分点

从 1980 年至 2020 年的 40 年期间，北京农村居民人均年收入从 308 元增长到 30126 元，增加了约 97 倍；40 年期间平均每年递增 12.14%，实现了较高增长速度。同期，北京城镇居民人均年收入从 536 元增长到 75602 元，增加了 140 倍；40 年期间平均每年递增 13.17%，年均增速比农村居民快 1.03 个百分点。

表 1　1980—2020 年北京市农村居民与城镇居民收入情况表

单位：元

年份	农村居民人均纯收入 / 可支配收入	城镇居民人均可支配收入	差距值	城乡居民收入比
1980	308	536	228	1.74
1985	775	997	222	1.29
1990	1297	1920	623	1.48
1995	3208	6238	3030	1.94
2000	4687	10350	5663	2.21
2005	7860	17653	9793	2.25

① 由于数据时间跨度较长，其间统计指标名称分别使用过人均总收入、人均现金收入、人均纯收入、人均可支配收入等，为便于研究，本报告一般使用"人均收入"的概念，在没有特别说明时，与目前正式使用的"人均可支配收入"指标等同，尽管不够严谨，但不影响总体分析结论。另外，由于面临突如其来的新冠肺炎疫情，2020 年的统计数据存在一定的特殊性，为稳妥起见，有时候也同时或直接使用 2019 年的统计数据。

年份	农村居民人均纯收入/可支配收入	城镇居民人均可支配收入	差距值	城乡居民收入比
2010	13262	29073	15811	2.19
2015	20569	52859	32290	2.57
2020	30126	75602	45476	2.51
年均增速	12.14%	13.17%	14.16%	—

注：本表根据国家、市统计部门公开数据整理。

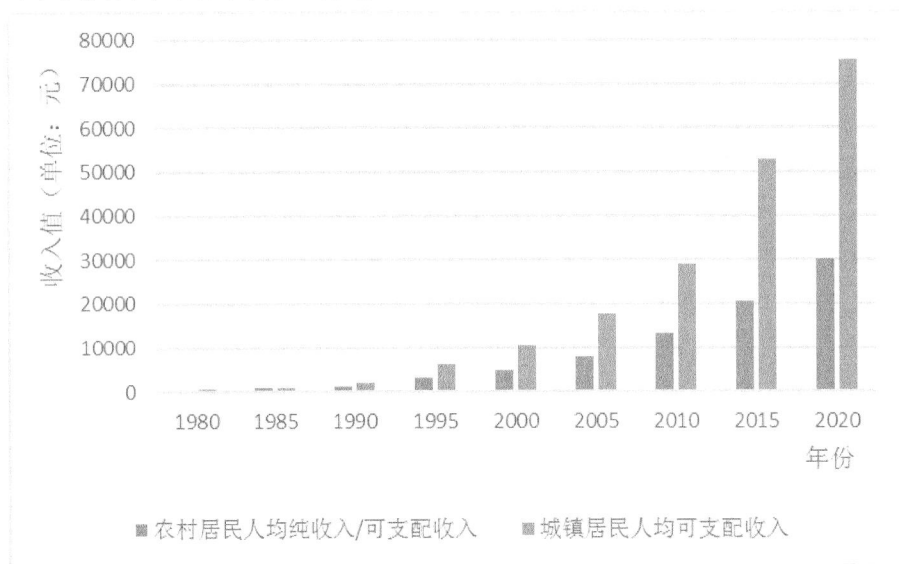

图1 1980—2020年北京市农村居民与城镇居民收入情况图

（二）城乡居民收入差距数值逐年扩大，平均每年扩大14.16%

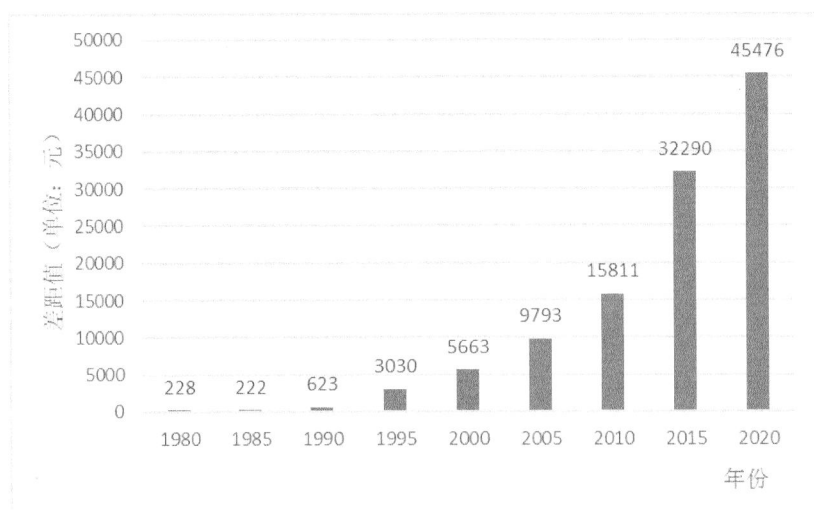

图2 40年期间城乡居民收入差距值变化情况

从表 1 可以看出，自 1980 年至 2020 年的 40 年间，北京城乡居民收入的差值，除了在改革开放之初的 1985 年前后有所缩小之外，此后随着城市改革开放的深入，城乡居民收入的差距数值呈逐年扩大趋势。40 年间，城乡居民收入差值平均每年递增 14.16%，比同期农民收入本身的增速高出 2.02 个百分点。

（三）城乡居民收入比值波动起伏，近年来有所扩大

从城镇居民收入与农村居民收入比看，改革开放起步后的 1980 年，北京城乡居民收入比为 1.74，1985 年为 1.29，20 世纪 90 年代末扩大到 2.2 左右。进入 21 世纪以后的第一个 10 年，由于新农村建设的兴起，国家对农村的政策支持力度加大，尽管城镇居民收入增长很快，但农村居民的收入保持了基本同步，城乡居民收入比值一直稳定在 2.2 左右，一直到"十二五"期间，城乡居民收入比值稳定在 2.2 以内（表 1）。如图 3 中趋势线（虚线直线）所示，40 年间，城乡居民收入比存在持续扩大趋势。

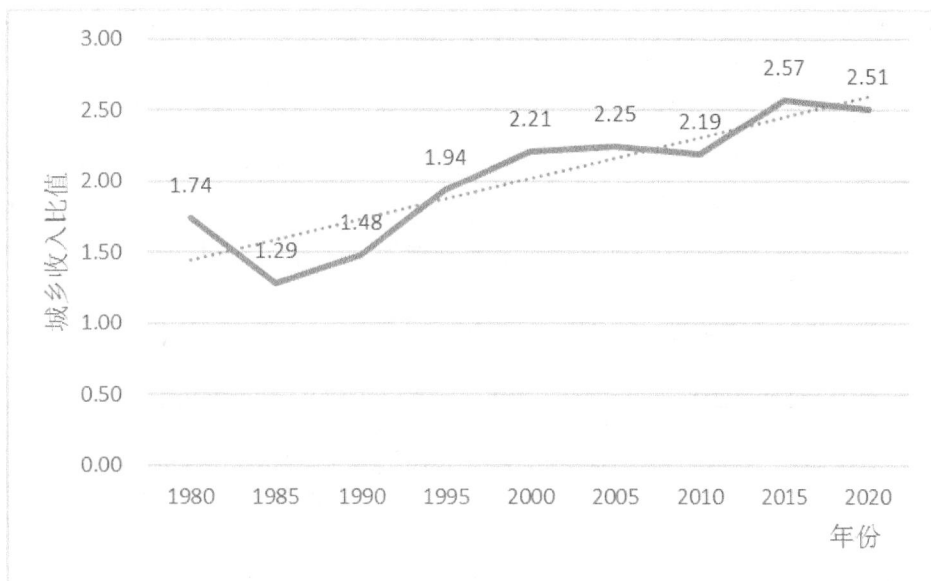

图 3　40 年期间城乡居民收入比值变化情况

（四）城乡居民收入的结构性差距

对比 2020 年北京市城乡居民人均可支配收入结构性差值（表 2），绝对差值最大的是工资性收入，贡献率为 51.6%；其次是转移净收入，贡献率为 28.4%。家庭经营收入本来是农民的长项和优势，近年来因为农民老龄化加剧，农民家庭经营收入呈现明显的逐年下降趋势，农村居民人均经营净收入仅高于城镇居民 928 元。城乡居民转移净收入比为 4.05：1，绝对差值达到 12909 元。

表 2　北京市 2020 年城乡居民人均可支配收入结构对比

单位：元

指标		城镇	农村	城乡比	城乡绝对差	贡献率
可支配收入		75602	30126	2.51	45476	100%
其中	工资性收入	44620	21174	2.11	23446	51.60%
	经营净收入	685	1613	0.42	-928	-2%
	财产净收入	13152	3103	4.24	10049	22.10%
	转移净收入	17145	4236	4.05	12909	28.40%

注：本表根据国家、市统计部门公开数据整理。

从表 3 和图 4 可以看出，2010—2015 年，城乡居民收入差距明显扩大，这是因为 2015 年统计部门调整了城镇居民家庭收入的调查科目，将城镇居民自住房折合租金计入居民家庭收入，当年平均每个城镇家庭人员因此增加收入约 8000 元。此后，城乡居民收入比值攀升至 2.57。当然，也不能由于统计口径的变化否定这个比值。因为在事实上，城乡居民收入的确存在着差距扩大的客观因素。近年来，推动农民收入增长的三个主要动力源——转移就业、"瓦片经济"、公益岗位补贴，都面临后继乏力的问题。转移就业的农民很难进入高端产业和高薪行业，工资性收入已接近"天花板"；"瓦片经济"在疏解整治促提升的大背景下，难以继续为增收做贡献；公益岗位补贴的增长机制也不足以支持农民收入的长期持续增长。

表 3　1980—2020 年北京市城乡居民收入结构性差值数据

单位：元

年份	人均可支配收入	工资性收入	家庭经营净收入	财产净收入	转移净收入
1980	228	276	-48	-10	10
1985	222	392	-291	-16	137
1990	623	695	-514	-10	452
1995	3030	3121	-1070	-27	1006
2000	5663	4438	-1274	-63	2628
2005	9793	8892	-1747	-427	4955
2010	15811	15092	-687	-934	6627
2015	32290	17077	-622	7288	8547
2020	45476	23446	-928	10049	12909

注：本表根据国家、市统计部门公开数据整理。

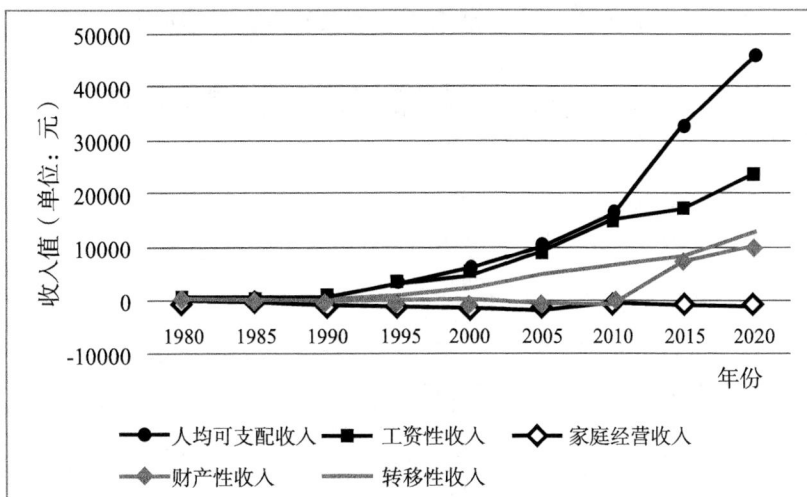

图4 1980—2020 年北京市城乡居民收入结构性差值数据

在构成居民人均可支配收入的四个组成部分中，工资性收入与农民家庭劳动力的资源禀赋相关，"农民低、居民高"是由市场规律决定的，政策调整的空间不大。财产性收入也存在同样的情况。政策和制度是可以有所作为的领域，是家庭经营收入和转移性收入两个方面。家庭经营收入可以通过完善双层经营体制、强化统一经营职能，缓解千家万户的农民面对千变万化的市场所必然存在的窘迫状况，克服农民老龄化带来的经营主体能力不足的弊端，有效增加农民以家庭经营为基础的收入。转移性收入可以通过完善城乡社会保障体系，逐步增加农民退休金、养老金标准，缩小收入差距。

一、北京农民收入与全国的比较

北京作为国家首都和超大城市，农民收入得益于城郊经济的带动，在全国长期处于前列。近年来，北京农民收入增速变缓，北京农民收入在全国的排名有所下降。

（一）与全国平均比较，北京农民收入的领先优势有所下降

1980 年，北京市农民收入是全国农民平均收入的 1.61 倍，1995 年上升到 2.03 倍，2005 年达到最高为 2.41 倍。在 1990 年至 2010 年的 20 年中，北京农民收入增长较快、城乡居民收入差距有所缩小，同时全国农民收入增长平稳、城乡居民收入差距有所扩大。以 2010 年为例，北京城乡居民收入比为 2.19∶1，全国城乡居民收入比为 3.23∶1，明显好于全国平均水平。近年来，随着脱贫攻坚成果的逐步显现，全国农民平均收入实现了较快增长，而同期北京农民收入增长比较平稳，领先优势有所下降。到 2020 年，北京农民收入是全国平均水平的 1.76 倍，与改革开放初期大致相当。2020 年，全国城乡居民收入比为 2.56∶1，北京城乡居民收入比为 2.51∶1，已经非常接近了。从《2020 年中国统计年鉴》公布的 2019 年的全国各省（市、自治区）的人均收入水平看，北京市的城乡居民收入比在全国排第 19 位，已经比较落后了。

表4 1980年—2020年北京农民收入与全国平均水平的比较

单位：元

年份	全国农民收入	北京农民收入与全国平均数的比值	全国城乡比	北京城乡比
1980	191	1.61	2.5	1.74
1985	398	1.95	1.86	1.29
1990	686	1.89	2.2	1.48
1995	1578	2.03	2.75	1.94
2000	2253	2.08	2.79	2.21
2005	3255	2.41	3.22	2.25
2010	5919	2.24	3.23	2.19
2015	11422	1.80	2.73	2.57
2020	17131	1.76	2.56	2.51

注：本表根据国家、市统计部门公开数据整理。

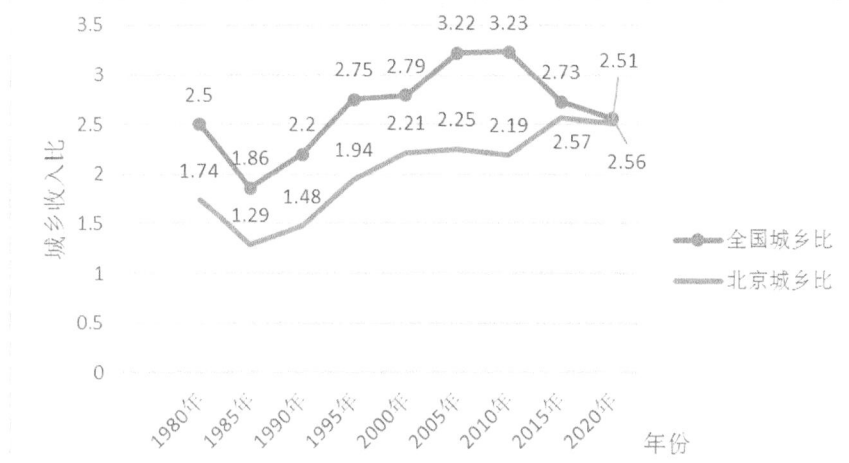

图5 1980年—2020年全国与北京城乡居民收入比示意图

（二）与部分兄弟省、市比较，北京农民收入增速减缓

2012年以前，北京市的农民人均收入一直排在全国各省（市、自治区）前列，仅次于经济中心城市上海。2013年以后，被浙江省超过，到2020年已经连续8年排在全国第三位。

2015—2020年北京市农村居民人均可支配收入年均增速为7.9%，分别低于重庆市1.4个百分点、上海市0.6个百分点、浙江省0.7个百分点。2020年城乡居民收入比值，北京市最高，天津市1.86，浙江省1.96，上海市2.19，重庆市2.45，均低于北京。

表5 全国及其他省市农村居民可支配收入对比

单位：元

年份	全国	北京	上海	天津	重庆	浙江
2015	11422	20569	23205	18482	10505	21125
2016	12363	22310	25520	20076	11549	22866
2017	13432	24241	27825	21754	12638	24956
2018	14617	26490	30375	23065	13781	27302
2019	16021	28928	33195	24804	15133	29876
2020	17131	30126	34911	25691	16361	31930
平均值	14164	25444	29172	22312	13328	26343
年均增速	8.4%	7.9%	8.5%	6.8%	9.3%	8.6%
2020年城乡居民收入比	2.56	2.51	2.19	1.86	2.45	1.96

注：本表根据国家、市统计部门公开数据整理。

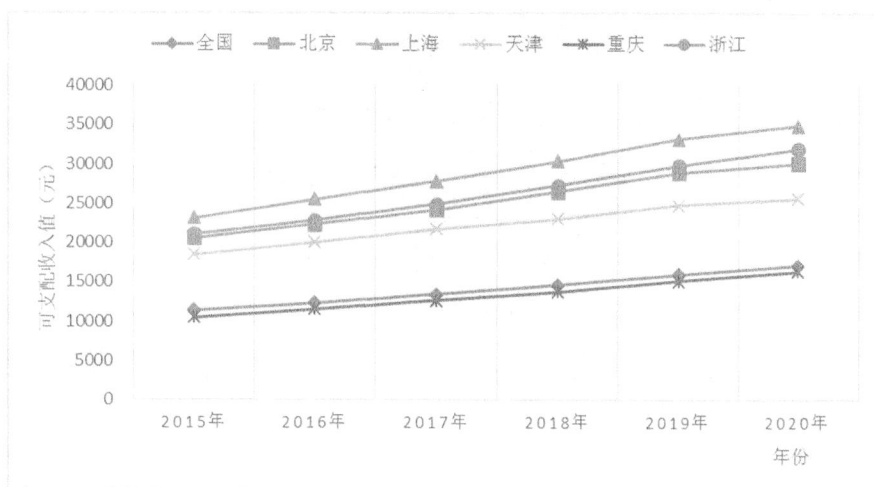

图6 全国及其他省市农村居民可支配收入对比图

通过表6对比上海、浙江两地农民收入可以看出，在北京市农村居民可支配收入中，家庭经营净收入比浙江省低5034.3元，转移净收入比上海市低6361.4元。从上述数据分析可知，家庭经营收入和转移收入是政策制度作用的结果，说明北京市在城乡社会保障体系的一体程度上不如上海，在完善统分结合的双层经营体制、充分发挥集体经济作用方面不如浙江。这两个方面应该是北京市下一步有效增加农民收入、缩小城乡差距的着力点。

表6　2019年京沪浙农民收入结构对比

单位：元

省市	农民人均可支配收入	其中			
		工资性收入	经营净收入	财产净收入	转移净收入
北京市	28928.4	21376	2262.2	2127.4	3162.8
上海市	33195.2	20019.8	2355.8	1295.4	9524.2
浙江省	29875.8	18479.6	7296.5	851.8	3248
京沪差值	4266.8	-1356.2	93.6	-832	6361.4
京浙差值	947.4	-2896.4	5034.3	-1275.6	85.2

注：本表根据国家、市统计部门公开数据整理。

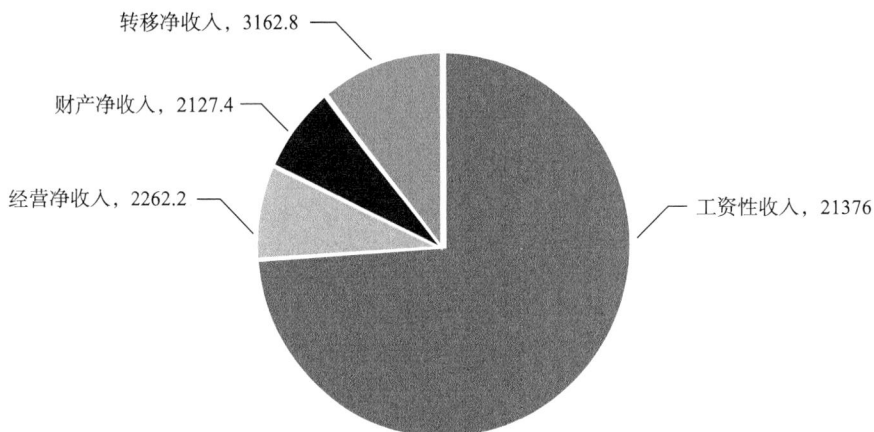

图7　北京市农村居民2019年可支配收入

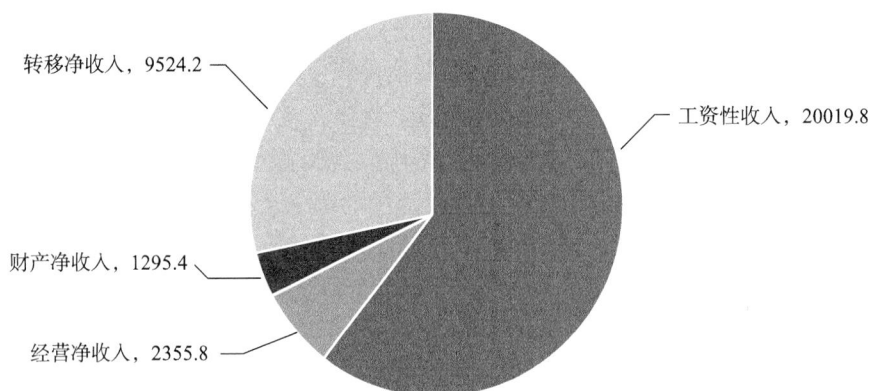

图8　上海市农村居民2019年可支配收入

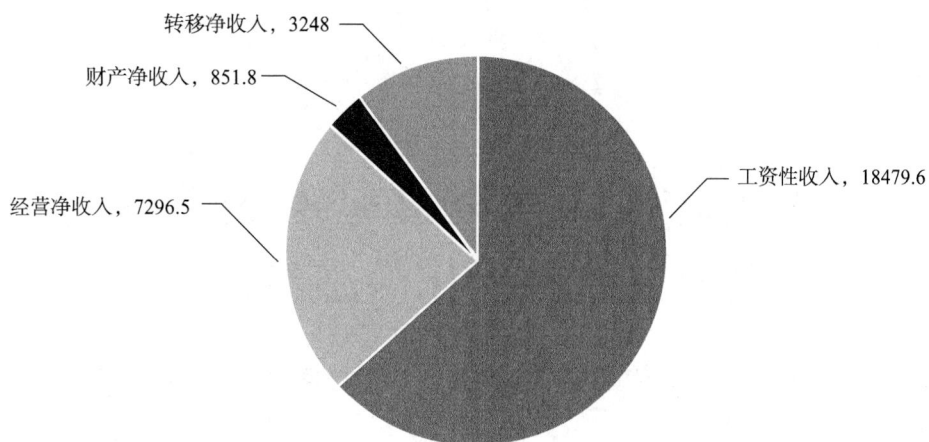

图 9　浙江省农村居民 2019 年可支配收入

北京市农研中心课题组

课题组组长：曹四发

课题组成员：吴新生、王洪雨、李婷婷

执　笔　人：曹四发、李婷婷

推进城乡融合发展是率先实现
农业农村现代化的必经之路

——"十四五"乡村振兴研讨会暨北京市城郊经济研究会年会综述

2020年12月26日上午，由北京市农村经济研究中心、北京市城郊经济研究会联合主办的"十四五"乡村振兴研讨会暨北京市城郊经济研究会年会在北京市农村经济研究中心一层报告厅举办。北京市城郊经济研究会副理事长、北京农研沟域经济发展促进中心主任张义丰研究员，农业农村部农村经济研究中心龙文军研究员，北京市城郊经济研究会常务理事、北京市社会科学院副院长赵弘研究员，北京市政府参事、首都经贸大学张强教授作了精彩的学术报告。市农研中心党组书记、主任，一级巡视员张光连作总结讲话。市农研中心班子成员、各处室单位负责人、"十四五"乡村振兴实施规划编制写作专班人员，以及北京市城郊经济研究会会员以线上或线下的形式参加了会议。市农研中心党组成员、副主任刘军萍主持会议。此次会议也是北京市农村经济研究中心成立30周年的重要活动之一。

会议深入学习领会党的十九届五中全会精神，认真贯彻落实《中共中央关于制定国民经济和社会发展第十四个五年规划和二〇三五年远景目标的建议》的战略部署，牢牢把握我国开启全面建设社会主义现代化国家新征程、向第二个百年奋斗目标进军的新阶段特征，深入贯彻创新、协调、绿色、开放、共享的新发展理念，以探索"十四五"乡村振兴、率先实现农业农村现代化为主题，以大力推进城乡融合发展为主线，共同探讨在构建新发展格局中实施首都乡村振兴战略、率先实现农业农村现代化的发力点和突破点，形成了一系列具有启发的观点和见解。

一、关于"推进城乡融合发展、率先实现农业农村现代化"的历史逻辑

会议聚焦城乡关系演变和人民群众实践经验的历史过程及其变化趋势走向，探讨了"三农"问题产生的历史根源。

赵弘认为，长期以来"三农"经历了"三重约束"和"一个反差"。"三重约束"中，第一重约束是城乡二元结构的约束，包括二元的户籍制度、二元的就业制度、二

元的住房制度、二元的社会保障制度等，这套二元制度体系把农民束缚在土地上。第二重约束是价格剪刀差约束，改革开放前用制度性剪刀差压低农产品价格，保证了市民比较低的生活支出和比较好的生活水平，为工业化积累做出了巨大贡献；加入世界贸易组织（WTO）后，开放了农业市场，在与国外农产品的竞争中，农产品价格从政策主动到了市场被动，强力的国际农产品市场价格挤压使得国内农产品价格很难提升。第三重约束是生产力约束，这个约束是长期存在的，以基本的三要素为例，从土地讲，改革开放之前生产力水平决定了不可能实现现代化生产，生产力限制了现代化生产的可能；改革开放之后，小农的生产格局和规模化机械化生产要求形成了冲突，这个问题一直没有解决。从资本讲，整个农村是在低收入水平基础上的储蓄资金净外流，资本从农村往城市大量流出。从人才讲，在计划经济时期和改革初期，农村人力资本进城只有当兵和考学两个通道；改革开放以来，农村的人力资本大规模进城，农村的老龄化问题日益严重。这三个生产要素问题使我们长期形不成实现农业现代化的基本条件。此外，还存在管理、信息要素的短缺，我们正经历着新的长期的城乡信息鸿沟。"一个反差"是指乡村文明与城市文明之间巨大的反差现实，城市文明是开放的，能够满足人们多方面的需求，而乡村文明是静止的。两个文明之间巨大的反差让人们几乎没有办法做出双重的选择，只能从乡村文明转到城市文明。

赵弘提出，这"三重约束"和"一个反差"是我国"三农"问题产生的历史性根源，细枝末节的改革都不能解决问题，必须在更深层次上、更广范围上推动农村更大程度的制度性变革，重构城乡融合的制度体系。主要思路是构建社保堤坝、促进要素进入、做强现代农业、实现城乡融合，具体路径是深化改革、重构制度、分类分步、分步到位。

二、关于"推进城乡融合发展、率先实现农业农村现代化"的现实基础

会议围绕北京处于高度城镇化阶段的"逆城镇化"特征，探讨了城乡空间关系层面的变化所引起的乡村产业格局的演变和资源配置格局的调整，进一步明确了北京现阶段推进城乡融合发展、率先实现农业农村现代化的客观规律和现实基础。

张强指出，实证研究发现，北京市这些年来外围人口的密度增长速度要快于中心城区。以中心城市外围人口增加或外向流动为典型特征的逆城镇化早已不是一种理论假设或推断，而是一种明显的事实。逆城镇化表明了一种人口离心疏散的趋势，离心疏散有逆城市化、郊区化两种形式。疏散化趋势在大城市地区的普遍出现，意味着城镇化进程已由向心集聚的阶段提升到离心疏散的阶段。所谓"逆"，不是指城市人口的农村化，更不是指城市文明和生活方式的农村化，而是指城市市区人口向郊区迁移，大城市人口向卫星城迁移的倾向。逆城镇化的本质是城市要素进入乡村地区的聚落，逆城镇化的根本作用是通过发达的中心城市各种要素的外向扩散，最终缩小区域发展差距、走向均衡。这个趋势和结果，与消除地区之间、城乡之间差距的基本要求是一致的，与城乡发展一体化的总体方向是一致的，与缓解"城市病"和"农村病"的迫切需求是一致的，与根本解决"三农"问题、实现乡村振兴和农民富裕的长远目标是一致的。

张强认为，现在农村发展产业相对于城市发展产业更难。一方面，现行规制对农村集体建设用地的利用以及允许在集体土地上发展的产业门类，有着严格的限制。另一方面，现阶段的城乡分工也对农村地区适宜发展什么产业，存在着客观的、内在的经济性制约。农村产业发展的内容、形态、方式、路径与城市不同，存在自身的规律性。但是，对现阶段农村产业发展的这类实践经验总结提炼尚不足，有相当多的想象性、随意性和套用照搬城市思维模式而脱离农村实际情况的偏向。近年来农村产业发展出现了新变化，有一些好的变化，如产业和环境的"清洁化"，部分小城镇的新产业兴起，发展产业的规制意识普遍增强等。同时也出现了很多问题：农村产业规模大幅度缩减；农业经济效益大幅度下降；农业结构中畜牧业大幅度削减，从事种养业的就业人员减少，从事生态涵养的就业人员增加，而生态涵养并没有成为产业，还是靠政府养着；远郊乡镇、村两层产业减量；农村原住居民的就业比重降低；务农、务林、务游的人口老龄化，老能人"退伍"。

张强提出，乡村产业定位的起点是乡村功能的定位，一定要正视"农村向乡村"的功能演变，针对农村产业如何转型发展，最重要的是要研究乡村功能。近年来农村大规模的就业转移，使得农村居住人口结构出现了变化，最重要的是农村居住人口职业结构出现了变化。2018年北京市乡村就业人员第一产业所占比重仅占13.8%，近90%的就业人员不从事农业。"以农业活动为主、农业生产者居住为主"的现象经过40年发展正在潜移默化地转变为"农业与非农业活动、农业生产者居住与非农业生产者居住"并存，有些地区甚至形成了"以非农活动和非农生产者居住为主"的状态。这些农村地区的功能已经由过去以农业生产和农业生产者居住为主的单一功能逐步转向"农业＋生态＋非农业"构成的多样化产业与功能。农村功能的演化映射出了城乡空间关系的变化，最后归结为城乡要素流动的变化，其影响逻辑的大致顺序为，经济活动结构的变化导致了居住人口职业结构的变化，导致了农村居住人口社会结构的变化，导致了农村功能向乡村功能的演变，导致了决定乡村产业结构的基础发生了变化，最终产生了对调整资源配置空间结构的内在需求。因此，功能变化是重新定位"农村"的客观依据，也是重新配置乡村资源和要素的现实基础，我们需要按照乡村功能的变化认真思考农村产业的定位。

三、关于"推进城乡融合发展、率先实现农业农村现代化"的重要举措

会议紧扣推进城乡融合发展的主线，针对"十四五"期间北京山区农业规划取向、乡村建设、乡村产业发展、现代化都市圈建设等事关率先实现农业农村现代化的重点难点课题，提出了相关解决思路与政策建议。

张义丰围绕北京山区农业"十四五"的规划取向，提出要科学认识北京山区经济，让"保护北京绿水青山、让人民吃得放心"成为落实"以人民为中心"发展理念的目标要求，让山区农村成为北京绿色发展的主战场。农业发展目标从"增产、增收"双目标向"稳产、增收、可持续"的目标转变，绿色发展成为农业农村发展的主流，也是农业农村现代化的基本要义。"十四五"期间，针对北京山区农业农村发展面临的问题和挑战，一要

对产业结构作出战略性调整,二要着力构建地域性特色化产业结构,三要站在京津冀全局谋划北京发展,在更大的空间布局上施展拳脚,为北京高质量发展提供广阔腹地支撑。"十四五"期间应努力打造北京山区农业升级版,产业结构要再优化,要素品质要再提升,科学技术要再集成,产业增量要再拓展,服务价值要再提升。

张义丰提出北京山区农业的发展出路:第一,从特色农业切入。特色农业不仅是推动农业快速发展的有效途径,也是促进农民增收和加快农村振兴的重要举措。以新型工业化和现代服务业带动传统农业的转型升级,将三产整合成一个综合性的新型产业。第二,从特色农产品优势区突围。特色农产品优势区构建有利于推动农业规模化经营,为特色产业发展带来机遇,延长产业链,推动特色产业融合发展。从国家和社会需求来看,农业的多功能需求将逐渐增加,激励区域特色产业发展和推动三产融合模式就显得至关重要。优化农产品区域布局,建设产业带和发展特色产品是今后一个时期北京农业结构调整的战略突破口。第三,创建北京山区国家中医农业示范区。"中医农业"对推动农业、中医药及相关产业融合发展具有十分重要的示范意义。北京山区应加快建立生态农业产业体系、生产体系、经营体系,把其作为山区产业振兴的平台载体和重要抓手。按照全产业链开发、全价值链提升的思路,支持选择山区基础好、有特色、比较优势显著的中医农业相关主导产业。第四,推出北京山区全域美丽之乡。坚定不移地创新践行"绿水青山就是金山银山"的发展道路,始终坚持以人民为中心的发展思想,深入推进北京山区全域美丽之乡建设。第五,培育北京气候好产品(中国气候好产品)。新一轮科技革命是以绿色、低碳、健康为主题,将引发农业,尤其是特色产业深刻变革,新一轮科技革命与中国气候好产品评估必将促进产业结构调整和区域经济格局的深刻变化。应在中国气候好产品基础上,推出独具北京特色的北京气候好产品。第六,打造北京山区农业新型品牌化。北京山区地域的多样性和农业生产的分散性决定了众多优质农业产品必须依靠地脉下的区域公共品牌来标识其品质。强化北京山区特色农产品优势区,因地制宜建设一批特色化品牌,让品牌成为优质农产品和区域特色产业的代表性符号。北京气候好产品是农业品牌化的生力军,倡导"区位+地域功能+农业气候创意评价"是品牌发展不可或缺的方向和力量。第七,推出独具首都特色的北京山区接续减贫示范区。培育北京山区接续减贫示范区,是立足北京市情、着眼长远的重大考量,选择山区作为接续减贫示范区,在国内外均具有重要影响。会议提出,北京山区农业可考虑六个新定位,即两山经济新标本、健康养生新高地、中医农业示范区、全域美丽之乡(山区)、北京气候好产品(中国)、北京接续减贫示范区。

龙文军围绕"赋能文化元素,助力乡建行动",建议在北京市"十四五"规划、北京郊区发展规划中体现出文化的作用,充分展示优秀传统文化在京郊乡村建设行动中的价值,将其重新应用到乡村生活场景中,使其融入现代生活,不断提高京郊社会的文明程度,把京郊乡村打造成全国乡村社会文明学习的标杆。

龙文军建议,北京"十四五"期间应开展七个方面的工程:一是实施公民精神文明建设工程。持续推进农村精神文明建设,建设乡村文化礼堂、农家书屋等阵地,让习近平中国特色社会主义思想在京郊家喻户晓,落地生根。教育人们划清是非界限,引导广大干部群众心往一处想、劲往一处使，齐心协力创造幸福美好的生活，不断提高乡村文明程度。二是实施区域特色文化传承工程。深入乡村文化中蕴含的优秀思想观念、人文精神、道德规范，并结合时代要求进行创新。结合重要节事活动的开展，打造中华农耕源头文化品牌，让传统农耕文化在更大范围内传播，为增强文化自信提供优质载体。三是实施京郊乡风传习工程。以培育家风正、村风良、民风淳等社会生活新风尚为方向，深入挖掘优秀传统文化和中华美德。建设公益服务平台，让美德善行有载体；传承中华文化精髓，融入现代文化理念；教育引导广大农民见贤思齐，崇德向善，移风易俗。四是实施优秀乡村文化记忆工程。划定乡村建设的历史文化保护线，有计划地开展传统村落、历史文化名镇、名村和建筑的保护利用，把各类农业文化遗产和优秀乡村文化的保护传承与新型城镇化发展、旅游产业、民俗节庆创新融合发展。五是实施民间手艺振兴工程。整理保护有地方特色的非物质文化遗产，培育特色的传统工艺产品，鼓励非物质文化遗产传承人、其他文化遗产持有人开展传承和传播活动，促进传统工艺提高品质、形成品牌、带动就业。组织创作以弘扬京韵文化为主题的文学、戏剧等优秀文化作品。促进文化资源与现代消费需求有效对接，大力提升传统文化的附加价值。六是实施乡村健康生活工程。健全人文关怀和心理疏导机制，培育自尊自信、理性平和、积极向上的农村社会心态。广泛开展贴近农民群众生活的体育健身活动，不断夯实农村公共体育设施建设，培育农民群众健康生活理念，提高农民身心素质。七是实施新时代的新人培育工程。推出一批新时代农业先进模范人物。加强优秀乡村文化人才的选拔培养，扶持建设传统戏曲、民间艺人等人才培养基地，依托国家级、省级非遗传承人培训项目带动一批基层文化工作者、民间文化能手，培育一支懂文艺、爱农村、爱农民、专兼职相结合的农村文化工作队伍。

赵弘围绕现代化都市圈建设，提出城镇化质量亟待提升。治理"城市病"要找准"病因"，并非是简单的人口多就会得"城市病"。"城市病"的核心病因主要是对城市发展中的两大规律把握不到位。第一，对城市空间结构规律把握不到位，未能将城市从单中心向多中心都市圈空间结构演进。面对来势迅猛的城市化浪潮，对城市尤其是大城市发展规律认识得不足，没有把握好城市发展内在规律。北京虽采取了组团发展的方式，但空间结构仍不尽合理。规划对城市科学发展的引导作用不充分，"单中心"格局始终无法打破，单一空间上的人口、产业、城市功能过度集聚，超出了规模经济的要求。北京早期的城市规划借鉴国外经验引入"边缘集团""卫星城"等概念。但是，北京没有建立起像样的卫星城。建立卫星城，形成合理的空间结构，有5个因素非常关键，缺一不可。一是理念，卫星城和新城要承载城市功能或产业，尽可能实现职住平衡；二是距离，新城离主城的距离应该在30—70公里；三是通道，要有大容量、高效便捷的市郊铁路；四是规模，以中小城市为主；五是顺序，建卫星城要先建交通设施，再建公共服务设施，最后建居民住宅。对比东京，北京居住功能与经济功能不匹配。北京市居住功能郊区化，65%的常住人口分布在四环外，五环外的人口超过1000万，接近总人口的一半。但经济功能主要集中于四环内，中心城区集中了全市70%的GDP和72.7%的城镇单位从业人员。北京城市功能布局不合理，对城市运行造成巨大压力。第二，对城市发展中的交通结构规律把握不到位，未能实现城市结构的根本性转变。对城市运行效率具有决定性作用的一个重要条件是建立其与大都市规模体量、空间结构相适应的交通结构。运行效率比较高的国际大都市，其交通结构的共同特点是公共交通在城市交通结构中占主导，轨道交通在公共交通结构中占主导。轨道交通要呈现合理的结构体系。一般来说，15公里半径以内的核心区以地铁为主，15—30公里近郊以快速铁路为主，在30—70公里范围内的远郊区通勤以大容量、一站式、便捷、低票价的市郊铁路为主，70公里以上的以城际铁路为主。而北京轨道交通体系存在两个短板：一是中心城区轨道交通密度不够，二是市郊铁路缺乏。超大城市的理想交通结构是60:20:10:5:5，即出行比例上，轨道交通占60%，地面公交占20%，私人小轿车占10%，出租车占5%，自行车占5%。因空间结构不合理和交通结构不合理，未能形成城市圈结构，未能建立起与超大城市需求特征相适应的以轨道交通为主的公共交通体系，极大地降低了北京城市的承载能力，使"城市病"提前爆发。

赵弘认为，建设现代都市圈要注意三个关键点。第一，充分认识防范和治理"城市病"的重要性和紧迫性，把都市圈建设作为推动城市和城市群高质量发展的重要战略。着力弥补第一阶段大规模城市化的短板和不足，破解"城市病"难题。实施科学的"城市病"预防措施，为第二阶段高质量城市化奠定基础。跳出都市圈与城市群对立性认识误区，强调都市圈不是反对城市群，是对城市群发展中都市圈发展不充分、"城市病"愈演愈烈背景的一种补课式强调。应分类施策，宜圈则圈、宜群则群、宜单则单。保证规划的科学性和权威性。第二，把建设"轨道上的都市圈""轨道上的城市群"作为重要战略路径，畅通功能、产业、要素在都市圈、城市群的集聚和扩散。轨道交通要先行，市郊铁路布局要有前瞻性。第三，建立适宜都市圈空间战略落地的体制机制，久久为功，在规划体制机制上给予保障。

张强围绕"两化"相得益彰背景下的乡村产业转型发展，提出关于高度城镇化阶段特征的思想认识应得到真正的解放。下一步，要按照城镇化和逆城镇化的客观规律和发展趋势，考虑产业结构变化与资源配置以及支撑资源配置的制度调整问题，积极地选择正确的政策和策略将逆城镇化引入正确的轨道。从逆城镇化实践经验来看，农业、生态建设业、旅游休闲业、宜居服务业应该是首都乡村的主导产业。针对农业，应坚持按照现代农业的种养结合的产业结构规律性，保持具有内在有机联系的生态链和产业链。针对生态建设业，既是事业，也是产业，不仅需要政府支持补助，还应通过适当发展林下经济、林业经济及相关经济增强自身的造血能力，逐步改变主要靠财政投入支撑的状况，实现可持续发展。针对旅游休闲业，从"观景"追求为主的旅游向"慢生活"追求的休闲提升，从门票、采摘收入为主向餐、住、娱等收入为主提升，适应不同需求发展多样化、多层次业态，实现乡村旅游休闲产业提质增效。针对宜居服务业，农村本来就是从事农业的农民居住的地区。随着农村功能向乡村功能演变，乡村居住功能提升，围绕宜居的服务业将成为主要产业，属于资产经营性产业和"无能人产业"。

张强提出，下一步需要细化研究影响农村产业发展的若干课题，包括关于农村功能的变化与产业选择的变化、顺应"两化"相得益彰和乡村功能演变的重大政策调整、关于村庄的权利和对村庄权利的尊重、城乡融合怎样从板块式结合向有机式融合深化、工商资本进入乡村是否会严重损害农民利益的问题等。

张光连在总结中指出，要跳出北京"三农"看北京的"三农"问题。北京市区与郊区有巨大反差，郊区不仅产业落后，村容村貌的建设也逐渐落后。过去北京的农业虽然规模不占优势，但具备示范带动优势，锦绣大地、小汤山园区、通州的种业园区曾经代表着国家农业的发展水平，设施农业、规模化养殖也曾走在全国前列。现在农业受到了影响，农村也出现了很多新问题。农村的发展是未来实现大循环双循环的关键所在。实现农业农村的发展，首先要解决好农村发展不平衡不充分问题，在基础设施建设、功能布局等方面缩小和城市的差距。其次要解决市场问题，在京津冀协同发展中制定实质性政策，用政府和市场两只手共同推动"三农"发展。对北京而言，农业要稳，稳在规模，稳在产出，稳在效益；农民要富，富在经济，富在物质，富在精神文化；农村要活，各种市场要素都要释放活力。

执笔人：杜成静、刘雯

论北京城乡融合发展的战略定位、
空间格局和要素配置

一、北京城乡融合发展的战略定位

北京城乡融合发展，具有首善之区的特殊性。城乡融合发展的战略定位服从并服务于首都发展的战略定位，突出体现在以下两个方面。

（一）实现郊区城镇和乡村的减量发展、高质量发展

减量发展方面。根据研究梳理，减量发展条件下郊区空间布局的主要情况包括：现状建制镇建设用地面积约 550 平方公里，集体产业用地面积 330 平方公里，将通过降低平原地区开发强度、大力推进农村集体工矿用地整治等方式，实现减量发展；到 2035 年，位于农村集体土地上的居住用地面积（含宅基地）约 500 平方公里（当前现状在 600 平方公里以上）。减量指标主要通过分区规划予以落实。其中，通州区减 21 平方公里，大兴区减 49 平方公里，房山区减 23 平方公里，昌平区减 17 平方公里，顺义区减 8 平方公里，怀柔区减 6 平方公里，门头沟区减 3.3 平方公里，平谷、密云和延庆区原则上也是只减不增。

高质量发展方面。总规强调全面实现城乡规划、资源配置、基础设施、产业、公共服务、社会治理一体化。规划要求，加快人口城镇化和经济结构城镇化进程，构建和谐共生的城乡关系，形成城乡共同繁荣的良好局面，成为现代化超大城市城乡治理的典范。集约紧凑的宜居城区、各具特色的小城镇和疏朗有致的美丽乡村相互支撑，景观优美、功能丰富的大尺度绿色空间穿插其中，着力形成大疏大密、和谐共融、相得益彰的城乡空间形态。规划要求，耕地保有量不低于 166 万亩，基本农田保护面积 150 万亩，以支持重要农产品稳产保供。坚持产出高效、产品安全、资源节约、环境友好的农业现代化道路。建设生态宜居的美丽乡村，发挥多重功能，提供优质产品，传承乡村文化，留住乡愁记忆，满足人民日益增长的美好生活需要。按照城乡发展一体化方向，坚持乡村观光休闲旅游与美丽乡村建设、都市型现代农业融合发展的思路，推动乡村观光休闲旅游向特色化、专业化、规范化转型，将乡村旅游培育成为北京郊区的支柱产业和惠及全市人民的现代服务业，将乡村地区建设成为提高市民幸福指数的首选休闲度假区域。

（二）推动大城市带动大京郊、大京郊服务大城市

京郊农村是首都行政区域的重要组成部分，新时代京郊"三农"工作的使命和任务，就是准确把握首都"大城市小农业、大京郊小城区"的基本市情农情，以大城市带动大京郊，以大京郊服务大城市，在城乡融合发展过程中，促进城乡发展更好承担"四个服务"任务、履行"四个中心"功能，更好地融入首都"两区"建设重点工作。

大城市带动大京郊的客观条件较好。北京作为首都和超大城市，科技文化资源丰富，产业产品结构高端，各类人才队伍庞大，消费需求多样而旺盛。在疏解非首都功能、促进城市高质量发展的大背景下，中心城区的高端产业、各类人才和大量资金等积蓄了向郊区和乡村转移布局的可观能量，"大城市带动大郊区"已呈箭在弦上、引弓待发之势。

大京郊服务大城市的潜力巨大。首先，郊区城镇和乡村要积极参与首都的文化中心建设，统筹推动长城文化带、西山永定河文化带和大运河文化带规划发展。京郊农村很多村庄历史传承悠久、文化底蕴深厚、遗址遗迹较多，《北京市人民政府办公厅关于加强传统村落保护发展的指导意见》（京政办发〔2018〕7号）公布了第一批市级传统村落44个，其中21个村庄列入前四批中国传统村落名录。这些历史村落的文化价值，在有效的政策支持和适当的统筹协调下，可以得到较好地发掘。其次，郊区城镇和乡村要积极参与首都的科技创新中心建设，以农业科技创新为源头，推进籽（仔）种、生产、储藏、加工、运销全链条产业发展，推行水耕农业、植物工厂、生物安全养殖等创新型农业形态，推动从乡村（传统种养业、林下经济等）到城市（阳台农业、宠物产业等）的全区域行业管理。按照全链条产业发展、创新型农业形态、全区域行业管理的思路，对北京都市型现代农业进行价值重构之后，测算广义农业年产值在2000亿元以上。再次，郊区城镇和乡村要积极参与首都的国际交往中心建设。北京曾经拥有10多个中外友好人民公社，为新中国的国际交往发挥了独特的作用。进入新时代，包括"一带一路"倡议等在内的多领域、多层级的国际交往日益增多，北京农业农村应该也可以在这方面继续发挥积极作用。另外，北京市每年有各类在校学生400多万名。以这些学生为主体，开展农业教育十分紧迫和必要，京郊农村是"先得月"的近水楼台，在农业教育方面应可以大有作为。

二、北京城乡融合发展的空间格局

按照"中心城区—北京城市副中心—新城—镇—新型农村社区"的现代城乡体系，推动城乡融合发展，重点在乡镇和村两个层级。乡镇这一级的发展建设主要围绕新型城镇化来进行；村这一级的发展建设主要围绕实施具有首都特点的乡村振兴战略来进行，农村人居环境整治、乡村建设行动等融入其中。新型城镇化与乡村振兴战略的双轮驱动，相互联系，相互交融，相互依靠，相互促进，构成北京城乡融合发展的空间格局。

（一）新型城镇化的空间格局

体系格局。新型城镇化的空间格局包括新市镇、特色小镇和小城镇3种形态，在城乡发展一体化中发挥着承上启下的重要作用。总规确定在城市重要发展廊道和主要交通沿线、具有良好发展基础、资源环境承载能力较高的地区，建设具有一定规模、功能相对独立、综合服务能力较强的新市镇。目前初步确定通州区永乐店、丰台区长辛店、昌平区南口、顺义区杨镇、大兴区采育和魏善庄、房山区窦店、平谷区马坊 8 个试点新市镇。依托资源禀赋和特色文化资源，着力培育特色产业功能，建设一批历史记忆深厚、地域特色鲜明、小而精的特色小镇。住建部门两批颁布了 7 个北京市特色小镇，包括房山区长沟、昌平区小汤山、密云区古北口、怀柔区雁栖、大兴区魏善庄、顺义区龙湾屯、延庆区康庄等。北京市分区规划确定的特色小镇和小城镇约 130 个。

建筑格局。新型城镇的建设发展，遵循先规划后实施、先地下后地上、职住平衡、生态环境友好的原则，包括市政基础设施、公共服务设施、产业园区和住宅区等。其中，住宅设计建设的创新尤为重要。北京城区人口密度 14502 人 / 平方公里，远高于国际大都市的平均水平。郊区新型城镇的人口密度按最高不超过 1 万人 / 平方公里的标准控制，相应的住宅建筑应该选择二三层的联排住宅、四五层的叠拼住宅为主体，必要时可以辅以少量的五六层花园洋房和少量小高层公寓，尽量避免大容积率的高层住宅。有关专家研究提出的叠拼住宅创新形式，对于减量发展和高质量发展交叉约束北京新型城镇化，具有很好的针对性、适用性。叠拼住宅的设计原理是把两个联排住宅摞起来，下户型有小花园，上户型有屋顶平台，户均 100 多平方米，面积不算大，几乎没有公摊，居住的质量接近于联排住宅。叠拼住宅容积率与 6 层住宅差不多，可以做到 1.5 以上，加上公摊系数小、品质高等因素，经济指标更优。叠拼住宅既能够在舒适性上接近联排住宅，又符合当前对于同类别别墅的限制政策，也能够对开发商有很好的经济回报。同时对于城市来讲，利用率也可以满足，叠拼是经济性、实用性兼顾的住宅类型。

功能格局。鼓励集体经营性建设用地资源与产业功能区和产业园区对接，利用减量升级后的集体经营性建设用地发展文化创意、科技研发、商业办公、旅游度假、休闲养老、租赁住房等产业。依据新型城镇各自所处的区位，建设重点和功能定位各有不同：（1）位于中心城区、新城内的乡镇，重点推进土地征转，完善社会保障，实现城市化改造。（2）中心城区、新城外平原地区的乡镇，培育强化专业分工特色，适度承接中心城区生产性服务业及医疗、教育等功能，提高吸纳本地就业能力，促进农村人口向小城镇镇区有序集聚；着力提升基础设施和公共服务水平，将镇中心区建设成为本地区就业、居住、综合服务和社会管理中心。（3）山区乡镇充分发挥生态屏障、水源涵养、休闲度假、健康养老等功能，带动本地农民增收。

（二）乡村振兴的空间格局

体系格局。根据不同的口径，对京郊农村村庄的数量也有不同的统计数字。有村委会的行政村 3891 个，编制了村庄规划的村 2915 个。从规划布局进行空间形态研究的村庄约 3500 个，其中应予保留和发展的村庄 2800 个，整体或局部迁建型村庄 700 个。2800 个保留村庄分城镇集建型（约 1000 个）、特色提升型（约 300 个）、整治完善型（约 1500 个）三个类型，确定相应的乡村振兴工作思路。同时要重视通过统筹协调推进乡村体系完善。一是乡镇统筹。将全市实行的"街乡吹哨，部门报到"改革、村账乡管、乡镇统筹集体经营性建设用地试点、乡镇综合执法平台建设等做法进一步制度化。同时根据新版北京城市总体规划要求，以乡镇为单元，开展规划编制，组织规划实施。二是片区统筹。以区域位置相近、地理特点类似、目标任务相同的同构区域为单元，综合运用规划、土地、经济等多种政策和技术手段，统筹推动项目建设与任务落实。三是项目统筹。根据重大项目的实施和落地要求进行相关协调，也是疏解整治促提升专项行动中可以采用的有效工作机制。

建筑格局。不同类型的村庄，建筑格局各有不同。第一，城镇集建型村庄。这类村庄，位于城市开发边界内，主要包括纳入中心城区、北京城市副中心、新城、镇规划建设区内的现状乡村地区，属于集中建设区。在建筑格局上，要与所处镇区统筹考虑，做到功能和产业的一体化，住宅不宜盲目大拆大建，逐步推进城镇化改造、提升生产空间效率、改善生活空间品质。第二，特色提升型村庄。这类村庄历史传承悠久、文化底蕴深厚、遗址遗迹较多，重点是保护特色、提升家居水平，要在保护中发展，在发展中保护。第三，整治完善型村庄。这类村庄建设发展，主要是在宅基地面积减量的同时，适当提高建筑容积，以二三层联排住宅或三四层的叠拼住宅为主体，在充分尊重村民主体地位和意愿的基础上，大幅度提高村庄建筑质量。同时，在普遍改善人居环境的基础上，进一步补齐基础设施和公共服务短板，特别要加强数字化基础设施和应用服务建设，既满足农民祖祖辈辈对城市生活的向往，也满足长期生活在城区的居民对农业形态、农村文化和山水林田自然景观的回归渴望。各类村庄要切实贯彻习总书记提出的"让居民望得见山、看得见水、记得住乡愁""要注意保留村庄原始风貌，慎砍树、不填湖、少拆房，尽可能在原有村庄形态上改善居民生活条件"等重要论述，建设美丽乡村。

功能格局。合理调减粮食生产面积，推进高效节水生态旅游农业发展，注重农业生态功能，保障农产品安全，全面建成国家现代农业示范区。利用现有农业资源、生态资源以及集体建设用地腾退后的空间，探索推广集循环农业、创意农业、农事体验于一体的田园综合体模式。依托京郊平原、浅山、深山等地区的山水林田湖等自然资源和历史文化古迹等人文资源，结合不同区域的农业产业基础和自然资源禀赋，完善旅游基础设施，提高公共服务水平，打造平原休闲农业旅游区、浅山休闲度假旅游区和深山休闲观光旅游区。推动乡村旅游与新型城镇化有机结合，建设一批有历史记忆、地域特色的旅游景观小镇。提升民俗旅游接待水平，培育一批有特色、环境优雅、食宿舒适的高端民俗旅游村。完善空间布局，建设具有高水平服务的乡村旅游咨询和集散中心。促进乡村旅游与都市型现代农业、文化体育产业相融合，发展乡村精品酒店、国际驿站、养生山吧、民族风苑等新型业态，建设综合性休闲农庄。推动乡村旅游目的地周边环境治理，推进登山步道、骑行线路和景观廊道建设。

分类推进不同村庄的功能建设。城镇集建型村庄，要统筹用好产业用地，发展壮大集体经济，做好村民集中搬迁安置，实现城乡联动发展，加快将农民纳入城市社会服务体系、农村社区管理纳入城市管理体制，探索多种形式的城镇化实现模式。充分利用北京大兴国际机场及临空经济区、怀柔科学城、未来科学城、2019年中国北京世界园艺博览会、2022年北京冬奥会冬残奥会等重大项目和重大活动机遇，积极承接中心城区产业和人口，推进科研机构、企业、社会资本、创业者等多主体深度协作，培育以企业为主导的农业产业技术创新战略联盟，培育高水平的农村创新创业孵化基地，支持创业人员依托相关产业链创业发展。发展多种形式的创新创业支撑服务平台，开展政策、资金、法律、知识产权、财务、商标等专业化服务，推动农民就地创业、返乡创业。特色提升型村庄，要依托长城文化带、西山永定河文化带和大运河文化带资源优势，挖掘传统村落历史文化价值，保护传统文化遗产，改善人居环境，因地制宜探索经济名村、传统村落保护利用新途径、新机制、新模式。充分依靠和发挥村民的主体性，调动市民参与保护的积极性，科学引导社会力量参与传统村落保护利用。整治完善型村庄是美丽乡村建设的主体，要积极发展城市功能导向型产业和都市型现代农业，统筹推进产业振兴、集体经济发展和农民增收。

三、完善城乡要素自由流动、平等交换的体制机制

要素配置是规划目标、战略定位和空间格局落实的体制机制保障。从当前实际看，北京城乡要素在实现自由流动、平等交换方面还存在很大距离。城乡要素配置方向，总体上仍然是从乡村到城市，乡村振兴的造血机能缺失、内生活力不足。农村经济结构不合理，"瓦片经济"虽然是农民和集体收入的重要来源，但也是京郊"大"而不优不强的重要原因。农村经济的地域性、封闭性特征依然突出，产权不明晰，要素流动的政策和法律风险较大。农民老龄化、人才缺乏导致乡村要素配置能力弱、效率低。虽然历史经验已经证明，"村村点火、户户冒烟"的发展方式难以为继，但现实中的很多政策和管理又都是以行政村为单位，客观上造成了管理效力的递减和发展的规模不经济。

畅通城乡要素配置渠道，完善城乡要素配置体制机制，工作着力点有两个：一是适应农村生产力现状，主动调整农村生产关系，完善党在农村的基本经营制度，补齐双层经营中"统"的短板，建立健全乡（镇）级新型农村集体经济组织，强化新型农村集体经济经营管理。二是适应农村经济基础的现状，完善涉农管理和政策等上层建筑方面的内容，推进涉农管理体制改革。

（一）强化新型农村集体经济经营管理

实施乡村振兴战略，不是所有的村齐步走、齐头并进地振兴，而是根据各村的资源禀赋、发展基础及其在乡（镇）域范围内的布局定位与功能作用，有的村可能会逐步发展直至成为具有片区吸引力的微中心，有的村可能会逐步萎缩甚至消亡。这个过程的经济轨迹，就是在乡（镇）统筹协调下的要素分配和资源聚集的过程，通过跨村域的股份制联合，实现统筹空间产业布局、统筹城市建设与旧村改造、统筹集约利用集体建设用地、统筹政策集成机制、统筹经济组织体制架构，实施联村联营组团式开发。强化新型农村集体经济经营管理，是完善农村要素配置体制机制的重要环节。实践中主要存在集体资产监督管理委员会、土地联营公司和乡（镇）股份经济联合社三种方式。

1. 集体资产监管委

目前全市乡村集体资产总额 8000 多亿元，约 65% 集中在核心城区以外的 4 个中心城区。其中朝阳、海淀、石景山 3 个区设立了集体资产监督管理专门机构。以海淀区为例，该区于 2013 年底全国首创设立区镇两级农村集体资产监督管理委员会（简称"农资委"），

有效加强了对集体经济组织的行政监督指导，发挥保安全、谋发展、促公平的工作职能，强化审计职能，新增考评职能，将集体"三资"管理考评纳入区政府对镇统一绩效考评框架。指导各镇建立完善对村集体经济组织的"三资"管理考评体系，用制度防止小官贪腐。

2. 土地联营公司

为推进集体经营性土地入市试点，大兴区、通州区在疏解整治促提升过程中，以乡（镇）为单位，组建集体土地联营公司，通过"政府引导，农民主体，土地入股，市场运作"的"乡镇统筹"模式，解决集体建设用地上存在的产业落后、土地利用管理存在不合规不合法等问题。通过土地利用的创新，把土地管理、落实规划、产业提升、生态修复、环境改善结合在一起，合理制定"人往哪儿去""业在哪儿建""房在哪儿建"，强化发挥政府的引导作用，形成了"土地统筹"和"工作统筹"的"乡镇统筹"模式，最大限度地使农村集体经营性建设用地更加有序规范，把原有建设用地中的低端产业拆除腾退，对土地留白增绿。提前考虑城市发展的减量需求，让农村集体经营性建设用地成为"瘦身减量"的主战场，最大程度地提高了农民的组织化程度，在农村的社会治理方面研究出了一个相对合理的有效方式。

3. 乡（镇）联社

在平原和山区的大部分地区，解决规划实施过程中主体发育不足的问题，关键是补齐双层经营体制中"统"的短板，加强新型农村集体经济组织建设；在新型农村集体经济组织建设中，又以乡（镇）级的组织即乡（镇）联社建设为重，因为乡（镇）的经营管理水平更高、统筹协调能力更强。在具体建设思路上，按照"两个分开、三个合作"的思路予以推进。"两个分开"即行政和经济分开、所有权和经营权分开，核心是赋予乡（镇）联社独立市场主体的法人地位，乡（镇）党委、政府依照党章党纪和法律法规，行使对乡（镇）联社的领导、指导、审计、监督等权力。乡（镇）联社内部要建立健全法人治理结构，股东大会（董事会）、监事会和经营团队分工负责、各司其职。"三个合作"即生产合作、供销合作、信用合作。在此基础上，形成以乡（镇）联社带动村合作社发展、协调区域内各类农业经营主体发展的新机制。

乡（镇）联社的功能作用。乡（镇）联社能够增强农村发展的自我造血机能，激发乡村振兴的内生活力，是完善北京农业农村要素配置机制的主体组织，是承接城市要素向乡村转移的有效平台，是推动城乡要素自由流动和平等交换的核心枢纽。首都农村历史文化资源丰富，首都农业科技创新潜力巨大，以乡（镇）联社为组织载体，可以参与开展"四个中心"功能建设，可以有序承担"四个服务"和"两区"建设任务。

（二）配套推进涉农管理体制改革

包括但不限于：

1. 完善城乡投融资体制机制

根据城乡融合发展的空间布局，按照每平方公里每年 0.1 亿—1 亿元的投资密度测算，到 2035 年之前，城乡融合发展的总体投资规模 1.5 万亿元左右，平均每年约 1000 亿元。

因此，必须建立健全相应的投融资体制机制，建立各类产业引导基金，疏通城市资本进入新型城镇和美丽乡村的政策管道。同时也要加大公共财政的扶持力度；要充分考虑到农业经营活动的自然属性和农村第三方服务不足的特点，将乡（镇）政府或乡（镇）联社作为财政支农接受和执行的主要载体，允许跨预算年度、跨预算科目调剂支出。积极稳妥推进乡（镇）联社的内部信用合作，建立健全以乡（镇）联社内部信用合作为基础的"政策性金融、商业性金融和合作性金融相结合"的农村金融服务体系，有效加强风险防控。

2.深化农业管理服务的体制机制改革

针对以供销社、信用社、农工商总公司为代表的传统"三农"服务机构，已经逐步淡化了与京郊农业和农民联系的客观情况，要认真研究以乡（镇）联社为基础，重建农业技术推广、农村金融服务、农产品储存加工物流等产业链条，完善具有首都特点、适应京津冀协同发展的农业社会化服务体系。

3.加强乡（镇）人才队伍和新型农村集体经济组织经营团队建设

改变涉农专业技术和经营管理人员在城市扎堆的现状，制定鼓励引导市、区各类人才向乡（镇）聚集的优惠政策。比如，允许党政机关、事业单位、大专院校等有志到乡村干事创业的在职人员，保留原单位编制、保留原单位基本工资、保留原单位身份，转岗到乡（镇），新型农村集体经济组织可以给予交通补贴、生活补贴，并按业绩计发绩效薪资，形成与国有企业类似甚至更为优惠的人事管理体制机制，使各类人才能够留得住、用得上、干得好。

执笔人：曹四发

城市化进程中撤村建居存在的
突出问题及对策建议

随着城市化的快速发展，我市城市规划区内以及城乡结合部地区的不少行政村建制被撤销，新的城市社区居委会建立起来，传统乡村实现了社会经济结构的全面转型，成为城市社区的一部分。据统计，2004年，我市共有乡镇184个、村委会3985个、街道办事处127个、社区居委会2445个，城市建成区面积1182平方公里，到2019年，全市乡镇减少到181个（减少了3个）、村委会减少到3891个（减少了94个）、街道办事处则增加到152个（增加了25个）、社区居委会增加到3231个（增加了786个），城市建成区面积增加到1469平方公里（增加了287平方公里）。在城市化引起的村庄全面转型过程，撤村建居就成为村庄转型的重要政策路径。最近，笔者在海淀、朝阳、大兴、丰台、通州、顺义等区调查中发现，各地在撤村建居过程中虽然有不少积极的探索和创新，但也存在带有普遍性的突出问题，亟须引起高度重视，尽快加以系统性地解决。

一、撤村建居存在的突出问题

城市化进程中撤村建居还存在许多问题，其中最突出的问题有以下三个方面：

（一）城乡统一的户籍制度改革政策未落实，仍然实行征地农转居或整建制农转居

2004年7月实行的《北京市建设征地补偿办法》（俗称148号令）第19条规定"征用农民集体所有土地的，相应的农村村民应当同时转为非农业户口"，这就是"逢征必转"的户口政策。这是在城乡二元户籍制度尚未改革情况下农业户口转为非农业户口的政策。但是，2014年7月国务院发布的《关于进一步推进户籍制度改革的意见》，以及2016年9月北京市政府发布的《关于进一步推进户籍制度改革的实施意见》，都已明确规定建立城乡统一的户口登记制度，取消农业户口和非农业户口划分，统一登记为居民户口。依据新的城乡统一的户籍政策，不再存在农业户口与非农业户口的划分，因而不能再实行征地农转居的旧政策了。但各地至今仍然依据148号令中的"逢征必转"的规定习惯性地实行农转居或整建制农转居政策，显得极不合时宜。例如，海淀区东升镇八家村2015年完成第一批整建制农转居1003人，2017年完成第二批整建制农转居40人。两批次共办理整建制农转居1043人，其中儿童47人、劳动力551人、超转人员445人。

（二）城乡一体的社保政策未得到体现，依然实行征地社会保障政策

《北京市建设征地补偿安置办法》规定实行"逢征必保"政策，为征地农民建立社会保障制度，规定将被征地的农民转为城镇居民并将之纳入城镇社会保险体系，但完全由村集体和农民自己趸缴巨额的社会保险费用，基层干部群众对这一条普遍反映极不合理。据笔者调查，大兴区黄村镇北程庄村 2007 年征地时，农转非人数 265 人，其中转非劳动力 100 多人、超转人员 43 人，村集体从征地补偿款中支付了 2000 多万元的转非劳动力和超转人员的社会保险费用，其中超转人员平均每人缴纳生活补助费和医疗费用 65 万元；丰台区卢沟桥乡三路居村在 2012 年的撤村建居中，认定的超转人员共有 528 人（其中 82 岁以上 19 人），需一次性趸缴超转费用 3.83 亿元，人均 72 万多元；顺义区仁和镇平各庄村为一名超转妇女缴纳了 775 万元的惊人超转费用，而该超转人员每月只领到 2000 多元的生活和医疗补助；海淀区东升镇八家村在 2015 年和 2017 年两次整建制农转居中，共计支付农转居费用 200350914.4 元，其中支付一次性就业补助 14514240 元，支付社会保险费用 78818995.2 元，支付民政局接受安置 455 名超转人员费用 107017679.2 元，加上东升镇为八家村支付的超转人员安置费 25322080.44 元，东升镇、八家村两级农村集体经济组织平均为八家村每名超转人员缴纳近 30 万元费用。148 号令规定的"逢征必保"是在城乡统一的社会保障制度尚未建立的情况下实行的，但后来我市已全面建立了城乡统一的基本医疗、基本养老等社会保障体系，但由于 148 号令没有及时修订，致使不合时宜的"逢征必保"政策仍然在执行，并且由村集体和村民承担征地转居农民的社会保险费用，显得极不合理。

（三）撤村后新建立社区居委会经费未纳入财政保障体系，继续由农村集体经济组织承担居委会公共产品供给责任

在城市化进程中撤销行政村、建立居委会后，新建立的居委会的公共管理和公共服务却没有纳入政府的公共财政保障体系之内，相关工作和人头经费仍然由原来的村集体经济组织承担。例如，海淀区东升镇八家村 2019 年 9 月撤村后，八家股份社仍承担原村委会管辖区域以及八家社区所在片区的有关社会管理和公共服务职能，包括负责未转居少数农业户籍人口的社会管理如办理城乡居民养老、医疗保险等职责，承担解决原八家村相关历史遗留的经济社会问题，负责 112 万平方米的网格化区域所属单位、居民小区的治安安全、疫情防控等社区管理服务工作，甚至八家社区居委会书记、主任的工资仍由八家股份社发放。这明显推卸了政府提供公共产品服务的供给职责，加重了集体经济组织及其成员的负担。

二、推进村庄新型城市化转型发展的对策建议

以征地农转居或整建制农转居、征收集体土地、以征地补偿费建立转居农民社会保障、新建居委会未及时纳入财政保障体系等为特征的撤村建居路径，属于城乡二元体制框架内的传统城市化模式，与建立在城乡一体化基础上的新型城市化发展要求极不相称，也与建设法治中国首善之区的高标准要求不相适应，必须进行系统性的公共政策调整和体制

机制创新。

（一）严格执行户籍制度改革政策，停止实行征地农转居或整建制农转居政策

切实贯彻落实 2014 年 7 月国务院《关于进一步推进户籍制度改革的意见》和 2016 年 9 月北京市政府《关于进一步推进户籍制度改革的实施意见》的规定，建议尽快废止《北京市建设征地补偿办法》中有关征地农转居的规定。有关部门应当全面落实户籍改革政策，统一将农业户口与非农业户口登记为居民户口，不再实行早已过时了的征地农转居和整建制农转居政策。在新型城市化进程中，不管农民是否征地拆迁上楼，也不管是否撤村建居，都不再存在居民户口由农业户口转为非农业户口的问题，因而也不存在"农转非"或"非转农"的问题。在户口身份上，城乡居民的户口身份完全平等一致，都是居民户口，有关部门按居住地进行登记和管理服务。在职业身份上，相同的户口可以选择不同的职业。集体产权制度改革后，对于集体经济组织成员，要保障其集体经济组织成员权利；对于从事农业生产服务的职业农民，要创新有关统计方法，有关部门要按相关政策确保职业农民享受惠农政策支持和保护政策。

（二）不断提高城乡基本公共服务均等化水平，废止征地社会保障政策

从 2004 年实施至今的《北京市建设征地补偿办法》，对征收农民集体所有土地涉及的人员安置、就业促进、社会保险等方面都做了规定，这些规定都是在城乡二元体制尚未破除的前提下制定的"逢征必保"的政策，在当时条件下具有一定的合理性和必要性。但随着城乡基本公共服务均等化政策的不断推进，覆盖农民在内的城乡统一的社会保险制度已普遍建立起来。比如，《北京市城乡居民养老保险办法》（京政发〔2008〕49 号）自 2009 年 1 月 1 日起施行，这标志着北京市城乡居民基本养老保险实现了城乡制度并轨；《北京市城乡居民基本医疗保险办法》自 2018 年 1 月 1 日起施行，这标志着城乡居民基本医疗保险实现了城乡制度并轨。因此，不管农村集体土地是否被征收，农民都已经平等地享有社会保险的权利，建议尽快废止《北京市建设征地补偿办法》中有关因征地而建立社会保险的规定。特别是对于征地超转人员每人少则缴纳几十万元、多则缴纳高达数百万元社会保险费用的政策，基层干部和农民群众的意见非常大，应当尽快废止。随着城乡统一社会保障制度的不断完善，建议尽快将城镇职工基本医疗、基本养老保险与城乡居民基本医疗、基本养老保险整合为统一的不分身份和职业的基本医疗保险、基本养老保险，进一步强化政府提供公共产品的职责，明确规定从土地出让收入中设立专项资金用于补齐农民社会保险待遇短板，充分体现以工哺农、以城带乡的政策导向，切实提高城乡居民社会保障待遇水平，缩小城乡居民社保差距，助推共同富裕。

（三）加强对新建社区居委会经费的财政保障，减轻集体经济组织负担

在城市化进程中要统筹推进撤村和建居工作，村委会行政建制撤销后，原村委会承担的社区公共管理和服务职能就应当及时有序地移交给新建立或新扩展的居委会负责。各级政府要根据撤村建居规划，将新建立的居委会公共管理和公共服务费用纳入财政预算，全面改变一些地方仍由集体经济组织承担新建立居委会公共管理和服务成本的不合理现象。在撤销村委会建制、建立居委会的过渡时期，因社区公共管理和服务的实际需要，由集体

经济组织暂时承担社区公共管理和服务职责的，政府应当对集体经济组织提供相应的财政补贴，或者减免集体经济组织的相关税费。但这个过渡时期不能久拖不决，不能长期过渡，应当尽快结束过渡期，有序推进撤村后新建立居委会的各项工作，从而及时有效地减轻集体经济组织的社会公共管理负担，给作为特别法人的集体经济组织营造公平合理的制度环境，发挥集体经济组织在发展壮大集体经济、促进共同富裕上的重要作用。

（四）高度重视和加快首都涉农立法工作，尽快废止《北京市建设征地补偿办法》

随着市场化、城市化和城乡一体化的快速发展，许多涉农法律法规已经过时，还有许多涉农立法空白亟须填补。我市城市化进程中撤村建居存在的突出问题，一个重要根源就是《北京市建设征地补偿办法》没有得到及时修改，致使政策矛盾、政策打架、政策滞后的问题十分突出。建议尽快废止《北京市建设征地补偿办法》，根据新的《土地管理法》、户籍制度改革政策、城乡基本公共服务均等化政策等体现城乡一体化发展成果的新的法律政策，加快制定我市新的有关土地征收补偿的地方法律法规，将征地拆迁、撤村建居等城市化中的重大工作全面纳入法治的轨道，构建首都城市化高质量发展的法治环境。市人大及其常委会可以重点围绕实施乡村振兴战略、新型城镇化战略、城乡融合发展、新型集体经济组织建设和集体经济发展、城乡基层善治等方面，超越职能部门的局限，从首善之区高标准高要求的全局出发，进一步强化涉农立法工作，有效推进涉农法律方面的立改废，加快扭转一段时期以来我市涉农立法明显滞后的局面，为建设法治中国首善之区做出实实在在的努力和贡献。

执笔人：张英洪

走城乡一体的新型城市化转型之路

——以北京市海淀区东升镇八家村及八家股份社为例

一、引言：城市化中的村庄转型

在特大和超大城市的城乡结合部地区，有相当数量的传统村庄在快速城市化进程中脱胎换骨式地转变为城市社区，实现了村庄经济社会结构的全面转型。在城市化推动村庄转型过程中，村庄集体土地全部或大部分被征收为国有土地；传统农业产业消失或基本消失，现代都市产业蓬勃兴起；通过征地农转居或整建制农转居政策路径，传统的农业户籍身份农民全部或绝大部分转变为非农业户籍的城市市民；传统一家一户一院落的乡村分散居住方式转变为城市小区集中上楼居住方式；在基层社会管理上，撤销农村村委会建制，设立城市居委会，保留和发展农村集体经济组织，原依托村委会设立的村党组织则转型为依托居委会和集体经济组织分别设立党组织。在这个历史上空前的村庄转型过程中，存在上百年的村庄消失了，而一种新型的集体经济组织却得到快速发展和迅速崛起，成为原村庄范围内的一种支配性力量走到时代发展的前台。

在城市化进程中已成为城市社区一部分但保留集体经济组织的转型村庄（社区）发展，需要我们超越一般性的乡村振兴和农村集体经济发展的思想观念和视野，与时俱进地创新与新型城市化发展相适应的公共政策，助推村庄经济社会结构的公平转型，强化新型集体经济组织建设，推进新型集体经济发展，维护和发展社员股东的正当权益。但长期以来，在城市化引起城中村和城郊村的历史性转型过程中，存在顶层设计缺失缺位、体制转轨不畅不公以及相关公共政策滞后落后等问题。面对城市化的巨大冲击，一些地方的基层党委政府和干部群众在城乡二元体制约束的条件下，积极探索，推动政策创新和实践创新，走出了一条超大城市郊区农村城市化的探索发展之路。

北京市海淀区就属于快速城市化的前沿地区，自改革开放以来，特别是21世纪初以来，海淀区所属的不少村庄在快速城市化的进程中主动应变，改革创新，推动了从传统村庄向城市社区的全面转型。这方面改革创新的案例很多，海淀区东升镇八家村及八家股份经济合作社（简称八家股份社）就是其中的一个典型案例。自2020年11月至2021年8月，我们多次对具有代表性的原八家村及八家股份社进行了调研，八家村的城市化转型以及八家股份社的发展给人以许多深刻的思考和启示。

二、基本情况：八家村及股份社的前世今生

八家股份社是依托八家村建立起来的。在改革开放以来城市化引起的农村社会历史巨变中，八家村已经撤村消失了，而八家股份社却在城市化浪潮的搏击中发展壮大。这种村庄消失而村集体经济组织崛起的现象，非常值得关注和研究。

八家村位于海淀区东升镇中部，在中关村国家自主创新示范区核心区内，大致位于清华大学的东部、北京林业大学西部，其范围东至小月河，南至五道口以北，西邻清华大学，北靠北五环路，现全域面积约1.5平方公里，已有500多年的建村历史。1949年新中国成立后，八家村所在地区经历了土改、互助组、初级社、高级社、人民公社等阶段。改革以来八家村搭上城市化的时代快车，实现了从传统村落向现代城市社区的历史性转变。1976年5月，前八家大队和后八家大队合并后称八家大队，属于东升人民公社所属的核算单位。1984年4月，海淀区撤销东升人民公社，改为东升乡人民政府，设立乡党委。同年11月27日，东升乡集体经济组织改名为东升农工商总公司。1990年成立东升乡经济合作总社，与东升农工商总公司实行"一个组织、两个名称"，下属各村设立村经济合作分社（又称分公司）。[①]

1984年东升人民公社撤销后，八家大队管理委员会改为八家村民委员会，八家大队党总支改为八家村党总支，八家大队集体经济组织改为北京市海淀区东升农工商公司京海分公司（简称"京海分公司"）。1986年7月12日，京海分公司在北京市工商行政管理局取得营业执照；1990年9月11日，经北京市工商行政管理局登记注册，京海分公司改为北京市海淀区京海农工商公司（简称"京海公司"）。同年，八家村设立村经济合作社，与京海公司实行"两块牌子、一套人马"。八家村党总支负责村全面工作，八家村村民委员会负责村务及行政事务，京海公司负责村经济工作。京海公司受八家村党总支和村民委员会领导，同时接受东升农工商总公司管理。

20世纪80年代初，八家村没有开展农村家庭联产承包责任制改革，而是继续保留生产队建制，普遍实行"承包到劳""承包到组""承包到队"的方式经营集体土地和集体资产。如1987年，该村有蔬菜行业的核算单位7个，其中采用联产到组形式的核算单位2个，承包劳力148人，承包面积350亩；采用联产到劳形式的核算单位5个，承包劳力306人，承包面积865亩。有粮田行业的核算单位7个，其中采用承包到队形式的核算单位1个，承包劳力10人，承包面积140亩；采用其他形式的核算单位6个，承包劳力48人，承包面积738.21亩。在畜牧行业，猪场3个，包产到组3个；鸡场2个，包产到组2个。1988年，该村在推行"统分结合、专业承包"原则生产责任制的同时，实行集体承包，加强了厂长（经理、队长）负责制。1991年，该村队办工业执行"三保一挂，考核管理，

---

① 参见《东升乡志》，北京：学苑出版社2012年4月第1版，第283页、第346-351页。

奖优罚劣"为主要内容的经营承包制，承包的性质为企业全员对京海公司的集体承包，厂长的任用办法为选聘制。队办商服业执行以"确保上交基数，超额分成"为内容的经营承包制。1984—2000年期间，由于小组、小队在京海（分）公司经营中扮演着重要的承包经营单位的角色，因此，八家村的队建制直到2000年底才全部被取消。2000年，按照党、政、经分离的原则，该村建立了农业管理站和物业办公室，根据情况对村、队办的25个企业进行关闭与改制，打破了相对分散经营的局面，初步形成了京海公司集中统一的经营管理格局。21世纪以来，随着城市化建设、奥运申办、道路整治、退地建绿等工作推进，八家村农业产业迅速萎缩，2003年起该村退出一产生产经营，由第一、二、三产业并存转向以第三产业为主，2003年第三产业比重已达70.3%。

2002年东升乡开始推行农村集体经济产权制度改革，2004年八家村启动集体经济产权制度改革，2008年8月正式成立新型农村集体经济组织——八家股份经济合作社，隶属于东升镇经济合作总社。

2010年，北京市启动城乡结合部50个重点村建设工程，八家村被列入全市50个重点改造村之一。据统计，2010年八家村有户籍人口4692人，其中农业户籍人口1168人，党员95人，外来人口2.4万人，高峰时流动人口近6万人。该村总占地面积2400亩，其中建设用地729亩、非建设用地1671亩；总建筑面积47.4万平方米，其中住宅面积31万平方米、非住宅面积16.4万平方米。村域内有中央企业3家，占地11.84亩，建筑面积7892平方米；市属企业4家，占地7.54亩，建筑面积2360平方米；区属及集体等其他单位7家，占地87.76亩，建筑面积1.42万平方米。村集体总资产63336万元，其中净资产54860万元，人均净资产38.28万元。

2013年6月，八家村村民开始回迁上楼。2015年，八家村实行整建制农转居。2019年9月，八家村村民委员会建制被撤销。京海公司与八家股份社实行"一套班子、两块牌子"，京海公司承担对外市场经营活动，对所属子公司进行统一管理。

三、主要做法：从八家村到八家股份社

为应对快速城市化发展的挑战，维护和发展农村集体和农民群众的切身利益，在海淀区委、区政府及有关部门，东升镇党委、政府领导和指导下，八家村及八家股份社持续推进改革创新，推动村庄从量变到质变的大飞跃，开启了传统村庄转变为城市社区、集体经济组织突显为社区重要支柱力量的历史性跨越，实现了从八家村到八家股份社的大嬗变。

（一）推进集体产权制度改革，实现产权股份化

2002年6月12日，海淀区政府第83次常务会议讨论通过《关于我区城乡结合部地区乡村集体资产处置及集体经济体制改革试点工作的意见》（海政发〔2002〕66号），正式启动全区农村集体产权制度改革试点工作，当时提出"把城乡结合部地区农村集体经济组织改造成股份合作制企业"。2002年11月26日，海淀区东升乡经济合作总社第三次社员代表大会第四次会议通过《东升乡经济合作总社集体资产处置及经济体制改革实施方案》（简称《改革方案》），启动了全乡所属村集体经济产权制度改革。根据《改革方案》，

八家村于 2004 年 4 月开始实行集体经济产权制度改革。

1. 清产核资。按照《北京市农村集体资产管理条例》的相关规定，八家村先界定集体资产的产权，再进行清产核资。东升乡实行全乡集体资产"一级所有"，即乡、村企业的集体资产归东升乡经济合作总社全体成员集体所有。根据乡、村两级企业"分级核算"的现状，在集体产权改革中，乡级企业经营的资产由乡经济合作总社进行处置，村级企业经营的资产由各村经济合作分社进行处置。截至 2004 年底，八家村完成集体资产清产核资，确认村集体总资产 35180.4 万元，净资产 33393.2 万元。

2. 老股金退偿。老股金退偿对象是 20 世纪 50 年代农业合作化时期入股人或其合法继承人。老股金退偿以原始股金的 16 倍进行退偿，采取一次性现金全额兑付方式退偿。八家村有老股金 961 人，共计 2063040 元。此外，八家村还预留社会基本养老、医疗保险基金 14549128.80 元。集体净资产扣除老股金、预留社会基本养老、医疗保险基金后为 317319383.22 元，作为集体经济组织成员资产进行量化。

3. 确定身份和劳龄。个人身份就是有资格参加集体资产量化处置的人员，也即集体经济组织成员身份。有资格参加集体资产量化处置的人员身份分为四种类型：第一种类型是经济合作社中未参加集体劳动的在册人员（包括农业户口的婴儿、学龄前儿童、在校学生以及其他未参加集体劳动的人员），第二种类型是经济合作社中参加集体劳动的在册人员（包括农业户口的在职劳动力及国家征地农转工留用人员等），第三种类型是国家征地转出的原经济合作社成员（包括国家征地农转非人员、农转工人员、符合农转工条件的自谋职业人员和超转人员），第四种类型是招聘或调入人员。八家村确认有资格参加集体资产量化处置的人员即成员股东 429 人，经过 2011 年增资扩股后现有成员股东 534 人。个人劳龄以年度为计算单位，在册人员以实际参加劳动为准，不满 6 个月的不计算，超过 6 个月的按 1 年计算。八家村将 2003 年 12 月 31 日确定为改革基准日，从 1956 年 1 月 1 日到 2003 年 12 月 31 日为个人劳龄确认期。

4. 资产股权量化。可量化的净资产总额中一部分量化为东升乡经济合作总社股份，剩余部分量化为八家村集体经济组织成员的个人股份，八家村集体不占股份。个人量化资产按照基本份额、资源份额、劳龄份额的方法和比例进行量化，其中基本份额占个人可量化资产总额的 15%，有 9 种人员参加基本份额量化，包括在职职工、乡内退休职工、16 岁以上农转非人员、农转工人员、农转工留用人员、符合农转工条件的自谋职业人员、征地超转人员、农业户口的学龄前儿童及学生、现役义务兵和志愿兵，基本份额按参加基本份额量化的人员人数平均量化；资源份额占个人可量化资产总额的 20%；有 5 种人员参加资源份额量化，包括在职职工、转工留用人员、乡内退休职工、16 岁以上未参加劳动的农业户口人员、农业户口的现役义务兵和志愿兵，资源份额按参加资源份额量化的人数平均量化，但每人最高不超过 3 万元；劳龄份额占个人可量化资产总额的 65%，参加劳龄份额量化的人其劳龄应为一年以上，按实际劳动年限量化到人。

（二）建立新型集体经济组织，实现村民股东化

2008 年 7 月，正式成立八家股份经济合作社，共有股东 429 人，股东代表 39 人。

2008 年 8 月 19 日，八家股份社召开第一届第一次股东代表大会，通过农村集体产权制度改革方案，八家村从此走上了从村民到股民的转变之路。截至 2010 年，全村已有 4417 人办理了个人资产量化份额的确认和流转手续，其中 3909 人申请退偿个人资产量化份额，退偿总额约 2.02 亿元。2019 年 9 月，北京市海淀区农业农村局给八家股份社颁发了"农村集体经济组织登记证"，并赋予统一社会信用代码，八家股份社获得了特别法人的市场地位。

2011 年，八家股份社开展完善个人股权认购等工作，截至认缴期满，认购人数 366 人，其中原本社股东 261 人，新增股东 105 人，认购股数 7217 万股，实际增资金额 7577.85 万元。八家股份社股份总额达到 188643623.20 股，其中：东升乡经济合作总社集体股为 63463876.64 股，占比为 33.6%；八家村个人股东为 125179746.56 股（包括原个人入股 53009746.56 股，后增资扩股增加的个人现金入股 72170000 股），占比为 66.4%。

截至 2019 年底，八家股份社共有股东 534 人（包括成立股份经济合作社时的 429 名股东和新增 105 名股东），实现集体经济总收入 34881 万元，集体经济纯收入 14027 万元，股东分红总额 1937 万元，扣缴个人所得税 387 万元，税后分红 1550 万元，上缴东升镇经济合作总社 508 万元。

（三）完成村民拆迁上楼，实现居住生活城市化

八家村域内农居混杂，征地拆迁任务复杂繁重。2009 年北京市启动海淀区北坞村、朝阳区大望京村城乡一体化试点。在此基础上，八家村的整体城乡一体化改造也提上了日程，2009 年 3 月 25 日、4 月 23 日，北京市政府分管副市长先后两次主持召开八家地区整体改造专题工作会议，研究和探索八家村城乡一体化整体改造的思路和模式。

2009 年 3 月统计八家地区拆迁范围内住宅共 2601 户（1131 个院落），其中农业户 862 户、乡内非农业户 1680 户、乡外非农业户 59 户。用地范围内总人口 4692 人，其中农业人口 1433 人（其中劳动力 709 人、超转 584 人、残疾人 45 人、儿童 95 人）、非农业人口 3259 人。据北京市规划委 2009 年 9 月 8 日印发的规划意见书，在这次土地整理中，需代拆国家自然基金委员会以北、双清路以西集体住宅用地 217.05 亩，涉及 23 户 92 人。2009 年 12 月 31 日，北京市政府《关于海淀区 2009 年度批次城市建设用地实施方案的批复》（京政地字〔2009〕288 号），同意征收海淀区东升乡经济合作总社集体所有耕地 8.12 亩、居民点及工矿用地 667.93 亩，交通用地 17.42 亩，总计 693.47 亩，这就是八家地区整体改造征收的土地面积，征地补偿费每亩 160 万元。在 693.47 亩征地总面积中，有 553.59 亩建设用地在完成土地征收和土地一级开发后，经营性用地纳入政府土地储备，公开入市交易；另有 139.88 亩市政道路用地由政府按照城市规划统一安排使用。为解决征地后农村村民的生产生活问题，根据征地农转居政策，政府允许八家村 315 名农业户口转为非农业户口，其中劳动力 164 名、超转人员 123 名。

北京市土地整理储备中心及海淀分中心授权八家村集体经济组织成立房地产项目开发公司即北京八家嘉苑房地产开发有限公司负责八家地区的拆迁及回迁安置上楼等工作。2009 年 9 月底前完成土地一级开发前期工作，2009 年下半年开始拆除集体用房，2010 年

4月16日启动个人房屋拆除工作，到当年底基本完成。对于拆迁上楼的村民，采取房屋和货币补偿相结合的安置方式，回迁楼安置面积按照拆迁房屋占地面积1:1加上30平方米的标准执行。2009年10月开始建设回迁房，回迁住宅用地11.73万平方米已征收为国有土地，共建成回迁房3926套，回迁楼居住区即为八家嘉园小区，拆迁上楼的八家地区村居民全部入住八家嘉园小区。八家村部分土地被征收为国有土地后，现在尚有集体土地总面积1644.29亩，其中林地1351.72亩、建设用地292.54亩（含宅基地1亩），林地主要是八家公园、绿地、平原造林用地，集体建设用地主要为原村委会现八家股份社办公用地、集体产业用地以及一些零星地块。

（四）实行整建制农转居，实现村民身份市民化

2015年，按照东升镇统一工作安排，八家村启动整建制农转居工作。2015年八家村完成第一批整建制农转居1003人，2017年八家村完成第二批整建制农转居40人。两批次共办理整建制农转居1043人，其中儿童47人、劳动力551人、超转人员（因国家建设征地农民户转为非农民户的原农村劳动力中年龄超过转工安置年限即男满60周岁、女满50周岁及其以上人员、无赡养人的孤寡老人以及法定劳动年龄范围内完全丧失劳动能力的病残人员）445人。实行整建制农转居后，绝大部分原村民已经纳入北京市城镇职工社会保险体系。

但由于某些原因，截至2021年8月，原八家村尚有72人农业户籍人员未转为非农业户口，主要是儿童和老人。不愿转居的原因，有的是孩子上学需要农业户口才能上某些专业，有的是年龄大不愿缴纳保险，有的是方便外地户口配偶户口迁移，还有的因为拆迁补偿未达成一致意见等。2015年和2017年八家村先后两次实行整建制农转居时，村集体承担民政部门接收的超转人员安置费用分别为1.05亿元、160.61万元，合计约1.07亿元，见表8。

表8 家村整建制农转居费用情况

单位：元

年份	一次性就业补助费用	补缴社会保险费用	民政局接收超转人员安置费用			费用合计
			村负担费用	镇负担费用	费用小计	
2015年整建制农转居	13440960.00	74060490.24	105411596.00	24920559.64	130332155.64	217833605.88
2017年整建制农转居	1073280.00	4758504.96	1606083.20	401520.80	2007604.00	7839388.96
合计	14514240.00	78818995.20	107017679.20	25322080.44	132339759.64	225672994.84

资料来源：根据八家村史馆资料整理。

（五）撤村留社并居，实现基层治理社区化

2019年6月，依据海淀区十二届区委全面深化改革领导小组第七次全体会议精神，以及中共东升镇委员会关于印发《东升镇撤销部分村民委员会建制改革的实施方案》的通知精神，结合八家村完成集体产权制度改革、整建制农转非和腾退上楼等实际情况，该村启动八家村撤销村民委员会建制改革工作。到 2019 年 9 月，经北京市海淀区人民政府批准，八家村村民委员会被正式撤销。

原八家村村委会管理的村域公共事务，开始并入八家社区居委会管理。早在 1964 年成立的八家社区居委会，当时归学院路街道管辖。2001 年 12 月成立东升地区办事处，2003 年 6 月，八家社区居委会才划归东升地区办事处管辖。八家社区居委会办公地点原在八家村内，后迁入八家嘉园小区内。八家社区党组织书记、居委会主任由原八家村村干部担任，其工资由八家股份社发放。

八家村村委会建制撤销后，八家村党总支也随即撤销，同时设立八家股份社党总支，原八家村党总支书记改任八家股份社党总支书记。八家股份社党总支下设 6 个党支部，其中 5 个党支部建立在下属集体企业上。

八家村建制撤销后，原八家村的治理模式由长期以来基层党组织领导下的农村村民自治模式向党组织领导下的城市社区自治模式转变，八家股份社在社区治理中发挥着不可或缺的重要作用。

（六）发展新型集体经济，实现集体产业服务化

八家股份社围绕所在商圈的产业布局和科技创新要素集聚的特征谋划自身发展，逐渐步入以现代服务业为主导的产业发展轨道，主营业务涉及写字楼租赁、物业管理、园林绿化、环境卫生、科技服务、停车管理等方面，主要服务于商圈内的企事业单位和原村所在社区居民生产生活。

八家股份社集体土地归东升镇经济合作总社所有，八家股份社拥有土地的经营开发权和占比多数的收益权。八家股份社现拥有学清嘉创大厦、双清大厦、荷清大厦、弘彧大厦、艺海大厦、学府大厦、中太大厦、华源世纪商务楼等商业综合楼宇 17 座，总面积约 30 万平方米，规划中的产业项目 10 万余平方米。目前入驻企业共 425 家，规模以上企业 237 家，其中上市公司 7 家，高新技术企业 70 家，高新技术企业占比 29.5%。其中包括清华大学科研院、微电子学研究所、辰安科技、同方威视、未来芯片技术高精尖创新中心等一批拥有国内外领先科研技术的研究院所和高精尖企业，以及字节跳动、北京建工、顺丰科技、信维科技、高思教育等众多国内外知名企业。

京海公司作为八家股份社对外的市场经营主体和下属公司的母公司，是集体资产经营（楼宇经济）的主要收入方，租金收入是京海公司的主要收入来源。京海公司下属 9 家全资集体企业，分别为北京八家嘉苑房地产开发有限公司（简称八家嘉苑公司）、北京嘉和裕京物业管理中心、北京福瑞金成停车管理有限责任公司、北京八家园林绿化中心、北京双清阳光投资顾问有限公司、北京和清物业管理有限公司和北京京海众心科技有限公司、北京嘉宁物业管理有限公司和北京京海嘉洁环境卫生管理有限公司，主要承担原村域范围内的社区服务与楼宇经济的配套服务。2008 年，八家股份社总收入 6059 万元，纯收入 2975 万元；到 2019 年底，八家股份社实现集体经济总收入 34881 万元，集体经济纯收入 14027 万元，2020 年集体经济纯收入约 1.8 亿元。

（七）强化经营管理，实现股份社治理创新化

八家股份社依托八家村而建立，并以京海公司的名义参与市场经营活动。八家股份社的治理模式充分体现了在坚持党组织的领导下，既传承八家村村民自治的治理遗产，又结合京海公司的治理经验，实现了城市化地区农村集体经济组织经营管理的创新探索。

一是构建了"党—社—企"三位一体权力框架和"社—管—监"三位一体治理结构。这是适应城市化、市场化发展需要而在实践中探索总结出来的治理经验。"党—社—企"三位一体的权力框架，是指八家股份社党总支作为政治领导力量，居于核心领导地位，体现了集体经济组织坚持党的领导的政治要求；八家股份社作为特别法人的集体经济组织，代表集体成员行使集体资产经营管理权（集体资产所有权归东升股份总社行使），按照规定在农业农村部门登记赋码后，成为市场主体，体现了集体所有制的根本要求；京海公司是集体经济组织社员代表大会授权注册的集体企业法人，与股份经济合作社实行"一套领导班子、两块牌子"的管理体制，对外开展市场经营活动，对所属企业进行管理，体现了市场经济条件下集体经济组织以企业法人身份走向市场的基本要求。"社—管—监"三位一体治理结构，是指八家股份社依据章程建立的内部法人治理结构，社员大会（代表大会）是八家股份社的最高权力机构，决定股份社重大事项；管委会是社员大会（代表大会）的执行机构，行使股份社经营管理职权；监委会是股份社经营管理中的监督检查机构，行使监督检查职权。

二是形成了适应市场经济发展需要的开放性人力资源选录机制。八家股份社顺应集体产业发展的人才需求规律，在股份社管理人才选聘方面打破了农村集体经济组织管理人员封闭性的传统，逐步实现工作人员的社会化和开放化录用，主要有三类招聘渠道：第一类是股东就业安置，八家股份社及其所属企业在招聘人员时优先考虑股东、职工子女就业，已招聘股东、职工子女80余人；第二类是社会公开招聘，根据需要公开面向社会自主招聘适合岗位的人员，择优录用；第三类是镇级安排人才，通过全市性的大学生村官和人才引进计划选聘优秀人才进入股份社及其所属的集体企业。2020年，东升镇开展人才引进计划，为每个村股份社安排名额，由村股份社党务组织部门按计划提需求，镇党委统一委托专业机构为其招聘董事长助理和总经理助理，第一年镇财政负担招聘人员工资，第二年起由村股份社自主选择是否续聘并承担招聘人员的工资待遇。自2008年到2021年，八家股份社共招聘大学生村官5名，现有4名在八家股份社工作。在人员管理方面，八家股份社职工按要求在不同的科室之间实行轮岗，股份社职工与所属企业职工之间也实行人员轮岗制度。八家股份社现任党总支书记、董事长也非本区本镇本村人。

三是建立健全了公开透明规范的股份社内部管理制度。依据《八家股份经济合作社章程》，八家股份社建立股东代表大会、董事会、监事会、经理层等治理架构，又继承了原村委会有效的民主管理遗产，建立起比较健全的内部管理机构，设立有办公室、人力资源科、党建科、基建工程科、审计科、社会管理办公室、综治办、退服中心等11个科室，建立有比较规范的内部管理规章制度，将村务公开拓展为社务公开，及时公开股份社的集体资产情况、收益分配情况、财务支出情况等经营管理信息，保障了社员股东的知情权、

参与权、表达权、监督权等权益。

四、存在和面临问题：村庄城市化转型挑战

八家村在城市化转型过程中以及八家股份社在集体经济发展进程中面临和存在一些深层次的问题和矛盾，集中体现在城乡二元体制强约束下的传统城市化模式上，这些问题和矛盾大都超越了乡村和股份社层面所能有效解决的范围，概括起来主要有三大方面，即城乡制度转轨问题、开发改造遗留问题、集体经济组织发展问题。

（一）城乡制度转轨成本较高且不合理

在城乡二元结构约束下进行的八家村城市化转型，其突出问题是农村集体和农民付出巨大的城市化转型成本。

1. 农民转居成本高。一方面，农村集体和农民付出了集体土地被大量征收的代价。20 世纪 70 年代以来，八家村集体土地就开始被陆续征收为国有土地，1978 年至 2000 年，八家村集体土地面积减少了 1962 亩，均被征收为国有土地，当时的征地补偿标准比较低。最近一次土地征收发生在 2019 年底，因修建京张高铁需要，八家村被征地 8.2743 亩，每亩征地补偿费 200 万元。传统的征地城市化过程成为农民失去集体土地的过程。另一方面，集体经济组织为农民市民化转型支付大量的安置费用和社保费用，承担了巨额的社会保障成本。八家村在两次整建制农转居中，共计支付农转居成本 200350914.4 元，其中支付一次性就业补助 14514240 元，支付社会保险费用 78818995.2 元，支付民政局接受安置 455 名超转人员费用 107017679.2 元，加上东升镇为八家村支付的超转人员安置费 25322080.44 元，东升镇、八家村两级农村集体经济组织平均为八家村每名超转人员缴纳近 30 万元费用。

2. 社区管理责任重。八家村在撤村后，八家股份社仍承担了原村委会管辖区域以及八家社区所在片区的有关社会管理和公共服务职能，包括负责未转居少数农业户籍人口的社会管理如办理城乡居民养老、医疗保险等职责，承担解决原八家村相关历史遗留的经济社会问题，负责 112 万平方米的网格化区域（南至清华东路西口、北至北五环、东至双清路、西至荷清路）所属单位、居民小区的治安安全、疫情防控等社区管理服务工作；八家社区居委会书记、主任的工资仍由八家股份社承担，等等。

（二）开发改造遗留问题解决缓慢而低效

八家村及八家股份社在整体开发改造中，虽然总体上比较顺利，但也存在一些久拖未决的历史遗留问题。

1. 泰跃公司周转房腾退及集体土地闲置问题。1998 年 4 月 20 日，京海公司与北京泰跃房地产开发有限公司（简称泰跃公司）签订租赁协议书，2000 年 6 月 1 日双方又签订补充协议书，京海公司依据协议将位于八家村原旧货市场总用地面积为 30 亩的场地及房屋租给泰跃公司翻建做其周转房，租期 10 年。2002 年 3 月 29 日，京海公司与泰跃公司签订补充协议，京海公司同意泰跃公司将周转房交给北京城建第四建设工程有限公司（简称城建四公司）使用，随后城建四公司安排该公司职工进入周转房居住。2008 年 4 月 20 日

合同期满后，泰跃公司、城建四公司未腾退周转房，也未支付租金。2012年海淀区人民法院（2012）海民初字第24573号民事判决泰跃公司、城建四公司将位于北京市海淀区八家村原旧货市场总用地面积30亩的场地及房屋腾空并交还给京海公司，泰跃公司按每天904元的标准向京海公司支付租金及使用费。2013年3月12日，北京市第一中级人民法院（2013）一中民终字第3438号判决维护了一审判决，但一、二审法院的判决至今未得到执行。2019年海淀区政府召开八家地区遗留问题专题会议，明确周转房腾退问题为泰跃公司开发建设遗留问题，城建集团应统筹解决。但时至今日，该周转房腾退问题仍未得到解决，致使八家股份社拟建地上建筑面积约8万平方米的集体产业用地项目停滞已超过10年，造成了集体土地资源的巨大浪费和集体经济的重大损失。

2. 开发建设资金长期拖欠影响经济社会发展问题。根据八家地区土地一级开发实施方案，八家地区一级开发成本总额为550941万元，由八家地区一级开发实施单位即八家村集体经济组织所属集体企业八家嘉苑公司包干使用。北京市土地整理储备中心海淀分中心已先后累计拨付给八家嘉苑公司52.3亿元。由于泰跃公司周转房未拆除，预留5%约2.75亿元的包干开发建设资金一直未向八家嘉苑公司支付。在回迁楼施工阶段，为确保按期交付回迁楼，八家股份社集体累计给八家嘉苑公司借款约3.5亿元至今未偿还。由于剩余包干资金未拨付给八家嘉苑公司，造成八家嘉苑公司目前仍拖欠50家施工单位工程款，多年来发生相关法律诉讼、聚集讨薪等情况，不同程度地影响了正常的市场经济秩序和社会和谐稳定。

3. 回迁安置房个人分户房产证办理时效与涉税问题。在八家嘉园小区3926套回迁安置房中有390套属于集体公租房，3536套为个人安置房。自2013年八家嘉园小区回迁入住、2015年小区竣工验收手续办理完成后，居住百姓最为关心的问题就是分户办理房产证。由于八家嘉园小区是海淀区首例需网签办理"按经济适用房管理"的回迁小区，办理房产证的路径和方式无先例可循，致使该小区房产证办理费时较长，且需由八家嘉苑公司承担数额较大的相关税费。2018年通过东升镇政府与有关部门协调，确定将符合安置补偿协议中被拆迁人与回迁房交协议（入住协议）产权人完全一致条件的891套安置房作为第一批网签名单进行办理房产证的先行先试工作，到2020年11月终于办成了第一个分户房产证。2021年3月正式全面启动第一批分户办证工作，到2021年8月下旬，已办理268套房屋的不动产权证。除了办理安置房产权证审核时间较长外，由八家嘉苑公司承担的相关税费不但数额较大，且亦不够合理。根据有关规定，八家嘉园小区不动产权证登记办理免契税证明时，需要该小区建设的房地产开发公司即八家嘉苑公司按照每平方米5000元开具销售不动产发票，但根据八家地区整体开发改造方案，住房按每平方米5000元的安置房回购款，由北京市土地整理储备中心海淀分中心从其应支付的拆迁补偿款中直接抵扣，八家嘉苑公司并未实际收到房屋销售款。据核算，八家嘉苑公司为小区开具发票而需缴纳的增值税、城建税及附加约9000万元。八家嘉苑公司已为第一批已办理完成的不动产权证支付了500余万元的税费。这种不合理的税费负担，使八家嘉苑公司难以为继，严重影响了集体经济的发展。

（三）集体经济组织发展环境有待整体优化

由于长期以来农村集体经济组织相关制度建设的滞后，八家股份社在发展过程中面临不少深层次的体制机制问题。

1. 集体经济组织"一体两面"问题。农村集体经济组织自20世纪50年代在农业合作化运动中产生以来，是以农业生产合作社的名称出现和发展的。1984年废除人民公社后，北京郊区农村集体经济组织统一改名为农工商公司。八家大队集体经济组织改称为北京市海淀区东升农工商公司京海分公司，1986年7月在工商行政管理部门登记注册，1990年9月京海分公司改名为北京市海淀区京海农工商公司，这是农村集体经济组织的公司化过程。1990年八家村又设立村经济合作社，恢复了农村集体经济组织的合作社名称；2008年在村经济合作社基础上成立八家股份经济合作社。村经济合作社（股份经济合作社）与京海公司实行"两块牌子、一套人马"。这就使城市化地区农村集体经济组织呈现出"一体两面"的重要特征。一方面，村经济合作社（股份经济合作社）与京海公司作为八家村集体经济组织是"一体"的；另一方面，村经济合作社（股份经济合作社）是以特别法人的"一面"出现在有关政策法律规定之中，但并未真正进入市场，其作为名义上的特别法人，相对来说比较"虚化、弱化"；京海公司则以企业法人的"一面"走向市场，广泛开展生产经营活动，其作为实质性的市场经营主体，相对来说明显"实化、强化"。如何进一步理顺股份社与京海公司的关系，是当前和今后一段时期集体经济组织建设和集体经济发展需要关注和处理的重要问题。

2. 集体经济组织外部管理服务与内部治理问题。对于已经实现城市化转型的八家股份社，虽然不再存在传统意义上的农业、农村和农民，但仍然属于农村集体经济组织而不属于城镇集体经济组织，这就使得有关部门对八家股份社的管理服务存在许多不足或不到位的地方，农业农村部门在乡村振兴有关工作安排中会有意无意地忽视八家股份社，而城市有关部门又在相关工作中自然而然地忽略八家股份社，这使八家股份社面临的许多老问题和新问题难以得到及时有效的重视和解决。就八家股份社自身发展与内部治理来说，也面临很多新问题、新情况。比如股东老龄化问题，2020年八家股份社60岁以上股东超过了80%，随着股东年龄的增长，涉及股份继承、赠予、转让等工作会逐渐增多，股东参与股份社事务的能力受到了挑战；再比如股东专业化问题，八家股份社的534名股东中，在京海公司及其下属公司任职的在职股东不到70人，在职股东占比较低，带来的现实问题就是具有经营决策能力的外部管理人员无法参与股东大会进行决策，而享有参与决策权的股东（代表）缺乏决策的能力与素质；又比如外来经营管理人才的激励机制问题，八家股份社对专业化人力资本的依赖度越来越高，但当前相对封闭的集体产权结构缺乏有效激励机制，不利于吸引外部高端优秀经营管理人才。此外，八家股份社股东居住较为分散，有部分股东已迁出八家社区，有的甚至长期居住在国外，随着时间推移，股东分散居住生活问题将越来越突出，这对于召开股东（代表）大会等都会有较大影响。

3. 集体经济组织税费负担问题。八家股份社（京海公司）在纳税义务上与一般企业无异，特别是在集体经济产权制度改革后，新型集体经济组织在对股东进行年度收益分配时，由于国家缺乏与集体经济组织特别法人相适应的税制体系，在现实工作中税务部门就简单地依照现行的个人所得税法征收社员股东20%的红利税。例如2019年八家股份社实现股东分红总额1937万元，缴纳个人所得税387万元。为了减轻股东个人的缴税压力，京海公司代扣代缴了红利税，这变相加重了集体经济组织负担，影响了农村集体经济组织正常的收益分配，抑制了农村集体经济产权改革的积极性，不利于集体经济组织和集体经济的健康发展。此外，八家股份社至今还承担八家社区的一些公共管理和公共服务工作，这无疑增加了集体经济组织的负担，也不利于集体经济组织公平参与市场经营活动。

五、思考与建议：走城乡一体的新型城市化转型之路

八家村的城市化转型以及八家股份社的发展，是在长期城乡二元结构的体制大背景、快速城市化冲击的时代大潮流、正在推进的城乡一体化的发展大趋势中进行的，既有许多探索创新做法，也受到城乡二元体制的严重制约，特别是以征地农转居或整建制农转居、征收集体土地、以征地补偿费建立转居农民社会保障等为特征的传统城市化政策路径，已经与快速发展的城乡一体化进程不相协调。在城乡发展一体化进程中，城市化地区的村庄转型应当实现从城乡二元的传统城市化向城乡一体的新型城市化转型跨越。

（一）改变城乡二元体制框架内的村庄传统城市化模式，将城乡一体化的政策制度成果融入村庄新型城市化之中，实现乡—城转型公平化

八家村城市化转型是在城乡二元体制约束下推进的城市化模式，其路径主要体现在将农民由农业户口转变为非农业户口，将集体土地征收为国有土地，将征地拆迁转居农民纳入城镇社保体系等等，这就是在既有的城乡二元体制前提下，将农村体制转变为城市体制，最后消灭农村体制，实现城市化。这种城乡二元体制框架内的村庄城市化转型，不但使农村集体和农民付出的传统城市化转型成本过高，而且使城乡一体化发展的政策制度成果和新型城市化发展要求得不到应有的充分体现。应当按照体现以人为本、城乡平等、制度开放要求的新型城市化模式，做出系统性政策调整和工作方式转变，使村庄城市化转型的过程同时是公民权利发展的过程，也是维护社会公平正义的过程。

1. 落实城乡一体化的户籍制度改革政策，改变征地农转居和整建制农转居的传统做法

在城乡统一的户籍制度改革政策实施之前的城乡二元户籍制度条件下，因城市化发展的需要而实行征地农转居和整建制农转居的做法有其合理性和现实选择性，但在国务院以及北京市政府已经实行城乡统一的户籍政策后，作为传统城市化重要特征的征地农转居和整建制农转居政策就失去了基本前提与合法性，应当尽快改变。

2014年7月，国务院印发《关于进一步推进户籍制度改革的意见》，明确规定建立城乡统一的户口登记制度，取消农业户口与非农业户口性质区分和由此衍生的蓝印户口等户口类型，统一登记为居民户口。2016年9月，北京市政府印发《关于进一步推进户籍制度改革的实施意见》同样规定建立城乡统一的户口登记制度，取消农业户口与非农业户口性质区分，统一登记为居民户口。这说明已经没有农业户口和非农业户口的划分，不再存在农转居或农转非的制度前提。建议尽快废除2004年7月施行的《北京市建设征地补偿

办法》（俗称 148 号令）第 19 条"征用农民集体所有土地的，相应的农村村民应当同时转为非农业户口"的规定。有关部门应当全面落实户籍改革政策，统一将以前的农业户口与非农业户口登记为居民户口，不再实行征地农转居和整建制农转居政策。

在新型城市化进程中，不管农民是否征地拆迁上楼，也不管是否撤村建居，都不再存在居民户口由农业户口转为非农业户口的问题。八家村尚未参加农转居的少数村民，其户口性质可以直接登记为居民户口，保障其作为社区居民以及社员股东的各项权益。

2. 执行农村集体经营性建设用地直接入市的法律规定，不再推行征地城市化的旧模式

作为传统城市化显著标志之一的征地城市化模式，对集体土地实行蚕食鲸吞，既损害了农民的土地财产权，又限制了农民的土地发展权，也破坏了农村土地集体所有制。2020 年 1 月 1 日起施行新修订的《土地管理法》，明确规定因公共利益的需要才能征收集体土地，同时允许集体经营性建设用地直接入市，历史性地改变了过去农村集体土地必须先征收为国有土地后才能进入市场的规定，这就使传统的征地城市化模式不再成为农民唯一而被动的选择，农民可以在集体土地上依法自主实现城市化，这是新型城市化的基本路径之一。

在新型城市化进程中，村民可以根据规划在集体土地上集中居住上楼，不必将住宅用地转为国有土地；农村集体经济组织可以依法合规直接使用集体建设用地兴办企业，或者以土地使用权入股、联营等形式与其他单位、个人共同兴办企业，也可以通过出让、出租等方式将集体经营性建设用地交由单位或个人使用。在城市规划区内的城中村或城郊村，可以根据实际情况撤销村委会建制，但除了因公共利益需要征收集体土地并给予合理补偿外，村庄其他集体土地不必征收为国有土地，集体土地既可以建设城市公园，也可以建设村民住宅小区，还可以发展集体产业。其实，从更深层意义上说，即便是公共利益的需要，也不必将集体土地征收为国有土地，根据建设规划，可以实行集体土地使用权出租代替征收的建设模式，这也体现"农村改革不论怎么改，都不能把农村集体所有制改垮了"的底线要求。建议尽快全面修订《北京市建设征地补偿办法》，清理和废除其中不符合新《土地管理法》和户籍制度改革、城乡基本公共服务均等化的有关规定。有关部门应当从建设法治中国首善之区的战略高度，适应首都城市化、城乡一体化和乡村振兴战略实施的迫切需要，切实加强首都涉农立法工作，改变首都涉农立法明显滞后的局面，以良法保障善治。

城市化的快速发展与实践的不断创新，使城市规划内的城市建成区有集体土地，城市规划区外的农村地区也有国有土地。因此，《宪法》第 10 条"城市的土地属于国家所有，农村和城市郊区的土地，除由法律规定属于国家所有的以外，属于集体所有"的规定的内涵和外延已发生了重大变化，应当重新认识和修订。

3. 根据城乡基本公共服务均等化和城乡社会保障制度一体化的新进展新要求，废除征地式社会保险的过时规定

2004 年实施至今的《北京市建设征地补偿办法》，对征收农民集体所有土地涉及的人员安置、就业促进、社会保险等方面都作了规定，这些规定都是在城乡二元体制尚未破除

也即在城乡二元户籍制度、城乡二元就业制度、城乡二元社会保障等制度仍然存在的前提下制定"逢征必保"的政策，在当时条件下具有一定的合理性和必要性。

但随着农村社会保障制度的建立和城乡基本公共服务均等化政策的不断推进，覆盖农民在内的城乡统一的社会保险制度已普遍建立起来。比如，《北京市人民政府关于印发北京市城乡居民养老保险办法的通知》（京政发〔2008〕49号）自2009年1月1日起施行，《北京市人民政府关于印发北京市新型农村社会养老保险试行办法的通知》（京政发〔2007〕34号）同时废止，这标志着北京市城乡居民基本养老保险实现了城乡制度并轨；《北京市城乡居民基本医疗保险办法》自2018年1月1日起施行，《北京市人民政府关于印发北京市城镇居民基本医疗保险办法的通知》（京政发〔2010〕38号）和《北京市人民政府办公厅转发市政府体改办等部门关于建立新型农村合作医疗制度实施意见的通知》（京政办发〔2003〕31号）同时废止，这标志着城乡居民基本医疗保险实现了城乡制度并轨。不管农村集体土地是否被征收，农民都已经开始平等地享有社会保险的权利，建议尽快废止《北京市建设征地补偿办法》中有关社会保险的规定。特别是对于征地超转人员每人少则缴纳几十万元，多则缴纳高达数百万元社会保险费用的政策，基层干部和农民群众的意见非常大，应当尽快废止。

自2004年7月1日起执行《北京市人民政府办公厅转发市民政局关于征地超转人员生活和医疗补助若干问题意见的通知》以来，虽然征地超转人员的政策有过几次调整完善，但总体上看已不合时宜，更不合情理，建议尽快废止征地超转人员的有关政策。应将征收农村集体土地与社会保障制度脱钩，农村集体土地征地走公正合理的财产补偿和合理安置途径，社会保障制度走城乡基本公共服务均等化之路，实现从征地社会保险制度向城乡一体化的社会保险制度转变，尽快将城镇职工基本医疗保险、城镇职工基本养老保险与城乡居民基本医疗保险、城乡居民基本养老保险整合为统一的不分身份和职业的基本医疗保险、基本养老保险，特别是要强化政府提供公共产品的职责，明确规定从土地出让收入中设立专项资金用于补齐农民社会保险待遇短板，充分体现以工哺农、以城带乡的政策导向，切实提高城乡居民社会保障待遇水平，缩小城乡居民社保差距，助推共同富裕。

（二）构建市场化、法治化的集体经济组织建设和集体经济发展的外部制度环境，保障和实现集体经济组织身份地位特别法人化

新型城市化中的农村集体经济组织建设和农村集体经济，对市场化、法治化的外部制度环境提出了现实的迫切要求，应当根据《民法典》确定的特别法人的定位，加快构建有利于集体经济组织建设和集体经济发展的制度环境。

1.处理好集体经济组织合作社化与公司化的关系

集体经济组织原本是依据合作社的理念和原则，在农业合作化运动中产生和发展起来的，乡村社区型合作社是农村集体经济组织的本来身份名称。随着人民公社的解体和市场经济的发展，从人民公社母体中分离出来的农村集体经济组织虽然有政治和法律地位，但长期没有法人地位，而在经济发达地区和城乡结合部地区，发展集体经济又有强烈的现实需要和发展优势，于是集体经济组织的公司化就应运而生。

19 世纪 80 年代北京市郊区就普遍建立农工商公司，统一在工商部门登记注册，作为集体经济组织走向市场开展经营活动的合法身份。后来乡、村两级又恢复建立社区型乡村经济合作社，这就使集体经济组织同时具有经济合作社与农工商公司两个名称，实行"两块牌子、一套人马"，经济合作社主要是名义上的存在，而农工商公司则是实体化的存在。2017 年 3 月通过的《民法总则》首次将农村集体经济组织规定为特别法人。随着《民法典》的实施以及农村集体经济组织专门立法的推进，农村集体经济组织必然全面走向法人化、实体化，因而解决农村集体经济组织"一体两面"问题、处理好经济合作社与农工商公司之间的关系，不但是一个十分重要的法律问题，也是一个十分迫切的现实问题。

八家股份社与京海公司的关系面临三种可能选择：一是保持目前"一套班子、两块牌子"的格局不变，但这不利于八家股份社进一步规范化、实体化、法人化发展。二是撤销京海公司，保留八家股份社。这涉及集体资产过户、企业经营品牌损失等重大问题。按照相关法律，办理资产过户手续按规定应缴纳资产额 3% 的契税、0.3% 的交易费、5.5%—5.65% 的营业税及附加、25% 的企业所得税、0.5% 的手续费、0.05% 的印花税等，这对于集体经济组织和集体企业来说是个重大的税费负担。此外，京海公司在市场上已经营 30 多年，形成了较好的企业品牌和信誉形象，一旦被注销，则损失巨大。三是保留京海公司，将京海公司作为八家股份社全资控股的所属集体所有制企业，并以京海公司为母公司，控股或参股若干家子公司，这可能是《农村集体经济组织法》颁布实施后最合理的选择。

但必须明确的是，如因政策因素需要将集体资产从京海公司过户到八家股份社的，应当区别于其他公司之间市场交易类的资产过户，免收过户税费。

2. 构建集体经济、集体企业与国有经济、国有企业同等重要、平等对待的政策制度体系

党的十八大报告明确提出："保证各种所有制经济依法平等使用生产要素、公平参与市场竞争、同等受到法律保护。"除了在意识形态上始终强调集体经济发展的重要性之外，更应当在政策制度上构建起集体经济与国有经济同等重要、同等对待、同等保护的发展条件和营商环境。

首先，保障农村集体经济组织和集体企业依法平等使用生产要素。比如在劳动力使用上，农村集体经济组织和集体企业在保障集体经济组织成员充分就业的基础上，要像国有企业一样公开平等地面向社会招录劳动力，在制度上保障集体经济组织和集体企业就业人员医疗、养老、住房等各项社会保障权利和工资福利待遇；进一步放宽户口控制，回归户口登记功能，给予从社会上招聘的劳动力安家落户的保障；遵照国际劳工组织的有关标准要求，建立规范的工会组织，保障和发展集体经济组织和集体企业职工的合法权益；凡是国家对国有企业的优惠支持政策同样适用和惠及集体经济组织和集体企业；制定集体经济组织和集体企业人力资本发展规划，加强对集体经济组织和集体企业的人力资本培训。在土地资源利用上，集体经济组织和集体企业应当与国有企业一样平等地使用土地资源，特别是要改变过去那种农村集体经济组织在自己集体土地被低价征收后再通过招拍挂方式高

价买回土地使用权来进行开发建设的不合理政策，应当依据集体经营性建设用地入市的新规定，集体经济组织可以自主利用集体经营性建设用地发展集体产业，壮大集体经济。

其次，同等保护集体经济组织和集体企业的各项合法权益。集体经济组织和集体企业在市场经营活动中，涉及合同纠纷等相关法律纠纷和矛盾问题的，都应当在公正的政策法律范围内合理合法地解决，改变"重国有、轻集体"的传统思想观念和工作方式。八家股份社（京海公司）至今存在的一些悬而未决的历史遗留问题，应当在法治的轨道上得到及时有效地解决。法治是最好的营商环境，各级政府应当在营造良好的法治环境上做出表率，付出行动，首先要在法治政府、诚信政府建设上取得实效，以政府自身建设的法治化、诚信化，推动营商环境的法治化、诚信化，彰显法治中国首善之区的价值定位与实践要求。

3. 建立健全与特别法人相适应、有利于集体经济组织建设和集体经济发展的财税金融制度体系

集体经济组织作为特别法人，集经营性与公益性于一身，既有与其他营利法人平等进入市场、公平参与市场经济活动的一般性，也有与其他营利性市场主体承担不一样的社区公益性事务等特殊性。因此，在公共政策制定和制度构建中，既要积极营造平等对待、公平合理的市场化、法治化、国际化营商环境，又要积极构建符合特别法人特性、体现特别法人要求的财税金融等制度体系。

首先，建立有利于集体经济组织和集体企业发展的财税制度。建立扶持集体经济发展的财政专项基金，持续支持、推动集体经济组织体系建设，鼓励、引导集体经济发展壮大。尽快改变以现行营利法人税法体系对待和要求特别法人纳税的不当做法，加快研究制定适应集体经济组织建设和集体经济发展需要的新税制。比如，对于集体资产在集体企业与经济合作社之间的过户问题，应当免交资产过户契税等税费；对于因推进集体产权制度改革而实行按股分红的，应当减免股东个人红利税，或以"先征后返"的方式全额返还给农村集体经济组织，支持集体经济组织发展。将撤村建居后的社区公共管理和公共服务费用纳入财政预算，强化公共财政对撤村后新建城市社区公共产品的供给责任，及时将集体经济组织承担的社区公共管理和公共服务职能移交给社区居委会，减轻集体经济组织承担社区公共管理和公共服务负担。在集体经济组织承担社区公共管理和公共服务职能未剥离之前，应当相应减免集体经济组织和集体企业的税费，并给予财政补贴。考虑到集体经济组织本身所具有的公益性与经营性并存的特性，即使将社区公共管理和公共服务职能剥离出去后，集体经济组织也不可避免地在社区公共事务中发挥重要作用，因此建立支持集体经济组织和集体经济发展的相关财税政策制度，具有内在的合理性和必要性。

其次，积极发展合作金融，满足农村集体经济组织和集体企业发展的金融需求。在鼓励商业金融机构为农村集体经济组织和集体企业提供融资服务的同时，在战略上加强城乡合作金融体系建设，积极探索以乡镇集体经济组织为主体发展农村合作金融的有效途径，强化构建与集体经济组织和集体企业相匹配的合作金融服务体系，加快补齐城乡合作金融的短板，多渠道满足集体经济组织和集体企业投融资需求。

再次，建立有利于高层次优秀人才到农村集体经济组织和集体企业就业创业的政策制度，健全集体经济组织和集体企业吸引外部优秀人才就业创业的体制机制。要像国有企业一样，在集体经济组织和集体企业实行开放式用人制度，加快建立健全职业经理人聘任机制，形成科学合理的薪酬制度，促进人力资源向集体经济组织和集体企业合理流动，加快推动城乡就业、医疗、养老等社会保障制度城乡一体化，消除城乡社会保障、国有企业与集体企业待遇之间的差别，使在集体经济组织和集体企业就业创业人员能够享受到与在国有企业就业创业人员同等的就业、医疗、养老等社会保障待遇，全面实行就业创业人员在就业地或居住地落户登记制度，保障家庭功能，建立职工家庭福利制度。

（三）加强集体经济组织的制度化、规范化建设，优化集体经济组织内部治理机制，确保集体经济发展成果由集体成员共享

集体经济组织作为组织农民、富裕农民、服务成员的重要组织载体，是推动基层治理现代化、实现共同富裕的重要依托和中坚力量。要像抓基层党组织建设那样重视抓集体经济组织的建设，像重视国有企业改革那样重视集体企业的改革，像重视国有经济发展那样重视集体经济的发展，推动实现集体经济组织和集体经济的高质量发展，保障集体经济组织成员共享集体经济发展的成果。

1. 强化集体经济组织制度建设

立足于建设法治中国首善之区的战略要求，制定集体经济组织和集体经济发展的立法规划，有步骤地推进农村集体经济组织系列立法工作，营造有利于农村集体经济组织振兴的法治环境，推进集体经济组织建设和集体经济发展的制度化、规范化。

首先，在国家层面正在起草《农村集体经济组织法》的基础上，借鉴黑龙江、广东、上海、四川等地已制定"农村集体经济组织条例"的经验，结合北京实际，尽快制定《北京市农村集体经济组织条例》，出台支持集体经济发展的具体政策，构建集体经济组织建设和集体经济发展的法律法规和政策体系。

其次，完善农村集体经济组织内部治理机制。根据农业农村部《农村集体经济组织示范章程（试行）》，加强集体经济组织章程修订完善工作，坚持按章程办事，制定适宜城市化地区集体经济组织发展的股权流转方式。在市场经济体制下，只有集体资产股权的有序流转和有偿退出，才能实现生产要素的优化组合，体现成员持有集体资产股份的价值，才能显现它们作为生产要素的潜在市场价值。着眼于集体经济发展的长远考虑，建立新型集体经济组织股权流转和退出机制，实现集体经济组织封闭性与开放性的有机统一。针对有法定继承权的集体成员亲属、集体企业高管、职业经理人等特殊群体，应明确集体经济组织成员认定程序与资格条件，完善股权转让办法；探索持股权与表决权分离机制，通过制度创新，既保障成员利益，也发挥集体资产股权流转的效应。针对已经长期离开股份社所在地的股东，建立股权有偿退出机制，明确成员资格退出条件。保障集体经济组织和集体企业员工的基本权益。

2. 创新集体经济组织监管方式

已经实现城市化转型的集体经济组织与传统农村集体经济组织有很大的不同，这对农业农村等部门与时俱进地加强监督管理和指导服务提出了新要求。

首先，把握集体经济组织内涵与外延的巨大变化。城市化地区的集体经济组织，在市场化改革和城市化冲击下，其内涵与外延都不同于传统农村集体经济组织。比如，从产业类型上，八家股份社已经从传统从事农业生产转向发展都市型服务产业，即从第一产业转型为第三产业；从成员身份上，八家股份社的绝大多数社员从农业户口整建制转为非农业户口，即实现了从农民向市民身份的转变；从居住方式上，八家股份社的绝大多数居民已经告别传统乡村院落的居住方式，通过拆迁上楼住进城市小区，即从农村居民转变为城市居民。在已经基本上没有农业、没有农村，也没有农民的情况下，农业农村等部门对农村集体经济组织的认识以及相关管理服务工作，应当与时俱进地做出相应转变。例如，自2021年10月1日起施行的《四川省农村集体经济组织条例》第3条对农村集体经济组织的定义是："以集体所有的土地为基本生产资料，实行家庭承包经营为基础、统分结合双层经营体制的经济组织。"这个对农村集体经济组织的定义，就不适合像八家股份社这类城市化地区集体经济组织，因为八家股份社既不是以集体所有的土地为基本生产资料，也不实行家庭承包经营为基础、统分结合的双层经营体制，而主要是以集体经营性资产为基本生产资料实行集体统一经营体制。所以城市化地区集体经济组织实质上是以集体资产为基本生产资料、实行集体统一经营的社区型经济组织。此外，城市化地区农村集体经济组织其实也已经转变为城市集体经济组织，但它又不同于原初意义上的城市集体经济组织，而是从农村集体经济组织转型发展而来、带有许多农村基因的集体经济组织。

其次，健全集体资产监督管理体制和机制。在特大城市城乡结合部地区，农村集体资产总额巨大，有的超过同区域范围内的国有资产，有的与国有资产总额相当。我们曾组织课题组研究估算，2013年北京市农村集体资产总额达10.4万亿元。为加强农村集体资产的监督管理，北京市海淀区借鉴国资委监管模式，于2013年12月在全国率先成立了首家农村集体资产监督管理委员会（简称"农资委"），这对于加强农村集体资产的监督管理发挥了重要作用。经过多年的实践探索，为进一步加强和完善集体资产监督管理，特别是针对在乡村振兴战略中容易被忽视和边缘化、在城市建设管理中也容易被忽视和边缘化的城市化地区集体经济组织面临的改革发展问题，建议在市级层面建立集体资产监督管理委员会（笔者认为简称"集资委"更合适），既可设在农业农村部门，也可直接隶属于市政府管辖，可按市、区、乡镇（街道）三级设立集资委。市级集资委的主要职责是研究制定集体经济组织建设和集体经济发展的规划和政策指导意见；监督管理集体资产，促进集体资产保值增值；指导规范集体经济组织的制度化、规范化、信息化建设，督促检查集体经济组织遵守和执行章程情况；指导推进集体经济组织和集体企业建立健全法人治理结构，健全内部治理机制；依照法定程序对所监管的集体经济组织和集体企业负责人进行任免、考核、奖惩，建立符合特别法人要求的选人、用人机制，完善经营者激励和约束制度；研究起草集体经济组织建设和集体经济发展壮大的政策法规，制定相关监督管理制度；为集体经济组织建设和集体经济发展提供政策指导和服务，维护和发展集体经济组织成员的各项权益；开展集体经济组织建设和集体经济发展调查研究，协调解决集体经济组织和集体经济发展中面临的重大问题等。

3. 保障集体经济组织成员权利

建立集体经济组织、发展集体经济的根本目的在于组织农民、富裕农民，维护和发展集体经济组织成员权利，保障社员股东当家做主，实现共同富裕。

首先，保障集体经济组织成员的民主权利。集体经济组织是建立在集体资产由成员集体所有基础上的社区型经济组织，内在需要集体经济组织成员民主参与，当家做主。可以说，农村集体经济组织中的民主与农村村民自治中的民主相辅相成、相得益彰，构成了乡村基层民主的两大支柱，对于保障基层群众当家做主、推进基层治理现代化具有重要意义。基层党组织在保障集体经济组织成员民主权利上要发挥关键性的领导作用，促进农村集体经济组织民主管理、依法经营。集体经济组织应当严格落实章程，确保章程规定的成员（代表）大会、董事会、监事会等治理机制得到有序运行，章程规定的成员权利得到有效维护。坚持和推行社务公开，营造公开透明、宽松民主的良好氛围，保障集体经济组织成员对集体经济组织经营管理的知情权、参与权、决策权、监督权，形成集体经济组织共建、共治、共享、共赢的治理局面，充分体现和保障集体经济组织成员的主人翁地位，确保集体成员的民主权利得到有效保障，集体成员自由意志得到充分体现。

其次，保障集体经济组织成员的财产权利。集体资产是集体成员集体所有的资产，必须进一步解放思想，深化改革，充分保障集体经济组织成员的各项财产权利，增加集体经济组织成员的财产性收入，为实现共同富裕提供重要保障。加大集体资产监督管理力度，防止集体资产流失和被侵夺，特别是将全面从严治党和全面依法治国向集体经济组织延伸，防止集体资产领域里的"小官巨贪"现象；提高集体资产市场化经营水平，促进集体资产保值增值，特别是要适应市场化、城市化、国际化发展的需要，促进符合条件的集体经济组织和集体企业做大做强，建立健全集体企业引进职业经理人体制机制，推动优质集体企业挂牌上市，营造集体产业越做越强的营商环境；坚持和规范集体收益分配制度，保障社员股东的集体收益分配权，特别是要尽快建立健全与集体收益分配相适应的财税制度，减免社员股东分红税费，增加社员股东的财产性收入，从制度上保障集体经济组织成员真正享有集体经济发展的成果，充分发挥集体经济组织在推动城乡基层善治、实现共同富裕上的独特功能和积极作用。

调研组组长：张英洪

调研组成员：张英洪、刘雯、王丽红、李婷婷、侯晓博、谢颖、陈嘉玲

执　笔　人：张英洪、刘雯

农宅的标准化统一趸租管理模式研究
——基于大兴区北臧村镇大臧村实地调研

近年来，全国各地都在积极因地制宜探索宅基地权益保障方式，农民住房财产权的实现受到广泛重视。北京城乡结合部地区闲置农宅租赁活跃，一方面顺应了城市低收入人群的租房需求，另一方面增加了农民的收入。但其衍生出的安全、稳定等社会治理难题一直困扰着各级政府和居民。大兴区北臧村镇大臧村进行的集体、企业、农民"三位一体"的农宅趸租模式探索，一定程度上解决了这一难题，对北京其他城乡结合部的农宅租赁具有借鉴意义。

一、大臧村村庄公寓租赁经营与管理案例解析

为了能够更好地服务当地生物医药企业，充分利用大臧村地域优势，北臧村镇积极实施推广"村庄公寓"项目，在大臧村建立了"大臧之家"项目。该项目是北臧村镇政府、大臧村村委会、第三方公司共同打造的企业职工宿舍。村委会向村民收购闲置、出租院落，由第三方管理公司进行统一装修和安全升级，起居室、卫生间、厨房等基础居住服务设施、设备一应俱全，更有专业人员提供贴心服务，开创了政企互动、村企互动的新型发展模式。

（一）基本情况

北臧村镇位于大兴区西部，东接生物医药产业基地，西靠永定河，距离北京大兴国际机场20公里，镇域面积46.9平方千米，下辖17个行政村。北臧村镇户籍人口1.5万，流动人口1.8万，是典型的"人口倒挂"型村镇。大臧村位于北臧村镇东部，距离地铁4号线南段终点站仅600米，紧邻拥有3000多家企业的生物医药产业基地，是典型的城乡结合部。大臧村因其独特的区位优势，加之生物医药产业基地的加成，外来人口远远大于本地人口，"人口倒挂"现象更加明显。为解决大量流动人口的住房问题，北臧村镇政府同大臧村村委会，联合第三方租赁公司，共同打造了大臧村村庄公寓项目，切实解决了当地企业员工的住房难题。目前，本项目共改造大臧村6个院落的60余间房屋，共180余名企业员工入住，租金设定为600—800元/间/月，一间容纳2—3人，已全部住满。

（二）具体做法

大臧村的村庄公寓模式是集政府（村"两委"）、公司、村民的"三位一体"的组织结构，形成了三个主体共同参与的租赁模式，所以能取得现有成绩。

镇政府主要负责对项目提供政策支撑，并引入第三方公司入驻管理。前期，北臧村镇政府主动与生物医药产业基地对接，镇长带队到各企业、单位走访，介绍"村庄公寓"项目，为有住宿需求的企业和公寓物业牵线搭桥。村"两委"代表负责村庄内部的动员与决策，对有需求的村民进行意见征集，并收集愿意加入项目的村民房屋，与之签订房屋租赁承包合同。将房屋收归后，再找到第三方公司，与之签订租赁合同。最终的租金由公司直接打给村民个人，不经过村委会。村委会在其中只起到牵线搭桥的作用，并作为第三方对村民和公司进行监督。

第三方租赁公司负责村庄公寓的整体运营，一是对回收房屋进行整体重装，包括房屋内装修、水电线路的重整，公共厕所、公共厨房的改装，安装电动车充电桩等。二是联系医药企业，招揽租户。目前项目还在起步阶段，采取的是订单式租赁，即医药企业向租赁公司下发订单，租赁公司依据订单的租户人数确定改造的房屋数，再统一进行改造。租赁公司与医药公司签署租赁合同，而不是针对租户个人。公寓中的租户全部都是附近医药企业的员工，人员流入途径有保障，租户素质较高，再加上是与企业整体签订合同，杜绝了租户半路退租跑路行为的发生。三是进行日常维护与安全监管。公司接手房屋后，负责后续租户的服务问题，包括日常房屋的修缮维护、基础设施的搭建、消防设施的监管等，保障租房行为的有序性。

村民作为第一房东，在整个过程中起到非正式治理的作用。首先，村民的积极参与是项目开展的前提与保障。其次，村民对自己的房屋会有很大程度的关心，这对于村委会和公司起到侧面的监督作用。再次，有部分房东村民也住在本村，对租户的日常行为可以进行监督管理，对村庄整体治理起到协同监管的作用。

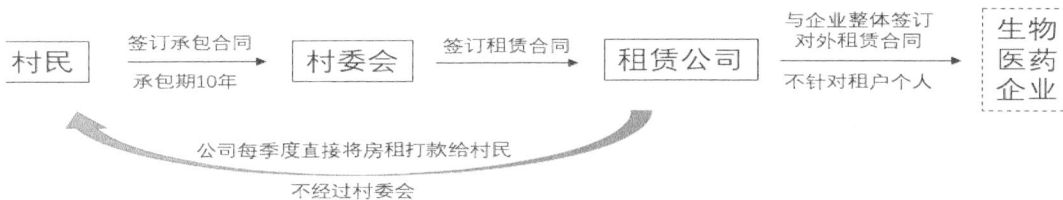

图1　大臧村村庄公寓合同签订流程图

（三）治理效果

1.村民收入提高，租户居住质量大幅改善

村民将自家房屋通过趸租方式出租，较之前以个人名义出租有三个优点：其一，经过第三方公司修缮精装后的房屋，随着环境的改善其出租价格也有所上升，村民的收益也随之增加；其二，将出租后的管理工作委托给第三方公司，一定程度上解放了村民的日常生活，使其不必花费太多精力处理租客需求；其三，趸租采取的是与企业签订合同的租赁形式，一定程度上保证了收入的稳定性，这一点在今年年初的疫情期间尤为明显。在保证收入数量与稳定性的同时，降低村民的工作量，这一模式给村民带来了更多的选择，在极大程度上改善了生活质量。

2. 对其他村民产生示范效应，改善村庄整体环境

首先，镇政府对于村民私搭乱建的违规建筑进行了拆除，打击了村内的群租房乱象，使得村庄内整体建筑的环境大为改观。其次，房屋改造出租的收益对其他居民房屋基础设施建设产生了示范效应，其他村民在趸租收益有保障的情况下会进行效仿，对自家房屋也进行了翻修重整再出租，使得整个村庄的生活环境质量及安全水平随之提升。此外，住房等配套设施的集聚有利于吸引其他企业入驻，在同等条件且可选择的情况下，大部分企业更愿意选择配套设施相对齐全的地区，"村庄公寓"的存在为当地进行招商引资时提供助力。

3. 整合租住人群，治安情况好转

相较于原本面向个体租户的群租房，面向企业的趸租公寓对租户的来源控制更加严格，人员构成相对简单，租户之间的摩擦概率大大降低，已很少出现之前的打架斗殴现象，极大地降低了政府治安管理的成本。面向企业的整体出租，也能保障租户的素质，使房屋的损耗大大降低，同时中途退租逃租的现象也大大减少，保障了房东的利益。

4. 为当地进驻企业提供便利，降低管理成本

"村庄公寓"类租赁形式的出现，为入驻当地的生物医药企业提供了配套的居住服务，降低了职工的通勤成本，价格相对低廉的趸租房在一定程度上减少了企业在职工住房上的支出。同时，职工统一居住也为企业提供了统一管理的基础，降低了企业的管理风险与成本，给企业提供了充足的便利。

表1 大臧村村庄公寓建成前后比较

比较内容	建成前	建成后
租户构成	散户，多为周边打工的快递员、保洁、保安等外来人员	全部为生物医药企业的员工
人均租住面积	2—3m²（不符合标准）	≥5m²（符合标准）
租金	约50元/人/月	300—400/人/月
生活质量	较差，6—8人一间，且无法提供基本生活保障	较好，2—3人一间，提供公共卫生间、厨房、电动车充电桩等生活必需设施
管理模式	村民自行管理，管理很难到位，较散乱	第三方公司统一入驻管理，权责分明
保障体系	水电线路老化，消防设施缺失	水电线路、消防设施均进行整修，安装电动车充电桩，安全系数较高

二、北京各区在农宅租赁规范管理上的探索

针对农村住房租赁规范性管理缺位的问题，近年来，北京市在农房租赁方面做了大量探索。以村庄为主体、乡镇基层政府支持推动、区级政府指导，以盘活为目的、规范管理为目标手段，开展农村租赁模式的探索。

延庆、怀柔及昌平等地区，均有以个人为单位，将宅基地上房屋进行修缮精装后以"民宿"形式出租的案例。据专门做农村信息发布的"美丽新乡村网"统计，2020年以来，仅北京区域每天都有十套以上的农村房源在"美丽新乡村网"挂牌。另一组数据是，"美丽新乡村网"延庆经纪人截止到2020年5月初就上传近千套闲置农村出租房源，而房山区域经纪人也上传近500套房源。顺义、密云、门头沟、昌平、平谷、大兴等地的农民上传出租房源数量也在大幅增加。

部分村庄还出现了以村为单位、村委会为主体，对村内空置住宅进行建设后整体经营出租的情况。延庆、怀柔等具有优势旅游资源的地区，出现了以有实力的农民专业合作社、农村集体经济组织为主体，村委会联合具有专业化经营能力的企业法人通过投资、租赁等方式，对乡村民宿进行运营的情况。

当前，在石景山区、大兴区及海淀区等多个地区开展了趸租试点，试点对象正在从城市空余住房逐渐向城乡结合部的农村住宅进行转变。可以看出，对于趸租这一新兴租赁形式，北京市正在逐步接纳与探索，但对于农村住宅的趸租，目前尚未有一个相对完整的规定章程。

三、农房趸租统一管理租赁经营模式的分析

（一）趸租统一管理租赁经营模式发展的成效

1. 盘活农村闲置住房资源

趸租统一管理租赁经营模式的发展，可以鼓励社会资本合理进入农村，以租赁的方式将闲置农房进行盘活，可真正实现闲置农房的可利用价值。合理利用现有的闲置农房资源，带动城市资金人才流向农村，实现资金人口的双向流动，可以有效促进盘活农村宅基地，积极探索农村闲置住宅的居住功能多样化实现，是增加农民财产性收益，实现农村住房居住价值，提升乡村文明建设，实现乡村振兴的重要渠道。

2. 激活农村经济活力

趸租统一管理租赁经营模式能够吸纳大量周边的务工人员。人口是经济发展的根本要素，人口的集聚必然会带来配套产业向村庄靠拢，包括餐饮、娱乐在内的多种服务型产业的到来，不仅会提高村庄配套设施及环境，还能对其他围绕人而进行的产业提供吸引力，进一步提升村庄周边的经济环境，为村内留守居民提供工作岗位。此外，村民收入的提高可能会减缓村庄劳动力流失的状况，让年轻人留下来，进一步激发农村的经济活力。

3. 保障中低收入群体体面居住

趸租统一管理租赁经营模式在保障低收入群体能够住得起房的同时，在最大程度上保障了租客的生活质量。以大藏村为例，"村庄公寓"建设前，低收入群体往往会选择生活条件极差的廉租住房，租金为每人每月约50元，但一个单间往往会住6—8个人，生活质量极差。如想选择条件较好的租赁房，在当地类似条件下的公寓租金为每月每间1400—2000元不等，即使在满足人均5平方米的生活空间条件下每间住两人，一人也需支付700—1000元。"村庄公寓"建成后，租户每人每月仅需支付300—400元，就能住上

生活质量相对较好的租赁房，且由于距离工作地点较近，还省下了通勤费用。可以看出，农房趸租确实在一定程度上缓解中低收入群体住房压力的同时，还尽可能保障了中低收入租户的体面生活。

4. 有利于村庄规范化管理

趸租统一管理租赁经营模式的引入对于村庄"群租房"违规市场是一个巨大的冲击，农村违规建房的乱象得到初步遏制，私搭房屋被拆除，村庄整体风貌提升。基于第三方公司的专业化管理，对村民的闲置农房进行全部翻修，一改原先农房杂乱无序的现状，并将私搭的旱厕均改为新式公共卫生间，保证村庄的环境整洁。整租给当地企业可有效提升租户素质，提高租户的整体性，大大减少了农村治安问题的发生，实现村庄的规范化管理。

（二）趸租统一管理租赁经营模式发展的适用条件

1. 具有城乡联结的区域特征

通常来说，趸租统一经营租赁需要市场的支撑，城乡联结紧密区域（尤其以城乡结合部为主）能够有效地汲取到城市发展红利的地区部分，同时这些地区与农村的联系较为密切，当地的人口就整体的文化水平、生产和生活方式等方面与农村地区有很大的相似性。城乡结合部与一般的农村地区相比，具有更加突出的经济发展条件，能够更加有效地引入各种资源、资金、技术等优势条件，其向城市过渡的优势明显强于农村。

2. 具有广阔的租赁市场

一方面，村庄的土地价格远低于城市，在吸引企业进驻的同时，也带来了大量具有居住需求的职工，对相对高质量居住环境的需求高；另一方面，由于本身靠近城市，村庄中大量人口被城市吸收，村庄住宅利用率相对较低。

与其他地区的城乡结合部面临的高污染、低技术、偏向加工与低效制造的企业结构相比，由于特殊的政治经济地位，北京的城乡结合地区往往拥有属于较高层次的产业结构，对村庄产生的负面影响相对其他地区较少。租赁模式的出现能够充分利用这一特殊的区位优势，在提高村庄宅基地利用率的同时，也为周边企业提供配套的服务与设施。

（三）趸租统一管理租赁经营模式发展的局限性

1. 闲置农房管理体制机制仍有待优化

闲置农房的管理存在多部门牵头、职能界限不清晰、部门间沟通机制不顺畅的问题。县级住房和城乡建设部门主要负责农房的建设管理、农村危旧房改造及农村人居环境建设。

在农村闲置住房盘活利用"房地一体"的思路下，各部门在体制机制上仍然有待优化，问题主要集中在牵头部门不明确、能力弱，闲置农房改扩建审批流程多、耗时长，农宅服务站投入高、运营难，闲置农房激活后承租方税赋重等方面。这些问题需要地方政策给予一定支持。

2. 部分村民处置闲置住房的意愿不强烈

目前，广大农村大城市周边仍然存在一些非正规住房（小产权房）闲置，在租售、抵押等政策上存在处置困境。同时，一些农村闲置住房位置偏远、交通不便利、建设年代久远，改造盘活投入大、回报周期长，直接影响农户的处置意愿。此外，进城农户的收入水平一般高于当地农民收入平均水平，具有较好的经济条件，在盘活闲置农房经济效益未知的情况下，缺乏盘活农村闲置住房的意愿。

由于在建设过程中租赁宅基地是否成规模对最终租赁结果有一定影响，因此，宅基地租赁中村民的意愿与配合度是政府及村委会在进行组织过程中面临的问题之一。

3.村庄基础设施和公共服务质量不高

村庄基础设施直接影响城市人群在乡村居住的便利程度，村庄公共服务质量关系到城市人群在乡村的居住体验，两者都间接影响到农村闲置住房的盘活利用。当前，农村基础设施和公共服务数量、质量低于城镇，既有总量不足的问题，也有质量不高的问题。

农村交通、水电、网络等生活服务基础设施的不完善，教育、医疗、养老资源等公共服务投入的不充足，都使农村居住环境、居住便利程度等与城镇地区存在差距，这一差距是仅对出租农屋进行改造所无法弥补的，也在一定程度上影响了宅基地租赁的未来市场。

四、几点思考

如果要将这一模式进行推广，最重要的就是要对租赁过程进行规范，结合目前我国宅基地管理现状，建议如下：

（一）明确承租农房的出租用途

在实际操作中，如果不对农房出租后的用途进行限制，第三方公司在运营中可能将所出租的房屋另作他用，如将原本的住房改造为仓库或其他形式，这一行为不仅破坏了宅基地本身的居住职能，同时还会影响村庄生活环境，降低村民参与冤租的意愿。

因此，在对冤租这一租赁模式进行规范化推广，需在合同中对租赁后宅基地的用途进行明确，依据村民意愿与村庄实际情况对租赁后的宅基地用途进行管制，防止宅基地乱用的情况出现。另外，还要对承租人的身份进行严格核实。

（二）限制承租农房的开发程度

应完善建立农房租赁规范体系中的各项标准，第三方公司在对所租赁房屋进行开发时，应根据设立的相应标准进行开发。要设立农房租赁开发标准，对租赁后开发房屋的层数、房屋规模、强度、水电设施，以及修缮后房屋的居住人数、人口密度等进行规定。第三方公司不得超出规定的开发强度，以防农房租赁后过度开发。

同时，加强对村民违章扩建农房的监督管理，一旦发现要坚决查处，强制拆除，没收违建房屋租金，同时要对出租农房配置相应的消防设备标准进行核查，对于年代久远的危房进行危房认定并规定不允许出租。建立有效的农房租赁管理机制，加强对农房租赁的规范管理。

（三）进一步理清村民宅基地的产权关系

《土地管理法》第62条规定"农村村民一户只能拥有一处宅基地，其宅基地的面积不得超过省、自治区、直辖市规定的标准。农村村民出卖、出租、赠予住宅后，再申请宅基地的，不予批准"。在开始租赁关系前，应当对本村宅基地的产权关系进行清查，明确村民的宅基地所有关系，将出租宅基地的所有关系进行核实落册，在宅基地出租后，严禁出租宅基地的村民再次申请，避免因宅基地租赁造成产权关系混乱而造成的"一户多宅"现象。

（四）尽快研究农房开发租赁经营主体的资格条件认定

对开展农房租赁经营的第三方公司，需要进行资格认定和关系确定。上级政府要对租赁行为进行全程监管，保证租赁行为的公平性。对第三方租赁公司的引进过程需透明公开，接受公众监督，避免农房租赁成为农村经济的另一块腐败之地。

课题负责人：吴志强
课题组组长：季虹
课题组成员：刘先锋、赵雪婷、赵术帆、张渊婕、张琅
执　笔　人：赵雪婷、张渊婕

杨镇：新市镇"校镇融合"典型案例分析

"校城融合"型新市镇发展路径早在 20 世纪就已出现，"校城融合"特色城镇以大学为核心，引导高新技术产业聚集，教育、科研、产业相互结合，为北京市新市镇发展提供了新思路。顺义区杨镇具有良好的区位、交通条件和产业基础，通过"校城融合"引进北京城市学院、农业农村部规划设计研究院等科研院所打造新市镇。本文对杨镇在新市镇建设过程中的路径特征与校城发展水土不服的问题进行提炼总结，为杨镇新市镇发展提供借鉴和参考。

一、基本情况

（一）杨镇概况

杨镇位于顺义区潮白河东部九镇中心，镇域面积 96 平方公里，截至 2019 年底，常住人口 7.3 万人，户籍人口 5.4 万人，常住外来人口 1.8 万余人。杨镇距顺义新城 14 公里、首都国际机场 20 公里、北京城市副中心 35 公里，是北京城区与平谷及廊坊北三县、顺义新城与东部乡镇连通的重要交通枢纽。全镇拥有 12 所大中小幼学校、4 所医院，是顺义河东地区重要的教育、医疗中心。杨镇一二三产业基础较好，主要农作物产量居顺义区前列，工业以汽车及零部件生产等高端制造业为主导，拥有汽车零部件等企业 32 家，吸纳就业人员约 7000 人。三产以旅游为主，年接待游客约 100 万人次。

杨镇良好的区位、交通条件和产业基础奠定了新市镇建设的良好基础，但城镇化水平低、产业层次低、基础设施和公共服务设施标准低也是新市镇建设要着重解决的问题。

（二）杨镇新市镇建设情况

杨镇是北京市规划建设的 8 个新市镇之一，属于辐射承接型新市镇。《顺义分区规划（国土空间规划）（2017—2035 年）》提出积极承接中心城区科研、教育、医疗等功能疏解，将杨镇建设成为校镇融合发展、文化特色鲜明、城乡协调共生的首都活力新市镇。杨镇新市镇建设以"校镇融合"为核心，引进北京城市学院、农业农村部规划设计研究院等科研院所，通过"校镇""校产"融合，带动镇区基础设施、公共服务设施及相关配套设施建设，推动产学研结合，发挥院所科技、人才优势，通过高端要素导入，推动传统农业向现代农业转型、传统制造业向智能高端制造业升级，培育创新产业，实现产业链由低端向高端跃升；以公共服务设施改善、产业链提升强化对周边地区的服务和产业带动能力，形成以点带面、辐射带动区域的发展格局。

北京城市学院主校区于 2015 年迁入杨镇，目前一、二期已投入使用，三期完成拆迁，即将启动建设。杨镇将镇中心区改造与北京城市学院建设相结合，在城市建设、产业升级、社会进步等方面与北京城市学院实现校镇融合、产城融合。围绕服务保障学院建设，镇中心区镇北路、杨镇大街建设，完成杨镇水厂升级改造，完成杨镇一中改扩建和顺义第二医院建设，镇中心区基础设施、公共服务设施显著改善。城市学院与北汽集团、顺鑫农业、金蝶软件等 100 多家驻顺企业建立战略合作关系，推动在杨镇共建共享高精尖产业园区和创业孵化基地，以科技驱动传统产业转型升级。

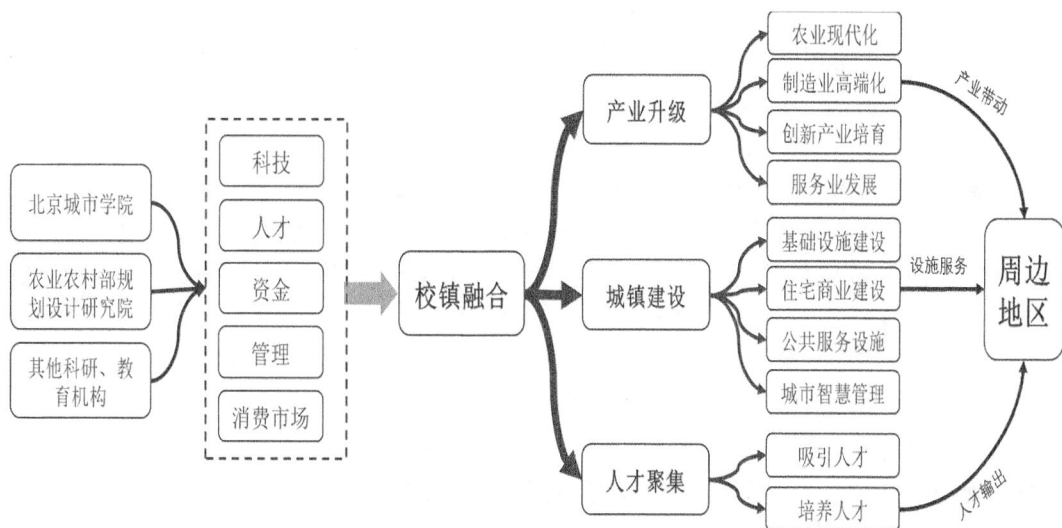

图 1　杨镇新市镇"校镇融合"模式示意图

二、校城融合机制及经验启示

（一）校城融合理论机制

在知识经济时代，知识就是生产力。作为地方性知识生产的重要基地，大学已成为推动区域创新的重大基础设施。世界范围内已出现高新技术产业围绕大学聚集现象，教育、科研、产业相互结合，形成了一批以大学为城市核心的"校城融合"特色城镇。根据大学城的形成机制，校城融合可分为渐进型大学城和现代大学城，前者一般是先有城镇、后有大学，城镇在与大学的长期互动中，形成了服务大学、承接大学的城镇设施和产业体系，如牛津、剑桥；后者则是以政府或社会为主导，新建或迁建大学，围绕服务大学形成城镇或现有城镇转型服务大学，如比利时新鲁汶、日本筑波大学城。

校城融合具有城镇服务大学、产业承接大学的特点，大学对城镇的影响具体体现在"育人""育产""育城"三个维度。"育人"维度是依托院校吸引和培育优秀人才，为城镇聚集活力和人才资本。"育产"维度是依托高校优势学科和创新资源，培育创新性产业，吸引相关产业集聚。"育城"维度包括大学带动服务于高校的基础设施及相关配套设施建设，大学带来的人口集聚带动了商业、娱乐等城市服务业发展，提高了城镇化水平，同时大学文体设施的开放共享，补充了城镇相关设施。

（二）剑桥大学城发展经验启示

剑桥大学城位于英格兰剑桥郡剑桥市卡姆河畔，距伦敦市区36公里，占地面积41平方公里，有学生约16.9万人，拥有35个学院。剑桥大学城是世界各大学城中最具特色的开放式校区，校园建设与剑桥城镇的发展相互渗透、相互影响。"城市中有大学"，学校无围墙，也没有统一的校区，各学院分散布局于城镇之中，各院系同生活区自成体系。在剑桥市的发展中，剑桥大学发挥了关键作用。剑桥大学城的发展经验可以概括为三个方面。

一是城市与大学深度嵌合。大学为城市集聚了人口。剑桥大学的学生、教师及引入的学者、创业者等占到了剑桥市人口的50%以上。并且，剑桥市与剑桥大学共享基础设施、公共服务设施，市民能够从大学的发展中获益。

二是产学研结合培育现代产业。剑桥大学是欧洲领先的高新技术产业研发中心，形成了以企业研发机构、高校研究机构和技术咨询机构为三大创新主体的独特产学研合作网络，培养大批高端人才，集聚大量风险资金和跨国企业，是欧洲高端要素最集中的地区。以剑桥大学为圆心，20英里半径范围内的"大剑桥区"，聚集了3500多家高科技企业，创造了5万多个高新技术就业机会、37万多个总就业机会，为经济增加的总附加值达到了550亿英镑，成为欧洲最有影响力的高新技术产业集群。

三是城镇与大学协同发展。城镇服务和保障大学发展，完善基础设施，美化环境，为大学发展创造良好条件。同时，剑桥大学也提升了城市知名度，使剑桥成为英国热门的旅游目的地，年接待世界各地游客400多万人次。

三、杨镇新市镇建设路径

杨镇新市镇建设以"校镇融合"为核心，依托北京城市学院育人、育产、育城，集聚现代高端要素，加快基础设施和公共服务设施建设，推动产业升级和产城融合，培育城镇科技教育文化特色，带动管理服务能力提升，建设特色产业鲜明、集聚能力较强、管理水平较高、生态环境优美、宜业宜居的新市镇。

（一）以基础设施和公共服务设施建设形成高端要素集聚的引力

杨镇将基础设施和公共服务设施建设作为"校镇融合"的切入点。为保障和服务学院建设，杨镇从交通、给排水、城市景观等多个方面加强建设，推进顺平路高架桥、木燕路改造、木北路改造、中干渠路改造，提升城镇主要对外交通道路等级。推进杨镇中心区镇北路、杨镇大街建设，满足北京城市学院周边市政需求。完成杨镇水厂升级改造、汉石桥湿地污水处理厂升级改造，提升区域供排水能力。完成杨镇一中改扩建，推进顺义区第二医院建设，筹划引进国际学校，建设一批小学和幼儿园，提高教育、医疗等配套服务能力。镇区棚改获北京市批复，新增310.69公顷住宅用地，满足高素质人才生活居住需求。北京城市学院建设的契机，推动了镇区的基础设施、公共服务设施建设和城镇化进程，为聚集人才、企业、资本、科技等高端生产要素创造了条件。目前，北京城市学院在校师生约5000人，直接吸纳本地就业300人，带动周边服务业就业3000—5000人。

（二）以产学研结合培育产业转型升级的动力

杨镇将打造产学研结合的科研成果转化体制作为"校镇融合"的突破口。依托北京城市学院的科技、人才及创新资源，推动创新创业，推动传统产业转型升级，共建清洁科技、文化创意等符合首都功能定位的产业体系。城市学院与北汽集团、顺鑫农业、金蝶软件等100多家驻顺企业建立战略合作，协助推动杨镇申报国家级特色校镇，打造杨镇科教魅力小镇，共建共享高精尖产业园区和创业孵化基地。

（三）以体制机制改革塑造城镇内生发展的能力

杨镇将体制机制改革作为扫除内部发展障碍、挖掘内生发展能力的重要手段。加快土地制度改革创新，保障新兴产业用地需求。杨镇于2016年修订土地利用规划，提出产业向规模经营集中、工业向园区集中、农民向城镇集中的"三集中"思路，通过城乡建设用地增减挂钩、盘活存量建设用地及加快农村土地流转释放土地资源活力。2019年杨镇获批开展6个村棚户区改造，通过增减挂钩集约城镇建设用地310公顷。推进二、三产业基地"腾笼换鸟"，疏解低端产业，将疏解后的产业用地重新开发为高端产业用地。加快农村集体土地确权登记，引导农村土地流转。适应新市镇管理需求，杨镇启动政务政府平台建设。

（四）以城乡融合挖掘城镇高质量发展的潜力

杨镇将城乡融合发展作为优化内部资源配置、挖掘内部发展潜力的重要手段。加快镇区棚户区改造，2019年批复实施一街村、二街村、三街村、老庄头村、东庄户村、二郎庙村等村棚改安置，涉及村民13000余人，规模建设面积310公顷，建设安置房67万平方米，改善村民生活居住条件，同时集约部分建设用地，用于科研、商业等产业发展。

四、主要问题

杨镇新市镇建设目前还处于探索阶段，起步时间短，发展水平较低，还存在着很多问题和不足，主要体现在以下几方面。

（一）政策配套不完善

目前，市、区两级对新市镇发展还未出台具体政策，对新市镇建设中对土地、金融、城乡体制等面临的制度障碍还没有明确政策。杨镇作为一个镇级行政单位，缺少行政自主权，无权自主开展政策创新。在推进校镇融合中，杨镇面临着产业和配套设施用地不足、财政资金困难、城乡体制障碍难以突破等问题，制约了校镇融合的深入推进。

（二）校镇融合不深入

校区与城镇相对分离，大学补充和优化城市发展功能尚未体现。学院与镇区在基础设施、公共服务设施等方面的共建共享体制还未形成。产学研体系不健全，北京城市学院、农业农村部规划设计研究院等科研机构与杨镇产业尚未形成有效衔接，对产业升级的驱动效应还未显现。

（三）缺少宏观规划指导

我国新市镇建设起步晚，目前还处于"摸着石头过河"阶段，缺少成功经验，相关研究较少。推进校镇融合涉及城镇建设、产业升级、公共管理等多个方面，是一个系统工程。目前，杨镇缺少对校镇融合的深入研究和规划，对校镇融合的潜力挖掘不足，相关配套措施未能形成体系，未能发挥校镇融合的最大效应。

五、思考与建议

"校镇融合"是杨镇承接北京中心城区高端要素转移的主要抓手，高校及其所带来的人才、科技、创新资源对杨镇城镇化、现代化具有显著作用。结合国内外大学城建设的案例，杨镇以校镇融合作为新市镇建设路径的方向是正确的，但同时也需要做好以下几个方面的工作。

（一）加强宏观研究，编制乡镇规划，完善政策配套

委托专业机构，深入研究校镇融合与城镇建设、产业升级、乡村振兴等战略的关系，寻找校镇融合与相关战略的衔接点，充分挖掘校镇融合对新市镇建设的潜力。编制校镇融合总体规划，明确杨镇发展的方向、任务和重点，谋划一批重点项目和政策改革清单，申请上级政府的支持和放权。

建议将杨镇作为"扩权强镇"改革试点，区政府下放一批社会事务管理权限，鼓励杨镇开展新市镇改革创新。推动将杨镇新市镇建设用地需求纳入区级年度土地利用计划，统一调配统筹。通过"腾笼换鸟"、土地增减挂钩储备一批城镇建设用地，保障未来产业用地需求。建立健全鼓励新兴产业、传统产业升级、人才引进、创业孵化等政策体系。

（二）搭建校产关联平台

1. 推进产业升级

依托引进的科研院所，加快构建产学研结合的科研转化体制，构建产业创新全链条，借助科研院所的科技、人才资源推进传统产业升级，培育创新产业。建议借鉴荷兰绿港发展经验，搭建由政府、科研院所和企业组成的产业创新联盟，推动企业与科研院所构建成果转化利益联结机制，围绕科研院所优势学科培育创新产业，依托产业基础引进科研院所，充分实现产学结合。发挥北京城市学院在智慧城市、3D技术等方面的优势，培育智慧城市软件开发和相关配件生产。依托农业农村部规划设计研究院加工所试验基地，发展农产品加工机械装备制造。

2. 强化校城一体化资源共享

探索推进校城融合发展，鼓励北京城市学院打开围栏办学，与镇区共建共享基础设施、公共服务设施、绿色开敞空间等。引导北京城市学院在校外布局研究所、试验基地，支持企业与大学共享实验室、共建研发中心，促进产学深度融合。

（三）持续完善基础设施和城市配套设施

研究建设连接京平高速、京承高速的快速连接线，推动开通直达中心城区、地铁枢纽的快速公交，改善区域交通可达性。加快镇区人才公寓、商业综合体、科研孵化基地等项目落地。持续改善镇区道路、供排水、燃气及景观绿化等市政基础设施建设，改善人居环境，建设花园城镇。

课题负责人：吴志强
课题组组长：季虹
课题组成员：刘先锋、赵雪婷、赵术帆、钱宁
执　　笔　人：赵术帆、钱宁

台湖镇：艺术创新演艺小镇案例分析

新型城镇尤其是特色小镇是北京城乡一体化的重要节点。台湖镇区位优势突出、生态本底优良，规划建设好台湖镇，对于促进副中心可持续发展并发挥辐射带动作用、推进全国文化中心建设、推进城乡一体化和美丽乡村建设、打造特色小镇都具有示范作用。本文通过调研了解台湖镇在艺术创新演艺小镇建设方面的现状和发展瓶颈，并给予适当的建议。

一、台湖镇发展现状

（一）基本情况

台湖镇作为北京市 24 个重点小城镇之一，是通州区国家新型城镇化先行先试镇，也是北京市乡镇统筹利用集体产业用地试点。镇域面积 81.3 平方公里，下辖 41 个行政村、6 个社区，常住人口 15.31 万人，其中户籍人口 5.67 万人。台湖演艺小镇区域面积 35 平方公里，核心区规划建设面积约 4 平方公里，北至京湖路、南至京台路、东至九德路、西至工业区西环路，定位于小剧场艺术创新演艺小镇，突出"小""精""新"，突出创意创作、展艺交流、艺术推广和文化旅游主导功能。

（二）产业发展情况

国家大剧院舞美艺术中心已完成近 1500 平方米的舞美创意空间装修改造，为艺术设计者提供创意孵化平台。同时，建筑面积 13513 平方米、可容纳 112 人住宿的职住一体舞美艺术公寓已初步具备住宿接待能力。新华联集团正在编制 M4 类工业研发用地综合实施方案，研究 F3 类相关实施路径，以提升地块价值。北投集团已与国家大剧院确定小镇临时会客厅的空间布局，初步完成设计方案。同时，北投集团正在配合镇政府编制演艺综合体的规划综合实施方案，拟落户于小镇核心区西北部，总用地面积 9.49 公顷、总建筑面积 10.76 万平方米。

（三）土地利用情况

通过持续的拆迁、腾退，目前台湖演艺小镇 4 平方公里内共有场清地平土地约 80 公顷，其中演艺核心区约 35 公顷，共计 39 个小地块，可用于承接各类演艺项目及其附属设施。集体产业用地利用方面，胡家堡、永隆屯两个地块用于租赁性住房项目，外郎营地块用于老北京文化园项目。

（四）城镇化进展

台湖镇定位为演艺文化特色小城镇，是副中心联动发展演艺文化的特色区，也是首都文化中心的重要节点、首都文化新地标。重点发展创意创作、展演交流、艺术推广、文化旅游四个功能，打造包括话剧、戏曲、儿童剧等面向青年演艺人才的创作排练场所，并逐步聚集传媒传播、IP 机构、舞美设备道具、展览展示、学术研究等上下游产业。台湖镇致力于构建"艺术轴、小组团、水文脉、大观园"的空间格局，以及开放便捷、空间耦合的轨道交通系统，合理优化空间结构，强化交通支撑能力，对接功能需求。

二、台湖特色小镇发展瓶颈

（一）人口倒挂现象明显

台湖镇紧邻北京经济技术开发区，吸引了大量人口在乡镇地区及周边村庄租住和生活，当前台湖镇常住人口为 15.31 万人，其中户籍人口 5.67 万人，占比仅为 37%，常住外来人口与户籍人口比例接近 1.7：1，呈现流动人口倒挂现象持续表现较为明显，常住人口数量比重不足。这就导致日益凸显的人口管理、服务压力与城镇管理水平和服务能力之间的矛盾不断加大，比如人口众多而公共服务资源不足、城镇道路交通等基础设施承载力弱、社会治安和综合治理面临严峻挑战等。

（二）基础公共服务不完善

1.公共教育资源有限

目前，台湖镇幼儿园、小学和初中学位都比较紧张，随着二胎放开，需求进一步增强，且存在教师数量不足的问题，同时由于编制和资金不足，在教师招聘上存在局限性。民办、私立幼儿园数量占比较大。

2.医疗卫生条件不足

台湖卫生院、次渠卫生院房屋、基础设施老化，医疗设施老旧，亟须更新；人员编制少，编外人员薪资由卫生院支付，很大程度上限制了卫生院的发展。乡村医生老龄化严重，难以接受培训和开展电子化办公，服务水平较低，在管理上也存在一定难度，同时乡村卫生室没有医保，除解决村民的买药问题外，再很难开展正规化的医疗卫生管理。

3.文化体育设施薄弱

当前台湖镇文化体育设施的占地面积、建筑面积、服务规模指标基本达标，但与副中心控规提出的"最先进的理念、最高的标准、最好的质量"等标准和要求相比尚有差距。尤其是村级文化设施薄弱，大部分村庄缺乏独立的文化室，现有的体育设施多服务于外来人口，需加强对村内老年人运动需求的考量。

（三）产业转型升级困难

台湖镇原有光机电一体化产业基地以商业和批发零售企业、制造业企业为主，高端总部基地以房地产企业、互联网企业为主，随着光机电一体化产业基地和高端总部基地纳入亦庄新城规划范围，现有的产业格局一方面与亦庄新城将打造的智能制造和机器人产业、生物健康产业、集成电路和 5G 产业等产业定位存在较大差距，另一方面与台湖本身演艺文化特色小城镇的定位也不符，亟须转型升级。此外，现有集体产业用地布局分散、使用粗放，集约利用程度较低，一定程度上限制了台湖镇挖掘和利用独特文化资源。

三、台湖镇特色小城镇发展的思考和启示

（一）加强宏观规划引导，提供微观政策支持

一是增强规划的科学性、指导性和执行刚性，综合考虑台湖镇定位、文化特色等因素，以高水准规划引领高标准建设，将镇域控规和镇域内风貌提升总体设计相结合，并加强交通、文旅等专项规划设计。二是加强城市设计，打造"小尺度品质空间、小景观场所体验、小剧场产业集聚、小社区共享发展"的空间形态，建设小水系、小空间、小情境、小剧场、小书吧、小工坊等，塑造"西创—产业创新组团，中市—演艺核心组团，东里—生活配套组团"三个小组团及生活、演艺研创等不同类型小街坊，构建"小而美"的空间风貌。三是建立健全带方案审批联合会审制度，镇域内破土动工项目做到"有项目必规划，无设计不动工"，对不符合定位和风貌的建设项目坚决进行调整。四是重点推进小城镇市政基础设施和公共服务设施建设，以演艺小镇核心区为引擎，对周边基础设施、环境进行整体提升改造，持续推进环境综合整治，推进文化演艺产业全域化发展。交通是小镇的骨架，要体现"一快一慢"的交通理念。对外连通要快捷，增开公交线路；内部要突出慢行体验，规划建设好自行车慢行系统。加强水系连通，提升沿岸景观，建设连续贯通的亲水步道。抓好小镇绿化，做到蓝绿交织。

（二）以科技和人才引领智慧小镇

一是小镇规划建设管理要体现高科技，更多融入科技元素，打造智慧小镇。利用中关村创新资源，布局一批示范应用场景，实现5G全覆盖。将演艺与科技充分结合，加强全息影像、超高清视频等应用。二是对于紧缺人才分类给予政策优惠，如在购房、医疗方面给予优先照顾，在子女教育、配偶工作方面给予优先安排等。对于企业现有的专业技术人才，针对其研究成果，政府可探索与企业共同按一定比例给予研究津贴及成果奖励。对于返乡创业的大学生及农民工等要予以重视，适当给予空间让创业人员进行低成本创业，必要时可出资对其进行培训与创业指导，对于其创新的想法给予支持和配合，发挥其主动性，结合镇域特色资源，给镇域发展带来新的活力与生命力。

（三）盘活存量资源

一是管住土地资源，用好集体产业用地，多建租赁性住房，促进职住平衡。二是抓好图书城及京城重工升级改造两个项目，优化设计方案，争取今年有实质性进展。借鉴798模式，集约、紧凑开展空间设计，提升功能承载能力。三是要与环球主题公园联动发展，积极承接其外溢效应，打造文化旅游产业集群。引导企业参与环球主题公园的IP设计、文化创意、演艺产品开发，吸引环球主题公园相关剧目演出、彩排、舞美设计制作等功能向演艺小镇延伸。主动为环球主题公园做好服务配套，布局高品质精品酒店、民宿，打造特色消费街区，发展夜经济。四是发挥国家大剧院资源优势，瞄准市场需求，带动演艺产业发展，让百姓在家门口感受艺术的魅力。加强与张家湾设计小镇、宋庄文化创意产

业区、环球主题公园的融合、互动发展。

（四）提升文化演艺主导产业优势

一是做精做强特色文化产业，着力于创作排演、孵化创作剧目、先锋创意，为中心城区及副中心的展演提供配套服务。产业以演艺、文创及配套为主，按照"特而精"的要求提高准入门槛。同时以主题演艺活动、节日庆典为吸引，塑造展演交流氛围，打造以小剧场为主的展演区域。二是要做好利旧改造，调动市场力量参与，植入演艺功能，增加小镇活力；要优化园区环境，拆墙透绿，集约高效利用资源，营造有品质的演艺产业生态。利用老旧厂房中的图书城、京城重工、雨润肉类加工厂等大跨度建筑改造建设成为艺术馆、影厅、交易中心等，探索设立运营基金，鼓励设计师、建造方、租户、居民等多方参与，推动老旧厂房改造升级，发展相关演艺产业。三是加强宣传推广，通过国家大剧院开展星期音乐会、精品剧目展演、台湖演艺艺术周、影偶艺术节等多种形式的演艺活动，结合文化街区，打造文化领域的"台湖品牌"，通过网站、微信公众号等渠道加大宣传力度，凝聚人气，以人气促产业，以产业促品牌。四是加强主导产业动态考核评估，从产业发展力、产业凝聚力、产业创新、产业效益与产业市场力等方面完善产业考核体系，建立规划实施效果反馈机制，保障小城镇长效运营发展。

课题负责人：吴志强

课题组组长：季虹

课题组成员：刘先锋、赵雪婷、赵术帆

执　笔　人：赵术帆、王任

第五篇

他山之石

将农田作为城市绿带的有机组成部分

——法国巴黎大区和德国法兰克福的实践对北京农田保护建设的启示

快速城市化背景下的摊大饼式发展带来了一系列的环境、经济和社会问题，为控制城市的无序蔓延，走可持续发展之路，各大城市开始在城区周围或相邻城市之间以农田、牧场、森林和湿地等形式设置隔离性的绿色开放空间集合，在保护农业用地和水源、改善城市生态环境、为城市提供农副产品、为市民提供郊外游憩场所等方面发挥了积极作用，法国巴黎大区和德国法兰克福是其中的典型代表。

一、法国巴黎大区绿带规划及建设情况

（一）巴黎大区概况

法国行政区划的基本等级依次是：大区、省、市镇。我们所说的巴黎大区，或者巴黎大都市区，是法国本土 22 个大区之一，与中国的直辖市概念相当，包含了巴黎省、近郊三省和远郊四省，又称为法兰西岛，面积 12012 平方公里，占法国国土面积的 2%，是法国政治、经济、文化的中心地区，也是政府、立宪机构、重要行政机关和一些国际组织所在地。根据《巴黎大区 2020 年资料与数据》，巴黎大区的 GDP 为 7090 亿欧元，人口为 1220 万，占法国总 GDP 的 31%，占法国总人口数的 18.4%，分别占欧盟总 GDP 和总人口数的 4.6% 和 2.4%。

土地利用方面，在巴黎大区 1.2 万平方公里的总面积中，农地占 50%，林地和自然地区占 28%，城市化地区占 21%，水域占 1%。值得注意的是，巴黎大区现有 15171 公顷有机农田，食品直销模式在 800 个农场中得到应用（占 16%）。

（二）巴黎大区绿带规划的演进

在 19 世纪 20 至 60 年代法国工业革命期间，巴黎城区开始急剧扩张，面临着人口急剧增长、城市中心拥堵、环境恶化等问题。1934 年制定的法国第一个区域规划——《巴黎地区详细规划》就提出用非建设用地来限制城市的无限蔓延。但由于第二次世界大战的影响，该规划基本没能够得到实施。

二战之后，巴黎进入艰难重建时期。1956 年法国政府批准了《巴黎地区国土开发计划》，在之前详细规划的基础上，提出要积极疏散城市中心人口和工业企业，在郊区建设

独立的大型居住区，在外围建设卫星城，在卫星城与主城之间用农田分割，用公路与铁路联系。1976年，法国政府出台《法兰西岛大区总体规划》，将"环形绿带"概念引入法国巴黎大区，提出以农业空间作为绿色隔离地区，严格城乡界限。

图1 2030巴黎大区空间规划图

1987年11月批准实施的《巴黎地区环形绿带规划》提出在距市中心10—30公里范围内实施环形绿带规划，涉及面积为1187平方公里，由农业保留地、森林、公园、娱乐游憩设施及需重新整治的采石场遗址等地块组成，以控制城市界限、保护农业并开辟大片绿地来保证城市和乡村之间的合理过渡。《巴黎地区环形绿带规划》中指出，农业区除了经济功能以外，还有环境功能，特别是与森林和绿地一起起着城市的"肺"和大自然平衡的"捍卫者"的作用以及保护风景的作用。因为绿带中农地面积占比较大，占绿带总面积的48%，所以巴黎大区的绿带又称为"黄绿带"（Green and Yellow Belt）。这些用地的生产功能是首要的，但更让人关注的是用农业生产空间构成了分隔区，提供了景观价值。

2012年，出台《法兰西岛大区总体蓝图》，强调要保护农业、自然、休憩空间和城乡绿地。

（三）《巴黎大区2030战略规划》中的农田

《巴黎大区2030战略规划》是巴黎大区最新的规划。该规划2004年启动，先后由法国总统委托13个国际建筑规划团队进行研究，最终由巴黎大区政府主导，委托巴黎规划院牵头编制，2014年完成并开始实施。

该规划中涉及农田的部分为"保护与增值策略"部分。该部分明确提出，要保护自然和开发空间并控制城市蔓延，重塑城市和自然的关系，城市增长边界和绿带将作为重要的控制城市蔓延的措施，要严格保护自然地、农林地和绿地，保证生态廊道的连续性，进一步开发和利用绿色空间的农业生产和绿色休闲功能。在其中，自然地、农林地和绿地将得到严格保护，生态廊道的连续性将得到保证。此外，绿色空间的农业生产和绿色休闲功能将得到进一步开发和利用。

二、德国法兰克福绿带规划及建设情况

美因河畔法兰克福面积248.3平方公里，人口72.4万，是德国第五大城市及黑森州最大城市，人均国内生产总值居全德城市首位，是全德乃至欧洲重要的工商业、金融和交通中心。其规模看似与城市地位不符，但德国城市网络化程度极高，法兰克福市是法兰克福——莱茵美因大都市区的核心，实际辐射人口550万，区域面积14800平方公里，该市64.7%的雇员选择通勤往返于区域内其他城市。因此，法兰克福市与其大都市区在社会、经济、交通、生活和文化等层面高度连接共享，与我国大型城市的核心区与郊区新区具有一定的可比性。

（一）法兰克福绿带概况

二战后，法兰克福的高速城市建设推进了经济复苏，但整体规划的缺位却导致交通拥堵、环境污染以及城市特色消失等问题，1991年出台的《绿带宪法》提出了绿带规划方案和一份高达3亿德国马克（约1.55亿欧元）的预算，包含捐资计划、未来城市土地置换导则、专项基金建立途径以及未来10年内的具体财政与组织措施。随后，绿带的重要性又在不同级别的法律法规中得到反复强调。

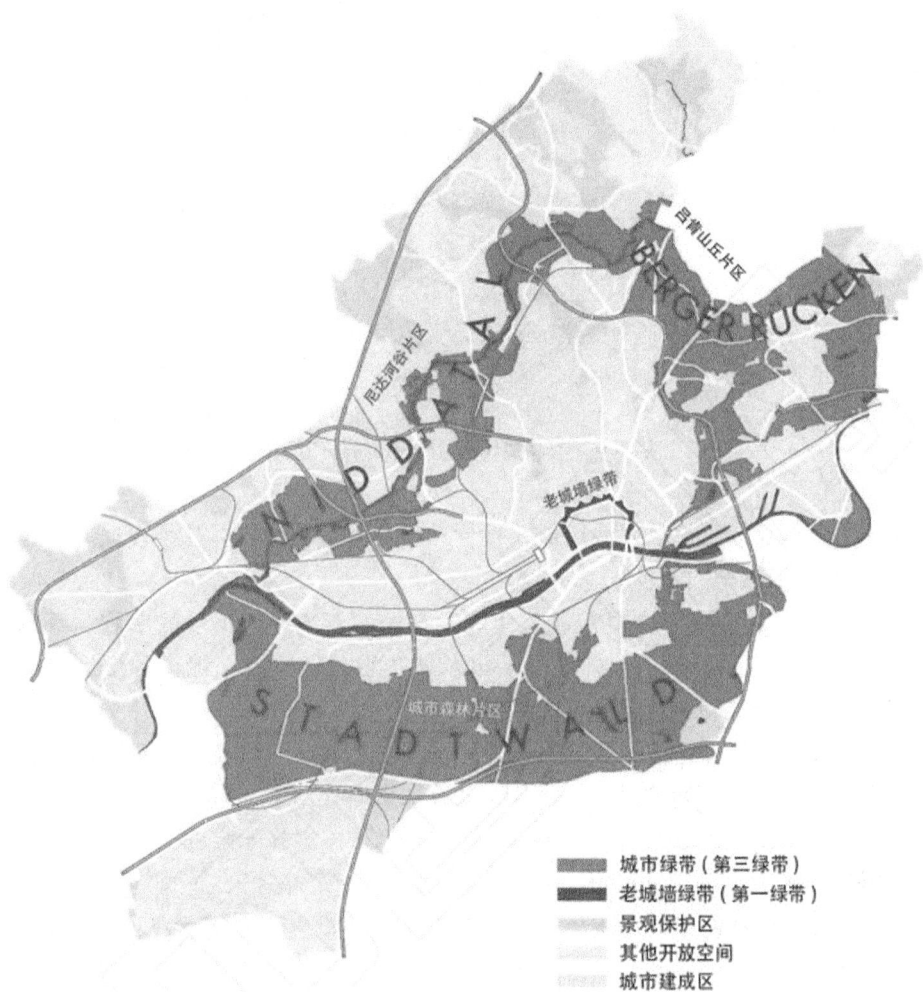

图 2　法兰克福绿带位置图

　　通过多年的建设，目前法兰克福城市范围内共有 3 条绿带。第一条被称为"老城墙绿带"，前身为中世纪法兰克福的星形防御城墙，1806 年城墙被拆除后改建为市民公共绿地以纪念城墙历史。第二条绿带原本是一条宽阔的林荫环路，19 世纪初环绕当时的城市边界修建，最终由于城市扩张和路面拓宽逐渐消失，变成一条局部有中央绿化的城市快速环路。第三条绿带才是现今的城市绿带，环绕中心城区，总长 70 公里，总面积约 8000 公顷，占城市面积的 1/3，有 3 个主要区域：南部是市政府 1372 年购买的城市森林（Stadtwald）；西北尼达河谷地区在 20 世纪初曾被德国 20 世纪最杰出的建筑师和规划师之一恩斯特·梅（Ernst May）规划为"尼达河绿带"；东北吕肯山丘片区则为农田、果园、老公园。

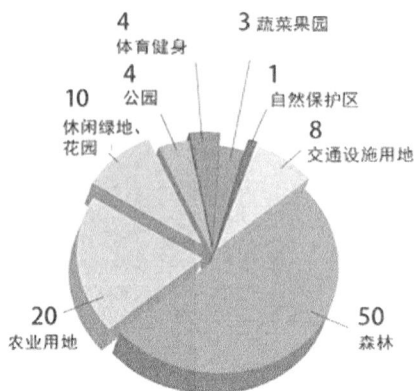

图3 法兰克福环城绿带用地构成（单位：%）

目前，法兰克福的绿带由农业用地、森林和景观绿地等构成，其中农地占比20%。

（二）法兰克福绿带的管理

1992年，法兰克福绿带有限责任公司成立，全面负责绿带项目的实施与管理。公司编制了未来5年的实施规划，并开展了一批示范项目，提出整个绿带的实施周期预计为30—50年，奠定了绿带"慢速缓行"的基调。

1996年，绿带公司解散后，1997年成立绿带项目小组，其为多个政府部门合作的动态组织，小组负责人为环境部部长，8名组员分别来自环境部、绿地部、城市规划部和城市森林办公室这4个核心相关部门。在保留了50年总体实施期限的基础上，项目小组一方面通过规划实施微小项目和公共宣传活动，树立"绿带品牌"，挖掘绿带的历史和文化价值，建立绿带在市民心中的形象，完成了绿带从空间概念变为城市符号的蜕变；另一方面陆续开展环路步道、公园改造、地方景观重现、老机场区域改造、生态教育计划和自然保护等系列项目，形成了地方特有的基于系列项目的长期慢营建模式。

（三）法兰克福绿带的未来规划

2012年，绿带项目小组组织了一个由建筑师、景观设计师、城市规划师、社会学家和生态学家组成的专家小组，详尽地评估绿带建设20年得失，并在此基础上制定了《2030法兰克福开放空间体系发展导则》以及一份新的绿带策略性规划，在绿带空间形态设计中融入了景观、交通、气候、基础设施建设、农业发展、文化保护等因素，从空间结构、生态可持续、社会服务等角度，促使绿带向城市绿色开放空间体系转变。

三、对北京农田保护建设的启示

（一）承认并重视都市区域农田的多种功能

《北京城市总体规划（2016年—2035年）》全文共有6处提到了"农田"，6处提到了"田园"。在严控城市开发边界、大幅度提高生态规模与质量的部分，都能看到"农田"的身影，在产业发展、风貌打造、美丽乡村、历史脉络的相关论述中，都能看到

"田园"一词。结合国外经验，综合考虑国情、市情，北京农田主要有以下6个方面的功能。

1. 应急保障功能——保障鲜活和地域农产品供应，确保战略储备应急供给

近年来，首都农业发展由增产导向转向提质导向，虽然产量上逐渐弱化，但质量不断提升，高端、特色、地理标志性农产品的份额已居主体地位。保障鲜活地域农产品及时供应补给，确保战略储备应急供给保障生产功能，在北京市十五届人大常委会第24次会议提出，北京农田的应急保障更加有力，蔬菜自给率提升到20%。这需要充分发挥北京农田的应急保障功能，提升疫情防控和应对突发粮食安全公共事件能力。

2. 城市生态安全功能——承载城市生态安全，缓解和应对未来生态风险

农田是首都宝贵的生产空间，也是首都宝贵的绿色空间，是与森林垂直生态系统相互补充的水平生态系统与屏障，在承载城市生态安全、保护生物多样性、应对生态风险方面的作用不可低估、功能不可替代、地位不可或缺。大量单一结构造林造成了造林工程与耕地保护的冲突、生物多样性下降、火灾和病虫害发生的风险上升。因此，通过保障农田的生态功能和保育功能，深入实施绿色北京战略，缓解和应对未来生态风险至关重要。

农田既有生态修复的作用，又为资源循环利用提供可能，具体实现形式就是开发生态功能，发展循环农业，实现资源循环、能源循环、产业循环。农田还具有很强的净水能力，每公顷水田每天可净化污水7500—1.2万立方米，污水排放到水田里，大概7天可以净化90%以上。此外，对于城市而言，乔灌木绿化隔离带的建设虽然可有效促进城市生态系统的稳定，但不利于城市内部废气向外疏解。而农田种植高度一致、糙度低的农作物，有利于空气的自由流通，保持通风廊道。

3. 城市无序扩张约束功能——刚性约束城市无序扩张，阻断城市建设野蛮生长

严格落实基本农田保护红线，强化用途管制，刚性约束大城市无序扩张，阻断城市建设野蛮增长。对于已建成的高标准农田，通过及时划入永久基本农田，实行特殊保护，防止非农化。协调城市居民需求和城郊农田生态功能保障，优化发展空间格局。建设城郊结合部农田，即中心城区以及卫星城外围农田，既保障城市菜篮子的丰富性，也保障城市生态安全的通道，提供多样化和绿色观赏性景观；构建远郊生态系统的缓冲带，隔离并缓解城市多种人为干扰对远郊生态系统的直接影响，促进区域生态系统的稳定性。

4. 农耕文化传承功能——维系地域乡土文化景观，传承首都文脉

地域乡村景观特征和质量是"个体和社会健康发展，提高生活质量的关键要素"。这些地域生态景观特征是当地人们适应和改造自然历史的记录，使生活在相同景观特征区域的人们获得归属感和认同感。北京位于中华传统农耕文明区的北端，京郊的东胡林、上宅是中华北方农耕文明的重要起源地。只有在千百年来农耕文化的基础上分析北京这座历史文化名城，才能真正认识并弘扬民族精神，也才能了解北京城市文化的真谛。农田还具有科技文化教育功能，是青少年学习农业知识和科学文化技术的重要实践场所。

5. 城市防灾避险功能——提供舒朗开阔空间，应对火灾、地震等自然灾难

大城市周边农田，还可作为城市隔离缓冲绿带①的组成部分，提供群众紧急避险、疏散转移或者临时安置的重要场所。随着国家林业重点生态工程（退耕还林还草工程、京津风沙源治理工程、天然林保护工程）建设的推进，北京市人工林覆盖面积大量增加，森林覆盖率、城市绿化覆盖率持续增加，但林内可燃物增多，林农间种、游憩休闲等带来林内火源增多等因素也会导致林地火灾发生风险增加。综合各方信息，在平原区和人口密集区，应保持30%—50%的开阔田园景观，方能有效降低火灾风险。因此，北京的农田建设，尤其是中心城区近郊区、新城周边的农田，应与其他防火防灾避险场所互为补充、相互衔接、均衡布局，形成完善的城市防灾避险体系。

6. 景观和休闲游憩功能——承载市民健康休闲空间，驱动休闲产业发展

城市越大，市民向往"农味儿"的兴趣越高。在农业生产，尤其是特色产业、农田景观的基础上，与周边村庄的食宿设施相结合，开发休闲游憩功能，在提高市民幸福指数的同时，也增进了农民的被认同感及与市民的亲近感，提升了整个北京的和谐指数。近郊区的共享农园，为城市人圆了"都市农夫梦"。蒲洼的梯田、赵全营的麦田、上庄的稻田，是大京郊"舒朗有致的美丽乡村"不可或缺的风景线。都市型现代农田的存在，让市民生活更加多姿多彩，也让农民生活更加有滋有味。因此，保留一定数量农田并构建美丽农田景观，并在农业生产功能的基础上，与周边村庄、景区联动，对生态和生活功能进行开发，既符合"美丽中国、美丽北京"的发展要求，又顺应社会经济发展的趋势，迎合市民亲近自然的休闲消费需求，可谓一举多得。

（二）将农田纳入城市绿色空间的重要组成部分，形成"蓝绿交织，金色镶嵌"的农田林网景观

《北京城市总体规划（2016年—2035年）》第37条提出，"严格控制城市开发边界，增加绿色空间，改善环境品质……加强平原地区农田林网、河湖湿地的生态恢复，构建滨河森林公园体系以及郊野公园环，为市民提供宜人的绿色休闲空间"。可见，农田是北京重要的生态景观区域，与林地的绿色空间相融合，与平原林地共同构成生态农田林网绿色立体景观区。

在规划实践中，建议结合北京城市总体规划九大楔形绿色廊道的规划，依托廊道内的河流和道路林网，形成农田林网交错的生态立体景观廊道。在农田林网廊道内部，建议提高农田管护标准，打造田成方、林成网、渠相通、路相连、人与自然和谐的田园风光，大力发展绿色有机农业，培育生态农场群落，使本区域内的基本农田成为首都优良的生产性绿色空间，形成"蓝绿交织，金色镶嵌"的农田林网景观。

---

① 根据住房和城乡建设部制定的《城市绿地防灾避险设计导则》（建办城〔2018〕1号），城市隔离缓冲绿带是指位于城市外围、城市功能分区之间、城市组团之间，城市生活区、城市商业区与加油站、变电站、工矿企业、危险化学品仓储区、油气仓储区等之间，以及易发生地质灾害的区域，具有阻挡、隔离、缓冲灾害扩散，防止次生灾害发生的城市绿地。城市隔离缓冲绿带以生态防护、安全隔离为主要功能，一般结合防护绿地、生产绿地和附属绿地设置。

（三）尊重都市农田的特殊性，积极开发近郊区农事体验项目和共享农园新业态

不同于传统农业区，都市区域由于高度城市化，原有的农田在城市化进程中逐步变为建设用地，形成了高度碎片化的现状。高度碎片化，既是难以改变的现状，也是客观规律的结果。美国著名经济地理学家辛克莱（Robert Sinclair）认为，在都市化不断提高、都市规模不断扩张的情况下，大都市的都市用地与都市边缘地带的农业用地形成竞争。由于作为都市地带的土地用地，如建工厂或购物中心等，通常比作为农业用地更能获得更高的利润，因此，都市边缘地带的农民，在期待土地转为都市用地和随时准备抛售土地的心理下，大多不愿在土地上投入大量的资金或劳动力，甚至有可能放弃耕作，或者只进行临时耕作，而使农业经营趋于粗放。

在这种情况下，发展市民参与体验的园艺业是都市边缘地带农田的一个重要利用方向。事实上，在海淀区、朝阳区、丰台区这些都市边缘区，市民农园，或者叫共享农园已经是一种较为普遍的业态，由北京观光休闲农业行业协会制定的《共享农园建设与管理规范》地方标准已于 2020 年 10 月由北京市市场监督管理局发布实施。

当前，海淀区、朝阳区、丰台区还有将近 3 万亩的基本农田。高度都市化、高度碎片化，这 3 万亩农田的保护、利用是一个难点。建议在农田利用的规划中，划分出都市农业体验区，该区域内的农田开发利用，应充分发挥距离城市社区近的优势，利用小块农田开展农耕体验型园区（共享农园）建设，提高城市边缘地带农田的经济效益，方便市民（尤其是老年人和亲子家庭）就近体验农耕、亲近泥土，在高效利用中得到保护。

综上所述，农田在国外大都市的绿带构成中是非常重要的部分，既能防止城市无序扩张，又具有农业生产、提供农业观光旅游、保护生态和生物多样性、传承区域传统历史文化等功能。北京市应该按照新总规的精神，借鉴先进地区的做法，在城市绿带规划建设中打破行政部门的界限，统筹规划农田林网，将绿化隔离区域内的农田作为首都的绿色空间，充分发挥其生态功能和生活功能，使都市农田在景观上"蓝绿交织，金色镶嵌"，功能上"三生融合"。

北京市农田建设管理与保护利用研究课题组
课题负责人：郑渝、刘军萍
课题组组长：齐智、陈奕捷
课题组成员：崔国胜、张颖、文化、刘慧平、宇振荣、李尧、王春光、陈静
执　笔　人：陈奕捷、张颖、朱文颜

激活农村资源要素 释放乡村发展活力
——成都市乡村振兴与城乡融合发展调查报告

为全面了解成都市实施乡村振兴、促进城乡融合发展的经验做法，中国农业科学院、北京市农研中心联合调查组于 10 月 14 日—17 日赴成都市开展调研，深入到崇州市五星村、大雨村、竹艺村，龙泉驿区红光村、六安社区，郫都区广福村、先锋村、战旗村等 3 个区县 8 个村（社区），贴近基层，走进社区农户、田间和企业，与村党支部书记、村民进行面对面访谈，与成都市农业农村局、城乡社区组织、区县和乡镇有关部门负责同志、10 余名村（社区）书记和企业、合作社负责人进行了座谈交流。通过调研我们看到，乡村振兴战略实施三年多来，成都市农业农村面貌发生了巨大变化，农村资源要素正在全面激活、乡村发展活力正在全面释放、农民的幸福感和获得感正在不断增加、乡村发展的重点难点问题正在有效地解决，乡村振兴展现了良好开局。

一、乡村振兴战略实施撬动的新变化

乡村振兴战略实施以来，成都市乡村发展的内生动能进一步激活，城乡融合共生局面初步显现。2020 年成都市农村居民人均可支配收入 26432 元，比 2017 年增长 30.2%，城乡居民收入差距由 2017 年的 1.92：1 缩小到 1.84：1，广大乡村已经成为市民休闲度假、美食消费、农事体验的天堂，水塘上的麻辣火锅、林盘里的竹编工作室描绘了城乡融合的新画面。

（一）重要农产品生产基本实现现代化

成都市将确保粮食和重要农产品有效供给作为落实乡村振兴战略的头号任务，坚定不移地抓粮食生产，确保粮食面积不减少，加快粮食生产的现代化进程。2020 年成都市耕地面积 746.03 万亩，粮食播种面积 568.5 万亩、产量 227.9 万吨，农业规模化率达到 72.8%，主要农作物耕种收综合机械化率达到 80%。崇州市素有"天府粮仓"之称，2020 年粮食播种面积达到 31 万亩，规模化率达到 92%，机械化率达到 98% 以上，良种覆盖率 100%，农业对经济增长的贡献率从 2019 年的 3.4% 进一步提高到 2020 年的 7.2%。近年来，成都市农业产业结构不断优化，鲜食农产品检测合格率一直稳定在 99% 以上。优质多样的农产品生产有效保证了成都市的菜篮子需求，2020 年成都市蔬菜及食用菌播

种面积达到 261.9 万亩,产量达到 642.6 万吨,比 2017 年增加 18.2%。2010—2020 年成都市城镇常住人口平均每年增加近 69 万人,成都郊区农产品保障力不仅能够有效满足本市市民的菜篮子需求,还有大量农产品外调其他省市。

(二)返乡创业新农人成为乡村产业振兴的主力军

成都市抓住国家城乡融合发展试验区和农村改革试验区建设机遇,健全农业职业经理人制度,完善各类人才下乡机制,2020 年培育持证农业职业经理人 1.72 万名,引进各类人才下乡 10.5 万人。从调研走访的 8 个村来看,2020 年返乡下乡创业就业人员达到 1020 人,是 2017 年的 5.2 倍。其中,崇州市白头镇大雨村 2020 年返乡创业就业人数达到 300 人,是 2017 年的 30 倍;郫都区唐昌镇先锋村和战旗村 2020 年返乡创业就业人数分别达到 400 人和 120 人,是 2017 年的 4 倍和 3 倍。成都市新型经营主体和职业农民已经基本替代了传统农民,崇州市白头镇大雨村 7 名持证上岗职业经理人和 2 个家庭农场,经营全村 2920 亩耕地,谁来种地的难题初步破解,农业生产效率显著提升。

(三)村集体经济快速增长

成都市集体经济组织向实发展,农村集体经济多点开花、迅猛增长。2020 年农村集体资产总额达到 335.5 亿元,农村集体经济总收入达到 45.62 亿元。调研组走访的 8 个村(社区)集体资产总额达到 26348 万元,是 2017 年的 2.8 倍,集体经营性总收入达到 5737 万元,是 2017 年的 9 倍,集体经济纯收入达到 980 万元,是 2017 年的 3.8 倍。其中,崇州市白头镇大雨村农村集体资产从 2017 年的 0 元增加到 2020 年的 3500 万元,龙泉驿区洪安镇红光村农村集体资产 2020 年达到 4677 万元,比 2017 年增加了 213 倍。村集体经济的快速发展,推动村居环境和营商环境得到了明显改善,吸引了大量城市人口、资金和资源流向乡村,农民也获得了实惠,到白头镇大雨村调研那天是重阳节,我们看到村集体为村里老人举办庆祝活动,大家围坐在一起,脸上挂着幸福的笑容。

(四)村居环境显著提升

近几年,成都市积极推动乡村向美丽宜居宜游方向发展,城乡公共设施和公共服务均等化不断取得新进展。2020 年,成都市行政村生活垃圾处置覆盖率达 100%,污水处理设施覆盖率达 76.4%,农村无害化卫生厕所普及率达 93.51%,保护修复川西林盘 556 个,建成天府绿道 4408 公里。调研走访的村(社区)都实现了农村生活垃圾集中收运、污水无害化处理和家庭安全饮用水、卫生厕所全覆盖,村庄道路、供水、供电、通信等公共基础设施以及文体活动场所都进行了提档升级,公共设施入组到户的通达率大幅提高,农民开始过上了和城里人一样的现代化宜居生活。

(五)村党支部书记引领了村级人才振兴

实施乡村振兴战略以来,成都市首先抓了村支部书记人才队伍建设,选优配强村(社区)带头人 3043 人,村支部书记的素质和能力普遍有明显提升。新一届村书记队伍结构进一步优化,成都市在乡镇(街道)、村(社区)分别调减 30.4%、30.3% 后,新成立村(社区)书记主任均实现"一肩挑",大专及以上学历占 65%,提高 17 个百分点。崇州市 172 个村(社区)中 15% 左右的支部书记是返乡能人,在调研组走访的 8 个村中,有 5 位村书记有经商或企业高管背景，其余3位曾是机关干部或社区工作者，他们共同的特点是胸怀回馈家乡、建设家乡、富裕农民的深厚情怀，不计报酬、不计得失，带动村民制定发展规划、壮大集体经济、改善村居环境、推进和谐善治，党支部引领乡村振兴实施的大好局面已经形成。

（六）党的领导和村民自治释放了村级发展活力

乡村振兴战略实施以来，成都市村（社区）基层党组织的领导地位和作用不断加强，村党组织领导下的村民自治多元化发展，进一步激发和释放了村级发展活力。近几年来，成都市推进镇村治理机制改革，将175项政务服务整合下沉至村（社区），将村"两委"从行政事务中解脱出来，突出村级的自治主责。成都市农村基层党组织领导下的村民协商议事机制得到了持续规范和完善，逐渐形成民事民议、民事民办、民事民管的治理格局，有效发挥村（社区）党组织贴近群众、链接供需的作用，吸引了1.3万个社会组织、102家社会企业等多元主体参与城乡社区服务，一核多元共治共建共享的治理格局正在形成。

二、破解乡村振兴重点难点的案例经验与做法

成都市作为全国统筹城乡综合配套改革试验区、国家现代农业示范区、全国农村改革试验区、西部片区国家城乡融合发展试验区，在推进乡村振兴战略实施中，以激活要素和激发动能为出发点，瞄准重点难点问题，以推动农村集体经济组织向实发展为核心路径，抓住改革试点的有利契机，大胆探索实践，涌现了一批先进典型，形成了有效的举措和可推广的经验。

（一）还权赋能激活农村土地要素

成都市在农村三块地改革中大胆创新，突出以农村集体经济组织为实施主体，通过农地使用权自主入市、合作开发等多种模式，盘活沉睡的农村集体土地，发展融合型产业，激发农村集体资源变资本、集体资本变产业的内生发展动能，拓宽了农民增收渠道，在全国率先走出一条有效激活农村土地资源要素、提升农村内生发展动能的路子。在郫都区战旗村了解到，高德敏书记带动农民以农村土地改革为抓手推动乡村振兴，受到了习近平总书记的高度赞扬，习近平总书记指出"战旗飘飘，名副其实"。战旗村将全村农户确权登记后的土地承包经营权进行入股，成立战旗村土地股份合作社，统筹土地规模化经营。目前，全村90%以上的农户加入合作社，95%以上的承包地进行了流转和集中经营。战旗村拿出13.44亩的集体经营性建设用地进行招拍挂，敲响四川省农村集体经营性建设用地入市"第一槌"。战旗村还以宅基地改革为契机，盘活占地30亩的吕家院子，将村民宅基地及闲置房屋使用权、林地及农用地经营权整体流转给企业，在支付农户租金基础上，将3%的营业额作为村集体分红。目前已实现营业收入近200万元，村集体获得分红5万余元，农户获得租金20余万元，20余名本地村民依托项目人均就业增收4.2万元/年。通过集体土地的灵活经营，战旗村开发建成战旗现代农业产业园、乡村十八坊旅游商业综合体、郫县豆瓣非物质文化遗产展示区、国家4A级创意农业景区，开创中延榕珍菌业、浪大爷等农业特色品牌，2020年集体经济资产总额达到8120万元，农民人均可支配收入达

到 3.52 万元，比 2017 年增长 35.1%。村党支部书记高德敏说，"最大的凝聚力就是给农民最大的利益"，通过由村集体为主体盘活农村土地资源，集体经济壮大了，发展了村企业，安排了农民就业，装满了农民的钱袋子，村集体手里有米了，办事也方便了。

（二）多元合作撬动城乡资本要素

成都市优化隐藏农村资产资源，推动"三变"改革，通过优化合作共赢机制，发挥财政项目资金的撬动作用，将集体经济组织作为桥梁和载体，吸引城市工商资本流向农村，形成共同推动乡村产业发展和环境提升的合力，产生了显著成效。崇州市道明镇竹艺村有着川西林盘的特色民居资源和古老的竹编传统，整个村庄坐落在大小不同的林盘之中。2017 年，在崇州市政府的推动下，依托道明镇竹艺村林盘资源和竹编产业，由"崇州政府＋崇州文旅集团（国有企业）＋专业运营团队（社会工商资本）＋村集体经济组织"分工合作、风险共担的方式合力打造国家 4A 级景区，推动实现乡村再造和产业再生。在项目建设过程中坚持不大拆大建、不冒进求洋，在原有风貌基础上对竹艺村进行景区建设，节约了建设成本，保留和提升了村庄资源价值。2021 年 1 月，竹艺村被评为国家 4A 级旅游景区，四年建设总体投入仅为 4000 万元，可谓全国"最廉价"的 4A 级景区。通过景区创建，竹艺村产业结构不断调整升级，实现农业生产、竹编加工与旅游参观、商品购买、艺术体验、文化传播的多元融合，昔日的"空心村"变成了"网红村"，带动 5 家规上服务业企业，700 余个农户从事竹编产业。2017—2020 年，竹艺村第三产业产值从 280.24 万元增长到 2309.75 万元，农民人均可支配收入从 1.59 万元增长到 3.21 万元。这种通过构建"农村集体经济组织＋合伙人"的合作运营机制，实现了低成本高效益地创建国家 4A 级景区，实现乡村生态价值向经济价值转化。

（三）以"组合拳"激活农村人才要素

成都市将村书记作为人才振兴的重点，通过建立村干部薪酬制度、搭建干事创业平台、放开晋升通道、给予政治荣誉、允许领办企业和不断改善乡村基础设施和公共服务水平等一套人才振兴"组合拳"，让乡村人才回得来、留得住、干得好，对村（社区）发展与治理发挥了重要的带动作用。这套"组合拳"吸引了大批的城市就业创业人才回乡，崇州市白头镇五星村党委书记高志伟就是其中之一。2018 年，原本担任物业高级管理职务的高志伟放弃年薪百万元的白领工作，返乡担任五星村党委书记。他回村后，组建五星村股份经济合作联合社，构建联合社负责资本管理和项目主体负责产业运营的"两级运营"机制，利用国际慢城大项目建设的重要发展机遇，创新"龙头企业＋集体经济组织"共同发展模式，引进多家社会资本投资近 4000 万元，鼓励村民以资金、资源、劳动等多种方式参与集体经济发展，引入 100 余个艺术文创、农业科研、特色餐饮民宿项目。他还创造性地将村内资源与城市资源有机结合，成立崇州市农村党员教育学院和城乡融合发展研究院，使其成为乡村产业的发动机，构建了粮油种植、乡村旅游、培训研学、物业管理为主导的融合型产业格局，将一个名不见经传的"空心村"变成了网红打卡地和基层党员教育基地。高志伟本人创办的酒店不仅实现收益稳步增长，而且解决村里 80 多人就业。2021 年，五星村农民人均可支配收入达到 3.66 万元，比 2017 年增加了 1.3 倍。2020 年，高志伟获得成都市劳动模范荣誉称号，他说回村以后不但收入没有减少，而且心情和身体也变好了。

（四）以农商文旅结合推动城乡产业融合

成都市实施"农业+"行动，突出以现代农业为根和本的发展思路，重点推动农商文旅产业深度融合，落实"公园城市乡村表达"，初步形成了以绿道为纽带、特色镇、川西林盘、精品民宿互为支撑的旅游目的地，农商文旅体融合发展消费新场景达到1160个，2020年成都市乡村旅游接待游客1.33亿人次，总收入达515.6亿元，都市现代农业发展综合水平位列全国33个大中城市第3位。在调研中了解到，习近平总书记2018年考察时称赞郫都区唐昌镇先锋村"小小萝卜干卖出了肉价钱，农产品加工一定要走农旅融合发展道路"。先锋村以特色农产品为核心，以"农夫记忆"为品牌，发挥林盘院落特色、挖掘农耕文化的商业价值，推动农旅融合发展，促进农民收入不断增加，村集体经济持续壮大。先锋村党支部书记任健自豪地跟我们说："乡村旅游不仅要有特色，还要有姓名，我们就是姓先锋村，名农夫记忆。"先锋村创立特色品牌"圆根子"先锋萝卜干，打造萝卜干博物馆，发挥村集体和村民的力量，进行林盘院落和人居环境整治，先后改造建设夏家院子、公共食堂院子、陈家院子等一批农家院落，建成农夫记忆3A级林盘景区。先锋村还积极融入唐昌镇国家农业大公园建设，深入挖掘多元农耕文化元素，先后建成农夫记忆博物馆、农夫晒坝、农夫田园、支部农场、三味书屋、幺妹儿店等，打造了集陈列式、场景式、体验式为一体的农耕文化教育实践基地。2020年先锋村农民可支配收入突破3万元，村集体经济收入达到了100万元。以农商文旅结合推动了成都郊区产业融合发展，促进了城乡要素双向流动，也让传统农耕文化走进了现代人的生活。

（五）创设产业功能区剥离乡镇政府招商引资职能

成都市以都市现代农业产业生态圈和都市农业产业功能区为支撑，成立66个产业功能区，并在每个产业功能区设置产业功能区管委会，按照经济区与行政区适度分离的原则，厘清产业功能区管委会、政府部门、镇（街道）职能职责，推动政府经济发展职能和社会服务职能的合理分配，有效提升乡村产业统筹布局和协同发展水平，促进乡镇公共服务能力和水平的提升。我们专门调研了崇州市都市农业产业功能区，产业功能区面积289平方米，涉及6个镇（街道）60个村（社区）28.9万亩耕地，以优质粮油为主导产业。2018年成都崇州现代农业功能区管委会组建成立，主要负责功能区内的规划建设、产业布局、环境营造、招商引资、投资促进等经济管理和产业服务工作。同时明确产业功能区内镇（街道）党委政府主抓公共服务和社会管理。崇州市都市农业产业功能区的主导产业是优质粮油和农商文旅体融合发展，承担着为成都市保供的重要功能，发挥深化农业农村改革、农业科技创新先行先试、服务全川的重要作用。在管理体制方面，构建了"管委会+镇+专业化公司"都市农业功能区管理运营模式，试点员额制、"区社合一"、"代办+帮办"等措施，锻造管委会专业化队伍。在招商引资方面，管委会组建农投集团和崇州都市农业发展有限公司，联合集体经济组织实施林盘聚落"策、投、规、建、营"一体开发，构建了"农投集团+集体经济组织"的运营模式。从效果来看，产业功能区管委会在推动产业规划、制定产业政策、优化发展机制、提升科技支撑、完善经营体系等方面显示出了超越部门、超越乡镇（街道）的统筹协调力度，推动了区域内主导产业培育与良性发展。这种管委会专司经济职能、镇（街道）党委政府专司管理的机构设置，使专业机构更好地发挥了作用，促进了地方经济发展，实现了功能区内最安全、最宜居的乡村善治。

（六）设立社治委推动城乡协同治理

成都市创新城乡协同治理顶层设计，将乡村基层治理纳入大城市治理体系和治理能力现代化之中。2017年以来成都市在全国首创设立城乡社会治理委员会，作为统筹城乡社区治理与发展的专责职能部门，构建市、区（县）、街道（乡镇）和社区（村）自上而下的职能运行体系，将城市治理与乡村治理二分法变成一盘棋，探索实践了系统性推进党建引领特大城市城乡社区协同治理现代化的新路径。崇州市城乡社会治理委员会创新基层社会管理体制和服务方式，以"点线面"结合的治理方式破解发展难题；构建基层治理架构和联动机制，在镇街统一设置"两办"（社区治理办、社区发展办），点状布局社区工作站、村（社区）便民服务点，形成了"镇街＋工作站＋社区"相互补充、相互衔接的乡村公共管理和公共服务组织架构。实践中，以党建为引领，探索建立了"一核多元、共建共治共享"的基层治理机制，形成基层党组织、自治组织、物业机构、社会组织多元协同的基层治理服务模式。构建城乡社区微单元分类治理体系，细化分类治理项目，梳理26项共性清单和14项个性清单，通过清单分类、差异治理有效提升社区治理的精细度和精准度。推动社区发展治理与社会综合治理双线融合、智慧治理与乡村治理深度融合、乡村发展与乡村治理有机融合，获取基层治理综合效应最大化。

三、思考与建议

（一）村庄规划需要做到实用管用

乡村振兴是百年大计，涉及未来农村发展的形态和布局，亟待做好村庄规划。在调研中，多位村党委（支部）书记反映村庄规划存在高大上、成本高、不接地气等问题，有的村尚无村庄规划。在龙泉驿区六安社区调研了解到，在刘家大院村小组的院落环境治理中，起初计划依托某国家级规划设计团队为六安社区做规划，但规划费用需要500万元，这对于村庄而言是难以负担的巨资，而且规划设想高大上、难落地。为此，社区第一书记廖文松转而求助成都本地的规划设计机构，虽然费用可降至几十万元，但给出的规划设想同样难以契合村庄实际。无奈之下，廖书记在规划师提出的方案基础上，带着村干部和村民代表自己干，充分利用村内的一草一木资源，反复修改形成了既让村民满意又能落地的"土规划"，整个费用不到10万元。目前，全国共有54.2万个村民委员会，如果动辄一个村庄规划就要500万元，那将是2.7万亿的天文数字，无疑是巨大的浪费。然而，我们在调研中发现，凡是环境整治得好、保留了乡村味道的村庄，采用的都是朴实管用的规划，而不是大设计院做出的绚丽规划，因此需要转变乡村规划的工作思路，在村庄规划中突出政府的引导作用、乡村规划师的科学指导作用和村（社区）的主体作用。一是注重规划引导。县市部门在制订国土利用空间规划时，要充分考虑和预留乡村建设和发展的土地利用需求，同时应组织专业规划单位制订符合本区域发展特点的《村庄规划导则》，对乡村道路、建筑风格、公共基础设施、农村民居等进行规范化的引导和规范。二是发挥乡村规划师科学指导作用。进一步推动乡村规划师队伍建设，实现每个有需要的村庄都能得到乡村规划师的专业指导，提升乡村规划师对乡村发展规律的认识以及乡村规划师与村干部、村民的沟通能力。三是发挥村（社区）的主体作用。推动村庄规划以村干部为主导、村民充分参与，村庄与乡村规划师深度合作，共同制订符合村庄实际的规划。加强对村支部书记培训，使他们不仅是建设主体，也是规划的主体。

（二）乡村发展要尊重农民意愿和市场规律

在成都和其他地区的调研中，我们发现乡村产业发展中存在一个比较普遍的现象，就是政府部门和村两委干部在经营决策和实际运营中的主导性过强，容易出现替农民做主、忽视市场规律的情况，如部分村庄在政府主导下进行农地流转和规模化经营，面临流转费用高、农民参与意愿低、经营风险集中和联农带农机制不稳定等现实问题。成都市龙泉驿区红光村是政府支持打造的"未来田园"示范项目的核心区，村集体在推动落实过程中，寄希望通过项目带动，以规模化、标准化经营提升村级产业发展水平、壮大集体经济。为此，红光村支部书记李锴带领村干部组建经营团队，全面负责园区的产销经营。在土地规模化集中过程中，农民担心市场风险普遍不愿以土地入股的方式加入，村集体则依靠政府财政支持，以2400元/亩的价格将360亩土地集中流转至村集体，在园区果树种植的前三年，土地流转费由区财政补贴承担。调研中李锴书记告诉我们，"今年园区调整了种植品种，改种的柑橘市场效益不错，应该能有比较好的收益""现在由财政支持负担三年的土地租金，以后由园区自己承担还是有一定压力"。从红光村的实践来看，一方面以土地流转开展规模化经营，主要是在政府决策和村集体推动下进行，并没有充分征集和采纳村民的意愿，因此也导致农民的参与意愿不强，对于园区企业经营什么、效益如何，村民并不关心；另一方面，村党组织书记作为园区企业的主要经营者，并没有充分的精力和专业的运营经验，在财政支持下还可以维持经营，如果政府补助扶持资金到期"断奶"，加上市场的不确定性，经营失败的风险较大。因此，建议地方政府和村集体在发展乡村产业、推动规模化经营过程中，首先要尊重农民意愿，走市场化经营的路子，避免"以党代政"、主观决断，割裂集体产业和集体经济发展与村民利益的联结。做法上，可借鉴推广崇州市农业"共营制"的经验，鼓励通过农村土地股份合作的方式推动农村集体土地规模化经营。按照"入社自愿、退社自由、利益共享、风险共担"的原则，鼓励农户以农村承包土地经营权折资入股，由村集体经济组织向工商申请注册农村土地股份合作社，培育和引入职业经理人进行专业化经营，使之成为改造传统农业、发展新型集体经济、带动农民共同富裕的有效载体。

（三）宅基地整理开发要有制度有耐心

村集体自主进行集体建设用地整理遇到资金不足、项目工期长、招商融资难、政策制度跟进不到位等问题。在郫都区座谈中了解到，近两年郫都区放缓了土地整理入市的步子，完全由村集体整理入市的做法越来越少。不少村书记反映，当前农村宅基地整理的成本非常高，每亩成本达 70 万元，而且从开始整理到入市一般需要 5 年左右，集体建设用地产权在融资方面还会遇到银行监管不到位的问题，难以有效融资，项目投资进程缓慢，有些项目在中期就"流产"了。规自委相关负责人说，国有银行对农村集体整理融资不支持，入市后的相关监管缺乏成熟的管理办法，住建部门没有出台专门针对农村地区建设方面的管理办法，还存在产权办理和分户管理等方面的制度障碍。现阶段在农村集体建设用地整理过程中，成都市重视将土地整理使用权留在村集体，由村集体自主开发，深化显化了农村集体和农民的土地财产权，值得重视和肯定。面对农村集体建设用地整理的高成本、资金不足、政策制度跟进不到位等问题，一方面要加快对相关政策制度的研究和跟进，可以依托城乡基本公共服务均等化和共同富裕的政策，设立村庄基础设施和公共服务设施建设专项基金，以政府投入撬动社会资金，支持农村宅基地整理中的基础设施和公共服务建设投入，为农村集体经济组织主导的宅基地整理和产业发展提供低息和贴息贷款。另一方面要明确乡村振兴战略的长远性和阶段性，对宅基地改革和盘活给予充分的历史耐心，引导村集体经济组织放长线钓大鱼，做好村庄长远发展规划，注重设置战略性留白用地，提高村庄发展适应未来变化的弹性。

（四）城郊农业结构要与地方优势和城市需求相匹配

保障粮食和重要农产品有效供给和安全是乡村振兴的首要任务。但是大城市郊区农村的非农化、非粮化产业结构是否必须进行复耕返粮，是一个需要深入探讨的问题。在龙泉驿区调研中了解到，龙泉驿区是全国三大水蜜桃生产基地之一，水蜜桃产量占四川省市场的 30% 以上。龙泉驿区是成都市的近郊区，自 20 世纪 30 年代开始种植水蜜桃，长期以来根据市场需求不断调整种植结构，目前的水蜜桃种植面积仍有 5 万余亩，这种种植结构已保持了近一个世纪。调研过程中，区农业农村部门和村干部反映，近些年为了完成粮食种植任务，龙泉驿区采取了兼做套种、老化果园改造为粮田等办法，但对"非农化""非粮化"的政策处罚还是很担心，压力很大。从调研情况来看，超大城市近郊区域的产业发展要从实际出发，与市场需求相匹配，不应一刀切地杜绝"非农化""非粮化"。超大城市郊区农业产业结构调整方向是市场化和城市化发展的客观规律造成的结果，超大城市郊区的农业从功能上主要是满足城市居民生命、生活、生态功能需求，与大农区的功能有显著差异。建议在超大城市郊区探索设立现代农业专区。在专区内，都市农业发展应主要依托乡村本土资源，满足超大城市市民的多样化需求，可以不执行粮食稳产保供的硬性任务，不强制要求将已经具有规模、有较长种植历史的非粮种植转为粮食生产，避免造成不必要的生产力破坏。

（五）乡村人才振兴应首先振兴村书记

当前村书记队伍建设仍面临上升通道过窄、年龄上限过于严苛、社会保障不可持续等问题。在调研中了解到，普遍存在村书记晋升空间有限，只有每五年换届时才有被选拔为乡镇干部的机会，而且名额非常少、条件严苛，事实上大部分村（社区）书记都没有晋升机会，村书记就是他们的职业"天花板"了，这在一定程度上对村书记干事创业产生了消极影响。在调查中了解到，目前进行的村党组织书记换届选举，普遍对村书记的竞选者有年龄限制，一般要求在55岁以下，有些甚至要求45岁以下，这也刻板地限制了那些有情怀、有能力、治村经验丰富的干部继续投身乡村治理与发展的事业。村书记离任或退休后就不能享受城镇社保待遇，这也是调研中不少村干部反映的问题。乡村振兴首先振兴村书记，建议政策上向有利于村书记的培养和发展的方向上进一步调整，让村书记在政治上有荣誉、收入上有保障、职务上有上升通道。通过荣誉赋能，优先推荐业绩突出、综合素质较高的村支部书记成为各级政协委员、人大代表，评选和推荐带领村民实现共同富裕的村书记获得各类、各级先进党务工作者、优秀共产党员等荣誉称号。提高收入水平，将村干部的基本工资水平提高到不低于本地区城镇居民人均可支配收入水平的工资标准。拓宽上升通道，放宽从优秀村党组织书记中考录乡镇公务员、招聘乡镇事业编制人员的约束条件。完善社会保障，可以拨付专项资金用于村干部的社会保障补贴，推动村干部的社会保障水平与城镇职工的待遇相当，探索村干部非任职期间的长期社会保险制度。

中国农业科学院、北京市农研中心联合调查组

调研组组长：陈萌山

调研组成员：袁龙江、赵一夫、秦朗、王丽红、韩炜、高道明、陈芙蓉、易裕元、
　　　　　　胡永松、王柟、邴塬皓、姜林希、费书朗、张璐、李一、朱丽君

执　笔　人：王丽红、赵一夫、韩炜、高道明

安徽省合肥市乡村振兴考察报告

为给首都"三农"决策研究工作提供更为广阔的视野与思路，2021年7月6日至9日，北京市农研中心党组成员、副主任，北京市城乡经济信息中心主任刘军萍带队一行九人，赴安徽省考察了合肥市三瓜公社的电商产业和农旅经济、合肥市长丰县中科合肥智慧农业谷的智慧农业建设、长丰县造甲乡"红源小镇"的稻虾共生产业，并结合党史教育活动要求赴中共合肥北乡支部、中国农村改革第一村凤阳县小岗村接受了党史学习教育。这次专题考察给考察组留下三点经验启示。

一、社会资本是乡村振兴不可或缺的重要力量，重点要处理好资本利益与农民利益的关系

合肥市三瓜公社是资本带动乡村发展的典型案例。2015年3月，合巢经济开发区管委会引入安徽淮商集团，联合成立了安徽三瓜公社投资发展有限公司（简称"三瓜公社"），将其作为巢湖市半汤街道部分区域以及周边十余个村、约合总面积10平方公里区域的联合开发主体。截至2020年7月，合巢经济开发区管委会联合安徽淮商集团已经投资10亿元，通过三瓜公社平台完成了项目的一期开发，建成了以南瓜电商村、冬瓜民俗村和西瓜美食村为主体的乡村产业园区。其中，南瓜电商村围绕电商产业定位，汇聚了农副产品生产、开发、加工、线上线下销售、物流、产业咨询、生活服务等电商配套业态，形成了以茶叶、温泉、特色农副、乡土文创等四大系列千余种特色农产品和旅游纪念品为主打产品的农特产品电商生态圈。已经入驻的优质电商企业包括"三瓜公社"官方旗舰店、天猫官方旗舰店、京东、甲骨文等。冬瓜民俗村围绕文旅产业定位，打造以体验半汤地方传统农耕民俗文化为特色的乡村民俗旅游园区，引入客栈、民宿、温泉养生、旅游度假等乡村旅游服务业态，建设了半汤六千年民俗馆、古巢国遗址、冬瓜传统手工艺坊、二十四节气馆、俺爹俺娘影像艺术馆等特色民俗旅游项目。西瓜美食村围绕乡村餐饮康养产业定位，系统开发建设了80户风情民居民宿、60家特色农家乐、10处心动客栈酒店。与经典温泉品牌汤山共同组建汤山旅游公司，通过村集体入股和持股，共同开发温泉康养民宿。

三瓜公社依靠社会资本特有的资金优势、专业优势、人才优势、管理优势、营销优势，针对城市人群的乡村消费需求，统筹谋划三个村庄的产业体系，围绕"汇聚服务产业主体、做强做精乡村产业链、打造乡村产业生态圈"做文章，初步建立了以农业、电商、

餐饮、文创、民俗、旅游为主体的乡村现代产业园，使得乡村资源与城市资源形成了互动、互融、互促的良性发展局面，让乡村搭乘上城乡融合发展的快车，焕发出新的生命力。

在与三瓜公社相关负责人进行交谈的过程中，考察组深切感受到企业家精神注入乡村、为乡村发展带来巨大的现代化改造效应。但同时，考察组也注意到，三瓜公社少有农民的身影。据了解，南瓜电商村、冬瓜民俗村和西瓜美食村的大部分村民已经搬离村子，安置到周边城镇地区集中上楼生活。这使得考察组反思，农民在乡村振兴中的主体地位如何体现？农民与资本在资本化推动乡村振兴中的利益联结方式是怎样的？这些关键问题需要我们进一步考察与甄别。事实上，从当前的地方实践来看，资本推动乡村发展有巨大的优势，也产生了良好的效果，但是也存在一些普遍性的问题，就是资本在开发建设乡村中对农民利益的挤占与损害。考察组认为，在对待资本带动乡村振兴模式中，要扬长避短、趋利避害，探索走出一条真正实现资本、农民、乡村共生共赢的路子，一方面要高度重视社会资本的作用，充分发挥社会资本的优势，借助资本的力量整合盘活乡村的资源、推进乡村"物"的现代化，最终目的是实现乡村"人"的现代化。另一方面，也要警惕社会资本的极端逐利性，谨防资本代替农民成为乡村的建设主体和受益主体。

二、数字农业是乡村振兴不可或缺的驱动力量，重点要处理好技术研发与转化落地的关系

农业农村数字化是引领驱动农业经营管理现代化和乡村治理现代化的重要技术手段，是实现乡村全面振兴的有力支撑。中科合肥智慧农业谷是合肥市人民政府和中科院合肥物质科学研究院共建的安徽省数字农业的创新发展高地，落地合肥市长丰县丰乐生态园，主要针对智慧农业的"核高基"技术（核心电子元器件、高端通用芯片及基础软件产品），围绕农业传感器与智能感知技术瓶颈的突破，构筑国家智慧农业的技术创新生态、技术生态和产业生态。

中科合肥智慧农业谷包括中科合肥智慧农业协同创新研究院、智慧农业装备与技术产业园、环巢湖智慧农业实验示范基地，简称"一院一园一基地"，一期投资15亿元，二期投资30亿元。其中，中科合肥智慧农业协同创新研究院主要负责科研攻关，拥有六个中心、三个平台，即农业传感器与智能检测中心、农业机器人与智能装备中心、农业大数据与知识工程中心、智能材料与新型农肥农膜农药研究中心、品质智能控制与康养农业中心、辐射育种与高通量表型检测研究中心，农业传感器实验平台、农业机器人实验平台、辐射育种装置平台。智慧农业装备与技术产业园主要负责科技成果市场化，现有五家公司，分别是中科方舟公司（落地智慧施肥技术）、中科智保公司（落地智慧植保技术）、中科物联公司（落地智慧农保技术）、中科九天公司（落地智慧食品安全技术）、中科智控公司（落地智慧农技推广技术）。环巢湖智慧农业实验示范基地包括两期项目：一期项目是在合肥大科学装置集中区和拓展区之间的过渡区域建立绿色智慧农业产业链核心示范区；二期项目以实现农业面源污染零排放为目标，布局精准农业技术体系，打造环巢湖绿色智

慧农业示范样板。

目前，中科合肥智慧农业谷已经完成农业传感器、农业大数据、农业机器人、农业新材料等研究中心建设；在安徽省科技厅的大力支持下，聚集国家传感器重点实验室、工程中心、军转民创新基地等国家相关前沿科技力量，正在申报筹建"国家农业传感器与智能感知技术创新中心"，已经实现中科方舟公司"高通量测土智能机器人"的投产、中科九天公司"农残与重金属速测纸基传感器"的小批量生产，以及中科物联公司"水土原位养分与重金属检测传感器"的中试。

在调研中科合肥智慧农业谷的过程中，考察组注意到，智慧农业谷在规划设计中非常注重技术研发与转化落地的协调与平衡，不断摸索技术转化的新路径。一是在规划整个中科合肥智慧农业谷时，就统筹布局了科研、试验和技术转化三大板块，力求形成政产学研联动效应。二是注重企业力量、实现资源嫁接。如中科九天公司就是小米公司与农业谷联合入股成立，计划利用小米公司的手机业务资源，通过改造小米手机元件，使得小米手机可以通过纸基传感器实现速测农产品中农残与重金属的功能。一旦这项手机速测技术成功落地，使得消费个人可以随时随地进行简易的农残与重金属检测，将会引领产生新的食品消费方式和新的农产品质量安全评价机制，倒逼农业产业链、供应链的高质量发展。三是推动长丰草莓数字化。对长丰草莓产业进行数字化改造，建立了长丰数字草莓大数据平台，将生产过程管理、质量管理、市场流通、草莓追溯、成熟度检测纳入信息平台管理，力求实现草莓产业资源的优化配置。目前长丰县 21 万亩草莓基地中，进入大数据平台管理的基地面积不到 1 万亩，还在探索大数据平台对提升草莓价值链、延长草莓供应链的解决方案。

考察组认为，北京市作为全国科技创新中心，应实施科技农业战略，在建设以北京·京瓦农业科技创新中心为引擎的平谷农业科技创新示范区中，可以借鉴中科合肥智慧农业谷的建设运营经验。一是统筹利用好发改、规划、科技、农业、金融、文旅等部门力量，将市级的科技项目、科技资源、科技资金、扶持政策向其倾斜，将其打造为辐射全国的农业核心技术创新发展示范区和农业科技高端人才汇聚地。二是将农业科技创新示范区的发展定位与产业布局聚焦农业技术产业，围绕农业领域的"核高基"技术，针对农业新材料、农业传感器、农业大数据、智能品控、安全追溯、现代种业等国内亟须突破与提升的农业关键核心技术进行科研、攻关、推广、转化与落地。三是围绕经济效益建立技术转化落地的平台与机制，充分利用好北京的企业资源与市场资源，加强科技成果的市场化转化，真正实现以农业技术振兴带动乡村产业振兴。

三、循环农业是乡村振兴不可或缺的生产方式，重点要处理好产业发展与环境保护的关系

发展循环农业是实施农业可持续发展战略的重要途径。合肥市大力推进虾稻产业发展，发展循环农业，实施了虾稻产业"3115"发展战略。即通过三年时间 (2019—2021 年)，实现全市虾稻综合种养面积 100 万亩以上，一产产值 (龙虾、稻米)100 亿元以上，一二三产总产值 500 亿元以上。截至 2020 年底，合肥市虾稻综合种养总面积达 80 万亩，较

2016年增长10.8倍，并荣获全国唯一的"中国淡水龙虾之都"称号。考察组重点调研了合肥市长丰县造甲乡的虾稻产业。造甲乡2014年引进虾稻共生技术，截至2020年，全县11万亩水稻已有8万亩采用了虾稻共生技术，这种种养结合的循环农业生产方式一方面可以提高土地产出率和资源利用率、实现种稻和养虾两份收入；另一方面可以有效倒逼农户在种养过程中避免农药和化肥的施用，减少环境的污染，同时提高稻米的品质。据了解，每亩虾稻田可以产出200斤小龙虾和900斤优质虾稻，亩均总产值超过5000元，远远高于单纯的水稻种植产值。造甲乡的农业大户通过发展虾稻产业已达到户均年收入20万元。合肥市虾稻产业发展经验对于北京市抓牢重要农产品稳产保供、推进农业从数量回升向量质同升转型发展、推动农民持续较快增收都具有很好的现实启示。

在农业农村部农研中心对全国31个省市地区的农业农村现代化评价结果中，北京市农业现代化指数位居全国第26位，较为靠后，其中北京市农业土地产出率从2013年的7.32万元/公顷下降到2018年的5.74万元/公顷，农业劳动生产率从2013年的7.61万元/人下降到2018年的6.54万元/人。考察组认为，要提振北京农业发展质量与速度，其中很重要的一条是科学对待产业发展与环境保护的关系，找到一条既适合农业产业发展，又严格保护农业生态环境的路子。循环农业本身就是一种保护性农业生产方式，其运用物质循环再生原理和物质多层次利用技术，调整和优化农业生态系统内部结构及产业结构，提高农业生态系统物质和能量的多级循环利用，严格控制外部有害物质的投入和农业废弃物的产生，最大限度地减轻环境污染。如果循环农业本土化得当，这种农业生产方式可以在一定程度上解决北京市农业产品品质一般、竞争力不强、比较效益低下等问题，同时也能很好地满足农业生态环境保护的要求。考察组建议，一是研究适合北京市农业资源利用的循环农业产业方向。在推进"五个百万"工程建设（打造提升百万亩粮菜生产空间、发展百万亩林下经济、优化提升百万亩优质果园、确保百万头生猪出栏、协同津冀共建环京百万亩农产品供应基地）时，融入循环农业的发展理念，将粮菜、果园等种植业空间与生猪等养殖业空间进行插花布局，促进区域范围内的种养循环，大力发展有机绿色产业，提高资源利用率、土地产出率和畜禽废弃物的自然消解率；深入研究和大力发展林下复合经济产业，出台相关林下经济扶持政策，提高林地综合经济效益。二是加快完善支撑地产农业的生产性基础设施建设，特别是预冷、保鲜、储藏、加工、物流等基础设施建设，为地产农业提供便捷完善的检验检测、清洗、分级、分拣、包装、仓储（冷冻库、冷藏库、常温保鲜库等）、装卸、搬运等农产品商品化处理服务。三是支持数字化农产品流通创新模式发展。由于北京农业的小规模、分散性、特色化等特质，很难对接传统的规模化批发市场渠道，需要大力探索符合北京农业生产消费特点的数字化农产品流通渠道。

考察组组长：刘军萍
考察组成员：张英洪、吴国庆、李明、范宏、张秀莉、刘雯、张颖、乔通
执　笔　人：刘雯

让农村回得去　让未来看得见　让乡愁留得住

——安徽三瓜公社考察报告

三瓜公社坐落在中国四大古温泉疗养胜地——安徽巢湖半汤，于 2015 年 9 月挂牌成立，在短短的 6 年间，通过一二三产业深度融合，农文商旅深度开发，借助互联网经济和搭建创新创业平台，建设了 30 多个产业基地，带动周边 12 个村落的发展，开发了茶、泉、农特、文化 4 大系列 1200 余种半汤优质农产品及旅游文创产品，有效带动当地 1500 多户村民创业致富，人均增收 40%，合作社社员人均增收达 5 万元以上，村集体经济增长 200%，特色产业投资突破 2 亿元，年游客接待量 600 万人次，真正实现了农民富、农村美、农业兴。

2021 年 7 月 6 日—9 日，北京市农村经济研究中心党组成员、副主任，市城乡经济信息中心主任刘军萍带队前往安徽巢湖，现场考察三瓜公社一期项目——冬瓜民俗村、西瓜美食村和南瓜电商村，实地探究乡村振兴中资源要素禀赋的深度融合和休闲农业产业发展，为北京市乡村振兴提供借鉴和参考。

一、基本情况

三瓜公社是安徽省乡村产业融合发展小镇，位于安徽省巢湖市半汤街道（巢湖市为安徽省合肥市代管县级市），距离合肥市约 90 公里，开发建设区域约 12 平方公里，包括半汤街道部分区域以及周边 12 个村庄。三瓜公社采取公司化运作方式，其公司主体为安徽淮商集团与安徽巢湖经济开发区联合成立的安徽三瓜公社投资发展有限公司。

三瓜公社秉承"把农村建设得更像农村"的设计理念，按照"整旧如故、体验其真"的规划思路，一期投资 5 亿元，改造开发了南瓜电商村、冬瓜民俗村和西瓜美食村三个村庄。其中，南瓜电商村围绕乡村电商基地建设，引进电商总部，开发当地农特产品生产基地，整合包装名优特产资源，建立统一的电商分装库和物流中心，打造"安徽电商第一镇"。冬瓜民俗村围绕乡村文旅产业建设，以两枣农场、四季瓜果、五谷农业为主题，打造出休闲农业带、观光农业带、体验农业带三大农业带，恢复酒坊、茶坊等 40 多个手工艺作坊，打造以体验半汤地方传统农耕民俗文化为特色的村庄发展模式，让乡村成为"未来中国人的奢侈品"。西瓜美食村主要产业为 80 户温泉康养民居民宿、60 家特色农家乐、

10处心动客栈酒店。

三瓜公社通过拓展农业功能，提升一产品质，带动二产发展，促进三产升级，实现"三产"（绿色一产、精品二产、休闲三产）融合，"三生"（生产、生活、生态）融合，"三旅"（农旅、商旅、文旅）融合。近年来，通过不断实现生产的跨越和迭代，三瓜公社荣膺多项荣誉。2016年，三瓜公社荣获安徽省先进集体、安徽省青年创业园称号。2017年7月，三瓜公社被评为安徽省首批特色小镇第一名。2018年，三瓜公社入选中国特色小镇50强。2019年，三瓜公社荣获"乡村发展助力奖"，入选首批全国乡村旅游重点村。2019年，三瓜公社成功列入国家农村产业融合发展示范园第二批创建名单。

二、主要做法

三瓜公社在短短几年间实现了翻天覆地的变化，由脱贫帮扶的贫困村变成了人均收入增长超5万元的幸福地，由人烟稀少的空心村到游客纷至沓来的网红打卡地，由农产品滞销的"老大难"村跻身到全国特色小镇50强，到底什么因素起了作用？经考察发现，巢湖经开区、安徽淮商集团和北京绿十字三家携手，超前谋划，步步为营，统筹城市资源要素下乡，让农村回得去；利用产业发展提质增效，让未来看得见；厚植人文资源禀赋，让乡愁留得住。

（一）城市要素资源入乡，让农村回得去

什么样的农村是回得去的农村？它保留了乡土气息的外貌，又有着现代生活的品质；它提供就业创业的岗位，又拥有沟通交流的社群；它给予放松身心的环境，又搭建学海游弋的平台。通过多种要素资源的整合，这些理想中的画面都在三瓜公社落了地。具体来说，通过政企合力，让农村发展有保障；通过人才入乡，让农村发展有激情；通过数字入乡，让农村发展有动能；通过设计入乡，让农村发展有品质；通过知识入乡，让农村发展有气质。

1. 政企合力，农村发展有保障

政企携手，共同筑牢乡村建设基础。三瓜公社是安徽淮商集团作为"百企进百村"扶贫项目与经开区管委会联合成立的，坐落在经开区唯一有村落的半汤街道。在建设和发展过程中，经开区、村集体和安徽淮商集团三方联手，在基础设施、财政金融、政策支撑、统筹协调、生产经营、产业运营等各方面取长补短，共同保障了三瓜公社的顺利成立。

经开区进行基础设施的改造以及整合相关资源在政策上进行支持，招募设计公司和团队。在政策上，经开区党工委管委会在集体土地流转、租用，以及基础设施配套建设等方面予以大力支持。首先改造了乡村的交通和路网，建设了主干道路，铺设了主干道和游步道；其次升级改造电网，提高其荷载能力。在统筹协调上，加强部门协调工作，顺应电子商务产业特殊性和需求，调整改善工商税务登记和管理体系。在财政金融上，开发区政府积极帮助企业解决发展过程中的融资短板，优先兑现中央和地方的财政支持；为了吸引更多中小企业入驻，联手多家金融机构为入驻企业提供小额贷款担保和融资服务，帮助各中

小企业解决资金上的难题①。在生产经营上，开发区政府对三瓜公社项目的生产厂房予以优先保障，先后帮助解决了保税仓库、sc生产和物流配套等用房②。

村集体将农户手中的土地统一流转到经开区的平台公司，作为规模化经营土地的储备。安徽淮商集团运用市场化经营思路和经营理念，向村庄注入资金、技术、品牌、管理等产业要素，对三瓜公社的整体产业开发以及产品选择和产业运营提供支撑。同时，安徽淮商集团联合经开区管委会，为每家入驻企业优先提供小额担保贷款10万元。

2. 人才入乡，农村发展有激情

创造人才入乡的硬件环境和软件环境。三瓜公社大力支持和倡导外来者入乡、外出者回乡，并在信息基础设施的构建以及村内居住生活环境和未来发展方向上创造了良好的环境。

在硬件设施方面，进行了信息基础设施建设以及村内建筑的打造。首先进行互联网和物流体系的布设。"没有年轻人的乡村，经济内循环受阻；没有年轻人的乡村，经济外循环无路。"三瓜公社创始人刘浩如是说。据了解，在针对年轻人的调查中显示，年轻人对于返乡最关切的问题，排名前两位的分别是有无WiFi和快递。三瓜公社因需施策，首先迅速进行全域无线网络的布设以及电商分装库和物流中心的创设，从而方便引入快递"三通一达"。其次对村内建筑进行提升改造为生活提供便利。一是对民居内部进行改造，配设现代的居住设施。二是设置生活便利场所，包括咖啡馆、酒吧、茶馆、读书馆、影院以及健身场所。另外，为了营造乡村浓厚的就业创业氛围，筑巢引凤，完善配套硬件条件，聚合各个领域的大国工匠，开设专门的工作室、工坊等。

在软件环境方面，给予多样化的就业机会和就业岗位。创业不必去远方，家乡一样铸辉煌。搭建乡村人和城市人就业的双创平台——乡创和农创平台。"乡创"是指服务本地年轻人返乡创业和吸引外地年轻人入乡创业的项目，"农创"是指服务本地农民的就业创业项目。③针对乡创，成立三瓜公社青年创业园，链接电商平台机构，提供网店设点、网络带货、文创产品开发、活动策划、品牌包装设计等创业机会。自2017年3月开村以来，三瓜电子商务、甲骨文、微创联盟淘宝、京东、天猫、快手、抖音、甲骨文科技、顺丰大当家、四季安徽、科大讯飞等电子商务和视频直播企业均在村里设点。对于入驻公社的创业者，给予相应的租金减免政策，比如三免两减半——即前三年租金免除，后两年租金减半。到目前为止，已经吸引500多名青年人来公社创业，间接带动1000多人就业。针对农创，可以提供农产品分拣、包装、销售、工艺品制作以及餐饮住宿服务等就业机会。经问询结果表明，农创的月薪最低收入也超过2000元。

创设了落户于此、彼此能够并且愿意交流的青年人群所构建的青春氛围。通过聚会、健身、喝茶等一系列的交往活动，为年轻人创造了沟通交流的机会，打通了创业培训以及

① 王飞龙，《"文旅农"三链融合导向的生态特色小镇优化对策——以巢湖三瓜公社为例》，《老字号品牌营销》期刊2021年第一期，第25页。
② 李修松，《把农村建设得更像农村》，载《人民政协报》，2019年4月1日，第六版。
③ 半汤乡学院，《旅游，重塑乡村》，中国旅游出版社，第135页。

继续教育的通道。坐落于南瓜电商村的半汤乡学院以及电商培训中心是三瓜公社专门为双创人员提供手把手创业指导和培训的教育机构，为双创人员解决创业就业的痛点、难点和堵点。

3. 数字入乡，农村发展有动能

实现信息技术软硬件的全面建设和全方位集成。三瓜公社有全覆盖的无线网络，除了享受外在优美的环境，随时随地无线上网也让人忘却了身处乡村。同时，三瓜公社实现了无线网、物联网、监控、智慧农业、智慧旅游、照明的全方位集成以及信息技术助力公共设施、垃圾处理、排污系统、生态循环等系统的应用[①]。像古巢国印象馆采用现代高科技手段重现古巢国史前时期的文化等，使游客能够更为便捷和直观地重温历史场景。

利用互联网的东风借力，让小农户链接大市场。通过"电商＋农业"创新新媒体销售的发展模式，借力抖音、快手等网络直播平台的网络带货，让小农户与大市场紧密链接，促进小农户和现代农业发展的有机衔接，让农产品、休闲农业体验搭上互联网的顺风车。

4. 设计入乡，农村发展有品质

村庄建筑既保留原生态的肌理和纹路，又突出自身的特色和主题。在项目伊始，引入北京绿十字和上海农道规划设计公司，秉承半汤乡学院监事长孙君的"把农村建设得更像农村"的设计理念，按照"整旧如故，体验其真"的规划思路，对东洼村（冬瓜村）、大奎村（南瓜村）、倪黄村（西瓜村）进行统一的规划和设计，秉承"不拆一间房、不填一口井、不掩一口塘、不砍一棵树"的四不原则，通过微建、保留、保护老房子等一系列的工作，对村庄进行"微整形"，虽然感觉没有大的变化，但是一点点变美变漂亮，从而打造出日益美腻的原乡、历史积淀和现代发展相结合的独特的建筑风格。

以开放的态度和包容的方式对待建筑。打破以往封闭的院落模式，拆除四周院墙的壁垒，用明显的牌匾以及篱笆式的院隔彰显热情的迎客态度。同时，在改造民居时，给予村民充分的自主权。可以有三种选择：第一种，三瓜公社统一设计和建造；第二种，三瓜公社设计，自己建造；第三种，自主设计和建造。这种方式充分体现了设计规划当中包容和立体的态度。值得一提的是，在汤山村的设计改造过程当中保留了目前被界定为棚户区的建筑，精心改造了一批老房和危房，如村里村外、烧酒坊、村广播站等，目的是保留这个时代的无风格的特点，无规则的感觉，没有文化的特征[②]。

规划设计中突出特色化、差异化和品牌化。对古村落实行"一村一品"的建设布局及对旧民宅进行"一户一特"的定位设计，按照"南瓜农特电商村""冬瓜民俗文化村""西瓜民宿美食村"三大板块进行布局和规划设计，针对村庄整体规划对农户进行"一户一特"的设计，避免同质性和重复性。

5. 知识入乡，农村发展有气质

半汤乡学院的创设发挥了培训、带动和辐射作用。"富不丢猪，穷不丢书。" 2016年5月，

---

① 朱文韬，栾敬东《产业融合理论视角的"三瓜公社"扶贫实践路径及启示》，载《河北农业大学学报（社会科学版）》2020年第3期，第54页。

② 孙君，《忘掉设计就有设计》，载《中国旅游报》2019年9月6日，第5版。

三瓜公社成立了半汤商学院，目的是为了进行乡村振兴实践探索和理论研究。通过半汤论坛的举办，陆续吸引了来自中国社科院、清华大学等国内顶尖学府的艺术家、专家来从事乡村振兴的课程设计、研究和教学，为乡村振兴、乡村建设进行智力支持。2018年，随着国家"乡村振兴"战略的推动实施，半汤商学院改名为"半汤乡学院"，成为新中国成立以来的第一所乡学院。

积极向外输出三瓜理念和核心价值观，辐射带动其他省市进行乡村振兴理论和实践探索。自成立以来，半汤乡学院已经为全国28个省（自治区、直辖市）160余县1800多名政府学员提供农村电商、电商扶贫以及美丽乡村建设等专题研修培训。已完成电商培训班64期，共培训6000人次，培育企业30余家，直接用工300人，带动就业2000余人[1]。主办农村电商峰会、农旅峰会和美丽乡村建设大会、第一届半汤论坛、第二届半汤论剑，接下来还要举办半汤论道，并开通服务青年创业的网络信息化平台，提供创业咨询、创业培训、创业服务和创业辅导等信息。

多措并举打造知识三瓜，形成以半汤乡学院为引领的教育格局。除了半汤乡学院，还设立了汤山书院、半汤书屋等文化教育设施，联合当地的培训资源为入乡返乡回乡者营造全员学习拓展的氛围，进一步丰富和提升了当地的知识传播力度。开展校地合作，利用社外的优质教育资源助推本地发展。2016年以来，三瓜公社先后与巢湖学院，安徽新华教育集团，安徽大学商学院、经济学院、新闻传播学院，安徽国际商务职业学院等教育机构共建大学生校外双创实践平台。通过校地（校企）合作，学校为三瓜公社发展提供智力支持，培训服务，输送多批次实习学生；同时，三瓜公社也多次为学校提供创业指导、师资培训、赛事评审等支持，从而达到校地（校企）双方合作共赢的目的。

（二）产业发展提质增效，让未来看得见

回故乡易，留故乡难。如何让入乡归乡返乡的人能够长久地待在这里？什么样的未来可以看得见？三瓜公社的实践告诉我们，发展有竞争力的产业是关键，首先要提升品质，让产品供应有底气；其次要创新技术，让产品竞争有锐气；再次要商业运作，让逐鹿市场有朝气。最后也是最重要的是，有科学的利益链接机制，合作联合，共同致富有风气。

1.品质提升，产品供应有底气

提升农田的自我修复能力，保障食品安全。三瓜公社改良农田土壤，运用土壤的自我调节功能修复被破坏的农田，从而形成正常的生物链循环系统，使农产品的品质得到了极大的提升。一是减少农药、化肥在农作物种植中的使用量。三瓜公社的两枣农场、五谷农业和四季水果等品牌农耕园，从2016年下半年开始就减少化肥和农药的使用量，自然生态的原生方式种植，用农家肥代替化肥，用植物病虫害的自然天敌（如麻雀、蜘蛛、青蛙和蛇等）和现代光诱技术的使用代替农药。二是种植绿色肥料和控制水污染。在三瓜公社所有农田推广种植传统绿肥植物，如油菜、苜蓿、紫云英等，既改良土壤的活性结构，也能作为鲜花盛开后的赏玩之地。三是控制农田水务网。在基础设施建设中建成了多条雨水

---

[1] 陈鹏，安徽建筑大学硕士论文《乡村重构理念下的美丽乡村建设研究》第四章，第53页。

沟和污水沟，实现雨污分离，控制了生活污水对农田的侵害①。

填补季节空档，形成独特的竞争优势。在冬瓜村的北面，经开区投资建设的郁金香高地花卉种植面积在 3200 亩，目前形成三季有花、全年有景的空前盛况，打造了不落幕的四季花海。在每年 3—4 月春风送暖时节，郁金香与樱花及田垄中的油菜花遥相呼应；4—6 月初夏时节，在高地中芍药花竞相怒放；7—8 月盛夏时节，漫山遍野开满格桑花与波斯菊等；9—10 月初秋时节，百合亭亭玉立，花香四溢。持续不断的花海引来游人如织，鲜花灿烂的盛期每天游客超过 10 万人，最多时一天的游客超过 30 万人。郁金香高地的游客又能辐射带动三瓜公社的吃住游娱购，形成聚集吸引效应。

2. 技术创新，产业竞争有锐气

专业溯源技术确保食品安全。在浙江甲骨文超级码股份公司与安徽淮商集团长期战略合作的背景下，2017 年 3 月，甲骨文在三瓜公社设立了安徽省首个办事处，建立了甲骨文超级码三瓜公社溯源中心，为三瓜公社的特色产品赋予专门的产品身份证，提供全面的产品方位溯源安全监管技术解决方案，打造完备的产品质量安全溯源监管体系，一方面能够保证食品安全，另一方面也能避免市场恶意竞争。

利用互联网大数据了解预测市场需求，用市场倒逼产业升级。利用外部市场需求指引内部产业布局，用电子商务驱动农产品生产加工，订单农业是三瓜公社农业现代化的发展方向。大数据技术为三瓜公社的农产品生产者提供了全国各地区不同种类农产品销售情况、消费群体销量分布情况等一系列数据，从而破除了农产品生产方与消费方之间的信息不对称问题，打通了产销，实现了农业精准化生产，提升了生产效率。通过网络筛选游客感兴趣的主题，寻找乡村休闲热点，实时掌控消费者和消费企业动态，有针对性地开办主题活动，提升游客满意度和服务体验②。

3. 商业运作，逐鹿市场有朝气

前期资金有赖金融机构贷款。三瓜公社在前期筹建过程中得到了合肥市发改委和巢湖农村商业银行的高度重视和支持，在两方协商支持下，由巢湖农村商业银行为三瓜公社初期建设提供了三笔总金额为 6500 万元、利率为 7.25% 的银行贷款，帮助其初期的建设和后期的运营③。

运营前置，规划建设运营一体化。统一谋划市场资源，双重导向加强顶层设计。找准市场定位，紧瞄目标人群。未来谁会来到乡村？进行怎样的消费？乡村资源转换出来的产品和服务是给到谁的？根据梳理的结果，三瓜公社所在村的位置离合肥和南京在两个小时的消费圈内，能够辐射合肥、南京、芜湖和马鞍山四个城市近 2000 万的人口，服务于这些人群的周末度假、农文旅、亲子游的需求，从而根据需求来确定供给，将资源要素很好地匹配到需求上来。

分类施策，加强专业化分工。三瓜公社依托安徽淮商集团，旗下成立多业态公司，分

① 半汤乡学院，《旅游，重塑乡村》，中国旅游出版社，第 51 页。

② 李璐涵，《"互联网"背景下乡村旅游可持续发展路径探析》，载《企业科技与发展》期刊，2018 年第 8 期，第 331 页。

③ 耿冉冉，《PPP 模式在环巢湖特色小镇建设中的应用研究》，载《北京城市学院学报》期刊，2021 年第 3 期，第 19 页。

门别类地保障多种需求。除了成立汤山旅游公司，还成立了五谷农业公司，以及工程类、规划类、装潢类、餐饮类、电商物流类等多家公司，全面服务引领带动三瓜公社的多元发展。

用小空间博大市场。延伸产业链，创造再消费的可能。通过休闲农业的发展和农旅业的结合，吸引更多的城市人群来到乡村，将村落场景与产品销售场景捆绑，保留了对产品的记忆，回城之后虽然人不在村庄，但可以基于网络平台进行离地消费和多次消费，把乡村场内消费延伸到了场外消费，形成了用乡村小的空间博大的城市消费市场。

4. 合作联合，共同致富有风气

村民变股民，持续享有运营收益。2016 年，成立了汤山旅游发展公司，按三瓜公社、行政村集体、村民持股 6:2:2[①] 的模式，形成多方收益、多元享有的利益分享机制。同时，通过"三变"入股的模式，让村民变股民、房产变股本、土地变股金，使村民能够持续享有收益。结合村落的休闲农业、民宿、餐饮等体验消费项目，三瓜公社的集体经济增长了 200%[②]，合作社社员人均收入增长达 5 万元以上，相比之前增加 34%。

成立合作社，保障农民权益。三瓜公社成立了合作总社，又分别成立了花生专业合作社、山里邻居食用菌专业合作社、山里人家养殖专业合作社等 7 家合作社，开发了茶、泉、农特、文化系列 1200 余种优质特色农产品，其中线上 256 种[③]，合作社改变了传统的运作模式，将种植、养殖、生产、线上线下交易、物流等环节融为一体，保障了农民的权益共享和收益持续。

保留唯一特色，形成独特竞争优势。在合作社的主导下，通过规划设计，对餐饮和住宿场所进行特色打造，形成具有唯一性和排他性的独特保留菜品。如老村长家的锅巴饭、山里邻居的原味老鸭汤、三只笨鸡的小笨鸡贴饼子以及山泉鱼庄的柴火地锅炖咸鱼等，都是独家特色，既丰富了不同人群的口味，又能避免同质化竞争。村口土菜馆，按照汤山姓氏，将每个包厢都根据姓氏而命名，带来了宾至如归的感受。

（三）人文资源禀赋厚植，让乡愁留得住

"乡音亘古今，乡愁暖人心，走遍天涯路，最是乡情深。"怎样打造不一样的乡村，让城市人流连忘返，去而复返？关键是深挖当地的特色人文资源，绘制独一无二的乡村生活记忆图景，让乡愁得以安放。在调研过程中，我们发现，三瓜公社利用地方特色资源寻根，唤醒了对传统文化的归属感；利用村内地标特色风貌筑魂，营造对在地文化的熟悉感；通过传统现代新旧动能混搭出新，激发对特色文化的新鲜感。

1. 利用地方特色资源寻根，唤醒对传统文化的归属感

半汤拥有丰富的自然资源和底蕴深厚的文化积淀，是 6000—8000 年古巢文化的核心地带。

自然资源丰富。安徽巢湖经济开发区地貌类型复杂，有陡坡高丘，低缓的浅丘，山前

---

① 丁倩文，安徽财经大学硕士论文《农旅融合视角下田园综合体开发模式优化研究》第三章，第 14 页。

② 沈启凡，苏州科技大学硕士论文《乡村振兴中传统村落公共空间特色营造研究》第五章，第 77 页。

③ 沈启凡，苏州科技大学硕士论文《乡村振兴中传统村落公共空间特色营造研究》第五章，第 77 页。

倾斜平原，河流阶地，湖漫滩、浅滩等，市域中部被长江、巢湖两个冲积平原贯穿，南部和北部为山丘岗地。南北部分用地有东北至西南方向的山脉断续相连，形成了沿江水网圩、沿湖碟形圩、波状平原和低山丘陵四种地貌，其岗地、圩畈、平原的比重分别为12.3%、48.9%和38.8%[①]。以低山为主的地形，肥沃的弱酸性土壤，光照充足，雨量充沛，再加上远离工业污染，村落清洁，植被覆盖率高，物种丰富，野生自然资源丰富，四季云雾缭绕，自然环境优美。巢湖已发现的矿藏有 34 种，其中磁铁矿、硫铁矿、明矾石、石灰石和石膏矿等储量巨大，巢湖也是著名的鱼米之乡，盛产大米、油料、棉花、蔬菜、家禽、水产品，巢湖也是国家级风景名胜区，全市自然和人文景观 130 多处，江、湖、山、泉并存，以水见长，湖光、温泉、山色是巢湖风景三绝。三瓜公社所在的半汤镇拥有我国四大古温泉之一的半汤温泉，自古以来被誉为"龙凤宝地、九福之地"，因冷、热双泉而得名，拥有温泉 18 处、冷泉 26 处。

人文资源深厚。三瓜公社善于挖掘整合当地的文化资源，其所在的半汤地区历史久远。三瓜公社抢先打造了六千年民俗馆和古巢国遗址并对此进行宣传，将悠久的文化史融入乡村文化创意产业项目当中。

三瓜公社所在的安徽省巢湖市，古称"南巢、居巢"，因"有巢氏"的发源地而得名，有文字记载的历史已有三千多年，《尚书·仲虺之诰》："成汤放桀于南巢。"[②] 素有"三古"之地（古人类的起源地、古文明的发祥地、古战场的必争地）、"三将"之乡（冯玉祥、张治中、李克农都是从巢湖走出的一代名将）、"三水"之都（濒临长江，坐拥巢湖，是全国著名的温泉之乡）、"三优"之城（区位优势明显、资源优势明显、发展优势明显）的美誉[③]。周边有三国时期曹操练兵的"操兵塘"、关公试刀的"试刀山"，以及商贾云集的"宋代十里长岗""伍子胥过昭关"等遗迹[④]。

2. 利用村内地标特色风貌筑魂，营造对在地文化的熟悉感

在村落风貌中打造在地文化的亲切感。体现农耕生产场景。西瓜美食村鱼形草编造型诠释了渔猎农业生产价值，三瓜村落交界处的粮仓设施体现农耕文化生产过程中的储粮环节，而入口处的水景景墙利用当地建设过程中大量废弃的旧瓦当，既具形态审美又延续了乡土之美。在打谷场景墙摆放农具和民俗村建筑外立面展示耕犁、圆匾等与农业生产生活紧密联系的景观设施。南瓜村中保留建筑原为公社化运动时期的粮仓，现保留未翻修见证了上世纪的历史记忆[⑤]。

体现村民生活空间。传统乡村中村民空间主要是供村民休憩或集会的场所，公共空间的服务对象变得多样，功能需求的满足也有变化，如冬瓜村年久失修而荒芜的牛棚，经过

---

① 陈鹏，安徽建筑大学硕士论文《乡村重构理念下的美丽乡村建设研究》第四章，第 32 页。

② 搜狗百科.巢湖 [EB/OL]. https://baike.sogou.com/v44206.htm?fromTitle=%E5%B7%A2%E6%B9%96.

③ 朱文韬，栾敬东，朱礼龙，《共享经济视角的安徽"三瓜公社"特色小镇乡村振兴发展研究》，载《中南林业科技大学学报（社会科学版）》，2018 年第 5 期，第 70 页。

④ 《生产生活生态美 宜居宜业宜旅游》，载《中国经贸导刊》期刊，2019 年 5 月，第 41 页。

⑤ 汪铮，《乡村振兴背景下原乡景观的价值体现》，载《大众文艺》期刊，2020 年第 2 期，第 262 页。

修缮后变为冬瓜村社员服务中心，一方面成为附近乡民的集散场地，另一方面定期举办民俗表演、戏剧表演和夜晚的篝火晚会，以服务更多的人群。

植入乡村元素符号。如乡创基地建筑形式延续原有框架，外立面改制为土墙肌理；傻瓜网电商平台的前院门廊由砖石结构砌成，搭配红灯笼和乔木具农家生活风味。

在体验活动中和产品设计中释放在地文化的渗透感，让游客潜移默化地感受民俗文化和乡野情趣的魅力。在冬瓜民俗村的创意项目中，企业邀请众多民间手艺人，让他们在手工作坊工作表演，而手工作坊也能让游客亲身参与到传统手工艺的制作过程中。同时引入著名手艺人线上平台"东家·手艺人"[①]，聚合各个领域的大国匠，共同入驻乡村。在打造的乡村氛围中，大量地利用传统文化符号营造乡野情趣，将民俗文化熔铸在产品设计中，在原有的基础上，开发出许多衍生产品。其中的茶系列就是依托六千年历史的半汤文化研发了半汤烤茶、半汤红茶等，极具地方文化特色。

3. 利用传统现代新旧动能混搭出新，激发对特色文化的新鲜感

青年一代的元素在不断凸显，呈现与乡村文化别样的混搭。动漫要素的存在揭示了新旧动能的碰撞，也是文化的混搭。如客栈外富有农家气息的墙绘，以及广场上的"胡巴"表情包，突破了受众年龄与文化水平的限制，成为通俗易懂的文化传播的新方式。村内餐饮、住宿和休闲场所的命名也体现了青年一代的活泼特点和特色。如有间客栈，整体风格是以武侠系列为主，每个客房上面的门牌号，包括编号，都是以武侠的人物及其派别为背景，比如武当派、华山派、丐帮等。每个房间的设计主题也是以武侠人物为背景[②]。

在三瓜公社品牌打响之后，还衍生出了相应的品牌IP。像三瓜公社的创始人刘浩被亲切地称为"瓜叔"，在三瓜公社中工作的人员称为"小瓜"，以及来三瓜公社休闲消费的游客叫做"吃瓜群众"。用这种衍生的IP与互联网热词相结合形成新的品牌文化传播渠道，进行更为便捷和快速的品牌传播。

三、经验和启示

（一）以"融"为基，推动资源要素全面融合

三瓜公社建设伊始，当地政府和主建人员就提出乡村旅游、度假休闲在乡村重构与经济振兴中是引导性产业、带动性力量，要逐步改变目前乡村衰败、荒凉、空心的发展旧貌，让乡村变成"山会招手，树会说话，水会唱歌"的休闲目的地和乡村度假地。三瓜公社始终坚持多要素、全方位、多角度的融合发展理念，具体包括"三生"融合、"三产"融合及"农文旅"深度融合。建设之初，政府方、企业方和设计方三方作为利益共同体合作发力，将农民利益、市场需求和原生理念深度契合；在推进过程中，三产深度联动发展要求种植业增产增收、深加工业创业创富、互联网商业销售和乡村旅游业服务相互融合。在农文旅结合上，要求以农旅为主引领乡村的建设发展、以农商为力稳固乡村的产业支

① 陈鹏，安徽建筑大学硕士论文《乡村重构理念下的美丽乡村建设研究》第四章，第55页。
② 汤彭芳，《农旅融合与新农村建设的探寻研究》，载《现代商贸工业》期刊，2018年第31期，第34页。

撑、以农文为魂塑乡村的灵魂。在"三生"融合发展上，要求以生产为基带动乡村发展、以生态为本支撑乡村发展、以生活为根保障乡村发展。

北京作为首都，具有明显的要素集聚优势。要多层次、多角度、多方面共融共生，互联互通。既要深入挖掘一二三产业深度融合的方法和路径，也要大力开拓"农业＋"商业、文化、旅游、体育、康养、教育等新业态的融合和发展，更要营造新消费、新经济、新场景的消费环境和氛围，还要推进"城与乡""都与城"之间的要素资源交互与融合，用好用足"资本下乡、人才下乡、技术下乡、土地制度改革、户籍改革"等政策红利，通过持续发挥新型城镇化以城带乡、高科技助农带农、逆城镇化人才回流等多重兴农助农机制，变输血为造血，改被动为主动的发展模式。不仅要实现人与自然的融合发展，也要实现城镇居民和乡村居民的生活共生，共同构建乡村未来社区，推动大城市带动大郊区，大郊区服务大城市的深度发展。

（二）以"技"为略，实现弯道超车零延迟

三瓜公社的成功，离不开互联网技术的应用，以及现代科学技术的融入。借助互联网的信息共享优势，既解决了返乡创业人才的创业就业问题，也能够使村域开发的农业产品和休闲游憩产品搭上信息的快车道，直接与市场互联互通。另外，三瓜公社在建设过程中，最大可能将现代信息通信技术融入硬件和软件设备中，为构建"智慧旅游"平台打下基础。建设了主干管道网络，完成对整个区域的电气、无线网路、光纤宽带的全覆盖。

北京是国际科技创新中心，也是原始创新的策源地。北京的科学实力居全国之首，集中了我国90％以上的重点互联网企业，至2018年，北京市2030个行政村建有电商服务站点，站点数量达到3330个，这些都为北京乡村数字化打下了坚实的基础。北京正在着力打造数字经济标杆城市，2021年上半年，北京软件信息服务业增加值同比增长17.2％，数字经济同比增长20％，数字经济发展动能不断增强。要全力聚焦科技能力的创新，集中推动互联网、云计算、物联网等新技术，打造乡村数字经济新基建，特别是推动互联网基础设施的布设以及智慧农业的应用，围绕都市农业需求和农业现代化以及首都市场需求，进行农业科技"最后一公里"的创新和研发，着力打造休闲农业的智慧旅游平台、资源环境的动态监管平台和人居环境的长效管护平台。同时要综合高校的智力资源优势，倚靠中瓦科技中心和农业中关村的孵化和创新成果，重点打造"种业之都"中"农业的中国芯"以及数字农业。全面实现农业农村的全产业、全区域发展的智慧化和智能化，让北京农业插上科技的翅膀。

（三）以"文"为根，深耕传承涵养文化自信

乡村文明是中华民族文明史的主体，村庄是这种文明的载体，耕读文明是我们的软实力。在三瓜公社的打造过程中，系统梳理传统文化资源，不断地发掘和传承乡土文化，借助周边文化资源优势，碰撞新的文化理念和视角，遵循乡村自身发展规律，整旧如故，充分体现土味乡情，保留乡村风貌，留得住青山绿水，记得住乡愁别绪。

北京是北方文明的重要发祥地之一，上宅、雪山、东胡林、北埝头文化都烙刻着北方文明的印记，要充分梳理北京老城、"三山五园"地区以及大运河文化带、长城文化带、

西山永定河文化带的历史文脉和传承精神，结合乡村实践，打造相应的文化产品，让历史文化和自然生态永续利用。要紧扣文化中心的城市战略定位，充分利用北京文脉底蕴深厚和文化资源集聚的优势，充分保护文化遗存、延续首都文脉、弘扬历史文化，发挥首都凝聚荟萃、辐射带动、创新引领、传播交流和服务保障功能，把首都乡村建设成为物质文明与精神文明协调发展、传统文化与现代文明交相辉映、历史文脉与时尚创意相得益彰的世界窗口，在首都乡村文脉传承中涵养中国自信。

（四）以"人"为本，突破乡村振兴人才瓶颈

未来的乡村谁来振兴？为谁振兴？终究离不开人的回归。三瓜公社提出的让外地人入乡、城里人返乡、年轻人回乡的政策，解决了制约乡村中人的瓶颈，让人人有事干，户户有收入。通过乡学院的论坛和课程，吸引更多的能人，形成能量聚集，不断抱团取暖。通过农创和乡创的平台，搭建大批返乡创业人士的舞台，通过互联网的传播和发散不断拓展三瓜的产品领域。通过工坊、工作室的开设，借力大国工匠平台，形成更广泛的辐射带动。

北京是国际一流的大都市，吸引着大批来自海外的人才。自2010年以来，北京"海外英才北京行"活动已举办十届，共吸引了来自全球30多个国家和地区的1000余名海外人才参加。其中很多的国外人士被北京郊区的传统文化所吸引，租用农民的闲置房屋，享受京郊的生态美景。怀柔区北沟村自2005年以来，共引入17户来自美国、荷兰、德国等国家的外籍人士到村投资、居住。北京要建设国际一流人才高地，应像怀柔北沟村一样打造更多的类海外环境的乡村，健全互联网和物流商贸体系，让更多的国际人士入乡，成为新村民。千方百计地发展各种"农业+"产业，积极搭建创业就业的平台，打造乡村CBD，吸引更多的人能够返乡创业就业。要打造一支"一懂两爱三过硬"的"三农"人才队伍，俯下身子扎根基层、服务基层、宣传基层和带动基层。多措并举让乡村老人不再空巢、让乡村儿童不再留守、让乡村年轻人安居乐业。

（五）以"商"为策，把握先机占据市场主动

三瓜公社的母公司安徽淮商集团，是国家商务部、省商务厅重点培育的商贸流通企业，深耕市场多年，深谙市场的规律和商业规则，对三瓜公社进行商业化运营和企业化管理，在竞争中找寻市场，从市场中挖掘商机，从商机中支撑供给。对于乡村来说，要将产品变成商品，将产业做成服务业，也需要遵循市场的规律和要求。首先，挖掘当地特色要素资源禀赋，对接市场的需求，对农产品的价值进行增值和提升。同时，紧扣消费心理深挖消费市场，对于在地消费如何转化成远端消费、二次消费乃至多次消费，符合物以稀为贵的规律。再次，聚天下之英才，顺势而为，改商学院为乡学院，传播符合三瓜的文化理念和符号，集聚更多的商业流量。

在市场中竞争要充分遵循市场规律。"谁挥鞭策驱四运？万物兴歇皆自然。"对于北京郊区来讲，不管资本进不进入乡村，乡村的产品和休闲服务要想在市场中有竞争力和可持续发展能力，必然要遵循市场规律。正如马克思所讲："思想一旦离开利益一定会使自己出丑。"在经济活动中，利益是各方主体的必然要求，只要是正当合理的，就应予以保障。

北京市 2020 年常住人口为 2189 万，加上流动人口，有着巨大的京郊消费市场需求。在具体推动过程中，首先要牢固树立不抓农业不稳、不抓工业不富、不抓商业不活的意识，全面推动三产深度融合。其次要加强信息的传播渠道和信息的共享渠道，灵活捕捉信息、分析和利用信息，使信息尽快转化为财富，转化为生产力等来搞活经济。最后要善于总结价值规律、竞争规律和供求规律，实现产权有效激励、要素自由流动、价格反应灵活。

三瓜公社的成功有必然性，在于它充分调动了各方面的资源进行加成，全面融合各方面的优势资源为我所用，充分遵循了市场竞争中的规律；它的成功也有偶然性，借助了互联网全速发展的浪潮，坐拥巢湖经济开发区良好的招商政策。需要说明的是，在考察过程中，由于时间所限，本调查组未能深度了解本土村民在乡村振兴中所能分享的利益和实现共同富裕的路径，有待后来者继续深入挖掘和探究。

考察组组长：刘军萍
考察组成员：张英洪、范宏、吴国庆、刘雯、张秀莉、李明、张颖、乔通
执　笔　人：张颖、刘雯

贵州塘约村以市场化方式发展集体经济之路

农村集体经济是党在农村执政和实现农民共同富裕的经济基础，发展壮大集体经济是全面推进乡村振兴、高质量实现农业农村现代化的物质保障。贵州省安顺市平坝区乐平镇塘约村顺应市场经济发展要求，建立市场经营运行机制，培育自有产业的市场竞争力和可持续发展能力，走出了一条以市场化方式发展壮大农村集体经济的成功路子。经过六年的改革发展，塘约村集体经济由 2014 年的 3.9 万元增长到 2020 年的 576 万元，年均增长率为 129.9%；农民年可支配收入由 2014 年的 3786 元增长到 2020 年的 23162 元，年均增长率为 35.2%。2020 年，塘约村实现收益 1206 万元，村民实现分红 484 万元。

一、经验做法

塘约村按照习近平总书记提出的"不管怎么改，都不能把农村土地集体所有制改垮了，不能把耕地改少了，不能把粮食生产能力改弱了，不能把农民利益损害了"红线要求，严格坚持集体所有制，统筹推进"确权、赋权、易权"，创新实行"村社一体、合股联营"的发展模式，充分调动农民主体作用，形成了市场化经营的鲜明特征与充满活力的监督管理机制。

（一）引入市场要素、建立竞争机制

1. 塘约村在"七权同确"的基础上，成立"村社一体"的合作社即金土地合作社，村支"两委"与合作社"两块牌子、一套人马"，合作社社长由村委会副主任兼任。全村 921 户农户通过自愿入股的方式把承包到户的责任田 4881 亩全部集中到合作社，由合作社集约生产、统一经营，主要用于发展蔬菜、经果林、观光棚等产业。合作社根据村民田土的性质进行分级估价，坡耕地每亩 300 元、平整土地每亩 500 元、水稻田地每亩 700 元，同时按照每股 500 元折算股份，共有 5230 股，流转价格尊重市场价格和农民利益，并通过村民代表大会决定，村民享有流转收入与入股分红。年终按照合作社 30%、村集体 30%、村民 40% 的收益分配模式进行利润分成，形成村集体、合作社、农户三方共赢的局面。每年从村集体 30% 的收益中抽出 20% 存入合作社的风险防控基金专户，以备不测之需，相当于村集体为合作社和广大村民买了一份合作经营的"意外保险"；留出 10% 的利润归村集体。

2. 塘约村集体将流转的 2000 亩蔬菜土地进行集中种植与销售，种植管产量，销售管

产值。一是在种植环节，建立总经理负责制，合作社首先制定土地产量和经济目标，土地产量根据季节与品种的历史数据制定，产值由综合投入和市场预期决定。根据种植的管理水平、对种植品种的前瞻性、人员管理水平和成本控制等综合素质，由村民股东大会从本村的股东中推选出总经理。总经理负责完成土地产量和经济目标，村集体交出一亩地，总经理就要完成一亩地的产量。若完成产值，每亩地给总经理一定的管理费；若完不成产值，总经理就得不到管理费。总经理拥有完全经营自主权，自主决定雇佣人员数量、薪酬及种植品种。种植品种的确定是与销售合作，销售提供当季各蔬菜品种的市场价格与需求，总经理以此为参考，通过市场走访确定种植品种。总经理形成种植方案，包括成本投入、人员数量、蔬菜预估产值等方面，并报告给村委会，村委会批准后执行。二是在销售环节，由合作社的销售团队专门负责，销售人员工资为每月1500元基本生活费加上销售利润提成，产品销售主要面向广州市场。蔬菜销售利润=蔬菜销售价－蔬菜保底价，蔬菜销售价根据市场供求情况上下浮动，蔬菜保底价是保合作社的成本投入，包括土地租金、人员工资、物化成本等方面。蔬菜销售利润分配为销售团队占比70%、村集体占比30%。三是在管理制度方面，从土地种植开始把控，种植产品一环管一环，过磅后要开种植环节发票三联单，从种植到销售到采购各一联作为结算凭证，互相监督。合作社调查市场价格，采购商报价符合市场价格后，由合作社批准后达成销售。塘约村通过统一种菜，2020年实现利润450万元，建立的市场经营与销售机制大大调动了农民生产积极性，提高了农业生产效益。

3. 塘约村于2016年成立水务便民管理有限公司，在村庄集中整治期间，通过先建后补方式，由政府补助50万元建造了自来水管网。该公司实行单独核算、自负盈亏，采取市场化运营方式，雇佣本村3名村民兼职负责相关运维和收费工作，每人每月工资800元，对全村水务统一收费、运维和管护，创新解决农村公共基础设施长效管护的难题。公司为每家农户安装了水表，按照每吨自来水2.5元的标准收费，农田灌溉按照每亩地15元的标准收费，保证水不浪费，农户用得多费用就多，达到了管理精细化。自经营以来略有盈余，2020年实现盈利3000元。

4. 塘约村创新卫生管理方式，原来是以村集体雇佣人工的方式，按照每人每月1000元，共雇佣11人，每年支出13万元的卫生管理费，这种"大锅饭"的运行机制导致了干好干坏一个样。于是塘约村采取招标方式进行卫生管理，村集体在不增加成本的前提下，按照年13万元的卫生管理费用标准来邀标，以对公共设施无损坏、环境卫生干净整齐的条件来招标，谁出价低由谁来管理。建立总经理负责制，负责环卫和公共设施。总经理拥有充分用工自主权，自主决定雇佣人员的数量和薪酬，采取企业化运作。最终中标价格12.8万元，若管理好年底才能全部拿到，管理不好就拿不到。村集体进行不定期检查，若检查不合格，村集体现场请人打扫，并从总经理交纳的2万元押金里扣除，这种运行方式真正为村集体节约管理成本，提高管理效率，避免干群矛盾。

5. 塘约村在金土地合作社下成立建筑公司和运输公司，为单独核算集体企业，村集体管行政、管地物，公司按照总工程款的8%返点给村集体。由村委会帮助其寻找政府工程，公司利用塘约村平台承担工程，本村村民优先，外地村民也可以参与。建筑公司和运输公司经营效果很好，合计占村集体收入的 60%。公司经营完全市场化，公司账务公开透明，由专业会计对其进行监督管理。

（二）强化民主监督、完善制度保障

塘约村制定了村干部百分制考核办法，每年考核一次，采取定性与定量相结合、平时与年终考评相结合的方式，按照百分制评定村干部考核结果。年终，通过实地查看、民主测评等形式，由村民组长及村民代表对村干部的年度工作目标完成情况给予评价，全面准确地了解和掌握村干部一年来的工作实绩，进行量化打分。采取"定岗不定人"，每周召开村支"两委"例会，会上对本周工作进行安排，并对上周工作进行互相评分。连续 3 周未完成交派任务的作"待岗"处理，并由其他有能力的人接替。年终进行综合核算，每周任务完成情况占 50%，年底的村民组长评分占 30%、村民代表评分占 20%，按比例计算综合得分，作为干部绩效考核依据。村干部实行"年薪制"，按每分 300 元兑现工作报酬，考核结果在村务公开栏内进行公示。这种考核方式真正把村干部的积极性和责任心激发出来，避免了传统集体经济村干部说了算、村民说了不算的弊端，杜绝了村干部腐败问题，改变了农民没有发言权、对村集体不上心的传统管理体制。

二、主要启示

习近平总书记指出，"集体经济是农村社会主义经济的重要支柱，只能加强，不能削弱"。2021 年 3 月 31 日，北京市委、市政府出台了《关于全面推进乡村振兴 加快农业农村现代化的实施方案》，明确提出要发展壮大农村集体经济，实施集体经济薄弱村消除行动，2021 年实现 200 个左右集体经济薄弱村年经营性收入超过 10 万元。为落实此项任务要求，北京市要进一步深化集体经济体制改革，建立符合市场经济要求的农村集体经济运营新机制。塘约村运用市场经营手段促进集体经济快速发展，为北京市在新发展阶段如何引入市场要素来发展壮大集体经济提供了鲜活样本，为进一步强化集体资产监督管理提供了有益借鉴。

（一）坚持市场化方向发展集体经济

过去的集体化道路模糊了权力规则和界限，用纯行政手段将原来在农民手上的资源收归集体，采取"大呼隆"的经营方式，不可持续发展。新时代发展集体经济，要摒弃过去"一大二公""一平二调""归大堆式"的集体化，坚持在集聚农村生产要素的基础上，构建和完善集体经济组织的市场化运行机制，走高效率、高效益的市场化道路。

（二）从根本上完善现有管理制度

发现问题堵塞漏洞是发展集体经济的首要前提，目前已然存在集体资产管理制度缺乏活力、财务管理制度形同虚设、民主监督履行不到位等问题。重点在于完善和落实各项制度，强化农村财务公开，加强集体资产运营监督，使民主决策、民主管理真正落到实处。集体经济组织作为独立的经济实体，避免"干部经济"，在产权明晰、管理权力制衡、决策科学化等方面，逐步实现向现代企业管理方式转变。

（三）坚持农民主体激发内生动力

发展集体经济的目标是让农民实现共同富裕，产业发展、引进投资或者资本合作都不能忽视农民这个重要群体，必须坚持农民受益这一目标。乡村振兴必须具备内生发展动力，关键还是要依靠农民，要充分尊重农民意愿，发挥农民主体作用，不断增强农民的主体地位意识，增强创造财富的意识和思维，广泛汇聚农民的智慧力量，激发农民内生活力，积极引导农民投身乡村建设，不断增强农民的幸福感和获得感。

执笔人：林子果

遇见怒江　预见科技兴农美好未来

——云南省怒江州脱贫攻坚"老窝模式"调研报告

2020 年 11 月 5—15 日，农业部农村经济研究中心受国务院扶贫办委托，组织专业力量到云南怒江开展脱贫攻坚专项调研，旨在总结怒江案例，提炼怒江经验，为世界减贫事业贡献中国智慧和中国方案，市农研中心两位调研人员参与调研。泸水市老窝镇的"老窝模式"是怒江州脱贫攻坚史上极具代表性的缩影。遇见老窝，预见科技兴农美好未来；遇见老窝，预见脱贫攻坚与乡村振兴有机衔接在怒江已成为生动实践；遇见老窝，预见知识改变命运，不仅仅适用于个人，同样适用于乡村。

一、怒江州泸水市老窝镇老窝村基本情况

云南省怒江傈僳族自治州是全国"三区三州"之一，辖区土地面积 1.47 万平方公里，辖泸水市、贡山独龙族怒族自治县、福贡县、兰坪白族普米族自治县，均为深度贫困县，是云南省脱贫攻坚的"上甘岭"。全州 98% 以上的面积是高山峡谷，贫困群众大多居住在地理条件恶劣、生态环境脆弱、自然灾害频发的高山峡谷，贫困程度深，脱贫难度大，是脱贫攻坚中的贫中之贫、坚中之坚、难中之难。

老窝镇地处怒江东岸，镇政府驻地距州府六库 24 公里，是怒江通往内地的重要交通枢纽之一。老窝镇境内高山耸立，老窝河镶嵌其间，呈"V"字形峡谷地貌，土地贫瘠，且 95% 的国土面积为 25° 以上的坡地、山地。

老窝村距离镇政府驻地 1.3 公里，全村土地面积 13.33 平方公里，平均海拔 1681 米，耕地面积 2625 亩，其中水田 965 亩、旱地 1660 亩，林地 11000 亩，辖 15 个自然村，19 个村民小组，户籍人口 727 户 2551 人。全村共有建档立卡贫困群众 132 户 495 人，2014 年综合贫困发生率为 14%。致贫原因来自三方面：一是基础设施建设相对滞后，个别自然村无通组公路，大部分群众出行靠走路、运输靠人背马驮；二是产业发展基础薄弱，以传统种养殖业为主，全村 80% 以上的土地为陡坡地，"春撒一片坡，秋收一箩筐"；三是群众文化素质偏低，缺乏劳务技能，就业机会少。

2020 年 11 月 13 日，怒江州泸水市、福贡县、兰坪县退出贫困县市。至此，怒江州告别千年贫困，所有贫困县（市）摘帽，各民族实现从区域性深度贫困到整体脱贫的千年跨越。

二、缔造"老窝模式"的关键人物

提到"老窝模式",不能不提李进学博士——云南省农业科学院热经所党委书记、云南省创新人才培养对象、云南省第十二届政协委员、云南省五四青年奖章获得者。2019年2月25日,李进学作为省委下派怒江州帮助脱贫攻坚工作队队员,抵达怒江州泸水市老窝镇,挂职任老窝镇党委委员、副书记,也正是从这一天起,拉开了"老窝"变"金窝"的序幕,让科技的星光在怒江的山山水水间熠熠生辉。

老窝有着悠久的种植柑橘和香橼的历史,但原有的种植技术和品种相对落后、外观品质差、产量低、口感弱、市场接受度逐年下降。李进学在抵达怒江的第二天,就出现在老窝镇的柑橘园里,他发现存在种苗带毒、实生种苗、缺乏科学修剪、病虫害严重等太多问题,因此改建高质量果园成为首要任务。

三、坚守绿色理念,科学分析研判,改建高质量果园

依据当地光照充足、年温差小、日温差大、紫外辐射强、积温高等的气候特征,以及"两山一水"的地理条件,国家现代柑橘产业技术体系首席科学家邓秀新院士给出了"发展晚熟柑橘(沃柑)种植"的精准建议。老窝镇海拔1600米,产出的沃柑与市场上的类似竞品错季成熟,可为贫困群众带来可观的经济效益。2019年5月,李进学与老窝镇党委书记张瑞荣找到老窝村党支部书记左雪锋,左书记自筹40万元,率先开始了首期试验,在流转的30亩土地上种上了沃柑。

不同于传统的峡谷农业,基地在孕育之初就插上了科技的翅膀。挖掘机改良土壤种树、无人机喷药,还引进了"水肥一体化"的智能管理、远程墒情监测、地下墒情监测和病虫害监测。农民在家点点鼠标或手机App,就可以完成指定区块的浇水、施肥等工作,果树所需的水、肥,经智能灌溉管理系统,能精准送到每棵树下;果园的实时空气温度、空气湿度、土壤温度、土壤湿度等数据和病虫害情况,可精准传输到电脑、手机等终端;果园出现病虫害,系统会自动记录,为植保提供科学决策,指导绿色预警防控,提醒农民及时止损。

就地开发利用荒废土地。通过对大面积荒废土地进行就地改造,将复杂多样的地形改造成为果树种植的多元实验条件,不管是荒坡还是石缝,均保证了沃柑种植的"六个标准":1棵健康种苗、2条滴管出水口、土壤有机质含量达3%、每棵树拥有4立方米的土壤空间,果园进入投产后每棵树当季产量达50公斤以上,每亩地纯利润达6000元以上。

科技助力提升农业生产效率。因为技术投入量高,果园可减少15%左右的肥料用量,减少30%以上的劳动量,每亩增收800—1500元。2020年开展果药"柑菊"生态复合种植技术集成示范与推广,在柑橘果园套种特色药食兼用菊,实现以短补长、提早收益、1+1>2的生态复合种植模式。

四、守正创新、调动资源、协调各方，科学构建"老窝模式"

老窝村 30 亩柑橘示范基地建设取得初步成功，3 个月后发展到 80 亩。2020 年 5 月，在省委下派怒江州帮助脱贫攻坚工作队、省扶贫办、泸水市委市政府的支持下，引入了知名电商拼多多集团，无偿资助怒江 225 万元，在老窝镇老窝村成立泸水橘橼扶贫专业合作社，开展了 80 亩的沃柑示范基地建设，随后泸水市农业农村局等 6 个部门通过不同财政项目，注入资金 300 余万元，共同建设"多多橘橼"扶贫兴农示范项目，打造泸水市乡村振兴沃柑示范基地，种植面积由 80 亩增加到 300 亩。

（一）"老窝模式"的主体架构

通过多次沟通、多层面探讨思考，这片示范基地构建了"基层党建+特色农产品+电商平台+新农人+合作社+科技支撑"的"六位一体"运营模式（图 1），即以镇党委书记、镇长一把手组建工作领导指挥小组，筑牢基层党建架构，党旗插在哪里、扶贫产业就壮大到哪里；因地制宜，选择适宜发展的特色晚熟柑橘、香橼和菊花；与电商平台拼多多进行由浅至深的合作；挖掘自身潜力，培养产业发展所需要的新农人、致富带头人；组建专业合作社，社员在前 6 年仅限建档立卡户，6 年后利益分配扩大至全体村民；以云南农科院热经所、邓秀新院士团队平台，联合国家现代柑橘产业技术体系及产业发展的相关国内知名专家团队，提供技术支撑保障。

基层党建	搭台子
特色农产品	选路子
电商平台	做样子
新农人	传带子
合作社	增票子
科技支撑	美村子

图 1　"六位一体"运营模式和"六子效应"

（二）"老窝模式"的利益联结机制

最可圈可点的在于与时俱进的利益联结机制和社会化公平公开绩效考核分配模式。如图 2 所示，由拼多多、泸水市农业农村局等 6 个部门共同投入了 565 万元，囊括了从园区建设至前三年的运营经费及拼多多资助成立的泸水橘橼扶贫合作社，平均每户 17046 元，132 户 225 万元的社员入股资金。之所以要把前三年的运营费用提前考虑，是因为沃柑三年后才进入投产期。创新性提出社会化公平公开绩效考核分配模式，在前 6 年分配比例是 2∶4∶2∶2，其中 20% 作为新农人的业绩激励、40% 归属建档立卡户、20% 用于支持村集体公共事务发展、20% 留存合作社再发展。从第 7 年开始，随着建档立卡户实现稳定巩固脱贫，将收益分配调整为2:6:2的社会化公平公开绩效考核分配模式，将全体村民都纳入分配范畴，即20%为新农人的业绩激励、60%归属村集体、20%用于合作社留存发展。村民享有年终盈余分配及与其相匹配的参与合作社重大事务的表决权和选举权。

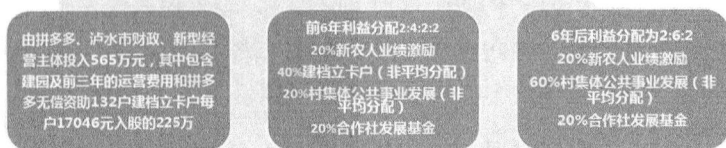

由拼多多、泸水市财政、新型经营主体投入565万元，其中包含建园及前三年的运营费用和拼多多无偿资助132户建档立卡户每户17046元入股的225万

前6年利益分配2:4:2:2
20%新农人业绩激励
40%建档立卡户（非平均分配）
20%村集体公共事业发展（非平均分配）
20%合作社发展基金

6年后利益分配为2:6:2
20%新农人业绩激励
60%村集体公共事业发展（非平均分配）
20%合作社发展基金

图2　"老窝模式"的资金投入及收益分配

（三）以积分考核构建利润分配新机制

如表1所示，用于村集体公共事务发展和给建档立卡户的收益份额并非平均分配给每一户每个人，而是将乡村治理、人居环境、子女教育、乡风培育等纳入积分考核，构建起更为精细的利润分配新机制，以一个年度的积分作为收益分配的衡量指标。具体来说，收益分配实行"积分"的激励方式，积分评比每月进行一次，以户为单位，分值由基础分、加分项、扣分项共三部分组成。每月评分一次，在组内进行公示。半年汇总取平均值，在村内公示，一年内根据积分到多多桔橼领取相应分值的分红。

表1　多多桔橼评分评比制度

项目	内容	分值
基础项	参加公益劳动	计2分
	注重户容户貌，房前屋后干净整洁，做到"七净"，即门前净、庭院净、客厅净、卧室净、厨房净、厕所净、个人整洁干净	计7分
	务工奖励	省外4分，省内州外3分，州内市外2分，市内1分。
	积极支持九年义务教育工作	计2分
	积极主动缴纳医疗保险	计2分
	积极主动缴纳养老保险	计2分
	积极参加会议及活动	计2分
加分项	为村内公益事业无偿提供土地	基础分得分的两倍给予奖励
	积极参加志愿服务活动	加10分
	参加实用技能培训（政府组织）并取得技能证书的	加50分
	就读初中以上学生（不含初中生）	加5分
	文艺队成员每参加一场表演	加10分
	各组平均分评比	第一名每户加20分

项目	内容	分值
扣分项	不送子女完成义务教育	得分清零
	规定时间内家庭成员如有一人未缴纳医疗保险的当月户得分清零（直到完成缴费）	得分清零
	符合条件的人员在规定时间内如有一人未缴纳养老保险的当月户得分清零（直到完成缴费）	得分清零
	受到执法部门处罚	得分清零
	家庭矛盾由镇、村出面调解	扣 10 分
	家庭承包地、自留地、草果地及林地内有白色垃圾、瓶、罐等垃圾	扣 5 分
	侵占公共设施	扣 5 分
	各村民小组所负责的卫生区内公厕不洁净，长期堆放垃圾、出现垃圾死角	每户扣 5 分，组长、副组长、村民代表及党员家庭多扣 5 分
	各组平均分评比	最后一名每户扣 20 分
	党员未参加党员活动 1 次	请假扣 3 分、不请假扣 5 分
	红白喜事不报备村委会、大操大办	扣 10 分
	赌博	扣 20 分
	煽动、蛊惑、造谣老百姓，越级上访	扣 50 分
	党员干部违反以上规定	扣分加倍

（四）"老窝模式"的成效

这一"老窝模式"在帮助贫困户全部脱贫的过程中，不但壮大了村集体经济，而且将分配模式考核机制延伸到新时代的社会治理，有效杜绝了吃大锅饭、养懒汉，实现劳有所得、多劳多得，有效激发了群众的内生动力，产生了"搭台子、选路子、做样子、传带子、增票子、美村子"的"六子效应"，引导全村走向特色农业发展的乡村振兴之路，实现精准扶贫与乡村振兴的有机衔接。

如今，曾经贫瘠的土地已橘绿葱葱、彩菊绽放；老百姓不再诧异橘树为什么像喝了牛奶似的成长；老百姓与柑橘专家团队结下了深厚的友谊；明白了橘园套种菊花一亩当几亩收；明白了用手机点一点，一人可管理百亩果园；越来越多的老百姓自信满满挥洒汗水，待盼来年丰收，感恩这个脱贫好时代……

五、秉持开放和共享理念，服务泸水，贡献怒江

"老窝模式"以看得见摸得着的果苗、菊花、先进管理技术和真真切切感受得到的利益联结机制，实现了看得见的产业建设和看不见的思想观念、内生动力双脱贫，实现了科学化、标准化、现代化的生态建设和园区管控，实现了乡风文明、治理有效，实现了增绿与增效、生态与生计并重。当地老百姓的人均年收入从 5 年前的 6000 元左右跃升至 2019 年底的 10600 元。

这个项目不仅给老百姓带来了希望，"多多橘橼"成为老百姓村寨边的培训学校，2020年来访参观学习的合作社、种植大户、农民达6000人次，村里开起了农家乐，很多路过的市民或者游客被漫山遍野的菊花吸引，或来拍照，或来采摘，或来写生，村子里的人气越来越旺；更让政府和社会看到了乡村振兴的模样。建园以来，国家、省、州、市等近20家单位部门、60余家公司来参观调研，为偏远的深度贫困地区能有如此先进的现代特色农业而震惊，为构建起的更加有效、更加长效的利益联结机制而赞叹。

当前，怒江州泸水市委市政府把柑橘产业作为"一县一业"的重要产业来发展，""多多橘橼"扶贫兴农示范项目已经辐射带动了怒江泸水、福贡、兰坪几个县的柑橘种植技术的提升，发展面积达7900余亩。

习近平总书记说，抓工作，要有雄心壮志，更要有科学态度。从"老窝模式"中，我们看到了科研工作者的科学态度、专业力量、系统思维和长远眼光，看到了"创新、协调、绿色、开放、共享"的新发展理念在老窝的落地生根，看到了把科技成果直接手把手交给农民的画面，看到了以产业为基础、以人民为中心的新型乡村治理体系，看到了乡村全面振兴的美好愿景在怒江大峡谷形成生动实践。下一步，"老窝模式"将结合市场运作，增加或减少要素，成为"老窝模式+"，继续推动产业向原生态特色化、高端化、数字化、融合化发展，成为一二三产业融合发展新格局的典范，成为泸水市、怒江州乃至全国脱贫攻坚与乡村振兴有机衔接的样本。

调研组组长：闫辉
调研组成员：王鹏飞、林奕言、张燕
执　笔　人：张燕

江苏省泗阳县推进农业设施
抵押贷款试点的做法和启示

　　设施农业是都市型现代农业的重要形式，是实现乡村产业振兴和农民共同富裕的强大支撑。2021 年中央一号文件以及人民银行、银保监会、证监会、财政部、农业农村部、乡村振兴局联合发布的《关于金融支持巩固拓展脱贫攻坚成果全面推进乡村振兴的意见》（银发〔2021〕171 号）（以下简称《意见》）都明确提出要大力开展大棚设施抵押贷款业务。北京市政府《关于印发〈北京市"十四五"时期乡村振兴战略实施规划〉的通知》（京政发〔2021〕20 号）（以下简称《实施规划》）指出要推动温室大棚等依法合规抵押融资。为认真贯彻落实中央和市委市政府有关精神，探索开展北京市农业设施产权登记工作，激活农业设施的金融功能，2021 年 9 月 25 日—26 日，北京市农业农村局种植业管理处处长肖勇一行 7 人赴江苏省宿迁市泗阳县学习考察农业设施产权登记及抵押贷款试点工作，与县委、县农业农村局、人行泗阳县支行、农行泗阳县支行以及有关设施农业企业联合进行了座谈交流，并实地参观了江苏安之韵农业科技有限公司、江苏新境界农业发展有限公司。

一、基本情况

　　泗阳县位于江苏省北部，属于长三角经济区和淮海经济区，俗有"泗水古国、美酒之都、杨树之乡"之称，历史悠久、生态宜居。县域面积 1418 平方公里，总人口 107.6 万，辖 10 个乡镇、3 个街道、2 个场、1 个省级经济开发区。2020 年 GDP 增长 4.2%，全体居民人均可支配收入增长 5.9%。泗阳县围绕"绿色、生态、现代、高效"的目标定位，以实施乡村振兴战略为引领，在抓重点、补短板、强弱项上持续用心用力，有力促进了农业增效、农民增收、农村增美。先后获评中国乡村振兴发展示范县、国家电子商务进农村综合示范县、国家数字农业试点县、全省脱贫攻坚组织创新奖等荣誉。

　　随着乡村振兴战略的深入实施，现代农业发展加速，农业经营主体融资难问题进一步凸显，泗阳县坚持问题导向、效果导向、民生导向，着眼农业经营主体的痛点、盼点，推出了微改革、微创新，在江苏省率先推行农业设施登记颁证、抵押融资，有效盘活农村资源资产，助力化解农业发展融资难问题，为现代农业发展提供金融支撑，赋能乡村振兴。

农业经营主体可将建成的钢化大棚、智控温室、加工仓储等现代农业设施进行登记确权，凭借获得的《农业设施产权登记证》向银行申请农业设施产权抵押贷款，银行对项目进行核实后，根据第三方评估机构估值确定最终农业设施产权抵押贷款额度。2020年9月24日，农业银行泗阳县支行向江苏新境界农业发展有限公司成功发放了省内首笔农业设施抵押贷款800万元。截至2021年9月底，全县已向8个经营主体进行农业设施产权登记，确权登记金额达1.12亿元，确权面积超过20万平方米，抵押贷款预授信金额3500万元，在用农业设施抵押贷款余额1300万元，在批农业设施抵押贷款2900万元，70%拥有登记颁证的农业设施产权的企业通过农业设施抵押途径已经或即将获得贷款支持。

二、主要做法

泗阳县在江苏省首创农业设施产权登记颁证管理制度，既保护了农业设施所有权人合法权益，又丰富了农业经营主体抵押增信手段，助力了乡村产业高质量发展。

（一）加强顶层设计，健全制度确定试点思路

泗阳县创新设计了农业设施确权、登记、颁证和抵押贷款等多项制度。一是出台《泗阳县农业设施产权登记颁证管理办法（试行）》。明确农业设施产权登记的条件：项目要符合国土空间规划、建设规划方案以及农业产业发展规划；标准化钢架大棚、作物栽培中有钢架结构的玻璃或PC板连栋温室总造价100万元及以上，规模化养殖畜禽舍总造价200万元及以上，农产品烘干、冷库总造价50万元及以上；农业生产设施用地的剩余经营期限5年及以上等。二是出台《泗阳县农业设施抵押贷款试点工作实施方案》。规定可作为抵押物的农业设施应同时具备的条件：建设在可流转集体土地上；依法取得县农业农村局颁发的《农业设施产权证》；可流转集体土地使用权在贷款到期后的剩余使用权限在5年（含）以上。三是在操作层面上给予金融机构灵活度，由金融机构制定农业设施抵押贷款试点办法。如《江苏泗阳农村商业银行农业设施抵押贷款管理办法（暂行）》，明确农业设施抵押贷款额度原则上不超过评估价值的40%，期限为1—5年，以"一次授信、随借随还、循环使用"的小额信贷模式为主。个人经营者可单独以农业设施所有权抵押；经济组织可采用"农业设施抵押＋公司实际控制人、法人代表、主要股东个人担保""农业设施抵押＋保证、抵押、质押担保"等多种方式。

（二）实现政银联动，协同部门推进试点开展

泗阳县成立农业设施抵押贷款试点工作领导小组，负责试点工作的组织领导和协调推进。县委、县政府分管农村、金融工作的领导分别任组长、副组长，县农业农村局、金融办、人民银行、自然资源与规划局等部门为成员单位，定期研究协调解决试点工作问题。领导小组下设办公室，设在县农业农村局，负责推进具体工作。县人民银行多次召集金融企业宣传农业设施颁证抵押贷款的重大意义，自然资源与规划局对符合国土空间利用规划的一般农用地核发农业用地使用证。通过整合政府部门形成工作合力，并以"机构试点＋重点推荐"模式进行推进。试点工作领导小组成员单位为农业设施抵押贷款业务搭建银农对接平台，银行机构可以从成员单位获得最新颁证企业名单，拥有《农业设施产权登记

证》的农业企业也可以直接向有关单位寻求融资帮助。参与试点的涉农银行机构主要是以农业银行、邮储银行为代表的涉农国有大型银行，以泗阳农商行、民丰农商行、泗阳东吴村镇银行为代表的涉农法人银行，以江苏银行为代表的非涉农银行。

（三）全面摸清底数，确权登记奠定抵押基础

泗阳县农业农村局对全县规模以上设施钢架连栋大棚进行统计，分组现场核实，了解农业设施主体的融资需求。按照果蔬类、花卉类、水产类、畜牧类等区分经营种类，从中筛选符合要求、经营质态好的农业设施主体128家。规模设施大棚总面积达120万平方米，投资总造价超6亿元。规模设施大棚主体的全面摸查为泗阳县产权登记厘清了主体，有效降低了设施登记产权颁证过程中的权属纠纷，为农业设施抵押贷款奠定了坚实基础。第一批颁证从自主申报的规模设施主体中筛选了质态较好的江苏新境界农业发展有限公司、江苏瑞信生态农业有限公司、泗阳县东篱花田农业发展有限公司3家企业进行试点。申报材料审核、基地现场核查、测绘公司精准测量，整个过程层层把关、逐项审查，确保在农业设施确权试运行工作中不出现疏漏。

（四）注重风险防控，健全机制畅通抵押贷款

因农业设施存在资产价值难以认定，市场交易配套机制难以建立，金融机构出于风险可控考虑，在支持农业设施发展的力度上表现不足，尚不能满足企业的资金需求。为统筹解决抵押变现、价值评估、风险防控等问题，泗阳县积极探索建立相应机制。一是农业设施抵押在县农业产权交易中心办理抵押登记，取得他项权证。二是因地制宜推动开展抵押物价值评估，建立引入第三方评估机构、组建评估专家库和银行机构自评估等价值评估方式。抵押物价值在10万元（含）以下的，可由银行机构确定抵押物价值；抵押物价值在10万元以上的，可由银行机构委托具有评估资质的评估机构和人员进行评估，确定抵押物评估价值。三是针对金融机构最为关心的风险问题，探索市场化抵押物处置机制，形成第三方回购、多方合作共同处置等模式。

三、经验启示

《实施规划》提出要着力打造农业"中关村"，加快建设以农业科技创新中心为引擎的平谷农业科技创新示范区。平谷区农业企业面临着发展及上市的强烈资金需求，为此，北京市计划在平谷区探索农业设施产权登记、抵押贷款试点。通过调研学习泗阳县的先进经验和做法，为本市开展此项工作提供了有益借鉴。

一是加强试点宣传培训。设施农业的高投入与高产出使广大设施农业经营主体面临着巨大的资金缺口，亟须金融机构的有力信贷支持。市级、平谷区政府部门应召集金融机构和农业企业开展培训，宣传试点工作的重大意义，为农业设施抵押贷款供需双方积极对接、搭建平台。通过开展试点，将有效激活农业生产要素，坚定企业发展现代农业的信心和决心，助推本市全面推进乡村振兴、率先基本实现农业农村现代化。

二是政府部门严格把关。市级部门对试点工作给予必要的指导与帮助，建议平谷区联合区相关部门成立试点工作领导小组，出台专项政策文件，做到"有政策、有机构、有人

员"。首先对高造价、长年限、通用型的农业设施进行产权登记，并对有融资需求的农业设施经营主体进行信用程度考察，以便为农业设施的抵押贷款把好总关、打好基础。

三是金融机构解放思想。农业具有高成本、高风险、低收益的特征，金融机构囿于不良贷款考核压力和商业可持续发展原则，对农业贷款抵押物的认定、价值估算较为严格。建议人民银行做总牵头，激励金融机构敢于突破、敢于接受新的抵质押物，创新契合农业特点的融资模式。

四是培育健全配套机制。针对大棚设施抵押贷款，《意见》明确指出相关单位要继续完善确权登记颁证、价值评估、流转交易、抵押物处置等配套机制。建议平谷区依托北京农村产权交易平台，实现农业设施产权的流转交易，并积极探索价值评估与抵押物处置的多种有效模式。

考察组组长：肖勇
考察组成员：吴可强、林子果、史长利、梁传伟、张海龙
执　笔　人：林子果